AF320722

MANUEL DE LA FLORE DE BELGIQUE

DESCRIPTION DES FAMILLES ET DES GENRES

ACCOMPAGNÉE DE

TABLEAUX ANALYTIQUES

DESTINÉS A FAIRE PARVENIR AISÉMENT AUX NOMS DES ESPÈCES

suivis du

CATALOGUE RAISONNÉ

DES

PLANTES QUI CROISSENT SPONTANÉMENT EN BELGIQUE, ET DE CELLES
QUI Y SONT GÉNÉRALEMENT CULTIVÉES

PAR

FRANÇOIS CREPIN

BRUXELLES

LIBRAIRIE AGRICOLE D'ÉMILE TARLIER

Éditeur de la Bibliothèque rurale
MONTAGNE DE L'ORATOIRE, 5

1860

MANUEL

DE LA

FLORE DE BELGIQUE

OU

DESCRIPTION DES FAMILLES ET DES GENRES

ACCOMPAGNÉE DE

TABLEAUX ANALYTIQUES

DESTINÉS A FAIRE PARVENIR AISÉMENT AUX NOMS DES ESPÈCES

suivis du

CATALOGUE RAISONNÉ

DES

PLANTES QUI CROISSENT SPONTANÉMENT EN BELGIQUE, ET DE CELLES QUI Y SONT GÉNÉRALEMENT CULTIVÉES

PAR

FRANÇOIS CREPIN.

BRUXELLES

LIBRAIRIE AGRICOLE D'ÉMILE TARLIER

Éditeur de la Bibliothèque rurale

MONTAGNE DE L'ORATOIRE, 5.

1860

A la Mémoire

DE

CHARLES MORREN & A. L. S. LEJEUNE.

A MESSIEURS

B. DUMORTIER & J. KICKX,

MEMBRES DE L'ACADÉMIE ROYALE DE BELGIQUE,

Hommage d'estime.

AVANT-PROPOS.

———

Si la justice ne m'avait imposé le devoir d'indiquer avec soin les sources où j'ai puisé, et de citer avec reconnaissance les noms des savants qui m'ont fourni des secours scientifiques, j'aurais sacrifié avec plaisir ces quelques lignes, afin d'éviter l'abus trop commun qui, sous prétexte de préface, consiste à s'étendre complaisamment sur le but et les mérites réels ou supposés d'un livre quelconque.

En publiant cet ouvrage, mon intention est de venir en aide aux nombreux élèves de nos écoles et aux amateurs de botanique indigène, réduits jusqu'ici à se servir de livres étrangers dans lesquels on ne trouve qu'un tableau incomplet de notre Flore. Le vif désir d'être utile m'a peut-être fait trop présumer de mes forces en m'inspirant la résolution d'entreprendre un travail que d'autres auraient sans nul doute élaboré avec plus de savoir. Tout en attribuant avec raison la plupart des imperfections de cet ouvrage à l'inhabileté de son auteur, on ne perdra cependant point de vue l'état d'infériorité dans lequel se trouve la botanique descriptive en Belgique. Notre faiblesse en phytographie phanérogamique ne peut être dissimulée : elle saute aux yeux de quiconque parcourt notre modeste bagage scientifique. Nous devons tous travailler sans relâche, si nous voulons nous élever au niveau qu'ont atteint nos voisins. Ceux-ci, j'en ai la confiance, verront d'un œil bienveillant nos essais et nous tendront la main dans les courageux efforts que nous ferons pour les rejoindre.

Si ce livre a quelque mérite, on pourra justement le rapporter aux travaux remarquables auxquels j'ai fait des emprunts très-nombreux. Parmi les ouvrages consultés, je citerai tout particulièrement la *Flore des environs de Paris*, de MM. Cosson et Germain, la *Flore de France*, de MM. Grenier et Godron, le *Synopsis Floræ germanicæ et helveticæ*, de Koch, la *Flore du Centre de la France*, de M. Boreau, etc., etc., le *Guide du botaniste*, par M. Germain, l'*Enchiridion*, d'Endlicher, le *Genera plantarum Floræ germanicæ*, de Nees ab Esenbeck, etc.

Dans l'énumération de nos espèces, j'ai jugé prudent d'omettre cette foule de formes nouvelles dont la légitimité est loin d'être établie, et que les savants eux-mêmes ne distinguent pas sans difficulté. Plus tard, si une seconde édition du *Manuel* devient nécessaire, je mentionnerai un certain nombre de ces espèces récentes, que le temps fera sans doute mieux connaître et qui finiront par être définitivement adoptées.

Quant aux données de géographie botanique, j'ai apporté la plus grande circonspection dans le choix des renseignements, et la plupart des indications n'ont été admises que sur la production de preuves authentiques. J'ai rappelé quelques indications de nos vieux auteurs, afin de provoquer de nouvelles recherches.

Dans les tableaux analytiques de familles et de genres, des expressions du langage vulgaire ont été souvent employées au lieu des termes scientifiques, plus concis et plus élégants, mais aussi moins aisément compris des élèves.

J'ai cru utile de faire précéder la partie systématique de quelques instructions sur la manière d'herboriser, sur celle de confectionner des herbiers, etc., suivies d'un aperçu sur la géographie botanique de la Belgique et de quelques considérations sur l'espèce végétale.

J'ai à témoigner ici ma profonde gratitude aux botanistes belges et étrangers qui ont bien voulu m'aider pendant le cours de mes études. En première ligne, je mentionnerai M. le comte *Alfred de Limminghe*, dont l'obligeance pour moi a été sans bornes et qui n'a reculé devant aucun sacrifice pour me faciliter la tâche que j'ai entreprise. Le révérend père *Bellynck* a mis sa riche bibliothèque à ma complète disposition ; il m'a fourni de précieux éclaircissements, ainsi que M. *Édouard Morren*, professeur de botanique à l'Université de Liége. Que ces Messieurs daignent recevoir l'hommage de ma sincère reconnaissance.

Tous mes correspondants belges ont droit à une très-large part dans mes remercîments ; j'aime à croire qu'ils voudront bien me continuer leurs soins bienveillants. J'ose espérer que les amateurs avec lesquels je n'ai point encore eu de rapports scientifiques me feront part de leurs découvertes, de leurs observations, et qu'ils joindront leurs efforts à ceux de mes collaborateurs et aux miens pour rassembler les matériaux d'une statistique complète de la végétation indigène.

Parmi les savants étrangers dont j'ai reçu des plantes et des renseignements, je me plais à citer MM. Callay, Grenier, Wirtgen, Chaboisseau, Verlot, Gay, Puel, Maille, Michalet, Babington, Baker, Lamotte, Bagge.

Rochefort, le 1er mai 1860.

I.

Herborisations.

Tout le monde sait qu'une herborisation est une promenade faite au milieu des champs ou des bois dans le but de récolter des plantes pour les étudier d'abord, puis pour les dessécher et les conserver ensuite dans un herbier.

Au début de ses études botaniques, le commençant doit borner ses courses au voisinage immédiat de la localité où il réside. Là, sur un espace très-restreint, aux bords des chemins, à l'ombre des haies, dans les moissons, les prairies et les bois, il rencontrera une foule de plantes inconnues qui occuperont tous ses loisirs pendant la première année de recherches.

Dans ses premières herborisations, il sera sobre et se contentera de recueillir quelques-unes des plantes qui ne lui sont pas tout à fait étrangères, et dont il connaît les noms vulgaires. Souvent, sur le théâtre de ses récoltes, au milieu d'une prairie ou à l'ombre d'un arbre, il fera une halte, et, assis sur le gazon ou la mousse, il tâchera de déterminer les fleurs qu'il aura choisies. Son manuel d'herborisation ouvert sur les genoux, tout en analysant les différentes parties d'une plante, en écartant les pétales et les étamines, en disséquant le fruit au moyen d'un canif, et en examinant tous ces différents organes à l'œil nu ou à l'aide d'une loupe, il s'efforcera de suivre d'accolade en accolade l'exposition des caractères qui doivent le conduire au nom de l'espèce. Avec un peu d'attention et de patience, il réussira assez souvent dans ses premiers essais de déterminations. Quelle ne sera pas sa joie de revenir au logis avec une poignée de fleurs qu'il aura enfin pu dénommer! Quel est le botaniste déjà âgé qui ne se rappelle avec bonheur ses premières déterminations faites au milieu des campagnes, et qui ne se souvienne de sa fierté d'alors, lorsqu'il pouvait nommer une Anémone, une Renoncule, ou distinguer une Drave printanière parmi les autres Crucifères? Quel est celui qui n'a point conservé le souvenir de ces premiers temps, alors qu'on commence à balbutier le langage scientifique et à parler d'étamines, de pistil, de corolle, de feuilles caulinaires et de feuilles radicales?

De retour dans son cabinet d'étude, l'apprenti botaniste doit revoir attentivement les déterminations qu'il a faites pendant sa promenade, et s'assurer si les descriptions complètes et détaillées de ses Flores s'appliquent exactement aux espèces qu'il est parvenu à nommer au moyen des tableaux analytiques du manuel d'herborisation.

Ses premiers pas dans la science ne seront pas sans offrir quelques difficultés, surtout s'il est seul et livré à ses propres forces. Ce qui paraît simple et élémentaire après quelques mois de travail est singulièrement obscur au début; les mots mêmes de calice, de corolle, d'étamines, si fréquemment répétés dans les livres, inspirent une espèce de défiance. Pour arriver à la connaissance des noms des premières plantes, on emploiera tous les moyens : usage des tableaux analytiques, recours aux noms vulgaires, revue des ouvrages à figures, etc., etc. Les deux ou trois premières douzaines d'espèces bien connues serviront de jalons pour se guider au milieu de cette multitude de végétaux qui ornent les champs et les bois, et ce noyau de connaissances péniblement acquises fera bientôt la boule de neige. Les cent premières déterminations donnent plus de peine que les cinq cents qui suivent. Si l'amateur débute en compagnie d'un botaniste exercé ou d'un maître, les premières difficultés seront moindres, car lorsqu'il ne parviendra pas au nom d'une espèce, après avoir épuisé tous les moyens qui sont à sa disposition, il aura recours, en désespoir de cause, à la science d'autrui.

Pendant un an au moins, il sera inutile de dépasser le voisinage de sa résidence, et comme les promenades seront courtes on pourra, à la rigueur, se passer de boîte pour rapporter les plantes : seulement, on devra choisir pour ses courses les heures de la journée où le soleil n'est pas trop ardent. La boîte d'herborisation est souvent une véritable calamité pour le novice, à qui il répugne de traverser les rues d'un village ou d'une ville avec ce vasculum au côté. Après une saison entière de pratique et de petites excursions, le plus timide cependant s'aguerrit, et on le voit, au second printemps, partir résolûment avec la boîte au dos, défiant les railleries de ses amis et bravant le qu'en-dira-t-on. Je connais un ardent amateur d'histoire naturelle, qui n'a point voulu de l'usage de la boîte, et qui a trouvé un ingénieux moyen de s'en passer. En remarquant la beauté des échantillons de son herbier, on ne soupçonnerait pas la manière dont il s'y prend pour les rapporter des champs. Dans ses promenades, personne ne se douterait qu'il herborise, si ce n'est lorsqu'on le voit s'arrêter brusquement vis-à-vis d'une plante et en recueillir des spécimens, puis déposer doucement à terre son grand chapeau de feutre et en remplir les profondeurs des objets de sa récolte.

L'accoutrement ordinaire des botanistes est cause de quelques légers désagréments. Très-souvent ils sont pris pour des marchands, des employés du cadastre et que sais-je!... Êtes-vous parfois occupé dans un pré ou sur le bord d'un champ à déraciner quelque plante, il arrivera que le propriétaire de ce champ ou un vieux berger viendra curieusement examiner ce que vous faites et vous demandera invariablement quelles sont les vertus de la plante que vous arrachez et quel genre de drogues ou d'onguents on peut en composer. N'allez point vous piquer d'être ainsi ravalé au rang d'un humble herboriste ou chercheur de simples, et vous ingénier à exposer le but de vos recherches scientifiques : vous ne seriez point compris et votre interlocuteur partirait en souriant, vous faisant entendre par là qu'il n'est point votre dupe. Si la vue de la boîte nous fait prendre pour des colporteurs, que nous importe l'opinion des bonnes gens qui peuvent nous rencontrer dans nos courses ?

Après cette première saison employée à récolter et à déterminer la plupart des espèces vulgaires formant en quelque sorte le fond de la végétation, on peut se disposer, dès le printemps de la seconde année, à étendre ses promenades à deux ou trois lieues à la ronde. Ce n'est également qu'après une première année d'essais et de tentatives, que l'on commence à sentir que pour arriver à la connaissance sérieuse des plantes il ne suffit pas d'en savoir seulement les noms et d'en posséder des fragments desséchés, mais qu'il faut les étudier à différents points de vue, ainsi qu'aux diverses phases de leur vie et en préparer des échantillons complets en fleurs et en fruits. L'usage d'une boîte et d'une petite bêche devient dès lors indispensable. Avant d'aller plus loin, parlons de ces deux objets. Pour la matière de la boîte, le fer-blanc est préférable au zinc à cause de sa légèreté. Sa forme est généralement celle d'un cylindre comprimé à tranche elliptique. Sa capacité est subordonnée aux besoins du botaniste : s'il entretient des relations d'échange avec de nombreux correspondants, ou s'il prépare des plantes pour des collections scientifiques, il devra, le plus souvent, se servir d'une boîte de grande dimension ; mais s'il se borne à un cercle restreint d'amis, et que par suite la récolte de nombreux échantillons d'une même espèce ne soit pas nécessaire, il pourra employer une boîte plus petite. Dans les grandes villes, on trouve ces boîtes toutes fabriquées chez certains marchands. En voici les dimensions ordinaires : 45 à 50 centimètres de hauteur, 15 et 12 centimètres de largeur. La porte, pratiquée sur une des larges faces, doit s'ouvrir du côté où sont fixés les anneaux dans lesquels est passée la courroie ou bandoulière, et avoir 55 centimètres en hauteur et 12 à 14 en largeur. D'ordinaire, la boîte est peinte en vert ou en bleu et recouverte d'un vernis. Malgré la recommandation contraire de plusieurs botanistes, je conseille l'usage des boîtes à un seul compartiment. Les petits compartiments, destinés à contenir les espèces petites ou délicates, prennent beaucoup de place et sont d'une utilité contestable. Les plantes délicates se conservent fort bien au milieu de celles plus robustes qui occupent déjà le vasculum.

La bêche à déraciner est un instrument indispensable pour enlever les racines et les bulbes. Après m'être servi de différentes bêches, celle qui m'a paru le plus commode se compose d'une lame d'acier d'un à deux millimètres d'épaisseur, longue de 13 à 15 centimètres et large de 5 à 6, un peu creusée en gouttière à la face supérieure et relevée au centre et vers le sommet en une crête épaisse qui se termine par un prolongement étroit ; celui-ci est fiché dans une poignée en bois de 14 centimètres, munie à sa base d'une virole. Pendant le temps de la récolte, on tient la bêche à la main ou suspendue au poignet par un bout de cordon, mais lorsqu'on n'herborise plus, on peut la jeter dans la boîte.

Le botaniste complétera son bagage par un solide bâton en bois de chêne, recourbé en crosse au sommet. Le crochet de ce gourdin est très-utile, soit pour amener au bord des eaux les plantes nageantes ou submergées, soit pour abaisser les rameaux des arbres chargés de fleurs ou de fruits, soit enfin pour se cramponner aux tiges ou aux souches des buissons en gravissant des côtes rapides ou en escaladant des rochers. En outre, ce bâton sert de sonde pour traverser les marais et les tourbières et sa pesanteur le rend une arme redoutable, particulièrement pour repousser les agressions de la race canine, dont l'ire est parfois excitée par l'accoutrement de l'herborisateur.

Avant de se mettre en route pour une herborisation qui doit durer une journée entière, il faut se munir aussi d'un Manuel ou d'une Flore analytique, d'une bonne carte routière et d'un calepin destiné à recevoir des notes. Trop souvent on néglige le journal d'herborisation, et je ne saurais assez en recommander l'usage aux amateurs sérieux qui désirent connaître d'une manière positive le personnel de la Flore des pays qu'ils explorent. Ces journaux d'herborisation doivent être tenus pendant les promenades mêmes, et les noms des espèces observées doivent être inscrits au fur et à mesure des découvertes. Si l'on attend le retour pour prendre note des observations, on risque de commettre des erreurs. Rien n'est plus aisé, du reste, que d'écrire au crayon et tout en marchant les noms des espèces, avec l'indication des stations et des localités. Si par la suite on se propose de publier le résultat de ses recherches dans une Flore ou dans un catalogue raisonné, on trouve une précieuse ressource dans les journaux d'herborisation ; on n'a plus alors qu'à ranger méthodiquement les nombreuses notes que ceux-ci renferment pour posséder une statistique fidèle de la contrée parcourue. Dans le cas où soi-même on ne voudrait rien publier, ces notes ne seront point inutiles pour la science, car tôt ou tard un floriste pourra avoir besoin de renseignements sur le canton ou la province étudiée. Dans ces deux cas, si l'on a négligé de tenir note des découvertes et des observations, quel embarras n'aura-t-on pas pour publier une Flore ou pour répondre aux demandes de renseignements? On aura recours à ses souvenirs, mais ils seront trompeurs et les détails consignés dans l'herbier seront insuffisants.

A part le côté scientifique, les journaux d'herborisation deviennent par la suite de curieux mémoires à feuilleter. En repassant ces longues rangées de noms accompagnés des indications de localités, les souvenirs se présentent en foule à l'imagination; on se trouve comme transporté de nouveau au milieu des champs; on se revoit dans tels ou tels lieux, en compagnie d'amis avec lesquels on a partagé les joies des heureuses trouvailles. Ces listes arides se transforment en une histoire détaillée où sont inscrits jusqu'aux moindres incidents des courses d'autrefois.

Le calepin destiné à contenir les notes peut se composer de 50 à 100 feuillets de papier blanc assez fort et de petit format (in-18). A la fin de chaque saison, on le dépose dans sa bibliothèque et l'on en prend un nouveau le printemps suivant. Les pages d'une partie de ce petit volume seront divisées en trois colonnes verticales : la première pour contenir les noms des espèces, la seconde pour y indiquer le genre des stations et la nature du terrain, et la troisième pour recevoir les noms des localités. Le journal de chaque herborisation sera précédé de la date et séparé de celui de l'avant-dernière course par un fort trait de plume. Il va sans dire que les espèces très-communes et rencontrées à chaque pas ne doivent point être indiquées, mais seulement celles qui sont jugées assez communes, assez rares ou rares pour la contrée.

Voilà enfin l'herborisateur prêt à partir avec armes et bagage pour se mettre à la recherche de l'inconnu. Il part avec le doux espoir de revenir à la fin du jour, son vasculum rempli d'objets intéressants. Dans ses pérégrinations, qu'il ne craigne point la fatigue et qu'il ne se contente pas de suivre les chemins battus, car, semblable à un chasseur malheureux, il risquerait de revenir bredouille; qu'il visite les coins et recoins des bois, qu'il longe les ruisseaux ombragés et qu'il escalade avec courage les escarpements. Que lui importe la fatigue, si, à la soirée, il regagne le logis chargé d'une abondante moisson? Longtemps ses courses à deux ou trois lieues seront fructueuses en nouveautés, mais à mesure que le pays deviendra mieux connu, moins fréquentes seront les trouvailles. D'un autre côté, il sentira mieux alors le prix des rares objets qu'il parviendra à découvrir. Quelle émotion ne ressentira-t-il pas, après de longues et pénibles recherches, en se trouvant vis-à-vis d'une espèce convoitée depuis longtemps, et qu'il connaissait peut-être déjà pour en avoir vu des échantillons secs ou une figure? Il éprouvera la joie vive et profonde du chasseur qui abat une noble pièce de gibier, ou du bibliophile qui déterre une édition rare ou un incunable. Si à pareil moment il est seul, le bonheur de la trouvaille n'est pas aussi complet que si un compagnon se trouvait là pour en jouir avec lui.

Les herborisations solitaires sont très-ordinairement le partage des amateurs habitant la campagne ou les petites villes ; dans un village, il se rencontre rarement deux botanistes pour associer leurs recherches et leurs travaux. Ces courses solitaires ont quelque chose de triste, mais elles ne sont pas cependant sans offrir certains avantages sur celles plus gaies faites en petit comité. Seul avec ses pensées, en face du spectacle de la nature et en communication continuelle avec les objets de ses études, l'observateur est sans cesse amené à réfléchir sur les lois qui régissent les êtres organisés, et à chercher une solution à ces innombrables problèmes que la nature a posés partout. Dans la solitude des bois, au milieu d'une immense bruyère, les méditations du naturaliste ont plus de suite et ses pensées prennent un essor plus élevé qu'entre quatre murs d'un cabinet d'étude. A part cela, le chercheur esseulé possède une grande liberté d'allures : il s'arrête où bon lui semble ; il étudie une plante à son aise, tantôt sous un arbre, tantôt perché sur un fragment de rocher, et n'a point à tenir compte des impatiences d'un compagnon de voyage. Vient-il à faire une précieuse trouvaille, n'a-t-il pas, lui aussi, à faire partager sa joie à ses correspondants, qui se réjouiront de son heureuse chance ? Quels que soient les ennuis de la solitude, que le botaniste évite, lorsqu'il herborise, la compagnie des personnes étrangères aux sciences ou cultivant une autre branche. Un herborisateur ne peut s'accommoder des allures d'un géologue et encore moins de celles d'un entomologiste. Je recommanderai fortement à l'observateur isolé dans son canton de se mettre en rapport avec ses confrères du voisinage. Il arrive parfois que d'un canton à l'autre deux botanistes ne se connaissent point et font l'un et l'autre des excursions dans le même champ d'étude, sans soupçonner l'existence d'un confrère dans les environs.

Revenons à notre herborisation, et passons en revue les quelques soins à prendre pour conserver fraîches les plantes récoltées. Pendant les heures de la journée où le soleil est torréfiant, on aura la précaution de placer la boîte sur le côté du corps qui est à l'ombre. Par les journées de forte chaleur, les plantes se conservent d'autant mieux qu'elles sont plus nombreuses et plus pressées dans le vasculum. Un bon moyen pour les tenir fraîches c'est de les humecter de temps en temps et de déposer au fond de la boîte de la mousse ou de l'herbe mouillée. Si par guignon il survient une ondée, qu'on ne s'abstienne pas pour cela de récolter des fleurs, sous prétexte que les spécimens détrempés de pluie se déssèchent mal et moisissent ensuite dans l'herbier. Quant à moi, je n'ai jamais éprouvé de difficultés pour préparer convenablement les échantillons trempés de pluie : dans ce cas on doit changer, peu de temps après la mise en presse, les feuilles de papier gris qui se sont imbibées de l'humidité extérieure des plantes. Lorsque, à la soirée, on revient harassé, affamé et par là peu capable de s'occuper soigneusement de la préparation de la récolte, il est bon de déposer la boîte dans un lieu frais ou une cave. Durant la nuit, les plantes un peu flétries la veille reprennent de la fraîcheur à l'exemple du botaniste, et le lendemain matin, botaniste et plantes s'arrangent à merveille.

Avant de passer aux herborisations qui doivent durer plusieurs jours, je vais encore attirer l'attention des novices sur plusieurs moyens recommandables, afin de réussir dans leurs investigations, et pour donner une intelligente direction à leurs recherches. Une bonne carte routière (1) de la contrée sera de la plus grande utilité pour s'orienter dans les localités qu'ils ne connaissent point encore, et apprendre les noms des villages, ceux des ruisseaux et des rivières. En maniant cette carte, ils reconnaîtront les différents points du pays qu'ils n'ont pas encore explorés, et prendront des mesures pour les visiter à l'avenir. Un faible de la plupart des botanistes, jeunes et vieux, c'est de suivre presque invariablement le même itinéraire lorsqu'ils se rendent sur l'un ou l'autre point de leur canton. Ils suivent presque toujours les mêmes routes, les mêmes sentiers, sans se demander si à droite ou à gauche il n'existe pas un champ ou une prairie qui pourrait recéler une espèce nouvelle. Il arrive parfois qu'on a passé pendant dix ans à côté d'un recoin qui présentait cependant des choses curieuses. Cette manie explique aussi comment des botanistes étrangers à la localité vous font faire des découvertes où vous aviez dédaigné de passer. Qu'on varie donc autant que possible ses itinéraires, et qu'on profite de l'aller ou du retour d'une longue course pour traverser un champ ou longer une haie n'ayant point encore été visitée.

L'emploi d'une carte géologique (2) sera également très-avantageux. L'observateur habitant une région variée dans sa composition géologique reconnaîtra de bonne heure la préférence marquée de certaines espèces, soit pour les roches calcaires, soit pour les roches siliceuses. Il sera frappé du contraste que présente la Flore si riche et si variée des collines calcaires comparée à celle si monotone et si pauvre des côtes schisteuses. Il se demandera la cause de ces différences et sera ainsi amené à étudier la phytostatique. Le désir lui viendra de reconnaître sur une carte géologique la configuration des divers étages de terrains qui composent son canton, de suivre le prolongement de ces mêmes terrains dans les provinces voisines ou au delà des frontières, et de voir, en compulsant les Flores de ces régions, si les mêmes espèces se retrouvent avec régularité sur toute

---

(1) Les cartes routières collées sur toile se replient ordinairement de manière à pouvoir être emportées dans la poche d'un habit.

(2) Pour la Belgique, je recommande la belle *Carte géologique de la Belgique* et des contrées voisines, représentant les terrains qui se trouvent au-dessous du limon hesbayen et du sable campinien, par **A. Dumont**, 1 feuille.

la longueur des différentes zones. Cette revue attentive des Flores voisines le conduira, en outre, à faire de nouvelles découvertes. En effet, remarquant la présence habituelle de certaines espèces dans des étages géologiques seulement représentés dans son champ d'étude par des massifs isolés ou par de minces prolongements, il fera sur ces points, peut-être négligés, des recherches spéciales qui seront assez souvent couronnées de succès.

Le but du botaniste explorateur est donc devenu multiple : ce n'est plus uniquement afin de se procurer des plantes pour l'étude et la confection d'un herbier qu'il herborisera ; mais il aura à cœur de constater en même temps la nature du terrain préféré par ces mêmes plantes. A ces deux considérations, il en ajoutera bientôt une troisième ; car, ayant reconnu tout d'abord que les végétaux ne croissent pas indifféremment dans toutes sortes de terrains, il soupçonnera que la préférence de certaines espèces pour telle ou telle nature de sol, qu'elle soit rendue nécessaire par la désagrégation plus ou moins grande des roches ou par leur nature chimique, est souvent subordonnée à une cause plus générale, celle de la distribution de la chaleur à la surface du globe. Il sera ainsi conduit à étudier la géographie botanique générale, science ayant pour but la connaissance des lois qui président à la dispersion des végétaux et pour objet les faits de dispersion combinés avec les conditions climatériques, géologiques et géographiques des diverses contrées du monde. Alors ses recherches prendront à ses yeux un plus grand intérêt, en reconnaissant combien seront utiles à l'avancement de la géographie botanique les matériaux qu'il pourra réunir. Dans son canton, il viendra peut-être à constater, soit la limite au nord d'une espèce méridionale, soit la limite au sud d'une plante du nord. A un point de vue plus restreint, il sera stimulé par le désir de coopérer aux progrès de la géographie botanique de son propre pays.

Un pratique que je conseille à l'herborisateur est celle de dépouiller les Flores et les catalogues des renseignements qu'ils contiennent sur la contrée à explorer, et de ranger ces renseignements par date de floraison et par localités. J'ai dû souvent le succès de mes recherches à cette bonne pratique. Afin d'avoir plus présentes à l'esprit les espèces indiquées, il sera utile d'en lire les descriptions, d'en voir des figures ou des échantillons secs. S'il n'existe pas de Flores publiées sur sa région, il consultera les ouvrages publiés sur les pays voisins dont les conditions physiques se rapprochent de celles de la contrée en question, et il agira avec les données de ces Flores comme il est dit ci-dessus. Quand on herborise sans méthode, c'est-à-dire sans s'être fait une idée exacte de la configuration du pays, sans en connaître la constitution géologique et minéralogique, enfin sans soupçonner le personnel de la Flore et sans avoir réuni des notes, on néglige et on méconnaît un grand nombre d'espèces intéressantes, qui se dérobent à l'œil inattentif, soit par leur petite taille ou la singularité de leur habitation, soit par leur ressemblance avec des espèces communes.

En terminant ces recommandations, il ne sera pas inutile de prémunir les commençants contre la crainte de voir s'épuiser leur champ d'étude au bout d'un petit nombre d'années. Pareille appréhension ne doit pas ralentir leurs efforts, car à mesure qu'ils paraîtront épuiser leur province, à mesure qu'ils s'en rendront la Flore familière, mieux ils reconnaîtront que cette crainte était sans fondement. En effet, ils auront, après quelques années, récolté huit cents ou mille types d'espèces, avec un certain nombre de variétés, mais il leur restera à étudier et à récolter ces milliers de formes qui constituent les variétés et les variations des huit cents ou mille types déjà connus. Rien ne leur garantit du reste que parmi ces formes innombrables, il n'en existe pas un certain nombre de distinctes, méconnues jusqu'ici, et que par une étude approfondie ils auront peut-être le bonheur d'élever au rang d'espèces. Ces nombreuses formes dédaignées sont une mine inépuisable pour les travailleurs les plus laborieux. Il est vrai que les herborisations deviendront par la suite moins intéressantes, et n'offriront plus aussi souvent l'occasion de découvrir une de ces bonnes espèces vulgairement appelées linnéennes ; mais elles pourront être variées de temps en temps par des pérégrinations faites dans les cantons voisins habités par des confrères. Pendant les mois de la belle saison, de petites expéditions sur les points reculés de l'une ou l'autre province pourront être organisées entre deux ou trois amateurs. L'espoir de faire un jour quelque voyage dans les hautes montagnes, ou dans des contrées lointaines soutient le patient travailleur dans la tâche un peu monotone de l'étude approfondie des espèces.

Ceci me conduit à dire quelques mots sur les herborisations faites en dehors du cercle habituel, et pouvant durer huit ou quinze jours.

Avant d'entreprendre une telle expédition, il faut étudier sur les cartes la nature du sol, la disposition des lieux et le cours des rivières du pays que l'on se propose de visiter. Il faut aussi compulser les Flores de ce pays, et disposer méthodiquement dans le calepin les renseignements qu'elles contiennent sur les endroits devant être explorés d'une manière particulière. Une fois le lieu et le jour fixés pour le rendez-vous, on prépare son bagage. En ce qui concerne les vêtements, il faut les réduire au plus strict nécessaire, afin que le tout puisse être aisément contenu dans un sac de nuit. Qu'on n'oublie point surtout les pantoufles, chaussure trouvée si délicieuse après une longue journée de fatigues passée dans les gros souliers ferrés. Le sac pourra également renfermer une Flore élémentaire, du papier et tout ce qui est nécessaire pour écrire et dessiner, ainsi qu'une loupe montée, une loupe simple, une pince, des scalpels. Il faudra emporter une ou deux presses à courroies avec le papier gris suffisant pour la préparation des récoltes présumées. Il ne serait pas prudent de partir avec les presses vides, dans l'intention de se procurer du papier sur les lieux mêmes, car on pourrait se trouver embarrassé. Souvent dans un chef-lieu de canton, il n'est pas toujours aisé de trouver le papier convenable pour la dessiccation des plantes, et à plus forte raison doit-on craindre le manque de cette denrée dans le village où il faut séjourner quelque temps.

J'ai supposé que ce voyage se faisait en petit comité, et c'est ainsi qu'il offre le plus de charmes. J'en appelle ici aux botanistes voyageurs, et leur demande si ces pérégrinations faites en compagnie de deux ou trois amis ne leur ont pas laissé les souvenirs les plus frais et les plus charmants. Ne se rappellent-ils pas avec un vif plaisir ces journées où ils partaient de grand matin, la boîte au dos, où ils s'aventuraient au travers de bois, de prairies et de tourbières inconnus et qui leur promettaient d'avance tant de choses nouvelles; ne se souviennent-ils pas avec bonheur de ces sites pittoresques admirés en commun, des émotions produites par les abondantes récoltes; enfin ne se plaisent-ils pas à penser parfois à ces haltes de midi, faites à l'ombre d'un chêne, ou sur les bords gazonneux d'un frais ruisseau pour manger sur le pouce un morceau emporté le matin dans la boîte? Ces souvenirs sont ineffaçables et sont plus tard, après de longues années de séparation, un fertile sujet de causeries entre les botanistes.

Partir le matin et revenir le soir vaut mieux que de diviser la journée en deux. On prend ses mesures pour dîner à la soirée. En voyage, après s'être réconforté l'estomac, au lieu de se reposer, il faut s'occuper incontinent de la préparation des plantes recueillies pendant le jour. On ne dormirait pas en paix, si les récoltes restaient négligées. C'est une besogne qui ne doit et ne peut être remise au lendemain matin, car sitôt levé il faut changer les échantillons préparés l'avant-veille et les jours précédents, et disposer les feuilles retirées des presses de manière qu'elles puissent sécher et être propres, à la fin du jour, à recevoir une nouvelle moisson. Après ces soins et avant de déjeuner, on prendra des notes sur les plantes laissées la veille à ce dessein dans la boîte. Les journées ainsi passées en voyage botanique sont très-laborieuses, mais de retour au logis, on a justement acquis le droit de se reposer et d'examiner à loisir le fruit de ses recherches.

J'aurais désiré joindre à la fin de cet article le plan de plusieurs itinéraires, soit pour visiter l'Ardenne, soit pour explorer la Campine ou les bords de la mer, avec l'indication des plantes rares à rechercher; mais le peu de pages consacrées à la première partie de ce livre ne permet pas ce développement.

II.

Récolte et préparation des plantes. — Herbier.

Les plantes destinées à l'herbier doivent être, autant que possible, récoltées par un temps sec. Chaque espèce doit être recueillie avec toutes ses parties. Si la plante est herbacée, de petite ou moyenne taille, ce qui est le cas le plus fréquent, on la récoltera entière avec sa racine ou sa souche ; si elle est de haute taille, on se contentera de la partie supérieure de la tige et de quelques feuilles radicales. Pour les arbres et les arbrisseaux, il suffit de préparer des rameaux avec un fragment d'écorce. Enfin, si la plante est parasite, on l'enlèvera avec une portion de l'espèce à laquelle elle est adhérente.

On ne se bornera pas à recueillir les espèces simplement en fleurs, mais on préparera aussi des échantillons en fruits ; en outre, si la plante perd ses feuilles inférieures avant le temps de la floraison, on aura soin de prendre des rosettes de feuilles radicales à la sortie de l'hiver. Il faut enfin qu'une espèce soit représentée dans l'herbier de telle sorte qu'elle puisse être complétement étudiée depuis ses feuilles primordiales jusqu'à son état de maturation parfaite. La plus grande partie des espèces du pays que l'on habite peuvent être préparées d'une manière complète : ce qui n'est point fait une saison est achevé la suivante. Quant aux espèces provenant d'échanges, il faut assez souvent se résigner à n'en posséder que des exemplaires en fleurs ou en fruits et même de simples fragments.

Un certain nombre d'échantillons étant ordinairement détruits pour les besoins de l'étude, il sera toujours prudent d'en récolter plusieurs de chaque espèce : on conservera pour l'herbier les spécimens les plus beaux. S'il arrive qu'une espèce de son canton soit très-rare ailleurs, il faudra en faire provision afin de pouvoir satisfaire aux demandes de ses correspondants. On aura cependant grand soin de ne dépeupler aucune station des espèces rares ou intéressantes. Tant de causes de destruction sont déjà réunies, que le botaniste soucieux de l'avenir doit éviter d'appauvrir son champ d'étude par des récoltes démesurées ; il doit même, par prudence, ne confier la connaissance de stations où certaines plantes rares végètent en petit nombre qu'à des amateurs sur la discrétion desquels il puisse compter. Pour l'homme comprenant l'importance et les intérêts de la géographie botanique, une telle recommandation est superflue. L'herborisateur, pour faire ses provisions destinées aux échanges, choisira les localités les plus abondantes en échantillons. Un bon moyen pour ménager les endroits peu riches est de ne recueillir que la portion supérieure des plantes, en s'abstenant d'enlever les racines, les souches ou les bulbes.

De retour au logis, après chaque herborisation, on prépare les récoltes de la journée. Si la besogne est remise au lendemain, on déposera les plantes à la cave ou dans un autre endroit frais. Les échantillons seront retirés avec précaution de la boîte et arrangés au fur et à mesure dans des feuilles de papier gris demi-collé. Suivant les besoins, on possédera une provision plus ou moins considérable de papier à sécher, d'assez grand format (40 à 45 centimètres de hauteur sur 23 à 26 de largeur), que l'on distribuera en cahiers ou faisceaux de 2 à 5 feuilles et en feuilles simples. Les cahiers ou coussins se placent entre les feuilles simples qui doivent contenir les échantillons, afin de s'imbiber de l'humidité de ceux-ci et les empêcher de s'écraser réciproquement. Au centre de chaque feuille simple, on placera un échantillon ou plusieurs s'ils sont petits; on les étalera avec soin, sans toutefois changer la direction naturelle des rameaux, des feuilles et des racines. Si le spécimen est très-touffu, on supprimera des rameaux ou des feuilles, et si la tige dépasse la hauteur du papier, on la repliera à angle aigu de haut en bas; on se gardera, sous prétexte d'élégance, d'enlever ou retrancher les vieilles tiges ou les feuilles desséchées qui peuvent exister au pied des échantillons : ces vestiges ont un grand intérêt pour l'étude. Après avoir étalé le premier échantillon, on refermera la feuille simple et on la chargera d'un coussin sur lequel sera placée une seconde feuille simple contenant un nouvel échantillon et ainsi de suite jusqu'à la complète préparation de la récolte. Les plantes restent dans les feuilles simples pendant toute la durée de la dessiccation : les coussins seuls sont renouvelés. Cette méthode de laisser les échantillons dans les feuilles simples pendant tout le temps de la préparation est bonne en ce qu'elle permet de changer les coussins avec une grande rapidité et sans déranger aucunement les plantes, mais d'un autre côté celles-ci sont plus lentes à se dessécher, perdent quelquefois leurs couleurs et sont atteintes de moisissures. Au lieu de ce procédé assez généralement pratiqué, je conseillerais celui de placer les échantillons dans des cahiers de 2 ou 5 feuilles et de renouveler le papier complétement chaque fois. Les changements de cahiers demandent un temps plus considérable et les plantes sont sujettes à se déranger, mais ces légers inconvénients sont compensés par la conservation des couleurs et une dessiccation plus prompte. Quand on commence à dessécher, mille peines sont prises : les pétales de chaque corolle sont étalés avec les soins les plus scrupuleux, les feuilles sont séparées les unes des autres au moyen de morceaux de papier, etc., enfin un temps considérable est consacré à la préparation d'un seul échantillon. La dessiccation faite dans de telles conditions devient une besogne très-pénible, capable de rebuter le plus courageux. Les soins multipliés sont inutiles : les plantes jetées sur des feuilles de papier gris, réunies en paquets, un peu comprimées d'abord, puis pressées graduellement et changées fréquemment de papier, sont, pour le moins, aussi bien préparées que celles desséchées avec des précautions minutieuses. Pour peu qu'on en ait acquis l'habitude, la préparation des plantes devient un travail aisé, et on en arrive à dessécher de grandes quantités d'échantillons avec rapidité et sans beaucoup de peine.

Certains végétaux exigent une préparation spéciale, notamment les *Sedum*, les *Sempervivum* et les autres plantes grasses. Quelques auteurs conseillent de les plonger jusqu'au niveau de l'inflorescence, dans l'eau très-bouillante, pendant 20 à 30 secondes, temps suffisant pour détruire leur principe végétatif, ensuite de les essuyer dans un linge et de les dessécher de la manière ordinaire. Il faut quelque habileté pour réussir dans ce genre de préparation. La dessiccation au moyen du fer à repasser ne réussit qu'aux praticiens très-exercés. La préparation des plantes grasses dans le four, après la cuisson du pain, ou dans le four d'un poêle de cuisine, donne des résultats satisfaisants : il faut toutefois bien connaître le degré et la durée de la chaleur, pour obtenir la complète dessiccation sans amener les échantillons à l'état cassant et friable.

Toutes les plantes de la récolte étant disposées et empilées, on place les paquets sur le plancher de son cabinet d'étude, puis on les charge d'un poids suffisant pour déterminer une pression modérée. Après huit ou douze heures, les coussins devenus moites sont retirés et remplacés par d'autres bien secs; on empile de nouveau les plantes et on les insère dans la presse. Cette pression au moyen de poids prépare les échantillons à subir l'action plus forte de la presse.

Plusieurs praticiens se contentent d'opérer la dessiccation par la seule compression de poids : cette méthode est vicieuse; d'autres recommandent l'emploi des presses à courroies (1). Quant à moi, je donne la préférence à la presse à vis, semblable à celle dont on se sert pour le linge. Il est bon d'en posséder au moins deux, afin de pouvoir comprimer plus fortement dans l'une d'elles les paquets de plantes ayant passé par la première. On est bientôt à même de juger du degré de pression nécessaire aux diverses périodes de la dessiccation. Les échantillons secs sont placés dans des feuilles de papier gris et empilés jusqu'à l'époque de leur intercalation définitive dans l'herbier. Les étiquettes provisoires dont on les accompagne doivent contenir le nom spécifique, la nature de la station (bois, prairies, etc.), la localité et la date de la récolte.

----

(1) Cette presse se compose de deux planches de bois blanc, de la grandeur du papier à sécher, terminées chacune à leurs deux bouts par une traverse étroite en bois dur. Vers les bouts de chacune des traverses sont ménagées des ouvertures pour le passage des courroies; celles-ci sont en cuir, terminées par une forte boucle et percées d'œillets dans les deux tiers de leur longueur.

Avant de fixer les plantes sur les feuilles de l'herbier, on doit les mettre à l'abri de la destruction. Faute de précaution, il arrive que de beaux exemplaires, déposés intacts dans l'herbier, sont, après quelque temps, rongés par les insectes. Le seul moyen de les mettre hors de l'atteinte de cette maudite vermine consiste à les imbiber d'une dissolution de sublimé-corrosif à l'aide d'un pinceau doux. Cette dissolution (1) étant un poison violent, on ne négligera aucune précaution en la mettant en usage.

Passons maintenant à l'herbier, ce jardin sec (*hortus siccus*) dans lequel le botaniste trouve en toute saison de précieux objets d'étude. Beaucoup d'amateurs confectionnent des herbiers, mais peu en possèdent qui soient faits avec intelligence. La valeur d'une collection de plantes sèches ne consiste pas dans l'élégance des cartons, dans le luxe du papier et des étiquettes, mais bien dans la beauté et le nombre des échantillons. Dans un véritable herbier, chaque espèce doit être représentée par de nombreux exemplaires en fleurs et en fruits, provenant de plusieurs localités d'un même pays et, si possible, de contrées éloignées ; outre le type ou forme ordinaire, chaque espèce doit être complétée par des échantillons appartenant à ses variétés et variations.

Il convient de donner à l'herbier un assez grand format. Du papier collé, blanc ou d'un gris clair, assez fort, de 40 à 45 centimètres de hauteur sur 25 à 26 de largeur est fort convenable ; il sera coupé en feuilles simples. Les échantillons seront fixés sur ces feuilles au moyen d'étroites bandelettes de papier attachées aux deux bouts par un peu de gomme arabique. Le procédé de coller entièrement les échantillons est très-mauvais et doit être complétement abandonné. On ne doit jamais placer sur la même feuille deux espèces et même deux variétés de la même espèce ; mais on peut y fixer deux ou plusieurs spécimens de la même forme végétale et provenant de la même station. Les feuilles occupées par les variétés ou par des exemplaires provenant d'échange viendront à la suite de celles qui portent la forme typique. Le collectionneur devra attacher le plus haut prix aux échantillons reçus de correspondants et surtout d'auteurs de Flores ou de monographies, et les étiquettes dont ils sont accompagnés seront placées à côté des étiquettes régulières de l'herbier. Celles-ci seront d'un format suffisant pour contenir les détails ci-après : 1° le nom spécifique le plus généralement adopté, avec les synonymes principaux, auxquels on pourra ajouter le nom vulgaire ; 2° le genre de la station (bois, prairies, etc.), avec l'indication de la nature minéralogique du terrain ; 3° la localité où l'échantillon a été recueilli, avec le nom du canton ou celui de la province ; 4° la

---

(1) 15 grammes de sublimé-corrosif (deutochlorure de mercure pulvérisé) dans un demi-litre d'alcool rectifié.

date de la récolte; 5° le nom du collecteur. Souvent on fait imprimer ou lithographier le canevas de ces étiquettes, qui portent en tête les noms et la qualité du propriétaire de l'herbier. Elles sont fixées à la base de chaque feuille simple du côté extérieur à droite, de manière qu'on puisse rechercher avec facilité un échantillon quelconque. Les feuilles simples dépendant d'une même espèce seront renfermées dans une ou plusieurs chemises (feuilles doubles) qui porteront sur le dos et vers le bord extérieur une étiquette avec le nom de l'espèce écrit en gros caractères; des feuilles de carton mince pourront servir à séparer les genres les uns des autres. Les fascicules d'espèces seront distribués méthodiquement dans une suite de portefeuilles. Ceux-ci sont ordinairement formés de deux feuilles de fort carton, réunies au moyen de quatre paires d'attaches en cordon qui permettent de comprimer ou distendre à volonté les fascicules de plantes.

La plupart des amateurs de botanique se bornent à la Flore de leur propre pays et se contentent de confectionner un seul herbier; mais ceux qui entretiennent de nombreuses relations d'échange avec les botanistes étrangers composent, outre l'herbier de leur pays, un herbier général contenant soit des espèces des différentes parties du globe, soit seulement des espèces d'Europe. Pour le classement méthodique d'un herbier général, on suivra la classification d'un grand ouvrage moderne et pour celui d'un herbier régional on choisira la disposition d'une bonne Flore. Les recherches à faire dans un herbier quelque peu considérable sont singulièrement facilitées par un catalogue soigneusement rédigé et mis au courant des intercalations successives.

III.

De la bibliothèque du jeune botaniste.

Celui qui débute dans l'étude de la botanique est souvent très-embarrassé pour faire un choix de livres élémentaires propres à l'initier à cette science. Comme par une espèce de fatalité, il n'est pas rare de lui voir composer sa petite bibliothèque de livres très-médiocres et même mauvais. S'il veut étudier la botanique en simple amateur, les livres énumérés ci-dessous lui seront suffisants, mais s'il est d'intention d'approfondir une branche spéciale de cette science, il devra posséder une foule d'autres ouvrages. J'ai indiqué des livres écrits en différents idiomes, parce qu'aujourd'hui il est devenu indispensable de connaître plusieurs langues vivantes : le savant ou l'amateur sérieux doit être à même de consulter les travaux des botanistes qui ont écrit en allemand, en anglais, en italien, etc.

OUVRAGES ÉLÉMENTAIRES.

DE JUSSIEU (Adrien). *Cours élémentaire de botanique*, à l'usage des colléges et des maisons d'éducation, 1 ou 2 vol. gr. in-18, avec gravures intercalées dans le texte. — Une nouvelle édition est imprimée presque chaque année.

RICHARD (Achille). *Nouveaux éléments de botanique et de physiologie végétale*; Paris, 1846, 7e édit., 1 fort vol. in-8, avec gravures intercalées dans le texte.

DE SAINT-HILAIRE (Auguste). *Leçons de botanique*, comprenant principalement la *Morphologie végétale*; Paris. 1847, 1 fort vol. in-8, avec 24 planches.

DE CANDOLLE (A. Pyr.). *Organographie végétale* ou description raisonnée des organes des plantes; Paris, 1827, 2 vol. in-8, avec 60 planches.
— *Physiologie végétale*, ou exposition des forces et des fonctions vitales des végétaux; Paris, 1832, 3 vol. in-8.

LINDLEY (J.). *An introduction to botany*; 4e éd., 1848, 2 vol. in-8, avec figures.

LINNÉ. *Philosophia botanica* in qua explicantur fundamenta botanicæ; 1790, editio tertia, 1 vol. in 8.

DE CANDOLLE (A. Pyr.). *Théorie élémentaire de la botanique*, ou exposition des principes de la classification naturelle et de l'art de décrire et d'étudier les végétaux; Paris, 1844, 1 vol. in-8; 3e et dernière édition publiée par M Alph. de Candolle.

GERMAIN (Ernest). *Guide du botaniste*, ou conseils pratiques sur l'étude de la botanique, accompagnés d'un dictionnaire raisonné des mots techniques français et latins employés dans les ouvrages d'organographie végétale et de botanique descriptive; Paris, 1852. 1 vol. gr. in-18, en deux parties.

OUVRAGES GÉNÉRAUX SUR LA CLASSIFICATION DES PLANTES.

LINNÉ. *Genera plantarum eorumque characteres naturales*; 1 vol. in-8.

ENDLICHER (Steph). *Enchiridion botanicum exhibens classes et ordines plantarum*; Lipsiæ, 1841, 1 vol. gr. in-8.

LINNÉ. *Species plantarum*; 2 vol. in-8.

WILLDENOW (C.-L.). *Linnæi Species plantarum*; 5 vol. in-8, 1797-1818.

ROEMER et SCHULTES. *Systema vegetabilium*; 6 vol. in 8.

SPRENGEL. *Linnæi Systema vegetabilium*; 1825-1828, 5 vol. in-8.

DE CANDOLLE (A. Pyr.. *Prodromus systematis naturalis regni vegetabilis*; 11 vol. in-8. — En voie de publication

FLORES.

KOCH (W.-D.-J.). *Synopsis Floræ germanicæ et helveticæ*; 2e éd, 2 vol in-8. — On a publié avec le titre de 3e édition une simple réimpression, dans laquelle les additions et corrections de la 2e ont été reportées à leur place respective dans le corps de l'ouvrage.

GRENIER et **GODRON.** *Flore de France*; Besançon, 1848-1856, 3 gros vol. in-8.

BABINGTON (C.-C.). *Manual of British botany*; London, 1856, 4e éd., 1 vol. in-8.

BERTOLONI (A.). *Flora Italica*; Bologne, 9 vol. in-8.

VAN HALL (H.-C. *Flora van Noord-Nederland*; Amsterdam, 1825-1836, 3 vol. in-8.

LEJEUNE et **COURTOIS.** *Compendium Floræ belgicæ*; Liége et Verviers, 1828-1836, 3 vol. in-18. — Cet ouvrage est encore très-précieux pour l'étude de la Flore de Belgique. La famille de feu le docteur Lejeune (à Verviers en possède encore un grand nombre d'exemplaires.

BELLYNCK (Auguste). *Flore de Namur;* Namur, 1855, 1 vol. gr. in 8. — Ouvrage très-utile pour étudier la végétation de la région méridionale de la Belgique.

COSSON et **GERMAIN**. *Flore descriptive et analytique des environs de Paris;* Paris, 2e édit., 1 vol. in-18, en 2 tomes (sous presse). — Cette Flore est accompagnée d'un vol. in-18 de planches.

BOREAU (A.). *Flore du Centre de la France* et du bassin de la Loire; Angers, 1857, 3e éd., 1 vol. gr. in-8, en deux tomes.

GODRON (D.-A.). *Flore de Lorraine;* Nancy, 1857, 2e éd., 2 vol. in-18.

WIRTGEN (Philipp). *Flora der preussischen Rheinprovinz* und der zunächst angrauzenden Gegenden; Bonn, 1857, 1 vol. in-18.

KIRSCHLEGER (Fréd.). *Flore d'Alsace* et des contrées limitrophes; Strasbourg, 1852-1857, 2 vol. in-18.

DOELL (J.-Ch.). *Flora des Grossherzogthums Baden;* Karlsruhe, in-8. — En voie de publication.

GÉOGRAPHIE BOTANIQUE.

DE CANDOLLE (Alph.). *Géographie botanique raisonnée* ou exposition des faits et des lois concernant la distribution géographique des plantes de l'époque actuelle; Paris, 1855, 2 vol. gr. in-8 avec cartes.

THURMANN (Jules). *Essai de phytostatique* appliqué à la chaîne du Jura et aux contrées voisines, ou études de la dispersion des plantes vasculaires envisagées principalement quant à l'influence des roches soujacentes; Berne, 1849, 2 vol. gr. in-8 avec cartes.

COLLECTIONS DE PLANTES SÈCHES ET DE FIGURES.

Flora Galliæ et Germaniæ exsiccata. — Herbier publié par M C. Billot, de Haguenau (département du Bas-Rhin). Cette collection, commencée en 1846, est parvenue, au mois de décembre dernier, à la 28e centurie : 10 francs la centurie.

Flora Galliæ et Germaniæ exsiccata. — Herbier des plantes rares et critiques de la France et de l'Allemagne, publié par M. F. G Schultz, de Wissembourg (département du Bas-Rhin). — Cette superbe collection comprend déjà plusieurs centuries : 20 francs la centurie.

Collections botaniques publiées par MM. T. Puel et A. Maille (Paris). — Ces collections renferment des herbiers des Flores locales de France et des herbiers des Flores européennes. Elles se recommandent par la belle préparation des échantillons et par les soins donnés à la synonymie des espèces.

Herbier des plantes rares et critiques de la vallée du Rhin et des contrées limitrophes, publié par le professeur Philipp Wirtgen, de Coblence. — Huit fascicules ont déjà paru. Cette collection offre un intérêt tout particulier aux botanistes belges, à cause des espèces nombreuses de Belgique publiées dans cet exsiccata. Le prix du fascicule varie en raison des plantes qu'il renferme.

Icones Floræ Germanicæ et Helveticæ, simul terrarum adjacentium ergo mediæ Europæ auctoribus L. Reichenbach et H G. Reichenbach fil., in-4. — Cette collection de figures, l'une des plus précieuses pour l'étude des espèces de l'Europe centrale, est aujourd'hui arrivée au XIXe volume et comprend plus de 2,000 planches. Commencée vers 1856 par M. Reichenbach père, elle est continuée depuis plusieurs années par M. Reichenbach fils, avec un remarquable talent de dessinateur et de phytographe.

IV.

Aperçu sur la géographie botanique de la Belgique.

Dans l'état actuel de nos connaissances sur la Flore belge, il est difficile, et je dirai même presque impossible, de saisir les traits caractéristiques de la végétation des différentes zones de ce pays. Plusieurs portions très-considérables de nos provinces sont encore peu connues et, de plus, les données contenues dans la plupart de nos ouvrages indigènes n'ont point été distribuées de manière à faciliter la tâche du botaniste géographe. Aussi ce travail est seulement proposé comme un essai informe, dans lequel je me borne à envisager la dispersion d'un petit nombre d'espèces paraissant caractériser plusieurs régions naturelles. Mon unique but est d'éveiller l'attention des jeunes botanistes belges sur les rapports de la végétation avec la nature du sol, afin de les engager à faire des recherches méthodiques et à rassembler des matériaux, pouvant être plus tard coordonnés avec facilité. Les conditions climatériques, les analogies et les contrastes de notre Flore avec celles des pays voisins, et les questions si débattues de l'origine des espèces et de leur centre de dispersion, sont laissées de côté dans cette esquisse : je me réserve d'aborder ces objets, en ce qui concerne la Belgique, dans un travail sur la géographie botanique de l'Ardenne.

La majeure partie de notre contrée appartient à la grande plaine du nord de l'Europe, et au versant de cette crête montagneuse qui, partant, de la Gallicie, pénètre en Silésie, dans le royaume de Saxe, et gagne les bords du Rhin, qu'elle traverse entre Bonn et Coblence, pour venir constituer l'Eifel, sur le territoire allemand, et enfin l'Ardenne sur le sol belge. Les eaux du versant nord de cette chaîne sillonnent la vaste plaine septentrionale, et se jettent dans la mer du Nord et la Baltique. Le versant méridional, appartenant à l'Europe intérieure, n'est représenté en Belgique que par un mince lambeau du Luxembourg, dont le climat et les productions végétales ont beaucoup d'analogies avec ceux de la Lorraine. Des plateaux de l'Ardenne, élevés de 500 à 600 mètres, le sol s'abaisse graduellement dans la direction du nord-ouest, à 15 et 5 mètres vers les bords de la mer et le long de la frontière hollandaise.

Les grandes divisions géologiques du pays semblent avoir tracé les limites naturelles des différentes zones botaniques; du moins, j'ai cru reconnaître entre ces divisions et leurs Florules des rapports assez constants. Ainsi les terrains quaternaires formés d'alluvions et de sable campinien constituent ce que j'appelle la *Région septentrionale;* les terrains tertiaires composés d'étages pliocènes, miocènes et éocènes forment la zone argilo-sablonneuse, qui fait partie de la *Région méridionale;* celle-ci est complétée par la zone calcareuse, composée en grande partie des terrains primaires des étages anthraxifères ; les étages rhénans et ardennais des mêmes terrains composent la *Région ardennaise* ; enfin, les terrains secondaires du Luxembourg, appartenant à l'étage jurassique, constituent la *Région jurassique* (1).

Région septentrionale { zone maritime.
                                  { zone campinienne.

Région méridionale { zone argilo-sablonneuse.
                            { zone calcareuse.

Région ardennaise.

Région jurassique.

I. Région septentrionale. — Cette région comprend une grande partie des Flandres, la presque totalité de la province d'Anvers, les deux tiers du Limbourg et une petite portion du Brabant ; elle est bornée au nord et à l'ouest par la frontière hollandaise et l'Océan ; au midi, par une ligne passant au nord de Dixmude, Thourout, Thielt, Audenarde, Alost, Vilvorde, Diest, Saint-Trond. A l'exception d'une large bande d'alluvion qui règne le long de la mer du Nord, et qui se retrouve, mais plus étroite, sur les rives de l'Escaut jusqu'à Anvers, cette région est recouverte par le sable campinien. Elle forme une plaine basse, ayant généralement de 5 à 15 mètres au-dessus du niveau de la mer, relevée légèrement sur sa limite méridionale et un peu accidentée dans sa portion limbourgeoise, où les collines et les plateaux sablonneux atteignent de 50 à 75 mètres d'altitude. Ses cours d'eau sont : l'Yser, qui se jette dans la mer à Nieuport, le parcours inférieur de la Lys, de l'Escaut, de la Dendre, de la Senne et de la Dyle, le Demer, la Grande et Petite Nèthe. En outre, cette partie du pays est sillonnée par de nombreux canaux.

Je divise cette région en deux zones : zone maritime et zone campinienne.

Zone maritime. — Formée des seuls terrains baignés et arrosés par l'eau de mer ; cette zone n'occupe qu'une étroite lisière, le long de la mer du Nord et sur les bords de l'Escaut en aval d'Anvers ; elle est limitée à la plage journellement submergée, aux collines sablonneuses, nommées dunes, qui opposent une barrière à l'Océan, et enfin aux prairies, aux champs cultivés, aux fossés et aux mares en deçà des dunes, qui sont irrigués et alimentés par l'eau salée. En dessous d'Anvers jusqu'à la frontière hollandaise, cette zone ne s'éloigne pas des deux rives de l'Escaut.

---

(1) Ces divisions concordent à peu de chose près avec celles qu'avait établies le Dr. Laureys, dans le chapitre IX de l'*Essai d'une géographie physique de la Belgique,* par J. C. Houzeau ; Bruxelles, 1854. Ce long chapitre de géographie botanique, plein de réminiscences du *Cosmos* et de la *Phytostatique du Jura,* est un tableau élégamment écrit, mais de pure fantaisie.

Comme espèces caractéristiques, on peut citer :

Cakile maritima.	Euphorbia Paralias.
Eryngium maritimum.	Zostera marina.
Aster Tripolium.	Triglochin maritimum.
Glaux maritima.	Juncus maritimus.
Convolvulus Soldanella.	— Gerardi.
Plantago maritima.	Glyceria maritima.
Statice Limonium.	— distans.
Salicornia herbacea.	Triticum junceum.
Salsola Kali.	Hordeum maritimum.
Suæda maritima.	Phleum arenarium.
Hippophae rhamnoides.	Elymus arenarius.

J'ai omis plusieurs espèces maritimes trop peu répandues. La Florule de la côte comprise entre la frontière française et Ostende présente des espèces qu'on ne voit point au nord de cette dernière localité.

ZONE CAMPINIENNE. — D'après ce que nous avons dit ci-dessus, il est aisé de faire la part de cette seconde zone. De vastes étendues sont occupées par des sables stériles, et quelquefois mouvants à la façon de ceux des dunes ; mais où ils ont été fixés et rendus propres à la culture, et mieux encore où ils ont été recouverts et mélangés aux alluvions marines, le sol est d'une fertilité remarquable.

Les espèces caractéristiques de cette division sont en très-petit nombre, et encore sont-elles pour la plupart retrouvées sur quelques points des autres zones : cette ubiquité est propre à la plupart des plantes hygrophiles.

Illecebrum verticillatum.	Hydrocharis morsus-ranæ.
Helosciadium inundatum.	Stratiotes aloides.
Samolus Valerandi.	Juncus obtusiflorus.
Plantago Coronopus.	— tenuis.
Lobelia Dortmanna.	Carex arenaria.
Myrica Gale.	Digitaria sanguinalis.
Alisma natans.	Aira discolor.

II. Région méridionale. — La portion méridionale des deux Flandres, la grande partie du Hainaut et du Brabant, presque toute la province de Namur, la lisière septentrionale du Luxembourg, une bonne partie de la province de Liége et un lambeau du Limbourg sont compris dans cette région. Sa limite du nord a été tracée, celle du midi passe vers les communes de Monceau-Imbrechies, Forges, Gonrieux, Olloy, Vaucelles, Dion-le-Mont, Vancennes, Honnay, Chanly, Tellin, Bure, Ambly, Harsin, Hampteau, Soy, Heyd, Izier, Ferrière, Harzé, La Reid, Polleur, Heusy, Goé. Sa composition géologique et son relief sont très-variés ; par suite, sa végétation présente une grande richesse de formes.

On peut considérer les plantes ci-après comme particulières à cette région :

Clematis Vitalba.
Alyssum calycinum.
Anthyllis Vulneraria.
Orlaya grandiflora.
Cornus mas.
Ribes Uva-crispa.
Lithospermum officinale.
Echium vulgare.
Verbascum Lychnitis.

Calamintha Acinos.
Scabiosa Columbaria.
Centaurea Scabiosa.
Barkhausia fœtida.
Orchis mascula.
Ophrys muscifera.
Phleum Bœhmeri.
Glyceria rigida.
Bromus asper.

Zone argilo-sablonneuse. — Je comprends dans cette division la plus grande partie des terrains tertiaires recouverts par le limon hesbayen. Ces terrains, ensevelis sous le dépôt diluvien, ne se montrent à nu que sur les plateaux et aux flancs des vallées ; ils appartiennent aux étages éocènes dans la partie méridionale des Flandres et le pays situé entre la Dendre et la Senne, et sont constitués par des psammites, des sables argileux et glauconifères, des argiles ; dans la contrée qui s'étend à l'est de la Senne, ils sont également éocènes et formés de gravier, de sable calcareux et quartzeux, de calcaire grossier ; dans les bassins de la Grande et Petite Gcete, entre Tirlemont, Saint-Trond et Hannut, ils appartiennent à l'étage éocène inférieur et se composent de sables, de psammites, de poudingues, de marne, d'argile, de grès. Plus à l'est, vers les rives de la Meuse, le terrain fait partie de l'étage éocène supérieur composé de sable et d'argile glauconifères, etc. ; vers Diest et Aerschot, on rencontre des terrains pliocènes, formés de cailloux, de sable et de gravier coquilliers. Parmi ces formations, sont comme noyés d'autres terrains de peu d'étendue.

L'ensemble de la surface de cette zone peut être regardé comme une plaine ondulée dont le niveau, variant de 50 à 100 mètres, s'élève d'autant plus qu'on se rapproche de la zone suivante ; quelques collines surgissent çà et là, et atteignent jusqu'à 150 mètres d'altitude. Elle est arrosée par la Lys, l'Escaut, la Dendre, la Senne, la Dyle et les affluents méridionaux du Demer. Recouverte par un puissant dépôt diluvien, cette contrée est d'une grande fertilité ; mais sa végétation indigène, quoique planturcuse, est généralement peu variée.

Une revue soigneuse des Flores et de documents manuscrits, ne m'a point fait découvrir de plantes franchement caractéristiques pour cette zone, à part quelques espèces rares ou assez rares, qui ne suffisent point pour donner un cachet particulier à un pays.

Zone calcareuse. — Cette zone s'étend sur la majeure partie des provinces de Hainaut et de Namur, sur une étroite lisière du Luxembourg, et sur les rives de la Meuse, de l'Ourthe, de l'Amblève et de la Vesdre dans la province de Liége. Ses nombreux étages géologiques offrent une diversité d'autant plus grande qu'ils sont presque tous à nu, ce qui n'existe point dans les zones plus septentrionales, recouvertes par des dépôts modernes. Elle est presque entièrement formée de terrains anthraxifères, composés de bandes calcaires alternant avec des bandes quartzo-schisteuses, les unes et les autres dirigées du sud-ouest au nord-est, à travers l'Entre-Sambre-et-Meuse, la Famenne et le Condroz ; sur la rive gauche de la Sambre, cette zone est traversée par une bande de terrain éocène, qui se bifurque entre Charleroy et Mons pour projeter deux branches, dont l'une va s'épanouir dans la plaine du Brabant, tandis que l'autre va contourner le massif crétacé de Mons, entourer le terrain anthraxifère des environs de Tournay, et s'étendre dans la Flandre orientale. Plusieurs lambeaux crétacés font également partie de la zone en question.

Des bords de la Sambre et de la Meuse, cette contrée s'élève assez sensiblement jusqu'au pied de l'Ardenne, où elle atteint des altitudes de 300 à 550 mètres ; sa surface est très-accidentée, surtout aux abords de la Meuse, de l'Homme, de la Lesse, etc., où l'on observe des escarpements qui nourrissent une végétation très-variée. Moins fertile que sa voisine au nord, la zone qui nous occupe n'est cependant point dépourvue d'intérêt ; nous pouvons citer comme des cantons favorisés, sous le rapport agricole, le pays de Herve, le Condroz, les rives de la Meuse, de l'Ourthe, etc.

Helleborus fœtidus.	Brunella alba.
Berberis vulgaris.	Ajuga Genevensis.
Dianthus Carthusianorum.	Stachys recta.
Geranium sanguineum.	— Alpina.
Fumaria Vaillantii.	Teucrium Chamædrys.
Arabis brassicæformis.	Globularia vulgaris.
Sisymbrium Austriacum.	Campanula glomerata.
Biscutella lævigata.	Viburnum Lantana.
Iberis amara.	Linosyris vulgaris.
Helianthemum pulverulentum.	Lactuca perennis.
Hippocrepis comosa.	Rumex scutatus.
Fragaria collina.	Buxus sempervirens.
Rosa pimpinellifolia.	Allium sphærocephalum.
Cotoneaster vulgaris.	Phalangium Liliago.
Bupleurum falcatum.	Polygonatum vulgare.
— rotundifolium.	Orchis ustulata.
Carum Bulbocastanum.	Ophrys apifera.
Libanotis montana.	— arachnites.
Turgenia latifolia.	Cephalanthera pallens.
Vincetoxicum officinale.	Carex humilis.
Gentiana Cruciata.	Sesleria cœrulea.
— Germanica.	Melica ciliata.
Digitalis lutea.	Ceterach officinarum.

On retrouve plus particulièrement ces espèces caractéristiques dans la portion méridionale de la zone et sur les bandes calcaires, étirées de l'est à l'ouest, entre la Sambre et l'Ourthe. Une de ces bandes calcaires, que j'ai désignée dans le Manuel sous le nom de bande calcaire du nord de l'Ardenne, sépare exactement la région méridionale de la région ardennaise : sa Flore est très-intéressante.

III. Région ardennaise. — Supposons à un voyageur l'intention de traverser la Belgique du nord-ouest au sud-est en partant de Blankenberghe : quittant les rivages de la mer, il traversera par Bruges et Deynze la plaine basse des Flandres, qui varie de 10 à 15 mètres d'altitude, et ensuite, il gagnera les premiers gradins de la région méridionale vers Audenarde. Ayant dépassé les collines de Renaix et Grammont, qui offrent déjà 100 mètres d'élévation au-dessus du niveau de la mer, il se dirigera à travers les terrains anthraxifères d'Ath et de Soignies, pour passer dans les terrains crétacés de Mons, d'où, gagnant à l'est, il arrivera sur les bords de la Sambre, dont les plateaux atteignent 150 mètres. Au delà de cette rivière, il se trouve en présence d'un pays plus accidenté, s'élevant graduellement par une suite d'étages calcaires et de bandes quartzo-schisteuses dont les dernières vont s'adosser aux flancs de l'Ardenne. Parvenu au pied de la région ardennaise, vers Wellin, par exemple, notre voyageur, habitué à la plaine ondulée, aux collines et aux escarpements des zones de la région méridionale, doit être frappé du contraste offert par la région montagneuse, dont le croupes sombres vont en s'étayant les unes au-dessus des autres et forment une immense barrière entre les pays déjà parcourus et la région jurassique du bas Luxembourg. Pour atteindre cette dernière contrée, avançons avec lui, en suivant la route de Dinant à Arlon. Des bords de la Lesse à Neupont, franchissant la première ligne de forêts, nous parvenons sur le plateau élevé des Baraques de Transinne (450 mètres), d'où nous jouissons d'un immense panorama qui se déroule devant nous. Aussi loin que la vue peut s'étendre en avant, à droite et à gauche, on n'aperçoit que d'imposantes ondulations recouvertes de forêts et de bruyères, au milieu desquelles se détachent les champs cultivés qui avoisinent les villages ; à l'est, on distingue les énormes mamelons qui dominent la Meuse, et qui soutiennent le plateau de Rocroy et celui d'où descendent les ruisseaux tributaires de la Houille ; à l'ouest, on parvient à découvrir dans le lointain les montagnes de Baraque-de-Fraiture et celles de Bastogne, qui atteignent 600 à 650 mètres d'altitude ; enfin, au midi, la vue est bornée par la crête de l'Ardenne, que nous atteindrons bientôt pour redescendre au midi de la chaîne. Dans ce champ étendu, on peut suivre de l'œil les profondes gorges creusées par les eaux de la Lesse, de l'Homme et de l'Ourthe. Jusqu'à Recogne, la route s'élève à peine de 50 mètres, et à partir de ce point, d'où on peut embrasser la plus grande partie du versant méridional de la chaîne ardennaise, elle va en s'abaissant, pour arriver à Neufchâteau, à 425 mètres. De là, descendant toujours, elle passe par Léglise (450 mètres) et atteint Habay-la-Neuve (400 mètres), où elle pénètre enfin dans la région jurassique.

c.

Presque toutes les eaux du versant méridional se jettent dans la Semoy, rivière qui se dirige de l'est à l'ouest, et se creuse un profond passage dans la région ardennaise entre Sainte-Cécile et Bohan.

Comme nous venons de le voir, cette région est formée d'une suite de collines et de plateaux dirigée du sud-ouest au nord-est. Elle commence vers les sources de l'Oise, dans le département de l'Aisne, s'avance dans la partie méridionale des provinces de Hainaut et Namur, ainsi que dans la partie septentrionale du département des Ardennes, entre la frontière et les localités de Signy-le-Petit, Maubert-Fontaine, Rimogue, Mézières, la Chapelle, Pouru-aux-Bois, puis occupe la plus grande portion du Luxembourg et une partie de la province de Liége ; au delà de nos frontières, elle se prolonge dans la province rhénane, sur les deux rives du Rhin. Sa crête principale, passant par Louette-Saint-Pierre, Saint-Hubert, Baraque-de-Fraiture, Baraques-Michel, présente une élévation de 500 à 600 mètres d'altitude. Les plateaux les plus élevés sont ceux de la Baraque-Michel, de Baraque-de-Fraiture, de Bastogne, de Recogne et de la ferme Jacob, vers la frontière française.

En jetant un coup d'œil sur la carte géologique, on voit cette division, exclusivement composée de terrains siliceux, appartenant aux étages rhénan et ardennais, formés de grès, de schistes, de phyllades, de poudingues, etc., etc. Dans les portions quartzeuses, la végétation est puissante ; mais dans les endroits schisteux, elle est rabougrie.

Les espèces suivantes se rencontrent presque exclusivement dans cette région :

Ranunculus platanifolius.	Galium sylvaticum.
Stellaria nemorum.	Centaurea montana.
Acer platanoides.	Arnica montana.
Geranium sylvaticum.	Hypochæris maculata.
Cerasus Padus.	Thesium pratense.
Agrimonia odorata.	Polygonatum verticillatum.
Circæa intermedia.	Carex lævigata.
Meum Athamanticum.	Calamagrostis sylvatica.
Trientalis Europæa.	Poa Sudetica.
Digitalis grandiflora.	Festuca sylvatica.
Ajuga pyramidalis.	Polypodium Phegopteris.
Vaccinium uliginosum.	Polystichum oreopteris.
Sambucus racemosa.	Equisetum sylvaticum.

On rencontre dans la partie orientale de cette contrée plusieurs espèces très-intéressantes : *Lycopodium Alpinum* et *complanatum, Carex pauciflora, Juncus filiformis, Empetrum nigrum, Viola lutea.* Chose digne d'attention, c'est que deux de ces espèces, le *Juncus filiformis* et l'*Empetrum nigrum* se retrouvent dans la zone campinienne : la première existe dans les prairies fraiches de Westerloo, à 10 ou 15 mètres d'altitude ; la seconde a été vue à Brasschaet, à 8 ou 10 mètres. A ces deux espèces subalpines, descendant dans la plaine, on peut ajouter le *Vaccinium uliginosum*, qui est assez répandu dans la Campine.

IV. Région jurassique. — Bornée au nord par l'Ardenne qui s'arrête vers Attert, Habay-la-Neuve, Rossignol, les Bulles, Florenville, Sainte-Cécile et Muno, cette région est limitée au sud par la frontière des départements des Ardennes, de la Meuse et de la Moselle. Elle occupe l'extrémité sud-est du Luxembourg, et comprend les cantons de Virton, d'Étalle et une partie de ceux d'Arlon et de Florenville. Son sol est formé de terrains jurassiques, appartenant surtout à l'étage liasique, terrains composés de sable et de grès de Luxembourg, de calcaire argileux et de marne. Il existe vers Attert un mince lambeau de l'étage triasique. Le relief de cette petite contrée est assez accidenté vers Virton et Châtillon, où les plateaux sont élevés de 350 mètres au-dessus du niveau de la mer. La Semoy est le seul cours d'eau important qui l'arrose.

Hormis quelques portions sablonneuses et tourbeuses, le sol de cette région est d'une fertilité qui peut rivaliser avec celle de la zone argilo-sablonneuse.

Sa Flore a d'assez grands rapports avec celle des zones calcareuse et campinienne ; ainsi, elle possède d'une part, les *Ajuga Genevensis, Campanula glomerata, Gentiana Cruciata,* et d'une autre, les *Illecebrum verticillatum, Helosciadium inundatum, Plantago Coronopus, Myrica Gale, Alisma natans, Hydrocharis morsus-ranæ.*

Jusqu'ici, je n'ai reconnu qu'une seule espèce assez répandue qui lui fût propre, l'*Helichrysum arenarium.*

Voilà un tableau bien incomplet sous tous les rapports, dans lequel je n'ai fait que toucher légèrement l'orographie de la contrée, sa composition géologique, et n'ai dit mot de la prépondérance de certaines espèces donnant un cachet particulier à la végétation des diverses zones. Pour remplir convenablement mon cadre, il aurait fallu tout d'abord pouvoir disposer de plus d'espace ; ensuite, le tapis végétal du pays et le personnel de sa Flore ne m'étaient pas assez familiers pour en donner une description fidèle et saisissante. Comme je l'ai dit, du reste, en commençant, mon seul but est d'attirer l'attention des amateurs indigènes vers l'étude de la géographie botanique, et de les engager à multiplier leurs recherches et à les faire méthodiquement.

L'insuffisance de nos ressources étant connue, voyons maintenant le moyen de les augmenter avec rapidité.

Veut-on parvenir un jour à saisir exactement la dispersion des espèces en Belgique, qu'on abandonne la coutume si vicieuse de rédiger des Flores ou des catalogues de contrées circonscrites par des bornes politiques ou administratives, et qu'on embrasse dans les travaux descriptifs, la végétation de zones naturelles soit au point de vue de l'altitude, ou de la composition du terrain.

La zone maritime réclame une Florule bien faite, dans laquelle devront être indiquées avec exactitude, l'abondance et la rareté des espèces, avec des observations concernant les plantes indigènes propagées artificiellement sur plusieurs points des côtes pour en fixer les sables. Identiques quant au terrain, et ayant à peu près les mêmes conditions climatériques, nos côtes offrent cependant des inégalités dans leur végétation ; comme je l'ai déjà dit, la Florule du littoral compris entre la frontière française et Ostende nous présente plusieurs espèces qui ne s'avancent pas au delà de ce dernier point. Les plantes introduites feront l'objet de recherches attentives. Avant que le port de Blankenberghe ne soit construit, il serait du plus grand intérêt de connaître à fond la végétation de cette localité, afin de voir, dans la suite, quelles seront les espèces introduites. Les plantes introduites plus tard dans le voisinage de ce port nous édifieront sur le compte de plusieurs espèces, des environs de Nieuport et d'Ostende suspectées d'introduction. Il va sans dire que l'auteur de la Flore maritime comprendra dans son champ d'étude, outre le littoral proprement dit, les rives de l'Yser, de l'Escaut et des différents canaux jusqu'au point où l'eau de mer fait sentir son influence.

Un travail complet sur la végétation de la zone campinienne offrirait un très-grand intérêt. Plusieurs points étendus de cette contrée sont encore inconnus ; d'autres sont, au contraire, soigneusement explorés : tels sont les environs de Gand, Anvers, Herenthals, Malines, Cortessem, Lanaeken. A la fin du siècle dernier, Roucel a étudié scrupuleusement les environs de Termonde et d'Alost, et consigné le résultat de ses recherches dans son *Traité des plantes;* il serait très-curieux de revoir attentivement ces deux localités, et de constater quelles sont les espèces de Roucel qui s'y retrouvent encore et quelles sont celles échappées aux recherches de cet observateur, ou introduites dans ce pays depuis l'époque de ses herborisations. De telles recherches archéologiques ne peuvent être faites que sur quelques rares points du pays : Ath, Bruxelles, Verviers. La plaine campinienne est loin d'être épuisée sous le rapport botanique ; de nombreuses découvertes sont encore réservées aux explorateurs de cette zone. Ceux-ci doivent diriger leur attention vers les plantes hygrophiles, les Potamées, les Cypéracées, etc., etc.

Vient ensuite la zone argilo-sablonneuse, moins connue encore dans son ensemble que la précédente. Les botanistes visiteront surtout les endroits de cette contrée où les roches souterraines se montrent à nu ; dans ces localités, ils rencontreront des espèces n'existant point sur les dépôts argileux qui recouvrent presque entièrement cette zone. Malgré la très-grande étendue qu'occupent les champs cultivés, les prairies et les plantations artificielles, il se trouve encore des endroits incultes, des ravins, des rochers, etc., où la végétation aborigène a persisté au grand contentement de l'herborisateur, fatigué de la Flore monotone des moissons et des haies. Depuis plusieurs siècles, la plupart des cantons fertiles et populeux des

Flandres, du Brabant et de la Hesbaye sont cultivés avec un soin remarquable; peu de champs sont demeurés sans éprouver de nombreux bouleversements qui ont changé les conditions naturelles du sol et, par suite, altéré la végétation primitive. La Flore messicole de ce pays est presque tout à fait artificielle, et ne renferme que quelques plantes indigènes, perdues au milieu d'espèces introduites et naturalisées. L'observateur attentif aura toujours l'œil ouvert sur ces plantes suspectées d'introduction, et cherchera sans cesse les causes qui en ont favorisé la dispersion.

Les plantes bulbeuses se propagent avec rapidité, et sont facilement introduites dans les cultures au moyen des fumiers; le transport de ceux-ci favorise la dispersion des espèces brillantes des jardins. Aux abords des villes surtout, l'origine des engrais et des amendements sera constatée avec soin. Également l'origine des grains de semailles, celle des semences avec lesquelles on a créé des prairies, seront précieuses à connaître. Pour les espèces ligneuses, le botaniste notera avec grand soin les changements qui se seront opérés dans les bois, les plantations nouvelles qui auront été faites dans les parties dégarnies des forêts, etc. Les jeunes herborisateurs sont enclins à considérer des espèces subspontanées ou naturalisées comme plantes indigènes, et s'ils ne s'édifient promptement sur le compte de ces objets étrangers, en lisant des ouvrages de géographie botanique et des Flores générales bien faites, il arrivera que plus tard, il leur sera pénible de les rejeter de la Florule de leurs contrées, et ils se laisseront peut-être même aller à les comprendre sans hésitation parmi les espèces spontanées. Cette manie d'enrichir de la sorte une Flore quelconque est assez générale, et d'un pays à l'autre les floristes se trompent réciproquement, et cela au grand détriment de la vérité. Tous les objets évidemment étrangers doivent être exclus, ou au moins inscrits avec le stigmate de l'introduction, et s'il reste quelque incertitude à leur égard, elle doit être franchement exprimée. Dans l'intérêt de la géographie botanique, je supplie ici les amateurs de ne point propager de plantes exotiques; trop de difficultés entourent déjà l'étude des espèces subspontanées et naturalisées, sans qu'elle soit rendue encore plus obscure par des semis intempestifs qui, lorsqu'ils ne sont pas faits dans le but de tromper les botanistes étrangers, sont du moins des amusements puérils. Les chemins de fer, avec leurs terrains nouvellement remués et propres à recevoir soit les nombreuses plantes cultivés dans les jardinets des stations et des gardes-barrières, soit les graines transportées accidentellement par les convois de marchandises, sont une cause puissante d'introduction. Avec le temps, toutes ces espèces étrangères seront étouffées sous les efforts de la végétation indigène, qui étendra son empire sur les tranchées et les remblais des voies ferrées.

Il reste encore de nombreuses recherches à faire dans la zone calcareuse. Avant qu'il soit possible d'élaborer un travail général sur

sur cette contrée, plusieurs catalogues ou Florules doivent être publiés. En premier lieu, le Hainaut réclame un catalogue raisonné. L'auteur entrera dans de grands détails sur les rapports de la végétation avec le sol, et fera contraster entre elles les Florules des terrains crétacés, anthraxifères, sablonneux, etc. Les calcaires de la Sambre et de Beaumont méritent d'être explorés avec soin. Dans la province de Namur, on manque de données sur le beau massif calcaire de Philippeville, et sur les bandes quartzo-schisteuses et calcaires qui occupent une partie de l'Entre-Sambre-et-Meuse, entre Philippeville et les bords de la Sambre; on est à peu près dans la même ignorance sur la végétation de la plus grande partie du Condroz. La vallée de la Meuse, depuis Huy jusqu'à Visé, avec les plateaux qui couronnent ses escarpements, méritent de faire l'objet d'une Florule spéciale; et il est étonnant qu'un amateur liégeois n'ait pas encore entrepris cette tâche.

La région ardennaise présente plusieurs points n'ayant pas encore été visités avec assez d'attention, et entre autres Bastogne, Houffalize, Vieil-Salm et une grande partie du versant méridional de la chaîne.

Quant à la région jurassique, sa partie centrale a été fouillée attentivement par plusieurs explorateurs; mais son extrémité méridionale est peu connue ou du moins il n'a rien été publié sur sa Florule. Ce canton est cependant très-intéressant, et présentera des richesses végétales qu'on cherchera vainement ailleurs. J'engage fortement les amateurs de ce pays à diriger leurs recherches vers le petit massif appartenant au système bathonien et composé de calcaire de Longwy, de schiste et de marne de Grancourt, qui se trouve entre Lamorteau, Ruette et Musson. Mieux connue, cette région offrira plusieurs espèces caractéristiques qui feront voir l'analogie de sa Flore avec celle des départements français limitrophes.

Après avoir tracé la besogne, qu'il me soit permis de donner quelques explications sur la manière dont elle doit se faire. Trop souvent, on considère la rédaction d'un catalogue raisonné comme une chose aisée et qu'un novice peut entreprendre. Grande est l'erreur; car, qu'on se pénètre bien de cette vérité, que pour confectionner une simple Florule il faut autant de talent et de connaissances que pour élaborer une Flore. A ce sujet, je rappellerai ici la parole d'un botaniste renommé. « Presque tous les pays de l'Europe, et plusieurs des
» autres parties du monde, souvent les provinces, les cantons, les
» villes même de certains pays, possèdent des Flores où leurs
» plantes sont indiquées; mais de toutes ces sortes d'ouvrages il en
» est peu où l'on trouve autant de livres médiocres et inexacts. Chacun, après avoir herborisé dans son canton, s'est cru autorisé à
» en publier la Flore; sans posséder les livres déjà existants, sans
» avoir des herbiers qui lui permettent de comparer ces plantes avec
» celles des pays voisins, il a affirmé, sans certitude, que telle

» plante était inédite ou portait tel ou tel nom : de là une foule d'er-
» reurs de nomenclature, introduites dans la science et très-diffi-
» ciles à déraciner, vu la mauvaise forme donnée à ses Flores
» locales. La plupart, en effet, n'ont que peu ou point de descrip-
» tions, de sorte qu'on est privé de ce moyen essentiel de vérifica-
» tion ; et, ce qui est pis encore, la plupart, pour donner les carac-
» tères spécifiques, se contentent de copier les phrases des ouvrages
» de Linné, sans s'inquiéter même si elles s'appliquent rigoureuse-
» ment à leurs plantes. Dans ces cas, le meilleur moyen de vérifi-
» cation est la communication d'échantillons donnés par les auteurs ;
» mais cette communication est souvent impossible. Il faut alors se
» contenter d'herboriser dans le lieu où tel auteur a trouvé telle
» plante ; mais ce moyen même est fort insuffisant ; car, de ce qu'on
» n'a pas trouvé une plante dans tel lieu, on ne peut pas affirmer
» qu'elle n'y croît pas : de là résulte un vague et une incertitude
» très-préjudiciables à la géographie botanique et à la botanique des-
» criptive elle-même (1). »

Ces lignes, écrites il y a un demi-siècle, sont encore vraies et appli-
cables aux temps actuels.

Avant de publier le catalogue raisonné ou la Flore d'un canton,
d'une zone quelconque, il faut : 1° en connaître foncièrement la
végétation, soit par ses propres recherches, soit avec l'aide de ses
amis et correspondants ; 2° en avoir identifié les espèces avec des
échantillons authentiques ou des planches fidèles ; et 3° avoir passé
en revue les herbiers des auteurs ayant écrit sur la contrée, afin
d'être à même de citer leur synonymie avec certitude. Comme il n'est
pas toujours possible de comparer toutes les plantes d'un pays avec
des échantillons authentiques, il est prudent de faire revoir ses
déterminations par un savant connu. Afin de faciliter les recherches
des auteurs qui viendront après, il serait bon de déposer dans une
bibliothèque publique ou dans une musée une collection renfermant
les types décrits ou énumérés dans la Flore ou le catalogue publié.
Un grand soin doit être apporté aux indications stationnelles et locales ; on se fera une loi de toujours citer, à la suite des localités, les
personnes qui ont découvert les plantes, indiquant par un signe si
on a vu des échantillons provenant de ces localités. Les formules
employées ordinairement, telles que commun, très-commun, rare,
assez rare, seront appliquées aux plantes après de mûres réflexions.

Je ne m'étendrai pas plus sur ce sujet ; j'en ai dit assez pour faire
voir que la rédaction d'un catalogue est une affaire sérieuse à laquelle on ne saurait donner trop de soins. En finissant cet article,
j'engage tous les botanistes belges à associer leurs recherches pour

____

(1) De Candolle, *Théorie élémentaire,* 3ᵉ éd., p. 257.

réunir les matériaux d'un traité sur la géographie botanique de la Belgique.

V.

De l'espèce végétale.

Discourir, dans un livre élémentaire, sur un sujet aussi controversé que celui de l'espèce (*species*) paraît tout d'abord inopportun, mais, pour peu qu'on réfléchisse, on reconnaît qu'il est utile et instructif que l'auteur d'une Flore s'explique sur la manière dont il envisage les êtres énumérés. Je n'ai point, du reste, l'intention de m'étendre longuement sur cette matière, à laquelle il faudrait consacrer plusieurs volumes pour en exposer et discuter les points principaux : je me propose seulement de donner quelques conseils pratiques.

Qu'est-ce que l'espèce? Autant de fois la question a été posée, autant de fois on y a donné une réponse, variable quant aux termes, mais à peu près identique quant au fond. Parmi les nombreuses définitions de l'espèce, en voici quatre, prises pour ainsi dire au hasard.

I. « Le fond commun identique chez tous ceux (individus) qui » représentent une même forme spécifique, c'est là l'espèce. » (Jordan, *De l'origine des diverses variétés ou espèces d'arbres fruitiers ; 1853, p. 5.*)

II. « La collection des fonctions identiques forme l'espèce. » (Thurmann, *Essai de phytostatique ; 1849, I, p. 528.*)

III. « On désigne sous le nom d'espèce la collection de tous les » individus qui se ressemblent plus entre eux qu'ils ne ressemblent » à d'autres, et qui se reproduisent par la génération, de telle sorte » qu'on peut par analogie les supposer tous sortis originairement » d'un seul individu. » (Aug. Pyr. De Candolle, *Théorie élémentaire de la botanique ; éd. 3, p. 162.*)

IV. « Le mot espèce ne doit être employé que pour désigner une » collection d'individus qui se ressemblent tellement, que toutes » leurs différences s'expliquent par les effets connus et suffisamment » constatés de causes naturelles, et pour lesquels rien ne s'oppose » à ce qu'on les considère comme les descendants d'une seule et » même souche. » (Prichard, *Researches into the physical history of mankind,* traduction allemande de Wagner, t. I, p. 142.)

Voilà ce qu'on entend par espèce. Les botanistes appartenant aux deux écoles rivales qui existent aujourd'hui s'accordent généralement sur l'idée ou concept de l'espèce.

A quoi reconnaît-on l'espèce? La réponse à cette seconde question est bien autrement importante pour la pratique. Les deux premières définitions, qui sont subjectives, ne répondent point à cette demande;

la troisième et la dernière préconisent, pour reconnaître l'espèce, des moyens vagues et incertains. Contre le criterium de la troisième définition, on a élevé l'objection tirée de l'existence des *races*, que De Candolle considérait comme des variétés permanentes; et dans l'état actuel de la science, les moyens recommandés dans la quatrième définition ne peuvent être mis en usage.

L'auteur de la première définition, frappé de l'insuffisance et de l'incertitude des moyens préconisés avant lui pour distinguer l'espèce, a émis les principes suivants : « Toutes les fois que des plantes voi-
» sines par leurs caractères se trouvent placées dans des conditions
» identiques, et que les différences qui les séparent subsistent, consi-
» dérées dans leur ensemble, je dis qu'elles doivent être regardées
» comme des espèces distinctes. Toutes les formes immuables et
» évidemment irréductibles sont, pour moi, des espèces. Je ne pense
» pas qu'on puisse raisonnablement se faire une autre idée de l'es-
» pèce, et en dehors de cette règle, je ne vois qu'arbitraire sans li-
» mite et qu'absence complète de certitude (1). »

On ne peut élever ici l'objection précédente, parce que la nouvelle école, qui adopte ce dernier criterium, ne reconnaît pas l'existence de races dans le règne végétal.

En admettant les principes énoncés ci-dessus, nous avons fait un pas de plus, mais nous ne possédons encore qu'une règle théorique, qui doit être complétée par des règles secondaires. En effet, comment reconnaîtra-t-on l'identité des conditions? Comment s'assurera-t-on de l'irréductibilité des formes? Voilà où résident les véritables difficultés. Je demande à quoi on pourra reconnaître d'une manière positive que deux plantes voisines par leurs caractères, croissant à un moment donné l'une à côté de l'autre, dans un milieu identique, ont été soumises aux mêmes conditions pendant *le même laps de temps?* Ce qu'on doit entendre par ces mots « se trouvent placées dans des conditions identiques » n'est pas seulement habitation simultanée dans un milieu identique, mais habitation d'égale durée. Pour qu'il y ait identité de conditions, il faut qu'il y ait égalité de temps et de milieu. Qui peut assurer que deux groupes d'individus habitant la même station, ou seulement deux individus voisins par leurs caractères, ont crû côte à côte depuis l'origine des choses? Avant de s'être trouvés réunis, n'ont-ils pas végété l'un et l'autre ou les uns et les autres dans des milieux divers, à des expositions différentes? On voit combien il est difficile de constater l'identité des conditions.

En second lieu, quels moyens devra-t-on employer pour s'assurer de l'irréductibilité ou immutabilité des formes soumises à l'examen?

On se tait sur ces points secondaires, et, faute de règles explicites,

---

(1) Jordan, *Observations,* frag. II, p. 6.

recherchons comment les partisans de la nouvelle école mettent en pratique le criterium qu'ils ont adopté.

Dans une même station, dans un milieu et des conditions qui paraissent identiques, se rencontrent deux formes qui semblent être distinctes ; leurs différences ne peuvent être le résultat de modifications, puisque les conditions sont identiques, mais doivent provenir de l'organisation intime, dissemblable chez les deux formes. Afin de n'être cependant point le jouet d'illusions, et pour se convaincre que les différences observées sont bien essentielles, on cultive les deux plantes durant cinq ou dix ans. Si après ce temps, les différences subsistent, considérées dans leur ensemble, on est fondé à reconnaître et à proclamer deux espèces distinctes. Voilà la manière dont le criterium est appliqué et compris par la nouvelle école.

Nous admettons le criterium, tel qu'il est énoncé, comme bon, c'est-à-dire comme le meilleur proposé jusqu'aujourd'hui ; mais nous sommes loin d'en accepter l'application.

L'une des deux formes qui se trouvent réunies, à un moment donné, ne végète peut-être dans ce milieu commun que depuis un petit nombre d'années, tandis que l'autre s'y propage depuis plusieurs siècles ; celle-ci a subi l'influence du milieu actuel depuis une longue suite de générations, tandis que l'autre, avant d'y avoir été transportée ou entraînée, a été soumise aux causes modificatrices d'un milieu différent et pendant une durée de temps incalculable. Ces différences, qu'on a attribuées trop légèrement à une diversité d'organisation, peuvent donc être dues à des causes modificatrices prolongées. Pour se prononcer sur l'identité des conditions auxquelles ont été soumises certaines formes végétales, soit qu'elles se trouvent rassemblées dans le même milieu, soit qu'elles habitent des milieux identiques séparés, il faudrait en connaître l'histoire depuis l'origine des choses.

Enfin, pour que la pratique de ce criterium, telle qu'elle est entendue, fût acceptée, il faudrait auparavant que cet autre point fût prouvé, à savoir : que les modifications qu'ont pu et peuvent subir les formes ou les espèces, soit après une année, soit après un siècle, *doivent* disparaître entièrement dès la première année d'essai ou la première génération, toutes les causes modificatrices étant écartées. Si l'on admet que ces modifications ou différences puissent se perpétuer jusqu'à la deuxième génération, il n'existe pas de motif pour ne point croire à leur persistance pendant un laps de temps indéterminé, et variable suivant les espèces et la durée des influences modificatrices. Pourquoi donc s'arrêter à la 15e année d'expérimentation plutôt qu'à la 10e, ou à la 10e préférablement à la 5e ? On n'est pas plus fondé logiquement à conclure à l'irréductibilité des formes après la 10e année qu'après la 5e : dans ces cas, il n'y a que divers degrés de probabilité. La réduction des modifications superficielles dès la première année ou la première génération est loin d'être prouvée, et même elle est très-peu probable dans une foule de cas. Le soin qu'on prend de cultiver les formes nouvelles pendant cinq, dix ou quinze ans, et la précaution de faire connaître la durée des essais, nous montrent assez que les partisans de la nouvelle école soupçonnent, sans l'avouer, une persistance plus ou moins grande dans ces différences superficielles qui séparent entre elles les variations d'une même espèce. Il paraît bien plus probable que les formes soumises pendant des siècles, peut-être, à des causes modificatrices variées doivent offrir une résistance plus ou moins forte aux essais de réduction les mieux entendus.

D'un autre côté, quand sera-t-on sûr que tous les moyens propres à faire disparaître les différences ou modifications superficielles ont été employés? Pour conclure à l'irréductibilité, la nouvelle école exige-t-elle que les essais de culture soient faits sous différentes latitudes et par plusieurs observateurs; demande-t-elle que les formes des terrains secs et dénudés soient éprouvées à des expositions fraîches et ombragées, que celles des terrains calcaires le soient dans des terres siliceuses; que les formes des plaines soient transplantées dans la montagne, celles des terrains maritimes, à l'intérieur des terres; que les formes des alluvions chargées d'humus soient cultivées dans des champs très-maigres, et que les formes de ces derniers le soient dans des sols riches en engrais? Si les partisans de l'école linnéenne attribuent les différences qui séparent ces formes nombreuses, élevées depuis quelques années au rang d'espèces, aux causes modificatrices des milieux, il faut que les novateurs, pour obtenir gain de cause, ou nient absolument l'influence des milieux, on épuisent dans leurs essais tous les moyens possibles de réduction, afin de prouver par là que les différences ou les caractères assignés aux nouvelles espèces ne sont pas le résultat de causes modificatrices, mais sont, au contraire, le produit d'organisations dissemblables. On ne s'explique point sur les expériences de culture faites pour s'assurer de la persistance des caractères attribués aux nouvelles espèces. Pourquoi ce silence? Les essais sont-ils incomplets et craint-on en les exposant, pour l'existence des nouvelles créations? S'ils sont aussi complets que possible, il serait dans l'intérêt de la science qu'on le fît connaître. Par là on amènerait ses antagonistes à convenir de la légitimité des nouvelles espèces et de la bonté des principes de leurs auteurs; de plus, on tracerait la marche à suivre pour contrôler les premiers essais et pour en faire de nouveaux. On ne s'explique pas sur ce point; on se contente de dire avec une monotonie remarquable : telle forme ou telle autre a été cultivée pendant cinq, dix ou quinze ans sans avoir éprouvé de modifications, ou sans en avoir subi de notables.

De plusieurs passages des écrits des novateurs, il semble ressortir que les expériences ne sont point faites telles que les exigent les partisans de l'école linnéenne.

On se garde aussi de faire connaître les réductions ou modifications qu'une culture soigneuse a pu produire sur les formes essayées; car de l'aveu même des partisans de la nouvelle école il s'en produit, mais de « très-insignifiantes au point de vue de l'organisation et complétement dépourvues de fixité.» Pourquoi cependant ne pas faire connaître ces modifications, qui instruiraient l'observateur disposé à expérimenter à son tour, et guideraient le botaniste descripteur dans l'appréciation de ces différences superficielles et sans fixité? Pourquoi ce silence? Parce qu'il serait dangereux de faire connaître ces modifications, qui, une fois avouées, deviendraient un embarras grave, et s'élèveraient plus tard contre les créations ultérieures. Ce qui m'autorise à avancer cette explication, c'est, en premier lieu, une expérimentation assez prolongée faite sur des espèces de l'école nouvelle et sur des formes d'égale valeur; ce sont les expériences dignes de foi que nous voyons consignées dans les annales de la science. Je le répète, ces modifications minimes même et soi-disant insignifiantes, une fois connues, s'élèveraient plus tard contre les caractères prétendument spécifiques qu'on assignera à un certain nombre d'espèces nouvelles. L'étude rétrospective des créations de ces vingt dernières années nous montre les caractères différentiels allant en s'amoindrissant de plus en plus et au fur et à mesure des progrès de la réforme. Ce qui, dans le commencement, avait été considéré comme caractère de second ou de troisième ordre est aujourd'hui devenu plus important et placé en première ligne.

Loin de moi la pensée de vouloir contester indistinctement la valeur de toutes les espèces proposées par l'école nouvelle, parce que le criterium préconisé par elle serait défectueux. Je me plais à reconnaître, parmi la multitude de ces nouvelles créations, un assez bon nombre d'excellentes espèces que tout botaniste dépourvu de préjugés admettra avec moi. Ces espèces, qui font honneur à la perspicacité de leurs auteurs, ne sont point le résultat de l'adoption du criterium nouveau, mais ont été distinguées à la manière ancienne, c'est-à-dire au moyen de ce coup d'œil juste, de cet *instinct de l'espèce* que possède le véritable naturaliste et qui sont pour lui de véritables pierres de touche. Je reviendrai sur ce que j'entends par l'instinct de l'espèce. Mais à côté de ces types qui paraissent incontestables, quel amas de formes, quelle foule des créations douteuses!

Si au début de leur carrière, les maîtres avaient eu devant les yeux le tableau synoptique de ces légions d'espèces nouvelles, n'auraient-ils pas balancé longtemps avant d'émettre ces principes qui paraissent les avoir guidés, eux et leurs disciples, dans la voie sans issue où ils se sont engagés? Il est permis de le supposer. Le temps et les circonstances ont plus fait pour amener le résultat que nous constatons aujourd'hui, que l'application rigoureuse de principes posés à l'avance. Ces maîtres, au début de leurs recherches, dans le champ restreint de leurs herborisations journalières, sont parvenus, après peu

de temps, à distinguer quelques-unes de ces nombreuses formes assez
tranchées qui dérivent d'un nombre restreint de types. En soumettant
ces formes à un examen approfondi, ils ont pu leur assigner des caractères en apparence aussi solides que ceux attribués aux espèces
généralement adoptées. Plus tard, ces mêmes observateurs, en étendant leurs recherches plus au nord ou plus au midi, ont découvert
de nouvelles formes qui venaient naturellement se ranger à côté des
premières déjà décrites, et remplir en quelque sorte les lacunes qui
les séparaient les unes des autres ; partant de cette idée, qu'une multitude d'espèces avaient été méconnues avant eux, ils n'ont point vu
dans ces formes très-voisines et découvertes successivement des
individus ou des groupes d'individus constituant les variétés et les
variations d'un nombre restreint de types ; mais ils les ont considérées comme de véritables espèces, et, pour les délimiter, ils ont été
obligés d'employer des caractères de plus en plus minimes. D'autres
formes très-voisines des précédentes, venant à être rencontrées par des
botanistes étrangers, ont dû être, à leur tour, distinguées par des
caractères de bien moindre importance encore. Si, dès le principe,
les phytographes novateurs avaient pu étudier toutes ces formes rassemblées dans un jardin, au lieu de leur assigner le rang d'espèces,
ils les auraient peut-être envisagées comme dérivant d'un petit nombre de types et constituant des variétés, des variations qui, dans la
nature, se trouvent *nécessairement* dispersées sur une aire étendue :
l'espèce ne pouvant, faute de conditions assez variées, réaliser toutes
ses formes dans un champ restreint. Outre le temps et les circonstances, l'inintelligence des disciples est venue augmenter la marche
déjà précipitée de l'école. Ils ont cru sans restriction à la parole des
maîtres ; ils n'ont point découvert ce que la doctrine avait d'erroné,
et l'appliquant dans toute sa rigueur, ils l'ont par suite exagérée. Les
maîtres, qui connaissaient le faible de leurs principes et qui en tem-
péraient l'application avec le tact et l'instinct d'hommes d'expérience,
se voyant sur le point d'être débordés par leurs imitateurs, ont été
forcés, pour ne point renier leur doctrine, de se mettre à la tête des
avancés et de précipiter la marche des choses. Si parmi ces maîtres,
il s'en trouve qui aient eu plus en vue la satisfaction d'une vaine
gloire que les intérêts de la science, ils auront la peine de se voir,
dans un temps plus ou moins proche, complétement annihilés. Pour
peu que la réaction tarde encore, ils verront leurs noms ensevelis
sous d'autres noms, et les espèces qui ont fait l'objet de leurs soins
démembrées à leur tour.

Cette marche des choses nous conduit à une sorte de chaos, dans
lequel de rares adeptes seuls se reconnaîtront. Bientôt enfin, on se
verra forcé, dans les écoles, d'abandonner la distinction des espèces
et de s'en tenir à l'étude de la classification ; les amateurs deviendront de plus en plus rares, et presque tous seront obligés de se
borner à l'étude monographique de quelques genres. Qui se sentira

d.

la force d'étudier, sous l'empire des principes nouveaux, l'ensemble de la Flore d'un grand pays? La vie entière d'un observateur se consumera dans la pénible étude d'un genre *Rubus*, par exemple, dont les espèces arrivent aujourd'hui au delà de 300 et s'élèveront dans dix ou quinze ans à 500 ou à 1000, ou d'un genre *Hieracium* qui renferme déjà 1300 ou 1500 espèces et qui dans dix ans en comprendra 3000 ! ! Qu'on ne se récrie pas si je dis qu'on peut consumer une vie de laborieux efforts dans l'étude d'un de ces genres nombreux en espèces ; car ces 300 *Rubus* ou ces 1300 *Hieracium* sont plus difficiles à distinguer qu'un nombre dix fois plus grand d'espèces de l'ancienne école. Les différences qui séparent ou paraissent séparer ces nouvelles formes sont peu aisées à saisir par le seul moyen des descriptions : il faut, dans une multitude de cas, en posséder des échantillons secs authentiques et même des pieds vivants pour être capable de vaincre les difficultés. Ces différences sont parfois tellement minimes que les monographes eux-mêmes ne reconnaissent pas d'une manière positive certaines espèces de leur propre création, et se tiennent continuellement sur la réserve quand il leur faut identifier des individus de la même forme provenant de plusieurs pays.

Ces conséquences ne découragent pas les partisans de l'école en question. Ils répondent qu'il leur importe peu que la science devienne inabordable ; que puisqu'ils sont dans la bonne voie, ils doivent la suivre et faire triompher la vérité malgré tout. Les esprits sensés qui assistent sans passion au spectacle donné par cette école prévoient le moment où, de division en division, on finira par ne plus considérer de distinct que l'*individu*, et qu'ainsi on aura détruit ce qu'on voulait prouver, c'est-à-dire l'espèce.

Il ne sera point inutile de signaler en passant une grave inconséquence de cette école, laquelle consiste dans le maintien des anciens genres. Autrefois les Pères de la botanique n'avaient qu'une idée très-confuse de l'espèce, et leurs espèces, à eux, correspondaient assez souvent à nos genres modernes. Le réformateur de la phytographie est survenu, et, passant au crible les travaux de ses devanciers, il augmenta considérablement le nombre des espèces, lesquelles, par une conséquence toute naturelle, servirent à constituer beaucoup de nouveaux genres. Aujourd'hui que chaque vieille espèce est devenue la souche d'un certain nombre de formes nouvelles, décorées elles-mêmes du nom d'espèces, pourquoi n'a-t-on pas établi autant de genres nouveaux qu'il existe de ces anciens types? Chaque groupe d'espèces nouvelles, formées aux dépens des espèces dites linnéennes, est aussi largement et profondément séparé des groupes voisins que le sont les genres modernes entre eux. Ainsi le groupe des nouvelles espèces démembrées de l'ancien *Ranunculus acris*, et constitué par les *R. Steveni Andrz*, *R. rectus Bor.*, *R. vulgatus Jord.*, *R. Friesanus Jord.*, *R. Boræanus Jord.*, etc., etc., se sépare très-largement du groupe formé aux dépens du *Ranunculus polyanthemos L.*, et constitué par les *R. polyanthemoides Bor., R. spretus Jord., R. nemorosus D C., R. Lecoqii Bor., R. mixtus Jord., R. Questieri Billot*, etc., etc. Il en est de même pour une multitude d'autres groupes d'espèces nouvelles formés aux dépens des types anciens. Ces sauts ou lacunes profondes de groupe à groupe, dans la série des espèces des anciens genres, indiquent la nécessité manifeste du démembrement de ces genres. Logiquement, le premier progrès entraîne avec lui le second. L'école avancée se montre presque fière de cette inconséquence, en faisant remarquer combien peu la vanité a de prise sur ses chefs, qui auraient pu si facilement se donner, dit-elle, le mérite de coupes génériques nouvelles.

A l'avénement de ces doctrines, on conçoit sans peine la violente opposition qui leur fut faite par les partisans de l'école linnéenne. Ces derniers virent avec effroi que les travaux qui avaient fait l'objet de tous leurs soins allaient être remis sur le métier, discutés rigoureusement et enfin démolis par les novateurs. Cette crainte porta l'école à se lever en masse et à protester contre les principes qui menaçaient son repos et sa gloire. Malheureusement, ces protestations ne purent rien contre une argumentation appuyée sur des faits soidisant positifs et sur l'expérience. Pour combattre avec avantage, il fallait au moins des armes égales et on n'en possédait point : des railleries et des moyens puérils ne pouvaient ébranler des travailleurs pleins de foi dans leurs principes. Le seul moyen qu'on aurait pu employer avec succès eût été de se placer sur le terrain des faits et de l'observation, et de repousser et réfuter ses détracteurs avec des faits et des observations contradictoires. Un tel moyen, exigeant de longues préparations, ne convenait pas aux maîtres qui avaient à se défendre. Alors qu'on jouit du fruit de travaux laborieux, il est pénible au plus haut point de devoir revenir sur ce que l'on croyait bien connaître et de remanier la matière et les objets qu'on jugeait définitivement élucidés.

Ce moment de crise devait arriver ; il était dans l'ordre des choses. La sécurité de beaucoup a été troublée, mais cela importe peu aux progrès de la phytographie, qui, entrée dans une voie nouvelle, gagnera en perfection, quels que soient les excès de l'une ou de l'autre école rivale.

Arrêtons-nous quelques instants, pour examiner le criterium ou plutôt la manière qu'employaient les phytographes de l'ancienne école pour délimiter les espèces. A vrai dire, ces derniers n'ont suivi rigoureusement aucune règle ni appliqué aucun criterium, du moins dans la majorité des cas. Pour l'ordinaire, ils se contentaient d'agir d'après la méthode de Linné, c'est-à-dire de ne reconnaître pour espèces distinctes que les formes tranchées, pourvues d'un ensemble de caractères notables. Cette manière un peu vague d'envisager les espèces avaient de graves inconvénients par la latitude qu'elle accordait aux botanistes superficiels et vaniteux de créer à tort et à travers des espèces, qui, par bonheur, n'étaient point adoptées. Malgré l'incertitude de ce procédé, j'ai la conviction que le très-grand nombre des espèces admises par l'ancienne école resteront et seront confirmées plus tard par les expériences de culture tentées pour les éprouver. D'un autre côté, je ne nie pas, et je soupçonne même avec les partisans de l'école nouvelle, que plusieurs de ces types sont multiples, c'est-à-dire cachent plusieurs formes spécifiques. Ces espèces anciennes, quoiqu'elles n'aient pas été l'objet d'épreuves rigoureuses et répétées, sont cependant, depuis bientôt un siècle, successivement soumises à l'examen critique de nombreux observateurs, qui se sont accordés pour les considérer comme des êtres distincts. Ce *consensus omnium* est déjà un puissant argument en faveur de leur légitimité. Bon nombre d'espèces de cette école, proposées dans des temps rapprochés de nous, ont eu, pour garantie de leur bonté, l'analogie de leurs caractères avec ceux des formes anciennes déjà établies. La majorité des espèces dites linnéennes n'ont point été proposées d'une manière systématique comme cela se pratique à présent par les novateurs ; elles ont été reconnues et distinguées presque instinctivement. Je m'explique : un botaniste vient-il à rencontrer pour la première fois une forme spécifique nouvelle, aussitôt et avant toute réflexion, son sens botanique, son instinct de l'espèce, est saisi et le force, lui observateur, à reconnaître un être nouveau, dont les différences paraissent tellement essentielles, tellement frappantes, qu'il ne peut même concevoir qu'elles soient le résultat de modifications quelconques. Cet instinct de l'espèce est rarement trompé chez le naturaliste sérieux. Aussi remarquons que ces espèces véritables ont été découvertes simultanément dans plusieurs contrées et proposées sous des noms différents, cela par des botanistes étrangers les uns aux autres et dont l'éducation scientifique avait été différente. Contrairement à l'opinion des partisans de l'école nouvelle, je pense, avec les anciens, que les espèces naturelles, en un mot les espèces, se font reconnaître par des caractères *saisissables* et par des différences qui se révèlent jusque dans les moindres détails. Il est vrai que ces caractères sont quelquefois masqués par des modifications superficielles, et que d'autres fois il existe, de la part de l'observateur, incapacité de les apprécier à leur juste valeur. Cette incapacité peut provenir de plusieurs causes autres que celle de la divergence de principes. Les études premières du botaniste se font au moyen de livres ou sous l'enseignement de professeurs, et alors le *verbum magistri* est admis sans examen comme l'expression de la vérité. Pendant plusieurs années, il s'habitue à envisager la nature à travers la lunette de ses guides, à considérer comme distinctes telles ou telles formes, par la raison qu'elles se trouvent ainsi décrites dans les livres, et tout cela sans se demander si ses maîtres ont bien vu et tout vu. Il faut une assez longue pratique personnelle pour se dépouiller des préjugés de l'école, et, quoi qu'on fasse, en reste-t-il encore des traces. Cela nous explique ces répulsions irréfléchies de la part d'excellents esprits à l'égard de certaines choses évidentes et fondées. Le préjugé qui consiste à croire la Flore d'Europe ou celle de ses contrées les mieux parcourues tout à fait épuisée ; que Linné et ses émules ont reconnu et dénommé toutes les espèces véritablement distinctes, fait que certains botanistes rejettent systématiquement toute nouvelle création, sans se donner l'embarras du plus léger examen. A ces préjugés, qui réduisent et quelquefois annihilent la faculté de saine appréciation, vient se joindre l'ignorance. On voit des amateurs qui, après avoir reconnu tant bien que mal le personnel de la Flore d'une contrée quelconque, après avoir composé un herbier des types ou formes ordinaires des espèces, s'imaginent posséder la science et l'expérience suffisantes pour discuter et trancher sur ces mille questions de détail, sur ces délicats travaux d'analyse auxquels des observateurs sérieux consacrent leur vie. C'est là une manière d'agir qui n'est point raisonnable et contre laquelle on ne saurait trop s'élever.

Maintenant que j'ai passé en revue les procédés principaux des deux écoles mis en usage pour arriver à la connaissance des espèces, je vais, à mon tour, choisir quelques-uns de ces moyens et les modifier selon mes vues particulières.

D'abord, j'admets, avec la très-grande majorité des naturalistes, l'existence de l'espèce, de l'espèce *immuable dans son essence* et qui se réalise, se manifeste dans certaines limites, entre lesquelles elle se trouve comme emprisonnée par une force supérieure et hors desquelles aucune cause modificatrice n'a la puissance de la faire sortir. Les naturalistes qui nient l'existence de l'espèce sont en très-petit nombre, et encore il est assez douteux qu'ils la nient d'une manière absolue ; car au milieu des raisonnements faits pour expliquer leurs théories, ils imaginent des types, des essences qui nous montrent que, s'ils rejettent l'espèce ordinaire, ils en admettent une à leur façon et dont les limites sont très-vagues. Les arguments que ces derniers emploient pour soutenir leur thèse s'amoindrissent de plus en plus. Ainsi les données de la paléontologie, sagement interprétées, sont plutôt en faveur de la doctrine de leurs antagonistes ; ces puissantes causes modificatrices des temps géologiques à l'égard des êtres organisés, invoquées pour expliquer des faits obscurs, est une pure hypothèse que rien ne justifie ; enfin l'ingénieuse théorie de la génération spontanée chez les infiniment petits n'a plus lieu d'être en présence des travaux approfondis qui ont marqué ces dernières années (1).

---

(1) M. Charles Darwin vient de publier un volumineux travail sur l'espèce intitulé : *On the origin of species by means of natural selection, or the preservation of favoured races in the struggle for life;* London, 1860, in-8. L'auteur reprend dans ce livre les idées de Lamarck sur l'évolution

Quand on se dispute avec tant d'ardeur sur l'espèce immuable ou sur l'espèce variable, on joue sur des mots : on se dispute sur les espèces d'un tel maître ou sur celles d'un tel autre ; on assure que les premières sont variables, passent les unes aux autres par une suite de formes intermédiaires et se modifient par la culture ; on dit que les secondes sont de véritables espèces. Dans ces débats, la cause de l'existence et de l'immutabilité de *l'espèce de la nature* n'est pas en jeu. Dès qu'on attaque les espèces d'un tel auteur, aussitôt celui-ci de les défendre au nom de l'espèce même de la nature, et son argumentation de rouler avec un semblant de logique. Il raisonne en posant d'abord pour prémisses que son criterium pour reconnaître l'espèce est infaillible, que ses espèces sont des créations légitimes, toutes choses contestables et contestées, et de là une démonstration qui n'est qu'un cercle vicieux.

J'admets donc que l'espèce est immuable quant à son essence ; qu'elle a dû et a pu arriver jusqu'à nous depuis l'origine des choses par une suite non interrompue de générations et d'individus dans chacun desquels son essence se retrouve entière et inaltérée. D'autre part, j'admets que ces individus, tout en conservant le fond essentiel de leur espèce, ont subi, par la suite des temps et en présence de causes modificatrices diverses, des changements superficiels. C'est là un fait reconnu par les deux écoles : seulement l'une affirme que les individus n'ont éprouvé que des modifications très-légères ; l'autre

---

successive des espèces, et il s'efforce de démontrer que les espèces existantes aujourd'hui ne sont que les descendants d'un petit nombre de types anciens métamorphosés et démembrés pendant une durée incalculable de siècles ; il va même jusqu'à supposer que tous les êtres organisés sont sortis d'une seule et unique cellule. Suivant lui, ces quelques types ont donné naissance à des variétés ou races, dont les unes, robustes, se sont accommodées aux conditions extérieures, ont ensuite donné naissance à de nouvelles races, tandis que d'autres, moins favorisées par la nature, ont péri ; de génération en génération, ou du moins d'âge en âge, les variétés ou races favorisées, choisies en quelque sorte par la nature, se sont multipliées, se sont perfectionnées de plus en plus, pour donner de nouveaux produits plus nombreux et mieux adaptés aux conditions nouvelles de vie. De perfectionnement en perfectionnement, la nature a obtenu les êtres disséminés aujourd'hui à la surface du globe. Par là, on se rend compte, semble-t-il, de l'existence des ordres, des familles, des genres et des espèces, ainsi que des inégalités et des affinités qui existent entre ces groupes. Quelque ingénieuse que soit cependant cette théorie, elle a peu de chance d'être adoptée, d'autant plus que les faits avancés pour l'étayer sont envisagés d'une façon partiale.

Il est curieux d'opposer à ce livre le récent ouvrage du docteur Godron, ayant pour titre : *De l'espèce et des races dans les êtres organisés et spécialement de l'unité de l'espèce humaine ;* Nancy, 1859, 2 vol. in-8. Après une riche et brillante exposition de faits, ce savant conclut, avec toute l'apparence de la vérité, que les espèces sont immuables quant à leur essence.

Ceux qui aiment à s'édifier sur la grave question de l'espèce feront bien de méditer les judicieuses remarques consignées, par M. Watson, dans le 4ᵉ volume du *Cybele britannica* (London, 1859), au § III, p. 15 et suiv.

soutient que les modifications ont été et sont assez profondes. Peu importe le degré des modifications : l'essentiel ici est de poser en principe que les individus qui représentent une même espèce ont subi et peuvent encore subir des modifications.

Quel moyen devra-t-on employer pour distinguer et isoler les caractères essentiels de l'espèce des modifications ou caractères indi- viduels. Puisque les modifications ont été produites par l'habitation plus ou moins prolongée des individus dans des conditions ou milieux différents, il n'y a qu'un seul moyen pour faire disparaître ces modi- fications, c'est de changer les conditions dans lesquelles ont vécu les individus et de propager ces derniers dans des milieux soit opposés, soit mixtes. C'est la méthode pratiquée imparfaitement par la nou- velle école, et c'est celle indiquée par les partisans de l'école linnéenne. Pour que ce moyen ait chance de succès, il faut que les modifications qu'ont éprouvées les individus ne soient pas devenues irréductibles ; car, le cas échéant, ce criterium de l'expérience est nul, et dès lors il devient impossible de distinguer ce qui est essentiel de ce qui est accessoire et produit par des causes modificatrices. Heureusement que la réductibilité est admise comme possible dans une foule de cas. Une fois en possession d'un ensemble suffisant de faits, on pourra, peut-être, par un sage généralisation et aidé de l'analogie, expliquer certains faits obscurs qui jusqu'ici ont défié la sagacité des plus habiles.

La difficulté est de savoir si les modifications qu'ont pu éprouver les individus disparaissent *complétement* dès la première génération, toute cause modificatrice étant écartée, ou si elles peuvent persister pendant un temps indéterminé. Nous avons vu plus haut que les partisans de la nouvelle école soupçonnaient, sans l'avouer, une ré- sistance plus ou moins forte de la part des modifications superficielles, et nous avons reconnu combien il était illogique de conclure à l'ab- solue irréductibilité après un petit nombre d'années d'essais. Mais, diront les novateurs, il ne sera plus possible de distinguer les véri- tables espèces des variétés. Non, *pour le moment*, il n'y a pas de moyen *absolu* pour reconnaître les véritables espèces, et cette absence de criterium ne doit pas nous pousser à l'adoption inconsi- dérée de doctrines fausses, qui paraissent résoudre les difficultés, mais qui ne font que les écarter.

A défaut de criterium expéditif et absolu que réclame notre impa- tience de connaître promptement et sans peine, notre but constant doit être de rechercher, par une suite d'expériences, les causes par- ticulières des modifications et les lois auxquelles sont soumises ces dernières. Ces lois une fois connues constitueront le véritable crite- rium pour juger les types déjà établis et ceux qui seront ensuite pro- posés. Avant de bien connaître le rôle de la chaleur et du froid, de l'ombre et de la lumière, de l'humidité et de la sécheresse, etc., etc., à l'égard d'un grand nombre d'espèces, avant d'avoir constaté les limites extrêmes des modifications et réuni un nombre suffisant de faits qui puissent permettre d'apercevoir les règles ou les lois qui existent sous l'apparente confusion des formes végétales, il se passera bien des années encore et peut-être des siècles. En attendant les résultats généraux, il découlera des premiers essais faits avec intelligence, soyons-en certains, des considérations qui permettront de résoudre de nombreux problèmes restés jusqu'à présent insolubles.

Que les novateurs ne viennent pas nous objecter que ces expériences ne produiront rien, ou ne donneront que des résultats vagues, sous prétexte que les milieux n'ont que très-peu d'influence sur les formes végétales, et que les modifications sont légères et sans fixité. Que ces déclamations ne nous arrêtent pas dans la voie philosophique, tracée par la nature même, et ne voyons dans ces affirmations toutes gratuites que l'expression des craintes qu'ont leurs auteurs de voir, tôt ou tard, leurs créations éphémères renversées par des expériences dont l'ensemble et l'harmonie des résultats garantiront la parfaite exactitude. Mes propres essais de culture, comme je l'ai déjà dit, ainsi que ceux d'observateurs dignes de foi, me permettent d'avancer que ces assertions ne sont point fondées, et que les milieux influent notablement sur les formes végétales, sans toutefois atteindre ni modifier ce qui paraît constituer leurs caractères essentiels. Pas plus que les partisans de l'école nouvelle, je ne crois à la réalité de ces métamorphoses surprenantes rapportées par plusieurs auteurs : elles me paraissent être le résultat d'erreurs matérielles.

Qu'on se garde bien de conclusions prématurées : la vie humaine est si courte, et les sciences d'observation si lentes à progresser ! Ainsi, que peut-on espérer après vingt ou trente ans, durée ordinaire de la carrière active d'un observateur, dans des recherches telles que celles qui sont ici proposées ? Malgré la *ténuité* des résultats obtenus pendant une courte carrière scientifique, avant de quitter la partie, on veut conclure et on se hasarde en des généralisations et des hypothèses qu'une autre génération rejette, et cela au grand détriment des faits positifs qui avaient servi de point de départ à ces conceptions aventureuses. Ce reproche est applicable aux deux écoles. N'a-t-on pas vu de patients investigateurs de l'ancienne école entrer d'abord avec résolution dans la voie des expériences, mais ensuite, pris d'impatience, abandonner les recherches positives, se jeter dans les hypothèses et proposer des réunions ou réductions d'espèces que le simple bon sens réprouvait ? Aujourd'hui, ne voit-on pas l'école nouvelle abandonner, dans une foule de cas, le champ de l'expérience, et se contenter de la simple analogie pour étayer ces récentes productions ? Où sont, en effet, consignés les essais de culture opérés sur les *Quercus*, les *Prunus*, les *Rosa*, les *Rubus*, etc., etc. ?

Dans le jardin d'expérimentations, on tâchera de réunir autant que possible toutes les conditions nécessaires pour diversifier les milieux dans lesquels doivent être essayées les espèces ou les variétés. Il sera instructif de cultiver simultanément la même forme à plusieurs expositions, et d'en opérer des semis printaniers et tardifs. Les plus grandes précautions devront être prises pour ne point confondre ou mélanger les graines des formes voisines par leurs caractères. On conservera avec le plus grand soin les échantillons des plantes spontanées qui ont fourni les graines, et on en formera un herbier spécial; collection dans laquelle, d'année en année, viendront s'intercaler les échantillons provenus de culture, et qui auront été comparés entre eux de génération en génération, et confrontés avec la plante primitive. Comme dans les formes voisines, les caractères ou différences ne sont parfois bien appréciables que sur le frais, on ne se contentera pas d'en dessécher avec soin des spécimens; mais, chaque année, des notes détaillées seront prises sur la configuration des organes qui se déforment par la dessiccation, et l'exactitude sera même poussée jusqu'à dessiner les minces différences qui ne peuvent être décrites. Ces semis consécutifs, cette culture de la même espèce dans des milieux différents, ces comparaisons minutieuses, ces notes détaillées et ces dessins, exigent un temps très-considérable, mais aussi quelle ne sera pas leur influence sur les progrès de la phytographie !

Voilà un vaste champ ouvert à l'activité des esprits sérieux et travailleurs. Jusqu'ici on a distingué, dénommé et décrit plus ou moins bien la plupart des végétaux de nos Flores européennes; il nous reste à reprendre en sous-œuvre les travaux de nos devanciers, à rechercher la véritable nature des êtres décrits, à examiner ce que ceux-ci possèdent d'essentiel, à constater leurs limites d'expansion, leurs affinités et leurs relations. Les hommes qui ont à cœur la recherche du vrai doivent se resserrer entre eux, et combiner leurs efforts pour cette entreprise colossale. Si, depuis un demi-siècle déjà, on était franchement entré dans la voie des expériences raisonnées et intelligentes, on posséderait aujourd'hui des observations et des faits assez nombreux pour réfuter les doctrines hasardées qui ont cours parmi nous. Malheureusement, peu d'hommes sont à même de consacrer leur vie à des recherches ardues et obscures dont le résultat passera inaperçu peut-être pendant leur vie, et dont l'importance ne sera manifeste qu'après plusieurs générations d'observateurs. Aujourd'hui, on veut jouir et obtenir des succès faciles, aussi bien dans la culture des sciences que dans les autres branches où s'exerce l'activité humaine; on sacrifie les intérêts de la vérité aux vaines satisfactions de l'amour-propre et de la vanité.

En terminant ces considérations, il ne sera pas inutile de donner quelques conseils pratiques aux commençants, pour le cas où ils viendraient à découvrir des espèces paraissant nouvelles et inédites.

Si l'on vient donc à découvrir une forme distincte et paraissant analogue aux espèces généralement admises, il faudra bien, en attendant la découverte d'un criterium incontestable, lui imposer provisoirement un nom, afin d'attirer l'attention sur elle. Avant de proposer une telle forme comme espèce provisoire, il sera prudent d'exiger chez elle la présence de deux caractères saisissables au moins, caractères entre lesquels il ne doit exister aucune solidarité, et qui soient de valeur équivalente à ceux des espèces déjà reconnues par la généralité des naturalistes. La concomittance de deux caractères dissemblables est pour moi d'une grande importance. J'entends par caractères dissemblables, ceux entre lesquels il n'existe aucune solidarité : par exemple, un caractère de forme avec une différence de couleur, de pubescence ou de nudité, un mode particulier d'inflorescence ou de végétation avec un caractère de forme, ou une disparité de saveur, ou de coloration de sucs, avec une différence dans la direction de certains organes, etc., etc. La *solidarité de caractères* est une chose que les phytographes perdent trop souvent de vue ou qu'ils méconnaissent parfois tout à fait. Un caractère qui se manifeste dans les feuilles d'une plante se reflète plus ou moins dans les autres organes foliacés, de sorte que ce qu'on pourrait être tenté de prendre pour une série de caractères différentiels ne constitue au fond qu'un caractère unique. Cette particularité, que j'ai observée dans un assez grand nombre de plantes est-elle générale? Si c'est une simple modification superficielle qui peut avoir atteint les organes foliacés, cette modification, en disparaissant des feuilles, doit également s'effacer dans le reste des appendices foliacés. Ceci me conduit à parler du développement inégal de certaines séries d'organes. *L'inégalité de développement* une fois bien connue, jettera une vive lumière sur de nombreuses formes végétales qui sont prises tantôt pour des espèces, tantôt pour des variétés. Je citerai ici un fait qui fera comprendre ce que j'entends par l'inégalité de développement. Plusieurs variétés assez tranchées du *Viola tricolor Auct.*, qui, à l'état sauvage, offraient des pédoncules florifères et fructifères dépassant beaucoup les feuilles, et une corolle avec des pétales et un éperon dépassant très-sensiblement les sépales et leurs appendices, ont produit, semées dans une station fraîche et ombragée, de nombreux pieds chez lesquels les pédoncules étaient devenus plus courts que les feuilles, et dont les sépales avaient atteint la longueur des pétales et dépassé l'éperon. Cette expérience répétée plusieurs fois a donné le même résultat. On a cependant établi sur la grandeur ou longueur relative de ces organes des caractères spécifiques qui ont servi à délimiter spécifiquement plusieurs formes du *Viola tricolor*. Il ne sera pas superflu de noter, en passant, la curieuse particularité physiologique que présente l'espèce en question par l'évolution alternative d'une corolle grande et fortement colorée, et d'une corolle plus petite et moins teintée sur chacune des tiges d'un même pied.

Outre l'inégalité de développement, qu'on se mette en garde contre la *plénitude de développement* et l'*appauvrissement*. La plénitude de développement, ou, si l'on veut, le complet développement des formes végétales, qui est loin d'être l'état ordinaire chez les plantes sauvages, entraîne avec lui une foule de changements qui trompent l'observateur superficiel ou imbu d'une fausse doctrine. Cet état et celui que j'appelle appauvrissement peuvent donner lieu à des méprises et faire naître une fausse manière d'apprécier les individus qui représentent une même espèce. C'est sur ces deux états qu'ont été établies bon nombre d'espèces de la nouvelle école. Je voudrais pouvoir exposer ici les changements, surprenants en apparence, survenus par une culture dans un sol fertile chez un grand nombre de formes appartenant au genre *Hieracium;* mais pour cela faire, je devrais entrer dans de longues explications que ne comporte point ce chapitre. Je me contenterai de rapporter un fait à l'appui de ce qui précède. Chacun connaît la forme ordinaire de l'*Aira caryophyllea*, qui pullule sur les pelouses et dans les champs secs, et dont les rameaux de la panicule sont roides, peu rameux, à épillets rares et distants. Cette forme, semée dans un terrain assez fertile et arrosé pendant les fortes chaleurs de l'été passé, a produit d'énormes touffes, dont les tiges les plus élevées dépassaient 5 décimètres. La papicule est devenue très-ample ; ses rameaux se sont allongés et subdivisés beaucoup plus que dans la plante sauvage. Avant l'anthèse, les épillets étaient ramassés en faisceaux ; mais au moment de la dissémination du pollen, ils se sont écartés, puis se sont de nouveau contractés en petits faisceaux jusqu'à la complète maturité. La plante cultivée était devenue l'*Aira aggregata Timeroy*. Une comparaison scrupuleuse que j'ai faite de pieds provenant de mon jardin avec des échantillons authentiques de l'espèce citée ne me laisse aucun doute sur la parfaite identité des deux formes. Il n'était, du reste, pas besoin d'une expérience directe pour convaincre un botaniste de l'ancienne école que l'*Aira aggregata* n'était rien autre que la variété *ample* de l'*Aira caryophyllea;* car, avec un peu d'attention, il est aisé de suivre les différentes modifications de cette dernière espèce, en passant des terrains très-secs à des stations mixtes et ensuite aux endroits ombragés des bois, où la plante acquiert de grandes dimensions et devient l'*Aira aggregata* ou toute autre espèce nouvelle de cette section. Ce fait, outre un exemple de la plénitude de développement qu'il nous donne, nous montre que l'agrégation ou l'écartement des épillets, sur lesquels on a établi des caractères différentiels et même des caractères de sections, ne sont que des états de la même plante aux diverses phases de sa végétation.

Dans l'appréciation des caractères spécifiques, il faut prendre soin de ne point tomber dans l'erreur de la nouvelle école, qui consiste à attribuer une égale fixité ou stabilité aux mêmes organes chez toutes les espèces d'un même genre. Les novateurs imbus de cette idée fausse ont recherché quel était dans chaque genre l'organe le plus fréquemment employé pour l'établissement des caractères spécifiques de premier ordre, et, s'emparant de son mode de différence le plus saillant, ils se sont mis à la chasse de nouvelles espèces. Ils n'ont pas tardé à trouver d'assez nombreuses formes qui présentaient dans l'organe choisi des différences de forme égales à celles employées pour délimiter les types déjà admis, et ces différences, jugées capitales, ont été enfin escortées, bon gré mal gré, de caractères secondaires. De telles créations sont très-souvent artificielles, et elles sont destinées à être tôt ou tard remplacées par d'autres espèces également artificielles, recherchées et établies au moyen d'un seul caractère soidisant de premier ordre, différent de celui employé par les premiers *fabricants.* C'est bien le cas de rappeler ici cette parole si judicieuse : *Species dabit characterem nec character speciem* (1).

Le procédé en question a été mis en usage dans une foule de genres et entre autres dans le genre *Centaurea,* dont l'espèce *C. Jacea Auct.* a été démembrée en plus de douze formes nouvelles. Pour distinguer ces nouveaux types, leurs auteurs ont surtout employé les différences présentées par les appendices de l'involucre. Des expériences faites avec soin depuis plus de six ans m'ont démontré, chaque année, la très-grande polymorphie de l'involucre, l'organe choisi chez les espèces formées aux dépens du *C. Jacea.* Ainsi, l'élégante forme nommée *C. microptilon* m'a donné, par un seul semis, plusieurs pieds dans chacun desquels l'involucre était différent : d'un pied à l'autre, les appendices des écailles variaient de la forme finement pectinée sur les bords et à pointe recourbée en dehors, à la forme presque entièrement concave à la face interne. Les modifications survenues chez d'autres formes ont aussi été très-notables en ce qui concerne l'involucre. Par là je n'entends point affirmer que les formes aujourd'hui démembrées du *C. Jacea Auct.* ne constituent qu'une seule espèce ; je veux seulement faire voir qu'elles sont délimitées *artificiellement.*

A quoi tiennent cette flexibilité de certaines espèces et l'immobilité de certaines autres ? Il est à remarquer, et cela est reconnu depuis longtemps par les observateurs de l'école linnéenne, que les espèces sont d'autant plus variables qu'elles vivent dans des conditions plus variées, et qu'elles sont d'autant plus stables qu'elles végètent dans des milieux moins dissemblables. La flexibilité des premières résulte-t-elle d'une prédisposition de leur organisation intime, favorisée par les circonstances, et l'immobilité des secondes provient-elle de la résistance absolue de leur organisation, ou du manque de conditions qui pourraient les faire varier ? L'avenir nous réserve sans doute la solution de ces problèmes.

Je finirai en disant que l'établissement d'une espèce nouvelle est une affaire de très-grande importance ; qu'une telle espèce, après

---

(1) Fries, *Symb.,* § 8, p. xxix.

avoir été proposée, doit encore faire l'objet de continuelles observa-tions de la part de son auteur, et qu'enfin celui-ci ne doit abandonner ses recherches qu'après avoir réuni les preuves suffisantes, pour démontrer d'une manière incontestable la légitimité de sa création.

Pour ne point donner à cet article des proportions démesurées, j'ai dû passer très-légèrement sur plusieurs points qui eussent exigé d'amples développements, et m'abstenir de réfuter d'avance les quel-ques objections qui pourront m'être faites. A l'appui des assertions avancées, je me propose de publier dans un temps à venir un herbier, dans lequel la même forme sera représentée par des spécimens sau-vages et par une suite d'exemplaires modifiés par la culture. Ces preuves palpables garantiront, en outre, la véracité des observations critiques qui seront publiées en même temps.

VI.

Dictionnaire des principaux mots techniques employés dans les ouvrages de botanique descriptive (1).

A.

Acaule, sans tige.

Accrescent. On donne cette épithète à certaines parties de la fleur qui d'ordinaire se flétrissent après la floraison, lorsqu'elles continuent à végéter tandis que les parties voisines ont cessé de croître.

Acotylédoné, qui est dépourvu de cotylédons.

Acuminé, dont le sommet se termine en une pointe effilée.

Aigrette, faisceau de soies ou de poils qui termine certains fruits ou certaines graines.

Aile, prolongement aminci en forme d'aile faisant saillie sur une surface.

Ailé, pourvu sur les côtés ou sur les bords, de prolongements amincis plus ou moins larges.

Ailée (feuille). Une feuille est simplement ailée ou 1 fois ailée (pinnée ou pinnatisé-quée) lorsqu'elle se compose de deux rangs de folioles ou de divisions placées sur les côtés du rachis ; elle est 2-3 fois ailée (bi-tripinnée ou bi-tripinnatiséquée) quand le rachis ou le prolongement du pétiole se ramifie deux ou trois fois et que les ramifications portent chacune deux rangs de folioles ou de divisions.

Akène, fruit petit, sec, uniloculaire, indéhiscent et ne renfermant qu'une seule graine.

Amplexicaule, dont la base élargie embrasse la tige.

Anthère, partie de l'étamine qui renferme le pollen.

Anthèse, floraison ou époque de l'épanouissement des fleurs.

Apétale, dépourvu de pétales.

Apiculé, terminé au sommet par une pointe courte et aiguë.

Apprimé, exactement appliqué contre une surface.

Arête, filet plus ou moins roide terminant une partie quelconque.

Aristé, pourvu d'une pointe fine ou arête.

Ascendant, étalé ou arqué à la base, puis redressé.

---

(1) Les termes appartenant au langage vulgaire ont été omis.

e.

Atténué, insensiblement rétréci ou aminci.

Auriculé, muni à la base d'oreillettes.

Axe, partie d'un pédoncule commun sur lequel sont fixées les fleurs.

Axillaire, placé à l'aisselle des rameaux ou des feuilles.

B.

Bacciforme, de la nature de la baie.

Baie, fruit mou ou pulpeux, contenant plusieurs graines.

Bifide, divisé assez profondément en deux parties.

Biflore, portant ou renfermant deux fleurs.

Bifurqué, fourchu.

Bilobé, se dit d'une corolle à deux lèvres.

Bilabié, partagé en deux lobes ou divisions peu profondes.

Biloculaire, partagé en deux cavités ou loges.

Bipartit, fendu profondément en deux parties.

Bipinnatifide, se dit d'une feuille profondément divisée sur les côtés, à lobes eux-mêmes profondément découpés.

Bipinné (feuille), deux fois ailée.

Bisannuel, qui vit deux ans.

Bractéal, se dit des feuilles qui avoisinent les bractées et en ont en partie les caractères.

Bractée. On nomme bractées les feuilles qui avoisinent les fleurs et sont intermédiaires entre les feuilles de la tige et les sépales, sous les divers rapports de la position, de la forme, de la consistance et de la couleur.

Bractéole, petite bractée.

Bulbe. Le bulbe se compose d'une tige très-raccourcie, surmontée d'un bourgeon formé d'écailles charnues et terminée par une racine.

Bulbille, petit bulbe.

C.

Caduc, tombant avant que les organes voisins aient achevé leur végétation.

Calice, enveloppe la plus extérieure de la fleur et précédant immédiatement la corolle. Les pièces qui le composent (sépales), ordinairement vertes, sont libres ou soudées entre elles.

Calicule, assemblage de bractées à la base du calice et simulant un calice extérieur.

Campanulé, en forme de cloche.

Capillaire, fin et délié comme un cheveu.

Capitule, agrégation de fleurs sessiles disposées en tête sur un réceptacle commun entouré d'un involucre.

Capsule, fruit sec contenant plusieurs graines.

Cariopse, nom donné au fruit ou grain des Graminées.

Carpelle. Chacun des fruits ou pistils provenant d'une seule fleur porte le nom de carpelle. Les carpelles peuvent être solitaires ou réunis plusieurs ensemble et plus ou moins soudés.

Caulescent, pourvu d'une tige.

Caulinaire, qui appartient à la tige.

Cespiteux, qui croît en touffe serrée.

Cilié, bordé de cils ou poils parallèles.

Connectif, lien ou filet qui réunit les deux loges d'une anthère.

Connées (feuilles), opposées et tout à fait soudées par la base, en sorte que la tige semble traverser le limbe réuni des deux feuilles.

Connivent, se dit d'organes écartés par leur base et rapprochés par leur sommet.

Contracté, resserré.

Cordé, se dit d'un organe ovale et dont la base est échancrée en forme de cœur.

Cordiforme, en forme de cœur.

Corolle. On donne ce nom au rang de pièces situées entre le calice et les étamines. Ces pièces (pétales), ordinairement revêtues de couleurs brillantes, sont libres ou plus moins soudées entre elles.

Corymbe, inflorescence dans laquelle les pédoncules partent de points différents, se ramifient et élèvent leurs fleurs à peu près au même niveau.

Cotylédon. On donne le nom de cotylédons aux deux premières feuilles qui constituent, pour l'ordinaire, la majeure partie de la masse de l'embryon ou plante rudimentaire. L'embryon des plantes monocotylédonées ne présente qu'un cotylédon.

Crustacé, dur et fragile.

Cryptogame. Ce nom est donné aux plantes dont les organes reproducteurs ne sont pas constitués par des étamines et des ovules.

Cunéiforme, en forme de coin.

Cuspidé, prolongé en une pointe longue et aiguë.

Cyme, inflorescence dans laquelle les rameaux partent du même point, puis se ramifient ordinairement avec régularité et élèvent leurs fleurs à peu près au même niveau.

D.

Décurrent, se dit d'un organe foliacé dont la lame se prolonge inférieurement sur la tige ou sur l'axe qui lui donne naissance.

Déhiscence, manière dont le fruit s'ouvre à la maturité.

Déhiscent, se dit des organes qui constituent une cavité s'ouvrant à une époque déterminée.

Dentelures, dents fines et serrées.

Denticulé, bordé de très-petites dents.

Dialypétale, se dit d'une corolle dont les pétales sont libres entre eux.

Dichotome, se dit d'une tige ou d'un rameau qui se divise régulièrement en deux branches, qui sont elles-mêmes bifurquées une ou plusieurs fois.

Dicotylédoné, pourvu de deux cotylédons.

Digité, à divisions étalées comme les doigts de la main.

Dioïque, se dit des plantes dont les fleurs mâles et les fleurs femelles sont portées par des individus différents.

Disperme, contenant deux graines.

Distique, s'attachant alternativement sur deux côtés opposés.

Divariqué, se dit de rameaux ou de pédoncules écartés de la tige à angle très-ouvert.

Drupe, fruit charnu, à une seule graine renfermée dans un noyau osseux.

E.

Efflorescence, sorte de poussière glauque qui recouvre certains fruits.

Emarginé, marqué sur les bords d'une échancrure plus ou moins profonde.

Embryon, plante rudimentaire contenue dans la graine. L'embryon se compose d'un ou de deux cotylédons, d'une plumule et d'une radicule.

Épi, inflorescence dans laquelle les fleurs sont sessiles et disposées le long d'un pédoncule commun ordinairement dressé.

Épigyne, placé sur l'ovaire.

Épillet. Ce nom est donné aux petits épis simples dont se compose l'épi composé ou la panicule des Cypéracées et Graminées.

Étalé, se dit d'un rameau s'écartant à angle droit de la tige; des pétales d'une corolle très-ouverte, etc.

Étamines. On désigne sous ce nom les organes mâles de la fleur. Les étamines sont placées ordinairement entre les pétales et l'ovaire ; elles se composent d'un filet plus ou moins long surmonté d'une anthère.

Extrorse (anthère), dont la face regarde le dehors de la fleur.

F.

Fasciculé, partant d'un même point et réuni en faisceau.

Fastigié, se dit de rameaux redressés et rapprochés de la tige.

Foliacé, de la nature des feuilles.

Foliole, petite feuille, ou division d'une feuille composée.

Fructifère, qui porte un ou des fruits.

Fusiforme, en forme de fuseau. Se dit d'un corps étroit, renflé vers le milieu de sa longueur et atténué par les deux bouts.

G.

Gamopétale, se dit d'une corolle dont les pétales sont plus ou moins soudés entre eux.

Géminés, rapprochés deux par deux sans être opposés.

Géniculé, plié en faisant un angle.

Glabre, dépourvu de poils.

Glande, organe de nature celluleuse doué de la propriété de sécréter des liquides particuliers. La forme des glandes est très-variable.

Glanduleux, chargé de glandes, ou de la nature des glandes.

Glauque, d'un vert blanchâtre ou bleuâtre.

Glume. Chez les plantes de la famille des Graminées, on désigne sous le nom de glumes les bractées stériles qui sont situées à la base de l'épillet.

Glumelle, nom donné aux bractées qui enveloppent immédiatement la fleur des Graminées.

Grappe, inflorescence dans laquelle les fleurs, plus ou moins longuement pédicellées, sont disposées le long d'un pédoncule commun dressé ou pendant.

H.

Hampe, pédoncule qui part de la racine et qui porte une ou plusieurs fleurs.

Hasté, en forme de fer de hallebarde.

Herbacé, qui a la consistance des feuilles.

Hérissé, garni de poils droits roides.

Hermaphrodite, se dit d'une fleur munie d'étamines et de pistils.

Hile. Après la maturation, on donne le nom de hile à la cicatrice qui existe au point où la graine s'est détachée du funicule.

Hispide, garni de poils roides.

Hypocratériforme, en forme de coupe large, peu profonde et portée sur un pied.

Hypogyne, placé sur le réceptacle de la fleur au niveau de l'insertion de l'ovaire.

I.

Imbriqué, disposé comme les tuiles ou les ardoises d'un toit.

Incisé, découpé longitudinalement.

Inclus, ne s'élevant pas au-dessus des parties environnantes.

Indéhiscent, ne s'ouvrant pas naturellement.

Inflorescence. On désigne sous ce nom la disposition générale des fleurs, ou leur arrangement sur chaque rameau.

Infundibuliforme, en forme d'entonnoir.

Insertion. On désigne sous le nom d'insertion le point par lequel un organe appendiculaire est attaché sur l'axe.

Introrse (anthère), dont la face est tournée vers l'intérieur de la fleur.

Involucelle, dans la famille des Ombellifères, on donne ce nom à l'involucre des ombellules.

Involucre, réunion ou collerette de folioles entourant étroitement une partie.

L.

Labelle, nom donné à celui des trois pétales intérieurs de la fleur des Orchidées qui est dirigé en bas.

Labié, se dit d'un calice ou d'une corolle dont le limbe est divisé en deux lèvres.

Lacinié, découpé en lanières plus ou moins profondes.

Lancéolé, élargi au milieu et s'allongeant insensiblement par les deux bouts, comme un fer de lance.

Ligneux, de la nature du bois.

Ligule. On nomme ainsi une membrane scarieuse, mince et transparente, qui existe à l'extrémité de la face interne de la gaine dans la famille des Graminées.

Ligulé, en forme de languette.

Limbe, partie plane et foliacée de la feuille, ou partie plane des sépales, des pétales, etc.

Linéaire, allongé et d'égale largeur dans toute son étendue.

Lisse, ne présentant ni poils ni aspérités.

Lobes, parties saillantes séparées par des échancrures.

Loculicide, se dit de la déhiscence du fruit qui a lieu par la rupture longitudinale de la nervure dorsale de chaque carpelle.

M.

Maculé, qui présente une ou plusieurs taches.

Marcescent, persistant quoique desséché.

Marginal, qui est situé sur le bord; qui constitue un rebord.

Marginé, entouré d'un rebord.

Membrane, organe mince et transparent.

Membraneux, qui a la consistance et l'aspect d'une membrane.

Monocotylédoné, pourvu d'un seul cotylédon.

Monoïque, se dit d'une plante à fleurs unisexuelles portées par un même individu

Moniliforme, en forme de chapelet.

Monopétale, se dit d'une corolle à pétales plus ou moins soudés entre eux.

Monosperme, à une seule graine.

Mucron, pointe roide terminant brusquement une extrémité plus ou moins large.

Mucroné, terminé par un mucron.

Multifide, à divisions nombreuses.

Multiflore, portant un grand nombre de fleurs.

Multiloculaire, à plusieurs loges.

Muriqué, couvert de pointes robustes et courtes.

Mutique, sans arêtes ni pointes.

N.

Nectarifères, nom donné à certains disques et à certaines surfaces pétaloïdes qui sécrètent des liquides.

Nervures, faisceaux fibro-vasculaires qui constituent la charpente du limbe de la feuille, des sépales, des pétales, etc.

O.

Obconique, en forme de cône renversé.

Obcordé, en forme de cœur renversé.

Oblong, qui est plusieurs fois plus long que large.

Obovale, en ovale renversé, c'est-à-dire dont l'extrémité la plus étroite est en bas.

Obtus, à sommet arrondi et sans pointe.

Oligosperme, qui renferme un petit nombre de graines.

Ombelle, inflorescence dans laquelle tous les pédoncules, insérés au même point, se divisent en pédicelles insérés aussi au même point.

Ombellule, nom donné aux ombelles partielles dont l'ensemble constitue l'ombelle composée.

Ombiliqué, marqué au centre d'une dépression ou ombilic.

Onglet, base étroite par laquelle un pétale est inséré.

Onguiculé, muni d'un onglet.

Orbiculaire, dont la circonférence est limitée par un cercle régulier ou presque régulier.

Oreillette, expansion foliacée à la base d'un pétiole.

Ovaire, partie inférieure et renflée du pistil qui renferme les ovules ou jeunes graines.

Ovoïde, approchant de la forme ovale.

Ovule. On désigne sous ce nom l'état de la graine avant et pendant la période de l'épanouissement de la fleur.

P.

Paillette. On donne ce nom à de petites lames minces et étroites ordinairement sèches et transparentes.

Palmé, composé de divisions disposées comme une main dont les doigts sont ouverts.

Panicule, inflorescence dans laquelle les pédoncules rameux sont disposés le long d'un axe commun.

Papilionacé, se dit d'une corolle composée de cinq pétales, dont le supérieur plus grand se nomme *étendard,* les deux latéraux plus étroits sont les *ailes,* les deux inférieurs, ordinairement soudés, constituent la *carène.*

Pauciflore, qui présente un petit nombre de fleurs.

Pectiné, à divisions disposées sur deux rangs comme les dents d'un peigne.

Pédicelle. On désigne sous ce nom le support (queue) particulier de chaque fleur.

Pédicellé, pourvu d'un pédicelle.

Pédoncule, support des fleurs, ordinairement rameux : ce mot est souvent employé comme synonyme de pédicelle.

Pelté, se dit d'un organe quelconque qui est orbiculaire et qui adhère à un support par le milieu de l'une de ses faces.

Perfolié, se dit d'une feuille dont la base entoure complétement la tige ou le rameau sur lequel elle est insérée.

Périanthe. On désigne sous ce nom l'ensemble des enveloppes florales dans les plantes monocotylédonées.

Périgyne, se dit de la corolle ou des étamines insérées sur le calice.

Persistant, prolongeant sa durée au delà des limites ordinaires.

Pétale. On donne ce nom aux pièces qui composent la corolle : les pétales sont ordinairement revêtus de brillantes couleurs.

Pétaloïde, de la nature des pétales.

Pétiole, support ou queue de la feuille.

Pétiolé, muni d'un pétiole.

Pétiolulé, muni d'un très-court pétiole.

Phanérogame, nom donné aux plantes dont le organes reproducteurs sont constitués par des étamines et des ovules.

Pinnatifide, se dit d'une feuille ayant de chaque côté des lobes assez profonds et parallèles.

Pinnatilobé. La feuille pinnatilobée diffère de la feuille pinnatifide en ce que ses lobes sont arrondis, moins nombreux et moins profonds.

Pinnatipartite, se dit d'une feuille ayant de chaque côté des lobes très-profonds et ordinairement aigus.

Pinnée, se dit d'une feuille composée de deux rangs de folioles placées sur les côtés du rachis.

Pinnule, lobe ou foliole de la feuille des Fougères.

Pistil. Ce nom est ordinairement appliqué à l'ensemble de l'ovaire, du style et du stigmate.

Pivotante (racine), qui s'enfonce verticalement dans le sol.

Placenta, partie de l'ovaire à laquelle les ovules sont insérés.

Polygame, se dit d'une plante qui porte en même temps des fleurs hermaphrodites, des fleurs mâles et des fleurs femelles réunies sur un même individu.

Polypétale, qui se compose de plusieurs pétales libres.

Polysperme, qui renferme beaucoup de graines.

Ponctué, marqué de petites taches en forme de points, ou de petites fossettes.

Pubescent, qui est couvert d'un duvet fin, court et peu serré.

Pulvérulent, comme couvert de poussière.

Pyriforme, en forme de poire.

Pyxide, fruit sec, capsulaire ou membraneux, s'ouvrant par une fente circulaire qui détermine la chute d'un opercule.

Q.

Quadrifide, à quatre divisions peu profondes.

Quadriloculaire, à quatre loges.

Quadripartit, à quatre divisions profondes.

R.

Rachis. On désigne sous ce nom le pétiole continué par la nervure moyenne dans les feuilles composées.

Radical, qui appartient à la racine.

Radicant, produisant des racines adventives.

Radicule. On désigne sous ce nom la partie de l'axe qui chez l'embryon est située au-dessous des cotylédons.

Réceptacle, extrémité élargie du pédoncule portant les bractées qui constituent l'involucre et les fleurs qui constituent la partie essentielle du capitule. On donne également ce nom à l'extrémité du pédicelle qui donne insertion aux différentes parties de la fleur.

Réfléchi, courbé vers la terre.

Réniforme, en forme de rein ou rognon.

Réticulé, en forme de réseau.

Rétus, dont l'extrémité est tronquée.

Rhizome, tige souterraine qui rampe horizontalement.

Rotacée (corolle), à limbe très-étalé en forme de roue.

Rugueux, marqué d'élévations séparées par des sillons en forme de rides.

S.

Sagitté, en forme de fer de flèche, c'est-à-dire en lame lancéolée aiguë, terminée à sa base par deux lobes aigus et écartés.

Scabre, rude au toucher.

Scarieux, mince, sec et transparent.

Segment, portion divisée et distincte d'un organe quelconque.

Sépale, nom appliqué aux pièces qui composent le calice. Les sépales peuvent être libres ou soudés entre eux.

Serrulé, bordé de très-petites dents aiguës comme les dents d'une scie.

Sessile, dépourvu de tout support.

Sétacé, qui a la forme d'une soie ou d'un crin.

Sinué, dont les bords décrivent des sinuosités.

Sinus, angle rentrant.

Souche, partie souterraine d'une plante vivace.

Spatulé, dont la base est rétrécie, le sommet élargi et arrondi en forme de spatule.

Spiciforme, en forme d'épi.

Squamiforme, en forme d'écaille.

Stigmate, extrémité glanduleuse d'un carpelle ou d'un ovaire, surmontant immédiatement l'ovaire ou terminant le style.

Stipité, pourvu d'un petit support aminci.

Stipule. Ce nom est appliqué aux appendices qui accompagnent, dans plusieurs plantes, la base du pétiole ou de la feuille.

Stolon, tige rampante et s'enracinant au niveau des nœuds.

Stolonifère, produisant des stolons ou jets rampants.

Strié, qui présente des stries ou petits sillons longitudinaux.

Style. On désigne sous ce nom le prolongement qui surmonte la plupart des ovaires et se termine par la surface glanduleuse du stigmate.

Suborbiculaire, qui est presque orbiculaire.

Subulé, linéaire et rétréci en pointe comme une alène.

T.

Tomenteux, couvert de poils courts et entrelacés.

Toruleux, bosselé.

Trilobé, à trois lobes.

Triloculaire, à trois loges.

Tripartit, à trois divisions profondes.

Tripinnatifide, se dit d'une feuille découpée en lobes qui eux-mêmes sont doublement lobés.

Tripinnée, se dit d'une feuille trois fois ailée.

Triquètre, à trois angles à arêtes saillantes.

Tubercule. On donne ce nom à des renflements de la partie souterraine de la tige de certaines plantes.

Tuberculeux, qui présente des tubercules.

Turbiné, en forme de toupie.

U.

Uniflore, portant une seule fleur.

Unilatéral, tourné d'un seul côté.

Uniloculaire, n'ayant qu'une loge.

Unisexuelle, se dit de fleurs qui ne contiennent que des étamines (fleurs mâles), ou que des pistils (fleurs femelles).

Urcéolé, renflé au milieu, contracté aux deux extrémités : en forme de grelot.

V.

Valve. On désigne sous ce nom les pièces qui résultent de la déhiscence des fruits ligneux ou membraneux.

Velu, couvert de longs poils.

Verruqueux, garni de verrues ou de petites aspérités.

Verticille. On désigne sous ce nom un ensemble d'organes disposés en cercle.

Verticillé, disposé en verticille ou cercle.

Visqueux, enduit d'une humeur gluante.

Volubile, se tournant en spirale autour d'un support.

Vrille. On donne ce nom à des organes filiforme, simples ou rameux, qui s'enroulent en spirale autour des corps voisins, et servent à soutenir la plante.

LISTE DES BOTANISTES BELGES

QUI ONT FOURNI DES RENSEIGNEMENTS POUR LE MANUEL.

AUBERT (Gustave), précepteur, à Louette-Saint-Pierre (Namur). — Ce botaniste, dont les recherches ont enrichi la Flore cryptogamique du pays, m'a envoyé plusieurs plantes des environs de Louette.

DAESEN (Frédéric), naturaliste, à Rochefort (Namur). — Cet amateur zélé d'histoire naturelle m'a communiqué de vive voix de nombreux détails sur les environs de Bruxelles, qu'il a parcourus pendant plusieurs années. Ses courses répétées dans la Famenne ont été fructueuses et il a augmenté la Florule de Rochefort de plusieurs espèces rares.

BARBIER (l'abbé Victor), de Namur.

BARBIER (l'abbé Joseph), vicaire, à Jeneffe (Namur). — Les frères Barbier ont exploré les alentours de Namur pendant plusieurs années ; ils ont, en outre, à plusieurs reprises, fait de longues courses dans la Campine anversoise et aux environs de Wal-court. Je leur exprime ici ma profonde reconnaissance pour les plantes et les nombreux renseignements qu'ils ont bien voulu me fournir. Le second de ces botanistes, récemment installé à Jeneffe, aura pour champ d'herborisation une région du Condroz encore très-peu connue. C'est à lui qu'est due la précieuse découverte du *Draba aizoides.*

BRAUJEAN (Romain), directeur de l'école moyenne de Saint-Hubert (Luxembourg). — La Flore ardennaise doit beaucoup aux recherches de cet amateur. Durant plusieurs années, il a exploré avec soin les environs de Neufchâteau et ceux de Saint-Hubert. C'est à lui qu'on est redevable de la découverte du *Lycopodium annotinum.*

BELLYNCK (A.), de la compagnie de Jésus, professeur d'histoire naturelle au collége N.-D. de la Paix, à Namur. — J'ai largement usé des renseignements de la *Flore de Namur,* dans laquelle ce botaniste a consigné ses nombreuses observations faites dans le bassin de la Meuse. Cet ouvrage est ce que nous possédons de meilleur, et je le recommande tout particulièrement aux amateurs désireux de connaître la riche végétation de la province de Namur. Je n'ai point à mentionner ni à juger ici les travaux cryptogamiques de ce savant : je dirai seulement que la première partie de sa Flore cryptogamique est attendue avec une vive impatience.

DOMMER (J. E.), attaché au Jardin botanique de Bruxelles. — Dans une intéressante note, insérée au t. XXIII des bulletins de l'Académie royale de Belgique, il a fait connaître le rare *Gagea spathacea,* espèce confondue dans nos Flores. En ce moment, cet observateur s'occupe d'un travail monographique sur la famille des Fougères. Il m'a communiqué de nombreuses espèces de la Flore bruxelloise, et m'a fourni un cahier de notes dont j'ai profité pour la rédaction du Manuel.

f

C*** (Mlle H.). — Cette dame savante explore avec succès depuis dix ans les bords de la Meuse. L'année dernière, elle a publié dans le n° 50 du *Phytologist* une intéressante notice sur la Florule des environs de Dinant, intitulée : *Notes on the Belgian Flora. — A list of plants growing wild in Belgium, and which are either rare or not indigenous in England.* C'est elle qui, la première, a constaté la présence de l'*Orchis Simia* dans la province de Namur. Je lui exprime ici mes remercîments pour les plantes et les renseignements qu'elle m'a procurés avec tant de bonté.

COEMANS (l'abbé Eugène), vicaire, à Gand. — J'ai reçu de lui, il y a quelques années, un choix de plantes rares de nos côtes maritimes. Il vient de publier deux mémoires dans le bulletins de l'Académie royale : *Notice sur le Pilobolus crystallinus*, Bruxelles, 1859; *Recherches sur la genèse et les métamorphoses de la Peziza sclerotiorum*, Bruxelles, 1860. Après avoir exposé le résultat de patientes et ingénieuses investigations, l'auteur aborde des questions générales du plus grand intérêt. La voie rationnelle dans laquelle cet esprit scrutateur est entré le conduira au premier rang parmi les réformateurs de la cryptogamie.

DE MOOR (V. P. J.) médecin-vétérinaire, à Alost (Flandre orientale). — Ce botaniste a, depuis plus de quinze ans, consacré ses loisirs à l'étude des Graminées indigènes. Son premier travail intitulé : *Synopsis analytique de la Flore agrostologique belge*, a été suivi de la publication de l'*Essai d'une monographie sur les graminées de Belgique*, Bruxelles, 1853, — et du *Traité des graminées céréales et fourragères que l'on rencontre en Belgique*, Bruxelles, 1854. Je signale à l'attention des amateurs de Graminées ce dernier ouvrage. L'auteur n'en restera pas là de ses intéressantes études, car il poursuit depuis longtemps une série d'expériences de culture qui doivent, espère-t-il, le conduire à la réforme de plusieurs genres critiques de la famille des Graminées. Cet agrostographe a été, pour moi, d'une obligeance exemplaire; non content de m'avoir donné la plupart des types décrits dans ses livres, il m'a permis de consulter son magnifique herbier.

DESCHAMPS (Louis), mort à Namur en 1858. — Il m'avait envoyé des spécimens de plusieurs plantes rares.

DETERME, géomètre, à Mariembourg (Namur). — On verra, dans le cours de cet ouvrage, combien la Flore de la région méridionale a été enrichie par les trouvailles de ce patient et heureux chercheur. Énumérer les nouveautés qu'il a acquises à la Flore de Namur serait trop long ; je me contenterai de citer les *Carum verticillatum*, *Orobanche Teucrii*, *Alopecurus utriculatus* qu'il ajoute à la Flore générale.

DEWALQUE (G.), professeur de minéralogie à l'Université de Liége. — Envoi de plantes des environs de Stavelot et Liége.

FENNINGER (G.), botaniste, à Gand. — Cet amateur plein de zèle, établi depuis quelques années dans la vieille cité flamande, consacre une grande partie de la belle saison à l'exploration de la Flandre orientale. Il me fait régulièrement part de ses bonnes travailles indigènes, et partage avec moi les récoltes de ses herborisations faites dans les montagnes de la France, de la Suisse, de l'Autriche, etc.

GRAVET (Frédéric), botaniste, à Louette-Saint-Pierre (Namur). — Je ne saurais lui témoigner assez de reconnaissance pour les services nombreux qu'il m'a rendus tant par ses belles récoltes de plantes que par de très-nombreux renseignements. On peut remarquer, en parcourant la *Flore de Namur*, quelle large part il lui revient dans les riches données géographiques que renferme ce livre. Depuis la publication de cette Flore (1855), il a multiplié ses heureuses trouvailles dans le canton de Gedinne, qu'il a exploré méthodiquement à fond. Une grande partie de mes pérégrinations dans la haute Ardenne et dans la partie méridionale du Luxembourg ont été faites en compagnie de cet excellent ami. La Flore générale a été augmentée par lui du *Cirsium Anglicum*. C'est à ses recherches qu'est due la découverte du *Trientalis Europæa* sur trois points du département des Ardennes (France), et dont M. Gay, au mois de décembre dernier, a fait l'objet d'une intéressante communication à la Société Botanique de France.

GRÜN (Karl W.), étudiant en sciences naturelles, à Bruxelles. — Ce jeune et ardent amateur de botanique m'a fourni des indications utiles sur la Flore du Brabant. Une herborisation qu'il fit, à l'automne de 1856, dans la partie nord-est du Limbourg fut des plus fructueuses ; outre le *Ledum palustre*, qu'il découvrit aux environs de Lanklaer, il constata sur ce point reculé de la Campine de vastes landes occupées par l'*Erica cinerea*.

HENROTAY (l'abbé J. A.), ancien professeur, curé à Modave (Liége). — Je dois des remercîments tout particuliers à cet ecclésiastique pour l'obligeance avec laquelle il m'a envoyé des plantes et des renseignements. Avant d'être à Modave, il avait résidé à Grand-Rechain, sur la rive droite de la Vesdre, où il avait déjà herborisé. Depuis un an qu'il habite la pittoresque vallée du Houyoux, il a fait de bonnes découvertes. Ces localités si accidentées du bassin de la Meuse lui réservent pour l'avenir d'amples moissons d'espèces rares.

LABOULLE, directeur de l'école communale de Verviers (Liége). — Cet amateur m'a fait découvrir plusieurs plantes rares aux environs de Verviers. Dans l'intérêt de la science, il serait utile qu'il associât ses recherches à celles des autres botanistes de Verviers, à l'effet de constater les pertes ou les gains qu'a pu faire la Florule de cette petite contrée depuis le temps de Lejeune.

MAC LEOD, amateur d'histoire naturelle, à Gand. — Autrefois, il a eu la bonté de me donner un aperçu de la Florule d'Ostende. Plusieurs espèces rares, découvertes, par lui, me sont parvenues indirectement.

MALAISE (Constant), docteur en sciences naturelles, répétiteur de minéralogie et de géologie à l'Université de Liége. — Tantôt en compagnie de l'abbé Strail, tantôt seul, ce naturaliste a fait de nombreuses herborisations dans le bassin de la Vesdre. Il a eu l'extrême bonté de me faire une part dans ses récoltes de la Campine et des bords de la mer. Plusieurs espèces très-rares sont indiquées sous son nom.

MARTINIS (A.), à Obourg, (Hainaut). — Grâce aux fréquentes recherches de ce courageux botaniste, la Flore du Hainaut a été enrichie d'espèces précieuses, parmi lesquelles je signale surtout le très-rare *Tillœa muscosa*. Durant le cours de ses études humanitaires à Bruxelles, il a soigneusement parcouru les environs de la capitale et a consigné le résultat de ses observations dans une Florule manuscrite que j'ai entre les mains. A ma prière, il a rédigé le catalogue raisonné de ses découvertes faites dans le voisinage de Saint-Denis, Obourg, Casteau, etc., et dont j'ai tiré le plus grand parti.

MATHIEU (C.), naturaliste, à Bruxelles. — L'auteur de la *Flore générale de Belgique* m'a communiqué un assez bon nombre des types qu'il a décrit.

MAUBERT (le Frère), des écoles chrétiennes, professeur à l'école normale de Mallonne (Namur). — Pendant son séjour à Carlsbourg (Luxembourg), il a étudié attentivement une portion du plateau ardennais et plusieurs localités de la vallée de la Semoy. Il a constaté le rare *Hypochœris maculata* dans la province de Namur. En 1858, il nous dirigea habilement, moi et quelques amis, dans une intéressante exploration des gorges latérales de la Semoy, aux environs d'Ucimont, Botassart, etc.

MICHOT (l'abbé N. L.), à Mons. — L'auteur de la *Flore du Hainaut* m'a fourni plusieurs espèces rares de cette province. J'ai trouvé dans son livre, qui date déjà de quinze ans, d'excellents matériaux pour la partie géographique du Manuel.

MOREAU (Charles), médecin français, résidant à Saint-Hubert (Luxembourg). — C'est avec bonheur que je saisis l'occasion de témoigner ma vive gratitude à ce botaniste, à cet ami, dont les conseils, la conversation savante ont été pour moi, depuis bientôt dix ans, un véritable enseignement. Presque toutes mes courses, soit sur les bords de la Vesdre, de l'Amblève de l'Ourthe ou de la Meuse, soit dans les localités si curieuses de Vance et d'Arlon, ont été exécutées avec lui. Parmi les espèces rares qu'il a découvertes dans ses herborisations, je citerai le précieux *Lycopodium complanatum*, qui était une acquisition tout à fait nouvelle pour le pays. Dans le voisinage de Saint-Hubert, qu'il a exploré à fond avec M. Romain Beaujean, il a retrouvé, en grande abondance le *Trientalis Europœa* à la localité citée par De Candolle dans sa *Flore française* sur le témoignage de Redouté (1).

PUISSANT (l'abbé P. A.), professeur au collége de Grammont (Flandre orientale). — Il m'a envoyé une liste, accompagnée d'échantillons, des espèces observées par lui aux environs de Grammont et Renaix, dans laquelle étaient, en outre, consigné d'intéressants détails sur la dispersion du *Lathrœa Clandestina*. Les bords de la Dendre, les collines de Renaix, ainsi que la vallée de l'Escaut vers Audenarde, composent un champ d'étude, où ce botaniste fera certainement de belles observations concernant la Flore de la Flandre orientale.

REMACLE (Ad), juge au tribunal de Verviers (Liége). — Cet amateur d'histoire naturelle a été des plus heureux dans ses promenades botaniques. L'été dernier, il nous a fait récolter, entre Verviers et Ensival, les *Arabis muralis Bertol.* et *A. Turrita L.*, qu'il avait découverts précédemment.

---

(1) Le célèbre peintre de fleurs était originaire de Saint-Hubert.

REUSENS (l'abbé Edm.), bibliothécaire de l'université de Louvain. — Les renseignements consciencieux que m'a donnés ce botaniste, concernant la Flore d'Anvers et celle des environs de Louvain, m'ont puissamment aidé dans la préparation du Manuel. Il a poussé l'obligeance jusqu'à me confier plusieurs cartons de son herbier. La Flore anversoise a été augmentée par lui des *Ranunculus ololeucos* et *Sanguisorba officinalis*.

SCHEIDWEILER, professeur de botanique et d'horticulture à Gand. — Depuis plusieurs années, ce savant me fait part de ses belles découvertes de la Flandre orientale. Il m'a fourni de nombreux détails sur la Flore de cette province et sur celle du Brabant. Son nom, fréquemment répété dans ce livre, montre de quel riche bouquet il a enrichi la Flore de Belgique.

STRAIL (l'abbé Ch. A.), curé à Magnée (Liége). — Ce botaniste instruit a fouillé avec un grand succès toutes ces curieuses localités du Fond-de-Forêt, des vallées de l'Amblève, de la Meuse, etc. Ses recherches, souvent associées à celles de son ancien élève, le Dr. Malaise, ont sensiblement augmenté nos richesses végétales. Dans des courses faites sur les bords de la Vesdre avec quelques amis, il nous a accueillis avec la plus charmante hospitalité; il nous a montré les curiosités de son cabinet d'histoire naturelle et nous a conduit, aux environs de Magnée, dans les endroits riches en espèces. Nous attendons de cet amateur un travail sérieux sur la Flore liégeoise, dans lequel il doit consigner les nombreuses données phytostatiques et les remarques phytographiques qu'il a rassemblées pendant de longues années.

VANDENBORN (l'abbé H.), professeur à l'école normale de Saint-Trond (Limbourg). — La contrée qu'a parcourue durant plusieurs années cet ecclésiastique était fort peu connue ; aussi les renseignements très-étendus qu'il m'a communiqués m'ont-ils beaucoup aidé. Par sa position sur la limite des régions méridionale et septentrionale, Saint-Trond et son voisinage possèdent une végétation dont les caractères tiennent des deux Flores : au midi elle a les traits de la Flore liégeoise, au nord ceux de la Flore campinienne. C'est surtout dans les terrains sablonneux de la Campine que l'abbé Vandenborn a fait et fera les plus intéressantes découvertes.

VAN HAESENDONCK (G. C.), docteur en médecine à Tongerloo (Anvers). — En 1841, il publiait le *Prodrome de la Flore des environs d'Anvers et d'une partie de la Campine*, catalogue raisonné dans lequel il exposait le résultat de nombreuses années de recherches. Depuis cette publication, le Dr. Van Haesendonck n'a plus eu à consacrer à la botanique que de rares instants, qu'il a cependant mis à profit pour découvrir quelques espèces rares et entre autres le *Scheuchzeria palustris*. Ce botaniste a accueilli mes demandes de plantes et de renseignements avec une grande bonté. Qu'il reçoive ici mes sincères remercîments.

VAN HEURCK (Henri), vice-président de la Antwerpsch Kruidkundig Genootschap, dont il est un des principaux fondateurs. Afin de rendre l'étude de la botanique plus aisée aux nombreux membres de cette Société flamande, ce naturaliste a entrepris la publication d'une *Antwerpsche analytische Flora*, catalogue raisonné qui renferme ses nombreuses observations et celles de plusieurs de ses amis. Il a mis à ma disposition une partie de son herbier, et a eu l'obligeance de me donner une liste de ses découvertes accompagnée d'échantillons.

WESMAEL (Alfred), répétiteur du cours de botanique à l'école d'arboriculture de Vilvorde (Brabant). — Il m'a fourni des données phytostatiques sur le Brabant. Ses herborisations sur les bords de la mer ont été fructueuses, ainsi que celles qu'il a faites dans la province de Namur, dont la Flore lui doit le rare *Spiranthes autumnalis*. Entre autres fragments publiés par ce botaniste, je citerai : *Notice sur quelques espéces et variétés d'Erables*, 1859; *Notice sur quelques espéces de Saules*, 1860.

WESTENDORP (G. D.), médecin militaire à Termonde (Flandre orientale). — Il a eu l'extrême obligeance d'annoter de ses découvertes un volumineux catalogue que je lui avais envoyé. Son séjour successif à Tournay, Nieuport, Ostende, Bruxelles, Beverloo, etc.. l'a mis à même, pendant près de trente ans, de faire de très-intéressantes observations. Il a retrouvé dans la Campine le rarissime *Subularia aquatica*, espèce qui n'avait point été revue depuis un demi-siècle. Il est presque superflu de rappeler les travaux si connus de ce cryptogamiste : son *Herbier cryptogamique belge*, ses nombreux mémoires insérés aux bulletins de l'Académie, son curieux vade-mecum intitulé : *Les cryptogames classés d'après leurs stations naturelles*.

ÉNUMÉRATION DES OUVRAGES BOTANIQUES

CONCERNANT LA FLORE DE LA BELGIQUE CONSULTÉS POUR LA RÉDACTION
DU MANUEL.

ROUCEL (F.). *Flore du nord de la France,* ou description des plantes indigènes et de celles cultivées dans les départements de la Lys, de l'Escaut, de la Dyle et des Deux-Nèthes, etc.; Paris, 1803, 2 vol. in-8.

DESMAZIÈRES (J.-B.-H.-J.). *Supplément à la botanographie belgique* et aux Flores du nord de la France ; Lille, 1823. 1 vol. in-8.

DUMORTIER (B.-C.). *Florula belgica,* operis majoris prodromus; Tornaci Nerviorum, 1827, 1 vol. in-8.

LESTIBOUDOIS (Thém.). *Botanographie belgique,* ou Flore du nord de la France et de la Belgique proprement dite ; Lille, 1827, 1 vol. in-8.

LEJEUNE (A.-L.-S.) et **COURTOIS** (R.). *Compendium Floræ belgicæ ;* Leodii, 1828-1831, Verviæ, 1836, 3 vol. in-18.

— *Choix de plantes de la Belgique ;* Verviers, 1825-1827, 10 fasc. in-folio, contenant 50 plantes chacun.

HANNON (J.-D.). *Flore belge* ; Bruxelles, 1849, 3 vol. in-18.

MATHIEU (C.). *Flore générale de Belgique ;* Bruxelles, 1853, 2 vol. gr. in-8.

BOMMER (J.-E.). *Tableau analytique de la Flore parisienne,* par Baulier, édition mise en rapport avec la Flore belge ; Bruxelles, 1854, 1 vol. in-18.

KICKX (Jean). *Notice sur quelques espèces peu connues de la Flore belge ;* Bruxelles, 1835, broch. in-8.

CREPIN (François). *Notes sur quelques plantes rares ou critiques de la Belgique ;* Bruxelles, 1859, 1er fasc. in-8.

DUMORTIER (B.-C.). *Observations sur les Graminées de la Flore de Belgique* (Agrostographiæ belgicæ tentamen); Tournay, 1823, 1 vol. in-8.

DE MOOR (V.-P.-J.). *Essai d'une monographie sur les Graminées de la Belgique ;* Bruxelles, 1852, broch. in-8.

— *Traité des graminées* céréales et fourragères que l'on rencontre en Belgique ; Bruxelles, E. Tarlier, 1854, 1 vol. in-18.

KICKX (Jean). *Relation d'une promenade botanique faite dans la Campine* au mois de juillet 1832. Bruxelles, 1833, broch. in-8.

VAN HAESENDONCK (G. Constant). *Prodrome de la Flore des environs d'Anvers* et d'une partie de la Campine ; Anvers, 1844, broch. in-8.

VAN HEURCK (Henri) et **DE BRUCKER** (J.-J.). *Antwerpsche analytische Flora ;* Anvers, 1860, in-8. (En voie de publication).

KICKX (J. père). *Flora Bruxellensis ;* Bruxelles, 1812, 1 vol. in-8.

DEKIN (A.) et **PASSY** (A.-F.). *Florula Bruxellensis,* seu catalogus plantarum circa Bruxellas sponte nascentium; Bruxellis, 1814, broch. in-8.

KICKX (Jean). *Commentatio* de plantis officinalibus et venenatis agri Lovaniensis ; Lovanii, 1827. 1 vol. in-4.
— *Flore cryptogamique des environs de Louvain ;* Bruxelles, 1835. 1 vol. in-8.
— *Bouquet botanique du littoral belge* et surtout des environs de Nieuport; Bruxelles, 1837, broch. in-8.

VAN DE VYVERE (E.). *Flore de la Flandre occidentale* ou catalogue des plantes phanérogames indigènes ou cultivées dans cette province; Bruges, 1850, 1 vol. in-8.

ROUCEL (F.). *Traité des plantes les moins fréquentes* qui croissent naturellement dans les environs des villes de Gand, d'Alost, de Termonde et Bruxelles; Bruxelles, 1792, 1 vol. in-8.

HOCQUART (l'abbé). *Flore du département de Jemmape*, ou définitions des plantes qui y croissent spontanément; Mons, 1814, 1 vol. in-18.

MICHOT (l'abbé N.-L.). *Flore du Hainaut*; Mons, 1845, 1 vol. gr. in-8.

MARISSAL (F.-V.). *Catalogue des phanérogames* observés depuis 1842 dans les environs de Tournay; Tournay, 1846, broch. in-8.

LEJEUNE (A.-L.-S.). *Flore des environs de Spa* ; Liége, 1811-1813, 2 vol. in-8.
— *Revue* de la Flore des environs de Spa ; Liége, 1824, 1 vol. in-8.

BEAUFAYS (Gustave). *Flore verviétoise.* Verviers, 1857, broch. in-18.

TINANT (L.-A.). *Flore luxembourgeoise*; ou description des plantes phanérogames, recueillies et observées dans le grand-duché de Luxembourg ; Luxembourg, 1836, 1 vol. in-8.
On a vendu, comme seconde édition de cet ouvrage, des exemplaires dont le titre et la couverture avaient été seulement renouvelés.

KICKX (J. père). *Relation d'un voyage à la grotte de Han*, au mois d'août 1822; Bruxelles, 1823, 1 vol. in-8.

DE CLOET (J.-J.). *Catalogue des plantes observées aux environs de Freyr* (Nr), pendant les années 1820 à 1827; Amsterdam, broch. in-8 (en hollandais).

BELLYNCK (A.). *Flore de Namur*, ou description des plantes spontanées et cultivées en grand dans la province de Namur, observées depuis 1850 ; Namur, 1855, 1 vol. gr. in-8.

C... (H.). *Notes on the Belgian Flora.* A list of plants growing wild in Belgium, and which are either rare or not indigenous in England. (Phytologist, London, 1859, n° 50).

LISTE DES NOMS DES AUTEURS CITÉS.

Adans.	Adanson.	Gren.	Grenier.
Ait.	Aiton.	Gren. et Godr.	Grenier et Godron.
All.	Allioni.	Griseb.	Grisebach.
Babingt.	C. C. Babington.	Hall.	Haller.
Benth.	G. Bentham.	Hoffm.	Hoffmann.
Bor.	Boreau.	Hoppe	Hoppe.
A. Br.	Alex. Braun.	Hornem.	Hornemann.
R. Br.	Robert Brown.	Host	Host.
Brongn.	Ad. Brongniart.	Huds.	Hudson.
Cass.	Cassini.	Jacq.	Jacquin.
Coss.	E. Cosson.	Jord.	Alexis Jordan.
Coss. et Germ.	E. Cosson et E. Germain.	Juss.	A. L. de Jussieu.
Crantz	Crantz.	Adr. Juss.	Adrien de Jussieu.
Curt.	Curtis.	Krschl.	Fréd. Kirschleger.
DC.	De Candolle.	Koch	J. Koch.
Alph. DC.	Alph. De Candolle.	Kœl.	Kœler.
Desf.	Desfontaines.	Kunth	Kunth.
Desp.	Desportes.	L.	Linné.
Desv.	Desvaux.	L. f.	Linné fils.
Dietr.	Dietrich.	Lam.	Lamarck.
Duby	Duby.	Leers	Leers.
Dmrt.	Dumortier.	Lehm.	Lehmann.
Ehrh.	Ehrhart.	Lej.	Lejeune.
Endl.	Steph. Endlicher.	Leys.	Leysser.
Fries	Fries.	L'Hérit.	L'Héritier.
Gaertn.	Gaertner.	Lindl.	Lindley.
Gand.	Gaudin.	Link	Link.
Gay	J. Gay.	Lloyd	Lloyd.
Germ.	E. Germain.	Lois.	Loiseleur.
Gmel.	Godron.	M.-B.	M. de Bieberstein.
Godr.	Gmelin.	Mérat	Mérat.
Good.	Goodenough.	Mert.	Mertens.
Gouan	Gouan.	Mert. et Koch	Mertens et Koch.

Mey.	Meyer.	Schreb.	Schreber.
Mill.	Miller.	Schult.	Schultes.
Mœnch	Mœnch.	Scop.	Scopoli.
Moq.-Tand.	Moquin-Tandon.	Sibth.	Sibthorp.
Murr.	Murray.	Sm.	Smith.
Nees.	Nees ab Esenbeck.	Soy.-Willm.	Soyer-Willemet.
Nestl.	Nestler.	Spach	Spach.
Nutt.	Nuttal.	Spreng.	Sprengel.
Parl.	Parlatore.	A. Sait-Hil.	A. de Saint-Hilaire.
P. B.	Palisot de Beauvois.	Sutt.	Sutton.
Pers.	Persoon.	Sw.	Swartz.
Poir.	Poiret.	Thuill.	Thuillier.
Poll.	Pollich.	Tournef.	Tournefort.
Rchb.	Reichenbach.	Trin.	Trinius.
Rchb. f.	Reichenbach fils.	Vahl.	Vahl.
Reich.	Reichard.	Vaill.	Vaillant.
Retz.	Retzius.	Vent.	Ventenat.
Rich.	L. C. Richard.	Vill.	Villars.
A. Rich.	A. Richard.	W. et K.	Waldstein et Kitaibel.
Rœm. et Schult.	Rœmer et Schultes.	Wallr.	Wallroth.
Roth	Roth.	Weig.	Weigel.
Salisb.	Salisbury.	Whlbg.	Wahlberg.
Savi	Savi.	Whlnbg.	Wahlenberg.
Schkuhr	Schkuhr.	Wib.	Wibel.
Schlecht.	Schlechtendal.	Wigg.	Wiggers.
Schleich.	Schleicher.	Willd.	Willdenow.
Schrad.	Schrader.	Wimm.	Wimmer.
Schrank	Schrank.	With.	Withering.

LISTE DES BOTANISTES BELGES CITÉS.

Baes.	Fréd. Baesen.	Mal.	C. Malaise.
Bj. ou Beauj.	R. Beaujean.	Mar.	Marissal.
Bllk.	Bellynck.	Math.	C. Mathieu.
Bm.	J. E. Bommer.	Maub.	Frère Maubert.
Coem.	E. Coémans.	Mich.	N. L. Michot.
Court.	R. Courtois.	Michl.	P. Michel.
Crep.	François Crep'n.	ML.	Mac Leod.
De M.	V. P. J. De Moor.	Mor.	Ch. Moreau.
Desm.	Desmazières.	Mrt.	A. Martinis.
D. K.	A. Dekin ex Van Haesen-donck.	Ps.	P. A. Puissant.
		Rem.	Ad. Remacle.
D. et P.	A. Dekin et A. F. Passy.	Rouc.	Roucel.
Dmrt.	B. C. Dumortier.	Rss.	Edm. Reusens.
Dsch.	Louis Deschamps.	Schd.	Scheidweiler.
Det.	Determe.	Str.	Strail.
Fg.	G. Fenninger.	Tin.	Tinant.
Grav.	Fréd. Gravet.	V. B.	Van Beneden ex Van Hae-sendonck.
Gr.	K. W. Grün.		
H. C.	H. C***.	V. Barb.	Victor Barbier.
Hocq.	Hocquart.	VD.	H. Vandenborn.
Hty.	Henrotay.	Vh.	C. Van Haesendonck.
J. Barb.	Joseph Barbier.	Vhk. ou vK.	Henri Van Heurck.
Kx.	J. Kickx.	Wesm.	Alf. Wesmael.
Kx. p.	J. Kickx père.	West.	Westendorp.
Lej.	Lejeune.		

Signes et abréviations.

Les noms des familles sont imprimés en capitales égyptiennes (ex. **PO-MACEES**); ceux des genres le sont en capitales (ex. MALUS); et ceux des espèces le sont en petites capitales (ex. M. COMMUNIS). — Les synonymes sont en caractères italiques, ainsi que les noms vulgaires (ex. *Pyrus Malus*, — *Pommier*); les noms français sont en mignonne romaine (ex. P. commun.)

✝ Précédant un nom de famille ou de genre indique que cette famille ou ce genre ne comprend dans le Manuel que des espèces cultivées ou naturalisées. Précédant un nom d'espèce, ce signe indique que cette espèce est cultivée ou naturalisée.

! Signe de certitude : dans une phrase synonymique, après un nom d'auteur ou le n° d'une figure, indique que j'ai vu des échantillons authentiques ou que la figure convient tout à fait à la plante citée; après les noms des botanistes explorateurs, ce signe indique que j'ai vu des exemplaires des plantes provenant des localités citées.

? Après un nom d'espèce, ce signe indique qu'il y a lieu de douter que le nom cité soit applicable à la plante du Manuel; après un nom de localité, il indique que l'existence de la plante est douteuse à l'endroit signalé.

C.C C.	Très-commun et abondant.
C.C.	Très-commun.
C.C.,C.	Très-commun dans certaines régions et seulement commun dans d'autres.
C.	Commun.
C.,A.C.	Commun dans plusieurs régions, assez commun dans d'autres.
A.C.	Assez commun.
A.R.	Assez rare.
A.R.,A.C.	Assez rare dans plusieurs régions, assez commun dans d'autres.
R.	Rare.
R.R.	Très-rare.
R.R.R.	Très-rare et peu abondant aux localités citées.

Ces différentes abréviations, lorsqu'elles ne sont pas suivies d'indications, concernent soit tout le pays, soit les régions qui n'ont point été encore citées devant elles.

Manque dans beaucoup de localités. — Par cette expression, j'entends que la plante citée manque absolument çà et là sur d'assez grandes parties des différentes provinces.

Rég. mér.	Région méridionale.
Rég. sept.	Région septentrionale.
Rég. ard.	Région ardennaise.
Prov.	Province.
Anv.	Prov. d'Anvers.
Bb.	» de Brabant.
Fl. occ.	» » Flandre occidentale.
Fl. or.	» » Flandre orientale.
Ht.	» » Hainaut.
Lb.	» » Limbourg.
Lg.	» » Liége.
Lx.	» » Luxembourg.
N!.	» » Namur.
1-2, 5-10, etc.	de 1 à 2, de 5 à 10, etc.
4-fide, 3-denté, etc.	quadrifide, tridenté, etc.
f.	figure.
Fl.	Flore.
ic.	icones (planche.)
ord.	ordinairement.
env.	environ.
t.	tabula (planche.)
vulg.	vulgairement.
var.	variété.
s. v.	sous-variété.

Sur la manière de se servir des tableaux analytiques
ou dichotomiques.

Le commençant, comme le vulgaire, n'aperçoit dans le règne
végétal qu'une sorte de chaos, au milieu duquel il distingue à peine
les arbres des plantes herbacées. Autrefois, les anciens botanistes se
contentaient d'une classification très-grossière; beaucoup se bornaient
à diviser les plantes en arbres et en herbes, toutefois en subdivisant
celles-ci en fleurs, c'est-à-dire en plantes pourvues d'une corolle revê-
tue de couleurs brillantes, et en herbes proprement dites ou plantes paraissant dépourvues de fleurs. Les espèces étaient donc alors décrites
sans méthode et, pour reconnaître une plante quelconque au moyen
des livres, il fallait, en quelque sorte, repasser toutes les descriptions
pour tâcher de découvrir celle qui convenait à l'objet étudié. Un tel
mode de détermination était fastidieux au plus haut degré et exigeait
un temps très-considérable. Heureusement qu'aujourd'hui la
science est parvenue à ranger tous les êtres du règne végétal dans
un ordre naturel. Les espèces dont l'organisation est la plus complète ont été rapprochées et placées en tête, puis, après celles-ci, sont
venues se joindre les espèces à organisme moins complexe, et ainsi
de suite, jusqu'à ce que la chaîne fut terminée par des êtres très-
rudimentaires composés d'un assemblage de quelques cellules et
même réduits à une seule cellule. De grands embranchements ou
ordres ont été établis, dans lesquels ont été rangées les familles,
puis les genres avec leurs espèces. Au moyen d'une telle classification, pour reconnaître une plante, il suffit de comparer entre eux les
caractères qui distinguent les ordres, les familles et les genres ; une
fois l'ordre reconnu, on passe à la famille, au genre, et on parvient
enfin au nom de l'espèce. Malgré cette facilité, on ne s'est point con-
tenté de cette seule méthode, et pour épargner le temps et diminuer
la contention d'esprit qu'exigeait la comparaison simultanée de
plusieurs groupes, on a eu recours aux tableaux analytiques ou
dichotomiques. Ceux-ci ont été établis de la manière suivante : toutes les plantes d'un pays étant données, on les a divisées en deux
groupes limités par des caractères tranchés; ces deux groupes ont
été subdivisés chacun en deux autres groupes, et ainsi de suite. De
division en division, les tableaux analytiques conduisent d'abord au
nom de la famille, puis au nom du genre, et enfin à celui de l'espèce.
Veut-on reconnaître une plante quelconque, on doit lire la première
et la seconde phrase du tableau analytique des familles et choisir
celle des deux qui s'applique à la plante, puis passer à la dichotomie
indiquée par le chiffre de renvoi, et choisir entre ces deux nouvelles
phrases celle qui convient ; de phrase en phrase, on arrive au nom
de la famille. Avant de passer au tableau des genres, il est prudent

d'analyser la plante au moyen des caractères attribués à la famille, afin de s'assurer qu'on n'a point fait fausse route en parcourant le tableau des familles. On agit ensuite pour le tableau des genres comme on l'a fait pour celui des familles, puis on saute au tableau des espèces.

Un bon moyen pour se familiariser avec le mécanisme des tableaux et les termes employés, c'est de choisir des plantes généralement connues; de partir du tableau des espèces et de le remonter, ainsi que celui des genres et des familles. Choisissant le Haricot, par exemple, et partant du genre *Phaseolus*, page 40, on remontera, à la page 35 et au n° 7 du tableau générique, de là on reculera jusqu'au n° 1, pour passer au n° 62 du tableau des familles. Arrivé au n° 1 de ce dernier tableau, on pourra revenir sur ses pas et redescendre jusqu'au genre *Phaseolus*. Pour cet exercice, on peut choisir les espèces suivantes : OEillet, Spargoute (*Caryophyllées*); Lin (*Linées*); Géranium (*Géraniacées*); Coquelicot (*Papavéracées*); Cresson-de-fontaine, Choux, Moutarde, Radis (*Crucifères*); Violette (*Violariées*); Genêt, Luzerne, Trèfle, Haricot, Fève, Pois, Sainfoin (*Papilionacées*); Cerisier, Prunier (*Amygdalées*); Ronce, Fraisier, Rosier (*Rosacées*); Néflier, Poirier, Pommier (*Pomacées*); Persil, Céleri, Petite-Ciguë, Panais, Cerfeuil, Grande-Ciguë (*Ombellifères*); Primevère (*Primulacées*); Bourrache, Grande-Consoude, Ne-m'oubliez-pas (*Borraginées*); Pomme de terre, Jusquiame (*Solanées*); Menthe, Sauge, Serpolet (*Labiées*); Chardon, Bluet, Camomille, Pâquerette ou Petite-Marguerite, Tanaisie, Scorzonère, Laitue (*Composées*); Tulipe, Oignon (*Liliacées*); Avoine, Froment, Orge (*Graminées*).

L'analyse, au moyen du tableau général des familles, n'est pas nécessaire pour chaque plante nouvelle : après quelque temps, une espèce appartenant aux grandes familles ou aux genres considérables se reconnaît à première vue, et il suffit de la déterminer en commençant au tableau des genres ou à celui des espèces.

TABLEAU ANALYTIQUE

DES FAMILLES.

—

---

(1) Le nom d'ovule est donné aux jeunes graines contenues dans le fruit avant et pendant le temps de la floraison.

(2) Pétaloïde, qui a la consistance et la couleur des pétales.

(3) Bractées, feuilles qui avoisinent la fleur et qui sont intermédiaires entre les feuilles de la tige et les pièces du calice sous le rapport de la forme, de la consistance, de la couleur, etc.

(4) Une coupe verticale ou horizontale de la fleur, pratiquée au moyen d'un canif, fait voir la position et les adhérences des différentes parties qui la composent.

(5) Par insertion, on entend le point d'attache d'un organe sur un autre.

(6) L'aiguillon diffère de l'épine en ce qu'il est produit par la partie extérieure de l'écorce et finit par se dessécher et se détacher, tandis que l'épine est persistante et produite par un rameau avorté.

10. Fruit soudé avec le calice, charnu, contenant plusieurs pepins, ou plusieurs noyaux osseux, contenant très-rarement un seul noyau . POMACÉES, p. 52.
Fruit non soudé avec le calice, pulpeux, contenant un seul noyau osseux. AMYGDALÉES, p. 47.

11. Arbres élevés . . . . TILIACÉES, p. 15.
Plantes herbacées 12

12. Ovaire composé de 2 carpelles ou plus, libres ou soudés seulement dans leur partie inférieure 13
Ovaire (jeune fruit) composé de plusieurs carpelles soudés en une capsule à 1 ou plusieurs loges 14

13. Fleurs hermaphrodites (contenant des étamines et des ovules); pétales 5-15 ou nuls . . . . RENONCULACÉES, p. 2.
Fleurs mâles et fleurs femelles séparées sur le même individu ; enveloppes florales à 6 divisions, dont les intérieures sont pétaloïdes. ALISMACÉES, p 166.

14. Calice à 2 sépales ; corolle à 4 pétales . . . . . . PAPAVÉRACÉES, p. 20.
Calice à 3-5 sépales, ou divisions; corolle à 4-5 pétales ou plus 15

15. Feuilles toutes radicales (1), nageantes, très-amples, profondément échancrées en cœur à la base. . . . . NYMPHÉACÉES, p. 19.
Feuilles non toutes radicales 16

16 Feuilles opposées 17
Feuilles non opposées. 18

17. Feuilles munies de stipules (2). . . . . CISTINÉES, p. 32.
Feuilles sans stipules . . . . HYPÉRICINÉES, p, 17.

18. Calice à 4-5 sépales pétaloïdes ; pétales rudimentaires ou soudés entre eux. . RENONCULACÉES, p. 2.
Calice à 4-6 sépales non pétaloïdes; pétales supérieurs découpés en lanières RÉSÉDACÉES, p. 19.

19. Fleurs munies d'un calice et d'une corolle à pétales libres entre eux, plus rarement soudés par paires ou au sommet (corolle dialypétale) ; ou une seule enveloppe pétaloïde. 20
Fleurs à corolle dont les pétales sont soudés entre eux dans une étendue varia-ble (corolle gamopétale). 54

20. Corolle irrégulière (à pétales de forme différente) 21
Corolle ou périanthe régulier ou presque régulier 26

21. Fleurs présentant un éperon 22
Fleurs sans éperon à la base. 24

22. Feuilles plusieurs fois divisées. . . . . FUMARIACÉES, p. 21
Feuilles entières ou seulement dentées 23

23. Feuilles munies de stipules; fruit à 3 valves . . . . . . VIOLARIÉES, p. 32
Feuilles sans stipules ; fruit à 5 valves . . . . BALSAMINÉES, p. 12

24. Calice à 5 sépales dont les deux intérieurs sont très-larges, en forme d'aile, anthères à 1 loge . . . . POLYGALÉES, p. 15
Calice à sépales intérieurs non en forme d'aile ; anthères à 2 loges 25

25. Calice à 4 sépales libres ; fruit étant une silique ou une silicule (3). CRUCIFÈRES, p. 22
Calice à 5 lobes ou divisions; fruit étant une gousse (4). PAPILIONACÉES, p. 34

26. Fleurs très-longuement tubuleuses, partant d'une bulbe ou oignon, naissant en automne ; les feuilles paraissant au printemps. . COLCHICACÉES, p. 167.
Fleurs ne naissant pas d'un bulbe profondément enterré, ord. portées sur une tige feuillée 27

---

(1) Par feuilles radicales, on entend les feuilles qui naissent au bas de la tige et qui semblent naître du sommet de la racine.

(2) Stipules, petits organes foliacés de forme très-variable, qui se trouvent ord. réunis par deux à la base du pétiole ou queue de la feuille.

(3) Le fruit des Choux, du Radis, etc., est une *silique* ; celui de la Bourse-à-pasteur, de la Cameline, etc., est une *silicule*.

(4) Le fruit du Pois, du Haricot, etc., est une *gousse*.

27. Fruit composé de plusieurs carpelles libres ou soudés seulement à la base . . 28
Fruit composé de plusieurs carpelles soudés en un ovaire à 1-2 ou plusieurs loges, ou soudés avec un prolongement central de la fleur, rarement 1 seul carpelle ou 2 carpelles libres seulement au sommet. 31

28. Feuilles épaisses-charnues (plantes grasses); carpelles en nombre égal à celui des pétales . . . . CRASSULACÉES, p. 45.
Feuilles jamais épaisses-charnues; carpelles en nombre ord. plus grand que celui des pétales, plus rarement en nombre égal avec celui des pièces du périanthe (1) 29

29. Graines très-nombreuses dans chaque carpelle; feuilles linéaires très-allongées, dressées . . . . BUTOMÉES, p. 166.
Graines 1-2 dans chaque carpelle. 30

30. Pétales 5. . . . . RENONCULACÉES, p. 2.
Périanthe dont les 3 divisions intérieures sont pétaloïdes. ALISMACÉES, p. 166.

31. Fruit surmonté par un très-long bec; styles 5, soudés avec un prolongement central de la fleur. . . . . GÉRANIACÉES, p 13.
Fruit non surmonté par un long bec; styles non soudés avec un prolongement de l'axe 32

32. Arbres ou arbrisseaux 33
Plantes herbacées. 38

33. Feuilles profondément divisées en plusieurs lobes; fruit sec, ailé.
ACÉRINÉES, p. 15.
Feuilles entières ou seulement dentées; fruit non ailé. 34

34. Feuilles opposées; fleurs portées sur un long pédoncule nu à la base.
CÉLASTRINÉES, p. 16.
Feuilles ord. non opposées; fleurs non portées sur un long péd. nu à la base. 35

35. Rameaux munis d'épines soudées par 3; fruits en grappes pendantes.
BERBÉRIDÉES, p. 6.
Plantes non épineuses, ou à épines solitaires 36

36. Calice coloré; corolle nulle; baie à 1 noyau . . . . DAPHNOÏDÉES, p. 150.
Un calice et une corolle; baie à plusieurs noyaux 37

37. Arbrisseaux élevés; feuilles assez larges; calice à 4-5 sépales. RHAMNÉES, p. 34.
Petit arbrisseau couché-rampant; feuilles étroites (1-2 mill.); calice à 3 sépales.
EMPÉTRÉES, p. 16.

38. Plante décolorée-blanchâtre; feuilles remplacées par des écailles
MONOTROPÉES, p. 17.
Plantes jamais décolorées blanchâtres, pourvues de feuilles 39

39. Calice à 4 sépales; corolle à 4 pétales; fruit étant une silique ou une silicule.
CRUCIFÈRES, p. 22.
Calice et corolle à 3-5 parties, ou périanthe à 6 divisions; fruit n'étant ni une silique ni une silicule. 40

40. Fruit à une loge contenant une seule graine, ou contenant plusieurs graines fixées au centre de la loge 41
Fruit à 2 ou plusieurs loges, ou à une loge et à graines attachées aux parois de la loge (2). 43

41 Feuilles à pétiole (queue) présentant à la base une gaîne qui entoure complétement la tige . . . . POLYGONÉES, p. 144.
Feuilles sans gaîne membraneuse entourant la tige. 42

42. Calice à 2-3 sépales . . . . PORTULACÉES, p. 44.
Calice à 5 plus rarement 4 sépales, libres ou soudés en tube dans une étendue variable 43

43. Fruit contenant plusieurs graines. . . . . CARYOPHYLLÉES, p. 6.
Fruit ne contenant qu'une graine. 44

44. Feuilles toutes radicales en rosette; styles 5, allongés. PLOMBAGINÉES, p. 76.
Tige feuillée; styles 2-3, très-courts . . . . . . PARONYCHIÉES, p. 44.

---

(1) On donne le nom de périanthe à l'enveloppe florale des plantes monocotylédonées, dont les 6 pièces paraissent insérées au même niveau et sont ord. pétaloïdes. Cette enveloppe simule une corolle à 6 pétales, ou un calice à 3 sépales et une corolle à 3 pétales.

(2) Par une coupe transversale, il est aisé de reconnaître le nombre de loges et de graines contenues dans le très jeune fruit ou ovaire.

---

(1) La capsule est un fruit sec contenant plusieurs graines et qui s'ouvre à la maturité par plusieurs déchirures ord. régulières.

(2) Les feuilles sont dites alternes lorsqu'elles sont espacées une à une sur la tige ou les rameaux à des niveaux différents.

(1) Scarieux, mince, sec et transparent.
(2) Ligueux, de la nature du bois.
(3) Volubile, se dit d'un organe qui s'enroule en spirale sur un support.

85. Fleurs sessiles réunies en tête (1) sur un support commun (réceptacle) entouré d'une collerette (involucre); fruit à 1 loge et à 1 graine.
COMPOSÉES, p. 119.
Fleurs pédicellées (2), en grappe ou en tête; fruit à plusieurs graines. . . . 86

86. Feuilles radicales en rosette; tige ne portant ord. qu'une feuille vers sa base.
LOBÉLIACÉES, p. 112.
Tige ord. très-feuillée; feuilles ord. dentées; fleurs régulières.
CAMPANULACÉES, p. 109.

87. Fleurs femelles renfermées par 2 dans une enveloppe épineuse; fleurs mâles et fleurs femelles séparées sur le même individu. . AMBROSIACÉES, p. 139.
Fleurs non renfermées par 2 dans une enveloppe chargée d'épines 88

88. Fleurs sessiles (3) sur un support commun (réceptacle), munies chacune d'un calice extérieur. . . . . DIPSACÉES, p. 118.
Fleurs non munies chacune d'un calice extérieur (involucelle gamophylle). . 89

89. Enveloppes florales composées d'un calice à 3 dents, ou d'un périanthe à 6 divisions 90
Fleurs munies d'un calice et d'une corolle 93

90. Calice à 3 dents; feuilles opposées, arrondies. . . ARISTOLOCHIÉES, p. 152.
Périanthe à 6 divisions; étamines 4-6. 91

91. Fleurs irrégulières; fruit à 1 loge. . . . . ORCHIDÉES, p. 175.
Fleurs régulières; fruit à 3 loges 92

92. Étamines 3; anthères s'ouvrant du côté externe de la fleur (anthères extrorses)
IRIDÉES, p. 173.
Étamines 6; anthères s'ouvrant du côté interne de la fleur (anthères introrses)
AMARYLLIDÉES, p. 174.

93. Plante herbacée, grimpante, munie de vrilles (4). . CUCURBITACÉES, p. 112.
Plantes sans vrilles 94

94. Pétales soudés entre eux dans une grande partie de leur hauteur (corolle gamopétale) 95
Pétales libres entre eux ou soudés seulement à la base 100

95. Étamines non insérées sur le tube de la corolle. 96
Étamines insérées sur le tube de la corolle. 97

96. Petits arbrisseaux dressés ou rampants; fruit étant une baie.
VACCINIÉES, p. 108.
Plantes herbacées; fruit étant une capsule. . . . CAMPANULACÉES, p. 109.

97. Étamines 1-3; fruit sec, à 1 graine . . . . VALÉRIANÉES, p. 117.
Étamines 4-5; fruit à plusieurs graines, ou étant une baie. 98

98. Étamines opposées aux divisions de la corolle; fruit à 1 loge contenant ord. plusieurs graines. . . . . PRIMULACÉES, p. 73.
Étamines alternes avec les divisions de la corolle; fruit à 2-5 loges, ou composé de 2 carpelles à 1 graine chacun. 99

99. Feuilles opposées. . . , ... CAPRIFOLIACÉES, p. 113.
Feuilles disposées en cercles (verticillées) aux nœuds de la tige.
RUBIACÉES, p. 115.

100. Corolle à 2 pétales; étamines 2. . . . . CIRCÉACÉES, p. 56.
Corolle à 4-5 pétales rarement plus; étamines 4-12. 101

101. Arbrisseaux dressés, ou plante ligneuse grimpante ou rampante. 102
Plantes herbacées. 103

102. Feuilles opposées, ou plante grimpante ou rampante; fruit à 1 noyau ou à 5 loges . . . . HÉDÉRACÉES, p. 69.
Feuilles non opposées; fruit (groseille) à 1 loge et à plusieurs graines.
GROSSULARIÉES, p. 70.

---

(1) Dans la famille des *Composées*, on ne doit pas considérer le capitule ou agglomération de fleurs en tête comme une fleur unique. La coupe verticale d'une tête de Pâquerette, de Chardon, ou de toute autre plante de cette famille, fait voir l'insertion de nombreuses petites fleurs sur un support commun ou réceptacle entouré d'une collerette.
(2) Pédicellé ou pédonculé, muni d'un petit pied.
(3) Sessile, dépourvu de support ou pied.
(4) Vrille, espèce de filet simple ou rameux s'accrochant aux corps voisins: ex. la Vigne.

103. Sépales 2 soudés avec l'ovaire dans leur partie inférieure. PORTULACÉES, p. 44.
Calice à 4-5 sépales soudés avec l'ovaire (jeune fruit) dans la plus grande partie de leur longueur. 104

104. Fruit à 1-4 graines. 105
Fruit à plus de 4 graines. 106

105. Feuilles opposées ou disposées en cercles (verticillées) ; plantes nageantes. HALORAGÉES, p. 56.
Feuilles alternes ; plantes ord. terrestres ; fleurs ord. disposées en ombelle. OMBELLIFÈRES, p. 57.

106. Fruit ord. très-allongé, à 4 loges ; feuilles ord. opposées. ONAGRARIÉES, p. 55.
Fruit à 2 loges ; feuilles ord. alternes. . . . . SAXIFRAGÉES, p. 71.

107. Arbres ou arbrisseaux. 108
Plantes herbacées 111

108. Arbrisseau parasite sur l'écorce des arbres ; baie blanche. LORANTHACÉES, p. 70.
Arbres ou arbrisseaux jamais parasites. 109

109. Fleurs naissant sur des ramuscules (petits rameaux) aplanis en forme de feuilles terminées par une épine. . . . . ASPARAGINÉES, p. 171.
Arbres ou arbrisseaux munis de feuilles ; fleurs naissant à l'aisselle (1) des feuilles 110

110. Arbrisseau assez élevé ; feuilles ovales, dentées . . . . . RHAMNÉES, p 34.
Petit arbrisseau rampant ; feuilles très-étroites, linéaires, entières. EMPÉTRÉES, p. 16.

111 Fleurs disposées en ombelles (2) composées. . . . OMBELLIFÈRES, p. 57.
Fleurs non disposées en ombelles composées. 112

112. Plante grimpante, munie de vrilles . . . . . . CUCURBITACÉES, p. 112
Plantes sans vrilles. 113

113. Fleurs sessiles réunies en tête sur un support commun (réceptacle) entouré d'une collerette (involucre) . . . . COMPOSÉES, p. 119
Fleurs jamais sessiles sur un réceptacle commun 114

114. Feuilles opposées ; un calice et une corolle à 5 pétales ou à 5 divisions . . . 115
Feuilles non opposées, ou nulles ; enveloppes florales à 6 divisions 116

115. Feuilles la plupart profondément lobées ; pétales soudés en tube. VALÉRIANÉES, p. 117.
Feuilles entières ou denticulées ; pétales libres . . . CARYOPHYLLÉES, p. 6.

116. Plantes nageantes ou submergées ; périanthe à 6 divisions, les 3 intérieures pétaloïdes. . . . . HYDROCHARIDÉES, p. 180.
Plantes terrestres ; périanthe à 6 divisions pétaloïdes 117

117. Feuilles pétiolées, échancrées en cœur à la base. . . . DIOSCORÉES, p. 175.
Feuilles nulles, remplacées par des écailles ; ramuscules simulant des feuilles sétacées (3) . . . . ASPARAGINÉES, p. 171.

118. Plantes très-petites (1-10 mill.), flottant librement à la surface de l'eau. LEMNACÉES, p. 185.
Plantes ne flottant pas librement à la surface de l'eau 119

119. Fleurs mâles (étamines) et fleurs femelles portées sur des individus différents (fleurs dioïques) 120
Fleurs hermaphrodites, ou fleurs mâles et fleurs femelles portées sur un même individu (fleurs monoïques) . . . • 133

120. Arbres ou arbrisseaux 121
Plantes herbacées, ou seulement un peu ligneuses à la base. 128

121. Arbrisseau parasite sur l'écorce des arbres ; calice à 4 divisions. LORANTHACÉES, p. 70.
Arbres ou arbrisseaux non parasites 122

122. Feuilles opposées, ailées (à plusieurs paires de folioles) ; fruit ailé. OLÉINÉES, p. 78.
Feuilles non à plusieurs paires de folioles ; fruit non ailé 123

---

(1) On donne le nom d'aisselle au bas de la fourche ou angle que forme la feuille avec la tige, ou le rameau avec la tige sur laquelle ces organes sont placés.
(2) Les fleurs de la Carotte, du Panais, du Céleri, de la Petite-Ciguë, etc , sont disposées en ombelles composées.
(3) Sétacé, qui a la forme d'une soie ou d'un crin.

____

(1) Induré, devenu dur comme le bois.

---

(1) Involucre. Ce nom s'applique ord. à un assemblage de pièces rangées en cercle en dessous des fleurs, ou autour des étamines et qui ne constitue ni un calice ni une corolle.

(2) Spathe, enveloppe ord. foliacée, à 1-2 pièces, renfermant et cachant les fleurs avant la floraison.

(3) Limbe, partie élargie et plane d'un organe quelconque.

---

(1) Scarieux, mince, sec et transparent.
(2) Unisexuelles, se dit de fleurs les unes munies d'étamines, les autres d'ovules.
(3) On dit d'un organe qu'il est pubescent lorsqu'il est couvert de poils, glabre quand
il est dépourvu de poils.
(4) Stipules, petits organes foliacés ordinairement placés à la base des feuilles.

---

(1) Imbriqué, se dit de feuilles ou d'autres organes disposés comme les tuiles ou les
ardoises d'un toit.

DESCRIPTION

DES

FAMILLES ET DES GENRES

ET

TABLEAUX ANALYTIQUES DES GENRES ET DES ESPÈCES

SUIVIS

DU CATALOGUE RAISONNÉ DES ESPÈCES.

Embranchement I. PLANTES PHANÉROGAMES OU COTYLÉDONÉES.

Plantes portant des fleurs, c'est-à-dire à organes reproducteurs constitués par des étamines et des ovules. Graines composées d'un embryon renfermé dans des tuniques. Embryon présentant un, deux ou rarement plusieurs cotylédons.

Division I. DICOTYLÉDONÉES.

Végétaux herbacés ou ligneux, à tige offrant une moelle centrale et des couches concentriques recouvertes par une écorce distincte. Feuilles à nervures ordinairement divergentes très-ramifiées. Enveloppes de la fleur à parties ordinairement au nombre de cinq. Embryon à deux cotylédons opposés, rarement à plusieurs cotylédons verticillés.

Subdivision I. DIALYPÉTALES.

Enveloppes florales constituées par un calice et une corolle. Corolle à pétales libres entre eux.

Classe I. DIALYPÉTALES HYPOGYNES.

Pétales distincts, indépendants du calice, insérés ainsi que les étamines sur le réceptacle ou soudés avec la base de l'ovaire. Ovaire libre (supère).

I. RENONCULACÉES (Juss.).

Fleurs hermaphrodites, régulières ou irrégulières. Calice à 5 plus rarement 3-15 sépales. Corolle à 5 plus rarement 3-15 pétales, libres, très-rarement soudés, réguliers ou irréguliers, plus rarement nulle. Étamines ord. en nombre indéfini, libres. Styles libres, souvent très-courts; stigmates entiers. Fruit composé de carpelles secs monospermes indéhiscents, libres, ou de carpelles secs polyspermes libres ou soudés inférieurement, déhiscents, très-rarement composé d'un seul carpelle bacciforme indéhiscent, polysperme.

Un grand nombre de plantes de cette famille contiennent un principe volatil très-âcre, qui diminue d'intensité par le desséchement ou la cuisson. Broyées et appliquées sur la peau, ces plantes provoquent de la rougeur, des ampoules et même des plaies. Prises à l'intérieur à faible dose, elles peuvent être émétiques, drastiques ou vermifuges; mais à haute dose, elles produisent des accidents très-graves et peuvent même déterminer la mort. Les feuilles et l'écorce du *Clematis Vitalba*, appliquées sur la peau, produisent la rubéfaction, la vésication et l'ulcération. La même propriété appartient aux *Anemone*, aux *Ranunculus acris*, *bulbosus*, *arvensis*, *Lingua*, *Flammula* et *sceleratus* : ce dernier surtout est d'une âcreté extraordinaire. Les *Helleborus fœtidus* et *viridis* et l'*Eranthis hyemalis* sont purgatifs à faible dose, mais à haute dose ils provoquent des vomissements et une superpurgation qui deviennent quelquefois mortels. La racine même sèche de l'*H. fœtidus* est un purgatif drastique des plus violents. On prépare avec le suc de l'*Aconitum Napellus* un extrait qu'on administre dans les affections névralgiques. Cette espèce et l'*A. lycoctonum* sont à redouter à cause de leur principe vénéneux. L'*Actaea spicata* possède un suc très-âcre. Plusieurs autres espèces de cette famille sont moins vénéneuses; quelques-unes sont inoffensives.

* Dans plusieurs Renonculacées dépourvues de pétales, le calice brillant et pétaloïde est quelquefois pris pour la corolle. Lorsque l'enveloppe florale est unique, c'est un calice ; mais pour ne point se méprendre, on doit s'assurer si à la base des sépales il n'existe pas une corolle réduite à des pétales très-petits et souvent tubuleux, ce qui la fait quelquefois passer inaperçue.

14. Sépales 5 ; corolle nulle ; carpelles ou fruits sur un rang . . . . . Caltha. (viii.)
Sépales 5-15 ; pétales très-petits ; carpelles placés sur plusieurs rangs.
Trollius. (ix)
15. Sépale supérieur prolongé en éperon à la base ; feuilles à divisions très-étroites
linéaires. . . . . Delphinium. (xiv.)
Sépale supérieur en capuchon ; feuilles à divisions larges, rétrécies à la base.
Aconitum. (xv.)

I. CLEMATIS L. (Clématite). Calice à 4-5 sépales colorés pétaloïdes. Corolle nulle. Carpelles nombreux monospermes, indéshiscents, terminés par le style à la fin plumeux. Tiges grimpantes. Feuilles opposées.

Fleurs blanches ; sépales velus sur les deux faces . . . . C. Vitalba.
1. C. Vitalba L. (C. des haies . Haies, bois. — A.C. Nr., Lg., Lx., Ht., Bb., Lb.

II. THALICTRUM L. (Pigamon). Calice ord. à 4 sépales colorés, dépassés par les étamines, corolle nulle. Carpelles nombreux, monospermes. Fleurs en panicule terminale.

Étamines dressées, obtuses ; fleurs et fruits ramassés en bouquet . Th. flavum.
Étamines pendantes, terminées par une petite pointe ; fleurs et fruits distants.
Th. minus.
1. Th. flavum L. (P. jaune). Bords des eaux. — A.R. çà et là.
2. Th. minus L. (F. fluet). Collines, bois. — C.C. Dunes de la fl. occ.; R.R. Ht., Bb.? Nr.?

III. ANEMONE L. (Anémone). Calice à 5-15 sépales colorés. Corolle nulle. Carpelles nombreux monospermes. Fleurs terminales ord. solitaires, pourvues d'une collerette.

1. Collerette à folioles entières, rapprochée de la fleur et simulant un calice.
A. Hepatica.
Collerette à folioles divisées, écartée de la fleur 2
2. Carpelle ou fruit terminé par une longue pointe plumeuse . . . . A. Pulsatilla.
Carpelle à pointe courte et glabre 3
3. Calice glabre . . . . A. nemorosa.
Calice ou fleur velue en dehors 4
4. Fleurs jaunes ; carpelles pubescents . . . . A. ranunculoides.
Fleurs blanches ou rosées ; carpelles laineux. . . . . A. sylvestris.
1. A. Pulsatilla L. (A. Pulsatille . Coteaux, rochers. — R.R. Auffe, Belvaux (Crep.), entre Mariembourg et Dourbes (Nr., Det.).
2. A. sylvestris L. (A. sauvage). Bois. — R.R. Vaux-sous-Chèvremont (Str.!), entre Ferrière et Havelange (Lg., Lej.); Nr. ? Bb. ?
3. A. nemorosa L. (A. Sylvie). Bois, pâturages, prairies. — C.C.
4. A. ranunculoides L. (A. Fausse-Renoncule). Bois ombragés. — A.R. Nr., Lg., Lx.; R. Ht., Bb.; Anv.; Alost (Fl. or., Rouc.).
5. A. Hepatica L. (A. Hépatique). Haies, endroits ombragés. — R.R. Vallée de la Vesdre (Lej., Str.!), Polleur (Lg., Lej.); Heck (Lb., Lej.). Indigène?

IV. ADONIS L. (Adonide) Calice à 5 sépales. Corolle à 3-15 pétales ord. rouges, brièvement onguiculés, dépourvus de fossette nectarifère. Carpelles nombreux monospermes, en épi court.

Sépales appliqués sur la corolle ; pétales plans, étalés ; bord supérieur du carpelle bossu . . . . A. aestivalis.
Sépales ouverts non appliqués sur la corolle ; pétales concaves ; bord supérieur du carpelle non bossu. . . . . A. autumnalis.
1. A. aestivalis L. (A. d'été). Moissons. — R. Nr. (Crep.); Aye (Lx., Aubert).
† A. autumnalis L. (A. d'automne). Lieux cultivés.—R.R. Subspontané çà et là.

V. MYOSURUS L. (Ratoncule). Calice à 5 sépales prolongés en éperon. Corolle à 5 pétales jaunâtres, à onglet plus long que le limbe. Étamines 5-10. Carpelles nombreux monospermes, en épi très-allongé.

Feuilles linéaires très-étroites, toutes radicales . . . . M. minimus.
1. M. minimus L. (R. naine). Champs frais.—A.R. Lb., Bb., Ht.; R. Nr., Anv., Fl. or.

VI. RANUNCULUS L. (Renoncule). Calice à 5 sépales. Pétales jaunes ou blancs, à onglet pourvu d'une fossette nectarifère nue ou recouverte par une écaille. Étamines très-nombreuses, rarement 5-15. Carpelles nombreux monospermes, en capitule.

1. R. hederaceus L. (R. à feuilles de Lierre). Ruisseaux. —A.C. Lx., Nr., Lg.; A.R.

2. R. tripartitus D.C. (R. tripartite). Mares.—R.R. Campine (*Lej.*).

3. R. ololeucos Lloyd (R. blanche). Fossés.— R. Gand (Fl. or., *Schd.!*); Rethy (Anv., *Rss.!*)

4. R. aquatilis L. (R. aquatique). Mares, fossés, rivières.—C.

5. R. trichophyllus Chaix (R. capillaire). Mares, fossés.—A.R., R.

6. R. divaricatus Schrank — *R. circinatus Sibth.* (R. divariquée). Mares. — R. Lx., Nr., Bb., Anv.

7. R. fluitans Lam. (R. flottante). Rivières.—A.C. Nr., Lg., Lx., Ut.

8. R. platanifolius L. (R. à feuilles de Platane). Bois montueux.—R. Lx., Nr., Lg.

9. R. gramineus L. (R. graminée). Pelouses, bois montueux. —R.R. Binche, Rœulx (Ht., *Hocq.*); entre Itegem et Berlaer (Anv., *Wesm.!*).—Espèce douteuse.

10. R. Flammula L. (R. Flammette). Fossés, lieux humides.—C.C.

11. R. Lingua L. (R. Langue). Marais, fossés.—A.R., R.
12. R. auricomus L. (R. tête-d'or). Bois.—A.C. Nr., Lg., Lx.; A.R. Ht., Bb., Lb.; R.
13. R. acris L. (R. âcre). Prairies, bois.—C.C.
14. R sylvaticus Thuill.—*R. nemorosus D.C.* (R. des bois). Bois.—A.C. Nr., Lx., Lg., Ht.; R. Bb.
15. R. polyanthemos L. (R. multiflore). Bois.—A.R., R. Lg., Nr.
16. R. lanuginosus L. (R. lanugineuse). Bois.—R. Lg. (*Lej.*); Martelange (Lx., *Tin.*); Brumagne (Nr., *Abbé Malisoux*, 1797!)
17. R. repens L. (R. rampante). Lieux herbeux.—C.C.
18. R. bulbosus L. (R. bulbeuse). Pelouses.—C. Nr., Lx., Lg., Ht.; A.R
19. R. Philonotis Ehrh. (R. des mares). Bords des mares, champs.—A.C., A.R.
20. R. parviflorus L. (R. à petites fleurs). Lieux frais, moissons.—R.R. Flobecq (Ht., *Mich.!*); Ramscapelle-lez-Nieuport Fl. occ., *Kx.*).
21. R. arvensis L. (R. des champs). Moissons.—A.C., C.
22. R. sceleratus L. (R. scélérate). Bords des mares, fossés.—A.R.

VII. FICARIA Dill. (Ficaire).

Calice à 3 sépales. Pétales jaunes à onglet muni d'une fossette nectarifère couverte par une écaille. Carpelles nombreux monospermes, en tête.

Feuilles cordées; pétales oblongs . . . . *F. ranunculoides.*
1. F. ranunculoides Mœnch (F. Fausse-Renoncule). Lieux frais, prairies.—C.C.

VIII. CALTHA L, (Populage).

Calice à 5-7 sépales pétaloïdes, caducs. Corolle nulle. Carpelles 5-12 polyspermes, libres, disposés sur un rang.

Feuilles indivises, denticulées; fleurs jaunes . . . . *C. palustris.*
1. C. palustris L. (P. des marais). Prairies humides.—C.C.

IX. TROLLIUS L. (Trolle).

Calice à 5-15 sépales pétaloïdes, caducs. Pétales nombreux petits linéaires, plans, avec une fossette nectarifère nue à la base. Carpelles nombreux polyspermes, verticillés sur plusieurs rangs, libres, sessiles.

Fleurs grandes, jaunes; feuilles profondément découpées. . . . *T. Europœus.*
1. T. Europæus L. (T. d'Europe). Bruyères, prés montueux.—R.R. Entre Verviers et Bilstain, entre Pepinster et Ensival (Lg., *Lej.*). Indigène??

X. ERANTHIS Salisb. (Éranthis).

Calice à 5-8 sépales pétaloïdes, caducs. Corolle à 5-8 pétales tubuleux et à deux lèvres. Carpelles 5-8 polyspermes, libres, stipités. Feuilles caulinaires formant un involucre sous la fleur.

Fleurs jaunes, solitaires . . . . *E. hyemalis.*
1. E. hyemalis Salisb.—*Helleborus hyemalis* L. (É. d'hiver). Haies, lieux frais.—R.R, Jalhay (*Lej.*), entre Marchin et Sollières (Lg., *Str.!*); Roly (*Det.!*); Les Tombes (Nr., *Math.!*); Perck (Bb., *Wesm.!*)

XI. HELLEBORUS L. (Hellébore).

Calice à 5 sépales herbacés, persistants. Corolle à 5-10 pétales tubuleux. Carpelles 2-10 polyspermes, un peu soudés à la base. Feuilles profondément divisées, palmées.

Tige feuillée sous les rameaux; sépales relevés en cloche. . . . . . *H. fœtidus.*
Tige nue jusqu'aux rameaux; sépales étalés ouverts . . . . *H. viridis.*
1. H. foetidus L. (H. fétide). Lieux pierreux.—A.R. Nr., Lg.; R. Ht.
2. H. viridis L. (H. vert). Lisières de bois.—R. Lg., Nr., Ht., Bb., Lx.

XII. NIGELLA L. (Nigelle).

Calice à 5 sépales pétaloïdes, caducs. Corolle à 5-10 pétales onguiculés. Carpelles 5-10 polyspermes, soudés dans leur moitié inférieure. Feuilles à divisions presque capillaires.

Fleurs dépourvues d'involucre; carpelles non soudés en capsule. . *N. arvensis.*
1. N. arvensis L. (N. des champs). Moissons.—R.R. Horrues (Ht., *Mich.*).

XIII. AQUILEGIA L. (Ancolie).

Calice à 5 sépales pétaloïdes, caducs. Corolle à 5 pétales longuement prolongés en cornet recourbé. Carpelles 5 polyspermes, un peu soudés à la base. Feuilles à divisions larges.

Fleurs ord. bleues . . . . *A. vulgaris.*
1. A. VULGARIS L. (A. commune). Bois montueux, rochers. — A.R. Nr., Lg., Lx.;
R. Ht.

XIV. DELPHINIUM L. (Dauphinelle, Pied d'alouette). Calice à
5 sépales pétaloïdes, caducs, inégaux, le supérieur en éperon.
Corolle à 4 pétales, les deux supérieurs prolongés en éperons inclus
dans celui du calice. Carpelle ord. 1 par avortement, polysperme.

Carpelle glabre; bractées 3-4 fois plus courtes que les pédoncules. *D. Consolida.*
1. D. CONSOLIDA L. (D. Consoude). Moissons.—A.R Nr., Lg., Ht.; R. Bb.; Borgenhout
(Auv., *Vh.*)

XV. ACONITUM L. (Aconit). Calice à 5 sépales pétaloïdes, caducs,
inégaux, le supérieur en forme de capuchon. Corolle à 5 pétales
très-irréguliers; les deux supérieurs à onglet allongé, dilatés au
sommet en un cornet recourbé en éperon; les inférieurs petits, souvent nuls. Carpelles 3-5 polyspermes libres.

Fleurs jaunâtres; pédoncules étalés. . . . . *A. lycoctonum.*
Fleurs bleues; pédoncules dressés appliqués contre la tige . . . *A. Napellus.*
1. A. LYCOCTONUM L. (A. tue-loup). Bois frais.—A.R. Nr., Lg.
2. A. NAPELLUS L. (A. Napel). Bois humides, bords des eaux.—R.R. Env. de Chantemelle (Lx., *Crep.* et *Grav.*). Croît en très-grande abondance dans un bois et des
pâturages humides et boisés éloignés de toute habitation. A mon avis, c'est la
seule localité en Belgique où la plante croît à l'état vraiment sauvage.

XVI. ACTAEA L. (Actée). Calice à 4 sépales pétaloïdes, blancs,
caducs. Corolle à 4 pétales différant peu des étamines par leur
forme. Carpelle polysperme, solitaire, bacciforme, indéhiscent.

Fleurs blanches; feuilles 2-3 fois divisées-ailées . . . . *A. spicata.*
1. A. SPICATA L. (A. en épi). Bois montueux.—A.R. Lx., Nr., Lg.

II. BERBÉRIDÉES (Vent.).

Fleurs hermaphrodites, régulières. Calice à 4-6 sépales disposés
sur deux rangs, libres, pétaloïdes. Corolle à 6 pétales disposés sur
deux rangs; libres, munis de deux glandes à leur base. Étamines
6, opposées aux pétales, hypogynes, libres. Anthères à loges s'ouvrant de la base au sommet par une valve élastique. Stigmate subsessile, en disque. Ovaire libre, uniloculaire. Fruit bacciforme ord.
disperme.

Les fruits mûrs de l'Épine-Vinette sont acidules : on peut en préparer une limonade
rafraîchissante et des conserves d'une saveur agréable.

I. BERBERIS L. (Épine-Vinette).

Arbrisseau épineux; fruits rouges en grappes pendantes . . . . . *B. vulgaris.*
1. B. VULGARIS L. (E. commune) Bois, rochers.—R. Nr., Lg., Ht., Lx.

III. CARYOPHYLLÉES (Juss.).

Fleurs hermaphrodites, rarement unisexuelles par avortement,
régulières. Calice à 4-5 sépales libres ou soudés en tube inférieurement, ord. persistant. Corolle à 4-5 pétales, libres, très-rarement
nulle par avortement. Étamines insérées avec les pétales en nombre

égal à celui des pétales ou en nombre double, libres, les intérieures
à filets souvent soudés avec la base des pétales. Styles 2-5 filiformes,
libres, à face interne stigmatifère. Fruit libre, souvent stipité, capsulaire, ord. polysperme, à une loge, plus rarement à 2-5 loges plus
ou moins incomplètes, s'ouvrant au sommet par des valves ou des
dents, très-rarement bacciforme (baie) indéhiscent. Graines ord.
réniformes, insérées sur un placenta central ou à l'angle interne des
loges.

Les propriétés médicales des espèces de cette famille sont presque nulles. Le *Sapo-
naria officinalis* est un sudorifique et un tonique légers. Son infusion est employée
comme dépuratif dans le traitement des maladies de la peau et des affections rhuma-
tismales. On considère le *Stellaria media* comme légèrement diurétique.

1. Calice à sépales soudés en tube au moins dans leur moitié inférieure ; pétales à
    onglet ord. très-allongé **2**
    Calice à sépales libres ou soudés seulement à la base ; pétales à onglet court,
    rarement nuls. **10**
2. Fleurs dioïques (mâles et femelles sur des pieds différents) **3**
    Fleurs hermaphrodites, ou fleurs mâles et femelles sur le même pied . . . **4**
3. Pétales petits entiers, jaunâtres ; styles 3 . . . . SILENE. (v.)
    Pétales grands bifides (fendus), rouges ou blancs ; styles 5 . . MELANDRIUM. (vi.)
4. Calice entouré à la base par des écailles (calicule) . . . . . DIANTHUS. (ii.)
    Calice dépourvu d'écailles ou de bractées à la base. **5**
5. Styles 2 . . . . **6**
    Styles 3-5 . . . . **7**
6. Pétales petits à onglet très-court ; plante petite . . . . . GYPSOPHILA. (i.)
    Pétales grands à onglet long ; plante élevée . . . . . SAPONARIA. (iii.)
7. Styles 3 . . . . **8**
    Styles 5 . . . . **9**
8. Fruit bacciforme (baie) rouge puis noir, indéhiscent . . . CUCUBALUS. (iv.)
    Fruit capsulaire, s'ouvrant au sommet par 6 dents . . . . . SILENE. (v.)
9. Capsule s'ouvrant par 10 dents ; plantes dioïques . . . MELANDRIUM. (vi.)
    Capsule s'ouvrant par 5 dents ; plantes hermaphrodites . . . LYCHNIS. (vii.)
10. Feuilles munies de stipules scarieuses à la base. **11**
    Feuilles dépourvues de stipules **12**
11. Styles 5 ; feuilles disposées en cercle autour de la tige. . . . SPERGULA. (ix.)
    Styles 3 ; feuilles non en cercle autour de la tige. . . . SPERGULARIA. (viii.)
12. Pétales bifides ou bipartits (plus ou moins fendus) **13**
    Pétales entiers ou légèrement échancrés, quelquefois irrégulièrement denti-
    culés, rarement nuls **14**
13. Styles 3 ; capsule s'ouvrant par 6 valves profondes . . . STELLARIA. (xv.)
    Styles 5, plus rarement 4 ; capsule s'ouvrant par 8-10 dents. CERASTIUM. (xvi.)
14. Capsule s'ouvrant par des dents ou des valves en nombre égal à celui des
    styles **15**
    Valves ou dents de la capsule en nombre double de celui des styles . . . **17**
15. Styles 4-5 ; capsule s'ouvrant par 4-5 valves . . . . . . SAGINA. (x.)
    Styles 3 ; capsule s'ouvrant par 3 valves. **16**
16. Fleurs ord. solitaires à l'aisselle des feuilles ; feuilles très-épaisses.
    . . . . HONKENEJA. (xii.)
    Fleurs nombreuses terminales ; feuilles non grasses . . . . ALSINE. (xi.)
17. Fleurs en ombelle (tous les pédoncules partant du même point) ; pétales denti-
    culés . . . . HOLOSTEUM. (xiii.)
    Fleurs en panicule ou en cyme ; pétales entiers **18**
18. Styles 2-3 ; capsule à 6 valves ; tige pubescente. . . . . ARENARIA. (xiv.)
    Styles 4 ; capsule à 8 dents ; tige glabre. . . . . . . CERASTIUM. (xvi.)

**TRIBU I. SILÉNÉES. Calice à sépales soudés en tube au
moins dans leur moitié inférieure.**

   I. GYPSOPHILA L. (Gypsophile). Calice campanulé, à 5 dents,
dépourvu de calicule. Pétales cunéiformes, à onglet court. Styles 2.
Capsule à 4 dents.

    Feuilles glabres ; rameaux grêles ; fleurs petites roses . . . . . *G. muralis.*
1. G. MURALIS L. (G. des murs). Champs frais.—A.R. Nr., Ht., Lb., Bb., Anv.

   II. DIANTHUS L. (Œillet). Calice tubuleux cylindrique, muni

d'un calicule à sa base. Pétales à onglet long. Styles 2. Capsule à 4 dents.

1. Fleurs assez nombreuses réunies en faisceaux ou bouquets serrés 2
 Fleurs séparées, solitaires, disposées en cymes. 4
2. Écailles de la base du calice herbacées, velues. . . . . *D. Armeria.*
 Écailles sèches, glabres. 3
3. Corolle très-petite, à peine visible ; écailles intérieures égalant ou dépassant le
 calice . . . . *D. prolifer.*
 Corolle grande ; écailles intérieures égalant la moitié du tube du calice.
                                      D. Carthusianorum.
4. Tige pubescente, allongée ; feuilles rétrécies à la base, formant un gazon lâche.
                                      D. deltoides.
 Tige glabre, courte ; feuilles non rétrécies à la base, formant un gazon compacte.
                                      D. caesius.
1. D. PROLIFER L. (OE. prolifère). Lieux arides. — A.C. Nr., Bb. ; R. Lg., Ht., Anv.,
 Fl. or.
2. D. ARMERIA L. (OE. velu). Bois, pelouses. — A.C., A.R.
3. D. CARTHUSIANORUM L. (OE. des Chartreux). Coteaux, rochers. — R. Nr., Lg., Ht.
4. D. DELTOIDES L. (OE. deltoïdes). Pelouses. — A.R. Ht ; R. Lx., Bb., Fl. occ.
5. D. CAESIUS Sm. (OE. bleuâtre). Rochers. — R. Bouillon (Lx., *Grav.!*) ; Comblain-au-
 Pont (Lg., *Lej.*) ; env. d'Ivoir (Nr., *Crep.*).

III. SAPONARIA L. (Saponaire).

Calice tubuleux, cylindrique ou anguleux, à 4-5 dents. Pétales à onglet long. Styles 2. Capsule à 4 dents.

 Souche ou racine traçante ; calice cylindrique. . . . . *S. officinalis.*
 Racine pivotante, annuelle ; calice à angles ailés . . . . . *S. Vaccaria.*
1. S. OFFICINALIS L. (S. officinale). Bords des rivières. — A.C. Nr , Lg., Bb. ; A.R., R.
2. S. VACCARIA L. (S. des vaches). Moissons. — A.R. Ht. (*Bocq., Mich.*) ; R. Waulsort
 (*Crep.*) ; Mariembourg (Nr., *Det.*) ; Fraipont (Lg., *Lej.*).

IV. CUCUBALUS L. (Cucubale).

Calice campanulé, à 5 lobes. Styles 3. Fruit bacciforme, indéhiscent.

 Baie rouge, puis noire . . . . *C. baccifer.*
1. C. BACCIFER L. (C. à baies). Haies, buissons. — R.R. Ghlin (*Mich.!*), Tournay (Ht.,
 Mar.) ; Forest (Bb., *Schd.!*)

V. SILENE L. (Siléné).

Calice tubuleux ou plus ou moins renflé, à 5 dents. Pétales à onglet long. Styles 3. Capsule à 6 dents.

1. Fleurs disposées en 1-2 épis longs effilés. . . . . *S. Gallica.*
 Fleurs en panicule bi-trichotome (à rameaux 1-2 fois fourchus) 2
2. Fleurs très-petites, d'un vert jaunâtre, nombreuses, disposées en bouquets
 verticillés (en cercle). . . . . *S. Otites.*
 Fleurs grandes, rouges, roses ou blanches, jamais disposées en cercle . . . 3
3. Fleurs penchées en panicule trichotome. . . . . *S. nutans.*
 Fleurs dressées en panicule dichotome 4
4. Calice à 20-30 nervures ou côtes 5
 Calice à 10 nervures . . . . *S. noctiflora.*
5. Calice pubescent ; fleurs roses . . . . *S. conica.*
 Calice glabre ; fleurs blanches 6
6. Pétales munis de 2 petites écailles aiguës à la gorge ; plante de sables maritimes.
                                      S. maritima.
 Pétales munis de 2 petites bosses à la gorge ; plante non maritime. . *S. inflata.*
1. S. INFLATA Sm. (S. renflé). Moissons. — C., A.C., Nr., Lg., Ht., Bb. ; A.R.
2. S. MARITIMA With. (S. maritime). Sables maritimes. — R. Ostende (*Math.*).
3. S. CONICA L. (S. conique). Moissons, champs. — R. Dunes (Fl. occ.!).
4. S. GALLICA L. (S. de France). Moissons. — R. Entre Fraipont et Chaudfontaine (Lg.,
 Lej.!) ; Ghlin (Ht., *Mich.*) ; env. de Tongerloo (Kx.), Heyst-op-den-Berg (Anv.,
 Lej.).
5. S. NOCTIFLORA L. (S. de nuit). Moissons, bois. — R.R. Entre Dison et Cheneux (Lg.,
 Lej.!).
6. S. NUTANS L. (S. penché). Bois. — A.C. Nr., Lx., Lg. ; A.R. Ht.
7. S. OTITES Sm. (S. dioïque). Champs sablonneux. — Aucune station ne m'est connue
 en Belgique. Cette espèce existe en Hollande, mais très-rare.

VI. MÉLANDRIUM Rœhl. (Mélandre). Calice tubuleux plus ou moins renflé. Pétales a onglet long. Styles 5. Capsule à 10 dents. Fleurs dioïques.

Fleurs blanches ; capsule à dents dressées à la maturité . . . . *M. pratense.*
Fleurs rouges ; capsule à dents enroulées en dehors. . . . . . *M. sylvestre.*
1. M. pratense Rœhl.—*Lychnis dioica L.* (M. des prés). Moissons.—A.R., A.C.
2. M. sylvestre Rœhl. *Lychnis sylvestris Hoppe* (M. des bois). Bois montueux. — A.C. Lx., Nr., Lg., Ht., Bb.; R., A.R.

VII. LYCHNIS Tournef. (Lychnide). Calice tubuleux, à 5 dents plus ou moins longues. Pétales à onglet long. Styles 5. Capsule à 5 dents. Fleurs hermaphrodites.

1. Calice à divisions dépassant les pétales ; pétales sans écailles à la gorge. *L. Githago.*
   Calice ne dépassant pas les pétales ; pétales munis d'écailles à la gorge . . . **2**
2. Pétales presque entiers ; capsule portée sur un pied. . . . . *L. Viscaria.*
   Pétales à 4 lanières ; capsule sessile . . . . *L. Flos-Cuculi.*
1. L. Flos-Cuculi L. (L. Fleur de coucou). Prairies humides.—C., A.C.
2. L. Viscaria L. (L. visqueuse). Rochers. — R. Prayon (*Str.*), entre Nessonvaux et Chaudfontaine (*Lej.*); Aiwaille (Lg., *Crép.*); Namur (*Math.!*); Vance (Lx., *Blaise!*).
3. L. Githago Lam.—*Agrostemma Githago L.* (L. Nielle). Moissons.—C.

TRIBU II. ALSINÉES. Calice à sépales libres ou un peu soudés à la base.

VIII. SPERGULARIA Pers. (Spargulaire). Pétales entiers. Styles 3. Capsule s'ouvrant jusqu'à la base en 3 valves. Feuilles munies de stipules scarieuses.

1 Tige très-grêle, dressée, glabre ; pétales plus courts que le calice . *S. segetalis.*
  Tiges étalées ou couchées, pubescentes ; pétales égalant ou dépassant le calice. **2**
2. Pétales et capsule égalant le calice ; graines sans bordure ailée. . . *S. rubra.*
   Pétales et capsule dépassant le calice ; graines toutes ou en partie ailées. *S. media.*
1. S. segetalis Fenzl—*Alsine segetalis L.* (S. des moissons). Moissons, champs frais. —R. Nr., Ht., Bb., Anv.
2. S. rubra Pers. (S. rouge). Bords des chemins.—C., A.C.
3. S. media Pers. (S. intermédiaire). Sables maritimes.—A.R. Dunes de la Fl. occ.

IX. SPERGULA L. (Spargoute). Pétales entiers. Styles 5. Capsule s'ouvrant en 5 valves. Feuilles munies de stipules.

Feuilles offrant un sillon en dessous ; graines non ailées. . . . . *S. arvensis.*
Feuilles sans sillon ; graines largement ailées . . . . . . *S. pentandra.*
1. S. arvensis L. (S. des champs). Moissons, bords des chemins.—C.
2. S. pentandra L. (S. à 5 étamines). Moissons. — R. Zolder et Hasselt (Lb., *Lej.*); Wilryck et Contich (*Vh.*), Schilde, Rethy (Anv., *Rss.!*).

X. SAGINA L. (Sagine). Pétales entiers, quelquefois très-petits ou nuls. Styles 4–5. Capsule s'ouvrant par 4 valves. Feuilles sans stipules.

1. Calice à 5 sépales ; pétales dépassant le calice . . . . *S. nodosa.*
   Calice à 4 sépales ; pétales plus courts que le calice **2**
2. Tiges couchées radicantes ; feuilles non ciliées à la base . . . *S. procumbens.*
   Tiges dressées, jamais enracinées aux nœuds ; feuilles ciliées. . . . *S. apetala*
1. S. procumbens L. (S. couchée). Champs frais.—C., A.C., A.R.
2. S. apetala L. (S. apétale). Lieux stériles, bords des chemins. - C., A.C.
3. S. nodosa Fenzl (S. noueuse). Prés humides.—A.R. Lx., Lb.; R.

XI. ALSINE Wahl. (Alsine). Pétales entiers. Styles 3. Capsule mince s'ouvrant jusqu'à la base en 3 valves. Graines nombreuses réniformes. Feuilles sans stipules.

Pétales beaucoup plus courts que le calice ; plante annuelle. . . *A. tenuifolia.*
Pétales plus longs que le calice ; plante vivace gazonnante . . . . . *A. verna.*

1. A. TENUIFOLIA Wahl.—*Arenaria tenuifolia L.* (A. à feuilles menues). Coteaux secs.
—C., A.C. Rég. mér.; A.R.
2. A. VERNA Bartl. — *Arenaria verna L.* (A. printanière). Pelouses montueuses.—
R.R. Oneux (*Crep.*), entre Verviers et Stembert (Lg., *Lej.*!)

XII. HONKENEJA Ehrh. (Honkeneja). Pétales entiers. Styles 3. Capsule charnue, s'ouvrant en 3 valves. Graines peu nombreuses, grosses, en forme de poire. Feuilles sans stipules.

Fleurs ord. solitaires à l'aisselle des feuilles; feuilles grasses. . . . *H. peploides.*
1. H. PEPLOIDES Ehrh. — *Arenaria peploides L.* (H. Pourpier). Sables maritimes.—
R. Dunes de la Fl. occ.!

XIII. HOLOSTEUM L. (Holostée). Pétales irrégulièrement denticulés, rarement entiers. Styles 3. Capsule s'ouvrant en 6 dents puis en 6 valves. Fleurs en ombelle.

Entre-nœuds supérieurs visqueux. . . . . *H. umbellatum.*
1. H. UMBELLATUM L. (H. en ombelle). Champs incultes, vieux murs.—A.C., A.R.

XIV. ARENARIA L. (Sabline). Pétales entiers ou à peine échancrés. Styles 2-3. Capsule s'ouvrant par 4-6 valves ou dents. Fleurs en cyme ou en panicule.

Feuilles inférieures longuement pétiolées; graines luisantes. . . *A. trinervia.*
Feuilles inf. sessiles ou presque sessiles; graines ternes. . . *A. serpyllifolia.*
1. A. TRINERVIA L. (S. à 3 nervures). Haies, lieux couverts.—A.C., A.R.
2. A. SERPYLLIFOLIA L. (S. à feuilles de Serpolet). Coteaux secs.—C., A.C.

XV. STELLARIA L. (Stellaire). Pétales bifides ou bipartits. Styles 3. Capsule s'ouvrant par 6 valves profondes.

1. Feuilles ovales, pétiolées au moins les inférieures; tige ord. pubescente. . . . **2**
Feuilles linéaires ou oblongues, toutes sessiles; tige ord. glabre. **3**
2. Pétales ne dépassant pas le calice; tige munie d'une ligne de poils dans les entre-
nœuds . . . . *S. media.*
Pétales dépassant beaucoup le calice; tige pubescente, sans ligne de poils.
S. nemorum.
3. Pétales plus courts que le calice . . . . *S. uliginosa.*
Pétales 1-2 fois plus longs que le calice **4**
4. Tige pubescente au sommet; bractées herbacées . . . . . . *S. Holostea.*
Tige très-glabre; bractées scarieuses. **5**
5. Bractées à bords ciliés; pétales dépassant peu le calice. . . . . *S. graminea.*
Bractées non ciliées; pét. 1-2 fois plus longs que le calice . . . . . *S. glauca.*
1. S. NEMORUM L. (S. des bois). Bois. — A.R. Lx., Nr., Lg.; R. Ht.; Tongerloo (Anv.,
DK.); Onkerzecle (Fl. or., *Rouc.*); Liedekerke (Bb., *Rouc.*).
2. S. MEDIA Sm. — *Alsine media L.* (S. intermédiaire, vulg. *Mouron des oiseaux*).
Lieux cultivés.—C.C.
3. S. HOLOSTEA L. (S. Holostée). Haies, buissons.—C.
4. S. GLAUCA With. (S. glauque). Prairies humides. — A.R. Fl. or., Fl. occ., Bb.; R.
Nr., Lg., Ht., Lx., Anv.
5. S. GRAMINEA L. (S. graminée). Haies, bois.—A.C., A.R.
6. S ULIGINOSA Murr. — *Larbraea aquatica St.-Hil.* (S. aquatique). Ruisseaux. —
A.R.

XVI. CERASTIUM L. (Céraiste). Pétales bifides ou bipartits, rarement entiers. Styles 5, rarement 4. Capsule s'ouvrant par 10, plus rarement par 8 dents.

1. Pétales entiers ou à peine échancrés; plante très-glabre . . . . *C. glaucum.*
Pétales plus ou moins fendus; plantes pubescentes **2**
2. Pétales divisés presque jusqu'à la base; capsule ovoïde dépassant peu le calice.
C. aquaticum.
Pétales un peu fendus; capsule tubuleuse dépassant beaucoup le calice . . . **3**
3. Pétales 2-3 fois plus longs que le calice . . . . *C. arvense.*
Pétales dépassant peu le calice, rarement 1 fois plus longs. **4**
4. Pédicelles plus courts ou dépassant peu les bractées. . . . . *C. glomeratum.*
Pédicelles dépassant longuement les bractées **5**
5. Poils dépassant beaucoup les sépales; étamines velues à la base. *C. brachypetalum.*
Poils ne dépassant point les sépales; étamines à filet glabre **6**

6. Sépales obtus, à poils ord. non glanduleux . . . . *C. triviale.*
   Sépales aigus au sommet, à poils ord. glanduleux. 7
7. Bractées à bords largement scarieux, denticulés . . . . . *C. semidecandrum.*
   Bractées à bords très-étroitement scarieux entiers . . . . *C. obscurum.*
1. C. TRIVIALE Link—*C. vulgatum L.* (C. commun). Lieux herbeux.—C.
2. C. GLOMERATUM Thuill.—*C. viscosum L.* (C. aggloméré). Pelouses.—A.R.
3. C. BRACHYPETALUM Desp. (C. à courts pétales). Pelouses, rochers. — R. entre Mariembourg et Dourbes (*Det.!*), Ivoir (Nr., *Crep.*); Fays, Verviers (Lg., *Lej.*).
4. C. SEMIDECANDRUM L. (C. à 5 étamines). Pelouses.—A.R. Espèce peu connue.
5. C. OBSCURUM Chaub.—*C. glutinosum Fries* (C. douteux). Chemins.—C.
6. C. ARVENSE L. (C. des champs). Chemins, coteaux.—A.C.
7. C. AQUATICUM L.—*Malachium aquaticum Fries* (C. aquatique). Bords des eaux. —
   A.C.
8. C. GLAUCUM Gren. — *Sagina erecta L.* (C. glauque). Pelouses. — A.R. Nr.; R.
   Ht., Lg.; Vance (Lx., *Crep.*).

IV. ÉLATINÉES (Cambess.)

Fleurs régulières. Calice à 3-4 sépales soudés inférieurement. Corolle à 3-4 pétales, libres. Étamines en nombre égal à celui des pétales ou en nombre double, hypogynes, libres. Styles 3-4, courts; stigmates capités. Fruit capsulaire, polysperme, à 3-4 loges, à déhiscence septifrage. Graines cylindriques. Feuilles opposées ou verticillées.

I. ELATINE L. (Élatine).

1. Feuilles verticillées; plante assez robuste . . . . *E. Alsinastrum.*
   Feuilles opposées; plante très-grêle 2
2. Fleurs pédonculées; feuilles à pétiole plus court que le limbe; étamines 6-8;
   graines faiblement arquées . . . . *E. hexandra.*
   Fleurs sessiles; feuilles à pétiole plus long que le limbe; étamines 8; graines
   courbées en fer à cheval . . . . *E. hydropiper.*
1. E. ALSINASTRUM L. (É. Fausse-Alsine). Bords des eaux. Indiqué par Lejeune à
   Gand, mais ne paraît pas avoir été retrouvé depuis.
2. E. HEXANDRA D.C. (É. à 6 étamines). Bords des eaux. — R. Tongerloo, Zammel
   (Anv., *Vh.*); env. de Gand (*Schd.!*); env. d'Aeltre (Fl. or., *Fg.!*); Bruly, Couvin
   (Nr., *Det.!*); Etalle (Lx., *Tin.*).
3. E. HYDROPIPER L. (É. Poivre d'eau). Bords des eaux. Espèce très-douteuse.

V. LINÉES (D.C.)

Fleurs régulières. Calice à 4-5 sépales libres ou soudés à la base. Corolle à 4-5 pétales, libres. Étamines hypogynes, 3-5 fertiles ord. un peu soudées à la base, étamines avortées en même nombre. Styles 3-5, libres ou soudés à la base; stigmates subcapités ou linéaires. Fruit capsulaire, à 3-5 loges dispermes, subdivisées chacune en deux loges secondaires monospermes par une fausse cloison. Feuilles simples, indivises.

La graine du Lin (*Linum usitatissimum*) est émolliente et réduite en farine, elle est fréquemment employée sous forme de cataplasme. On emploie sa décoction, soit en boisson dans le traitement de la dyssenterie et des plegmasies des organes pulmonaires, etc., soit à l'extérieur en lotions ou en injections. Le *Linum catharticum*, aujourd'hui inusité, est légèrement purgatif.

Calice à 5 sépales entiers; pétales plus longs que le calice. . . . . LINUM. (i.)
Calice à 4 divisions bi-trifides; pétales ne dépassant pas le calice. . RADIOLA. (ii.)

1 LINUM L. (Lin). Calice à 5 sépales libres, entiers. Étamines

fertiles 5. Styles 5. Capsule à 5 loges dispermes, divisées chacune en deux logettes à une graine.

1. Feuilles opposées . . . . *L. catharticum*.
Feuilles alternes. 2
2. Sépales ciliés-glanduleux; plante vivace. . . . . *L. tenuifolium*.
Sépales non ciliés-glanduleux; plante annuelle . . . . . . *L. usitatissimum*.
1. L. catharticum L. (L. purgatif). Pelouses.—C., A.C., A.R.
2. L. tenuifolium L. (L. à feuilles menues). Coteaux.—R.R. Entre Mariembourg et Dourbes (Nr., *Det.!*); Chimay (Ht., *Hocq.*).
† L. usitatissimum L. (L. cultivé). Plante originaire de l'Asie, cultivée en grand.

II. **RADIOLA** Gmel. (Radiole). Calice à 4 divisions bi-trifides. Étamines fertiles 4. Styles 4. Capsule à 4 loges dispermes, divisées chacune en 2 logettes à 1 graine.

Plante très-petite; feuilles opposées. . . . . *R. linoides*.
1. R. linoides Gmel.—*Linum Radiola* L. R. Faux-Lin . Champs humides, bruyères.—A.C., A.R.

VI. OXALIDÉES (D.C.).

Fleurs régulières. Calice à 5 sépales plus ou moins soudés à la base. Corolle à 5 pétales libres ou un peu soudés à la base. Étamines 10, soudées inférieurement. Styles 5, libres ou soudés à la base. Fruit libre, capsulaire membraneux, à 5 loges polyspermes. Graines renfermées dans une enveloppe succulente élastique à la maturité. Feuilles roulées en crosse dans leur jeune âge, composées-trifoliolées.

On attribue des propriétés réfrigérantes et tempérantes au suc des parties herbacées des plantes de cette famille. Le suc de l'*Oxalis Acetosella* est acidule.

I. OXALIS L. (Oxalide).

1. Fleurs blanches ou rosées, solitaires sur des pédoncules radicaux. *O. Acetosella*.
Fleurs jaunes, portées sur des pédoncules pluriflores naissant d'une tige . . . 2
2. Tiges dressées; feuilles sans stipules. . . . . *O. stricta*.
Tiges couchées-radicantes aux nœuds; stipules très-petites. . . *O. corniculata*.
1. O. Acetosella L. (O. Petite-Oseille . Bois montueux, haies.—C., A.C.
2. O. stricta L. (O. droite . Lieux cultivés.—A.C., A.R.
3. O. corniculata L. (O. cornue). Lieux cultivés.—R. Fl. or.! Anv.?, Bb.?, Ht.?

VII. BALSAMINÉES (A. Rich).

Fleurs irrégulières. Calice à 4 sépales caducs, très-inégaux, les deux latéraux très-petits, conformes, les deux intérieurs colorés, pétaloïdes, l'un dirigé en dehors, en forme de casque, l'autre en dedans, en forme de cornet prolongé inférieurement en éperon. Corolle à 4 pétales plus ou moins inégaux, soudés par paires dans leur partie inférieure. Étamines 5, cohérentes au sommet par leurs filets. Stigmate sessile entier ou à 5 lobes. Fruit capsulaire, à 5 loges polyspermes, s'ouvrant en 4 valves qui se séparent avec élasticité.

L'*Impatiens Noli-tangere* passe pour diurétique.

I. IMPATIENS L. (Impatiente).

Fleurs jaunes, fruit glabre. . . . . *I. Noli-tangere*.

1. I. Noli-tangere L. (I. n'y-touchez-pas). Endroits frais. — A.R. Lx., Lg., Nr.; R. Ht., Bb.

VIII. GÉRANIACÉES (Juss.).

Fleurs régulières ou presque régulières. Calice à 5 sépales, libres. Corolle à 5 pétales égaux ou peu inégaux. Étamines 10, disposées sur deux rangs, les extérieures plus courtes, quelquefois dépourvues d'anthères. Styles 5, soudés avec un prolongement de l'axe. Fruit sec à 5 coques (carpelles) monospermes par avortement, libres entre elles, disposées en cercle à la base d'un prolongement de l'axe de la fleur en forme de bec auquel elles sont soudées par leur bord interne et dont elles se détachent ensuite, à nervure dorsale prolongée au-dessus de la coque en une longue pointe soudée avec le prolongement de l'axe, et s'en détachant à la maturité avec élasticité.

Les plantes de cette famille sont douées de propriétés légèrement stimulantes et astringentes. Les *Geranium Robertianum* et *sanguineum* ainsi que l'*Erodium cicutarium* sont encore employés dans la médecine populaire.

Dix étamines fertiles ; becs des carpelles ou coques se détachant de bas en haut en s'enroulant en cercle. . . . . Geranium. (i.)
Cinq étamines fertiles ; becs des coques se détachant de haut en bas en se tordant en tire-bouchon . . . . Erodium. (ii.)

I. GERANIUM L'Hérit. (Géranium). Pétales égaux. Étamines 10, fertiles. Becs des coques glabres à la face interne, se détachant de l'axe de la base au sommet en s'enroulant en cercle.

1. Pétales entiers arrondis au sommet. **2**
   Pétales échancrés ou bifides (fendus) **6**
2. Sépales resserrés au-dessus du fruit et le cachant ; coques ridées. **3**
   Sépales étalés ouverts, ne cachant pas le fruit **4**
3. Sépales velus, lisses ; feuilles à division moyenne pétiolulée. . *G. Robertianum.*
   Sépales glabres, ridés ; feuilles à divisions sessiles. . . . . . *G. lucidum.*
4. Pétales grands dépassant beaucoup le calice ; plante élevée, vivace **5**
   Pétales dépassant peu le calice : plante basse, annuelle . . . *G. rotundifolium.*
5. Pétales velus à l'onglet ; pédicelles fructifères réfractés. . . . . *G. pratense.*
   Pétales glabres à l'onglet ; pédicelles fructifères dressés. . . . *G. sylvaticum.*
6. Feuilles découpées presque jusqu'au pétiole **7**
   Feuilles à divisions ne dépassant pas ou dépassant peu la moitié du limbe. . . **9**
7. Coques glabres, ridées ; plante légèrement musquée . . . . . . *G. molle.*
   Coques pubescentes, lisses ; plante non musquée **8**
8. Pétales 2 fois plus longs que le calice ; plante vivace . . . . *G. Pyrenaicum.*
   Pétales petits, dépassant peu le calice ; plante annuelle . . . *G. pusillum.*
9. Pétales égalant le calice ; pédoncules à 2 fleurs **10**
   Pétales 2 fois plus longs que le calice : pédoncules ord. à 1 fleur. *G. sanguineum.*
10. Pédoncules plus courts que les feuilles ; coques velues. . . . . *G. dissectum.*
    Pédoncules beaucoup plus longs que les feuilles ; coques glabres. *G. columbinum.*

1. G. sanguineum L. (G. sanguin). Coteaux. rochers. — A.R. Nr.; R. Modave (Lg., *Hy.*); Elewyt (Bb., *Wesm.!*)
2. G. columbinum L. (G. colombin). Buissons, lieux herbeux.—A.C. Rég. mér.; R.
3. G. dissectum L. (G. découpé). Haies, lieux cultivés.—A.C. Rég. mér.; R.
4. G. Pyrenaicum L. (G. des Pyrénées). Lieux cultivés, haies. — R. Lg., Nr., Ht., Anv.
5. G. pusillum L. (G. fluet). Haies, chemins.—C.C., C. Rég. mér.; A.R.
6. G. molle L. (G. à feuilles molles). Haies, champs.—C., A.C Rég. mér.; A.R.
7. G. sylvaticum L. (G. des bois). Bois.—A.R. Lx.; R. Nr., Lg., Ht.
8. G. pratense L. (G. des prés). Prairies fraîches. — R. Froyennes, Kain (Ht., *Mar.*); Floreffe, Lustin (*Dsch.!*), La Plante (Nr. *Bllk.*); Arlon, Autelbas (Lx., *Tin.*); Verviers (Lg., *Lej.*). Vraiment indigène ?

9. G. ROTUNDIFOLIUM L. (G. à feuilles rondes). Haies. — A.R. Fl. or., Bb., Ht.; R. Nr., Lg.

10. G. LUCIDUM L. (G. luisant). Rochers.—R. Nr., Lg.; R.R. Ht.; Jupille (Lx., *Crep.*).

11. G. ROBERTIANUM L. (G. Herbe-à-Robert). Vieux murs.—C., C.C.

II. **ERODIUM** L'Hérit. (Érodium). Pétales un peu inégaux. Étamines 10, dont 5 sans anthères. Becs de coques à face interne velue, se détachant de l'axe de haut en bas en s'enroulant en tire-bouchon.

Étamines fertiles à filet sans dents à la base ; plante non musquée. *E. cicutarium.*
Étamines fertiles portant deux dents à la base ; plante musquée. *E. moschatum.*
1. E. CICUTARIUM L'Hérit. (E. à feuilles de Ciguë). Bords des chemins.—C.C.
† E. MOSCHATUM Willd. (E. musqué). Pied des murs. — R..Grand-Rechain (*Hty.*), Liége (Lg., *Lej.*); Marche-les-Dames (Nr., *Crep.*); Kain (Ht., *Mar.*).—Naturalisé.

IX. MALVACÉES (Juss.).

Fleurs régulières. Calice à 5 rarement 3-4 sépales soudés inférieurement, muni à la base d'un calicule à plusieurs folioles. Corolle à 5 pétales soudés entre eux par les onglets et avec la base du tube staminal. Étamines en nombre indéfini, à filets soudés en tube qui recouvre l'ovaire, libres seulement au sommet. Anthères unilobées. Styles soudés en colonne avec le prolongement de l'axe, libres seulement au sommet. Fruit composé de carpelles secs, nombreux, monospermes, disposés en verticille, à déhiscence loculicide.

Toutes les espèces de cette famille renferment un suc mucilagineux vulgairement connu. On emploie fréquemment la décoction de la racine de l'*Althæa officinalis* en lotions ou en injections et pour la préparation des cataplasmes. Les *Malva sylvestris* et *rotundifolia* servent aux mêmes usages que la Guimauve. Les feuilles de ces plantes bouillies constituent des cataplasmes émollients, et l'infusion des fleurs est adoucissante et pectorale.

Calice muni d'un calicule (calice secondaire) à 3 folioles libres.   . . MALVA. (i.)
Calice à calicule de 6-9 folioles soudées à la base . . . . . ALTHÆA. (ii.)

I. **MALVA** L. (Mauve). Calicule à 3 folioles libres. Fruit composé de carpelles nombreux monospermes, disposés en cercle autour du prolongement de l'axe.

1. Fleurs solitaires à l'aisselle des feuilles ; calice enveloppant complétement le fruit **2**
Plusieurs fleurs à l'aisselle des feuilles ; calice n'enveloppant pas complétement le fruit. **3**
2. Folioles du calicule ovales ; carpelles ord. glabres, ridés . . . . . *M. Alcœa.*
Folioles du calicule linéaires ; carpelles velus, lisses. . . . . . *M. moschata.*
3. Tige couchée ; fleurs petites, rosées ; carpelles velus, lisses . . *M. rotundifolia.*
Tige ord. dressée ; fleurs grandes, rouges ; carpelles glabres, ridés. *M. sylvestris.*
1. M. ROTUNDIFOLIA L. (M. à feuilles rondes). Chemins.—C., A.C.
2. M. SYLVESTRIS L. (M. sauvage). Lieux cultivés.—A.C., A.R.
3. M. MOSCHATA L. (M. musquée). Bois.—A.C. Lx., Nr., Lg.; A.R., R.
4. M. ALCÆA L. (M. Alcée). Lieux pierreux.—A.R. Nr., Ht., Bb., Lg.

II. **ALTHÆA** L. (Guimauve). Calicule à 6-9 folioles soudées dans leur tiers inférieur. Fruit composé de carpelles nombreux, monospermes, disposés en cercle autour du prolongement de l'axe.

Feuilles parsemées de poils roides ; carpelles glabres . . . . *A. hirsuta.*
Feuilles mollement tomenteuses-blanchâtres ; carpelles tomenteux. *A. officinalis.*
1. A. HIRSUTA L. (G. hérissée). Lieux pierreux.—R.R. Resteigne, Lavaux-Ste-Anne, Ave (Nr., *Crep.*); env. de Nessonvaux (Lg., *Crep.*).
† A. OFFICINALIS L. (G. officinale. — Vulg. *Guimauve*). Plante cultivée. —Çà et là naturalisée près des habitations.

X. TILIACÉES. (Juss.).

Fleurs régulières. Calice à 5 sépales libres. Étamines en nombre indéfini, à filets libres. Styles soudés en un style indivis. Fruit presque ligneux, indéhiscent, à 5 angles, uniloculaire par la disparition des cloisons, à 1-2 graines par avortement. Arbres ord. élevés.

La tisane aux fleurs de Tilleul est fréquemment employée comme boisson calmante, antispasmodique et sudorifique. On doit avoir soin de retrancher les bractées des fleurs, qui, renfermant du tanin, communiquerait à l'infusion une certaine âcreté

I. TILIA L. (Tilleul).

Bourgeons velus; feuilles pubescentes en dessous. . . . . . . *T. platyphyllos.*
Bourgeons glabres; feuilles un peu barbues à la base des nervures.   *T. sylvestris.*
1. T. PLATYPHYLLOS Scop. (T. à grandes feuilles). Bois.—A.R. Nr., Lx., Lg., Ht.
2. T. SYLVESTRIS Desf. — *T. microphylla Vent.* (T. à petites feuilles). Bois montueux A.R. Nr., Lx., Lg., Ht. Souvent cultivé avec le précédent.

XI. POLYGALÉES. (Juss.).

Fleurs irrégulières. Calice persistant, à 5 sépales, libres, très-inégaux, les 3 extérieurs très-petits herbacés, les 2 intérieurs ou latéraux (ailes) très-grands pétaloïdes. Corolle à 3 pétales, longuement soudés par l'intermédiaire des filets des étamines; les supérieurs connivents, entiers; l'inférieur plus grand, concave, renfermant les étamines et le pistil, lacinié au sommet. Étamines 8, à filets soudés aux pétales. Anthères à une loge, disposées par 4 en deux faisceaux opposés. Style divisé au sommet en deux lèvres. Fruit capsulaire membraneux, biloculaire, comprimé, à loges monospermes, à déhiscence loculicide.

Les *Polygala* possèdent des propriétés toniques et stimulantes; ils sont employés, surtout le *P. vulgaris*, dans le traitement des affections catarrhales des organes respiratoires

I. POLYGALA L. (Polygala).

1. Bractées égalant les pédicelles et ne dépassant pas les boutons 2
   Bractées dépassant les pédicelles au moment de la floraison et surpassant les boutons au sommet de la grappe . . . . *P. comosa.*
2. Feuilles inférieures alternes; grappe solitaire au sommet de la tige.   *P. vulgaris.*
   Feuilles inférieures opposées; grappes 2-3 au sommet de la tige. .   *P. depressa.*
1. P. VULGARIS L. (P. commun). Pelouses, prairies.—C.C., C.
2. P. COMOSA Schk. (P. chevelu). Pelouses, coteaux.—A.R. Nr., Lx., Lg., Ht.
3. P. DEPRESSA Wend. — *P. serpyllacea Weihe* (P. déprimé). Pelouses, bruyères.—
   —A.C. Lx., Nr., Lg.; A.R. Ht., Bb., Fl. or.

XII. ACÉRINÉES. (Juss.).

Fleurs hermaphrodites ou unisexuelles par avortement, régulières. Calice à 5 plus rarement à 4-9 sépales soudés à la base. Pétales en nombre égal à celui des sépales, insérés au bord d'un disque hypogyne, rarement nuls. Étamines 5-12, rarement 8, insérées sur le disque. Styles soudés inférieurement, libres dans leur partie supérieure. Fruit sec, à 2 coques, monospermes par avorte-ment, indéhiscentes, prolongées chacune en une aile dorsale mem-braneuse. Arbres à feuilles opposées.

I. ACER L. (Érable).

1. Fleurs en grappes pendantes ; feuilles blanches en dessous.   *A. Pseudo-Platanus.*
   Fleurs en corymbes (bouquets) dressés ; feuilles vertes en dessous **2**
2. Feuilles à divisions obtuses ; écorce fendillée-grisâtre. . . . . *A. campestre.*
   Feuilles à lobes terminés en pointe aiguë ; écorce lisse . . . . *A. platanoides.*
1. A. CAMPESTRE L. (E. champêtre). Bois montueux. haies.—C., A.C.
2. A. PLATANOIDES L. (E. Plane). Bois montueux.—A.R., Lx., Nr., Lg.
3. A. PSEUDO-PLATANUS L. (E. Faux-Platane. — Vulg. *Sycomore*). Bois. — A.C. Lx.,
      Nr., Lg., Ht., Bb.

---

† HIPPOCASTANÉES (D.C.).

† ÆSCULUS HIPPOSCASTANUM L. (Marronnier d'Inde). Arbre originaire d'Asie, fréquemment planté dans les promenades et les parcs.

XIII. EMPÉTRÉES (Nutt.).

Fleurs régulières, dioïques ou polygames. Calice à 3 sépales libres. Corolle à 3 pétales persistants. Étamines 3, libres ; anthères à 2 loges. Style court, à stigmate lobé. Ovaire libre, muni d'un disque à la base, à 3-9 loges uniovulées. Fruit bacciforme, renfermant 2-9 graines osseuses. Arbrisseau à feuilles persistantes, ayant l'aspect d'une bruyère.

Les baies de la Camarine sont douçâtres et légèrement acides. Quelques peuplades du Nord en font, par la fermentation, une liqueur spiritueuse.

I. EMPETRUM Tournef. (Camarine).

Baies noires . . . . *E. nigrum.*
1. E. NIGRUM L. (C. à fruits noirs). Tourbières, bruyères humides. — R.R. Entre Sart
      et Jalhay (Lg., *Lej.*); env. de Samrée (*Crep.*), Freilange (Lx., *Tin.*); Brasschaet
      (Anv., *Donkelaer père*).

---

† AMPÉLIDÉES (Kunth.).

† VITIS VINIFERA L. (Vigne vinifère, vulg. *Vigne*). Cultivé en grand dans la vallée de la Meuse. La patrie de cette plante n'est pas encore bien connue. Elle paraît cependant spontanée dans toute la région inférieure du Caucase, au nord et surtout au midi de la chaîne, en Arménie et au midi de la mer Caspienne (voy. Alph. D.C. *Géog. bot.*, II, p. 872).

XIV. CÉLASTRINÉES (R. Br.).

Fleurs régulières, hermaphrodites ou unisexuelles par avorte-ment. Calice à 4-5 sépales soudés à la base. Corolle à 4-5 pétales insérés au bord d'un disque hypogyne annulaire épais. Étamines 4-5, libres, insérées sur le disque. Styles soudés en un style indivis, très-court. Fruit capsulaire cartilagineux, à 4-5 loges dispermes ou monospermes par avortement, à déhiscence loculicide. Graines munies d'un faux arille charnu coloré.

Les feuilles, la tige et les fruits du Fusain, employés à faible dose, agissent comme purgatifs et émétiques.

I. EVONYMUS L. (Fusain).

Arbuste à feuilles opposées ; fruits roses. . . . . *E. Europæus.*
2. E. Europæus L. (F. d'Europe). Bois.—A.C. Rég. inér.; A.R.

XV. MONOTROPÉES (Nutt.).

Fleurs presque régulières. Calice à 4-5 sépales plus ou moins inégaux. Corolle à 4-5 pétales marcescents, libres, munis d'un court éperon à leur base. Étamines 8-10. Anthères à 1 loge. Styles soudés en un style indivis. Fruit capsulaire, à 4-5 loges, contenant un très-grand nombre de graines, à déhiscence loculicide. Plante parasite sur la racine des arbres, décolorée blanchâtre dans toutes ses parties, présentant l'aspect des Orobanches.

I. MONOTROPA L. (Monotrope).

Feuilles réduites à des écailles blanchâtres. . . . . *M. Hypopitys.*
1. M. Hypopitys L. (M. Succpin). Bois.—A.R. Nr., R. Ht., Lg., Bb., Lx.

XVI. HYPÉRICINÉES (Juss.).

Fleurs régulières. Calice à 5 rarement à 4 sépales libres ou soudés inférieurement. Corolle à 5 rarement à 4 pétales libres, submarcescents. Étamines en nombre indéfini, à filets ord. réunis à la base en 3-5 faisceaux opposés aux pétales. Styles 3-5 libres. Fruit capsulaire, à 3-5 loges polyspermes, plus rarement à une loge, à déhiscence septicide, plus rarement bacciforme indéhiscent. Plantes vivaces, herbacées ou sous-frutescentes. Feuilles opposées.

L'huile de Millepertuis, obtenue par la macération dans l'huile d'olive des sommités fleuries de Millepertuis, a une vieille renommée dans la médecine populaire pour la cicatrisation des blessures.

1. Étamines soudées en 3 faisceaux ; fruit bacciforme (baie) . . . Androsæmum. (i.)
   Étamines soudées en 5 faisceaux ; fruit capsulaire s'ouvrant par des valves . . 2
2. Fleurs ouvertes en rose, sans glandes pétaloïdes entre les faisceaux des étamines . . . . Hypericum. (ii.)
   Fleurs en cloche peu ouverte ; glandes en forme de pétales situées entre les faisceaux des étamines. . . . . Élodes. (iii.)

I. ANDROSÆMUM All. (Androsème). Sépales inégaux. Étamines réunies en trois faisceaux. Glandes hypogynes nulles. Fruit bacciforme indéhiscent.

Baies noires devenant presque sèches à la maturité. . . . . . . *A. officinale.*
1. A. officinale All. (A. officinal). Bois montueux. — R.R.R. Wépion (Nr., *Crep.*).

Trouvé un seul pied, en 1852, dans un bois montueux où la plante paraissait bien spontanée.

II. HYPERICUM L. (Millepertuis). Sépales presque égaux, libres ou soudés à la base. Glandes hypogynes nulles. Fruit capsulaire à 3-5 loges.

1. Sépales à bords ciliés-glanduleux ; tiges sans lignes saillantes (côtes) **2**
  Sépales sans cils glanduleux ; tige pourvue de 2-4 lignes saillantes **4**
2. Tige velue. *H. hirsutum.*
  Tige glabre **3**
3. Sépales lancéolés-linéaires, bordés de glandes stipitées. . . . *H. montanum.*
  Sépales ovales-arrondis, à glandes sans pied (sessiles). . . . . *H. pulchrum.*
4. Tiges très-grêles, filiformes, couchées . . . . *H. humifusum.*
  Tiges robustes, dressées **5**
5. Tige présentant 2 lignes saillantes. . . . . *H. perforatum.*
  Tige à 4 lignes plus ou moins saillantes **6**
6. Lignes très-saillantes, presque ailées ; sépales lancéolés, à pointe aiguë.
    H. tetrapterum.
  Lignes peu saillantes ; sépales larges plus ou moins arrondis au sommet, quel-
    quefois un peu aigus . . . . *H. quadrangulum.*
1. H. HUMIFUSUM L. (M. couché). Bois, champs frais.—A.C.
2. H. PERFORATUM L. (M. perforé). Lieux incultes.—C.C., A.C.
3. H. QUADRANGULUM L.—*H. dubium* Leers (M. tétragone). Bois.—A.R. Rég. mér.
4. H. TETRAPTERUM Fries —*H. quadrangulum DC.* non L. (M. à 4 ailes). Bords des fossés, prairies humides.—A.R.
5. H. PULCHRUM L. (M. élégant). Bruyères, bois.—A.C., A.R.
6. H. MONTANUM L. (M. des montagnes). Bois montueux.—A.R., R. Rég. mér.
7. H. HIRSUTUM L. (M. velu). Bois, buissons.—C., A.C.

III. ELODES Spach (Élode). Sépales presque égaux, soudés inférieurement. Glandes hypogynes, pétaloïdes, alternant avec les faisceaux des étamines. Fruit capsulaire, à une seule loge.

Plante aquatique, tomenteuse-blanchâtre. . . . . *E. palustris.*
1. E. PALUSTRIS Spach (E. des marais). Marais, bords des eaux.—A.R., R.

XVII. DROSÉRACÉES (Salisb.).

Fleurs régulières. Calice à 5 sépales libres ou soudés seulement à la base. Corolle à 4 pétales libres, marcescents, plus rarement caducs. Étamines en nombre égal à celui des pétales ou en nombre double, libres. Styles 3-5 libres, entiers ou bifides, quelquefois presque nuls ; stigmates entiers ou échancrés. Fruit capsulaire, à 1 loge polysperme, s'ouvrant par 3-5 valves. Graines insérées aux parois des valves (placentas pariétaux).

Le *Parnassia* est amère et astringent ; il a été employé à l'intérieur comme diuré-tique, et en collyre comme antiophthalmique.

Feuilles molles, chargées de poils glanduleux rouges. . . . . . DROSERA. (i.)
Feuilles coriaces, glabres . . . . PARNASSIA. (ii.)

I. DROSERA L. (Rossolis). Pétales 5, marcescents. Écailles nec-tarifères nulles. Styles 3 plus rarement 4-5 profondément bifides. Capsule à 3 rarement 4-5 valves. Feuilles à face supérieure et à bords chargés de poils glanduleux rouges.

1. Feuilles à limbe arrondi ; pétiole poilu. . . . . *D. rotundifolia.*
  Feuilles oblongues allongées ; pétiole glabre. **2**
2. Tige coudée à la base, courte ; graines chagrinées non ailées. . *D. intermedia.*
  Tige dressée, élevée ; graines ailées non chagrinées. . . . . *D. longifolia.*
1. D. ROTUNDIFOLIA L. (R. à feuilles rondes). Tourbières, marais.—A.C., A.R.
2. D. INTERMEDIA Hayne (R. intermédiaire). Tourbières, marais.—A.C., A.R.

3. D. LONGIFOLIA L. — *D. Anglica Huds.* (R. à feuilles longues). Marais tourbeux. — R.R.R. Tournay? (Ht., *Lej.*).

II. PARNASSIA Tournef. (Parnassie). Pétales 5, caducs. Écailles nectarifères 5, opposées aux pétales, frangées-glanduleuses au sommet. Stigmates 4, subsessiles, entiers. Capsule à 4 valves. Feuilles glabres, coriaces.

Fleurs blanches, solitaires terminales. . . . . *P. palustris*.
1. P. PALUSTRIS L. (P. des marais). Prairies humides ou tourbeuses.—A.R., R.

XVIII. PYROLACÉES (Lindl.).

Fleurs régulières Calice à 5 sépales soudés à la base. Corolle à 5 pétales égaux, libres, caducs. Étamines en nombre double de celui des pétales, libres. Styles soudés en un style indivis. Fruit capsulaire, à 5 loges polyspermes, s'ouvrant en 5 valves (déhiscence loculicide). Graines insérées à l'angle interne des loges. Feuilles vertes en rosette radicale; fleurs blanches, en grappe terminale.

I. PYROLA Tournef. (Pyrole).

Style arqué-ascendant, plus long que les pétales . . . . . . *P. rotundifolia*.
Style droit, plus court que les pétales. . . . . *P. minor*.
1. P. ROTUNDIFOLIA L. (P. à feuilles rondes). Bois.—R.
2. P. MINOR L. (P. fluette). Bois.—A.R. Lx., Nr., Lg.; R. Ht., Bb., Fl. or.

XIX. RÉSÉDACÉES (D.C.).

Fleurs irrégulières. Calice à 4-7 sépales plus ou moins inégaux, soudés à la base. Corolle à 4-7 pétales très-inégaux, les supérieurs multifides, les inférieurs très-petits, entiers, libres, caducs. Étamines 10-30, insérées sur un disque charnu hypogyne, à filets ord. libres, réfléchis-arqués. Fruit capsulaire, à 1 loge polysperme, ouvert au sommet. Graines à placentas pariétaux. Fleurs en grappes terminales spiciformes.

I. RESEDA L. (Réséda).

1. Calice à 4 divisions ; feuilles toutes entières. . . . . *R. luteola*.
   Calice à 6 divisions; feuilles supérieures plus ou moins divisées. **2**
2. Feuilles toutes profondément découpées; graines lisses, luisantes . . *R. lutea*.
   Feuilles supérieures à 3 lobes peu profonds; graines rugueuses. . *R. Phyteuma*.
1. R. LUTEOLA L. (R. Gaude). Lieux incultes, chemins.—C., A.C.
2. R. LUTEA L. (R. jaune). Lieux incultes, chemins.—A.R. Nr., Ht., Lg.
3. R. PHYTEUMA L. (R. Raiponce). Champs sablonneux. — R.R. Env. de Courtray (Fl. occ., *Math.!*), entre Rebaix et Bouvignies (Ht., *Mich.*).

XX. NYMPHÉACÉES (Salisb.).

Fleurs régulières. Calice à 4-5 sépales, libres, herbacés ou plus ou moins colorés, marcescents ou persistants. Corolle à pétales nombreux, soudés à leur base avec l'ovaire, disposés sur plusieurs rangs.

Étamines en nombre indéfini, hypogynes ou paraissant s'insérer sur l'ovaire par la soudure de leur partie inférieure avec sa surface, libres entre elles, à filets plus ou moins élargis pétaloïdes. Stigmates nombreux, en nombre égal à celui des loges, étalés-rayonnants et formant un plateau persistant. Fruit gros, bacciforme, indéhiscent, à loges nombreuses et en nombre variable, polyspermes, contenant un suc mucilagineux dans lequel sont plongées les graines. Graines insérées aux parois des cloisons. Plantes aquatiques.

Le suc des Nymphéacées est légèrement astringent ; les jeunes rhizomes ou racines contiennent une fécule abondante et comestible.

Fleurs blanches ; calice à 4 sépales. . . . . NYMPHÆA. (i.)
Fleurs jaunes ; calice à 5 sépales . . . . NUPHAR. (ii.)

I. NYMPHÆA Sibth. et Sm. (Nénuphar). Calice à 4 sépales, marcescents. Corolle à pétales disposés sur plusieurs rangs. Étamines insérées sur la surface de l'ovaire. Fruit portant des cicatrices produites par la chute des étamines et des pétales.

Fleurs blanches. . . . . *N. alba*
1. N. ALBA L. (N. blanc). Étangs.—A.R., R. Les stations sont souvent artificielles.

II. NUPHAR Sibth. et Sm. (Nuphar). Calice à 5 sépales, persistants. Corolle à pétales disposés sur deux rangs. Étamines insérées sous l'ovaire. Fruit ne portant pas de cicatrices.

Fleurs jaunes. . . . . *N. luteum.*
1. N. LUTEUM Sibth. et Sm. (N. jaune). Ruisseaux, rivières, étangs.—A.C., A.R. Manque dans beaucoup de localités étendues.

XXI. PAPAVÉRACÉES (Juss.).

Fleurs régulières. Calice à 2 sépales, libres, caducs. Corolle à 4 pétales, caducs. Étamines ord. en nombre indéfini, libres. Stigmates sessiles, persistants, au nombre de deux et plus ou moins soudés, ou plus ou moins nombreux, disposés en rayonnant sur un plateau qui surmonte l'ovaire. Fruit sec, polysperme, globuleux ou oblong, uniloculaire, offrant de fausses cloisons incomplètes et s'ouvrant par des pores, plus rarement linéaire, s'ouvrant par deux valves. Plantes à suc laiteux.

Le suc blanc ou jaune des Papavéracées possède des propriétés actives et même souvent malfaisantes. L'opium est le suc concrété extrait par des incisions faites aux capsules du *Papaver somniferum*. On emploie les capsules sèches d'une variété de cette espèce pour la préparation d'une décoction calmante. L'infusion des pétales du *P. Rhœas* est employée comme tisane pectorale calmante. Le suc jaune du *Chelidonium majus* est légèrement caustique et sert à détruire les verrues ; pris à l'intérieur, il peut occasionner la mort.

Fruit ou capsule globuleuse ou oblongue, s'ouvrant par des pores ; stigmates 4-20.
PAPAVER (i.).
Fruit linéaire, en forme de silique, s'ouvrant par deux valves ; stigmates 2.
CHELIDONIUM (ii.).

I. PAPAVER Tournef. (Pavot). Stigmates 4-20, disposés en rayons sur un plateau sessile qui déborde l'ovaire. Capsule globuleuse ou oblongue, uniloculaire, offrant de fausses cloisons incomplètes, s'ouvrant par des pores en-dessous du plateau. Fleurs ord. rouges, grandes.

1. Capsule ord. hérissée de poils ; filets des étamines élargis au sommet 2
Capsule glabre ; filets des étamines non élargis 3

2. Capsule ovale arrondie, non rétrécie à la base . . . . *P. hybridum.*
Capsule oblongue en massue, rétrécie à la base . . . . . . *P. Argemone.*
3. Feuilles embrassant la tige; plante très-glabre . . . . . . *P. somniferum.*
Feuilles n'embrassant pas la tige par deux oreillettes; pl. ord. hérissée 4
4. Capsule arrondie; pédicelles à poils ord. étalés; fleurs très-grandes . *P. Rhœas.*
Capsule allongée en massue; péd. à poils ord. appliqués; fleurs médiocres . . 5
5. Plateau de la capsule relevé au centre en une pointe conique à la complète maturité; suc jaune . . . . *P. Lecoqii.*
Plateau sans pointe à la maturité; suc blanc . . . . *P. dubium.*
† P. somniferum L. (P. somnifère). Cultivé en grand. — La patrie de cette plante n'est pas encore connue.
1. P. Rhœas L. (P. Coquelicot). Moissons. — C.C.
2. P. dubium L. (P. douteux). Moissons. — A.C.
3. P. Lecoqii Lamotte (P. de Lecoq). Moissons, champs de trèfle. — R. Rochefort, Éprave, Ave, Revogne (Nr., *Crep.*); Wellin (Lx., *Crep.*).
4. P. Argemone L. (Argémone). Moissons. — A.C. Rég. mér.; A.R.
5. P. hybridum L. (P. hybride). Moissons. — R. Ht., Bb., Fl. occ., Anv.

II. CHELIDONIUM Tournef. (Chélidoine). Stigmates 2, soudés inférieurement. Capsule linéaire, en forme de silique, uniloculaire, ne présentant pas de fausse cloison, s'ouvrant en deux valves. Fleurs jaunes, assez petites.

Fleurs disposées en ombelle . . . . *C. majus.*
1. C. majus L. (Grande Chélidoine). Vieux murs. — C.

XXII. FUMARIACÉES (D.C.).

Fleurs irrégulières. Calice à 2 sépales ord. dentés, libres, pétaloïdes, caducs. Corolle à 4 pétales, connivents, libres ou plus ou moins soudés à la base, les deux latéraux intérieurs ord. cohérents au sommet, le supérieur plus grand ord. prolongé en éperon. Étamines 6, à filets soudés presque jusqu'au sommet en deux faisceaux opposés. Styles soudés en un style filiforme, souvent arqué-réfléchi, caduc ou persistant. Fruit sec, uniloculaire monosperme indéhiscent, ou polysperme s'ouvrant en 2 valves.

Le *Fumaria officinalis* est tonique et légèrement stimulant. Son infusion est très-usitée dans le traitement des maladies de la peau et des affections scrofuleuses et scorbutiques, et est administrée pendant la convalescence des fièvres intermittentes. On emploie cette plante sous forme de suc, d'eau distillée, de sirop et d'extrait.

Fruit à plusieurs graines, en forme de silique, déhiscent . . . . CORYDALIS (i.).
Fruit à une seule graine, petit, globuleux, ne s'ouvrant pas . . . FUMARIA (ii.).

I. CORYDALIS D.C. (Corydale). Fruit siliquiforme, comprimé, polysperme, déhiscent. Graines munies d'un appendice.

1. Fleurs jaunes ou jaunâtres; racine fibreuse. **2**
Fleurs rouges; racine renflée en tubercule **3**
2. Pétioles terminés par une vrille accrochante; pédicelles très-courts.
C. claviculata.
Pét. sans vrille; pédicelles égalant la capsule . . . . *C. lutea.*
3. Bulbe plein; tige munie d'une écaille à la base; bractées ord. divisées *C. solida.*
Bulbe creux; tige sans écaille; bract. très-entières . . . . *C. cava.*
1. C. solida Sm. — *C. bulbosa D.C.* (C. pleine). Haies. — A.R., R.
2. C. cava Schweigg. et Kœrt. — *C. tuberosa D.C.* (C. creuse). Haies. — R.R. Env. d'Etalle (Lx., *Tin.*); Baudour, Ghlin? (Ht., *Mich.*).
3. C. claviculata D.C.—*Fumaria claviculata L.* (C. à vrilles). Haies, lieux cultivés.— R. Morkhoven, Norderwyk (*Vh.*), Herenthout (Anv., *J. Willem !*); env. de Gand (*Schd.*), Beirveld (Fl. or., *Fg.!*); Meysse (Bb., *Wesm.!*).
† C. lutea D.C. — *Fumaria lutea L.* (C. jaune). Vieux murs.— R. Nr., Lg., Ht., Fl. or. Espèce assez souvent cultivée et naturalisée çà et là.

II. FUMARIA L. (Fumeterre). Fruit globuleux, petit, monosperme, indéhiscent. Graine dépourvue d'appendice.

1. Pédicelles fructifères recourbés. . . . . *F. capreolata.*
  Pédicelles fructifères jamais recourbés 2
2. Sépales grands, dépassant beaucoup la largeur du pédicelle . . . *F. officinalis.*
  Sépales petits dépassant peu ou ne dépassant pas la larg. du péd. 3
3. Sépales plus étroits que le pédicelle ; fruit arrondi au sommet . . *F. Vaillantii.*
  Sép. dépassant très-peu le péd.; fruit terminé en pointe . . . . . *F. parviflora.*
1. F. CAPREOLATA L.—*F. pallidiflora Jord?* (F. grimpante). Haies, lieux cultivés.—R. Bb., Ht., Anv., Lb.
2. F. OFFICINALIS L. (F. officinale). Lieux cultivés, moissons. — C.
3. F. VAILLANTII Lois. (F. de Vaillant. Moissons.—A.R Nr., Lg., Lx.
4. F. PARVIFLORA Lam. (F. à petites fleurs). Bords de chemins. — RR. Env. de Gand (Fl. or., *Schd.!*).

XXIII. CRUCIFERES (Juss.).

Fleurs régulières ou presque régulières. Calice à 4 sépales, libres, caducs, très-rarement persistants ; les deux extérieurs souvent plus larges, un peu bossus à la base. Corolle à 4 pétales, libres, disposés en croix et alternes avec les sépales, ord. égaux, très-rarement nuls par avortement. Étamines 6, ord. libres, inégales ; les deux extérieures plus courtes, quelquefois avortées ; les 4 intérieures plus longues. Styles soudés en un style indivis ; stigmate indivis ou bilobé. Fruit sec, allongé (silique), ou court (silicule) ; à deux loges polyspermes ou monospermes, séparées par une cloison mince, s'ouvrant par deux valves, ou indéhiscent à une loge monosperme, quelquefois se partageant en articles transversaux monospermes. Embryon plié, plus rarement enroulé en spirale. Radicule répondant tantôt à la commissure des cotylédons plans : *radicule commissurale;* tantôt appliquée sur la face dorsale de l'un des cotylédons, les cotylédons étant alors plans : *radicule dorsale,* ou les cotylédons étant pliés longitudinalement de manière à embrasser la radicule : *radicule incluse.*

Le suc des plantes de cette famille fait la base des médicaments dits antiscorbutiques ; les espèces qui sont surtout usitées sont : les *Cochlearia officinalis* et *Armoracia,* le *Raphanus sativus* var. (radis noir) et le *Nasturtium officinale.* L'infusion du *Sisymbrium officinale* est tonique. Tout le monde connaît la propriété des graines du *Brassica nigra* (moutarde noire) avec lesquelles on prépare le révulsif si usité sous le nom de sinapisme.

1. Fruit linéaire ou lancéolé (silique) 2
  Fruit court, presque aussi large que long (silicule) 25
2. Graines disposées sur deux rangs dans chaque loge 3
  Graines disposées sur un seul rang 7
3. Silique très-fortement comprimée, à valves planes ; feuilles caulinaires entières, embrassant la tige par deux oreillettes . . . . TURRITIS. (vii.)
  Silique comprimée, cylindrique ou tétragone, à valves convexes ; feuilles dentées ou plus ou moins divisées, n'embrassant jamais la tige 4
4. Silique terminée par un bec comprimé tranchant qui égale presque la longueur des valves ; pétales veinés de brun ou de violet . . . . ÉRUCA. (xi *bis.*)
  Silique à bec nul ou très court ; pétales jaunes ou blancs, jamais veinés de brun ou de violet 5
5. Fleurs disposées en grappes feuillées ; tiges couchées . . . . . BRAYA. (ix.)
  Fleurs en grappes nues ; tige dressée. 6
6. Silique cylindrique ou renflée ; valves à 1 nervure dorsale et fleurs blanches, ou valves sans nervure et fleurs jaunes . . . . NASTURTIUM. (vi.)
  Silique comprimée ; valve à 1 nervure dorsale ; fl. jaunes . . DIPLOTAXIS. (xi.)

7. Stigmate formé de deux lames dressées; fleurs lilas ou blanches Hesperis. (x *bis.*)
   Stigmate presque entier, ou à lobes épais obtus plus ou moins étalés; fleurs jaunes, roses ou blanches 8
8. Silique ne s'ouvrant point, partagée en articles transversaux (plus de 2) ou renflée spongieuse . . . . Raphanus. (xv.)
   Siliques s'ouvrant en deux valves longitudinales 9
9. Fleurs blanches, blanchâtres ou roses 10
   Fleurs jaunes 15
10. Feuilles de la tige entières ou à peine sinuées, glauques, glabres. 11
    Feuilles dentées, découpées, rarement entières, glabres ou velues, jamais glauques 12
11. Silique cylindrique; graines globuleuses; feuilles de la tige sessiles ou à peine embrassantes . . . . Brassica. (xiii.)
    Silique tétragone; graines oblongues; feuilles profondément cordées-embrassantes . . . . Erysimum. (x.)
12. Souche ou racine charnue-écailleuse; feuilles munies de bulbilles à leur aisselle. Dentaria. (iv.)
    Souche non charnue-écailleuse; feuilles sans bulbilles 13
13. Silique à valves sans nervures; feuilles toutes profondément divisées. Cardamine. (v.)
    Silique à valves nerviées; feuilles supérieures entières ou dentées 14
14. Silique comprimée; feuilles souvent sagittées-embrassantes; fleurs blanches ou roses . . . . Arabis. (iii.)
    Silique presque cylindrique; feuilles jamais embrassantes; fleurs blanches. Sisymbrium. (viii.)
15. Feuilles, au moins les supérieures, sessiles embrassantes 16
    Feuilles supérieures sessiles non embrassantes, ou pétiolées rarement auriculées à la base 17
16. Graines oblongues inégalement comprimées; feuilles supérieures obovales élargies, dentées anguleuses, ou profondément divisées (pinnatifides). Barbarea. (ii.)
    Graines arrondies; feuilles supérieures ovales ou lancéolées, sinuées ou à peine dentées . . . . Brassica. (xiii.)
17. Dos des siliques à plusieurs nervures, à nervures égales, droites et parallèles. 18
    Dos des siliques à 1 nervure, ou à nervures inégales, ou sans nervures. . . 19
18. Silique terminée par un bec très-long, comprimé . . . . . . Sinapis. (xiv.)
    Silique à bec nul ou très-court . . . . Sisymbrium. (viii.)
19. Feuilles, au moins les supérieures, entières ou à peine dentées ou sinuées. . 20
    Feuilles profondément divisées-ailées (pinnatipartites) 22
20. Silique présentant un bec assez long; graines globuleuses; plante plus ou moins glauque . . . . Brassica. (xiii.)
    Silique à bec nul ou très-court; graines comprimées oblongues; plante rarement glauque 21
21. Graines comprimées; plante presque glabre. . . . . Cheiranthus. (i.)
    Graines non comprimées; plante couverte de poils étoilés . . . Erysimum. (x.)
22. Graines disposées en série irrégulière; valves sans nervure; plante glabre. Nasturtium. (vi.)
    Graines en série régulière; valve à 1 nervure saillante; plante glabre ou velue. 23
23. Calice à sépales latéraux un peu bossus à la base; dos des siliques à 1 nervure. Erucastrum. (xii.)
    Calice à sépales non bossus; dos des siliques à 3 nervures . . Sisymbrium. (viii.)
24. Silicule ne s'ouvrant pas (indéhiscente), se séparant rarement en valves qui retiennent la graine 25
    Silicule s'ouvrant et laissant échapper les graines. 32
25. Fleurs blanches ou roses 26
    Fleurs jaunes 28
26. Fleurs roses; silicule à 2 loges ou articles superposés. . . . Cakile. (xxxii.)
    Fleurs blanches; silicule à 1 loge ou à 2 loges parallèles. 27
27. Silicule à 2 loges; fleurs en grappes opposées aux feuilles; tiges couchées. Senebiera. (xxviii.)
    Silicule à 1 loge; fleurs en grappes terminales; tige dressée. . Calepina. (xxxi.)
28. Silicule ovoïde, obovale ou subglobuleuse. 29
    Silicule fortement comprimée, presque plane 31
29. Silicule à 3 loges; les deux supérieures vides stériles. . . . Myagrum. (xxx.)
    Silicule à 1-2 loges; point de loges supérieures vides. 30
30. Feuilles de la tige pourvues d'oreillettes; silicule à 1 loge. . . . Neslia. (xxix.)
    Feuilles sans oreillettes à la base; silicule à 2 loges . . . Bunias. (xxxi *bis.*)
31. Silicules pendantes, oblongues obovales, à 1 loge . . . . . Isatis (xxviii *bis.*)
    Silicules dressées, échancrées au sommet et à la base, à 2 loges. Biscutella. (xxvii.)

32. Dos des valves plan ou convexe, jamais comprimé en un crête ou carène ; cloison large. 33
Dos des valves plié en crête ou carène souvent amincie ailée ; cloison étroite,
souvent linéaire 39
33. Silicules très-grandes, pendantes à la maturité, à dos sans nervure. Lunaria. (xvi.)
Silicules petites dressées ; dos ou valves à 1 nervure 34
34. Filets des étamines ailés ou dentés à la base ; silicule couverte de poils étoilés.
Alyssum. (xvii.)
Filets des étamines sans dents ni ailes ; silicule glabre ou à poils simples . 35
35. Silicule fortement comprimée, à valves presque planes. ou feuilles toutes radicales ciliées. . . . . Draba. (xviii.)
Silicule renflée ou subglobuleuse. 36
36. Silicule en forme de poire (obovale-pyriforme) . . . . . . Camelina. (xxi.)
Silicule oblongue ou subglobuleuse 37
37. Fleurs jaunes ; graines très-nombreuses . . . . Nasturtium. (vi.)
Fleurs blanches ; graines peu nombreuses. 38
38 Feuilles toutes radicales, très-étroites ; silicule non surmontée d'une pointe ;
plante très-petite . . . . Subularia (xx.)
Tige feuillée ; silicule surmontée par le style persistant . . . Cochlearia. (xix.)
39. Silicule à loges contenant 1 seule graine 40
Silicule à loges contenant plusieurs graines 41
40. Fleurs petites ; pétales égaux . . . . Lepidium. (xxvi.)
Fleurs grandes ; pétales très-inégaux . . . . Iberis. (xxiv.)
41. Silicule à loges à 2 graines ; plante petite à tige nue ou presque nue.
Teesdalia. (xxii.)
Silicule à loges à plus de 2 graines ; tige feuillée 42
42. Valves de la silicule non ailées ; graines très-nombreuses . . Capsella. (xxv.)
Valves de la silicule à dos mince ailé ; graines peu nombreuses. Thlaspi. (xxiii.)

DIVISION I. SILIQUEUSES. Fruit linéaire ou lancéolé (silique).

TRIBU I. Cotylédons plans ; radicule correspondant a la commissure.

I. CHEIRANTHUS R. Br. (Giroflée). Stigmate fendu, à lobes
courbés en dehors. Silique subtétragone ; valves à 1 nervure saillante. Graines sur un rang. Fleurs jaunes. Feuilles entières.

Tige presque ligneuse à la base ; fleurs odorantes. . . . . *C. Cheiri.*
1. C. Cheiri L. (G. Violier). Vieux murs.—R., A.R. Manque dans de grandes étendues du pays. Plante naturalisée depuis longtemps.

II. BARBAREA R. Br. (Barbarée). Stigmate entier ou légèrement
échancré. Silique subtétragone ; valves à 1 nervure saillante.
Graines sur un rang. Fleurs jaunes. Feuilles pinnatipartites au
moins les inférieures, les caulinaires embrassantes.

1. Feuilles supérieures obovales dentées . . . . *B. vulgaris.*
Feuilles supérieures découpées-ailées (pinnatipartites) **2**
2. Siliques courtes, ord. appliquées contre la tige, à bec court ; pétales dépassant
peu le calice . . . . *B. intermedia*
Siliques longues, étalées, à bec long, effilé ; pétales 1 fois plus long que le calice.
B. præcox.

1. B. vulgaris R. Br. (B. commune). Champs frais.—A.C.
2. B. intermedia Boreau (B. intermédiaire). Champs stériles, bords des chemins.—
A.C. Lx., Nr., Lg., Ht.; R. Fl. or.
† B. præcox R. Br. (B. précoce). Lieux cultivés.—R.R. Env. de Liége, Verviers (Lg.,
(Lej.!) Plante assez rarement cultivée et se naturalisant çà et là.

III. ARABIS L. (Arabette). Stigmate entier ou à peine échancré.
Silique comprimée ; valves presque planes, à 1 nervure longitudinale ou à plusieurs nervures très-fines. Graines sur 1 rang, comprimées, ord. bordées. Fleurs blanches, rarement roses.

1. Fleurs roses ; feuilles inférieures profondément découpées, les caulinaires non
embrassantes . . . . *A. arenosa.*
Fleurs blanches ; feuilles inférieures seulement denticulées, les caulinaires embrassant la tige par deux oreillettes. 2

2. Siliques courbées en arc et tordues ; graines largement ailées. . . . *A. Turrita.*
Siliques droites, non tordues ; graines à bordure étroite. 3
3. Siliques dressées-appliquées contre la tige . . . . *A. sagittata.*
Siliques écartées de la tige 4
4. Plante glabre, glauque ; axe de la grappe droit . . . . . . *A. brassicæformis.*
Plante pubescente, non glauque; axe de la grappe fructifère flexueux. *A. auriculata.*

1. A. BRASSICÆFORMIS Wallr. (A. à feuilles de chou). Bois rocailleux.—R. Han-sur-
Lesse, Belvaux, env. d'Ivoir (*Crep.*), Montaigle (*Bllk.*), entre Marienbourg et
Dourbes, Roly (Nr., *Del.!*).
2. A. AURICULATA Lam. (A. à oreillettes). Rochers.—R.R.R. Entre Verviers et Dison
(Lg., *Lej.!*).
3. A. SAGITTATA DC. (A. sagittée). Bois montueux.—A.C. Nr., Lg., Ht., Bb.; R.
4. A. TURRITA L. (A. Tourette). Haies, bords des chemins. — R.R. Entre Mangombroux et Jalhay (*Lej.!*), entre Verviers et Ensival (Lg., *Rem.!*).
5. A. ARENOSA Scop. — *Sisymbrium arenosum L.* (A. des sables). Rochers, bois montueux.—A.R. Nr., Lg., Lx.

IV. DENTARIA Tournef. (Dentaire).
Stigmate entier. Silique
lancéolée, comprimée; valves presque planes, sans nervure. Graines
sur un rang, à funicule dilaté. Fleurs roses. Rhizome écailleux, à
écailles blanches, épaisses charnues.

Feuilles inférieures et moyennes pinnatiséquées, les supérieures entières munies
de bulbilles à l'aisselle. . . . . *D. bulbifera.*
1. D. BULBIFERA L. (D. bulbifère). Bois montueux ombragés.—R.R. Env. de Rochefort
(Nr., *Crep.*); Herbeumont (Lx., *Tin.*).

V. CARDAMINE L. (Cardamine).
Stigmate entier. Silique
linéaire, comprimée ; valves presque planes, sans nervure. Graines
sur un rang, à funicule non dilaté. Fleurs roses ou blanches. Feuilles
pinnatiséquées.

1. Fleurs grandes ; pétales 3 fois plus longs que le calice 2
Fleurs petites ; pétales dépassant peu le calice. 3
2. Fleurs blanches ; anthères violacées ; feuilles toutes à segments sinués-anguleux.
C. amara.
Fleurs ord. roses; anthères jaunes; feuilles supérieures à segments ord. linéaires,
entiers. . . . . *C. pratensis.*
3. Feuilles sans oreillettes ; plante ord. velue 4
Feuilles embrassant la tige par deux oreillettes ; plante glabre . . *C. impatiens.*
4. Étamines 4 ; fleurs dépassées par les siliques supérieures ; siliques non redressées sur les pédicelles. . . . . *C. hirsuta.*
Étamines 6 ; fleurs non dépassées par les siliques ; siliques redressées sur les
pédicelles. . . . . *C. sylvatica.*
1. C. PRATENSIS L. (C. des prés). Prairies, bois.—C., C.C.
2. C. AMARA L. (C. amère). Bords des eaux.—A.C. Rég. mér.; R.
3. C. HIRSUTA L. (C. velue). Haies, chemins.—A.C., A.R.
4. C. SYLVATICA Link (C. des bois). Lieux frais des bois. — A.R. Rég. mér. Espèce
très-distincte! souvent confondue avec le *C. hirsuta.*
5. C. IMPATIENS L. (C. impatiente). Bois montueux.—A.R. Lx., Nr., Lg.; R. Ht.

VI. NASTURTIUM R. Br. (Cresson).
Stigmate subbilobé. Silique
cylindrique linéaire, ou silicule oblongue ou oblongue-subglobuleuse; valves convexes. Graines sur 2-4 rangs irréguliers. Fleurs
jaunes ou blanches.

1. Fleurs blanches . . . . *N. officinale.*
Fleurs jaunes. 2
2. Pétales égalant le calice ; plante bisannuelle . . . . *N. palustre.*
Pétales plus longs que le calice ; plante vivace. 3
3. Feuilles supérieures profondément divisées, à divisions linéaires très-entières.
N. Pyrenaicum.
Feuilles supérieures entières ou plus ou moins divisées, à divisions incisées-
dentées 4
4. Silicules oblongues-subglobuleuses, 3-4 fois plus courte que le pédicelle.
N. amphibium.
Silicules linéaires ou oblongues, égalant environ le pédicelle, rarement plus
courte de moitié . . . . *N. sylvestre.*

1. N. officinale R. Br. (C. officinale. — Vulg. *Cresson de fontaine*). Ruisseaux, fontaines.—A.C., mais pas partout.
2. N amphibium R. Br. (C. amphibie). Bords des eaux.—A.C., A.R.
3. N. Pyrenaicum R. Br. (C. des Pyrénées). Rochers humides.—R.R.R. Entre Dison et Cheneux (Lg., *Lej.!*).
4. N. palustre DC. (C. des marais). Bords des eaux.—A.R.
5. N. sylvestre R. Br. (C. sauvage). Lieux humides.—A.C.

VII. TURRITIS Dill. (Tourette). Stigmate presque entier. Silique comprimée ; valves presque planes, à 1 nervure saillante. Graines sur deux rangs. Fleurs d'un blanc jaunâtre.

Feuilles de la tige entières embrassantes, glabres. . . . . *T. glabra.*
1. T. glabra L.—*Arabis perfoliata Lam.* (T. glabre). Bois montueux.— A.R. Nr., Lx., Ht., Lg., Bb.

TRIBU II. Cotylédons plans; radicule reposant sur le dos de l'un d'eux.

VIII. SISYMBRIUM L. (Sisymbre). Stigmate entier ou légèrement échancré. Silique cylindrique ; valves convexes à 3 nervures. Graines sur un rang. Fleurs jaunes ou blanches, en grappes nues.

1. Fleurs blanches **2**
    Fleurs jaunes. **3**
2. Feuilles inférieures très-larges, cordées; graines marquées de lignes. *S. Alliaria.*
    Feuilles étroites rétrécies en pétiole à la base ; graines lisses. . *S. Thalianum.*
3. Feuilles indivises dentées; graines très-allongées. . . . . *S. strictissimum.*
    Feuilles profondément divisées ; graines ovoïdes **4**
4. Feuilles 2-3 fois divisées-ailées, à divisions linéaires étroites . . . . *S. Sophia.*
    Feuilles 1 fois divisées-ailées, à segments larges **5**
5. Siliques resserrées-dressées contre la tige, terminées par une pointe grêle.
                        S. officinale.
    Siliques ord. étalées ou écartées de la tige, à pointe très-courte **6**
6. Sépales égalant le pédoncule ; siliques ne dépassant pas les fleurs supérieures.
                        S. Austriacum.
    Sépales 2-3 fois plus courts que le pédoncule ; siliques dépassant les fleurs supérieures. . . . . *S. Irio.*
1. S. Alliaria Scop.—*Erysimum Alliaria L.* (S. Alliaire). Haies.—C.
2. S. Thalianum J. Gay—*Arabis Thaliana L.* (S. de Thalius). Champs.—A.C.
3. S. officinale Scop.—*Erysimum officinale L.* (S. officinal). Chemins.—C., A.C.
4. S. Sophia L. (S. Sagesse). Bords des chemins.—A.R. Lb., Bb., Anv., Ht.
5. S. Irio L. (S. Irio). Murs, rochers.—R.R.R. Wegnez (Lg., *Lej.*).
6. S. Austriacum Jacq. (S. d'Autriche). Rochers, murs.—R. Vallée de la Meuse (Nr., Lg.); vallée de la Vesdre (Lg.); Lendelies (Ht., *Lej.*).
† S. strictissimum L. (S. roide). Lieux secs.—R.R. Env. de Clermont-lez-Aubel (Lg., *Lej.!*). Cette espèce me paraît seulement naturalisée en Belgique.

IX. BRAYA Sternb. et Hoppe (Braye). Stigmate entier. Silique cylindrique un peu comprimée: valves convexes ne présentant qu'une nervure. Graines sur 2 rangs. Fleurs blanches, en grappes feuillées.

Tiges étalées en cercle sur la terre. . . . . *B. supina.*
1. B. supina Koch— *Sisymbrium supinum L.* (B. couchée). Bords de chemins, lieux pierreux.—R. Vallée de la Meuse : Freyr, Ivoir, Godinne (Nr., *Crep.*), Héristal, Visé (Lg., *Lej.*), Oostdunkerke (Fl. occ., *Kx.*).

X. ERYSIMUM L. (Vélar). Stigmate entier ou bilobé. Silique tétragone; valves convexes, carénées, à 1 nervure dorsale. Graines sur 1 rang. Fleurs jaunes. Feuilles entières, sinuées ou dentées.

1. Fleurs d'un blanc jaunâtre ; feuilles embrassant la tige . . . . . . *E. Orientale.*
    Fleurs jaunes ; feuilles sans oreillettes à la base **2**
2. Stigmate échancré, à deux lobes. . . . . *E. cheiriflorum.*
    Stigmate entier **3**

3. Siliques redressées obliquement sur leurs pédicelles et écartées de la tige;
graines non bordées . . . . *E. cheiranthoides.*
Siliques redressées parallèlement à la tige et presque appliquées; graines ailées
au sommet. . . . . *E. strictum*
1. E. CHEIRANTHOIDES L. (V. Fausse-Giroflée). Champs frais.—A.R.
2. E. CHEIRIFLORUM Wallr. (V. à fleurs de Violier). Rochers.—R.R. Entre Verviers
et Ensival (Lg., *Lej.*).
3. E. STRICTUM Gaertn. — *E. hieracifolium* et *E. virgatum Lej.*, Comp. fl. Belg.
(V. roide). Bords des chemins.—R. Env. de Stembert (*Crep.*), entre Ensival et
Verviers (*Rem.!*), Herve (Lg., *Lej.!*).
4. E. ORIENTALE R. Br.—*E. perfoliatum Crantz—Brassica Orientalis L.* (V. d'Orient).
Moissons.—R. Wavreille, Belvaux, Auffe, Han-sur-Lesse (Nr., *Crep.*); Marche
(Lx., *Baes.!*); Molenbeek-Saint-Jean (Bb., *Bm.!*).

† HESPERIS L. (Julienne). Stigmate à 2 lobes profonds dressés-
connivents. Silique subcylindrique; valves convexes, à 3 nervures
peu marquées. Fleurs lilas ou blanches.

Feuilles oblongues ou ovales lancéolées, dentées. . . . . . . *H. matronalis.*
† H. MATRONALIS L. (J. des dames). Plante fréquemment cultivée dans les jardins.
Rarement subspontanée.

TRIBU III. COTYLÉDONS PLIÉS EMBRASSANT LA RADICULE.

XI. DIPLOTAXIS D.C. (Diplotaxe). Silique comprimée; valves
un peu convexes, à 1 nervure. Graines sur 2 rangs, ovales ou
oblongues, comprimées. Fleurs jaunes.

Calice glabre ou seulement hérissé au sommet; pédicelles 1-3 fois plus longs que
les fleurs épanouies; tige très-feuillée. . . . . *D. tenuifolia.*
Calice hérissé de poils roides; pédicelles égalant environ les fleurs; tige feuillée
seulement à la base. . . . . *D. muralis.*
1. D. TENUIFOLIA DC. (D. à feuilles menues). Murs, bords de chemins.—A.C., A.R.
2. D. MURALIS DC. (D. des murs). Murs, rochers. — R.R. Verviers, Limbourg (Lg.
Lej.!).

† ERUCA Tournef (Roquette). Silique subcylindrique; valves
convexes, carénées par la nervure dorsale; bec comprimé à deux
tranchants. Graines sur 2 rangs, globuleuses. Fleurs jaunâtres, à
pétales veinés de brun.

Feuilles divisées-ailées (pinnatipartites). . . . . *E. sativa.*
† E. SATIVA Lam. (R. cultivée). Cultivé dans beaucoup de jardins suivant Lejeune. Ne
paraît pas être connu à l'état subspontané en Belgique.

XII. ERUCASTRUM Presl. (Érucastre). Silique cylindrique;
valves convexes, à 1 nervure. Graines sur 1 rang, ovales ou oblongues, un peu comprimées. Feuilles jaunes ou jaunâtres.

1. E. OBTUSANGULUM Rchb.—*Sisymbrium obtusangulum DC.* (É. à angles obtus). Lieux
arides. — Espèce très-douteuse pour la Belgique. Le Dr Lejeune, après l'avoir
indiquée à Dison, ne la mentionne plus dans le Compendium.

XIII. BRASSICA L. (Chou). Silique subcylindrique; valves convexes, à 1 nervure longitudinale, droite. Graines sur 1 rang, globuleuses. Fleurs jaunes ou blanchâtres.

1. Feuilles supérieures embrassant la tige par deux oreillettes 2
Feuilles supérieures non embrassantes 3
2. Feuilles inférieures hérissées de poils roides; siliques dressées-étalées. *B. Rapa.*
Feuilles inférieures glabres; siliques étalées horizontalement. . . . *B. Napus.*
3. Siliques serrées contre la tige; feuilles supérieures pétiolées. . . . *B. nigra.*
Siliques écartées de la tige; feuilles supérieures sessiles . . . . *B. oleracea.*
† B. OLERACEA L. (C. potager). Cette espèce, cultivée partout, présente plusieurs
variétés connues sous les noms de Chou vert, Chou rouge, Choux-Fleurs, etc.
Plante originaire des côtes de l'Angleterre suivant quelques botanistes.
† B. NAPUS L. (C. Navet). Cultivé dans les jardins et en plein champ. Présente deux
variétés vulgairement nommées Colza et Navet. Paraît originaire de la Russie
tempérée et de la Scandinavie.
† B. RAPA L. (C. Rave). Cultivé dans les jardins et en plein champ. Présente deux

variétés vulgairement nommées Navette et Rave. Paraît originaire des pays septentrionaux de l'Europe.

1. B. nigra Koch — *Sinapis nigra L.* (C. noir, vulg. Moutarde noire). Espèce cultivée et naturalisée çà et là.—R. Lg., Nr., Ht., Anv.

XIV. SINAPIS L. (Moutarde). Silique subcylindrique; valves convexes, à 3-7 nervures longitudinales. Graines sur 1 rang, globuleuses. Fleurs jaunes.

1. Feuilles supérieures sessiles inégalement sinuées-dentées . . . . *S. arvensis.*
Feuilles toutes pétiolées profondément divisées-ailées (pinnatipartites). . . . **2**
2. Siliques glabres, à valves beaucoup plus longues que le bec . . *S. Cheiranthus.*
Siliques ord. hérissées, à valves égalant ou plus courtes que le bec. . . *S. alba.*
1. S. arvensis L. (M. des champs). Moissons.—C.C.C.
2. S. alba L. (M. blanche). Plante cultivée. Introduite dans les moissons çà et là. — A.C, Vallée de la Vesdre (Lg.); R. Nr., Ht.
3. S. Cheiranthus Koch — *Brassica Cheiranthus Vill.* (M. Giroflée). Bords des champs, terrains en friche. — R.R. Rochefort (*Crep.*), env. de Ciergnon (Nr., *Baes.!*).

XV. RAPHANUS L. (Radis). Silique renflée spongieuse, indéhiscente ou monoliforme se partageant à la maturité en articles transversaux monospermes. Graines sur 1 rang, globuleuses. Fleurs jaunes, blanches ou violettes, veinées.

Silique renflée spongieuse, ne se partageant pas en articles transversaux; racine renflée. . . . . *R. sativus.*
Silique monoliforme (en chapelet), se séparant en articles transversaux; racine grêle . . . . *R. Raphanistrum.*
1. R. Raphanistrum L. (R. Ravenelle). Moissons.—C., A.C.
† R. sativus L. (R. cultivé). Cultivé dans les jardins. Présente deux variétés connues sous les noms de Radis ou Petite-Rave et de Radis noir. Suivant M. J. Gay, cette espèce paraît être originaire de l'Asie et peut-être de la Chine.

DIVISION II. SILICULEUSES. Fruit à peine plus long que large (silicule).

TRIBU I. Silicule déhiscente, a valves ne retenant pas les graines.

Sous-Tribu I. *Cloison aussi large que le plus grand diamètre transversal de la silicule. Valves planes ou convexes.*

XVI. LUNARIA L. (Lunaire). Étamines dépourvues d'ailes ou d'appendices. Silicule longuement stipitée, pendante à la maturité, largement elliptique; valves planes sans nervure. Graines comprimées. Radicule commissurale. Fleurs violettes.

Feuilles toutes pétiolées; silicule aiguë aux deux bouts. . . . . *L. rediviva.*
1. L. rediviva L. (L. vivace). Bois montueux.—R. Nr., Lx., Lg., Ht.

XVII. ALYSSUM L. (Alysson). Étamines à filets ailés ou dentés à la base. Silicule ord. suborbiculaire ou elliptique, surmontée par le style persistant; valves convexes, quelquefois planes au bord. Graines comprimées, souvent bordées. Radicule commissurale. Plantes couvertes d'une pubescence étoilée.

Fleurs blanches; pétales fendus (bifides); silicule non déprimée sur les bords. *A. incanum.*

Fleurs jaunes; pétales entiers; silicule à bords déprimés. . . . *A. calycinum.*
1. A. calycinum L. (A. calicinal). Champs pierreux.—A.R. Nr., Ht.; R. Lx., Lg.
2. A. incanum L. — *Berteroa incana DC.* (A. blanchâtre). Bords des chemins, lieux sablonneux.—R. Malines (*Gr.!*), Waelhen (*Math.!*), Anvers (Anv., *vK.!*); entre Dieghem et Saventhem (Bb., *Wesm.!*).

XVIII. DRABA L. (Drave). Silicule oblongue ou elliptique, rarement surmontée par le style persistant; valves planes, rarement convexes. Graines comprimées, non bordées. Radicule commissurale. Plantes à poils rarement étoilés.

1. Fleurs jaunes; silicule surmontée par le style; valves convexes.   .   *D. aizoides.*
   Fleurs blanches; silicule sans pointe; valves planes 2
2. Feuilles en rosettes radicales; pétales profondément fendus . . . . *D. verna.*
   Tiges feuillées; pétales entiers. . . . . *D. muralis.*
1. D. verna L.—*Erophila vulgaris DC.* (D. printanière). Chemins, pelouses.—C.C.
2. D. muralis L. (D. des murailles). Bois montueux, rochers.—R. Anseremme, Bouvignes, Ivoir, Vignée (Nr., *Crep.*); Ensival (*Crep.*), Verviers (Lg., *Lej.*); Charleroy (*Hocq.*), Binche (Ht., *Mich.*); Vance, Etalle (Lx., *Tin.*).
3. D. aizoides L. (D. Faux-Aïzoon). Rochers. — R.R. Env. d'Ivoir (*J. Barb.* et comte *Alf. de Limminghe!, Crep.*).

XIX. COCHLEARIA L. (Cranson).
Silicule subglobuleuse ou oblongue subglobuleuse, surmontée par le style persistant; valves très-convexes. Graines subglobuleuses ou comprimées. Radicule commissurale. Fleurs blanches.

1. Feuilles embrassant la tige par deux oreillettes . . . . *C. officinalis.*
   Feuilles de la tige non embrassantes 2
2. Feuilles radicales grandes, ovales oblongues, à dents très-nombreuses; souche ou racine renflée charnue . . . . *C. Armoracia.*
   Feuilles radicales ovales triangulaires, tronquées à la base; racine grêle.
   C. Danica.
1. C. officinalis L. (C. officinal). Bords des eaux. — R.R. Lombartzyde (Fl. occ., *West.!*). Çà et là dans l'intérieur du pays à l'état naturalisé.
2. C. Danica L. (C. de Danemark). Côtes maritimes, bords des rivières.—R.R. Knocke (*Coem.!*), Ostende (Fl. occ., *Bm.!*); Anvers (*Lej.*).
† C. Armoracia L. (C. Armoracia. — Vulg. *Raifort sauvage*). Plante cultivée; originaire de l'est de l'Europe. Naturalisée çà et là.—R. Anv., Bb., Ht.

XX. SUBULARIA L. (Subulaire).
Silicule ovale-oblongue ou suborbiculaire, surmontée par le stigmate sessile; valves convexes. Graines ovales, comprimées. Cotylédons repliés; radicule très-courte, dorsale. Plante très-petite, croissant sous l'eau.

Fleurs blanches; feuilles toutes radicales subulées. . . . . . . *S. aquatica.*
1. S. aquatica L. — *Rchb. ic.* 4232! (S. aquatique). Marais, étangs.—R.R. Beverloo, Kerkhoven (*West.!*), Pitersheim, commune de Lanaeken (Lb., *Dossin*, ex *Lejeune*).

XXI. CAMELINA Crantz (Caméline).
Silicule obovale-pyriforme, surmontée par le style persistant; valves très-convexes, un peu déprimées sur les bords. Graines à peine comprimées. Radicule dorsale. Fleurs d'un jaune pâle.

1. Silicule à valves très-renflées, minces, tronquée au sommet; feuilles inférieures assez profondément sinuées-dentées. . . . . *C. dentata.*
   Silicule arrondie au sommet, à valves coriaces; feuilles entières ou denticulées. 2
2. Plante presque glabre; silicule ventrue; grappe courte. . . . . . . *C. sativa.*
   Plante velue; silicule non ventrue; grappe très-longue. . . . . *C. sylvestris.*
† C. sativa Crantz — *Myagrum sativum L.* (C. cultivée). Cultivé en grand. Se retrouve çà et là dans les moissons. Originaire de la Russie et du Caucase.
1. C. dentata Pers. — *C. fœtida Fries* (C. dentée). Champs de lin. — R. Jamoigne (Lx., *Crep.*); Louette-St-Pierre (Nr., *Grav.!*); Flémalle-Grande (Lg., *Lej.*); Anv. (*Vh.*). Espèce d'origine étrangère. Sa patrie paraît être la Russie méridionale et le Caucase.
2. C. sylvestris Wallr. — *C. microcarpa Andrz.* (C. sauvage). Moissons.—R. Nr. (*Crep.*).

Sous-Tribu II. *Cloison étroite, souvent linéaire; valves pliées-naviculaires, à carène souvent ailée.*

XXII. TEESDALIA R. Br. (Téesdalie).
Pétales extérieurs ord. plus grands. Étamines à filets munis d'appendices membraneux. Silicule ovale-suborbiculaire, échancrée au sommet, terminé par

un stigmate subsessile ; vaves à carène un peu ailée ; loges à deux graines. Radicule commissurale. Fleurs blanches. Feuilles presque toutes radicales.

Pétales extérieurs plus longs que le calice ; lobes des feuilles obtus, le supérieur arrondi. . . . . *T. nudicaulis.*

1. T. nudicaulis R. Br. (T. à tige nue). Pelouses, chemins.—A.R. Terrains siliceux.

XXIII. THLASPI Dill. (Tabouret). Pétales presque égaux. Silicule suborbiculaire ou obovale, profondément échancrée au sommet, terminée par un style court ou plus ou moins long ; valves à carène ailée-membraneuse, surtout supérieurement ; loges polyspermes rarement à 2 graines. Radicule commissurale. Fleurs blanches.

1. Style très-court, caché au fond de l'échancrure de la silicule 2
   Style plus ou moins long, égalant ou dépassant l'échancrure 3
2. Silicule orbiculaire, plane, à bordure très-large ; graines rayées. . . *T. arvense.*
   Silicule obovale, convexe en dessous, à aile étroite ; graines lisses. *T. perfoliatum.*
3. Anthères jaunes ; tige entourée de rejets feuillés ou rosettes de feuilles stériles.
   . . . . *T. montanum.*
   Anthères violacées, devenant noirâtres ; tige sans rejets feuillés stériles. . . 4
4. Pétales 1 fois plus longs que le calice ; style égalant l'échancrure de la silicule à
   la parfaite maturité ; aile large. . . . . *T. alpestre.*
   Pétales env. 2 fois plus longs que le calice ; style dépassant toujours plus ou
   moins l'échancrure ; aile étroite . . . . *T. calaminare.*

1. T. arvense L. (T. des champs). Moissons, lieux cultivés.—A.C., A.R.
2. T. perfoliatum L. (T. perfolié). Lieux arides.—A.R. Nr.; R. Lg., Lx., Ht.
3. T. alpestre L. (T. alpestre). Bois montueux, rochers. — R.R. Borzée, Laroche, env. de Halleux (Lx., *Crep.*); Vignée (Nr., *Crep.*).
4. T. calaminare Lejeune (T. des terrains calaminaires). Pelouses.—R.R.R. Oneux (Lg., *Lej.*, *Crep.*).
5. T. montanum L. (T. de montagne). Bois rocailleux, rochers.—R.R. Han-sur-Lesse, Auffe, Belvaux (*Crep.*), entre Mariembourg et Dourbes (Nr., *Det.!*); Marche (Lx., *Michel* ex *Lej.*).

XXIV. IBERIS L. (Ibéride). Pétales extérieurs beaucoup plus grands. Silicule ovale ou obovale suborbiculaire, profondément échancrée au sommet, terminée par le style persistant ; valves à carène ailée ; loges monospermes. Radicule commissurale. Fleurs blanches ou violacées.

Feuilles offrant de chaque côté 2-4 dents obtuses. . . . . *I. amara.*

1. I. amara L. (I. amère). Moissons. — A.R. Nr.; R. Chimay (*Mich.*), Lompret (Ht., *Hocq.*); Theux, Liége (Lg., *Lej.*).

XXV. CAPSELLA Vent. (Capselle). Silicule triangulaire-obcordée, terminée par un style court ; valves non ailées ; loges polyspermes. Radicule dorsale. Fleurs blanches.

Feuilles inférieures ord. profondément divisées ; les supérieures embrassantes.
. . . . *C. Bursa-pastoris.*

1. C. Bursa-pastoris Moench (C. Bourse-à-pasteur). Lieux cultivés.—C.C.C.

XXVI. LEPIDIUM L. (Passerage). Silicule suborbiculaire, ovale ou oblongue, émarginée au sommet, terminée par le style persistant ou le stigmate subsessile ; valves à carène quelquefois un peu ailée ; loges monospermes. Radicule dorsale. Fleurs blanches.

1. Feuilles embrassant la tige par deux oreillettes. 2
   Feuilles caulinaires non embrassantes. 3
2. Silicule plus longue que large, échancrée au sommet, largement ailée. *L. campestre.*
   Silicule plus large que longue, non ailée . . . . *L. Draba.*
3. Feuilles de la tige larges, ovales lancéolées, entières ou dentées. . *L. latifolium.*
   Feuilles de la tige étroites linéaires, ou divisées et à segments linéaires. . . 4
4. Silicule non échancrée au sommet, terminée en pointe. . . *L. graminifolium.*
   Silicule échancrée au sommet 5
5. Silicules serrées contre la tige, largement ailées ; pétales grands. . *L. sativum.*
   Silicules étalées, non ailées ; pétales très-courts, souvent nuls. . . *L. ruderale.*

† L. sativum L. (P. Cultivé.—Vulg. *Cresson alénois*). Cultivé dans les jardins. Çà et là à l'état subspontané.
1. L. campestre R. Br. — *Thlaspi campestre* L. (P. champêtre). Moissons. — C. Rég. mér.; R.
2. L. ruderale L. (P. des décombres). Chemins, murs.—R. Vallées des dunes (*Kx.*), Ostende (*ML.*), Blankenberghe (Fl. occ., *Wesm.!*); Schriek (Anv., *Kx.*); Betecom (Bb., *Kx.*); Ciergnon (Nr., *Crep.*).
3. L. graminifolium L. (P. à feuilles de graminée). Chemins.—R.R. Nieuport (Fl. occ., *Kx.*). Je l'ai reçu du Hainaut sans indication de localité.
4. L. latifolium L. (P. à larges feuilles). Bords des rivières. — R.R. Env. de Liége (Lg., *Lej.*); env. de Thuin (Ht., *Mich.*). Vraiment indigène?
5. L. Draba L. (P. Drave). Pieds de murs.—R.R. Chaudfontaine (Lg., *Lej.*); Tournay (Ht., *Mar.*).

TRIBU II. Silicule indéhiscente, se partageant rarement en valves qui retiennent la graine.

XXVII. BISCUTELLA L. (Lunetière). Silicule à 2 loges monospermes, comprimée, presque plane, ord. échancrée au sommet et à la base, terminée par le style persistant très-long ; valves orbiculaires, se détachant de l'axe et retenant la graine. Fleurs jaunes.

Plante vivace; silicule échancrée des deux côtés. . . . . *B. lœvigata.*
1. B. lævigata L. (L. lisse). Rochers. — R. Vallée de la Meuse : Waulsort. Freyr, Anseremme, Dinant (*Crep.*); vallée de la Lesse : entre Pont-à-Lesse et Anseremme (Nr., *Crep.*); vallée de l'Amblève : Halleux, Douffamme (Lg., *Crep.*).

XXVIII. SENEBIERA Poiret (Senebière). Silicule à 2 loges monospermes, comprimée, échancrée d'un ou des deux côtés; valves épaisses ne se détachant pas ord. de l'axe. Cotylédons repliés; radicule dorsale. Fleurs blanches, en grappes courtes opposées aux feuilles.

Plante glabre ; silicule terminée en pointe ; pédoncules plus courts que la silicule. *S. Coronopus.*
Plante velue; silicule échancrée au sommet; pédoncules plus longs que la silicule. *S. pinnatifida.*
1. S. Coronopus Poir.—*Cochlearia Coronopus* L. (S. Corne-de-cerf). Chemins, lieux cultivés.—A.C., A.R.
† S. pinnatifida DC.—*S. didyma* Pers. (S. pinnatifide). Chemins.—R.R. Saint-Denis (Ht., *Mrt.!*). Plante exotique naturalisée.

† ISATIS L. (Pastel). Silicule à 1 seule loge monosperme, oblongue ou oblongue-obovale, aplanie en forme d'aile; valves naviculaires soudées. Radicule dorsale. Fleurs jaunes.

Silicule presque pendante. . . . . *I. tinctoria.*
† I. tinctoria L. (P. des teinturiers). Autrefois cultivé. Se retrouve çà et là.—R.R. Env. de Dave (Nr., *Bllk., Dsch.!*); Humain (Lx., *Crep.*).

XXIX. NESLIA Desv. (Neslie). Silicule ord. monosperme, subglobuleuse, surmontée par le style persistant filiforme. Radicule dorsale. Fleurs jaunes.

Silicule réticulée-rugueuse, presque ligneuse. . . . . *N. paniculata*
1. N. paniculata Desv.—*Myagrum perfoliatum* L. (N. paniculée). Moissons.—R.R. Entre Nessonvaux et Forêt (Lg., *Lej.*).

XXX. MYAGRUM Tournef. (Myagre). Silicule obovale, surmontée par le style persistant, à 3 loges, les deux supérieures collatérales stériles, l'inférieure fertile; valves gibbeuses au niveau des loges vides. Radicule dorsale. Fleurs jaunes.

Silicule marquée de côtes longitudinales. . . . . *M. perfoliatum.*
1. M. perfoliatum L. (M. perfolié). Moissons.—R.R. Entre Deigné et Fraipont (Lg., *Lej.*).

XXXI. CALEPINA Desv. (Calépine). Silicule ovoïde-subglobuleuse terminée par une pointe épaisse conique. Radicule incluse. Fleurs blanches.

Silicule réticulée-rugueuse, presque ligneuse. . . . . *C. Corvini.*
1. C. **Corvini** Desv. (C. de Corvin). R.R.R. Tinant en a trouvé quelques pieds dans les graviers des bords de la Semoy à Izel (**Lx.**).

† **BUNIAS** R. Br. (Bunias). Silicule à 2 loges monospermes, ovoïde. Cotylédons linéaires enroulés en spirale. Fleurs jaunes.

Silicule dépourvue d'angles saillants. . . . . *B. Orientalis.*
† B. **Orientalis** L. (B. d'Orient). Naturalisé çà et là près des villes.—R. Limbourg, Dison (**Lg.**, *Lej.*); env. de Namur (*Crep.*); env. d'Anvers (*Vh.*).

XXXII. CAKILE Tournef. (Cakilier). Silique indéhiscente, oblongue, à 2 articles monospermes superposés; le supérieur très-caduc, tétragone comprimé. Radicule commissurale. Fleurs ord. roses.

Feuilles charnues, sinuées-crénelées . . . . *C. maritima.*
1. C. **maritima** Scop. — *Bunias Cakile* L. (C. maritime). Sables maritimes. — A.C. Dunes de la Fl. occ.

XXIV. CISTINÉES (Juss.).

Fleurs régulières. Calice à 5 sépales libres, persistants, les 2 extérieurs ord. plus petits quelquefois nuls, les 3 intérieurs à préfloraison contournée. Corolle à 5 pétales libres, caducs. Étamines en nombre indéfini, libres. Styles soudés en un style filiforme; stigmate entier ou à peine lobé. Fruit capsulaire polysperme, uniloculaire ou à 3-5 loges incomplètes, à déhiscence loculicide. Plantes ord. vivaces, sous-frutescentes, plus rarement annuelles.

L'*Helianthemum vulgare* est légèrement astringent et était classé parmi les espèces dites vulnéraires.

I. HELIANTHEMUM Tournef. (Hélianthème).

1. Plante annuelle herbacée; stipules des feuilles supérieures foliacées très-longues.
 H. guttatum.
 Plante vivace ligneuse à la base; stipules petites dépassant peu le pétiole. . . 2
2. Fleurs jaunes; tiges pubescentes ou velues. . . . . *H. vulgare.*
 Fleurs blanches; tiges ord. tomenteuses-blanchâtres . . . *H. pulverulentum.*
1. H. **vulgare** Gaertn. (H. commun). Coteaux secs, rochers. — A.C. Rég. mér.; A.R., R.
2. H. **pulverulentum** DC. (H. pulvérulent). Rochers.—R. Vallée de la Meuse : Waulsort, Freyr, Anseremme, Dinant, Houx, Ivoir (**Nr.**, *Crep.*); Huy, Chokier (**Lg.**, *Lej.*).
 C'est la forme à feuilles presque planes, vertes en dessus (*H. Apenninum DC.*) que nous possédons dans la province de Namur.
3. H. **guttatum** Mill. (H. taché). Coteaux arides.—R.R. Gheluvelt (Fl. occ., *Math.!* 1832). Je l'ai reçu du Hainaut sans indication de localité. Paraît avoir disparu des environs d'Ypres et de Nieuport où on l'avait rencontré autrefois.

XXV. VIOLARIÉES (DC.).

Fleurs irrégulières. Calice à 5 sépales libres ou un peu soudés à la base, prolongés au-dessous de leur insertion. Corolle à 5 pétales

inégaux, libres, marcescents, l'inférieur prolongé en éperon au-
dessous de son insertion. Étamines 5, à filets très-courts élargis,
libres. Anthères biloculaires, conniventes en cône embrassant
l'ovaire, surmontées par un appendice membraneux. Styles soudés
en un style indivis. Fruit uniloculaire, polysperme, à déhiscence
loculicide, à 3 valves.

L'infusion des fleurs du *Viola odorata* constitue une tisane émolliente et sudorifique
d'un usage populaire. Le sirop de Violette est adoucissant et légèrement laxatif. On
fait un fréquent usage de l'infusion du *Viola tricolor* dans le traitement des maladies
de la peau : cette boisson est excitante.

I. VIOLA Tournef. (Violette).

1. Pédoncules florifères naissant du collet de la plante à l'aisselle des feuilles
   (pédoncules radicaux) 2
   Pédoncules naissant sur une tige feuillée. 4
2. Souche émettant des stolons ou coulants feuillés 3
   Souche sans stolons ou à rameaux très-courts quelquefois un peu enracinés.
   V. hirta.
3. Plante glabre ; coulants grêles blanchâtres ; fleurs petites, d'un violet pâle.
   V. palustris.
   Plante pubescente ; rejets ou stolons robustes, très-feuillés ; fleurs grandes,
   bleues . . . . *V. odorata*
4. Les 4 pétales supérieurs redressés, l'inférieur seul dirigé en bas (Pensée); fleurs
   ord. variées de jaune et de violet 5
   Pétales latéraux et l'inférieur dirigés en bas; fleurs bleues ou blanches. . . . 6
5. Plante annuelle ou pérennante, sans stolons; stipules à lobe moyen large, ord.
   denté ; tiges robustes, ord. dressées . . . . *V. tricolor.*
   Plante vivace munie de longs stolons blanchâtres souterrains; stipules à lobe
   moyen très-étroit, entier; tiges grêles, couchées ascendantes . . *V. lutea.*
6. Tiges naissant à l'aisselle des feuilles d'une rosette terminale. . . *V. sylvatica.*
   Tiges naissant au sommet d'une souche dépourvue de rosette 7
7. Stipules supérieures petites, ord. plus courtes que le pétiole de la feuille ; feuilles
   ovales ou ovales-oblongues . . . . *V. canina.*
   Stipules supérieures larges foliacées, plus longues que le pétiole ; feuilles lancéolées . . . . *V. elatior.*

1. V. HIRTA L. (V. hérissée). Bois, prairies.—C., A.C. Rég. mér.; R.
2. V. ODORATA L. (V. odorante). Haies, bois.—A.C., A.R.
3. V. PALUSTRIS L. (V. des marais). Prairies humides, tourbières.—A.C. Dans toute
   l'Ardenne et la Campine ; R., A.R.
4. V. SYLVATICA Fries — *V. sylvestris Koch* (V. des bois). Bois, haies. — A.C. Rég.
   mér.; R., A.R.
5. V. CANINA L. (V. de chien). Lisières des bois, bruyères. — A.C., A.R. Les n°s 4
   et 5 sont souvent confondus.
6. V. ELATIOR Fries — *V. persicifolia Rchb.* (V. élevée). Bois montueux.—R.R. Fraipont, Theux, Ensival (Lg., *Lej.!*).
7. V. TRICOLOR L. (V. tricolor.— Vulg. *Pensée*). Moissons, lieux cultivés. — C., A.C.,
   A.R. Le type de cette espèce et sa variété *arvensis* sont également répandus,
   surtout dans les terrains siliceux.
8. V. LUTEA Huds. (V. jaune). Pelouses. — R.R. Oneux (*Crep.*), Thimister (Lg.,
   Lej.!).

CLASSE II. DIALYPÉTALES PÉRIGYNES.

Pétales et étamines soudés à leur base avec le calice sur
lequel ils paraissent s'insérer. Ovaire libre ou soudé avec le
calice.

XXVI. RHAMNÉES (R. Br.).

Fleurs hermaphrodites ou unisexuelles par avortement, régulières. Calice à 4-5 sépales soudés inférieurement en tube, à tube persistant. Corolle à 4-5 pétales, ord. très-petits, insérés au bord supérieur du disque glanduleux qui revêt le tube du calice, quelquefois nulle par avortement. Étamines 4-5, insérées au bord du disque avec les pétales, opposées aux pétales, à filets libres entre eux. Fruit à 2-4 carpelles, drupacé (baie), globuleux, à 2-4 noyaux coriaces-cartilagineux, monospermes, indéhiscents. Arbrisseaux ou arbres peu élevés.

Les baies du *Rhamnus catharticus* sont souvent employées sous forme de décoction ou de sirop comme purgatif, surtout dans la médecine vétérinaire. Les baies du *R. Frangula* possèdent les mêmes propriétés.

1. RHAMNUS Lam. (Nerprun).

Feuilles dentées; rameaux anciens terminés par une épine. . . . *R. catharticus.*
Feuilles entières; rameaux non épineux . . . . *R. Frangula.*
1. R. catharticus L. (N. purgatif). Bois montueux, rochers. — A.C. Rég. mér.; A.R., R.
2. R. Frangula L. (N. Bourdaine). Bois.—C.

XXVII. PAPILIONACÉES (L.).

Fleurs irrégulières. Calice à sépales soudés en tube inférieurement, à limbe souvent bilabié, à 5 divisions, plus rarement à 4 divisions par la soudure complète de deux des sépales, persistant, marcescent ou caduc. Corolle irrégulière, papilionacée, à 5 pétales insérés à la base du calice par l'intermédiaire du disque, libres, plus rarement adhérents entre eux : pétale supérieur (étendard) plié longitudinalement dans le bouton et embrassant les pétales latéraux ; pétales latéraux (ailes) appliqués sur les inférieurs; les inférieurs ord. soudés par leur bord interne et simulant un seul pétale (carène). Étamines 10, à filets tous soudés en un tube entier ou fendu (étamines monadelphes), ou l'étamine supérieure libre les autres étant soudées entre elles (étamines diadelphes). Style filiforme. Fruit (gousse, légume), à un seul carpelle, sessile ou stipité, sec, polysperme ou oligosperme, plus rarement monosperme, s'ouvrant en deux valves, uniloculaire, rarement divisé en deux fausses loges par l'introflexion de la suture dorsale, présentant quelquefois des épaississements celluleux entre les graines; quelquefois indéhiscent, partagé par des étranglements ou articles transversaux monospermes qui se séparent à la maturité ou réduit à un seul article monosperme. Graines insérées à l'angle interne de la loge, à funicule souvent dilaté au niveau du hile.

Parmi les espèces indigènes et cultivées en grand de cette famille, un certain nombre sont alimentaires, quelques-unes sont médicinales, mais aucune n'est vénéneuse. L'*Anthyllis vulneraria* est doué de propriétés astringentes; il était compté autrefois au nombre des espèces vulnéraires. Le *Sarothamnus scoparius*, les *Genista sagittalis* et *tinctoria* et le *Coronilla varia* renferment un principe âcre et amer et sont doués de propriétés émétiques et purgatives. Les *Ononis repens* et *spinosa* contiennent dans leurs racines un principe stimulant diurétique. On emploie l'infusion du *Melilotus officinalis* en lotions comme médicament résolutif et en collyre. Si l'usagé médical des Papilionacées indigènes est très-limité, il n'en est pas ainsi d'un assez grand nombre d'espèces exotiques dont l'importance est des plus considérables.

1. Calice divisé jusqu'à la base en deux lèvres ; feuilles terminées en épine.
                                                                   ULEX. (iii.)
   Calice jamais fendu jusqu'à la base ; feuilles non épineuses   2
2. Feuilles à folioles en nombre impair, à pétiole terminé par une foliole, plus rarement feuilles à 1 foliole.   3
   Folioles toutes latérales en nombre pair ; pétiole terminé en vrille ou en arête, rarement pétiole dépourvu de folioles et réduit à une vrille ou élargi en forme de feuille   18
3. Gousse divisée en articles transversaux, à une graine.   4
   Gousse à une seule loge, très-rarement à 2 loges longitudinales, quelquefois contournée en tire-bouchon.   7
4. Gousse contenant une seule graine, à un article, fortement ridée en réseau ; fleurs purpurines . . . . ONOBRYCHIS. (xviibis.)
   Gousse contenant plusieurs graines, à plusieurs articles ; fleurs jaunes rarement d'un blanc rosé.   5
5. Fleurs jaunes ; gousse flexueuse, composée d'articles semi-lunaires.
                                                           HIPPOCREPIS. (xvii.)
   Fleurs roses ou d'un blanc-rosé ; gousse droite ou arquée, à articles oblongs.   6
6. Fleurs grandes, en ombelles fournies ; gousse à articles renflés. CORONILLA. (xv.)
   Fleurs très-petites, en ombelle à 1-4 fleurs ; gousse à articles comprimés.
                                                           ORNITHOPUS. (xvi.)
7. Plante grimpante-volubile ; carène (pétale inférieur) contournée en spirale avec le style et les étamines . . . . PHASEOLUS. (xibis.)
   Plante non grimpante-volubile ; carène non contournée en spirale   8
8. Style filiforme très-allongé, roulé en spirale pendant la floraison. SAROTHAMNUS. (i.)
   Style droit ou arqué, jamais roulé en spirale   9
9. Étamines à filets tous soudés ensemble (étamines monadelphes)   10
   Étamine supérieure non soudée avec les autres (étamines diadelphes) . . .   13
10. Calice en forme de cloche (campanulé) à 5 divisions linéaires ; feuilles à folioles dentées . . . . ONONIS. (iv.)
    Calice à 1 ou 2 lèvres, ou à 5 dents ; folioles entières   11
11. Gousse à 1-2 graines, renfermée au fond du calice enflé-vésiculeux
                                                           ANTHYLLIS. (v.)
    Gousse contenant ord. plus de 2 graines, dépassant longuement le calice . .   12
12. Feuilles à 1 seule foliole (unifoliolées) ; calice à lèvre supérieure profondément fendue . . . . GENISTA. (ii.)
    Feuilles à 3 folioles (trifoliolées) ; calice à lèvre supérieure à 2 dents courtes.
                                                           CYTISUS. (ibis.)
13. Gousse divisée en 2 loges longitudinales presque complètes. ASTRAGALUS. (viii.)
    Gousse à 1 seule loge.   14
14. Gousse contournée en tire-bouchon, en forme de faux ou réniforme. MEDICAGO. (x.)
    Gousse droite ou presque droite   15
15. Gousse arrondie ou oblongue à 1 graine, plus rarement à 2-4 graines, renfermée dans le calice ou le dépassant à peine   16
    Gousse contenant plusieurs graines, allongée-linéaire, dépassant longuement le calice   17
16. Fleurs disposées en têtes compactes arrondies ou oblongues. . TRIFOLIUM. (xi.)
    Fleurs disposées en grappes allongées-cilulées. . . . . . . MELILOTUS. (ix.)
17. Gousse présentant 4 ailes longitudinales . . . . . . TETRAGONOLOBUS. (vii.)
    Gousse dépourvue d'ailes . . . . LOTUS. (vi.)
18. Style comprimé latéralement, canaliculé en dessous . . . . PISUM. (xii ter.)
    Style filiforme ou aplani sur les faces supérieure et inférieure   19
19. Style filiforme   20
    Style aplani   21
20. Pétiole terminé ord. par une vrille rameuse ; graines globuleuses. . VICIA. (xii.)
    Pétiole terminé par une arête ; graines très-grosses, oblongues. . FABA. (xiibis.)
21. Pétiole terminé en vrille ord. rameuse, très-rarement aplati en forme de feuille . . . . LATHYRUS. (xiii.)
    Pétiole terminé en arête courte . . . . OROBUS. (xiv.)

TRIBU I. LOTÉES. Gousse à 1 seule loge, très-rarement à 2 loges incomplètes. Feuilles imparipinnées ou trifoliolées, plus rarement unifoliolées.

Sous-Tribu I. GÉNISTÉES. ÉTAMINES TOUTES SOUDÉES (MONADELPHÉS).

I. SAROTHAMNUS Wimmer (Sarothamne). Calice à 2 lèvres courtes, la supérieure bidentée, l'inférieure tridentée. Corolle à étendard ascendant. Style filiforme, très-allongé, roulé en spirale pendant la floraison. Gousse comprimée, polysperme. Arbuste non épineux.

Feuilles inférieures trifoliolées; fleurs jaunes. . . . . *S. scoparius.*
1. S. SCOPARIUS Koch—*Spartium scoparium L.* (S. à balais. —Vulg. *Genêt à balais.*) Coteaux incultes, bois.—C., C.C.

† CYTISUS L. (Cytise). Calice à 2 lèvres, la supérieure bidentée, l'inférieure tridentée. Corolle à étendard ascendant. Style ascendant. Gousse comprimée, polysperme. Arbre non épineux. Feuilles trifoliolées.

Fleurs jaunes, disposées en longues grappes pendantes. . . . *C. Laburnum.*
† C. LABURNUM L. (C. Faux-Ébénier). Fréquemment planté dans les parcs et les jardins.

II. GENISTA L. (Genêt). Calice à 2 lèvres, la supérieure à 2 divisions, l'inférieure tridentée. Corolle à étendard non ascendant. Style presque droit ou un peu ascendant. Gousse comprimée ou renflée, polysperme, plus rarement oligosperme. Sous-arbrisseaux. Fleurs jaunes. Feuilles unifoliolées.

1. Sous-arbrisseaux épineux **2**
   Sous-arbrisseaux non épineux. **3**
2. Jeunes rameaux velus; étendard et gousses velus. . . . . . . *G. Germanica.*
   Jeunes rameaux glabres; étendard et gousses glabres . . . . . . *G. Anglica.*
3. Rameaux aplatis en forme de feuille. . . . . *G. sagittalis.*
   Rameaux jamais aplatis en forme de feuille **4**
4. Corolle à étendard glabre; feuilles ciliées, glabres en-dessous. . . *G. tinctoria.*
   Etendard velu-soyeux; feuilles velues-soyeuses en dessous. . . . . *G. pilosa.*
1. G. ANGLICA L. (G. d'Angleterre). Bruyères.—A.R., A.C.
2. G. GERMANICA L. (G. d'Allemagne). Bruyères, pâturages.—R.R. Env. de Bras (*Mor. et Bj.!*), entre Transinne et Mirwart (*Crep.*), entre Etalle et Ste-Marie (Lx., *Tin.*); entre Theux et Ensival (Lg., *Lej.*).
3. G. SAGITTALIS L. (G. à tige ailée). Pelouses, bruyères. —A.C., A.R. Lx., Nr. Lg.; R. Ht., Bb.
4. G. TINCTORIA L. (G. des teinturiers). Pelouses, bruyères.—A.C. Nr., Lg.; A.R.
5. G. PILOSA L. (G. velu). Bruyères, pelouses. — C. Dans toute la région ardennaise; A.C., A.R., R.

III. ULEX L. (Ajonc). Calice coloré, divisé jusqu'à la base en 2 lèvres, la supérieure bidentée, l'inférieure tridentée. Corolle à étendard ascendant. Style à peine ascendant. Gousse à peine plus longue que le calice, renflée, oligosperme. Sous-arbrisseaux très-épineux. Feuilles linéaires terminées en épine. Fleurs jaunes.

Bractées calicinales plus larges que le pédicelle; calice très-velu. *U. Europœus.*
Bractées plus étroites que le pédicelle; calice légèrement pubescent. . *U. nanus.*
1. U. EUROPÆUS L. (A. d'Europe). Bruyères, lieux incultes. — A.R.. A.C. Fréquemment planté le long des chemins de fer et dans les terrains arides. Indigène??
2. U. NANUS Sm. (A. nain). Bruyères. — R.R.R. Gheluvelt (Fl. occ., *Math.!*). Espèce douteuse pour notre Flore.

IV. ONONIS L. (Bugrane). Calice à 5 divisions linéaires. Corolle à carène prolongée en bec. Gousse renflée, courte, oligosperme. Plantes vivaces, épineuses. Feuilles trifoliolées, ou les supérieures unifoliolées. Fleurs roses ou jaunes.

1. Fleurs jaunes . . . . *O. Natrix*.
   Fleurs roses **2**
2. Gousse dépassant les divisions du calice ; tige dressée dès la base . . *O. spinosa*.
   Gousse plus courte que le calice ; tige couchée et radicante à la base . *O. repens*.
1. O. repens L. — *O. procurrens Wallr*. (B. rampante. — Vulg. *Arrête-bœuf*). Champs
    cultivés, bords des chemins. — C.
2. O. spinosa L. — *O. campestris Koch* et *Ziz*. (B. épineuse). Bords des chemins. —
    A.R. — Manque dans beaucoup de localités.
3. O. Natrix L. (B. Natrix). Bords des champs. — R.R. Estaimbourg (Ht., *Mich.!*).

V. ANTHYLLIS L. (Anthyllide). Calice tubuleux-renflé, devenant vésiculeux, subbilabié, à lèvre supérieure bidentée, à lèvre inférieure trifide. Corolle à carène obtuse. Gousse comprimée, ovoïde, monosperme ou disperme, renfermée dans le tube du calice. Feuilles imparipinnées. Fleurs jaunes, en glomérules.

Plante vivace, herbacée . . . . *A. Vulneraria*.
1. A. Vulneraria L. (A. Vulnéraire). Coteaux secs, bords des chemins. — A.C., A.R.
    Rég. mér. et dunes de la Fl. occ.; R.

Sous-Tribu II. TRIFOLIÉES. ÉTAMINE SUPÉRIEURE LIBRE, LES AUTRES SOUDÉES (ÉTAMINES DIADELPHES).

VI. LOTUS L. (Lotier). Calice à 5 divisions. Corolle à carène prolongée en bec. Gousse droite, linéaire, cylindrique, polysperme, présentant de fausses cloisons celluleuses transversales. Feuilles trifoliolées. Fleurs jaunes.

Divisions du calice ouvertes étalées en étoile dans le jeune bouton ; fleurs réunies
    par 8-12 . . . . *L. major*.
Divisions du calice appliquées sur le bouton ; fleurs réunies par 2-6.
                                        L. corniculatus.
1. L. corniculatus L. (L. corniculé). Pelouses, prairies. — C.C., C.
2. L. major Scop. — *L. uliginosus Schk*. (L. majeur). Haies, fossés. — A.C., A.R.

VII. TETRAGONOLOBUS Scop. (Tétragonolobe). Calice à 5 divisions. Corolle à carène prolongée en bec. Gousse droite, munie de 4 ailes longitudinales membraneuses, polysperme, présentant de fausses cloisons celluleuses transversales. Feuilles trifoliolées. Fleurs jaunes.

Plante vivace : gousse allongée à ailes étroites. . . . . *T. siliquosus*.
1. T. siliquosus Scop. — *Lotus siliquosus L*. (T. à silique). Prairies humides. — R.R.
    Lierre (Anv., *Math.!*); env. d'Alost (Fl. or., *De M.!*).

VIII. ASTRAGALUS L. (Astragale). Calice à 5 dents. Corolle à carène obtuse. Gousse allongée arquée, polysperme, divisée en deux loges longitudinales plus ou moins complètes par l'introflexion de la nervure dorsale. Feuilles imparipinnées. Fleurs d'un jaune verdâtre.

Gousse cylindrique-trigone, non-vésiculeuse, presque glabre . . *A. glycyphyllos*.
1. A. glycyphyllos L. (A. Réglisse). Bords des chemins, buissons. — A.R. Rég. mér.

IX. MELILOTUS Tournef. (Mélilot). Calice campanulé à 5 dents. Corolle à carène obtuse. Gousse dépassant le calice, droite, oblongue, à 1-3 graines, indéhiscente. Fleurs petites, jaunes, plus rarement blanches, disposées en grappes spiciformes effilées.

1. Fleurs blanches . . . . *M. alba*.
   Fleurs jaunes **2**

2. Gousse glabre, d'un vert jaunâtre à la maturité ; tiges ord. courbées, ascendantes à la base . . . . *M. arvensis.*
Gousse pubescente, devenant noire ; tiges très-élevées, dressées . *M. officinalis.*

1. M. ARVENSIS Wallr. (M. des champs). Lieux cultivés, moissons. — C., A.C.
2. M. OFFICINALIS Willd. — *M. macrorhiza Pers.* (M. officinal). Prairies fraîches, bords des fossés. — A.C., A.R.
3. M. ALBA Lam. — *M. leucantha Koch* (M. blanc). Bords des chemins. — R. Entre Fraipont et Trooz (*Str.!*), Dison (Lg., *Lej.*); Saint-Trond (Lb., *VD.!*); Louvain (*Rs.!*) Schaerbeek (*Wesm.!*), Lacken (Bb., *Mrt.*); Hyou (*Mich.*), Antoing (Ht., *Mar.*); Anvers (*vK.!*).

X. MEDICAGO L. (Luzerne). Calice à 5 divisions. Corolle caduque. Gousse dépassant ord. longuement le calice, réniforme, falciforme ou contournée en spirale à plusieurs tours, souvent munie d'épines sur le bord extérieur, polysperme, plus rarement monosperme. Feuilles pinnées-trifoliolées. Fleurs jaunes, plus rarement violacées, subsolitaires, en grappes ou en capitules.

1. Gousse non épineuse ; fleurs en têtes ou en épis compactes **2**
Gousse chargée d'épines ; fleurs peu nombreuses réunies par 2-8 . . . . **4**
2. Fleurs très-petites ; gousse à 1 graine, en forme de rein ; plante ayant l'aspect d'un Trèfle . . . . *M. Lupulina.*
Fleurs assez grandes ; gousse en faux ou en spirale, contenant plusieurs graines. **3**
3. Fleurs violettes ; gousse contournée en tire-bouchon. . . . . . . *M. sativa.*
Fleurs jaunes ; gousse en forme de faux . . . . *M. falcata.*
4. Plante très-pubescente, à poils courts ; gousse pubescente. . . . *M. minima.*
Plante glabre ou presque glabre ; gousse glabre **5**
5. Pédoncules à 1-4 fleurs ; stipules à dents courtes n'égalant pas la moitié de la largeur du limbe ; folioles souvent tachées de noir . . . . *M. maculata.*
Pédoncules à 5-10 fleurs ; stipules à dents profondes égalant presque la largeur du limbe . . . . *M. apiculata.*

1. M. LUPULINA L. (L. Lupuline. — Vulg. *Lupuline*. Pelouses, bords des chemins. — C., C.C. — Cultivé en grand dans le pays wallon sous le nom de *Coucou jaune.*
2. M. FALCATA L. (L. en faucille). Pelouses, lieux pierreux. — Kain, Ghlin (*Hocq.*), Taintignies (Ht., *Mich.*); env. de Bruxelles (Bb., *Bm.!*); Revogne (Nr., *Grav.!*); Ensival (Lg., *Lej.*); Stuyvenberg (Anv., *Vh.*).
† M. SATIVA L. (L. cultivée. — Vulg. *Luzerne*). Cultivé en grand et naturalisé çà et là dans le voisinage des cultures.
3. M. MINIMA L. (L. naine). Bords des chemins, pelouses. — R. Obourg, Maisières (*Mrt.!*), Ciply, Chercq (*Mich.*), Obigies (Ht., *Mar.*); Dinant, Ivoir (Nr., *Crep.*); Nessonvaux (Lg., *Lej.*); Anvers (Anv., *Vh.*); Knocke (Fl. occ., *Coem.!*).
4. M. APICULATA Willd. (L. apiculée). Bords des chemins, lieux pierreux. — R. Verviers (*Crep.*), Hodimont (*Lej.!*), Dison, Lambermont (Lg., *Hty.!*); Austruweel (Anv., *Vh.*); Boussu-lez-Mons (Ht., *Mich.*). — Cette espèce comprend la var. *denticulata* (*M. denticulata* Willd.)
5. M. MACULATA Willd. (L. tachée). Lieux herbeux. — R. Verviers (*Rem.!*), Petit-Rechain, Dison (*Hty.*), Spa (*Fg.*), env. de Liége (Lg., *Str.!*); Vilvorde (Bb., *Wesm.!*); Merxem (Anv., *Dk.*); Gand (Fl. or., *Fg.!*); Ostende (Fl. occ., *M.L.*).

XI. TRIFOLIUM Tournef. (Trèfle). Calice subbilabié, à 5 dents ou 5 divisions. Corolle souvent gamopétale, ord. marcescente ou persistante. Gousse très-petite, renfermée dans le calice ou le dépassant peu, suborbiculaire ou oblongue, droite, monosperme, plus rarement à 2-4 graines, à peine déhiscente. Feuilles trifoliolées, rarement pinnées-trifoliolées. Fleurs rouges, blanches, jaunes ou jaunâtres,

1. Fleurs jaunes ; gousse portée sur un court pédicelle (stipitée) **2**
Fleurs rouges, roses, blanches ou d'un blanc jaunâtre ; gousse sessile au fond du calice **4**
2. Feuilles à folioles toutes sessiles ; stipules lancéolées ou linéaires *T. agrarium.*
Foliole moyenne pétiolulée ; stipules ovales ou oblongues **3**
3. Fleurs en capitules ou têtes lâches, de 3-15 fleurs ; étendard presque lisse.
T. minus.
Fleurs en capitules fournis, de plus de 20 fleurs ; étendard plissé ou strié.
T. procumbens.

4. Têtes ou capitules à fleurs peu nombreuses, entourés d'appendices crochus, s'enfonçant dans le sol après la floraison . . . . *T. subterraneum.*
Capitules à fleurs nombreuses, dépourvus d'appendices crochus 5
5. Calice fructifère gonflé-vésiculeux; capitule entouré à la base d'une petite collerette à plusieurs divisions . . . . *T. fragiferum.*
Calice fructifère non vésiculeux; capitule sans collerette. 6
6. Calice à tube et à dents glabres 7
Calice à tube et à dents plus ou moins velus. 8
7. Tiges couchées, enracinées aux nœuds; dents du calice lancéolées . *T. repens.*
Tiges un peu courbées à la base; dents du calice très-étroites, aiguës en alène.
T. elegans.
8. Fleurs blanches, réfléchies après la floraison; dents du calice presque glabres.
T. montanum.
Fleurs rouges, d'un blanc rosé, rarement jaunâtres, jamais rejetées en bas après la floraison; calice à dents velues-ciliées 9
9. Fleurs jaunâtres . . . . *T. ochroleucum.*
Fleurs rouges ou d'un blanc rosé. 10
10. Calice à 20 nervures 11
Calice à 10 nervures 12
11. Tiges et feuilles glabres; capitules cylindriques-allongés . . . . *T. rubens.*
Tiges et feuilles velues; capitules globuleux. . . . . *T. alpestre.*
12. Capitules ou têtes de fleurs arrondies; calice à dents ne dépassant pas la moitié de la corolle 13
Capitules ovoïdes ou oblongs; calice à dents dépassant la moitié de la corolle. 14
13. Stipules à partie libre triangulaire-aiguë; folioles assez courtes, molles.
T. pratense.
Stipules à partie libre longuement linéaire-aiguë; folioles allongées, assez coriaces.
T. medium.
14. Capitules solitaires, longuement pédonculés, dépourvus de feuilles à la base. . 15
Capitules souvent rapprochés par deux, sessiles ou brièvement pédonculés, pourvus ou dépourvus de feuilles à la base. 16
15. Corolle petite, plus courte que le calice; fleurs d'un blanc rosé . . . *T. arvense.*
Corolle grande, dépassant le calice; fleurs d'un rouge vif . . . . *T. incarnatum.*
16. Fleurs rougeâtres; dents du calice étalées-dressées . . . . . . *T. striatum.*
Fleurs blanchâtres; dents du calice presque épineuses, à la fin courbées en dehors.
T. scabrum.

1. T. minus Relhan * — *T. filiforme Lej.* — *T. procumbens Gren.* et *Godr.* (T. petit). Lieux herbeux, bords des chemins. — C.
2. T. procumbens L. (T. couché). Bords des champs, pelouses, moissons. — C., A.C.
3. T. agrarium L. — *T. aureum Poll.* (T. des campagnes). Lisières des bois.—A.R. Nr., Lx.; R. Verviers. Soiron (Lg., *Lej.*).
4. T. pratense L. (T. des prés. — Vulg. *Trèfle*). Prairies, pelouses, bois. — C., C.C. Cultivé en grand.
5. T. medium L. (T. intermédiaire). Bois, bords des chemins. —A.C. Rég. mér.; R.
6. T. alpestre L. (T. alpestre). Lieux montueux. — R.R. Aerschot (Bb., *Vh.*); Hersselt (Anv. *Vh.!*); Chimay? (Ht., *Hocq., Mich.*).
7. T. ochroleucum L. (T. jaunâtre). Prairies fraîches. — A.R. Nr.; Basse-Bodeux (*Crep.*), entre Bilstain et Dolhain (Lg. *Lej.*); Beaumont (*Hocq.*), Montignies-Saint-Christophe (Ht., *Mich.*); Bourdon (Lx., *Crep.*).
8. T. rubens L. (T. rougeâtre). Bois. — R.R. Env. de Jalhay (Lg., *Lj.*).
† T. incarnatum L. (T. incarnat). Cultivé en grand. — Çà et là naturalisé, mais très-fugace.
9. T. arvense L. (T. des champs). Moissons, lieux incultes, bords des chemins. — C. Rég. mér.; R., A.R.
10. T. striatum L. (T. strié). Pelouses. — A.R. Nr.; R. Modave (*Hty.*), Verviers (Lg., *Lej.*); Anderlecht (Bb., *Mrt.*).
11. T. scabrum L. (T. scabre). Pelouses, bords des chemins.—R.R. Nieuport, Knocke (*Coem.!*), Ostende (Fl. orc., *Dmrt.*).
12. T. montanum L. (T. des montagnes). Pelouses, prairies montueuses, bois. — A.R.

* Pour les espèces appartenant à la section *Chronosemium*, nous avons suivi la synonymie que M. le Dr Puel a si savamment traitée dans sa Note sur le Trifolium filiforme de Linné et sur les autres espèces litigieuses de la section chronosemium (*Bull. de la Soc. bot. de Fr.*, 1856, 290).
Le véritable *T. filiforme* de Linné (*T. micranthum Viv.*) n'a point encore été rencontré en Belgique, du moins à ma connaissance. Sa station la plus rapprochée de nos limites est Le Chesne (dép. des Ardennes), où M. Callay l'a découvert dès 1856. Il se distingue du *T. minus* à ses fleurs réunies par 2-6, très-petites, portées sur des pédoncules capillaires flexueux; à ses pédicelles florifères plus longs que le tube du calice.

Nr., Lx.; entre Verviers et Limbourg (*Lej.*), Aubel (Lg., *Math.*); Thuin (Ht., *Mich.*).

13. T. REPENS L. (T. rampant). Pelouses, bords des chemins.—C., C.C.—Cultivé en grand dans les provinces wallonnes sous le nom de *Coucou blanc*.

14. T. ELEGANS Savi (T. élégant). Prairies, bords des chemins.—R. Entre Verviers et Limbourg, Theux (*Lej.!*), Liége (Lg. *Dewalquel*); Obigies (Ht. *West.*). — Cette espèce s'est naturalisée depuis 3 ou 4 ans dans une prairie de nouvelle formation près Rochefort. Par le transport des foins, elle a été ressemée çà et là le long des routes dans le voisinage de la localité.
Dans les stations citées est-elle indigène?

15. T. FRAGIFERUM L. (T. Fraisier). Pelouses fraîches, bords des chemins.—A.R., A.C.

16. T. SUBTERRANEUM L. (T. enterreur). Pelouses, coteaux secs. — R.R. Breedene (*Coem.!*), Ostende (Fl. occ., *M. L.*); Vaulx (*Mich.*), Mourcourt (Ht., *Mar.*).

† PHASEOLUS L. (Haricot). Calice bilabié, la lèvre supérieure à 2 dents, l'inférieure à 3 divisions. Corolle à carène contournée en spirale avec le style et les étamines. Gousse très-allongée, comprimée ou subcylindrique, polysperme. Plantes annuelles, ord. volubiles. Feuilles pinnées-trifoliolées. Fleurs blanches, violacées ou écarlates.

† P. VULGARIS L. (H. commun). Cultivé dans les jardins. — Sa patrie est encore inconnue. . . . .*P. vulgaris.*

TRIBU II. VICIÉES. Gousse à une seule loge. Feuilles paripinnées à pétiole prolongé en vrille ou en arête, rarement réduite au pétiole.

XII. VICIA Tournef. (Vesce). Calice à 5 divisions ou à 5 dents presque égales. Style filiforme. Gousse allongée polysperme, ou courte oligosperme. Graines globuleuses. Plantes herbacées, ord. grimpantes. Feuilles paripinnées, à pétiole terminé en une vrille ord. rameuse, rarement en une arête.

1. Corolle dépassant longuement les dents du calice 2
Corolle égalant environ les dents du calice 12
2. Fleurs ord. nombreuses, rarement 2-4, sur un pédoncule commun allongé et longuement nu à la base 3
Fleurs solitaires ou géminées, très-rarement 2-5, sur un pédoncule commun très-court 7
3. Fleurs petites, 1-5 au sommet des pédoncules 4
Fleurs grandes plus ou moins nombreuses 5
4. Fleurs 1-2 sur un pédoncule plus court ou aussi long que la feuille; graines 3-4.
V. tetrasperma.
Fleurs 2-5 sur un pédoncule à la fin plus long que la feuille; graines 4-6.
V. gracilis.
5. Fleurs 6-8; folioles larges ovales; stipules larges fortement dentées.
V. dumetorum.
Fleurs très-nombreuses; folioles ord. étroites oblongues ou linéaires; stipules entières 6
6. Grappe à rachis très-allongé (15-30 cent.); étendard à limbe 1 fois plus long que l'onglet . . . . *V. tenuifolia.*
Grappe à rachis assez court (5-10 cent.); étendard à limbe égalant env. l'onglet
V. Cracca.
7. Fleurs 2-6 en grappes courtes, portées sur un pédoncule court . *V. sepium.*
Fleurs solitaires ou réunies par deux. 8
8. Fleurs jaunes; gousse couverte de poils étalés 9
Fleurs purpurines ou blanchâtres; gousse glabre ou à poils appliqués . . 10
9. Folioles arrondies au sommet; étendard glabre . . . . *V. lutea.*
Folioles tronquées ou échancrées au sommet; étendard très-velu. *V. hybrida.*
10. Pétiole terminé par une vrille courte simple; stipules semi-sagittées, entières.
V. lathyroides.
Pétiole à vrille rameuse; stipules semi-sagittées, dentées 11
11. Gousses noircissant à la maturité; plante grêle; folioles ord. étroites.
V. angustifolia.
Gousses jaunâtres à la maturité; plante robuste; folioles ord. larges. *V. sativa.*

12. Pétiole terminé par une arête courte non accrochante; folioles glabres; gousses
allongées, à 3-4 graines . . . . *V. Ervilia.*
Feuilles, au moins les supérieures, à pétiole terminé par une vrille accrochante
simple ou rameuse; folioles pubescentes; gousses courtes, à 2 graines. 13
13. Gousses velues; vrille rameuse. . . . . *V. hirsuta.*
Gousses glabres; vrille simple . . . . *V. Lens.*
† V. sativa L. (V. cultivée. — Vulg. *Vesce*). Cultivé en grand. Paraît sauvage au
midi du Caucase, en Grèce et en Algérie.
1. V. angustifolia Roth (V. à feuilles étroites). Moissons, lisières des bois.—C.,
A.C.
2. V. lathyroides L. (V. Fausse-Gesse). Pelouses. —R. Uccle, Strombeek (*Bm.!*),
Averboden (*Kx.*), env. de Louvain (Bb., *V. Barb.!*); Saint-Denis (*Mrt.*),
Baudour, Chimay (Ht., *Mich.*); Verviers, Dison (Lg., *Lej.*); Gand (Fl. or., *Lej.*);
Berlaer (Anv., *Lej.*).
3. V. lutea L. (V. jaune). Bords de chemins. — R.R.R. Env. de Mons (Ht., *Lej.*).
4. V. hybrida L. (V. hybride). Prés secs. — R.R. Verviers, Theux (Lg., *Lej.*).
5. V. sepium L. (V. des haies). Haies, buissons. — C., A.C.
6. V. dumetorum L. (V. des buissons). Bois montueux. — R.R.R. Entre Verviers et
Limbourg (Lg., *Lej.!*).
7. V. Cracca L. (V. Cracca). Haies, buissons, bois. — C. Rég. mér.; A.C..A.R.
8. V. tenuifolia Roth (V. à feuilles menues). Haies, buissons. — R.R. Glacis de la
lunette de Kiel à Anvers (Anv., *Vh.!*).—On prend souvent pour tel des variétés
du n° 7.
9. V. tetrasperma Mœnch — *Ervum tetraspermum L.* (V. à 4 graines). Moissons,
buissons.—A.C., A.R.
10. V. gracilis Lois.—*Ervum gracile DC.* (V. grêle). Moissons.— R. Theux, Olne,
Soiron (Lg., *Lej.!*); Wilryck, Contich (Anv., *Vh.*).
11. V. hirsuta Koch—*Ervum hirsutum L.* (V. hérissée). Buissons.—C., A.C.
† V. Lens Coss. et Germ.—*Ervum Lens L.* (V. Lentille). Plante cultivée en grand
dans quelques localités. On la rencontre fréquemment naturalisée dans les
moissons de Gottignies, Obourg, Havré, Ville-en-Haine (Ht., *Mrt.!*). Sa patrie
est encore inconnue.
12. V. Ervilia Willd. — *Ervum Ervilia L.* (V. Ervilier). Moissons. — R.R. Entre
Deigné et Hodbomont (Lg., *Lej.!*). Espèce indigène??

† FABA Tournef. (Fève). Calice à 5 divisions. Style filiforme
légèrement aplani. Gousse oblongue, oligosperme. Graines très-
grosses, oblongues-tronquées, comprimées. Feuilles paripinnées, à
pétiole terminé en arête.

Plante annuelle; tige grosse, anguleuse, non grimpante . . . *F. vulgaris.*
† F. vulgaris Mœnch — *Vicia Faba L.* (F. commune. — Vulg. *Fève*). Cultivé dans
les jardins et en plein champ. Sa patrie n'est point encore connue.

† PISUM Tournef. (Pois). Calice à 5 divisions. Style comprimé
canaliculé inférieurement. Gousse oblongue, polysperme. Graines
ord. globuleuses. Feuilles paripinnées, à pétiole terminé en vrille
rameuse; stipules très-grandes.

Graines globuleuses, de couleur uniforme, d'un blanc jaunâtre ou verdâtre; stipules
non maculées. . . . . *P. sativum.*
Graines comprimées anguleuses, d'un gris verdâtre, marbrées de brun clair;
stipules ord. tachées . . . . *P. arvense.*
† P. sativum L. (P. cultivé. — Vulg. *Petits-pois*). Cultivé dans les jardins et en plein
champ. Il croît, paraît-il, à l'état sauvage en Crimée.
† P. arvense L. (P. des champs. — Vulg. *Pisaille*). Cultivé rarement en Belgique.
Espèce originaire de la région méditerranéenne.
Obs.—Le *Ciser arietinum L.* (Vulg. *Pois-Chiche*) est quelquefois cultivé.

XIII. LATHYRUS L. (Gesse). Calice à 5 divisions ou à 5 dents.
Style plan, linéaire ou élargi au sommet. Gousse oblongue ou
linéaire-oblongue, polysperme. Graines ord. globuleuses. Tiges
anguleuses ou ailées. Feuilles à pétiole terminé en vrille rameuse,
rarement aplani foliacé dépourvu de vrille, paripinnées, plus rarement dépourvues de folioles.

1. Feuille à pétiole dépourvu de folioles, à stipules simulant quelquefois une paire
de folioles 2
Feuilles à 1-4 paires de folioles 3

2. Fleurs jaunes; pétiole terminé en vrille; stipules foliacées. . . . *L. Aphaca.*
   Fleurs rouges; pétiole élargi en forme de feuille . . . . *L. Nissolia.*
3. Pédoncules à 1-3 fleurs; plante annuelle ou bisannuelle. 4
   Pédoncules à plus de 3 fleurs; plante vivace. 7
4. Pédoncules à 1-3 fleurs; gousse velue-hérissée . . . . . . *L. hirsutus.*
   Pédoncules à 1 seule fleur; gousse glabre. 5
5. Pédoncules terminés par un long filet grêle; graines cubiques tuberculeuses.
   L. angulatus.
   Pédoncules à filet court ou nul; graines lisses 6
6. Gousse portant sur le dos deux ailes membraneuses; fleurs ord. blanchâtres.
   L. sativus.
   Gousse à dos seulement canaliculé; fleurs ord. rougeâtres. . . . *L. Cicera.*
7. Fleurs jaunes. . . . . *L. pratensis.*
   Fleurs roses ou bleuâtres 8
8. Feuilles à 2-4 paires de folioles . . . . *L. palustris.*
   Feuilles à 1 seule paire de folioles 9
9. Tige ailée; folioles étroites très-allongées, aiguës au sommet. . *L. sylvestris.*
   Tige anguleuse, non ailée; folioles oblongues à sommet arrondi. *L. tuberosus.*
1. L. PRATENSIS L. (G. des prés). Prés, haies, buissons. — C.
2. L. TUBEROSUS L. (G. tubéreuse). Moissons. — A.R. Nr.; R. Ath (*Hocq.*), Meslin-
   l'Evêque (*Mich.*), Tournay (Ht., *Mar.*); Elmet (*Kx. p.*), Evere, Dieghem (Bb.,
   Wesm.!); entre Austruweel et Eeckeren (Anv. *V. B.*); Marche (Lx., *Lej.!*).
3. L. PALUSTRIS L. (G. des marais). Prairies humides.—R.R.R. Rumillies (Ht., *Hocq.*).
4. L. SYLVESTRIS L. (G. des bois). Buissons, haies. — A.R. Rég. mér.
5. L. HIRSUTUS L. (G. hérissée). Moissons. — A.R. Nr.; R. Chimay (*Hocq.*), Seloignes
   (Ht., *Mich.*); Sugny (Lx., *Grav.*); Verviers (Lg., *Lej.!*); Haren (Bb., *Wesm.!*).
6. L. ANGULATUS L. (G. anguleuse). Broussailles. — R.R.R. Entre Habay-la-Vieille et
   Etalle (Lx., *Tin.*).
† L. CICERA L. (G. Chiche). Cultivé en plein champ. — Se retrouve çà et là dans les
   moissons. Paraît croître à l'état sauvage en Espagne, en Algérie et généralement dans le midi de l'Europe.
† L. SATIVUS L. (G. cultivée). Cultivé en plein champ. — Se retrouve çà et là dans les
   moissons. Originaire du midi de l'Europe.
7. L. APHACA L. (L. sans feuilles). Moissons. — A.R. Ht.; Nr ; R. Marche (*Lej.*),
   Barvaux (Lx., *Crep.*); Renaix (Fl. or., *Ps.!*).
8. L. NISSOLIA L. (L. de Nissole). Moissons, bords de champs. — A.R. Bb., Ht.; R. Alost
   (Fl. or., *Lej.*); Han-sur-Lesse (Nr., *Crep.*).

XIV. OROBUS L. (Orobe). Calice à 5 divisions ou à 5 dents. Style
plan, linéaire ou élargi au sommet. Gousse oblongue ou linéaire-
oblongue, polysperme. Graines globuleuses ou ovoïdes. Feuilles
paripinnées, à pétiole terminé en arête courte.

1. Tige couchée à la base, à angles membraneux-ailés . . . . . *O. tuberosus.*
   Tige dressée, non ailée 2
2. Plante devenant noire en se desséchant; 4-6 paires de folioles, à sommet arrondi
   muni d'une arête courte . . . . *O. niger.*
   Plante restant verte; 2-4 paires de folioles, à sommet rétréci-aigu . . *O. vernus.*
1. O. TUBEROSUS L. (O. tubéreux). Pelouses, bois. — C., A.C. Rég. mér.; R.
2. O. NIGER L. (O. noir). Bois montueux. — R.R.R. Verviers (Lg. *Lej.!*).
3. O. VERNUS L. (O. printanier). Bois. —R.R. Habay, Herbeumont (Lx., *Tin.*).

**TRIBU III HÉDYSARÉES. Gousse divisée transversalement
en articles monospermes. Feuilles imparipinnées.**

XV. CORONILLA L. (Coronille). Calice sublilabié, à 5 dents, les
deux supérieures presque soudées. Corolle à carène terminée en
bec. Gousse linéaire, droite ou arquée, à articles oblongs renflés.
Plantes ord. vivaces. Fleurs en ombelles multiflores.

Fleurs panachées de blanc et de lilas; 7-12 paires de folioles . . . *C. varia.*
1. C. VARIA L. (C. bigarrée). Bords de chemins, buissons. — R. Env. de Malines (Auv.,
   Stoffels ex Vh.); Mons (Ht., *Mich.*); bords de la Vesdre (Lg., *Lej.*).

XVI. ORNITHOPUS L. (Ornithope). Calice à 5 dents presque
égales. Corolle à carène obtuse. Gousse linéaire, arquée, à articles
oblongs comprimés. Plante annuelle. Fleurs petites, d'un blanc
rosé, en ombelles pauciflores.

Fleurs pourvues d'une feuille bractéale ; gousse pubescente, à bec court.
O. perpusillus.

1. O. perpusillus L. (O. délicat.— Vulg. *Pied-d'oiseau*). Pelouses, bruyères. — A.C., A.R., R.

XVII. **HIPPOCREPIS** L. (Hippocrépide). Calice à 5 dents presque égales. Corolle à carène atténuée en bec. Gousse linéaire, sinuée, composée d'articles semi-lunaires comprimés. Fleurs jaunes en ombelles.

Plante vivace ; fleurs en ombelles à 6-12 fleurs . . . . *H. comosa.*
1. H. comosa L. (H. en ombelle). Pelouses arides, rochers. — A.R. Nr., Lg., Ht.

+ ONOBRYCHIS Tournef. (Sainfoin). Calice à 5 divisions subulées. Corolle à carène large obliquement tronquée. Gousse à 1 seul article, comprimée, monosperme, fortement réticulée; marquée de fossettes. Fleurs purpurines veinées.

Épis allongés à fleurs nombreuses . . . . *O. sativa.*
+ O. sativa Lam. (S. cultivé). Cultivé en grand. Ne paraît pas s'éloigner beaucoup du voisinage des cultures.

XXVIII. LYTHRARIÉES (Juss.).

Fleurs régulières ou presque régulières. Calice gamosépale, libre, persistant, à 8-12 divisions, rarement plus, disposées sur deux rangs et alternes. Corolle à 4-6 rarement 7 pétales insérés au sommet du tube du calice, alternes avec les divisions intérieures du calice. Étamines 6-12, rarement plus ou moins par avortement. Styles soudés en un style indivis, filiforme ou presque nul. Fruit capsulaire membraneux, biloculaire, rarement pluriloculaire, à loges polyspermes, se déchirant irrégulièrement, ou s'ouvrant en 2 valves (déhiscence loculicide). Graines insérées à l'angle interne des loges. Plantes à feuilles opposées ou alternes.

Pétales dépassant longuement le calice; style filiforme . . . . . LYTHRUM. (i).
Pétales très-petits, caducs, souvent nuls ; style très-court ou nul . . PEPLIS. (ii).

I. **LYTHRUM** L. (Salicaire). Calice tubuleux cylindrique, à dents extérieures plus longues. Pétales 4-6. Étamines 8-12, ou moins par avortement, insérées vers le milieu du tube du calice. Style filiforme. Stigmate capité. Capsule oblongue. Fleurs purpurines.

Fleurs réunies par 4-10 à l'aisselle de bractées et formant des épis ; feuilles cordées
à la base . . . . *L. Salicaria.*
Fleurs petites, solitaires à l'aisselle des feuilles; feuilles rétrécies à la base.
L. Hyssopifolia.

1. L. Salicaria L. (S. commune). Prairies, bords des eaux. — C., A.C.
2. L. Hyssopifolia L. (S. à feuilles d'Hyssope). Champs humides. — R.R. Han-sur-Lesse (*Crep.*), Mariembourg (Nr., *Del.*); Stambruges (Ht., *Hocq.*).

II. **PEPLIS** L. (Péplide). Calice à tube campanulé court, à divisions intérieures plus longues. Pétales 6, très-petits, caducs, souvent nuls. Étamines 6, insérées au sommet du tube du calice. Stigmate subsessile. Capsule globuleuse. Feuilles opposées. Fleurs d'un rose pâle.

Plante petite, couchée-radicante, quelquefois nageante; feuilles largement arrondies
au sommet. . . . . *P. Portula.*
1. P. Portula L. (P. Pourpier). Champs humides, bords des eaux. — A.C., A.R.

XXIX. PORTULACÉES (Juss.).

Fleurs presque régulières. Calice à 2 rarement 3-5 sépales libres ou soudés à la base, soudés ou non avec la base de l'ovaire, persistants ou à partie supérieure caduque. Corolle à 5 rarement 4-6 pétales, insérés à la base du calice, plus ou moins longuement soudés entre eux, plus rarement libres, ord. inégaux. Étamines ord. soudées avec les pétales à la base, en nombre égal à celui des pétales, ou en nombre plus grand, ou en nombre moindre et alors opposées aux pétales. Styles soudés en un style filiforme, 3-5 fide, à lobes stigmatifères à leur face interne. Fruit libre ou soudé à la base avec le calice, capsulaire membraneux, uniloculaire, polysperme, à déhiscence circulaire (pyxide), ou contenant 3 graines et s'ouvrant en 3 valves (déhiscence loculicide). Graines insérées sur un placenta central.

Corolle jaune ; capsule contenant plusieurs graines, s'ouvrant par un opercule. PORTULACA. (1°.)

Corolle blanche ; capsule à 3 graines, s'ouvrant par 3 valves . . . MONTIA. (1.)

† PORTULACA Tournef. (Pourpier). Calice soudé inférieurement avec l'ovaire, à 2 divisions, à partie supérieure caduque. Pétales 5, rarement 4-6, libres ou soudés à la base, souvent inégaux. Étamines 8-12. Style ord. à 5 divisions. Capsule polysperme, s'ouvrant circulairement en travers. Fleurs jaunes.

Feuilles épaisses, succulentes . . . . *P. oleracea.*
† P. OLERACEA L. (P. des potagers). Cultivé dans les jardins. — Très-rarement naturalisé.

I. MONTIA L. (Montie). Calice libre, persistant, à 2 rarement 3 sépales. Pétales 5, inégaux, soudés inférieurement à la base. Étamines ord. 3, soudées inférieurement avec les pétales. Style à 3 divisions. Capsule contenant 3 graines, s'ouvrant en 3 valves. Fleurs blanches.

Plante petite, couchée-radicante ou nageante ; feuilles opposées. . . *M. fontana.*
1. M. FONTANA L. (M. des fontaines). Ruisseaux, terrains humides. — A.C., A.R. Manque dans beaucoup de localités.

XXX. PARONYCHIÉES (A. St.-Hil.).

Fleurs régulières. Calice à 5 sépales, libres presque jusqu'à la base ou plus ou moins soudés inférieurement, persistants. Corolle à pétales en nombre égal à celui des sépales souvent filiformes rudimentaires, insérés à la base des divisions ou à la gorge du tube du calice, libres, souvent persistants. Étamines 5 rarement 4, insérées à la base des divisions ou à la gorge du tube du calice sur un disque. Styles 2-3, très-courts et souvent soudés, ou filiformes distincts ; stigmates 2-3. Fruit capsulaire, enveloppé par le calice persistant, uniloculaire par avortement, monosperme, indéhiscent, plus rarement s'ouvrant par plusieurs lambeaux.

1. Feuilles éparses ; pétales oblongs dépassant un peu le calice . . CORRIGIOLA. (1.)
Feuilles, au moins les inférieures, opposées ; pétales très-petits, filiformes, plus courts que le calice 2

2. Feuilles sans stipules ; calice à tube aussi long que ses divisions Scleranthus.(iv.)
Feuilles munies de stipules scarieuses ; calice divisé presque jusqu'à la base .   . **3**
3. Calice blanc, à divisions concaves terminées en capuchon surmonté d'une pointe.
Illecebrum (iii.)
Calice vert en dehors, à divisions presque planes . . . . . . Herniaria. (ii.)

I. CORRIGIOLA L. (Corrigiole). Calice à 5 divisions concaves. Pétales persistants, oblongs, dépassant un peu le calice. Stigmates 3, très-courts, subsessiles. Capsule crustacée, indéhiscente. Feuilles éparses, munies de stipules scarieuses. Fleurs très-petites, blanches ou d'un blanc rosé.

Calice à divisions scarieuses-blanchâtres aux bords . . . . . . *C. littoralis.*
1. C. littoralis L. (C. des grèves). Graviers des rivières, terrains sablonneux. — A. C. Anv. (*Rs.!*); R. Vallée de la Semoy : Poupehan (*Lx.*, *Maub.!*); Alle (*Maub.!*), Vresse, Mousaive, Membre (Nr., *Grav.!*); Stockhem (*Gr.!*), Laforêt, Chairière, Besmcer (Lb., *Lej.*); env. de Betecom (Bb., *Kx.*).

II. HERNIARIA Tournef. (Herniaire). Calice à 5 divisions un peu concaves. Pétales filiformes. Stigmates 2, très-courts, distincts ou soudés inférieurement, subsessiles. Capsule membraneuse indéhiscente. Feuilles opposées, ou alternes au haut des tiges, munies de stipules scarieuses. Fleurs herbacées.

Plante glabre ; calice glabre . . . . *H. glabra.*
Plante velue ; calice hérissé . . . . *H. hirsuta.*
1. H. glabra L. (H. glabre). Champs humides, bords des chemins.—A.R., Nr., Lg., Ht.; R.
2. H. hirsuta L. (H. velue). Terrains sablonneux. — R.R. Entre Westermael et Auderghem (*Mrt.!*), Stalle (*Kx. p.*), Héverlé (Bb., *Rs.!*); Duffel (Anv., *West.!*); Filot (Lg., *Lej.*).

III. ILLECEBRUM L. (Illécèbre). Calice à 5 divisions épaisses-spongieuses, blanches, concaves, terminées en un capuchon surmonté d'une pointe subulée. Pétales filiformes. Stigmates 2, très-courts, sessiles, soudés inférieurement. Capsule membraneuse, se partageant à la maturité en plusieurs lambeaux. Feuilles opposées, munies de stipules scarieuses.

Fleurs d'un blanc de lait . . . . *I. verticillatum.*
1. I. verticillatum L. (I. verticillé). Terrains sablonneux humides. — A.R. Rég. sept.; R. Stambruges (*Hocq.*), Casteau, Masnuy-Saint-Pierre (Ht., *Mrt.*); Stockem (*Lx.*, *Tin.*).

IV. SCLERANTHUS L. (Gnavelle). Calice à tube campanulé, rétréci à la gorge par un disque saillant, à limbe à 5 divisions. Pétales 5 ou moins par avortement, filiformes. Styles 2, filiformes, distincts jusqu'à la base. Capsule membraneuse, indéhiscente, renfermée dans le tube du calice induré-osseux. Feuilles opposées, sans stipules. Fleurs petites, verdâtres ou blanchâtres.

Divisions du calice aiguës, étroitement blanchâtres aux bords, étalées-ouvertes à la maturité . . . . *S. annuus.*
Divisions du cal. arrondies au sommet, largement blanchâtres aux bords, dressées-rapprochées à la maturité . . . . *S. perennis.*
1. S. annuus L. (G. annuelle). Moissons, bords de chemins. — C., C.C.
2. S. perennis L. (G. vivace). Pelouses, bords de chemins. — A.R. Manque dans beaucoup de localités.

XXXI. CRASSULACÉES (DC.).

Fleurs ord. hermaphrodites, régulières. Calice à 5 plus rarement 3-20 sépales, plus ou moins soudés à la base, persistants ord.

charnus. Corolle à 5 plus rarement 3-20 pétales insérés à la base des sépales, libres, quelquefois soudés entre eux à la base, rarement réunis en une corolle gamopétale, caducs ou marcescents. Étamines en nombre égal à celui des pétales, plus ord. en nombre double, insérées avec les pétales à la base des sépales, quelquefois soudées à la base avec les pétales. Écailles hypogynes placées à la base des carpelles et en même nombre qu'eux. Styles 5 plus rarement 3-20, terminaux, courts. Fruit à 5, plus rarement 3-20 carpelles distincts jusqu'à la base, secs, polyspermes, rarement 2-spermes, s'ouvrant par la suture interne.

Le *Sempervivum tectorum*, les *Sedum reflexum* et *album* étaient considérés comme diurétiques, antiscorbutiques, sédatifs et vulnéraires. Ils sont encore usités dans la médecine populaire. Le *Sedum Telephium* est doué de propriétés sédatives : les feuilles, dépouillées de leur épiderme et appliquées sur les blessures légères, calment la douleur et facilitent la cicatrisation. Le *Sedum acre* renferme un suc âcre, d'une saveur poivrée ; à l'extérieur la plante est rubéfiante et à l'intérieur elle est émétique et purgative. Elle est inusitée.

1. Feuilles opposées-connées (à bases soudées et embrassant la tige); étamines 3-4 ;
    plante extrêmement petite . . . . TILLAEA. (i.)
  Feuilles jamais connées ; étamines 5-10. 2
2. Pétales 5 ; feuilles inférieures non disposées en rosette dense . . . SEDUM. (ii.)
  Pétales 6-20; feuilles inférieures rapprochées en rosette dense. SEMPERVIVUM. (iii.)

I. TILLAEA Micheli. (Tillée). Calice à 3-4 divisions. Corolle à 3-4 pétales. Étamines 3-4. Écailles hypogynes nulles ou très-petites. Carpelles 3-4, dispermes, étranglés entre les deux graines. Plante très-petite. Feuilles concaves, opposées, connées. Fleurs axillaires, solitaires, sessiles.

Fleurs très-petites, à pétales d'un blanc jaunâtre. . . . . *T. muscosa.*
1. T. MUSCOSA L. (T. mousse). Lieux sablonneux. - R.R.R. Obourg (Ht., *Mrt.!*).

II. SEDUM L. (Orpin). Calice à 5 divisions. Corolle à 5 pétales. Étamines ord. 10, plus rarement 5. Écailles hypogynes très-courtes, entières ou légèrement émarginées. Carpelles ord. 5, polyspermes.

1. Fleurs jaunes. 2
  Fleurs blanches, rosées ou purpurines 5
2. Sépales prolongés en dessous de leur point d'insertion; feuilles courtes, ovales.
                                S. acre.
  Sépales non prolongés à la base ; feuilles linéaires, plus ou moins allongées. . 3
3. Feuilles obtuses, sans mucron au sommet . . . . *S. Boloniense.*
  Feuilles aiguës, surmontées d'une pointe ou mucron. 4
4. Carpelles granuleux surtout au côté interne; feuilles des rameaux stériles
    jamais rapprochées en cône ou en boule compacte . . . . . *S. reflexum.*
  Carpelles lisses ; feuilles toujours glauques, celles des rejets stériles rapprochées
    au sommet en cône renversé ou en boule compacte. . . . . . *S. elegans.*
5. Feuilles larges, planes. 6
  Feuilles presque cylindriques, ou ovoïdes 8
6. Feuilles très entières; plante annuelle . . . . *S. Cepæa.*
  Feuilles lâchement dentées ; plantes vivaces à racines renflées 7
7. Feuilles ordinairement éparses. rétrécies ou arrondies à la base, jamais en
    cœur ; pétales canaliculés au sommet . . . . *S. Telephium.*
  Feuilles ord. opposées, en cœur à la base, embrassant la tige ; pétales en capuchon
    au sommet . . . . *S. maximum.*
8. Étamines 5 ; plante annuelle, sans rejets stériles. . . . . *S. rubens.*
  Étamines ord. 10; plantes vivaces, pourvues de rejets stériles feuillés 9
9. Feuilles oblongues-linéaires ; tiges glabres . . . . *S. album..*
  Feuilles ovoïdes ; tiges pubescentes-glanduleuses au sommet. . *S. dasyphyllum.*

1. S. ACRE L. (O. acre). Lieux incultes, bords des chemins. C.C., C.
2. L. BOLONIENSE Lois. — *S. sexangulare DC.* (O. de Boulogne). Rochers, murs, pelouses arides — R. Namur, Bouges (Nr., *Bllk.!*); Modave, Vierset, Clavier (*Hty !*), Visé, Nessonvaux, Verviers (*Lej.!*), Fraipont (*Str.!*), Pepinster (Lg., *Crep.*).

3. S. reflexum L. (O. réfléchi). Lieux pierreux, rochers, pelouses. — C., A.C. Rég. mér.; A.R., R.

4. S. elegans Lejeune (O. élégant). Rochers.— R.R.R. Env. de Namur (Nr.,*Bllk.!*).

5. S. rubens L. — *Crassula rubens L.* (O. rougeâtre). Bords de chemins, lieux arides. — R. Vallée de la Meuse : Freyr, Pont-à-Lesse, Ivoir (*Crep.*) Houx (*H.C.*), Amée (Nr., *Bllk.!*); env. de Liége (Lg., *Lej.*); R.R Thuin (Ht., *Mich.*).

6. S. album L. (O. blanc). Lieux pierreux, murs, pelouses. — C., A.C. Rég. mér.; R.

7. S. dasyphyllum L. (O. à feuilles épaisses). Vieux murs. — R.R. Mons (*Mich.*), Péruwelz (Ht., *Mar.*); Liége (Lg., *Lej.*); Malines (Anv., *Vh.*). Indigène ??

8. S. Cepaea L. (O. paniculé). Rochers. — Entre Granvoir et Martilly (Lx., *Tin.*). Mes propres recherches et celles d'un de mes amis ont été vaines pour retrouver cette espèce à la localité signalée. Indigène ?

9. S. Telephium L. (O. Reprise). Lisières de bois, rochers. — A.C. Rég. mér.; A.R., R.

10. S. maximum Pers. (O. géant). Rochers. — R.R. Juslenville (*Lej.*), Pepinster (Lg., *Str.!*). Indigène ?? Espèce cultivée dans quelques jardins.

III. **SEMPERVIVUM** L. (Joubarbe). Calice à 6-20 divisions. Corolle à 6-20 pétales, libres ou soudés à la base par l'intermédiaire des filets des étamines. Étamines 12-40. Écailles hypogynes courtes, dentées ou lacérées. Carpelles 6-20, polyspermes.

Feuilles des rosettes ciliées, glabres sur les faces ; rosettes adultes très-larges.
        S. *tectorum*.

Feuilles des rosettes à bords entièrement ciliés, pubescentes-glanduleuses sur les deux faces ; rosettes petites . . . . S. *Funkii*.

† S. tectorum L. (J. des toits). Toits de chaume, murs. — Çà et là naturalisé et planté.

1. S. Funkii A Br. (J. de Funk). Rochers. — R.R. Entre Sougnez et Aiwaille (Lg., *Crep.*, *Lej.*). Dans cette localité, assez éloignée des deux villages, la plante paraît croître à l'état sauvage. On la rencontre çà et là sur les murs des terrasses dans la vallée de la Vesdre. Indigène ??

XXXII. AMYGDALÉES (Juss.).

Fleurs régulières. Calice marcescent caduc, à 5 sépales soudés en tube, à tube campanulé non soudé avec l'ovaire, à limbe à 5 divisions. Corolle à 5 pétales insérés au bord supérieur d'un disque mince qui tapisse le tube du calice, libres. Étamines 5-30, insérées avec les pétales, libres. Style 1 ; stigmate capité. Fruit (drupe) libre, à 1 seul carpelle, charnu, ord. succulent, marqué d'un sillon latéral correspondant aux bords de la feuille carpellaire, à un seul noyau monosperme par avortement, rarement disperme. Arbres ou arbrisseaux à feuilles indivises ; stipules libres, caduques.

L'écorce du *Cerasus Padus* est astringente, ainsi que celle du *Prunus spinosa*. La tisane de *queues de cerises* est un diurétique d'un usage assez vulgaire.

1. Fleurs solitaires ou réunies par deux ; fruit velouté ou recouvert d'une efflorescence glauque. **2**
Fleurs assez nombreuses disposées en bouquets ou en grappes ; fruit glabre, luisant . . . . CERASUS. (i.)

2. Fleurs blanches ou d'un blanc rosé ; feuilles enroulées en cornet dans leur jeunesse.
        PRUNUS. (ii.)
Fleurs d'un rouge vif ; feuilles seulement pliées avant leur complet développement
        AMYGDALUS. (ii bis.)

I. **CERASUS** Juss. (Cerisier). Fruit (drupe) globuleux, succulent, glabre, jamais couvert d'une efflorescence glauque. Noyau très-lisse. Feuilles pliées dans leur première jeunesse. Fleurs blanches, en ombelles ou en grappes.

1. Fleurs grandes, en fascicules ombelliformes (pédoncules naissant au même
     niveau). **2**
   Fleurs petites, en grappes pendantes ou dressées. **3**
2. Feuilles pubescentes en dessous ; fruit doux. . . . . *C. avium.*
   Feuilles glabres en dessous ; fruit acide ou acidule. . . . . . *C. vulgaris.*
3. Fleurs en longues grappes pendantes ; feuilles à dents aiguës. . . . *C. Padus.*
   Fleurs en grappes courtes dressées ; feuilles à dents arrondies-glanduleuses.
                                                                    C. Mahaleb.

1. C. **avium** Mœnch — *Prunus avium L.* (C. des oiseaux). Bois. — C., A.C. Nr., Lx.,
     Lg., Ht.; R.   On cultive deux variétés de cette espèce : la var. *Juliana* (C. Ju-
     liana D.C.) à fruits gros. d'un rouge noirâtre, à saveur sucrée, et la var. *Dura-
     cina* (C. Duracina D.C.) à fruits rouges veinés de rose et de blanc jaunâtre.
     Cette dernière variété est vulgairement appelée *Bigarreau.*
† C. **vulgaris** Mill. — *Prunus Cerasus L.* (C. commun. — Vulg. *Cerise aigre*). Fré-
     quemment planté dans les vergers et les jardins. Il croît paraît-il à l'état
     sauvage dans le midi du Caucase.
2. C. **Padus** D.C. — *Prunus Padus L.* (C. à grappes). Bois montueux. — A.R. Région
     ardennaise des prov. de Lx., Nr. Lg. — Hors de cette région, cette espèce ne me
     paraît être que plantée ou naturalisée.
† C. **Mahaleb** Mill. — *Prunus Mahaleb L.* (C. Mahaleb). Souvent cultivé et naturalisé
     çà et là dans les haies. Pourra peut-être se rencontrer sauvage dans la rég. mér.

II. PRUNUS Tournef. (Prunier). Fruit (drupe) globuleux ou
oblong, succulent, glabre couvert d'une efflorescence glauque, plus
rarement pubescent-velouté. Noyau lisse ou à peine rugueux.
Feuilles roulées longitudinalement dans leur première jeunesse.
Fleurs blanches, solitaires ou géminées.

1. Fruit pubescent-velouté ; pédicelle fructifère très-court, presque nul.
                                                                    P. Armeniaca.
   Fruit glabre, couvert d'une poussière glauque ; pédicelle fructifère égalant ord. au
     moins la moitié du fruit. **2**
2. Arbrisseau très-épineux ; bourgeons florifères ord. à 1 fleur ; fruit petit, dressé.
                                                                    P. spinosa.
   Arbres peu ou pas épineux ; bourgeons à 2 fleurs ; fruit penché **3**
3. Jeunes rameaux pubescents-veloutés ; fruit globuleux . . . . . *P. insititia.*
   Jeunes rameaux glabres ; fruit allongé . . . . *P. domestica.*
1 P. **spinosa** L. (P. épineux. — Vulg. *Prunellier, Épine-noire*). Coteaux, haies. —
     C.C. Rég. mér.; A.C.
† P. **insititia** L. (P. sauvage). Assez souvent cultivé çà et là dans les haies. Paraît
     se rencontrer sauvage dans le Caucase et en Grèce.
† P. **domestica** L. (P. domestique. — Vulg. *Prunier*). Cultivé dans les vergers. Paraît
     se rencontrer sauvage dans le Caucase.
† P. **Armeniaca** L. — *Armeniaca vulgaris Lam.* (P. Abricotier. — Vulg. *Abricotier*).
     Cultivé dans les jardins. Originaire de l'Arménie et du Caucase.

† AMYGDALUS L. (Amandier). Fruit (drupe) ord. globuleux,
succulent, ord. pubescent-velouté. Noyau marqué de sillons irréguliers. Fleurs ord. d'un rouge vif.

   Fruit très-succulent. . . . . *A. Persica.*
† A. **Persica** L. — *Persica vulgaris Mill.* (A. Pêcher. — Vulg. *Pêcher*). Cultivé.
     Suivant M. Alph. De Candolle, cet arbre paraîtrait originaire de la Chine.

XXXIII. ROSACÉES (Juss.).

Fleurs régulières. Calice non soudé avec l'ovaire, persistant, très-
rarement marcescent, à 5 rarement 4 sépales soudés seulement à
la base ou soudés en tube plus ou moins long; sépales souvent
munis de stipules qui se soudent 2 à 2 et forment par leur réunion
un calicule dont les divisions alternent avec celles du calice. Corolle
à 5 rarement 4 pétales libres, caducs, insérés sur un disque plus ou
moins épais au niveau de la base des divisions du calice. Étamines

ord. en nombre indéfini, libres, insérées avec les pétales. Styles en nombre égal à celui des carpelles, ord. latéraux, libres, rarement agglutinés en colonne. Fruit composé de carpelles libres entre eux, en nombre indéfini, plus rarement peu nombreux ou réduits au nombre de 1-2; carpelles secs ou drupacés, monospermes indéhiscents, très-rarement polyspermes déhiscents, ordinairement disposés en capitule sur un réceptacle hémisphérique ou conique, ou renfermés dans le tube du calice charnu ou ligneux. Plantes annuelles ou vivaces, ou arbrisseaux. Feuilles ord. divisées; stipules ord. plus ou moins soudées avec le pétiole.

La racine du *Spiræa Ulmaria* a été recommandée comme vermifuge. L'infusion des feuilles de Ronce constitue un gargarisme légèrement astringent. On compte l'*Agrimonia Eupatoria* au nombre des médicaments stimulants, toniques et astringents. Avec les fruits du *Rosa canina* on prépare une conserve astringente usitée dans le traitement des diarrhées chroniques.

1. Calice en tube renfermant les fruits ou carpelles 2
 Calice non en tube cachant les carpelles; carpelles en tête ou disposés en cercle   3
2. Arbrisseaux munis d'aiguillons; carpelles nombreux; tube du calice charnu, rouge
 à la maturité . . . . Rosa. (vii.)
 Plantes herbacées; carpelles 1-2; tube du calice ligneux, vert à la maturité.
 Agrimonia. (viii).
3. Calice à 5 divisions, dépourvu de calicule ou sépales externes 4
 Calice ord. à 10 divisions, les 5 extérieures constituant un calicule. 5
4. Arbrisseaux à tiges munies d'aiguillons; carpelles nombreux, succulents, disposés
 en tête ord. globuleuse . . . . Rubus. (ii.)
 Plantes herbacées; carpelles secs disposés sur un rang en cercle . Spiraea. (i.)
5. Pétales rétrécis au sommet, aigus; fleurs d'un pourpre foncé. . . Comarum. (v.)
 Pétales élargis au sommet, arrondis ou échancrés; fleurs blanches, jaunes ou d'un
 jaune un peu rougeâtre 6
6. Styles terminaux allongés, coudés, s'accroissant après la floraison; plantes élevées.
 Geum. (iii.)
 Styles latéraux courts, non coudés, ne s'accroissant pas, caducs; plantes ord. basses.
 7
7. Réceptacle ou support des carpelles devenant charnu rougeâtre (fraise).
 Fragaria. (iv.)
 Réceptacle ne devenant pas charnu . . . . Potentilla.(vi.)

I. SPIRAEA L. (Spirée). Calice à 5 divisions, dépourvu de calicule. Styles terminaux. Carpelles peu nombreux, disposés en un seul verticille, secs, contenant 2-6 graines, s'ouvrant par le bord interne. Plantes ord. herbacées. Fleurs blanches ou rosées, en corymbes multiflores.

1. S. Ulmaria L. (S. Ulmaire.— Vulg. *Reine des prés*). Prairies, bords des eaux.—C.
2. S. Filipendula L. (S. Filipendule). Pâturages, lieux incultes.—R.Ensival (Lg.,*Lej.*);
 env. de Ciergnon (Nr., *Crep.*); Fontaine-l'Evêque (Ht., *Mich.*); La Hulpe (Bb.,
 Rouc., Dk.).
 Obs. — Plusieurs espèces exotiques et ligneuses sont fréquemment cultivées. On les
retrouve naturalisées çà et là dans les haies.

II. RUBUS L. (Ronce). Calice à 5 divisions, dépourvu de calicule. Carpelles nombreux, drupacés succulents, monospermes, groupés en un fruit bacciforme sur un réceptacle conique. Tiges ord. ligneuses, munies d'aiguillons.

1. Plante basse, grêle, à tige presque herbacée; stipules libres, naissant de la tige.
 R. saxatilis.
 Plante robuste, à tige grosse et ligneuse; stipules soudées au pétiole . . . 2
2. Fruit pubescent, rouge, rarement jaune; fleurs et fruits à pédoncules penchés.
 R. Idæus.
 Fruit glabre, noir à la maturité; fleurs et fruits à pédoncules dressés ou étalés. 3
3. Feuilles à 3 folioles; calice à divisions relevées après la floraison; fruit ord. couvert
 d'une efflorescence ou poussière glauque . . . . *R. cæsius.*
 Feuilles à 5-7 folioles; calice à divisions étalées ou réfléchies après la floraison;
 fruit luisant . . . . *R. fruticosus.*

1. R. saxatilis L. (R. des rochers). Bois.—R.R. Env. de Storkem (*Bj.!*), Vance (Lx., *Crep.*); Mons? (Ht., *Desm.*).
2. R. idaeus L. (R. Framboisier.—Vulg. *Framboisier*). Bois.—C. Rég. mér.; A.C., A.R.
3. R. caesius L. (R. bleue). Buissons, lieux pierreux.—C., A.C.
4. R. fruticosus L. (R. frutescente). Haies, buissons, bois.—C.C., C.C.C.

III. GEUM L. (Benoîte).

Calice à 5 divisions, muni d'un calicule à 5 divisions. Styles s'accroissant longuement après la floraison, genouillés dans leur partie supérieure, à article terminal caduc. Carpelles nombreux, secs, monospermes, poilus, groupés en une tête globuleuse. Plantes herbacées. Fleurs jaunes ou d'un jaune veiné de rouge.

Fleurs jaunes, dressées; tête des carpelles sessile . . . . *G. urbanum.*
Fleurs pendantes, rougeâtres; tête ou capitule des carpelles porté sur un support aussi long que le calice . . . . *G. rivale.*
1. G. urbanum L. (B. commune). Haies, lieux herbeux.— C.
2. G. rivale L. (B. des ruisseaux). Bords des ruisseaux, bois humides. — A.R. Nr., Lx.; R. Bilstain (Lg., *Lej.*); Chapelle-à-Watinnes (Ht., *Mich.*); La Hulpe, Tervueren (Bb., *Rouc.*).

IV. FRAGARIA L. (Fraisier).

Calice à 5 divisions, muni d'un calicule. Styles marcescents. Carpelles nombreux, secs, monospermes, disposés sur un réceptacle ovoïde, très-développé, charnu-succulent, caduc à la maturité. Plantes herbacées, émettant des stolons. Feuilles à 3 folioles. Fruits rouges ou rosés.

1. Calice dressé-appliqué sur le fruit après la floraison; fruits se détachant avec peine du support . . . . *F. collina.*
Calice étalé ou rejeté en bas après la floraison; fruits mûrs se détachant avec facilité **2**
2. Pédicelles couverts de poils dressés ou appliqués; foliole moyenne sessile . *F. vesca.*
Pédicelles tomenteux, à poils étalés; foliole moyenne pétiolulée . . . *F. elatior.*
1. F. vesca L. (F. comestible) Bois, pelouses. — C.C. Rég. mér.; A.C.
2. F. elatior Ehrh.— *F. magna Thuill.* (F. élevé). Bois, haies.— R. Rochefort, Hamerenne, Saint-Remy, env. de Conjoux (Nr., *Crep.*); Pepinster, Nessouvaux (Lg., *Lej.*).
3. F. collina Ehrh. (F. des collines). Coteaux secs, rochers. — R. Bande calcaire de la Famenne : Nr., Lx.; se retrouve à Verviers (Lg., *Lej.*) sur ce même calcaire. Paraît nul ailleurs.

V. COMARUM L. (Comaret).

Calice à 5 divisions, muni d'un calicule. Pétales oblongs, aigus. Styles marcescents. Carpelles nombreux, secs, monospermes, disposés sur un réceptacle hémisphérique, spongieux, persistant. Feuilles pinnatiséquées.

Fleurs d'un pourpre foncé . . . . *C. palustre.*
1. C. palustre L. (C. des marais). Prairies marécageuses, tourbières. — A.C. Région ardennaise des prov. de Nr., Lx., Lg.; A.R. Anv., Lb.; R.

VI. POTENTILLA L. (Potentille).

Calice à 5 rarement 4 divisions, muni d'un calicule. Pétales obovales, arrondis ou émarginés. Styles caducs. Carpelles secs, monospermes, disposés sur un réceptacle convexe, sec, persistant. Plantes herbacées. Feuilles pinnatiséquées ou palmatiséquées. Fleurs jaunes, rarement blanches.

1. Fleurs blanches **2**
Fleurs jaunes **3**
2. Feuilles à 3 folioles; plante basse, ayant l'aspect d'un Fraisier, munie de coulants ou stolons . . . . *P. Fragariastrum.*
Feuilles ailées, à 5-7 divisions; plante élevée, sans stolons. . . . *P. rupestris.*
3. Feuilles ailées, à 6-10 paires de folioles, argentées-soyeuses en dessous.
P. Anserina.
Feuilles digitées ou palmées (folioles ou divisions partant du même point) . . **4**
4. Fleurs toutes à 5 pétales; feuilles à 5-7 folioles. **5**
Fleurs ord. à 4 pétales; feuilles à 3-5 folioles **8**

5. Fleurs solitaires; tiges grêles, allongées, couchées, enracinées aux nœuds.
P. reptans.
Fleurs plus ou moins nombreuses en cymes; tiges jamais couchées-radicantes . 6
6. Feuilles à folioles blanches-argentées en dessous . . . . *P. argentea.*
Folioles vertes sur les deux faces, pubescentes surtout à la face inférieure . . 7
7. Tiges grêles, courtes, couchées-ascendantes, naissant à l'aisselle des feuilles d'une rosette terminale. . . . . *P. verna.*
Tige robuste, dressée, naissant au sommet d'une souche sans rosette . *P. recta.*
8. Feuilles des tiges pétiolées; tiges allongées, couchées, ord. radicantes au sommet à l'automne . . . . *P. procumbens.*
Feuilles des tiges sessiles; tiges ord. courtes, étalées ou dressées, jamais radicantes.
P. Tormentilla.

1. P. Fragariastrum Ehrh. — *Fragaria sterilis L.* (P. Fraisier). Bois, bords des chemins. — C. Rég. mér.; A.R.

2. P. reptans L. (P. rampante). Lieux herbeux, haies. — C., C.C.

3. P. Tormentilla Sibth. — *Tormentilla erecta L.* (P. Tormentille). Bois, bruyères. — C., C.C.

4. P. procumbens Sibth. — *Tormentilla reptans L.* (P. tombante). Bois, bruyères, lieux herbeux. — A.R. Région ardennaise des prov. de Nr., Lx., Lg. et ses lisières. Paraît R.R. ou nul ailleurs. Espèce peu connue.

5. P. verna L. (P. printanière). Pelouses, rochers. — C., A.C. Rég. mér.; R.

6. P. argentea L. (P. argentée). Pelouses arides, bords de chemins. — A.C., A.R. Lx., Nr., Lg., Ht., Bb.; R. Anvers (*Dk.*), Malines (Anv., *Rouc.*); env. de Termonde (Fl. or., *Rouc.*); Beverloo (Lb., *West.*).

† P. recta L. (P. droite). Murs, rochers. — R.R. Entre Liége et Tilleur (*Lej.!*), entre Pepinster et Nessonvaux (Lg., *Crep.*); Erquelines, Bersillies (Ht., *Mich.*). Indigène?? Sur les murailles des terrasses entre Pepinster et Nessonvaux, il a été probablement planté en compagnie du *Sempervivum Funkii*, qui y est très-abondant.

7. P. rupestris L. (P. des rochers). Bois montueux. — R.R. Environs de Vignée (Nr., *Crep.*); Lendelies (Ht., *Mich.*).

8. P. Anserina L. (P. Ansérine). Bords des chemins, lieux herbeux. — C., C.C.

VII. ROSA L. (Rosier). Calice dépourvu de calicule, à tube urcéolé étranglé au sommet, s'accroissant beaucoup après la floraison devenant charnu à la maturité, à limbe à 5 divisions pinnatipartites rarement entières. Styles libres ou soudés en colonne dans leur partie supérieure. Carpelles nombreux, osseux, monospermes, insérés sur les parois du tube du calice, qui les enveloppe complètement. Arbrisseaux munis d'aiguillons. Fleurs très-grandes.

1. Styles soudés en une colonne qui égale les étamines . . . . . . *R. arvensis.*
Styles non soudés, plus courts que les étamines 2
2. Aiguillons des tiges droits, grêles, peu dilatés à la base; sépales se redressant immédiatement après la floraison, persistants et ne se séparant jamais du fruit.
3
Aiguillons la plupart crochus, robustes, dilatés à la base, quelquefois entremêlés d'aiguillons droits sétacés; sépales caducs peu après la floraison ou se redressant lentement et couronnant le fruit à la maturité, mais se détachant avec facilité 4
3. Feuilles ord. glabres, à folioles petites; fruits dressés à la maturité.
R. Pimpinellifolia.
Feuilles tomenteuses, glanduleuses en dessous, a folioles larges; fruits penchés à la maturité . . . . *R. pomifera.*
4. Feuilles tomenteuses-cendrées sur les deux faces; aiguillons peu crochus.
R. tomentosa.
Feuilles glabres ou pubescentes, jamais tomenteuses-cendrées; aiguillons la plupart fortement crochus 5
5. Feuilles non glanduleuses en dessous ou à glandes rares, inodores . . *R. canina.*
Feuilles très-glanduleuses en dessous, à glandes très-odorantes 6
6. Folioles larges, arrondies aux deux bouts, très-odorantes; pédoncules très-glanduleux; styles très-hérissés; aiguillons crochus ord. entremêlés d'aiguillons droits.
R. rubiginosa.
Folioles étroites, rétrécies aux deux bouts, médiocrement odorantes; pédoncules glabres; styles presque glabres; aiguillons tous crochus . . . . . *R. sepium.*

1. R. arvensis L. (R. des champs). Bois montueux, broussailles, lieux pierreux. — C., A.C. Rég. mér.; R.

2. R. canina L. (R. de chien). Bois, coteaux, haies. — C.C. Rég. mér.; A.C., A.R.

3. R. ᴛᴏᴍᴇɴᴛᴏsᴀ Sm. (R. tomenteux). Bois, haies. — A.C., A.R. Lx., Lg., Nr., Ht.; R. Lombartzyde (Fl. occ., *Kx.*); Schooten (Anv. *Vh.*).

4. R. ꜱᴇᴘɪᴜᴍ Thuill. (R. des haies). Coteaux boisés. — R.R. Entre Wavreille et Han-sur-Lesse (Nr., *Crep.*).

5. R. ʀᴜʙɪɢɪɴᴏsᴀ L. (R. rouillé). Haies, coteaux, bois.—C., A.C., A.R.—Manque dans beaucoup de localités.

6. R. ᴘɪᴍᴘɪɴᴇʟʟɪꜰᴏʟɪᴀ L. (R. à feuilles de Pimprenelle). Coteaux secs, rochers. — A.R. Nr.; R. Aiwaille. Comblain-au-Pont (Lg., *Lej.!*); Wellin (Lx., *Crep.*); Baudour (Ht., *Hocq., Mich.*); Nieuport (Fl. occ., *Kx.*).

7. R. ᴘᴏᴍɪꜰᴇʀᴀ * Herm. (R. pomifère). Coteaux arides, buissons. — R.R. Env. de Namur (*Bllk.!*), entre Miannoye et Durnal (Nr., *Crep.*); Anvers (Auv., *Lej.!*).

VIII. AGRIMONIA L. (Aigremoine). Calice dépourvu de calicule, turbiné, à tube herbacé devenant presque ligneux à la maturité, offrant dix cannelures saillantes, hérissé au sommet d'épines subu-lées crochues, à 5 divisions conniventes après la floraison. Étamines 10-20. Carpelles 1-2, monospermes, renfermés dans le tube du calice. Plantes herbacées. Fleurs petites, jaunes, disposées en grappes longues.

> Épines inférieures du fruit étalées et dirigées en haut ; tige peu ou pas glanduleuse au sommet . . . . *A. Eupatoria.*
> Épines des rangs extérieurs réfractées, dirigées en bas ; axe de la grappe très-glanduleux . . . .*A. odorata.*

1. A. ᴇᴜᴘᴀᴛᴏʀɪᴀ L. (A. Eupatoire. — Vulg. *Aigremoine*). Buissons, lieux herbeux. — C.

2. A. ᴏᴅᴏʀᴀᴛᴀ Mill. (A. odorante). Bois, buissons. — R. Malvoisin, Willerzie, Gedinne, Membre, Bohan (Nr., *Grav.!*); Saint-Hubert (*Mor.!*), Daverdisse, Neupont, Harsin, entre Bande et Champlon (Lx., *Crep.*); Theux (Lg., *Lej.*).

XXXIV. POMACÉES (Juss.).

Fleurs régulières. Calice à 5 sépales soudés en tube, à tube soudé avec l'ovaire, à limbe à 5 divisions, à divisions persistantes, mar-cescentes ou caduques. Corolle à 5 pétales insérés sur un disque mince à la gorge du calice, libres. Étamines 15-30, insérées avec les pétales à la gorge du calice, libres. Styles 5 ou 1-4 par avortement, libres ou plus ou moins soudés à la base ; stigmate simple. Fruit

* Plusieurs botanistes ont rapproché et fait contraster cette espèce avec le *R. tomentosa*. Ce rapprochement ne paraît pas naturel si, avec moi, on considère les carac-tères tirés de la forme des aiguillons et de la persistance plus ou moins grande des sépales comme notes distinctives de premier ordre. Dans le *R. pomifera*, les sépales persistent sur le fruit et ne se désarticulent jamais au niveau de leur insertion, tandis que dans le *R. tomentosa* les sépales sont plus ou moins promptement caducs, ou si parfois ils persistent sur le fruit mûr, ils sont désarticulés et le moindre choc les fait tomber. Les aiguillons normaux du *R. tomentosa* sont franchement crochus et se dis-tinguent parfaitement des aiguillons droits et grêles du *R. pomifera*. Ces caractères de sépales persistants et d'aiguillons droits rapprochent le *R. pomifera* du *R. pimpinelli folia*. Pour nos espèces indigènes, je serais assez porté à établir deux sections dans le genre *Rosa* pour les espèces à styles libres non soudés en colonne : la première, carac-térisée par des sépales ne se désarticulant jamais au niveau de leur point d'insertion et par des aiguillons normaux grêles et droits, comprendrait les *R. pimpinellifolia* et *R. pomifera*, auxquels seraient ajoutés plus tard deux autres espèces indigènes encore peu connues (*R. coronata* Crepin et *R. mollis* Willd.) ; la seconde section, caractérisée par des sépales promptement caducs ou persistants sur le fruit mûr, mais désarticulés au niveau de leur point d'insertion, et par des aiguillons normaux robustes et crochus, renfermerait les *R. canina*, *R. tomentosa*, *R. sepium* et *R. rubiginosa*.

Il m'a paru, d'après les observations que j'ai faites sur nos espèces indigènes et l'étude d'échantillons secs et de figures des espèces étrangères à notre Flore, que les caractères d'*aiguillons droits, grêles, et de sépales persistants* étaient généralement concomitants.

soudé avec le calice, à 5 carpelles ou moins par avortement, couronné par le limbe du calice ou par la cicatrice produite par sa chute, charnu ou pulpeux, à partie charnue produite par le développement du calice, à 5 loges, ou à 1-4 loges par avortement; loges dispermes ou monospermes, rarement polyspermes; endocarpe membraneux ou cartilagineux, s'ouvrant par le côté interne, ou osseux partagé en loges indéhiscentes libres entre elles à la maturité (noyaux). Arbres ou arbrisseaux. Feuilles simples ou divisées; stipules libres.

1. Feuilles plus ou moins profondément découpées, quelquefois ailées. **2**
Feuilles indivises, seulement denticulées ou entières. **3**
2. Arbrisseaux épineux; fruit à noyau osseux . . . . CRATAEGUS. (ii.)
Arbres plus ou moins élevés, non épineux; fruit à pepins . . . SORBUS. (vii.)
3. Sépales grands presque foliacés dépassant la corolle; fruit pubescent. MESPILUS. (i.)
Sépales plus courts que la corolle ou la dépassant à peine; fruit glabre. . . . **4**
4. Feuilles entières non dentées; fruit petit rouge, à noyau osseux. COTONEASTER. (iii.)
Feuilles dentées; fruit gros (pomme, poire) ou petit d'un noir bleuâtre, à pepins. **5**
5. Pétales étroits, lancéolés; arbrisseau à fruit petit d'un noir bleuâtre.
AMELANCHIER. (iv.
Pétales larges, arrondis; arbres à fruit ord. gros, non d'un noir bleuâtre. . . **6**
6. Fruit arrondi à la base, ombiliqué à l'attache de la queue; styles soudés à la base.
MALUS. (vi.)
Fruit rétréci à la base, non ombiliqué; styles libres. . . . . . . PYRUS. (v.)

I. MESPILUS L. (Néflier). Calice à 5 divisions presque foliacées. Fruit subglobuleux-turbiné, couronné par les divisions très-développées du calice, à partie supérieure non soudée avec le calice formant une large surface disciforme, à 5 noyaux osseux monospermes par avortement. Arbre ou arbrisseau épineux. Feuilles à peine dentées.

Fruit d'un brun rougeâtre, pubescent. . . . . *M. Germanica.*
1. M. GERMANICA L. (N. d'Allemagne.—Vulg. *Néflier*). Haies, bois.—A.R. Vraiment indigène?

II. CRATAEGUS L. (Aubépine). Calice à 5 lobes courts. Fruit subglobuleux, couronné par les lobes marcescents du calice, à partie supérieure libre très-étroite rétrécie en ombilic, à 1-3 noyaux osseux monospermes par avortement. Arbrisseaux épineux. Feuilles plus ou moins profondément incisées ou lobées. Fleurs odorantes, blanches ou rosées, disposées en corymbes rameux.

Feuilles larges, peu découpées, à nervures arquées vers le sommet; calice pubescent. *C. monogyna.*
Feuilles profondément découpées, à nervures droites un peu arquées en dehors; calice glabre. . . . . *C. oxyacantha.*
1. C. OXYACANTHA L.—*C. oxyacanthoides Thuill.* (A. à 2 styles. —Vulg. *Épine-blanche*). Haies, bois.—C.
2. C. MONOGYNA Jacq. (A. à 1 style). Haies, bois.—C.

III. COTONEASTER Medik. (Cotonéaster). Calice à 5 lobes courts. Fruit globuleux, couronné par les divisions du calice persistantes, conniventes, à disque épigyne dépassé par le sommet de 3-5 noyaux osseux monospermes nus dans leur tiers supérieur. Arbrisseau non épineux. Feuilles entières. Fleurs petites, rosées, solitaires ou géminées.

Fruit rouge, de la grosseur d'un pois . . . . *C. vulgaris·*
1. C. VULGARIS Lindl. — *Mespilus Cotoneaster L.* (C. commun). Rochers. — R. Han-sur-Lesse, Belvaux, Resteigne, Waulsort (*Crep.*), Houx (*H. C.*), entre Mariembourg et Dourbes (*Nr., Det.*); entre Sougnez et Aiwaille, Douflamme (*Lg., Crep.*); Charleroy, Lompret (*Ht., Hocq.*); Bouillon (*Lx., Dmrt.*).

IV. AMELANCHIER Mœnch (Amélanchier). Calice à 5 lobes.

Pétales lancéolés. Fruit subglobuleux, couronné par les lobes persistants du calice, à 5 loges à 2 pepins, partagées chacune en deux loges incomplètes. Arbrisseau non épineux. Feuilles dentées. Fleurs blanches, en grappes pauciflores.

Fruit petit, d'un noir bleuâtre . . . . *A. vulgaris.*
1. A. VULGARIS Mœnch — *Mespilus Amelanchier L.* — *Aronia rotundifolia Pers.* (A. commun). Coteaux, rochers. — R.R. Chimay, Lompret (*Hocq.*), Virelles, Villers-la-Tour (Ht., *Desm.*).
Obs.—Le *Cydonia vulgaris Pers.* (vulg. *Cognassier*) est fréquemment cultivé dans les jardins et les vergers. Croît naturellement en Italie, en Grèce, en Crimée et problement dans l'Asie mineure.

V. PYRUS Tournef. (Poirier). Calice à 5 divisions. Pétales suborbiculaires. Styles libres. Fruit ord. ovoïde ou turbiné, plus rarement subglobuleux, non ombiliqué à la base, surmonté par le limbe marcescent du calice, à 5 loges à 2 pepins, plus rarement à 1 pepin par avortement. Arbres à rameaux spinescents à l'état sauvage. Feuilles indivises dentées. Fleurs blanches, disposées en corymbes simples.

Feuilles glabres, à pétiole égalant le limbe . . . . *P. communis.*
1. P. COMMUNIS L. (P. commun). Haies, bois.—A.R. Rég. mér.—Vraiment indigène?

VI. MALUS Tournef. (Pommier). Calice à 5 divisions. Pétales suborbiculaires. Styles soudés à la base. Fruit plus ou moins déprimé, profondément ombiliqué à l'insertion du pédicelle, surmonté par le limbe persistant ou marcescent du calice, à 5 loges à 2 pepins, plus rarement à 1 pepin par avortement. Arbres à rameaux spinescents à l'état sauvage. Feuilles indivises dentées. Fleurs d'un blanc rosé, en ombelles simples.

Feuilles un peu pubescentes puis glabres ; fruit très-acerbe. . . . *M. acerba.*
Feuilles blanches-tomenteuses en dessous ; fruit à saveur douce . *M. communis.*
1. M. ACERBA Mérat—*Pyrus acerba DC.* (P. à fruit acerbe). Haies, bois.—A.R. Rég. mér.—Indigène?
† M. COMMUNIS Poir.—*Pyrus Malus L.* (P. commun. — Vulg. *Pommier*). Généralement cultivé. Çà et là naturalisé.

VII. SORBUS L. (Sorbier). Calice à 5 divisions. Pétales suborbiculaires. Fruit globuleux ou turbiné, non ombiliqué à la base, surmonté par le limbe marcescent ou persistant du calice, à 2-4 loges ord. très-inégalement développées, ord. à 1 pepin par avortement, plus rarement à 5 loges régulières. Arbres non épineux. Feuilles lobées ou pinnatiséquées. Fleurs blanches, disposées en corymbes rameux multiflores.

1. Feuilles divisées-ailées à 5 ou 8 paires de folioles. 2
   Feuilles seulement incisées ou lobées plus ou moins profondément 3
2. Bourgeons tomenteux-blanchâtres ; fruit petit globuleux, d'un rouge écarlate.
   S. aucuparia.
   Bourgeons glabres et visqueux ; fruit assez gros en forme de poire, verdâtre, devenant brun. . . . . *S. domestica.*
3. Feuilles devenant glabres ; styles glabres ; fruit brun. . . . . *S. torminalis.*
   Feuilles tomenteuses-blanchâtres en dessous ; styles velus à la base ; fruit d'un rouge orange . . . . *S. Aria.*
† S. DOMESTICA L. (S. domestique). Espèce rarement cultivée.
1. S. AUCUPARIA L. (S. des oiseleurs). Bois.—A.C., A.R. Rég. mér.
2. S. TORMINALIS Crantz — *Cratægus torminalis L.* (S. Alisier) Bois montueux.— A.R. Rég. montueuse des provinces de Nr., Lx., Lg., Ht.
3. S. ARIA Crantz—*Cratægus Aria L.* (S. Alouchier). Bois, rochers.—A.R., R. Rég. montueuse des provinces de Nr., Lx., Lg., Ht.

XXXV. ONAGRARIÉES (Juss.).

Fleurs régulières ou un peu irrégulières. Calice gamosépale, à tube soudé avec l'ovaire et souvent prolongé au-dessus de lui, à limbe à 4 divisions, caduc ou persistant. Corolle à 4 pétales insérés sur un disque plus ou moins distinct au sommet du tube du calice. Étamines 8, rarement 4, insérées avec les pétales au sommet du tube du calice. Styles soudés en un style filiforme; stigmates 4, étalés ou rapprochés en massue. Fruit soudé avec le tube du calice, capsulaire, à 4 loges polyspermes, s'ouvrant en 4 valves (déhiscence loculicide). Graines ord. couronnées par une aigrette. Plantes herbacées, ord. vivaces. Feuilles ord. opposées ou alternes, entières ou dentées.

1. Pétales nuls; étamines 4; plante petite à tiges couchées radicantes. IsNANDIA. (iii.)
   Pétales 4; étamines 8; plantes élevées à tiges dressées. 2
2. Fleurs roses ou purpurines; graines terminées par une aigrette . EPILOBIUM. (i.)
   Fleurs jaunes; graines nues au sommet . . . . AEnoTHERA. (ii.)

I. EPILOBIUM L. (Épilobe). Calice à limbe à 5 divisions caduques, à tube très-long tétragone soudé avec l'ovaire qu'il dépasse un peu. Pétales 4. Étamines 8. Styles filiformes; stigmates 4, étalés en croix ou rapprochés en massue. Capsule linéaire en forme de silique, s'ouvrant du sommet à la base en 4 valves. Graines couronnées par une aigrette soyeuse. Fleurs roses ou purpurines, rarement blanchâtres.

1. Fleurs à pétales inégaux; style et étamines réfléchis-arqués . . . *E. spicatum.*
   Fleurs régulièrs; style et étamines dressés. 2
2. Tige présentant 2 ou 4 lignes saillantes dans les entrenœuds 3
   Tige tout à fait cylindrique, sans lignes saillantes. 5
3. Feuilles longuement pétiolées; fleurs penchées avant la floraison . . *E. roseum.*
   Feuilles sessiles ou à pétiole presque nul; fleurs dressées avant la floraison. . 4
4. Tige offrant à sa base de longs stolons ou coulants feuillés; feuilles de la tige
   subsessiles, arrondies et élargies a la base; valves du fruit tordues-enroulées.
                                                          E. obscurum.
   Tige pourvue de rosettes de feuilles à la base; feuilles de la tige embrassantes,
   non élargies à la base; valves du fruit un peu arquées . . *E. tetragonum.*
5. Fleurs penchées avant la floraison; plantes presque glabres. 6
   Fleurs dressées avant la floraison; plantes velues-pubescentes 7
6. Stigmates rapprochés en massue; tige pourvue de stolons filiformes terminés
   par une rosette compacte en forme de bulbille; feuilles ord. étroites.
                                                          E. palustre.
   Stigmates étalés en croix; rosettes des tiges sessiles; feuilles ord. larges.
                                                          E. montanum.
7. Fleurs grandes; feuilles embrassantes . . . . *E. hirsutum.*
   Fleurs petites; feuilles n'embrassant pas la tige. . . . . *E. molle.*
1. E. SPICATUM Lam. (E. en épi). Bois montueux.—A.C. Lx., Nr., Lg.; A.R., R.
2. E. HIRSUTUM L. (E. hérissé . Bords des eaux, prairies fraîches.—C., A.C.
3. E. MOLLE Lam. — *E. parviflorum Schreb.* (E. à feuilles molles). Fossés, bords des
     eaux.—C., A.C.
4. E. MONTANUM L. (E. des montagnes). Bois, rochers, murs.—C., A.C.
5. E. PALUSTRE L. (E. des marais). Fossés, tourbières.—A.R.
6. E. OBSCURUM Schreb.— *E. virgatum Fries* (E. douteux). Ruisseaux, prairies hu-
     mides.—C., A.C. Région ardennaise des prov. de Nr., Lx., Lg.; R.?
7. E. TETRAGONUM L. (E. tétragone). Fossés, champs humides. — R. Env. de Namur
     (Bllk.!), Rochefort, Éprave, Saint-Remy (Nr., Crep.); env. de Gand (Fl. or.,
     Schd.!) C.?? — Les *E. obscurum* et *E. tetragonum* sont souvent confondus. Je
     suis porté à croire que la première espèce est la plus répandue.
8. E. ROSEUM Schreb. (E. rose). Lieux frais, bords des eaux. — A.R. Nr., Lg., Lx.,
     Ht.; R. Woluwe près Vilvorde (Bb., Wesm.!); env. de Gand (Fl. or., Schd.!)

II. OENOTHERA L. (Onagre). Calice à limbe à 5 divisions, à tube très-long, presque cylindrique, soudé avec l'ovaire qu'il dépasse longuement, articulé au niveau du sommet de l'ovaire, à article supérieur caduc après la floraison. Pétales 4. Étamines 8. Style filiforme ; stigmates 4, étalés en croix. Capsule coriace, oblongue, subtétragone, s'ouvrant au sommet par l'écartement des 4 valves. Graines sans aigrette. Fleurs jaunes.

Fleurs grandes, à pétales dépassant longuement les étamines. . . *OE. biennis.*
1. OE. *biennis* L. (O. bisannuelle). Bords des rivières, lisières de bois.—A.R.
Plante originaire de l'Amérique septentrionale et dont la naturalisation a commencé en Europe vers le milieu du siècle dernier. Dès 1792, Roucel la signalait déjà comme abondante aux environs de Bruxelles, Gand et Termonde.
Obs. — L'*OEnothera muricata L.*, espèce également de l'Amérique septentrionale, paraît vouloir se naturaliser en Belgique. M. l'abbé Vandenborn l'a découvert en abondance sur le talus du chemin de fer près Saint-Trond (Lb.!).

III. ISNARDIA L. (Isnarde). Calice à limbe à 5 dents persistantes, à tube campanulé, court, soudé avec l'ovaire qu'il ne dépasse pas. Pétales nuls. Étamines 4. Style filiforme ; stigmate capité. Capsule courte, subtétragone, à 4 loges polyspermes, s'ouvrant en 4 valves. Graines dépourvues d'aigrette. Plante aquatique, radicante, souvent nageante. Feuilles opposées.

Feuilles ovales aiguës ; fleurs petites à l'aisselle des feuilles. . . . *I. palustris.*
1. I. *palustris* L. (I. des marais). Lieux inondés, fossés. — R.R. Hasselt (*Mal.!*), Pitersheim (Lb., *Lej.*); entre Gheel et Tongerloo (Anv., *Vh.*); entre Werchter et Tremeloo (Bb., *Kx.* .

XXXVI. CIRCÉACÉES (Lindl.).

Fleurs régulières. Calice à tube soudé avec l'ovaire, à limbe à 2 divisions. Corolle à 2 pétales, insérés au sommet du tube du calice sur un disque assez développé. Étamines 2, insérées avec les pétales au sommet du tube du calice. Styles soudés en un style filiforme ; stigmate subbilobé. Fruit soudé avec le tube du calice, coriace, indéhiscent, à 2 loges monospermes. Plantes vivaces, herbacées, stolonifères. Feuilles opposées. Fleurs en grappes allongées.

Le *Circæa Lutetiana* est doué de propriétés légèrement astringentes.

I. CIRCAEA Tournef. (Circée).

Pédicelles dépourvus de bractées ; feuilles faiblement dentées, opaques ; fruits demeurant longtemps attachés à la tige. . . . . *C. Lutetiana.*
Pédicelles munis de très-petites bractées, seulement visibles à la loupe ; feuilles très-dentées, semi-transparentes ; fruits promptement caducs, stériles.
. . . . *C. intermedia.*
1. C. *Lutetiana* L. (C. parisienne). Lieux frais ombragés, bois.—C., A.C.
2. C. *intermedia* Ehrh. (C. intermédiaire). Lieux frais ombragés, bords des ruisseaux
—A.R. Région ardennaise des prov. de Lx., Lg., Nr., et ses lisières.

XXXVII. HALORAGÉES (R. Br.).

Fleurs régulières souvent incomplètes, hermaphrodites ou monoïques. Calice à tube soudé avec l'ovaire, à limbe à 4 divisions ou presque nul. Corolle à 4 pétales insérés sur un disque au sommet du tube du calice, quelquefois nulle. Étamines en nombre égal à celui des divisions du calice ou en nombre double, insérées au sommet du tube du calice. Style filiforme ou 4 stigmates sessiles. Fruit soudé avec le tube du calice, sec, souvent presque ligneux, couronné ou entouré par le limbe persistant du calice, à 4 loges, ou à 1 loge par avortement, à loges monospermes indéhiscentes. Plantes aquatiques, submergées ou nageantes, à feuilles verticillées, plus rarement opposées.

Feuilles disposées en cercle (verticillées), toutes découpées en lanières étroites.
                                                    Myriophyllum. (i.)
Feuilles inférieures finement découpées, opposées, les supérieures indivises
    longuement pétiolées. . . . . Trapa. (ibis.)

I. MYRIOPHYLLUM Vaill. (Myriophylle). Fleurs monoïques. Calice à tube très-court soudé avec l'ovaire, à limbe à 4 divisions, caduc. Pétales 4, ord. nuls dans les fleurs femelles. Étamines 8, plus rarement 4. Stigmates 4, sessiles. Fruit composé de 4 coques monospermes. Feuilles pinnatiséquées à segments capillaires, verticillées.

1. Fleurs en épis grêles et nus **2**
    Fleurs placées à l'aisselle de feuilles ou de bractées découpées qui les dépassent
        ord. longuement. . . . . *M. verticillatum.*
2. Plante robuste ; épis droits avant la floraison ; fleurs femelles naissant à l'aisselle
        de bractées dentées . . . . *M. spicatum.*
    Plante grêle ; épis recourbés en hameçon avant la floraison ; fleurs femelles infé-
        rieures naissant à l'aisselle de feuilles. . . . . . . *M. alterniflorum.*
1. M. verticillatum L. (M. verticillé). Fossés, mares, étangs.—A.C., A.R.
2. M. spicatum L. (M. en épi). Fossés, mares, rivières.— A.C., A.R. Moins répandu
        que le précédent.
3. M. alterniflorum DC. (M. à fleurs alternes). Ruisseaux, rivières.—R.R. Entre
        Remouchamps et Noncevaux (Lg., *Crep.*). Il est très-probable que la plante
        qui tapisse le lit du cours supérieur des rivières et des ruisseaux de l'Ardenne
        appartient à cette espèce.

† TRAPA L. (Macre). Fleurs hermaphrodites. Calice à tube court soudé avec la base de l'ovaire, à limbe à 4 divisions persistantes, spinescentes et s'accroissant après la floraison. Pétales 4. Étamines 4. Style filiforme. Fruit ligneux muni de 4 épines résultant du développement des divisions du calice, uniloculaire par la destruction de la cloison, monosperme par avortement. Feuilles inférieures opposées, pinnatiséquées, les supérieures triangulaires, dentées, disposées en rosette.

Fleurs pédicellées ; fruit gros, noir. . . . . *T. natans.*
† T. natans L. (M. nageante). Étangs, fossés —R. Gand (Fl. or., *Fg.1*); près l'abbaye
        de Vorst-lez-Forest (*Kx. p.*, 1812), près l'abbaye d'Afflighem (Bb., *Rouc.*,
        1792). M. Scheidweiler m'écrit qu'il a trouvé cette plante autrefois dans un
        étang à Rouge-Cloître (Bb.).—Indigène ??
    Obs.—M. l'abbé Michot dit, dans sa Flore du Hainaut, avoir jeté de la graine dans
les fossés d'Ath, de Mons et de Charleroy (Ht.).

XXXVIII. OMBELLIFÈRES (Juss).

Fleurs hermaphrodites ou polygames, rarement dioïques par avortement, régulières ou à pétales inégaux. Calice à 5 sépales soudés en tube, à tube soudé avec l'ovaire, à partie libre à 5 dents, à 5 divisions, ou presque nulle. Corolle insérée au sommet du tube du calice, à 5 pétales libres, caducs, entiers plans ou roulés en dedans, plus ord. émarginés ou obcordés par la réflexion en dedans d'un lobe moyen ou de la pointe du pétale, quelquefois bifides ou bipartits, les extérieurs souvent plus grands. Étamines 5, insérées avec les pétales au sommet du tube du calice, libres. Styles 2, ord. persistants, soudés à la base avec un disque bilobé qui couronne l'ovaire. Disque déprimé ou se prolongeant sur la partie inférieure des styles qui semblent alors s'élargir en une base conique (stylopode). Stigmates terminaux. Fruit soudé avec le calice, sec, quelquefois surmonté des dents persistantes du calice, composé de deux carpelles monospermes indéhiscents se séparant ordinairement à la maturité, suspendus au sommet d'une colonne centrale (columelle), libre ou adhérente aux carpelles, simple, bifide ou bipartite. Carpelles à face commissurale plane, infléchie ou enroulée en dedans, présentant chacun 5-9 côtes plus ou moins saillantes, quelquefois développées en ailes membraneuses ou découpées en épines, plus rarement indistinctes : les cinq côtes principales (côtes primaires) résultant du développement des nervures moyennes des sépales et de la soudure de leurs bords, et séparées par des intervalles (vallécules) ; les 4 autres côtes (côtes secondaires) placées entre les côtes primaires, résultant du développement des nervures latérales des sépales, souvent indistinctes. Canaux résinifères ord. colorés (bandelettes) développés dans l'épaisseur du péricarpe, placés un ou plusieurs au niveau de chaque vallécule et à la face commissurale des carpelles, correspondant aux côtes secondaires lorsqu'elles se développent, très-rarement placés sous les côtes primaires, rarement indistincts ou nuls. Fleurs disposées en ombelles, plus rarement en capitules ou en verticilles ; ombelles ord. pourvues d'un verticille de bractées (involucre) et composées de plusieurs ombelles simples (ombellules) qui sont ord. pourvues chacune d'un verticille de bractées (involucelle).

Cette famille est une des plus importantes du règne végétal par le nombre des espèces qui la composent et surtout par les propriétés actives de la plupart. Les propriétés actives des ombellifères résident dans une huile volatile renfermée surtout dans les fruits, et dans des substances résineuses, amères et âcres particulièrement contenues dans la racine. Un certain nombre de nos espèces indigènes ou cultivées fournissent des fruits d'une saveur chaude et aromatique usités comme condiment : le Fenouil (*Fœniculum officinale*), l'Aneth (*Anethum graveolens*), le Coriandre (*Coriandrum sativum*), le Carvi (*Carum Carvi*), le Sison *Amomum* et l'*Ammi majus*. L'*Angelica sylvestris* a des propriétés analogues mais inférieures à celles de l'*Archangelica officinalis* (Angélique), plante du nord cultivée pour ses tiges aromatiques. Le *Peucedanum Ostruthium* a aussi une certaine analogie avec l'Angélique par sa saveur chaude et aromatique. Parmi les espèces douées de propriétés actives, officinales ou vénéneuses, nous citerons la Grande-Ciguë (*Conium maculatum*), plante dont le suc ingéré dans l'estomac détermine l'afflux du sang dans les poumons ; une mort rapide est le résultat de cette congestion. Cette plante, douée de propriétés si vénéneuses, est d'un usage fréquent en médecine : elle est administrée à très-faible dose à l'intérieur contre les affections nerveuses, la coqueluche, les scrofules et les engorgements des viscères abdominaux ; à l'extérieur on emploie l'emplâtre de Ciguë pour la résolution des tumeurs lymphatiques et des organes glanduleux. Le *Cicuta virosa* (Ciguë vireuse) est un poison des plus violents. La Petite-Ciguë (*AEthusa cynapium*), qui présente une certaine ressemblance avec le Persil, est une plante vénéneuse. Les espèces du genre OEnanthe sont toxiques ; le *Sium latifolium*, le *Chærophyllum temulum* et l'*Anthriscus sylvestris* sont regardés comme vénéneux. Le Phellandre (*OEnanthe Phellandrium*) sert à la préparation d'un sirop employé comme calmant et assez usité dans les affections du poumon ; la plante a une saveur chaude, âcre et aromatique ; à haute dose elle agit comme narcotique. La racine du *Meum Athamanticum* est âcre et aromatique ; on s'en est servi dans la médecine vétérinaire.

1. Plante à feuilles très-épineuses ; fleurs disposées en têtes épineuses.
ERYNGIUM. (IV.)

Plante non épineuse ; fleurs disposées en ombelles. 2

* Par côté, on entend les deux faces regardant la suture des deux carpelles ou graines accolées l'une à l'autre.

28. Fleurs blanches; ombelles longuement pédonculées . . . . Pimpinella. (xvi.)
    Fleurs d'un blanc verdâtre; ombelles courtement pédonculées ou sessiles le
      long de la tige . . . . Apium. (xiii.)
29. Calice à 5 dents, quelquefois très-petites et seulement visibles à la loupe . . 30
    Calice à dents nulles 33
30. Feuilles 2-3 fois ailées; dents du calice larges, membraneuses. . . Cicuta. (vii.)
    Feuilles 1 fois ailées, à 4-6 paires de folioles; dents du calice petites . . . 31
31. Feuilles un peu coriaces, glauques; les inférieures palmées, à 3 divisions;
      fruit linéaire-oblong . . . . Falcaria (viii.)
    Feuilles point coriaces, ailées, à 4-6 paires de divisions; fruit oblong ou ovoïde. 32
32. Pétales entiers, à pointe dressée; vallécules à 1 bandelette. Helosciadium. (xiv.)
    Pétales un peu échancrés, à pointe fléchie en dedans; vallécules à plusieurs
      bandelettes . . . . Sium. (xv.)
33. Involucre ou collerette à folioles à 3 divisions. . . . . Ammi. (ix.)
    Involucre nul ou à folioles entières 34
34. Rayons de l'ombelle pubescents 35
    Rayons de l'ombelle glabres 37
35. Ombelles sessiles, opposées aux feuilles; fruit à côtes nulles à sa base.
                                                          Anthriscus. (xxxiii.)
    Ombelles plus ou moins longuement pédonculées; côtes apparentes dans toute
      la longueur du fruit 36
36. Tige renflée sous les nœuds; fruit à côtes arrondies . . Chaerophyllum. (xxxiv.)
    Tige non renflée sous les nœuds; fruit à côtes tranchantes. Myrrhis. (xxxiv bis.)
37. Fruit à côtes ondulées; tige très-grosse, fistuleuse, marquée de taches pourpres.
                                                             Conium. (xxxvi.)
    Fruit à côtes non ondulées; tige non tachée 38
38. Fruit sans côtes à sa partie inférieure; involucre nul . . . Anthriscus (xxxiii.)
    Fruit pourvu de côtes dans toute son étendue; involucre à 1-8 folioles ou plus. 39
39. Feuilles 2-3 fois ailées, ou feuilles à segments filiformes. 40
    Feuilles à 3-8 paires de folioles assez larges incisées 41
40. Feuilles à segments très-étroits, ou feuilles à segments incisés et involucre
      à 1 foliole. . . . . Carum. (xi.)
    Feuilles à segments ovales incisés-dentés; involucre à 2-3 folioles.
                                                         Petroselinum. (xii)
41. Feuilles inférieures à 3-4 paires de folioles; pétales fendus; fruit ventru,
      brusquement rétréci au sommet. . . . . Sison. (vi.)
    Feuilles inférieures à 5-8 paires de folioles; pétales entiers; fruit non rétréci
      brusquement au sommet. . . . . Petroselinum. (xii.)

DIVISION I. ORTHOSPERMÉES. Graine plane ou convexe à la face interne.

TRIBU I. HYDROCOTYLÉES. Fruit lisse, comprimé par le côté, lenticulaire, a coupe transversale linéaire, a côtes distinctes. Fleurs disposées en verticilles.

I. HYDROCOTYLE Tournef. (Hydrocotyle). Calice à dents nulles. Fruit comprimé par le côté, lenticulaire. Carpelles à 5 côtes filiformes dont les intermédiaires plus saillantes; vallécules sans bandelettes. Fleurs blanches ou rosées, sessiles, en un ou plusieurs verticilles entourés d'involucelles à un petit nombre de folioles et portés sur des pédoncules nus qui naissent au niveau des nœuds de la tige.

Feuilles orbiculaires-peltées; tiges filiformes rampantes. . . . . *H. vulgaris.*
1. H. vulgaris L. (H. commune). Marais, prairies humides. —A.C., A.R.

TRIBU II. ASTRANTIÉES. Fruit chargé d'écailles, subprismatique. Carpelles a 5 côtes primaires enflées, creuses en dedans. Fleurs disposées en ombelles simples. Feuilles palmatipartites, a 5 lobes profonds.

II. ASTRANTIA L. (Astrance). Calice à dents foliacées. Fruit un peu comprimé par le dos; carpelles presque soudés, à côtes enflées, saillantes, plissées-dentées ; vallécules sans bandelettes. Ombelles entourées d'involucres très-grands étalés en étoile.

Tige feuillée ; dents du calice très-aiguës . . . . *A. major.*
1. A. major L. (A. à grandes fleurs). Bois montueux. — R.R. Entre Fraipont et Trooz (*Str.!*). Entre Lambermont et Soiron (Lg., *Lej.*).— Indigène?

TRIBU III. SANICULÉES. Fruit chargé d'épines ou d'écailles, a coupe transversale suborbiculaire, a côtes non distinctes. Fleurs sessiles, disposées en ombelles irrégulières ou réunies en capitules.

III. SANICULA Tournef. (Sanicle). Calice à dents presque foliacées. Fruit subglobuleux. Carpelles très-caducs à la maturité, hémisphériques, à côtes non distinctes, couverts de longues épines crochues, surmontés par les dents du calice accrues; bandelettes nombreuses, peu distinctes. Fleurs polygames, sessiles, réunies en petits capitules qui forment par leur ensemble une ombelle irrégulière. Feuilles palmatipartites, à 3-5 lobes profonds.

Tige presque nue . . . . *S. Europæa.*
1. S. Europæa L. (S. d'Europe). Bois frais. — A.C., A.R. Lx., Lg., Nr., Ht., Bb.; R.

IV. ERYNGIUM Tournef. (Panicaut). Calice à dents foliacées terminées en épine. Fruit arrondi. Carpelles semi-cylindriques, à côtes non distinctes, couverts d'écailles, surmontés par les lobes du calice; bandelettes non distinctes. Fleurs sessiles, à l'aisselle de bractées ord. épineuses, disposées en capitules subglobuleux ou oblongs, munis d'un involucre de bractées épineuses. Plante à feuilles très-épineuses.

Feuilles très-découpées, 2 fois ailées; fleurs blanches. . . . . *E. campestre.*
Feuilles plus ou moins profondément lobées, jamais ailées; fleurs bleues.
. . . . *E. maritimum.*
1. E. campestre L. (P. champêtre). Bords de chemins, lieux incultes. — R. Nismes (*Det.*), Dinant, Yvoir (Nr. *Crep.*); Modave (Lg., *Hty.*); Tongres (*Lej.*), Cortessem (*VD.*), Leuth (Lb., *Gr.!*); Baudour (*Mich.*), Vaulx (Ht., *Mar.*); Ixelles, Forest (Bb., *Dumoulin!*); Heyst, Blankenberghe (Fl. occ., *Crep.*).
2. E. maritimum L. (P. maritime). Sables maritimes de la Flandre occidentale. A.C.

TRIBU IV. CICUTÉES. Fruit presque cylindrique ou comprimé par le côté. Carpelles dépourvus d'épines ; a 5 côtes primaires égales ou presque égales, filiformes ou ailées ; côtes secondaires nulles. Ombelles composées.

Sous-tribu I. Amminées. *Fruit à coupe transversale oblongue.*

V. BUPLEURUM Tournef. (Buplèvre). Calice à dents nulles. Fruit comprimé par le côté. Carpelles oblongs, à côtes plus ou moins saillantes ou à peine distinctes; vallécules striées, lisses ou granuleuses, à bandelettes distinctes ou indistinctes. Feuilles très-entières. Involucre nul ou à plusieurs folioles.

1. Feuilles de la tige largement ovales, perfoliées ; involucelle à folioles très-larges.
. . . . *B. rotundifolium.*
Feuilles allongées étroites ; involucelle à folioles étroites **2**
2. Involucelle plus court que l'ombellule ; fruit lisse. . . . . . . *B. falcatum.*
Involucelle dépassant longuement l'ombellule ; fruit tuberculeux. *B. tenuissimum.*
1. B. rotundifolium L. (B. à feuilles rondes). Moissons des terrains argilo-calcaires.
— A.R. Nr., Lg.; R. Tellin (Lx., *Crep.*); Chimay (*Hocq.*), Beaumont (Ht., *Mich.*).
2. B. falcatum L. (B. en faux). Coteaux pierreux, rochers. — A.R. Nr.; Lompret (*Hocq.*), Monbliart (Ht., *Mich.*); Marche (Lx., *Michl.*); Engis (*Court.*), Henrichapelle (Lg., *Lej.!*).

6

5. B. TENUISSIMUM L. (B. menu). Coteaux secs. — R.R. Petigny, Couvin, Dailly (Nr., *Hocq.*); Lompret (*Hocq.*), Chimay (Ht., *Desm.*); env. d'Ostende (Fl. occ., *West.!*).

VI. SISON Koch (Sison). Calice à dents nulles. Pétales bifides. Fruit comprimé par le côté. Carpelles ovoïdes-oblongs, à 5 côtes filiformes; vallécules à 1 bandelette épaissie en massue dans sa moitié supérieure. ne s'étendant pas inférieurement jusqu'à la base du fruit. Involucre et involucelle à folioles peu nombreuses.

Feuilles à 2-4 paires de folioles ovales oblongues, incisées. . . . . *S. Amomum*.

1. S. AMOMUM L. (S. Amome). Fossés. — R.R.R. Maisières Ht., *Mich.!*). — M. l'abbé Michot dit avoir semé cette plante dans les fossés de Masnuy. — Espèce douteuse pour notre Flore.

VII. CICUTA L. (Cicutaire). Calice à dents larges membraneuses. Carpelles subglobuleux, à 5 côtes aplanies; vallécules à 1 bandelette. Involucre nul ou presque nul; involucelle à folioles nombreuses.

Feuilles 2-3 fois ailées, à segments lancéolés étroits dentés . . . . *C. virosa*.

1. C. VIROSA L. (C. vireuse). Bords des étangs, fossés. — R. Diepenbeek (*VD.!*), Beverloo, Kerkhoven (*West.*), Pietersheim (Lb., *Lej.*); Hoboken (*Vh.*), Rethy (Anv., *Bs.!*); Brugelette, La Tombe (*Hocq.*), entre Rance et Chimay (Ht., *Mich.*); env. de Termonde (Fl. or., *Rouc.*); Rouge-Cloître (*D.* et *P.*). Léau (Bb., *VD.!*); Grand-Voir (Lux., *Tin.*).

VIII. FALCARIA Host (Falcaire). Calice à 5 dents. Fruit comprimé par le côté. Carpelles linéaires, à 5 côtes filiformes; vallécules à 1 bandelette. Feuilles coriaces-subcartilagineuses, palmatiséquées. Involucre et involucelle à plusieurs folioles.

Segments des feuilles linéaires lancéolés très-longs, dentés en scie. . *F. Rivini*.

1. F. RIVINI Host — *Sium Falcaria* L. (F. de Rivin). Bords de chemins. — R.R. Env. de Liége (*Lg.*, *Lej.*); Chimay (Ht., *Hocq.*). — Indigène?

IX. AMMI Tournef. (Ammi). Calice à dents nulles. Fruit comprimé par le côté. Carpelles oblongs, à 5 côtes filiformes; vallécules à 1 bandelette. Involucre à plusieurs folioles triséquées ou pinnatiséquées; involucelle à folioles nombreuses.

Feuilles supérieures 2 fois ailées, à segments linéaires dentés . . . *A. majus*.

1. A. MAJUS. L. (A. majeur). Moissons. — R.R.R. Oneux (Lg., *Lej.!*). — Deux pieds seulement de cette espèce ont été trouvés. — Indigène??

X. AEGOPODIUM L. (Égopode). Calice à dents nulles. Fruit comprimé par le côté. Carpelles linéaires-oblongs, à 5 côtes filiformes; vallécules sans bandelettes. Feuilles palmatiséquées, à 3 divisions triséquées. Involucre et involucelle nuls.

Segments des feuilles larges, ovales ou ovales-lancéolés dentés. *AE. Podagraria*.

1. AE. PODAGRARIA L. (E. des goutteux). Haies, lieux frais. — A.C., C.

XI. CARUM Koch (Carum). Calice à dents nulles. Fruit comprimé par le côté. Carpelles oblongs ou linéaires-oblongs, à 5 côtes filiformes; vallécules à 1 bandelette. Involucre et involucelle à plusieurs folioles, très-rarement nuls.

1. Involucre ord. à 1 foliole; segments des feuilles incisés . . . . . . *C. Carvi*.
   Involucre ou collerette à plusieurs folioles; segments des feuilles très-étroits, entiers 2
2. Feuilles triangulaires dans leur pourtour, à segments allongés. *C. Bulbocastanum*.
   Feuilles linéaires dans leur pourtour, à segments très-courts disposés en cercles. *C. verticillatum*

1. C. BULBOCASTANUM Koch — *Bunium Bulbocastanum* L. (C. Noix-de-terre). Moissons des terrains argilo-calcaires. — A.C.. A.R. dans toute la bande calcaire de la lisière nord de l'Ardenne : Nr.,Lx.,Lg.,; R.Wiheries *Mich.*, Harmignies, Harveng (*Hocq.*). Obourg (Ht., *Mrt.*).

2. C. Carvi L. (C. Carvi). Prairies. — R. Boussut-en-Fagne, Mariembourg, Matagne (*Det.!*), Javingue, Freyr (Nr., *Crep.*); Marche (*Crep.*), Jamoigne (Lx., *Grav.*); env. de Stavelot (Lg., *Lej.*); Belœil (Ht., *Hocq.*); entre Lierre et Duffel (Anv., *Bm.!*). — Naturalisé depuis 4 ans dans une prairie de nouvelle formation, près Rochefort.

3. C. verticillatum Koch — *Sison verticillatum L.* (C. verticillé). Prairies humides. — R.R. Petite-Chapelle, Le Bruly, Cul-des-Sarts (Nr., *Det.!*).

XII. PETROSELINUM Hoffm. (Persil). Calice à dents nulles. Pétales entiers ou émarginés par l'inflexion de leur pointe. Fruit comprimé par le côté ou presque didyme. Carpelles oblongs, à 5 côtes filiformes; vallécules à 1 bandelette parcourant toute la longueur du fruit. Involucre à 2-3 folioles; involucelle variable.

Feuilles 2-3 fois ailées; fleurs d'un jaune verdâtre . . . . *P. sativum.*
Feuilles à 5-8 paires de folioles ovales, dentées; fleurs blanches. . . *P. segetum.*
1. P. segetum Koch — *Sison segetum L.* (P. des moissons). Pâturages, fossés herbeux. — R.R. Blankenberghe (*Crep.*), Ostende (Fl. occ., *West.!*).
† P. sativum Hoffm. — *Apium Petroselinum L.* (P. cultivé). Généralement cultivé dans les jardins. Se retrouve rarement dans les haies ou sur les murs.

XIII. APIUM Hoffm. (Céleri). Calice à dents nulles. Fruit presque didyme. Carpelles subglobuleux, à 5 côtes filiformes; vallécules à 1 bandelette. Involucre et involucelle nuls. Fleurs d'un blanc verdâtre.

Ombelles sessiles; feuilles à 2-3 paires de divisions . . . . . *A. graveolens.*
1. A. graveolens L. (C. odorant. — Vulg. *Céleri*). Fossés, bords des eaux. — A.C. Sur le littoral : Heyst, Blankenberghe (*Crep.*), Ostende (*ML.*), Lombartzide (Fl. occ., *West.*); se retrouve sur les bords de l'Escaut aux environs d'Anvers (Anv., *Rs.!*). — Une variété de cette espèce est généralement cultivée dans les jardins.

XIV. HELOSCIADIUM Koch (Hélosciadie). Calice à 5 dents courtes. Pétales entiers. Fruit comprimé par le côté ou presque didyme. Carpelles oblongs, à 5 côtes filiformes; vallécules à 1 bandelette. Involucre à plusieurs folioles ou nul; involucelle à plusieurs folioles.

1. Ombelles à 2-3 rayons; feuilles inférieures découpées en segments très-étroits.
                                                                 H. inundatum.
Ombelles à 4-7 rayons; feuilles inf. non en forme de cheveux. 2
2. Ombelles sessiles ou courtement pédonculées; involucre à 1-2 folioles.
                                                                 H. nodiflorum.
Ombelles longuement pédonculées; involucre à 3-5 folioles . . . . . *H. repens.*
1. H. nodiflorum Koch — *Sium nodiflorum L.* (H. nodiflore). Fossés, ruisseaux. — A.R.
2. H. repens Koch — *Sium repens Jacq.* (H. rampante). Pâturages humides, lieux tourbeux. — R. Mechelen, Stockheim (*Lej.*), Beverloo (Lb., *West.*); Casteau, Stambruges (*Hocq.*). Saint-Denis (*Mich.*), Kain (Ht., *Mar.*); entre Gymel et Herselt (Bh., *Kx.*); Wenduyne (Fl. occ., *Crep.*).
3. H. inundatum Koch — *Sium inundatum L.* (H. inondée). Mares, fossés. — A.R., R. Rég. sept.; R. Grand-Voir, Etalle, Vance (Lx., *Tin.*); entre Oneux et Fays (Lg., *Str.*); Kain (Ht., *Mar.*).

XV. SIUM L. (Berle). Calice à 5 dents courtes. Pétales émarginés. Fruit comprimé par le côté ou presque didyme. Carpelles oblongs, à 5 côtes filiformes; vallécules à plusieurs bandelettes. Involucre et involucelle à plusieurs folioles entières ou incisées.

Feuilles à folioles finement dentées; styles filiformes . . . . . . *S. latifolium.*
Feuilles à folioles profondément incisées, à lobes dentés; styles épaissis à la base.
                                                                 S. angustifolium.
1. S. latifolium L. (B. à larges feuilles). Fossés, bords des eaux. — A.R., A.C. Rég. sept.; R. Tournay, Mons (*Hocq.*), Stambruges (Ht., *Mrt.!*); Ensival, Fiérain, Juslenville (Lg., *Lej.*); Matagne-la-Petite (Nr., *Det.*).
2. S. angustifolium L. (B. à feuilles étroites). Fossés, ruisseaux. — A.R.

XVI. PIMPINELLA L. (Boucage). Calice à dents nulles. Fruit comprimé par le côté. Carpelles linéaires-oblongs, à 5 côtes filiformes ; vallécules à plusieurs bandelettes. Involucre et involucelle nuls.

> Tige anguleuse-sillonnée ; folioles des feuilles inférieures pétiolulées . *P. magna.*
> Tige cylindrique finement striée ; folioles sessiles. . . . . *P. saxifraga.*
> **1.** P. MAGNA L. (B. à grandes feuilles). Bois frais, prairies ombragées.—A.C. Rég. mér.; A.R., R.
> **2.** P. SAXIFRAGA L. (B. saxifrage). Pelouses, bords des chemins. — C., C.C. Rég. mér.; A.C.

SOUS-TRIBU II. SÉSÉLINÉES. *Fruit à coupe transversale orbiculaire ou presque orbiculaire.*

XVII. AETHUSA L. (Éthuse). Calice à dents nulles. Fruit ovoïde-subglobuleux. Carpelles hémisphériques, à 5 côtes saillantes épaisses carénées, les marginales un peu ailées ; vallécules à 1 bandelette. Involucre nul ou à 1 foliole ; involucelle à folioles rejetées en dehors.

> Involucelle à 3 folioles réfléchies plus longues que l'ombellule. . *AE. Cynapium.*
> **1.** AE. CYNAPIUM L. (E. Petite-Ciguë). Lieux cultivés. — C.

XVIII. OENANTHE Lam. (Œnanthe). Calice à 5 dents s'accroissant après la floraison. Fruit cylindrique ou subtétragone, à styles accrus ord. dressés. Carpelles oblongs ou oblongs-obovales, à 5 côtes obtuses, les marginales plus développées ; vallécules à 1 bandelette. Involucre nul ou à plusieurs folioles ; involucelle à plusieurs folioles. Fleurs blanches.

> **1.** Ombelles la plupart latérales et opposées aux feuilles ; feuilles supérieures à seg-
>   ments incisés-dentés . . . . *OE. Phellandrium.*
>   Ombelles terminales ; feuilles sup. à segments étroits allongés, entiers **2**
> **2.** Ombelles à 2-4 rayons à peine plus longs que les ombellules . . . . *OE. fistulosa.*
>   Ombelles à plus de 5 rayons beaucoup plus longs que les ombellules **3**
> **3.** Involucre nul ou à 1 foliole ; feuilles toutes conformes, à segments linéaires entiers;
>   racines renflées en tubercules dès la base . . . . . . *OE. Peucedanifolia.*
>   Involucre à plus de 3 folioles ; feuilles inférieures à segments élargis incisés ; racines
>   renflées à leur extrémité. **4**
> **4.** Tige cannelée-anguleuse ; rayons de l'ombelle s'épaississant à la maturité ; styles
>   égalant le fruit . . . . *OE. Pimpinelloides.*
>   Tige cylindrique striée ; rayons de l'ombelle demeurant grêles ; styles plus courts
>   que le fruit . . . . *OE. Lachenalii.*
> **1.** OE. PHELLANDRIUM Lam. — *Phellandrium aquaticum L.* (OE. Phellandre). Fossés,
>   mares profondes. — C., A.C. Rég. sept.; A.R.
> **2.** OE. FISTULOSA L. (OE. fistuleuse). Fossés, marais. — A.C. Rég. sept.; A.R.
> **3.** OE. PEUCEDANIFOLIA Poll. (OE. à feuilles de Peucedan). Prairies humides. — R.
>   Freilange (*Tin.*), env. de Marche (Lx., *Crep.*); env. de Liége (Lg., *Lej.!*); env.
>   d'Ypres (Fl. occ., *Kx.*); Aeltre (Fl. or., *Fg.*).
> **4.** OE. LACHENALII Gmel. (OE. de Lachenal). Prairies humides, bords de fossés. — R.
>   Oost-Dunkerke (*Kx.*); Blankenberghe, Heyst (*Crep.*), Knocke (Fl. occ., *Coem.!*).
> **5.** OE. PIMPINELLOIDES L. (OE. Boucage). Prairies marécageuses. — R.R.? Aeltre (Fl.
>   or., *Schd.!*); Damme (Fl. occ., *Kx.*).
> *Obs.* — Roucel paraît avoir trouvé autrefois l'*OE. Crocata L.* aux env. d'Anvers.

XIX. LIBANOTIS Crantz (Libanotide). Calice à 5 dents allongées-subulées, caduques. Fruit velu-hérissé, presque cylindrique. Carpelles oblongs, à 5 côtes peu saillantes, presque égales ; vallécules à 1-2 bandelettes. Involucre et involucelle à plusieurs folioles.

> Tige très-anguleuse . . . . *L. montana.*
> **1.** L. MONTANA All. — *Athamanta Libanotis L.* (L. des montagnes). Rochers, coteaux
>   calcaires. — A.R. Bande calcaire de la lisière nord de l'Ardenne : Nr., Lx., Lg.;
>   A.R. Falmignoul, Freyr, Celles, Pont-à-Lesse, Dinant (*Crep.*), Houx (*H.C.*),
>   Montaigle, Dave (Nr., *Bllk.*).

XX. SESELI L. (Séséli). Calice à 5 dents courtes et épaisses. Fruit pubescent, presque cylindrique. Carpelles oblongs, à 5 côtes plus

ou moins saillantes non ailées, presque égales ; vallécules ord. à
1 bandelette. Involucre nul ou presque nul ; involucelle à plusieurs
folioles. Fleurs blanches.

> Tige cylindrique striée ; involucelle à folioles très-étroitement membraneuses aux
> bords, plus courtes que l'ombellule. . . . . *S. montanum.*
> **1.S. montanum** L. (S. des montagnes). Pelouses sèches. — R.R. Fortifications de Nieu-
> port (Fl. occ., *Kx., West.!*).

† FOENICULUM Adans. (Fenouil). Calice à dents nulles. Fruit
presque cylindrique. Carpelles oblongs, à 5 côtes saillantes obscurément carénées, presque égales ; vallécules à 1 bandelette. Feuilles
divisées en segments filiformes. Involucre et involucelle nuls ou
presque nuls. Fleurs jaunes.

> Plante très-aromatique ; segments des feuilles très-longs . . . . *F. officinale.*
> † F. **officinale** All. — *Anethum Fœniculum L.* (F. officinal). Plante cultivée dans les
> jardins. Se retrouve très-rarement à l'état subspontané.

XXI. MEUM Tournef. (Méon). Calice à dents nulles. Fruit presque cylindrique. Carpelles oblongs, à côtes saillantes, tranchantes,
égales ; vallécules à 3-4 bandelettes. Feuilles divisées en segments
très-étroits capillaires. Involucre nul ; involucelle à 3-8 folioles.
Fleurs blanches.

> Plante très-odorante ; segments des feuilles très-nombreux et courts.
>   *M. Athamanticum.*
> **1. M. athamanticum** Jacq. — *Athamanta Meum L.* (M. Athamanta). Prairies, pâtu-
> rages. — R. Env. de Spa, Francorchamps, Stavelot, Trois-Ponts, entre Trois-
> Ponts et Grand-Halleux (*Crep.*), Coo (Lg., *Lej.*) ; Viel-Salm (*Lej.*), env. de
> Fraiture, env. de Samrée (*Crep.*), Vaux-lez-Rosières (Lx., *Dr. Poncelet!*).

XXII. SILAUS Bess. (Silaüs). Calice à dents nulles. Fruit presque
cylindrique. Carpelles oblongs, à 5 côtes ailées presque membraneuses, égales entre elles ; vallécules à 3-4 bandelettes. Involucre
nul ou à 1-2 folioles ; involucelle à plusieurs folioles. Fleurs d'un
jaune pâle.

> Segments des feuilles linéaires-lancéolés, à bords denticulés (vus à la loupe).
>   *S. pratensis.*
> **1.S. pratensis** Bess. — *Peucedanum Silaus L.* (S. des prés). Prairies fraîches,
> pelouses. — A.C., C. Rég. mér. ; A.C., A.R. Manque dans beaucoup de localités.

TRIBU V. SÉLINÉES. Fruit comprimé par le dos. Carpelles
dépourvus d'épines, a 5 côtes primaires inégales, les 3 dorsales
filiformes, quelquefois peu distinctes, les 2 marginales dilatées
en ailes membraneuses ou épaisses écartées ou rapprochées en
un rebord qui entoure le fruit ; côtes secondaires nulles. Ombelles composées régulières.

> Sous-tribu 1. Angélicées. *Fruit entouré de deux ailes membraneuses.*

XXIII. SELINUM Hoffm. (Sélin). Calice à dents nulles. Fruit
comprimé par le dos. Carpelles ovales-oblongs, à 5 côtes ailées, les
3 dorsales plus étroitement ailées ; vallécules à 1 bandelette ; les
latérales quelquefois à une ou deux bandelettes. Involucre nul ou
à 1-2 folioles ; involucelle à plusieurs folioles.

> Tige sillonnée-anguleuse ; segments des feuilles petits incisés . . . *S. Carvifolia.*
> **1.S. Carvifolia** L. (S. à feuilles de Carvi). Bois humides, prairies tourbeuses. — A.C.,
> A.R.

XXIV. ANGELICA L. (Angélique). Calice à dents nulles. Fruit
comprimé par le dos. Carpelles oblongs, à 5 côtes, les 3 dorsales fili-

formes, les marginales largement ailées-membraneuses; vallécules
à 1 bandelette. Involucre nul ou à 1-2 folioles; involucelle à plusieurs folioles.

Tige cylindrique striée; feuilles à segments très-larges, dentés   .   . *A. sylvestris.*
P. A. SYLVESTRIS L. (A. sauvage). Prairies fraî·hes, bois humides. — A.C.

SOUS-TRIBU II. PEUCÉDANÉES. *Fruit ord. lenticulaire entouré d'un rebord aplani
ou épais.*

XXV. PEUCEDANUM Koch (Peucédan). Calice à 5 dents, rarement nulles. Pétales émarginés ou presque entiers, infléchis seulement à la pointe. Fruit comprimé par le dos. Carpelles oblongs ou
suborbiculaires, à 5 côtes, les 3 dorsales filiformes peu saillantes,
les marginales dilatées en une aile aplanie plus ou moins épaisse;
vallécules à 1 bandelette, rarement à 3. Involucre et involucelle à
plusieurs folioles, rarement nuls ou à 1-3 folioles. Fleurs blanches,
rarement d'un blanc verdâtre.

1. Feuilles à 3 divisions très-larges découpées en 3 segments incisés-dentés.
                                                              P. Ostruthium.
   Feuilles très-découpées, à 4-5 paires de divisions, à segments petits linéaires.   2
2. Involucre à folioles nombreuses. . . . . *P. palustre.*
   Involucre nul ou à 1 foliole. . . . . *P. Carvifolium.*
1. P. PALUSTRE Mœnch— *Selinum palustre* L. (P. des marais). Prairies tourbeuses,
     bruyères humides.—R. Pitersheim (Lb., *Str.!*); Wyneghem, Schooten, 's Gra-
     ven-Wesel (Anv., *Rs.!* ; entre Werchter et Tremeloo (Bb., *Kx.*,); Trinité,
     Barry, Renard (*Hocq.*), Obigies (Ht., *Mar.*); Clairfontaine (Lx., *Tin.*).
2. P. CARVIFOLIUM Vill.—*P. Chabræi Gaud.* (P. à feuilles de Carvi). Prairies.—R.R.
     Freyr, Frappe-Cul (Nr., *Crep.*).
† P. OSTRUTHIUM Koch—*Imperatoria Ostruthium* L. (P. Ostruthium). Cultivé dans
     plusieurs jardins sous le nom d'Angélique.—Indiqué autrefois par Lejeune aux
     environs de Stavelot et Viel-Salm, mais ne paraît plus y exister aujourd'hui.
     Il est probable que la culture de cette plante aura diminué ou peut-être cessé
     dans ces localités, et que par suite l'espèce ne se sera plus naturalisée dans le
     voisinage des jardins. En 1857, j'en ai découvert de x pieds dans une prairie, le
     long d'un ruisseau, en dessous de la ville de Bastogne (Lx.).

† ANETHUM Tournef. (Aneth). Calice à dents nulles. Pétales
entiers, enroulés en dedans. Fruit comprimé par le dos. Carpelles
oblongs, à 5 côtes, les 3 dorsales filiformes-carénées saillantes, les
marginales dilatées en aile aplanie; vallécules à 1 bandelette.
Feuilles divisées en segments linéaires très-étroits. Involucre et
involucelle nuls. Fleurs jaunes.

Tige solitaire; gaîne des feuilles supérieures plus courte que la partie divisée.
                                                              A. graveolens.
† A. GRAVEOLENS L. (A. odorant). Cultivé dans les jardins. — Se retrouve rarement
     à l'état subspontané.

XXVI. PASTINACA Tournef. (Panais). Calice à dents nulles.
Pétales entiers, enroulés en dedans. Fruit comprimé par le dos.
Carpelles oblongs-suborbiculaires, à 5 côtes, les 3 dorsales très-
fines, les marginales dilatées en une aile aplanie; vallécules à 1 bandelette égalant environ la longueur du fruit. Feuilles pinnatiséquées, à segments ovales ou oblongs. Involucre et involucelle nuls
ou à 1-2 folioles. Fleurs jaunes.

Segments des feuilles sessiles. . . . . *P. sativa.*
1. P. SATIVA L. (P. cultivé). Pelouses, prairies, moissons. — A.C., A.R. — Manque
     dans beaucoup de localités. — Une variété est fréquemment cultivée dans les
     jardins.

XXVII. HERACLEUM L. (Berce). Calice à 5 dents. Pétales extérieurs rayonnants, profondément bifides. Fruit comprimé par le

dos. Carpelles oblongs-suborbiculaires, à 5 côtes, les 3 dorsales fili-formes peu saillantes, les marginales dilatées en une aile aplanie ; vallécules à 1 bandelette dépassant à peine la moitié supérieure des carpelles. Involucre à folioles peu nombreuses caduques, plus rare-ment presque nul ; involucelle à folioles nombreuses. Fleurs blan-ches.

Segments inférieurs des feuilles pétiolés. . . . . . . *H. Sphondylium.*
1. H. Sphondylium L. (B. Branc-Ursine). Prairies, bois.—C.,C.C.

TRIBU VI. DAUCINÉES. Fruit comprimé par le dos ou presque cylindrique. Carpelles a 9 côtes : les 5 côtes primaires fili-formes et hérissées de soies, les 4 côtes secondaires plus sail-lantes et découpées en épines.

XXVIII. DAUCUS Tournef. (Carotte). Calice à 5 dents. Fruit légèrement comprimé par le dos. Carpelles oblongs, à 5 côtes pri-maires filiformes, chargées de 1-3 rangs de soies très-courtes, à 4 côtes secondaires découpées en longues soies presque épineuses, lisses, disposées sur un seul rang ; vallécules à 1 bandelette. Invo-lucre à plusieurs folioles triséquées ou pinnatiséquées ; involucelle à plusieurs folioles triséquées ou entières.

Tige ord. hérissée ; folioles de l'involucelle linéaires-étroites. . . . *D. Carota.*
1. D. Carota L. (C. commune). Pelouses, bords des chemins, bois.—C., C.C. Rég. mér.; A.C. — Une variété de cette plante est généralement cultivée dans les jardins et en plein champ.

XXIX. ORLAYA Hoffm. (Orlaya). Calice à 5 dents. Fruit com-primé par le dos. Carpelles ovales-oblongs, à 5 côtes primaires fili-formes, chargées de 1-3 rangs de soies courtes ; à 4 côtes secondaires découpées en épines subulées, lisses, disposées sur 2-3 rangs ; vallé-cules à 1 bandelette. Involucre et involucelle à plusieurs folioles entières. Fleurs extérieures à pétales extérieurs très-grands.

Tige glabre ; folioles de l'involucelle largement membraneuses aux bords.
O. grandiflora.
1. O. grandiflora Hoffm.—*Caucalis grandiflora* L. (O. à grandes fleurs). Moissons. —A.C.,A.R.Nr., Lx., Lg., Ht., Bb.—Manque dans beaucoup de localités.

DIVISION II. CAMPYLOSPERMÉES. Graine creusée à la face interne d'un canal ou d'un sillon profond.

XXX. TURGENIA Hoffm. (Turgénie). Calice à 5 dents sétacées. Fruit comprimé par le côté. Carpelles ovales-acuminés ; à 5 côtes primaires et à 4 côtes secondaires presque égales, portant 2-3 rangs d'épines robustes subulées, denticulées ; vallécules à 1 bandelette. Feuilles pinnatiséquées ou pinnatipartites. Involucre à 2-3 folioles ; involucelle ord. à 3 folioles. Fleurs purpurines, rosées ou blanches.

Ombelles à 2-4 rayons robustes ; involucelle à folioles largement scarieuses-blanchâtres aux bords. . . . . *T. latifolia.*
1. T. latifolia Hoffm.—*Caucalis latifolia* L. (T. à larges feuilles) Moissons.—A.R. Lavaux-Sainte-Anne, Ciergnon, Ave, Auffe, Han-sur-Lesse, Hamerenne (Nr., *Crep.*); Wellin, Humain, entre Hotton et Barvaux (*Crep.*), Marche (*Lej.*), Dur-buy (Lx., *Mor.*); Sainte-Anne près Montignies (Ht., *Mich.*).

XXXI. CAUCALIS L. (Caucalide). Calice à 5 dents lancéolées. Fruit comprimé par le côté. Carpelles oblongs ; à 5 côtes primaires filiformes, portant quelques tubercules épineux courts ; à 4 côtes secondaires portant des épines robustes, lisses, disposées sur un rang ; vallécules à 1 bandelette. Involucre nul ou presque nul ; involucelle à plusieurs folioles. Fleurs blanches.

Ombelles à 2-5 rayons assez grêles ; involucelle à folioles étroites. *C. daucoides.*
1. C. DAUCOIDES L. (C. à feuilles de Carotte). Moissons.—C., Nr.; A.R. Lg., Ht.

XXXII. TORILIS Adans. (Torilis). Calice à 5 dents lancéolées. Fruit comprimé par le côté. Carpelles oblongs ; à 5 côtes primaires filiformes, portant quelques pointes épineuses ; à 4 côtes secondaires chargées d'épines subulées, denticulées ou de tubercules disposés sur plusieurs rangs ; vallécules à 1 bandelette. Involucre nul ou à plusieurs folioles ; involucelle à plusieurs folioles. Feuilles bipinnatiséquées.

1. Ombelles sessiles ou presque sessiles, opposées aux feuilles . . . . *T. nodosa.*
 Ombelles terminales longuement pédonculées 2
2. Involucre nul ou à 1 foliole ; plante ord. basse . . . . *T. infesta.*
 Involucre à 5 folioles ; plante élevée. . . . . *T. Anthriscus.*
1. T. ANTHRISCUS Gmel.—*Tordylium Anthriscus L.* (T. des haies). Haies, buissons, lieux incultes.—C.
2. T. INFESTA Duby — *Caucalis Helvetica Jacq.* (T. infestante). Moissons, champs incultes.— A.C. Nr.; R, Verviers (Lg., *Lej.*) ; Tournay (*Hocq.*), Mons (Ht., *Desm.*); Anvers (Anv., *Vh.*).
3. T. NODOSA Gaertn.—*Tordylium nodosum L.* (T. noueuse). Pelouses, buissons.—R. Ath (*Lej.*), Tournay (*Hocq.*), Vaulx (*Dmrt.*), Moutignies (Ht., *Mich.*) ; entre Ostende et Blankenberghe (*Kx.*), entre Blankenberghe et Heyst (Fl. occ., *Crep.*); env. de Gand (Fl. or., *Schd.*); Austruweel (Anv., *J. Barb.!*).

XXXIII. ANTHRISCUS Hoffm. (Anthrisque). Calice à dents nulles. Fruit comprimé par le côté. Carpelles lisses ou hérissés de pointes épineuses, oblongs-lancéolés, rétrécis brusquement au sommet en un bec assez court ; à côtes primaires seulement apparentes à la partie supérieure du carpelle ; côtes secondaires nulles ; vallécules sans bandelettes. Involucre nul ; involucelle à plusieurs folioles ou à 1-3 folioles.

1. Fruit chargé d'épines . . . . *A. vulgaris.*
 Fruit lisse 2
2. Ombelles sessiles, opposées aux feuilles, à 3-5 rayons . . . . *A. Cerefolium.*
 Ombelles pédonculées, terminales, à 8-16 rayons. . . . . . . *A. sylvestris.*
1. A. VULGARIS Pers.—*Scandix Anthriscus L.* (A. commun). Lieux cultivés, décombres.— R. Saint-Trond (Lb., *VD.!*); Liége (Lg., *Lej.*); Anvers (Anv. *Vh.!*); Mache en (Bb., *Wesm.!*); Gand (Fl. or., *Fg.!*); C ? Ht. (*Hocq., Mich.*).
† A. CEREFOLIUM Hoffm.—*Scandix Cerefolium L.* (A. Cerfeuil). Fréquemment cultivé dans les jardins.
2. A. SYLVESTRIS Hoffm.—*Chærophyllum sylvestre L.* (A. sauvage). Prairies, lieux cultivés.—A.C., C. Rég. mér.; A.R., R.

XXXIV. CHAEROPHYLLUM L. (Cerfeuil). Calice à dents nulles. Fruit comprimé par le côté. Carpelles lisses, oblongs-linéaires, non rétrécis en bec ; à 5 côtes primaires obtuses prolongées jusqu'à la base du carpelle ; côtes secondaires nulles ; vallécules à 1 bandelette. Involucre nul ou à 1-2 folioles ; involucelle à plusieurs folioles.

Tige renflée sous les nœuds ; fruit long de 6-7 millimètres. . . . . *C. temulum.*
1. C. TEMULUM L. (C. enivrant). Haies, lieux cultivés.—C.

† MYRRHIS Scop. (Myrrhide). Calice à dents nulles. Fruit comprimé par le côté. Carpelles lisses, oblongs-linéaires, non rétrécis en bec ; à 5 côtes carénées tranchantes, creuses en dedans ; côtes secondaires nulles ; vallécules à 1 bandelette. Involucre nul ; involucelle à plusieurs folioles.

Tige non renflée sous les nœuds ; fruit long de 20 à 25 millimètres, noir, luisant.
M. odorata.

† **M.** ODORATA Scop.—*Scandix odorata L.* (M. odorante). Cultivé assez rarement.— Se retrouve çà et là dans les baies de quelques jardins.

XXXV. SCANDIX Gaertn. (Scandix). Calice à dents nulles. Fruit comprimé par le côté. Carpelles dépourvus d'épines, oblongs, prolongés en un bec linéaire beaucoup plus long que la graine : à 5 côtes primaires obtuses, peu saillantes ; à côtes secondaires nulles ; vallécules à bandelettes nulles ou peu apparentes. Involucre nul ou à 1 foliole ; involucelle à plusieurs folioles.

Fruit un peu scabre, à bec au moins 4 fois plus long que la graine.
S. Pecten-Veneris.

1. S. PECTEN-VENERIS L. (S. Peigne de Vénus). Moissons, bords des chemins. — A.C., C. Rég. mér.; A.R., R.—Paraît manquer ou être très-rare dans la région ardennaise.

XXXVI. CONIUM L. (Ciguë). Calice à dents nulles. Fruit subglobuleux, comprimé par le côté. Carpelles dépourvus d'épines, ovoïdes, non prolongés en bec ; à 5 côtes primaires saillantes ondulées ; à côtes secondaires nulles ; vallécules à bandelettes non apparentes. Involucre et involucelle à 3-5 folioles.

Tige parsemée de taches d'un pourpre violacé ; involucelle à folioles réfléchies.
C. maculatum.

1. C. MACULATUM L. (C. tachée.—Vulg. *Grande-Ciguë*). Lieux incultes, haies.—A.C.
Obs.—Le *Coriandrium sativum L.* (Coriandre) est quelquefois cultivé.

XXXIX. HÉDÉRACÉES (A. Rich.).

Fleurs hermaphrodites, régulières. Calice à 4-5 sépales, soudés en tube, à tube soudé avec l'ovaire, à partie libre à 4-5 dents persistantes ou marcescentes. Corolle à 4-5 pétales insérés sur un disque qui revêt le sommet du tube du calice, libres, caducs. Étamines 4-5, insérées avec les pétales au sommet du tube du calice, libres. Styles soudés en un style indivis ; stigmate obtus ou capité. Fruit soudé avec le calice, bacciforme ou drupacé, couronné par le limbe du calice ou par la cicatrice résultant de sa destruction, ord. à 5 loges ou moins par avortement ou à 1 seul noyau biloculaire. Arbrisseaux plus ou moins élevés, quelquefois sarmenteux-grimpants. Fleurs disposées en ombelles.

Les baies du Lierre (*Hedera Helix*) sont purgatives et émétiques ; le suc de la tige est amer et résineux ; les feuilles sont employées à tenir fraîche la surface dénuée des exutoires ou cautères. Les feuilles du *Cornus mas* (Cornouiller) sont astringentes.

Plante grimpante ; feuilles alternes. . . . . HEDERA. (i.)
Arbrisseau non grimpant ; feuilles opposées. . . . . CORNUS. (ii.)

I. HEDERA Tournef. (Lierre). Calice à 5 dents. Pétales 5. Étamines 5. Fruit bacciforme, à 5 loges ou moins par avortement. Feuilles alternes, persistantes.

Tige grimpante ou étalée à terre . . . . *H. Helix.*
1. H. HELIX L. (L. grimpant). Bois, vieux murs.—C.C. Rég. mér.; A.C.

II. CORNUS Tournef. (Cornouiller). Calice à 4 dents. Pétales 4. Étamines 4. Fruit drupacé, à noyau osseux biloculaire, à loges monospermes. Feuilles opposées, caduques.

Fleurs blanches, en bouquets dépourvus de collerette ; fruit petit, noir.
C. sanguinea.

Fleurs jaunes, en petites ombelles simples munies de collerette ; fruit assez gros, rouge. . . . . *C. mas.*

1. C. SANGUINEA L. (C. sanguin). Bois, taillis, haies.—C. Rég. mér.; A.R., R.
2. C. MAS L. (C. mâle). Bois, taillis, haies.—C. Nr., Lx., Lg.; A.C.. A.R. Ht., Bb.—Ne paraît pas exister dans la rég. sept. à l'état vraiment indigène.

XL. LORANTHACÉES (Juss. et Rich.).

Fleurs incomplètes, unisexuelles, régulières. Fleur mâle : Calice à 4 sépales soudés en tube inférieurement, à limbe à 4 divisions. Corolle nulle. Étamines 4, à anthères sessiles, soudées à la face interne des sépales, divisées en un grand nombre de cellules qui s'ouvrent isolément à la face libre de l'anthère. Fleurs femelles : Calice soudé avec l'ovaire, à partie libre à 4 dents très-courtes. Corolle à 4 pétales squamiformes charnus, insérés au sommet du tube du calice. Stigmate sessile, obtus. Fruit soudé avec le calice, globuleux, bacciforme, présentant vers le sommet des cicatrices qui représentent les dents du calice, uniloculaire, monosperme. Graine plongée dans un mucilage visqueux. Arbrisseau parasite, s'implantant sur les arbres.

I. VISCUM Tournef. (Gui).

Feuilles opposées, épaisses un peu charnues, oblongues obtuses ; baies blanches.
V. album.

1. V. ALBUM L. (G. blanc). Parasite sur le pommier, le poirier, etc. — A.C. Rég. mér.; R.

XLI. GROSSULARIÉES (DC.).

Fleurs hermaphrodites ou unisexuelles par avortement, régulières. Calice à 5 plus rarement 4 sépales, soudés en tube à la base, à tube soudé avec l'ovaire et plus ou moins prolongé au-dessous de lui, à partie libre colorée, marcescente, à 5 plus rarement 4 divisions. Corolle à 5 plus rarement 4 pétales insérés à la gorge du calice, très-petits, libres. Étamines 5 plus rarement 4, insérées avec les pétales à la gorge du calice, libres. Styles 2, rarement 3-4, plus ou moins soudés. Fruit soudé avec le calice, bacciforme pulpeux-succulent, couronné par les dents du calice, uniloculaire, polysperme ou oligosperme par avortement. Graines insérées sur des placentas pariétaux. Arbrisseaux épineux ou non épineux. Fleurs disposées en grappes ou portées 1-3 sur des pédoncules rameux courts.

Les fruits du Cassis (*Ribes nigrum*) macérés dans l'eau-de-vie avec du sucre composent une liqueur douée de propriétés toniques et stomachiques.

I. RIBES L. (Groseillier).

1. Arbrisseau épineux ; fleurs solitaires ou réunies par 2-3. . . . . *R. Uva-crispa.*
   Arbrisseau non épineux ; fleurs nombreuses en grappes. 2

2. Bractées égalant ou dépassant les fleurs ; grappes dressées à la floraison.
R. Alpinum.

Bractées beaucoup plus courtes que les pédicelles ; grappes pendantes 3
3. Feuilles parsemées en dessous de glandes jaunes ; fruit noir . . . . *R. nigrum.*
Feuilles dépourvues de glandes ; fruit rouge. . . . . *R. rubrum.*
1. R. Uva-crispa L. (G. épineux). Lieux pierreux, haies, bois montueux. — C., A.C. Rég. mér.
2. R. rubrum L. (G. rouge). Bois frais, bords des eaux. — A.R., R. Rég. mér. — Vraiment indigène ? Généralement cultivé.
3. R. Alpinum L. (G. des Alpes). Bois. — Quelques pieds épars dans les bois entre Verviers et Bilstain (Lg., Lej.!). — Indigène ?
† R. nigrum L. (G. noir. — Vulg. *Cassis*). Fréquemment cultivé. — Se retrouve rarement à l'état subspontané. Lejeune l'indique dans les bois montueux près Fraipont (Lg.).

XLII. SAXIFRAGÉES (Juss.).

Fleurs hermaphrodites, régulières. quelquefois incomplètes. Calice à 5 plus rarement 4 sépales plus ou moins soudés à la base, plus ou moins soudés avec l'ovaire ou libres, persistants, plus rarement marcescents ou caducs. Corolle à 5 plus rarement 4 pétales insérés sur le disque plus ou moins développé qui revêt le tube du calice, libres, caducs, plus rarement nuls. Étamines 10, plus rarement 8, insérées sur le disque avec les pétales, libres. Styles 2, terminaux, assez courts, souvent persistants. Fruit plus ou moins soudé avec le calice ou libre, capsulaire, à 2 loges, plus rarement à 1 loge, à loges polyspermes, composé de deux carpelles plus ou moins soudés entre eux et s'ouvrant en 2 valves au sommet à la maturité. Plantes annuelles ou vivaces, herbacées.

Corolle à 5 pétales ; capsule à 2 loges. . . . . Saxifraga. (i.)
Corolle nulle ; capsule à 1 loge . . . . Chrysosplenium. (ii.)

I. SAXIFRAGA L. (Saxifrage). Calice à 5 divisions. Corolle à 5 pétales. Étamines 10. Capsule à 2 loges, terminée en 2 becs, s'ouvrant supérieurement par les sutures internes des carpelles. Fleurs blanches.

1. Plantes à rejets stériles feuillés. 2
Plantes sans rejets feuillés 3
2. Rejets stériles portant à leur sommet et à l'aisselle de leurs feuilles des bourgeons compactes linéaires-elliptiques . . . . *S. Hypnoides.*
Rejets stériles dépourvus de bourgeons compactes . . . . . *S. Sponhemica.*
3. Racine grêle pivotante ; feuilles non échancrées en cœur . . . *S. tridactylites.*
Racine ou souche tuberculeuse ; feuilles inférieures échancrées en cœur à la base.
S. granulata.
1. S. granulata L. (S. granulée). Prés, pelouses, bords des haies. — A.R. — Cette espèce, abondante dans plusieurs régions, manque absolument dans de grandes étendues du pays.
2. S. tridactylites L. (S. tridactyle). Vieux murs, champs secs. — C., A.C. Rég. mér.; A.C., A.R.
3. S. Sponhemica Gmel. — *S. confusa Lej.* (S. de Sponheim). Rochers, rocailles ombragées. — R. Entre Aiwaille et Comblain-au-Pont (Lg., *Crep.*); Chiny, Herbeumont (*Crep.*), Bouillon, Fays-les-Veneurs (Lx., *Grav.!*); Membre (Nr., *Crep.*).
4. S. Hypnoides L. (S. Hypne. Rochers, rocailles ombragées. — R.R. Waulsort (Nr., *Crep.*); env. de Chaudfontaine (Lg., *Lej.!*).

II. CHRYSOSPLENIUM L. (Dorine). Calice à 4 divisions, plus rarement à 5. Corolle nulle. Étamines 8, plus rarement 10. Capsule à 1 loge, s'ouvrant supérieurement en 2 valves. Fleurs à calice coloré en jaune.

Feuilles opposées . . . . *C. oppositifolium.*
Feuilles alternes . . . . *C. alternifolium.*

1. C. oppositifolium L. (D. à feuilles opposées). Ruisseaux, fontaines, rochers humides. — A.C. Région ardennaise : Nr., Lx., Lg.; Rég. mér.; R.

2. C. alternifolium L. (D. à feuilles alternes). Lieux frais, rochers ombragés, bords de ruisseaux. — A.R. Rég.mér.; R.

Subdivision II. GAMOPÉTALES.

Enveloppes florales constituées par un calice et une corolle. Corolle à pétales soudés entre eux.

Classe I. GAMOPÉTALES HYPOGYNES.

Corolle et étamines indépendantes du calice. Corolle insérée sur le réceptacle. Étamines insérées sur la corolle, très-rarement indépendantes de la corolle. Ovaire libre, très-rarement soudé avec le calice.

XLIII. ÉRICINÉES. (Juss.).

Fleurs hermaphrodites, régulières ou un peu irrégulières. Calice à 4-5 sépales libres ou plus ou moins soudés, persistant, quelquefois scarieux-pétaloïde. Corolle hypogyne, gamopétale, campanulée ou urcéolée, à 4-5 divisions, régulière ou un peu irrégulière, persistante. Étamines 8-10, rarement 5, hypogynes, non soudées avec la corolle. Anthères à loges s'ouvrant chacune par un pore terminal. Styles soudés en 1 style filiforme; stigmate capité ou pelté. Fruit capsulaire, à 4-5 loges, à loges polyspermes, plus rarement oligospermes, à déhiscence loculicide ou septifrage, à 4-5 valves, s'ouvrant rarement à 8-10 valves par la combinaison des deux modes de déhiscence. Sous-arbrisseaux. Feuilles à bords fortement enroulés en dessous.

1. Corolle et calice à 5 divisions; feuilles larges elliptiques-oblongues. Andromeda. (i.)
   Corolle et calice à 4 divisions; feuilles très-petites, linéaires. 2
2. Corolle dépassant longuement le calice; calice non pétaloïde . . . , . Erica. (ii.)
   Corolle plus courte que le calice; calice pétaloïde . . . . Calluna. (iii.)

I. ANDROMEDA L. (Andromède). Calice à 5 sépales un peu soudés à la base. Corolle globuleuse, à 5 dents. Étamines 10. Capsule à 5 loges, à déhiscence loculicide. Feuilles alternes.

Feuilles très-coriaces, elliptiques-oblongues. blanchâtres en dessous. *A. Polifolia·*

1. A. Polifolia L. (A. à feuilles de Polium). Marais tourbeux.—R. Spa, Sart, Hockay, entre Francorchamps et Stavelot (Lg.,*Crep.*); Baraques de Fraiture, les Tailles, Samrée (*Crep.*). Freilange (Lx., *Tin.*), Pitersheim (*Str.*), Lanaken (*Math.!*), Lanklaer (Lb., *Gr.!*); entre Gheel et Meerhout (*Verbert* et *Vh.*). env. d'Herenthout (*Willem!*), Rethy (Anv., *Rs.!*); Erbisœul (*Hocq., Mich., Mrt.*), Masnuy (Ht. *Mrt.*).

Obs. — J'ai fait connaître l'année dernière (Notes, 1 fasc., p. 16.) l'existence du *Ledum palustre L.* dans un marais à Vierveld, commune de Lanklaer (Lb., *Ch.Grün*). J'exprimais alors des doutes sur son indigénat à cause de la présence dans cette

localité d'une espèce exotique (*Leiophyllum thymifolium Pers.*). Avant de comprendre définitivement cette espèce dans notre Flore, il est prudent d'attendre que de
nouvelles recherches soient faites dans cette partie de la Campine.

II. ERICA L. (Bruyère). Calice à 4 sépales libres ou soudés à la
base, herbacés ou colorés. Corolle dépassant longuement le calice,
campanulée ou urcéolée, à 4 dents. Étamines 8. Capsule à 4 loges, à
déhiscence loculicide. Feuilles verticillées.

Feuilles et calice longuement ciliés. . . . . *E. Tetralix.*
Feuilles et calice glabres . . . . *E. cinerea.*
1. E. Tetralix L. (B. quaternée). Bruyères, marais.—A.C., C. Rég. sept.; A.C., A.R.,
R.—Manque dans de grands espaces.
2. E. cinerea L.(B. cendrée). Landes sablonneuses, bruyères.—R. Pitersheim (*Lej.!*),
Niel près d'Asch, Op-Glabbeek (Lb. *Gr.!*). — Cette espèce paraît être confinée
dans la partie nord-est du Limbourg, sur la rive gauche de la Meuse. M. l'abbé
Vandenborn l'a vainement recherchée aux env. de St-Trond et Hasselt et M. le
docteur Westendorp, dans de nombreuses herborisations à 4 lieues à la ronde
du camp de Beverloo, n'en a jamais découvert qu'une touffe.

III. CALLUNA Salisb. (Callune). Calice à 4 sépales libres, colorés,
pétaloïdes. Corolle beaucoup plus courte que le calice, campanulée,
à 4 divisions profondes. Étamines 8. Capsule à 4 loges, à déhiscence
septifrage. Feuilles opposées, imbriquées sur 4 rangs.

Feuilles prolongées à la base en un éperon fendu. . . . . . . *C. vulgaris.*
1. C. vulgaris Salisb. — *Erica vulgaris L.* (C. commune. — Vulg *Bruyère*). Bois,
landes. — C., C.C.

XLIV. PRIMULACÉES (Vent.).

Fleurs hermaphrodites, régulières. Calice à 5 rarement 4-7 sépales
soudés à la base ou dans une grande partie de leur longueur, persistant. Corolle hypogyne, gamopétale, à 5 rarement 4-7 divisions
entières ou bifides ou très-rarement laciniées, très-rarement nulle.
Étamines insérées au tube ou à la gorge de la corolle, en nombre
égal à celui des lobes de la corolle et opposées à ces lobes, quelquefois en nombre double et alors le rang extérieur étant réduit à des
appendices ou à des filets dépourvus d'anthères occupant la gorge
de la corolle et alternant avec ses lobes. Filets libres ou soudés entre
eux inférieurement, quelquefois presque nuls. Styles soudés en un
style indivis; stigmate indivis. Fruit libre, très-rarement soudé
inférieurement avec le tube du calice, capsulaire, ord. globuleux,
uniloculaire, ord. polysperme, s'ouvrant au sommet ou dans toute
sa longueur en valves en nombre égal à celui des divisions du
calice, plus rarement en 2 valves qui se subdivisent ensuite, ou
s'ouvrant circulairement par une opercule (pyxide). Graines insérées sur un placenta central libre. Plantes vivaces, herbacées, plus
rarement annuelles.

La fleur du *Primula officinalis* renferme une substance amère et une très-petite
quantité d'huile volatile. On considérait autrefois l'infusion de cette fleur comme stimulante, tonique et sudorifique. Les *Lysimachia* ont un suc amer, acide et astringent :
on a renoncé à leur usage. Le suc du *Samolus Valerandi* est amer et on lui attribue
des propriétés antiscorbutiques.

1. Feuilles toutes radicales ; tige nue. . . . . Primula. (1.)
  Tige feuillée 2

2. Tige nue dans ses deux tiers inférieurs, terminée par une rosette de feuilles ; calice ord. à 7 divisions . . . . TRIENTALIS. (v.)
Tige entièrement feuillée. 3
3. Feuilles profondément découpées en dents de peigne. . . . . . HOTTONIA, (ii.)
Feuilles entières ou seulement dentées 4
4. Fleurs en grappes terminales nues ; calice soudé avec la capsule. . SAMOLUS. (vi.)
Fleurs solitaires, en bouquets axillaires, ou en panicule feuillée ; capsule libre. 5
5. Fleurs jaunes. . . . . LYSIMACHIA. (iv.)
Fleurs rouges, rosées ou bleues. 6
6. Corolle nulle ; calice pétaloïde ; capsule s'ouvrant par 5 valves . . . GLAUX. (iii.)
Calice non pétaloïde ; une corolle ; capsule s'ouvrant par un opercule 7
7 Calice à 5 divisions ; feuilles toutes opposées . . . . ANAGALLIS. (viii.)
Calice à 4 divisions ; feuilles ord. alternes . . . . CENTUNCULUS. (vii.)

TRIBU I. Capsule s'ouvrant par plusieurs valves.

I. PRIMULA L. (Primevère). Calice campanulé ou tubuleux à 5 divisions. Corolle longuement tubuleuse, infundibuliforme ou hypocratériforme à 5 divisions obtuses échancrées ou bifides. Étamines 5, incluses, insérées à la partie moyenne ou à la partie supérieure du tube de la corolle. Capsule s'ouvrant en 5 valves entières ou bifides. Feuilles toutes radicales. Fleurs disposées en ombelle simple au sommet d'un pédoncule radical.

Limbe de la corolle concave ; calice enflé, à divisions courtes, triangulaires presque obtuses. . . . . *P. officinalis.*
Limbe de la corolle plan ; calice étroit, à divisions très-aiguës . . . *P. elatior.*
1. P. OFFICINALIS Jacq. (P. officinale). Prés, pâturages, bois.—C., A.C. Rég. mér.; R.
2. P. ELATIOR Jacq. (P. élevée). Bois frais, prairies. — A.C., A.R.
Obs. — Le *Primula grandiflora Lam.*, fréquemment cultivé, est très-douteux pour notre Flore.

II. HOTTONIA L. (Hottonie). Calice à 5 divisions. Corolle hypocratériforme, à 5 divisions. Étamines 5, ord. insérées à la partie supérieure du tube de la corolle. Capsule s'ouvrant en 5 valves qui restent adhérentes au sommet et à la base. Feuilles submergées, pinnatiséquées-pectinées.

Fleurs d'un rose pâle, jaunes à la gorge, disposées au sommet de la tige en plusieurs verticilles écartés. . . . . *H. palustris.*
1. H. PALUSTRIS L. (H. des marais). Bords des fossés, mares.—A.C. Rég. sept.; A.R. Bb., Ht.; R. Ougrée (Lg., *Str.*); Jambes (Nr., *E. Dethy!*); entre Chiny et Izel (*Crep.*), Moyen, Jamoigne (*Grav.!*), Vance (Lx., *Tin.*).

III. GLAUX Tournef. (Glaux). Calice campanulé, pétaloïde, à 5 divisions. Corolle nulle. Étamines 5, hypogynes. Capsule s'ouvrant en 5 valves. Feuilles toutes opposées. Plante maritime.

Fleurs solitaires, sessiles à l'aisselle des feuilles. . . . . . . *G. maritima.*
1. G. MARITIMA L. (G. maritime). Prairies humides, bords des fossés. —A.C., C. Littoral de la Fl. occ.; bords de l'Escaut aux env. d'Anvers (*Vh.*).

IV. LYSIMACHIA L. (Lysimaque). Calice à 5 divisions. Corolle à tube très-court, presque rotacée, à 5 divisions. Étamines 5, insérées à la gorge de la corolle, à filets libres ou soudés en anneau inférieurement, dépassant longuement le tube. Capsule s'ouvrant en 5 valves ou en 2 valves qui se subdivisent plus tard, l'une en 2, l'autre en 3 valves. Fleurs jaunes, axillaires, ou disposées en panicule feuillée, ou en bouquets compactes axillaires.

1. Tiges grêles, couchées ; fleurs solitaires à l'aisselle des feuilles 2
Tiges robustes, dressées ; fleurs en bouquets ou en panicule 5
2. Feuilles arrondies, obtuses ; calice à divisions cordées à la base. *L. Nummularia.*
Feuilles ovales, aiguës ; calice à divisions linéaires . . . . . . *L. nemorum.*

3. Feuilles à pétiole bordé de poils crépus ; tige glabre. . . . . . . *L. ciliata.*
Feuilles sessiles ou à pétiole non cilié ; tige pubescente. 4
4. Fleurs grandes, en panicule rameuse terminale . . . . *L. vulgaris.*
Fleurs petites, disposées en bouquets ou grappes très-compactes à l'aisselle des
feuilles . . . . *L. Thyrsiflora.*
1. L. nemorum L.— *Lerouxia nemorum Mérat* (L. des bois). Bois humides, bords des
ruisseaux.—A.C., A.R. Rég. mér.; R.
2. L. Nummularia L. (L. Nummulaire). Prairies humides, bords des fossés.—C., A.C.
3. L. vulgaris L. (L. commune). Bois frais, bords des eaux.—C., A.C.
† L. ciliata L. (L. ciliée). Bords des ruisseaux. — R. Entre Verviers et Limbourg,
entre Ensival et Theux, Nessonvaux (*Lej.!*), Gelivaux (Lg., *Str.!*). — Plante
naturalisée, originaire de l'Amérique septentrionale.
4. L. Thyrsiflora L. (L. à bouquets). Prairies fraîches.—R. Tronchiennes (*Coem.!*),
Berlaere-lez-Termonde, Uytbergen (Fl. or., *Rouc.* 1792).
   Obs.—On rencontre çà et là, très-probablement à l'état subspontané, le *L. punc-
tata L.*, espèce du centre de l'Allemagne : Aiwaille (*Lej.!*), Jupille (Lg., *Str.!*);
Havinnes (Ht., *Mich.*); pays de Waes, le long de la Durme (Fl. or., *Rouc.* 1803).

V. TRIENTALIS L. (Trientale). Calice à 7 divisions, plus rarement 5-6. Corolle rotacée, à 7 divisions, plus rarement 5-6. Étamines 7, plus rarement 5-6, insérées à la base de la corolle et
opposées aux divisions. Capsule s'ouvrant en 5-7 valves, roulées en
dehors. Fleurs blanches, 2-3, naissant à l'aisselle des feuilles de la
rosette terminale.

   Tige presque nue dans ses deux tiers inférieurs. . . . . . . *T. Europæa.*
1. T. Europæa L. (T. d'Europe). Marais tourbeux des bois ou des bruyères. — A.R.
Région ardennaise : Fraipont (*Lej.*), Spa (*Lej.*, *Str.*), Sart, Francorchamps
(*Crep.*), Stavelot (*Dewalque!*), Wanne, entre Basse-Bodeux et Chevron (Lg.,
Crep.); Baraques de Fraiture, Samrée, Champlon, Nassogne (*Crep.*), Saint-
Hubert (*Mor.* et *Bj.!*), Videumont (Lx., *Bj.!*); Louette-Saint-Pierre, Willerzie
(Nr., *Grav.!*). — Hocquart l'indiquait, en 1814, au Mont-de-la-Cruche près de
Renaix (Fl. or.), station qui se rattache à celles de Béthune et Saint-Omer
(France).

VI. SAMOLUS Tournef. (Samole). Calice campanulé, à tube soudé
avec l'ovaire, à 5 dents. Corolle insérée au sommet du tube du
calice, à tube court, à gorge munie de 5 appendices en forme
d'écailles alternant avec les lobes au nombre de 5. Étamines 5, insérées au tube de la corolle. Capsule soudée dans sa partie inférieure
avec le tube du calice, s'ouvrant en 5 valves dans sa partie libre.

   Fleurs petites, blanches, en grappes terminales nues . . . . . *S. Valerandi.*
1. S. Valerandi L. (S. de Valerandus). Prairies humides, bords des fossés. — A.C.
Littoral de la Fl. occ.; A.R. Fl. or.; R. Austruweel, Meersel (*Rss.!*), Lierre
(Anv., *Rouc.*); Aerschot (Bb., *Rouc.*); Obigies, Trinité (*Dubois*) env. d'Ath
(Ht., *Mich.*).

TRIBU II. **Capsule s'ouvrant par une fente circulaire.**

VII. CENTUNCULUS L. (Centenille). Calice à 4 divisions. Corolle
à tube subglobuleux, à 4 divisions. Capsule s'ouvrant par un
opercule. Feuilles presque toutes alternes. Fleurs axillaires, à
corolle plus courte que le calice.

   Fleurs sessiles peu apparentes. . . . . *C. minimus.*
1. C. minimus L. (C. naine). Champs humides. — A.C. Nr., Lx.; R. Beloeil (*Hocq.*),
Quevaucamps, Ath (Ht., *Desm.*); Modave, Sur-Villers (Lg., *Hty.*); Diepenbeek
(VD., Hasselt (Lb., *Lej.*); Wynendael près Thourout (Fl. occ., *Schd.*).—Doit
être plus répandu.

VIII. ANAGALLIS Tournef. (Mouron). Calice à 5 divisions.
Corolle rotacée ou subinfundibuliforme, à tube presque nul, à
5 divisions. Capsule s'ouvrant circulairement par un opercule.
Feuilles opposées. Fleurs axillaires, roses, rouges ou bleues.

Feuilles sessiles, ovales ou lancéolées, ponctuées de noir. . . . . . *A. arvensis.*
Feuilles pétiolées, presque rondes, non ponctuées . . . . *A. tenella.*
1. A. ARVENSIS L. M. des champs . Lieux cultivés, bords des chemins.—C., C.C.
2. A. TENELLA L. (M. délicat . Marais tourbeux. — R. Pitersheim (*Lej.*), Lanaken
(*Lb.*, *Math.!*); Bonheyden (*D.* et *P.*) Hersselt, Vorst (Anv., *Kx.!*); Saint-Denis
(*Hocq.*), Blicquy (Ht., *Mich.*.; entre Étalle et Virton (Lx., *Tin.*.

XLV. PLOMBAGINÉES (Juss.).

Fleurs hermaphrodites, régulières. Calice à 5 sépales soudés en
un calice gamosépale tubuleux, persistant, à 5 plis, à 5 dents.
Corolle hypogyne, à 5 pétales libres, ou soudés à la base en une
corolle gamopétale hypocratériforme à tube étroit anguleux, à
5 divisions. Étamines 5, opposées aux pétales ou aux lobes de la
corolle, hypogynes ou insérées à la base des pétales. Styles 5, libres,
ou soudés en un seul; stigmates libres. Fruit libre, uniloculaire,
monosperme, renfermé dans le calice, indéhiscent ou s'ouvrant en
5 valves. Plantes vivaces, acaules ou caulescentes. Feuilles toutes
radicales ou alternes. Fleurs réunies en un glomérule ou disposées
en épis scorpioïdes rapprochés en panicule.

Fleurs réunies en tête; feuilles très-étroites, linéaires. . . . . . ARMERIA. (I.)
Fleurs disposées en panicule; feuilles larges, elliptiques ou oblongues. STATICE. ii.)

I. ARMERIA Willd. (Arméria). Calice muni de plis, à 5 divisions.
Corolle à pétales soudés en anneau à la base. Fleurs réunies en glomérule solitaire à l'extrémité de pédoncules radicaux nus; glomérules entourés d'un involucre composé de plusieurs folioles scarieuses imbriquées, les extérieures se prolongeant en dessous de
leur insertion en appendices soudés en une gaîne qui embrasse le
sommet du pédoncule.

Folioles les plus extérieures de l'involucre très-aiguës, acuminées, les moyennes
mucronulées; feuilles obscurément trinerviées . . . . . . *A. elongata.*
Folioles extérieures un peu aiguës ou presque obtuses; feuilles très-étroites, à
1 nervure . . . . *A. maritima.*
1. A. ELONGATA Hoffm. (A. allongée). Prairies montueuses. — R. R. Welkenraedt
(*Mal.!*, Montzen (Lg., *VD.*).
2. A. MARITIMA Mill. (A. maritime). Lieux sablonneux. — R. Littoral : Nieuport,
Ostende (Fl. occ., *West.*); se retrouve sur les bords de l'Escaut à Anvers
(*Rss.!*).

II. STATICE Willd. (Statice). Calice à 5 angles et à 5 divisions.
Pétales libres ou soudés en anneau à la base, plus rarement soudés
en tube. Fleurs disposées en épis scorpioïdes rapprochés en corymbe
ou en panicule.

Feuilles elliptiques ou lancéolées, à 1 nervure ramifiée; épis rapprochés en panicule corymbiforme. . . . . *S. Limonium.*
1. S. LIMONIUM L. (S. Limonium). Sables maritimes. — A.R. Littoral de la Fl. occ.;
bords de l'Escaut aux env. d'Anvers (*DK.*).

XLVI. PLANTAGINÉES (Juss.).

Fleurs hermaphrodites, plus rarement unisexuelles. régulières.
Calice à 5 plus rarement 3 sépales soudés à la base, persistant.

Corolle hypogyne, gamopétale, scarieuse, persistante, à 4 divisions plus rarement à 3 divisions. Étamines 4, alternes avec les lobes de la corolle, hypogynes ou insérées sur le tube de la corolle. Filets longuement saillants hors de la corolle après l'épanouissement de la fleur. Styles soudés en un style indivis, dépassant longuement la corolle ; stigmate filiforme, indivis, très-rarement subbilobé. Fruit libre, entouré par le calice et la corolle persistants, crustacé, uniloculaire, monosperme, indéhiscent ; plus ord. capsulaire-membraneux, à 2 loges monospermes, dispermes ou polyspermes, quelquefois subdivisées chacune par une fausse cloison, à déhiscence circulaire (pyxide). Fleurs ord. disposées en épis, rarement solitaires ou subsolitaires.

La racine et les parties herbacées des Plantains sont légèrement amères et astringentes. L'eau distillée de Plantain (*Plantago major*) est employée, soit isolément, soit associée à des substances plus astringentes, comme collyre adoucissant. Les semences du *P. arenaria* traitées par l'eau bouillante donnent une décoction mucilagineuse dont on fait usage dans le traitement de la dyssenterie et des ophthalmies.

Fleurs réunies en épis compactes. . . . . PLANTAGO. (il.)
Fleurs ord. solitaires ou réunies par 2-3, naissant à l'aisselle des feuilles d'une rosette radicale. . . . . LITTORELLA. (i.)

I. LITTORELLA L. (Littorelle). Fleurs monoïques. Fleurs mâles solitaires à l'extrémité de pédoncules axillaires ; calice à 4 divisions ; corolle infundibuliforme, à 5 divisions ; étamines 4, hypogynes. Fleurs femelles sessiles, géminées ou ternées à la base du pédoncule de la fleur mâle ; calice à 4 sépales, rarement à 3 sépales par avortement ; corolle tubuleuse-urcéolée, à limbe très-court, à 4 dents, rarement à 3 dents. Fruit crustacé, uniloculaire, monosperme, indéhiscent.

Plante aquatique ; feuilles toutes radicales, un peu charnues, linéaires-aiguës, presque cylindriques. . . . . *L. lacustris.*
1. L. LACUSTRIS L. (L. des étangs). Bords des étangs, fossés. — A.R., R. Lb., Anv., Fl. or., Ht., Nr., Lx.

II. PLANTAGO L. (Plantain). Fleurs hermaphrodites, disposées en épis cylindriques ou globuleux. Calice à 4 divisions. Corolle tubuleuse, à 4 divisions réfléchies après la floraison. Étamines 4. Fruit capsulaire-membraneux, à déhiscence circulaire, à 2-4 ou 8-12 graines, à 2 loges quelquefois subdivisées chacune par une fausse cloison.

1. Tige rameuse, pourvue de feuilles opposées très-étroites . . . . . *P. arenaria.*
  Tige nulle ; pédoncules radicaux, simples ; feuilles toutes radicales 2
2. Feuilles ord. profondément découpées ; racine pivotante, annuelle. *P. Coronopus.*
  Feuilles entières ou seulement dentées ; racine non pivotante, vivace 3
3. Feuilles lancéolées ou linéaires-lancéolées, beaucoup plus longues que larges. 4
  Feuilles larges, ovales, n'étant pas 4 fois plus longues que larges. 5
4. Epis ord. ovales ; corolle à tube glabre. . . . . *P. lanceolata.*
  Epis cylindriques-allongés ; corolle velue ; plante maritime. . . . *P. maritima.*
5. Feuilles presque glabres ; capsule à 8-12 graines . . . . *P. major.*
  Feuilles pubescentes sur les deux faces ; capsule à 2 graines . . . . *P. media.*

1. P. MAJOR L. (P. à larges feuilles). Lieux cultivés, prairies, bords de chemins.—C., C.C.
2. P. MEDIA L. (P. moyen). Pelouses, prairies, bords de chemins.—C., A.C. Rég. inér.; A.R., R.
3. P. LANCEOLATA L. (P. lancéolé). Prairies, pâturages, bords de chemins.—C., C.C.
4. P. MARITIMA L. (P. maritime). Sables maritimes.—A.R. Nieuport (*Mal.*), Ostende (*ML.*); se retrouve sur les bords de l'Escaut à Anvers (*Th.*).

5. P. Coronopus L. (P. Corne-de-Cerf). Lieux secs, pelouses sablonneuses.—A.R. Rég. sept.; A.R. Bb., Ht.; R. Habay-la-Vieille (Lx., *Tin.*).
6. P. arenaria Waldst. et Kit. (P. des sables). Lieux arides sablonneux ou pierreux. R. Selzaete (Fl. or., *Sch.!*); Andrimont (*Lej.*), Nessonvaux (Lg., *Str.*).

XLVII. ILICINÉES (Brongn.).

Fleurs hermaphrodites ou unisexuelles par avortement, régulières. Calice gamosépale, à 4 plus rarement 5-6 divisions, persistant. Corolle hypogyne, gamopétale, rotacée, à 4 divisions, plus rarement à 4-6 divisions, caduque. Étamines en nombre égal à celui des lobes de la corolle et alternant avec eux, insérées à la base de la corolle. Stigmate sessile, lobé, à lobes en nombre égal à celui des loges. Fruit libre, ord. à 4 loges osseuses, distinctes, monospermes, indéhiscentes (noyaux). Arbrisseau à feuilles dentées-épineuses persistant pendant l'hiver.

Le Houx (*Ilex Aquifolium*) renferme dans ses feuilles et son écorce une matière mucilagineuse et astringente; l'écorce pilée appliquée à l'extérieur est résolutive; on a administré l'extrait, avec des résultats divers, pour combattre les fièvres intermittentes. Les baies, prises au nombre de 10-12, sont, dit-on, purgatives comme celles du Lierre.

I. ILEX L. (Houx).
Fleurs blanches; fruit d'un rouge vif. . . . . *I. Aquifolium.*
1. I. Aquifolium L. (H. commun). Bois, lieux pierreux. —C., A.C. Rég. mér.; A.C., A.R.

XLVIII. OLÉINÉES (Link et Hoffms.).

Fleurs hermaphrodites ou unisexuelles, complètes régulières ou dépourvues de calice et de corolle. Calice gamosépale. à 4 divisions, persistant ou caduc, quelquefois nul. Corolle gamopétale, hypogyne, infundibuliforme, à 4 divisions, caduque, quelquefois nulle. Étamines 2, insérées dans la fleur complète sur le tube de la corolle et alternant avec ses lobes. Styles soudés en un style indivis quelquefois très-court; stigmate bifide. Fruit libre, bacciforme, ou indéhiscent prolongé supérieurement en une aile presque foliacée, biloculaire ou uniloculaire par avortement, à loges dispermes ou monospermes par avortement. Arbrisseau ou arbre à feuilles ord. opposées.

Les feuilles du Troëne (*Ligustrum vulgare*) sont légèrement astringentes; leur saveur est amère et acerbe. L'écorce du Frêne est d'une saveur amère; on l'a employée autrefois comme fébrifuge; les feuilles sont douées de propriétés faiblement purgatives.

Feuilles ailées; arbre élevé. . . . . Fraxinus. (ii.)
Feuilles entières; arbrisseau . . . . Ligustrum. (i.)

I. LIGUSTRUM Tournef. (Troëne). Fleurs hermaphrodites. Calice petit, urcéolé, à 4 divisions, caduc. Corolle subinfundibuliforme, à tube dépassant longuement le calice, à 4 divisions. Baie globuleuse, à 2 loges dispermes ou monospermes par avortement. Arbrisseau à feuilles entières.

Fleurs blanches, en panicule compacte; baies noirâtres. . . . . . *L. vulgare.*
1. L. **vulgare** L. (T. commun). Haies, buissons.—A.C., A.R.

II. FRAXINUS Tournef. (Frêne). Fleurs polygames, dépourvues de calice et de corolle, munies de bractées. Fruit (samare) membraneux, coriace, oblong, renflé inférieurement, comprimé presque foliacé dans sa partie supérieure, à une loge, monosperme par avortement, plus rarement à 2 loges, indéhiscent. Arbre ord. très-élevé, à feuilles imparipinnées.

Fleurs verdâtres, naissant avant les feuilles . . . . *F. excelsior.*
1. F. **excelsior** L. (F. élevé). Bois montueux.—C., A.C. Rég. mér.
Obs.—On cultive communément dans les jardins et les parcs le *Syringa vulgaris* L. (Lilas).

XLIX. APOCYNÉES (Juss.)

Fleurs hermaphrodites, régulières. Calice gamosépale, à 5 divisions, persistant. Corolle hypogyne, gamopétale, à 5 lobes, caduque. Étamines 5, insérées sur le tube de la corolle et alternant avec ses lobes. Filets libres ord. très-courts, dépourvus d'appendices. Anthères libres, ord. surmontées d'un appendice membraneux, conniventes au-dessus du stigmate. Pollen pulvérulent. Styles soudés en un style indivis; stigmate indivis ou subbilobé. Fruit libre, composé de 2 carpelles ord. distincts, capsulaires, polyspermes, déhiscents par la suture ventrale (follicules), quelquefois réduit à un seul carpelle par avortement. Graines nues ou munies d'une aigrette soyeuse. Plante vivace ord. sous-frutescente ou arbrisseau. Feuilles opposées ou verticillées, entières.

Les feuilles de Pervenche (*Vinca minor* et *V. major*) sont astringentes et légèrement aromatiques; on leur attribuait autrefois des propriétés nombreuses et actives; leur infusion n'est plus guère employée que dans la médecine populaire pour supprimer la sécrétion du lait après l'accouchement.

I. VINCA L. (Pervenche). Graines dépourvues d'aigrette. Feuilles opposées, entières, persistant pendant l'hiver. Fleurs grandes, ord. bleues, axillaires, solitaires.

Feuilles glabres; tube de la corolle dépassant longuement le calice. . *V. minor.*
Feuilles ciliées; calice égalant environ le tube de la corolle . . . . *V. major.*
1. V. **minor** L. (P. à petites fleurs). Bois ombragés, lieux pierreux.—A.C., A.R. Rég. mér.; R.—Peut-être n'est-il pas indigène dans plusieurs des localités signalées dans nos Flores
† V. **major** L. (P. à grandes fleurs). Assez souvent cultivé dans les jardins et les parcs.—Espèce de la région méditérranéenne.

L. ASCLÉPIADÉES (R. Br.).

Fleurs hermaphrodites, régulières. Calice gamosépale, à 5 divisions, persistant ou caduc. Corolle gamopétale, hypogyne, à 5 divisions, caduque. Étamines 5, insérées à la base de la corolle et alternant avec ses lobes. Filets ord. soudés en un tube qui entoure l'ovaire et munis chacun au sommet d'un appendice charnu ou membraneux souvent en forme de cornet et recouvrant l'anthère correspondante. Anthères ord. soudées en un tube qui entoure le style et le stigmate, ord. surmontées d'un prolongement membraneux du connectif, à lobes quelquefois subdivisés en deux loges. Pollen à grains quelquefois réunis par 4, plus ord. réunis en masses solitaires dans chaque loge de l'anthère. Stigmates soudés en une masse épaisse à 5 angles qui alternent avec les anthères. Fruit composé de 2 carpelles distincts, capsulaires, polyspermes, déhiscents par la suture ventrale (follicules), souvent réduit à 1 seul carpelle par avortement. Graines terminées par une aigrette soyeuse. Plantes vivaces, ord. herbacées, quelquefois volubiles. Feuilles opposées, quelquefois rapprochées en verticilles.

Le suc laiteux du *Vincetoxicum officinale* (Dompte-venin), doué de propriétés émétiques, est vénéneux à haute dose. Cette plante devait sa propriété d'ant.tode universel aux propriétés fortement sudorifiques de sa racine, qui agit aussi comme émétique : on a renoncé depuis longtemps à l'usage de cette plante dangereuse.

I. VINCETOXICUM Mœnch (Dompte-venin).

Fleurs blanchâtres en corymbe ; feuilles presque glabres ; tige non volubile.
V. officinale.

1. V. OFFICINALE Mœnch — *Asclepias Vincetoxicum L.* (D. officinal). Bois pierreux, lieux incultes. — A.C. Nr., Lg., Lx.; R. Lompret (*Hocq.*), Saint-Denis, Ghlin (*Mich.*), Obourg (Ht., *Mrt.*).
Obs. — On cultive quelquefois l'*Asclepias Cornuti Decaisne* — *A. Syriaca L.*, plante originaire de l'Amérique septentrionale

---

LI. GENTIANÉES (Juss.).

Fleurs hermaphrodites, régulières ou un peu irrégulières. Calice régulier ou irrégulier, à 5 plus rarement 4-12 sépales libres ou plus ou moins soudés, persistant. Corolle hypogyne, gamopétale, à 5 plus rarement 4-12 divisions, à gorge ou à divisions quelquefois barbues ou munies d'écailles pétaloïdes multifides, marcescente-persistante, rarement caduque. Étamines 5, plus rarement 4-12, insérées sur le tube ou à la gorge de la corolle, alternes avec les divisions de la corolle. Styles 2, soudés en un style indivis quelquefois très-court ; stigmates linéaires, plus rarement capités, quelquefois soudés en un seul. Fruit libre, capsulaire, uniloculaire ou plus ou moins complétement biloculaire, polysperme, s'ouvrant en 2 valves, très-rarement subindéhiscent. Plantes herbacées, glabres, vivaces ou annuelles. Feuilles opposées, plus rarement verticillées ou alternes.

Les *Gentianées* présentent toutes, mais à divers degrés, les mêmes propriétés toniques et fébrifuges dues à une substance amère et colorante jaune, douée d'une amertume franche et intense. Ce principe actif existe dans toutes les parties de la plante, mais surtout dans la racine. La Petite-Centaurée (*Erythrœa Centaurium*) est fréquemment employée en décoction comme succédanée du quinquina pour combattre les fièvres intermittentes : c'est un tonique léger et stimulant des fonctions digestives. On emploie le suc exprimé ou l'infusion du Trèfle-d'eau (*Menyanthes trifoliata*) dans le traitement des maladies de la peau et des affections scorbutiques.

1. Feuilles à 3 folioles . . . . MENYANTHES. (i.)
   Feuilles simples 2
2. Plante aquatique ; feuilles nageantes, arrondies-cordées . . LIMNANTHEMUM. (ii.)
   Plantes terrestres ; feuilles opposées, non nageantes, non arrondies-en-cœur . 3
3. Fleurs jaunes ; 6-8 étamines ; plante ord. élevée . . . . CHLORA. (iii.)
   Fleurs rouges ou bleues, ou plante très-petite et fleurs jaunes 4

4. Fleurs rouges; anthères tordues en spirale après l'émission du pollen.
                                                        ERYTHRAEA. (vi.)
   Fleurs bleues ou jaunes; anthères ne se tordant pas. 5
5. Fleurs grandes, bleues; tiges ord. robustes. . . . . GENTIANA. (iv.)
   Fleurs très-petites, jaunes; tiges filiformes, très-grêles . . . . CICENDIA. (v.)

I. MENYANTHES L. (Ményanthe). Calice à 5 divisions. Corolle caduque, infundibuliforme, à 5 divisions chargées à la face supérieure de cils blancs, longs et crispés. Étamines 5. Style filiforme; stigmate bilobé. Capsule uniloculaire, à valves portant les placentas à la partie moyenne. Feuilles alternes, trifoliolées.

   Fleurs d'un blanc-rosé, en grappe simple . . . . *M. trifoliata.*
1. M. TRIFOLIATA L. (M. trifolié). Marais tourbeux, prairies spongieuses. — A.C., A.R.
      — Manque dans beaucoup de localités.

II. LIMNANTHEMUM Gmel. (Limnanthème). Calice à 5 divisions. Corolle mince, très-fugace, rotacée, à tube court, à gorge barbue, à 5 divisions. Étamines 5. Style filiforme; stigmate bilobé. Capsule uniloculaire, polysperme, subindéhiscente, à placentas pariétaux. Feuilles alternes, nageantes, suborbiculaires-cordées.

   Fleurs jaunes, en fascicules axillaires . . . . *L. Nymphoides.*
1. L. NYMPHOIDES Link — *Villarsia Nymphoides Vent.* (L. Faux-Nénuphar). — Bords des rivières, étangs. — A.C. Rég. sept.; A.R., R.

III. CHLORA L. (Chlore). Calice divisé presque jusqu'à la base en 6-8 divisions linéaires. Corolle presque hypocratériforme, à 6-8 divisions, à tube renflé-subglobuleux. Étamines 6-8. Style filiforme; stigmate bifide. Capsule uniloculaire, à valves portant les placentas à leurs bords. Fleurs jaunes, en cyme terminale. Feuilles opposées.

   Feuilles connées, glauques; plante ord. élevée. . . . . . . *C. perfoliata.*
1. C. PERFOLIATA L. (C. perfoliée). — R.R. Bois de Saint-Denis (*Hocq.*), bois d'Obourg (*Ht., Mich.*). — Espèce assez douteuse pour notre Flore.

IV. GENTIANA L. (Gentiane). Calice ord. tubuleux ou campanulé, à 4-10 divisions plus ou moins profondes. Corolle infundibuliforme, campanulée ou rotacée, à gorge nue ou munie d'écailles multifides, à limbe à 4-5 lobes égaux, ou plus nombreux et alternativement inégaux. Étamines 4-5, à anthères non tordues en spirale après l'émission du pollen. Style très-court ou presque nul; stigmate bifide. Capsule uniloculaire à valves portant les placentas à leurs bords. Fleurs bleues, rarement blanches. Feuilles opposées.

1. Corolle munie à la gorge de 5 écailles découpées en cils. 2
   Corolle à gorge nue. 3
2. Feuilles ovales ou ovales-lancéolées; capsule un peu pédicellée. *G. Germanica.*
   Feuilles lancéolées ou lancéolées-linéaires; capsule sessile . . . *G. Amarella.*
3. Pétales frangés sur les bords. . . . . *G. ciliata.*
   Pétales non frangés 4
4. Corolle à 4 divisions; fleurs sessiles . . . . *G. Cruciata.*
   Corolle à 5 divisions; fleurs courtement pédonculées. . . . *G. Pneumonanthe.*

1. G. PNEUMONANTHE L. (G. Pneumonanthe). Marais tourbeux, prairies et bruyères humides. — A.C. Rég. sept.; R. Hérinnes (*Mar.*), Stambruges (*Hocq.*), Casteau, Masnuy, Erbisœul (*Mrt.!*), vers Chimay (Ht., *Mich.*); Le Bruly, Fagnolles (*Del.*), Rienne, Willerzie, Louette-Saint-Pierre (Nr., *Grav.!*); Oneux, Surister (*Crep.*), Sart (Lg., *Lej.*).
2. G. CRUCIATA L. (G. Croisette). Pelouses de bois montueux, coteaux pierreux. — A.R. Nr., Lg.; R. Chimay (Ht., *Hocq.*); Marche (*Michl.*), Jamoigne (Lx., *Grav.*).
3. G. GERMANICA Willd. (G. d'Allemagne). Coteaux pierreux, pelouses. — A.C. Nr.; A.R. Filot, Aiwaille, Sougnez, Nessonvaux, Ensival (Lg., *Lej!*); R. Chimay, Virelles, Stambruges (*Hocq.*), Obourg (Ht., *Mrt.*).

4. G. **Amarella** L. (G. Amarelle). Coteaux sablonneux. —Nieuport (*Coem.!*), Ostende
(Fl. occ., *Coem.! Wesm.!*).
5. G. **ciliata** L. (G. ciliée). Pelouses sèches. — R.R. Entre Aiwaille et Comblain-au-
Pont (Lg., *Lej.!*).

V. CICENDIA. Adans. (Cicendie). Calice à 4 divisions. Corolle
infundibuliforme, à tube renflé, à 4 divisions. Étamines 4. Style
filiforme, stigmate indivis, capité. Capsule uniloculaire ou incomplètement biloculaire, à valves portant les placentas à leurs bords.
Plante grêle, à tiges filiformes.

Fleurs jaunes ; calice à dents triangulaires appliquées sur la capsule. *C. filiformis.*
1. C. **filiformis** Delarbre — *Gentiana filiformis L.* (C. filiforme). Champs humides,
bruyères. — A.R. Rég. sept.; Nr., Lg., Lx.; R. Stambruges (*Hocq.*), Casteau
(Ht., *Mrt.!*).

VI. ERYTHRAEA Rich. (Érythrée). Calice tubuleux à 5 angles
saillants, à 5 divisions linéaires. Corolle infundibuliforme, à 5 divisions. Étamines 5 ; anthères se contournant en spirale après l'émission du pollen. Style. filiforme ; stigmate bifide. Capsule linéaire,
subuniloculaire, ou incomplètement biloculaire, à valves portant
les placentas à leurs bords. Fleurs roses rarement blanches.

1. Tige presque cylindrique ; feuilles de la tige étroites-linéaires . *E. linearifolia.*
Tige quadrangulaire ; feuilles de la tige ovales. **2**
2. Plante ord. assez élevée, peu rameuse ; fleurs sessiles, munies de bractées.
E. Centaurium.
Plante petite, ord. très-rameuse ; fleurs pédicellées, sans bractées. *E. pulchella.*
1. E. **Centaurium** Pers.— *Gentiana Centaurium L.* (E. Petite-Centaurée). Pelouses,
pâturages, bois. – C , A.C. Rég. mér.; A.C, A.R.
2. E. **pulchella** Fries (E. élégante). Bords des champs humides, bruyères. A.C., A.R.
Nr., Lg., Lx.; A.R. Ht.; R.? Molenbeek-Saint-Jean (Bb., *Bm.!*); env. d'Anvers
(*Vh.*).
3. E. **linearifolia** Pers. — *E. littoralis Fries* (E. à feuilles linéaires). Sables maritimes. — R. Panne (*Mul.!*), Nieuport (*Coem.!*).

LII. CONVOLVULACÉES (Juss).

Fleurs hermaphrodites, régulières. Calice à 5 sépales plus ou
moins inégaux, libres, persistant. Corolle hypogyne, gamopétale,
campanulée-infundibuliforme ou hypocratériforme, à limbe entier,
à 5 plis, plus rarement à 5 lobes, caduque. Étamines 5, insérées
vers la base de la corolle, alternes avec ses lobes ou ses plis. Styles 2,
rapprochés ou soudés en un style filiforme ; stigmates 2-4, libres ou
soudés. Fruit capsulaire-membraneux, uniloculaire ou à 2 rarement
4 loges complètes ou incomplètes, dispermes ou monospermes, indéhiscent, ou déhiscent à valves se détachant des cloisons qui persistent sur le réceptacle. Cotylédons foliacés, chiffonnés. Plantes ord.
vivaces, herbacées, volubiles. Feuilles alternes, souvent hastées ou
cordiformes.

I. CONVOLVULUS L. (Liseron). Corolle à 5 angles et à 5 plis.
Style filiforme. Capsule indéhiscente uni-biloculaire.

1. Pédoncule portant au sommet deux bractées larges qui recouvrent le calice. . **2**
Pédoncule à bractées très-petites, éloignées de la fleur . . . . . . *C. arvensis.*
2. Feuilles aiguës ; plante élevée, volubile . . . . *C. sepium.*
Feuilles obtuses ; plante à tiges courtes, couchées. . . . . *C. Soldanella.*
1. C. **sepium** L. — *Calystegia sepium R. Br.* (L. des haies). Haies, buissons, bords
des eaux. — C.

2. C. Soldanella L. — *Calystegia Soldanella R. Br*. (L. Soldanelle). Sables maritimes. — C., C.C. Fl. occ.; se retrouve sur les bords de l'Escaut à Austruweel (Anv., *Vh.*).

3. C. arvensis L. (L. des champs). Lieux cultivés, moissons. — C.C.

LIII. CUSCUTACÉES (Presl.).

Fleurs hermaphrodites, régulières. Calice gamosépale, à 4-5 divisions, persistant. Corolle hypogyne, gamopétale, ord. épaissie, un peu charnue, campanulée ou urcéolée, à 4-5 divisions, marcescente. Étamines 4-5, insérées sur le tube de la corolle et alternes avec ses lobes. Écailles pétaloïdes, insérées sur le tube de la corolle au-dessous des étamines, auxquelles elles sont opposées. Styles 2, libres, plus rarement soudés; stigmates 2, linéaires, plus rarement capités. Fruit libre, capsulaire-membraneux, à 2 loges dispermes ou monospermes par avortement, à déhiscence circulaire (pyxide) ou plus rarement s'ouvrant irrégulièrement au sommet. Embryon dépourvu de cotylédons. Plantes annuelles, parasites, dépourvues de feuilles.

I. CUSCUTA Tournef. (Cuscute).

1. Plante parasite sur le lin; limbe de la corolle 2 fois plus court que le tube.
$\qquad$ *C. densiflora.*
Plante non parasite sur le lin; limbe de la corolle égalant environ le tube. . . 2
2. Calice prolongé sous l'ovaire en un tube épais; styles plus courts que l'ovaire.
$\qquad$ *C. major.*
Calice non prolongé sous l'ovaire en forme de pédicelle; styles plus longs que l'ovaire . . . . *C. Epithymum.*
1. C. major C. Bauh. — *C. Europæa. L.* ex parte. (C. majeure). Ord. parasite sur l'ortie et le houblon. — A.C. Nr., Lg.; R. — Manque dans beaucoup de localités.
2. C. densiflora Soy.-Will. — *C. Epilinum Weihe* (C. densiflore). Parasite sur le lin. — R. Laforêt (*abbé Parisel!*, Louette-Saint-Pierre (Nr., *Grav.!*); env. de Saint-Denis (*Mrt.*), Kain (Ht., *Mur.*); Aeltre (Fl. or., *Fg.!*); Liége (Lg., *Dewalque!*).
3. C. Epithymum Murr. — *C. minor DC.* (C. du Thym). Parasite sur un grand nombre de plantes. — A.C., A.R. — Manque dans beaucoup de localités.

LIV. BORRAGINÉES (Juss.).

Fleurs hermaphrodites, presque régulières, rarement irrégulières. Calice à 5 sépales soudés à la base ou dans une grande partie de leur longueur, persistant. Corolle caduque, hypogyne, gamopétale, presque régulière, rarement irrégulière, tubuleuse, infundibuliforme, hypocratériforme, campanulée ou rotacée, rarement subbilabiée; à 5 divisions plus ou moins profondes; à gorge glabre ou velue, lisse ou plissée, nue ou munie d'écailles opposées aux lobes de la corolle et fermant souvent le tube. Étamines 5, insérées au tube ou à la gorge de la corolle, alternes avec ses divisions, incluses, plus rarement saillantes. Styles naissant à la base ou au côté interne des carpelles, soudés en 1 style indivis, quelquefois bifide au sommet; stigmate indivis ou lobé. Fruit libre, composé de deux carpelles dispermes divisés chacun longitudinalement par l'introflexion de leur partie dorsale en deux loges (nucules) et simulant ainsi

4 carpelles; nucules sèches, ord. osseuses, libres, plus rarement adhérentes entre elles, monospermes, indéhiscentes, s'insérant par leur extrémité inférieure sur un réceptacle ord. charnu ou s'insérant par leur côté interne sur une colonne centrale. Plantes annuelles ou vivaces, herbacées, plus rarement ligneuses. Feuilles alternes. Fleurs disposées en grappes unilatérales, enroulées en crosse avant la floraison.

Les *Borraginées* doivent leurs propriétés médicales à un suc mucilagineux légèrement amer et astringent. L'infusion des feuilles de la Bourrache (*Borrago officinalis*) est employée comme pectorale, diurétique, et surtout comme sudorifique dans les fièvres éruptives. On prépare avec le *Symphytum officinale* (Grande-Consoude) une infusion, une décoction et un sirop assez fréquemment employés dans le traitement des affections catarrhales, des bronchites chroniques, de la dyssenterie, etc. Autrefois on employait en infusion comme pectorale les *Pulmonaria* et l'*Echium vulgare* (Vipérine). L'infusion des feuilles et la décoction de la racine de la Cynoglosse (*Cynoglossum officinale*) étaient jadis employées comme calmantes et légèrement astringentes dans les affections catarrhales.

1. Corolle dépourvue d'écailles à la gorge. 2
   Corolle à gorge pourvue d'écailles qui ferment ord. le tube. 5
2. Corolle irrégulière, presque à 2 lèvres, à étamines ord. très-saillantes.
   ECHIUM. (vi.)
   Corolle régulière ; étamines non saillantes 3
3. Calice à 5 dents; tubuleux-en-cloche ; fruit lisse, noir. . . . PULMONARIA. (v.)
   Calice à 5 divisions atteignant presque sa base ; fruit tuberculeux ou blanc. . 4
4. Grappes nues; feuilles de la tige longuement pétiolées. . . HELIOTROPIUM. (x.)
   Grappes feuillées; feuilles de la tige sessiles . . . . . LITHOSPERMUM. (iv.)
5. Corolle à divisions aiguës ; étamines pourvues d'un appendice à la base.
   BORRAGO. (i')
   Corolle à divisions obtuses ou échancrées ; étamines sans appendice. . . . 6
6. Calice fructifère composé de 2 valves dentées appliquées l'une contre l'autre.
   ASPERUGO. (ix.)
   Calice fructifère régulier 7
7. Fruit chargé d'épines crochues 8
   Fruit lisse ou tuberculeux 9
8. Feuilles douces au toucher; carpelles gros, soudés à la colonne centrale seulement par leur partie supérieure. . . . . CYNOGLOSSUM. (viii.)
   Feuilles rudes au toucher ; carpelles petits, soudés à la colonne centrale dans toute leur longueur . . . . ECHINOSPERMUM. (vii.)
9. Écailles de la gorge lancéolées très-aiguës; feuilles supérieures décurrentes.
   SYMPHYTUM. (ii.)
   Écailles obtuses ou échancrées; feuilles non décurrentes. 10
10. Corolle à tube coudé. . . . . LYCOPSIS.-(i.)
    Corolle à tube droit 11
11. Écailles velues. . . . . ANCHUSA. (i".)
    Écailles glabres ou nulles 12
12. Grappes nues ; gorge fermée par un anneau charnu . . . . . MYOSOTIS. (iii.)
    Grappes feuillées ; gorge non fermée par des écailles formant un anneau.
    LITHOSPERMUM. (iv.)

TRIBU I. ANCHUSÉES. Nucules ou carpelles libres entre eux, insérés par leur extrémité inférieure.

† BORRAGO Tournef. (Bourrache). Calice à 5 divisions. Corolle rotacée, à 5 divisions ovales acuminées, étalées, à gorge munie de 5 écailles émarginées. Étamines longuement saillantes, conniventes en cône, filets très-courts charnus, munis en dehors d'un appendice linéaire charnu dressé. Carpelles tuberculeux à rebord inférieur très-saillant.

Fleurs grandes, bleues, à anthères noires. . . . . *B. officinalis.*
† B. OFFICINALIS L. (B. officinale). Fréquemment cultivé. — Se retrouve rarement à l'état subspontané dans le voisinage des habitations.

† ANCHUSA L. (Buglosse). Calice à 5 divisions plus ou moins

profondes. Corolle hypocratériforme ou infundibuliforme, à tube droit, à 5 divisions obtuses un peu inégales, à gorge munie de 5 écailles obtuses, velues au sommet. Étamines incluses ou saillantes. Carpelles rugueux ou tuberculeux, à rebord inférieur saillant.

Écailles de la gorge seulement veloutées; feuilles lancéolées, ou linéaires-lancéolées.
A. officinalis.

† **A. officinalis** L. (B. officinale). Assez rarement cultivé. — Il n'existe très-probablement qu'à l'état subspontané en Belgique.—R. Entre Verviers et Limbourg, Ensival (Lg., *Lej.!*); Tournay (*Mich.*), Binche (Ht., *Desm.*); env. d'Ostende et Blankenberghe (Fl. occ. *Rouc.*); remparts de Louvain (Bb., *Rouc.*).
Obs. — L'*A. Sempervirens* L. se retrouve très-rarement à l'état subspontané sur les vieux murs ou dans les carrières : Tournay (*Dmrt.*), Chercq (Ht., *Mar.*).

I. LYCOPSIS L. (Lycopside).

Calice à 5 divisions. Corolle infundibuliforme, à tube coudé, à 5 divisions un peu inégales, à gorge munie de 5 écailles poilues. Étamines incluses, filets très-courts. Carpelles rugueux, à rebord inférieur épais, très-saillant.

Calice s'accroissant beaucoup après la floraison. . . . . *L. arvensis.*
1. L. arvensis L. (L. des champs). Moissons. — A.C., A.R. Manque dans beaucoup de localités; R. Mielmont (Nr., *Durand*).
Obs. — Le *L. orientalis* L.!, trouvé autrefois par Lejeune dans les moissons de Stembert près Verviers, ne paraît plus exister dans ce pays. Cette plante aura été introduite accidentellement avec des blés d'Odessa.

II. SYMPHYTUM Tournef. (Consoude).

Calice à 5 divisions. Corolle tubuleuse, à limbe campanulé-urcéolé à 5 lobes, à gorge munie de 5 écailles lancéolées-subulées conniventes en cône. Étamines incluses. Carpelles rugueux, à rebord inférieur saillant, épais, plissé.

Feuilles de la tige décurrentes. . . . . *S. officinale.*
1. S. officinale L. (C. officinale.—Vulg. *Grande-Consoude*). Prairies humides, bords des eaux. — C., A.C.

III. MYOSOTIS L. (Myosotis).

Calice à 5 divisions plus ou moins profondes. Corolle hypocratériforme ou presque rotacée, à tube court ou dépassant le calice, à 5 divisions et 5 plis, à divisions arrondies ou un peu échancrées, à gorge fermée par 5 écailles convexes, obtuses presque glabres. Étamines incluses. Carpelles lisses luisants, à bords tranchants, à surface inférieure étroite presque plane. Fleurs disposées en grappes nues.

1. Calice à poils appliqués et droits ; plante des lieux humides . . . *M. palustris.*
   Calice à poils étalés et crochus ; plante ord. des lieux secs. 2
2. Corolle grande, à limbe plan . . . . *M. sylvatica.*
   Corolle de grandeur moyenne ou petite, concave en entonnoir. 3
3. Pédoncules inférieurs plus longs que le calice ; plante ord. élevée. *M. intermedia.*
   Pédoncules plus courts que le calice ; plantes petites. 4
4. Grappes fructifères compactes, à pédicelles appliqués contre la tige ; sommet des entre-nœuds de la tige à poils crochus . . . . *M. stricta.*
   Grappes fructifères lâches, à pédicelles étalés ou étalés-dressés; entre-nœuds de la tige sans poils crochus. 5
5. Tube de la corolle plus court que le calice ; calice fructifère ouvert . *M. hispida.*
   Tube de la corolle à la fin dépassant ord. beaucoup le calice ; calice fructifère fermé . . . . *M. versicolor.*
1. M. palustris With. (M. des marais. —Vulg. *Ne-m'oubliez-pas*). Prairies humides, fossés, bords des eaux. C., C.C.
2. M. sylvatica Hoffm. (M. des bois). Bois montueux frais, buissons. — A.R. Vresse, Membre, Bohan, Orchimont, Waulsort, entre Pont-à-Lesse et Anseremme, Bauche, Crupet, Wépion (Nr., *Crep.* et *Grav.*); R. Saint-Denis (Ht., *Mrt.!*); Fouches (Lx., *Crep.*); Fond-de-Forêt (Lg., *Str.!*).
3. M. intermedia Link (M. intermédiaire). Lieux cultivés, haies. — C., C.C.

4. M. stricta. Link (M. roide). Lieux sablonneux, moissons. — R. Env. de Gand (Fl. or., *Schd.!*).—Espèce peu connue et probablement assez répandue dans la rég. sept.— Paraît manquer dans la plus grande partie de la Rég. mér.
5. M. hispida Schlecht. (M. hérissé). Pelouses, bords des chemins. — A.C. Nr., Lg.; A.R. Ht.; R.
6. M. versicolor Rchb. (M. changeant). Pelouses, bords des chemins.—A.C. Nr., Lg., Lx., Ht., Bb.; A.R.

IV. LITHOSPERMUM Tournef. (Grémil). Calice à 5 divisions linéaires profondes. Corolle infundibuliforme, à 5 divisions, à gorge ouverte munie d'écailles très-petites ou indistinctes. Étamines incluses, carpelles lisses ou rugueux, à surface inférieure presque plane. Fleurs en grappes feuillées.

Feuilles à nervures latérales non visibles ; fruit rugueux . . . . . *L. arvense.*
Feuilles à nervures latérales saillantes ; fruit lisse . . . . . . *L. officinale.*
1. L. arvense L. (G. des champs). Moissons, bords des chemins. — C.C., C., A.C.
2. L. officinale L. (G. officinal). Lisières des bois, lieux pierreux. — A.C.,A.R. Nr., Lx , Lg., Ht.; A.R. Bb.

V. PULMONARIA Tournef. (Pulmonaire). Calice tubuleux-campanulé, à 5 dents et 5 angles. Corolle infundibuliforme, à 5 divisions suborbiculaires, à gorge dépourvue d'écailles, à 5 faisceaux de poils. Étamines incluses. Carpelles lisses, à surface inférieure étroite entourée d'un rebord saillant.

Feuilles radicales ovales, échancrées en cœur à la base, ord. maculées de taches blanches ; lobes de la corolle dressés. . . . . *P. officinalis.*
Feuilles radicales elliptiques ou lancéolées, jamais en cœur à la base, rarement maculées de taches blanches ; lobes de la corolle étalés. . . *P. angustifolia.*
1. P. angustifolia L. — *P. tuberosa Schrank* (P. commune). Bois frais, buissons. — A.C., A.R. Nr., Lg.; A.R. Lx., Ht.
† P. officinalis L. (P. officinale). Généralement cultivé. — Ne paraît croître en Belgique qu'à l'état subspontané : Verviers, Limbourg (Lg., *Lej.!*) ; Rouge-Cloître, Uccle, la Cambre (Bb., *Bm.!*).

VI. ECHIUM L. (Vipérine). Calice à 5 divisions. Corolle infundibuliforme-campanulée, presque à deux lèvres ; à 5 lobes inégaux, à gorge nue. Étamines à filets ord. très-longs, inégaux, réfléchis-ascendants. Carpelles rugueux, à surface inférieure légèrement concave.

Fleurs en grappes serrées formant une longue panicule. . . . . *E. vulgare.*
1. E. vulgare L. (V. commune). Bords des chemins, vieux murs.—C. Nr., Lg., Lux.; A.C. Ht., Bb.; R. Anvers (*DK.*).

TRIBU II. CYNOGLOSSÉES. Nucules ou carpelles étroitement rapprochés au moins au sommet, adhérents plus ou moins à la colonne centrale.

VII. ECHINOSPERMUM Swartz (Échinosperme). Calice à 5 divisions. Corolle hypocratériforme, à 5 lobes obtus, à gorge fermée par 5 écailles convexes. Étamines incluses, a anthères presque sessiles. Carpelles triquètres, soudés à la colonne centrale dans toute la longueur de leur angle interne, à face dorsale entourée d'épines.

Feuilles rudes à poils tuberculeux ; fleurs petites, bleues. . . . . *E. Lappula.*
1. E. Lappula Lehm. — *Myosotis Lappula L.* (E. Bardanette). Lieux pierreux, bords des chemins. — R. Liége, Verviers (Lg., *Lej.!*) ; Marche (Lx., *Lej.!*); env. de Tournay. (Ht., *Mar.!*); Wynendael (Fl. occ., *Schd.!*).

VIII. CYNOGLOSSUM L. (Cynoglosse). Calice à 5 divisions plus ou moins profondes. Corolle hypocratériforme, ou presque rotacée, à 5 lobes obtus, à gorge fermée par 5 écailles convexes. Étamines incluses. Carpelles déprimés, chargés de tubercules épineux sur toute leur surface, soudés à la colonne centrale seulement dans leur partie supérieure, à bord épaissi.

Feuilles pubescentes, douce au toucher ; fleurs assez grandes, rougeâtres.
C. officinale.

1. C. OFFICINALE L. (C. officinale). Bords des chemins, lieux pierreux.— C., A.C. Nr., Lg.; A.R. Lx., Ht., Bb.; R.

Obs.— On cultive fréquemment l'*Omphalodes verna Mœnch* — Se retrouve çà et là, mais très-rarement, dans le voisinage des cultures.

IX. ASPERUGO Tournef. (Râpette). Calice à 5 dents triangulaires accompagnées de dents latérales plus courtes, le fructifère très-développé, presque foliacé, comprimé en deux valves sinuées-anguleuses appliquées l'une contre l'autre. Corolle hypocratériforme, à 5 lobes obtus, à gorge fermée par 5 écailles convexes. Étamines incluses. Carpelles comprimés latéralement, chagrinés, rapprochés par paires, soudés à la colonne centrale par leur partie supérieure.

Fleurs réunies 2-4 au niveau de chaque paire de feuilles . . . . *A. procumbens.*
1. A. PROCUMBENS L. (R. couchée). Bords des chemins, décombres. — R.R. Hautrage (Ht., *Mich.*); Lemberge (Fl. or., *Coem.!*). En 1803, Roucel l'indiquait comme n'étant pas rare sur la côte de la Fl. occ.

X. HELIOTROPIUM L. (Héliotrope). Calice à 5 divisions. Corolle hypocratériforme, à 5 lobes obtus, à sinus présentant chacun un plis longitudinal qui se termine entre les lobes en une dent courte, à gorge nue quelquefois barbue. Étamines incluses. Carpelles ovoïdes-triquêtres, chagrinés, soudés à la corolle centrale par leur angle interne, d'abord soudés entre eux et ne se séparant qu'à la maturité.

Plante herbacée ; fleurs blanches en grappes nues. . . . . . *H. Europœum.*
1. H. EUROPAEUM L. (H. d'Europe). Lieux pierreux, décombres. — R.R. Env. de Bruxelles (Bb., *Schd.*).—Paraît avoir été trouvé dans les prov. d'Anv. et de Ht. Indigénat très-suspect.

LV. SOLANÉES (Juss.).

Fleurs hermaphrodites, régulières. Calice gamosépale, à 5 divisions, persistant, s'accroissant souvent après la floraison. Corolle hypogyne, gamopétale, rotacée, campanulée, infundibuliforme ou hypocratériforme, à 5 divisions, caduque. Étamines 5, insérées sur le tube de la corolle et alternant avec ses divisions ; filets égaux ou presque égaux ; anthères à 2 loges, s'ouvrant par un fente longitudinale, plus rarement par un pore terminal. Styles soudés en un style indivis ; stigmate entier ou obscurément lobé. Fruit capsulaire ou bacciforme, polysperme ; capsule à 2 loges quelquefois subdivisées chacune en 2 loges secondaires, s'ouvrant en 2 ou 4 valves, à déhiscence septifrage ou loculicide, plus rarement à déhiscence circulaire (pyxide); baie pulpeuse, plus rarement sèche, ord. à 2 loges. Plantes annuelles ou vivaces, à tiges herbacées, plus rarement ligneuses. Feuilles alternes, ou les supérieures géminées.

Un grand nombre des espèces de cette famille sont douées de propriétés vénéneuses narcotiques. Les fruits de plusieurs espèces sont vénéneux. On fait un usage fréquent de la décoction de la Douce-amère '*Solanum Dulcamara*' dans les maladies chroniques de la peau, les affections scrofuleuses, etc. Les baies du *Physalis Alkekengi* ont des propriétés diurétiques ; leur saveur est amère, nauséeuse et acidule. La Belladone (*Atropa Belladona*) est un poison narcotico-âcre des plus actifs ; cependant, à dose médicamenteuse, c'est un des calmants que la thérapeutique emploie avec le plus d'avantage. Les parties de la plante les plus usitées sont les feuilles et la racine, que l'on administre à l'intérieur, sous forme de poudre, d'extrait et de teinture alcoolique, ou à l'extérieur, sous forme de lotions et de fomentations. La Belladone est un des médicaments les plus efficaces contre les douleurs dont le siége est vers la surface du corps ; on la prescrit dans certaines paralysies, et surtout dans les affections nerveuses et le tic douloureux de la face ; elle est très-usitée contre la toux convulsive, et en particulier contre la coqueluche ; enfin, on a recours utilement aux applications de Belladone pour combattre la contraction spasmodique de certains orifices naturels. La Pomme-épineuse (*Datura Stramonium*) présente à un degré encore plus prononcé, les propriétés narcotiques de la Belladone, et elle a été employée dans les mêmes circonstances. Il en est de même de la Jusquiame *Hyocyamus niger*), mais son action est moins énergique. Ces trois dernières plantes sont à redouter à cause de leurs propriétés éminemment vénéneuses.

1. Arbrisseau épineux . . . . LYCIUM. (iii *bis*.)
   Plantes herbacées, rarement ligneuses, non épineuses **2**
2. Fleurs sessiles ; capsule s'ouvrant circulairement par un opercule.
   HYOSCYAMUS. (v.)
   Fleurs pédonculées ; baie ou capsule s'ouvrant en valves **3**
3. Corolle à tube très-long ; capsule lisse ou épineuse **4**
   Corolle à tube jamais très-long ; baie **5**
4. Capsule chargée d'épines ; feuilles anguleuses-dentées . . . DATURA. (iv.)
   Capsule non épineuse ; feuilles entières. . . . . NICOTIANA. (iii *ter*.)
5. Fleurs réunies en petites grappes pédonculées . . . . SOLANUM. (i.)
   Fleurs ord. solitaires à l'aisselle des feuilles. **6**
6. Corolle d'un rouge-brunâtre, tubuleuse ; fruit noir, non enveloppé par le calice.
   ATROPA. (iii.)
   Corolle blanche, étalée en roue ; fruit rouge, enveloppé par le calice vésiculeux.
   PHYSALIS. (ii.)

I. SOLANUM Tournef. (Morelle). Calice à 5 divisions, s'accroissant peu après la floraison. Corolle rotacée, à 5 divisions. Étamines 5 ; filets très-courts ; anthères conniventes, dressées, s'ouvrant par 2 pores terminaux. Baies biloculaires. Fleurs disposées en petites grappes pédonculées.

1. Tige ligneuse, sarmenteuse ; baies ovoïdes. . . . . *S. Dulcamara*.
   Tige herbacée ; baie globuleuse **2**
2. Feuilles ailées ; souche tuberculeuse. . . . . *S. tuberosum*.
   Feuilles indivises seulement dentées ; racine grêle pivotante . . . *S. nigrum*.
1. S. DULCAMARA L. (M. Douce-amère). Buissons, lieux pierreux, bords des eaux. — C., A.C.
2. S. NIGRUM L. (M. noire). Lieux cultivés, décombres. — C., A.C.
3. S. TUBEROSUM L. (M. tubéreuse. — Vulg. *Pomme de terre*). Cultivé partout. — Originaire des montagnes du Chili et du Pérou. — Introduit en Europe à la fin du XVIe siècle.

II. PHYSALIS L. (Coqueret). Calice campanulé à 5 lobes, s'accroissant beaucoup après la floraison, devenant vésiculeux et enveloppant complètement la baie. Corolle rotacée, à limbe plissé à 5 lobes. Étamines 5, à filets assez longs, anthères s'ouvrant en long, conniventes avant l'émission du pollen. Baie biloculaire.

Fleurs blanches, pédonculées, solitaires ; calice fructifère très-renflé, à la fin rouge . . . . *P. Alkekengi*.
1. P. ALKEKENGI L. (C. Alkékenge). Coteaux stériles, rochers. — R. Han-sur-Lesse (Nr., *Crep.*); env. de Durbuy (Lx., *abbé Chenot*); Comblain-au-Pont (Lg., *Lej.!*); Labuissière, Velaines (Ht., *Mich.*).

III. ATROPA L. (Atrope). Calice à 5 divisions, s'accroissant un peu après la floraison, à la fin étalé en étoile. Corolle campanulée, un peu rétrécie à la base, plissée, à 5 lobes courts. Étamines 5, presque incluses ; anthères s'ouvrant en long, non conniventes. Baie biloculaire.

Fleurs d'un brun-rougeâtre, pédonculées, ord. solitaires ; baie noire.
                                                                    A. Belladona.
1. A. Belladona L. (A. Belladone). Lisières des bois, lieux rocailleux. — A.R. Nr.,
   Lx., Lg. ; R. Rance (*Hocq.*), Thuin (*Mich.*), Maisières (Ht., *Mrt.*) ; Laeken (Bb.,
   Wesm.). — Roucel le signalait autrefois à La Hulpe, Groenendael, Tervueren,
   et Kickx père l'indiquait à Boitsfort (Bh.).

† LYCIUM L. (Lyciet). Calice court urcéolé, à 5 dents égales, ou
bilabié par la soudure des dents entre elles, ne s'accroissant pas
après la floraison, appliqué sur la baie. Corolle infundibuliforme, à
tube étroit, à 5 divisions. Étamines 5, saillantes ; anthères s'ouvrant
en long, non conniventes. Baie biloculaire. Arbrisseau épineux.

   Fleurs violettes ; baies oblongues. . . . . *L. Barbarum.*
† L. Barbarum L. (L. de Barbarie). Fréquemment cultivé. — Se retrouve çà et là près
   des habitations, aux environs de plusieurs villes : Bruxelles, Mons, Namur etc.—
   Paraît originaire de la région méditerranéenne.

† NICOTIANA Tournef. (Nicotiane). Calice campanulé ou urcéolé,
à 5 dents inégales, persistant. Corolle infundibuliforme, à 5 lobes.
Étamines 5, incluses. Capsule membraneuse, mince, biloculaire,
s'ouvrant en 2, puis en 4 valves, à déhiscence septifrage, ou septicide.

   Fleurs pédonculées ; corolle rose à tube très-long ; feuilles sessiles. *N. Tabacum.*
† N. Tabacum L. (N. Tabac. — Vulg. *Tabac*). Cultivé en grand dans plusieurs localités du Hainaut. — Originaire de l'Amérique. Point encore retrouvé à l'état
   sauvage.
   Obs. — Le *N. rustica* L. est parfois cultivé.

IV. DATURA L. (Datura). Calice tubuleux, plissé, à 5 divisions,
à partie inférieure persistante soudée avec la base de l'ovaire, à tube
se détachant au-dessus de la partie adhérente. Corolle infundibuliforme, plissée, à 5 lobes brusquement acuminés, quelquefois séparés
par des dents courtes. Étamines 5, incluses ou presque incluses.
Capsule épaisse-coriace, chargée d'épines, à 2 loges subdivisées
chacune en 2 loges secondaires s'ouvrant en 4 valves.

   Feuilles profondément sinuées-dentées ; fleurs pédonculées. . *D. Stramonium.*
1. D. Stramonium L. (D. Stramoine). Lieux cultivés, décombres, bords des chemins.
   — A.C. Disséminé çà et là, mais peu abondant et fugace. Plante originaire de la
   partie orientale de l'Europe.

V. HYOSCYAMUS Tournef. (Jusquiame). Calice campanulé, renflé
à la base, à 5 dents, s'accroissant après la floraison. Corolle infundibuliforme, à 5 lobes un peu inégaux, obtus. Étamines 5, un peu
saillantes. Capsule renfermée dans le tube du calice, biloculaire,
s'ouvrant circulairement au sommet par un opercule.

   Tige pubescente ; fleurs sessiles, jaunâtres, veinées de brun . . . . . *H. niger.*
1. H. niger L. (J. noire). Voisinage des habitations, bords des chemins. — A.C.

LVI. VERBASCÉES (Bartl.).

Fleurs hermaphrodites, un peu irrégulières. Calice gamosépale,
à 5 divisions, persistant. Corolle hypogyne, gamopétale, presque
rotacée, à 5 divisions inégales, caduques. Étamines 5, insérées sur
le tube de la corolle et alternes avec ses divisions. Filets inégaux.
Anthères à 1 loge, s'ouvrant en long, insérées obliquement ou transversalement sur les filets dilatés. Styles soudés en 1 style indivis ;

stigmate indivis ou bilobé. Fruit libre, capsulaire, biloculaire, à loges polyspermes, à déhiscence septifrage, s'ouvrant en 2 valves qui se fendent ensuite. Plantes bisannuelles, rarement vivaces, ord. tomenteuses ou laineuses, à feuilles alternes.

On prépare avec les fleurs de plusieurs Molènes (*Verbascum Thapsus*, *tapsiforme* et *phlomoides*, vulgairement comprises sous le nom de *Bouillon-blanc*, une infusion adoucissante, fréquemment employée contre les catarrhes pulmonaires légers.

I. VERBASCUM Tournef. (Molène).

1. Tige ailée dans les entre-nœuds par la décurrence des feuilles **2**
   Tige non ailée dans les entre-nœuds **4**
2. Entre-nœuds ailés seulement au sommet . . . . *V. phlomoides*.
   Entre-nœuds supérieurs entièrement ailés **3**
3. Corolle assez petite, concave; anthères des étamines longues environ 4 fois plus courtes que le filet. . . . . *V. Thapsus*.
   Corolle grande, presque plane; anthères des étamines longues 1-2 fois plus courtes que le filet. . . . . *V. thapsiforme*.
4. Feuilles presque glabres; fleurs ord. solitaires, longuement pédonculées.
   . . . . *V. Blattaria*.
   Feuilles tomenteuses ou laineuses, au moins en dessous; fleurs sessiles, réunies plusieurs ensemble. **5**
5. Feuilles inférieures longuement pétiolées, échancrées en cœur à la base; étamines à laine violette . . . . *V. nigrum*.
   Feuilles inf. sessiles ou rétrécies en pétiole ailé; étamines à laine blanchâtre . **6**
6. Feuilles couvertes d'un duvet qui se détache en flocons laineux; les supérieures à base élargie et embrassant la tige . . . . *V. pulverulentum*.
   Feuilles à duvet ne se détachant pas en flocons; les supérieures n'embrassant pas la tige. . . . . *V. Lychnitis*.

1. V. Tapsus L. (M. Bouillon-blanc). Bords des chemins, lieux pierreux. — C., A.C. Rég. mér.; A.R.

2. V. tapsiforme Schrad. (M. Faux-Bouillon-blanc). Bords des chemins, lieux pierreux. — A.R. Vallée de la Meuse, dans la prov. de Nr.; env. de Verviers (Lg., *Lej.*); Obourg (*Mrl.!*), Casteau (Ht., *Mich.*); env. de Gand (Fl. or., *Schd.*); Vilvorde (Bb., *Wesm.*).

3. V. phlomoides L. (M. Fausse-Phlomide). Lieux sablonneux, bords des chemins. — R. env. de Gand (Fl. or., *Schd.!*); Nalinnes (Ht., *Mich.*); Verviers (*Lej.*); Forêt (Lg., *Str.*).

4. V. pulverulentum Vill. — *V. floccosum Waldst.* et *Kit.* (M. pulvérulente). Bords des chemins, lieux incultes. — R. Solre-Saint-Géry (*Mich.*), Tournay (Ht., *Mar.*). — Espèce douteuse pour notre Flore.

5. V. Lychnitis L. (M. Lychnite). Bords des chemins, coteaux pierreux. — A.C. Nr., Lg., Lx.; A.R. Ht., Bb.

6. V. nigrum L. (M. noire). Coteaux pierreux, bords des chemins. — A.C. Rég. mér.; R.? Tongerloo (Anv., *Vh.*); env. de Gand (Fl. or., *Schd.*).

7. V. Blattaria L. (M. Blattaire). Bords des chemins, lieux herbeux. — R. Linchet (*Hty.!*, Magnée, Chaudfontaine (*Str.*). Grand-Rechain (Lg., *Lej.*); Guygoven, Cortessem (Lb., *VD.*); env. d'Averboden (*Vh.*), Eppeghem (Bb., *Wesm.*); Ogy, Tournay (Ht., *Mich.*). Vraiment indigène dans toutes ces localités?

LVII. SCROPHULARINÉES (R. Br.).

Fleurs hermaphrodites, irrégulières, rarement presque régulières. Calice gamosépale, ord. irrégulier, persistant, à 4-5 divisions. Corolle gamopétale, hypogyne, caduque, à 4-5 divisions, à tube court ou allongé, quelquefois prolongé en bosse ou en éperon, à limbe très-irrégulier, rarement presque régulier, rotacée ou divisée en 2 lèvres écartées ou rapprochées en gueule. Étamines insérées sur le tube de la corolle, en nombre moindre que celui des divisions de la corolle, au nombre de 4 par l'avortement de l'étamine supérieure, qui est quelquefois représentée par un appendice ou un filet stérile, ord.

inégales par paires (étamines didymes), les inférieures plus longues,
plus rarement réduites au nombre de 2. Anthères à 2 loges parallèles ou divergentes s'ouvrant en long, souvent confluentes en une
seule lors de la déhiscence. Styles soudés en un style indivis ; stigmate indivis ou bilobé. Fruit libre, capsulaire, biloculaire, rarement
subuniloculaire, à loges ord. polyspermes, rarement 1-2 spermes,
à 2 valves entières ou 2-3 fides, à déhiscence loculicide, plus rarement septicide ou septifrage, s'ouvrant rarement au sommet par 2
ou 3 trous. Plantes annuelles ou vivaces, ord. herbacées. Feuilles
opposées, verticillées, alternes ou éparses.

Les plantes de cette famille sont, en général, douées d'une saveur amère, âcre et
astringente. L'espèce employée le plus fréquemment est la Digitale (*Digitalis purpurea*), qui est douée de propriétés très-énergiques et agit, à haute dose, comme poison
narcotico-âcre. Administrée à dose médicamenteuse, elle ralentit ord. les battements
du cœur et en affaiblit l'impulsion : aussi est-elle utilement employée dans le traitement des fièvres intermittentes et surtout des affections du cœur. C'est un des diurétiques les plus actifs et on l'administre utilement dans les cas d'hydropisie qui ne sont
pas le résultat d'affections organiques graves. Les Véroniques sont amères et astringentes : l'infusion du *Veronica officinalis* est stimulante et sudorifique ; les *V. Chamædrys* et *spicata* sont doués de propriétés analogues ; le suc exprimé des feuilles
fraîches des *V. Beccabunga* et *Anagallis* est prescrit comme antiscorbutique. Les
Scrophularia nodosa et *aquatica* sont doués d'une saveur légèrement âcre et amère ;
ils sont actuellement hors d'usage. Le *Gratiola officinalis* (Gratiole) est doué d'une
âcreté assez prononcée ; la médecine populaire l'emploie comme purgatif drastique,
mais c'est une plante suspecte dont l'usage ne doit pas être recommandé.

1. Pas de tige ; feuilles toutes radicales en petites rosettes. . . . Limosella. (ii.)
   Tige feuillée. **2**
2. Corolle étalée en roue, à tube très-court ; étamines 2. . . . . Veronica. (i.)
   Corolle à 2 lèvres, en gueule ou en cloche, à tube long ; étamines 4 . . **3**
3. Deux bractées à la base du calice, qui paraît à 7 divisions ; étamines 2 fertiles. . . . . Gratiola. (iv.)
   Calice sans bractées à la base ; étamines 4 fertiles. **4**
4. Corolle en gueule, à gorge fermée, à tube présentant à la base une bosse
   ou un éperon allongé. **5**
   Corolle à 2 lèvres ou campanulée, à gorge ouverte ; point de bosse ni d'éperon. **6**
5. Corolle à tube seulement bossu à la base . . . . Antirrhinum. (vi.)
   Corolle à tube prolongé à la base en un éperon allongé . . . Linaria. (vii.)
6. Feuilles ailées, à segments finement subdivisés . . . . . Pedicularis (viii.)
   Feuilles ord. indivises, seulement dentées **7**
7. Feuilles alternes . . . . Digitalis. (v.)
   Feuilles opposées. **8**
8. Calice enflé-vésiculeux ; graines entourées d'une bordure mince.
                                                        Rhinanthus. (ix.)
   Calice non enflé-vésiculeux ; graines non bordées **9**
9. Fleurs nombreuses, en bouquets pédonculés, formant une panicule nue ou
   feuillée . . . . Scrophularia. (iii.)
   Fleurs ord. solitaires, sessiles ou presque sessiles, disposées en épis . . **10**
10. Feuilles inférieures et moyennes non dentées ; capsule aiguë Melampyrum. (x.)
   Feuilles dentées ; capsule arrondie ou échancrée au sommet Euphrasia. (xi.)

I. VERONICA Tournef. (Véronique). Calice à 4, plus rarement
5 divisions souvent inégales. Corolle rotacée, à tube très-court, à
4 divisions profondes, entières, la supérieure plus grande. Étamines 2, saillantes. Capsule ovale ou en cœur renversé, biloculaire,
ord. comprimée latéralement, s'ouvrant par 2 ou 4 valves.

1. Fleurs solitaires, à l'aisselle des feuilles, ne formant ni épis ni grappes . **2**
   Fleurs naissant à l'aisselle de bractées et formant des grappes ou des épis plus
   ou moins serrés **3**
2. Calice à divisions échancrées en cœur à la base ; capsule glabre à 4 graines.
                                                        V. hederæfolia.
   Calice à divisions non échancrées en cœur : capsule pubescente à graines nombreuses **3**

3. Pédicelles dépassant longuement les feuilles; capsule très-comprimée, à lobes
    très-écartés-ouverts . . . . *V. Persica.*
    Pédicelles égalant environ les feuilles; capsule renflée, à lobes rapprochés et
    formant un sinus profond aigu **4**
4. Corolle blanchâtre, mélangée de bleu pâle; capsule à dos un peu aminci en
    crête, à style peu saillant. . . . . *V. agrestis.*
    Corolle assez grande, d'un bleu vif; capsule à dos très-arrondi, à style très-
    saillant . . . . *V. didyma.*
5. Fleurs en grappes pédonculées nues à la base naissant à l'aisselle des feuilles   **6**
    Fleurs disposées en épis terminant la tige et les rameaux **13**
6. Plantes aquatiques, ord. glabres **7**
    Plantes non aquatiques, pubescentes **9**
7. Feuilles étroites-linéaires; calice beaucoup plus court que la capsule.
                                                                    V. scutellata.
    Feuilles ovales ou lancéolées; calice égalant la capsule **8**
8. Feuilles pétiolées, ovales obtuses . . . . *V. Beccabunga.*
    Feuilles sessiles, lancéolées aiguës . . . . *V. Anagallis.*
9. Calice à 5 divisions **10**
    Calice à 4 divisions **11**
10. Capsule et calice ciliés . . . . *V. Teucrium.*
    Capsule et calice glabres . . . . *V. prostrata.*
11. Tige munie de deux lignes de poils; calice dépassant la capsule.
                                                                    V. Chamœdrys.
    Tige velue tout autour; calice beaucoup plus court que la capsule . . **12**
12. Grappes lâches à 3-4 fleurs; capsule ciliée. . . . . *V. montana.*
    Grappes compactes à fleurs nombreuses; capsule glanduleuse . *V. officinalis.*
13. Tige presque ligneuse; épi allongé très-compacte; corolle à divisions inférieures
    aiguës . . . . *V. spicata.*
    Tige herbacée; épi plus ou moins lâche; corolle à divisions arrondies . . **14**
14. Plante très-glabre; bractées dépassant très-longuement la capsule *V. peregrina.*
    Plantes plus ou moins pubescentes; bractées plus courtes ou égalant la cap-
    sule **15**
15. Feuilles glabres; plante vivace non glanduleuse . . . . . *V. serpyllifolia.*
    Feuilles pubescentes; plantes annuelles, glanduleuses **16**
16. Feuilles caulinaires moyennes profondément divisées en 3-7 lobes . . . **17**
    Feuilles entières ou seulement dentées **18**
17. Corolle grande, d'un bleu vif; capsule renflée à la base; grappes lâches.
                                                                    V. triphyllos.
    Corolle petite, d'un bleu pâle; capsule comprimée; grappes assez compactes.
                                                                    V. verna.
18. Bractées égalant ou dépassant la capsule . . . . *V. arvensis.*
    Bractées égalant ou plus courtes que les pédicelles fructifères. . . . **19**
19. Bractées profondément crénelées; capsule plus longue que large . *V. præcox.*
    Bractées ord. entières; capsule plus large que longue. . . . . *V. acinifolia.*
1. V. HEDERAEFOLIA L. (V. à feuilles de Lierre). Lieux cultivés, moissons. — C.C.
2. V. AGRESTIS L. (V. rustique). Lieux cultivés, bords des chemins. — C., A.C.
3. V. DIDYMA Ten. — *V. polita Fries* (V. didyme). Lieux cultivés, bords des che-
    mins. — A.C. Nr., Lg. — Doit être plus répandu. — Espèce peu connue.
4. V. PERSICA Poir. — *V. Buxbaumii Ten.* (V. de Perse). Bords des chemins, champs
    cultivés. — R. Env. d'Aiwaille, Poulseur (*Crep.*), Verviers, Theux, Liége (Lg..
    Lej.!); Tongerloo (Anv., *Vh.*); Etterbeek (Bb., *Gr.!*); Tournay (Ht., *Mar.*). —
    La naturalisation de cette plante dans l'ouest de l'Europe ne paraît pas ancienne.
    En Belgique, elle n'a point été signalée avant 1824.
5. V. TRIPHYLLOS L. (V. à trois lobes). Champs sablonneux. — A.C. Rég. sept.; A.R.
    Ht., Bb.; R. Corroy-le-Château (Nr.. *Durand*).
6. V. PRAECOX All. (V. précoce). Champs sablonneux, coteaux pierreux. — R. Obourg
    Mrt.!), Soignies (Ht., *Mich.*).
7. V. ACINIFOLIA L. (V. à feuilles d'Acinos). Bords des chemins, lieux pierreux. —
    R. Freyr (*Crep.*), Mariembourg (Nr., *Del.!*); entre Thieusies et Neuville (*Mrt.!*),
    Mourcourt, Belœil (Ht., *Hocq.*).
8. V. VERNA L. (V. printanière). Champs sablonneux, coteaux arides. — R. Lasoye
    (*Grav.*), Fouches (Lx., *Crep.*); entre Theux et Mont (Lg., *Lej.!*); entre Evere
    et Haren (Bb., *Mrt*); Stambruges (*Hocq.*), Ghlin (Ht., *Mich.*).
9. V. ARVENSIS L. (V. des champs). Pelouses, coteaux secs, vieux murs. — C. Rég.
    mér.; A.C.
10. V. PEREGRINA L. (V. voyageuse). Lieux cultivés, jardins. — R. Louvain (*Rss.!*),
    Vilvorde (*Wesm.!*), env. de Bruxelles (Bb., *Bm.!*); Habay-la-Vieille (Lx., *Tin.!*).
    Indigène??
11. V. SERPYLLIFOLIA L. (V. à feuilles de Serpolet). Endroits frais, bords des chemins.
    — C., A.C.

12. V. spicata L. (V. en épi). Pâturages montueux. — R.R. Entre Polleur et Fays
(Lg., *Lej.!*).—Roucel l'indiquait autrefois dans la forêt de Soignes, vers La Hulpe
et Wavre. — Espèce douteuse pour notre Flore.
Obs. — Les V. *media Schrad.*, V. *laxiflora Lej.* et V. *paludosa Lej.* sont des espèces
cultivées et sorties accidentellement des jardins. Elles ne paraissent plus exister à
l'état subspontané aux environs de Verviers, où Lejeune les indiquait autrefois.
13. V. officinalis L. (V. officinale). Bois montueux, pâturages. — C., A.C.
14. V. montana L. (V. des montagnes). Endroits frais des bois. — R. Nonceveux,
Monjardin, env. de Comblain(*Crep.*), Nessonvaux (*Lej.!*), Magnée, Fléron(Lg.,
Str.); Naninne (Nr., *Bllk.*); Awenne (Lx., *Mor.!*); Thuin (*Mich.*), Saint-Denis
Mrt.), Trinité (Ht., *Mar.*); Tervueren (Bb., *Wesm.!*); Sutendael (Lb., *Lej.*).
15. V. scutellata L. (V. à écussons). Lieux marécageux. — A.R., A.C.
16. V. Anagallis L. (V. Mouron). Fossés, ruisseaux. — A.C. Manque dans beaucoup
de localités.
17. V. Beccabunga L. (V. Beccabunga). Fossés, ruisseaux. — C., C.C.
18. V. Chamaedrys L. (V. Petit-Chêne). Bois, haies, prairies. — C., C.C.
19. V. Teucrium L. (V. Germandrée). Bois, pâturages. — R. Theux, Juslenville,
Limbourg (Lg., *Lej.!*); Obourg (*Mrt.!*), Saint-Denis (*Hocq.*), Trinité (Ht., *Mar.*);
Forest (Bb., *Dumoulin!*).
20. V. prostrata L. (V. couchée). Rochers, coteaux arides. — R. Han-sur-Lesse
(*Crep.*), entre Mariembourg et Dourbes (Nr., *Det.!*).

II. LIMOSELLA L. (Limoselle). Calice à 5 divisions. Corolle campanulée-rotacée, à tube égalant le calice, à 5 divisions planes presque égales. Étamines 4. Capsule polysperme, uniloculaire, à 2 valves. Feuilles toutes radicales, entières, longuement pétiolées.

Plante aquatique; pédicelles plus courts que les feuilles. . . . . *L. aquatica*.
1. L. aquatica L. (L. aquatique). Lieux humides, bords des étangs. — A.R. Nr., Lg.,
Ht., Lb.; R.? Vance (Lx., *Crep.*); Aeltre (Fl. or., *Schd.*).

III. SCROPHULARIA Tournef. (Scrophulaire). Calice à 5 divisions plus ou moins profondes. Corolle à tube renflé-subglobuleux, à 2 lèvres; la lèvre supérieure plus longue bilobée, l'inférieure trilobée. Étamines 4 fertiles, ou 5 la cinquième occupant la base de la lèvre supérieure et réduite à une écaille. Capsule polysperme, biloculaire, à déhiscence septicide, à 2 valves entières ou bifides. Feuilles opposées.

1. Fleurs en panicule feuillée; feuilles velues . . . . *S. vernalis*.
Fleurs en panicule nue; feuilles glabres 2
2. Tige glanduleuse au sommet; feuilles rétrécies en une longue pointe aiguë.
S. nodosa.
Tige glabre au sommet; feuilles obtuses ou peu rétrécies au sommet 3
3. Tige à angles peu ailés; feuilles à dents arrondies; écaille de la lèvre supérieure
entière . . . . *S. aquatica*.
Tige très-ailée; feuille à dents aiguës; écailles fendues en 2 lobes . *S. Ehrharti*.
1. S. nodosa L. (S. noueuse). Lieux frais, bords des fossés. — C.
2. S. aquatica L. — *S. Balbisii Hornem.* (S. aquatique). Bords des eaux, fossés.—A.C.
— Manque dans beaucoup de localités.
3. S. Ehrharti Steven (S. d'Ehrhart). Bords des eaux, fossés. — R. Rochefort, Belvaux (Nr., *Crep.*); Chanly (Lx., *Crep.*).
4. S. vernalis L. (S. printanière). Rochers, buissons.—R.R. Roly (Nr., *Det.*); Grand'Ry
(Lg., *Lej.!*). Indigène?

IV. GRATIOLA L. (Gratiole). Calice à 5 divisions profondes, muni à la base de 2 bractées. Corolle tubuleuse-subbilabiée, à lèvre supérieure échancrée ou bifide, à lèvre inférieure à 3 lobes égaux. Étamines 4, dont 2 stériles. Capsule polysperme, biloculaire, à déhiscence septicide, à 2 valves devenant bifides. Feuilles opposées.

Plante glabre; feuilles sessiles; fleurs jaunes . . . . *G. officinalis*.
1. G. officinalis L. (G. officinale). Bords des eaux, prairies humides. — A.R. Habay-
la-Vieille (*Tin.*), Bouillon (*Grav.*), Botassart (Lx., *Maub.!*); Vresse, Membre,
Bohan (Nr., *Grav.!*) Goé (*Lej.!*), Battice (Lg., *Hly.*); Louvain, Cortenbergh
(Bb., *Dsch.!*); Thuin (*Mich.*), Tournay (Ht., *West.*).

V. DIGITALIS Tournef. (Digitale). Calice à 5 divisions profondes.

Corolle campanulée ou tubuleuse-ventrue, à limbe court oblique subbilabié ; la lèvre inférieure à 3 lobes, dont le moyen est ord. plus grand barbu en dedans. Étamines 4 fertiles, incluses. Capsule polysperme, biloculaire, à déhiscence septicide. Feuilles alternes.

1. Fleurs purpurines, rarement blanches . . . . *D. purpurea.*
   Fleurs jaunes **2**
2. Plante ord. glabre ; corolle à tube étroit, 2 fois plus longue que large . . *D. lutea.*
   Plante pubescente ; corolle 1 fois plus longue que large, à tube ample.
                                             D. grandiflora.

1. D. **purpurea** L. (D. pourprée). Bois montueux, champs cultivés, bords des chemins. — C. Région ardennaise ; A.R. Nr., Lg., Ht. ; R.
     Obs. — Le *D. purpurascens Roth*, forme hybride résultant du croisement des *D. purpurea* et *lutea*, se rencontre très-rarement : Rochefort (Nr., *Crep.*); Grupont (Lx., *Crep.*); Verviers (Lg., *Lej.*).

2. D. **lutea** L. — *D. parviflora All.* (D. jaune). Coteaux pierreux, rochers, bords des chemins. — A.C., A.R. Nr., Lg., R. Lompret (*Hocq.*), Chimay (Ht., *Mich.*); Marche (Lx., *Michl.*).

3. D. **grandiflora** Lam. — *D. ambigua Murr.* (D. à grandes fleurs). Bois montueux, rochers. — R. Houffalize, entre Achouffe et Haut-Mormont, Laroche, Jupille (Lx., *Crep.*); Vignée (Nr., *Crep.*); Dolhain (Lg., *Lej.!*).

VI. ANTIRRHINUM Juss. (Muflier). Calice à 5 divisions profondes. Corolle à tube large, un peu comprimé, bossu en dehors à la base ; à limbe en gueule ; à lèvre supérieure bifide, l'inférieure à 3 lobes, bossue à la base et fermant la gorge. Étamines 4, incluses. Capsule polysperme à 2 loges, s'ouvrant par des pores terminaux.

Calice dépassant la corolle . . . . *A. Orontium.*
Calice beaucoup plus court de la corolle . . . . *A. majus.*
1. A. **Orontium** L. (M. rubicond). Moissons, bords des chemins. — C., A.C. — Manque ou est rare dans beaucoup de localités.
† A. **majus** L. (M. à grandes fleurs). Fréquemment cultivé. — Se retrouve çà et là naturalisé sur quelques murs.

VII. LINARIA Juss. (Linaire). Calice à 5 divisions profondes. Corolle à tube renflé prolongé à la base en un éperon linéaire-cylindrique, à limbe en gueule ; la lèvre supérieure bifide, l'inférieure à 3 lobes, ord. bossue à la base et fermant la gorge. Étamines 4, incluses. Capsule polysperme, à 2 loges, s'ouvrant par 3-5 valves ou plus rarement par 1 ou 2 trous qui résultent de l'écartement de petites valves ou de la chute d'un opercule oblique.

1. Feuilles allongées-étroites, sessiles **2**
   Feuilles courtes et larges, pétiolées **5**
2. Fleurs jaunes, grandes ; plante vivace . . . . *L. vulgaris.*
   Fleurs petites, bleues ou veinées de bleu ou de violet **3**
3. Pédoncule 3 ou 4 fois plus long que le calice ; plante ord. pubescente-glanduleuse . . . . *L. minor.*
   Pédoncule égalant le calice ou plus court ; plante glabre **4**
4. Corolle très-petite, bleue ; graines planes largement bordées . . *L. arvensis.*
   Corolle assez grande, blanche rayée de violet ; graines triquètres . *L. striata.*
5. Plante glabre ; feuilles plus larges que longues . . . . *L. Cymbalaria.*
   Plantes poilues ; feuilles plus longues que larges **6**
6. Pédoncules glabres ou presque glabres ; feuilles moyennes ovales-hastées.
                                           L. Elatine.
   Péd. très-poilus ; feuilles toutes ovales-arrondies . . . . . . *L. spuria.*

1. L. **minor** Desf. — *Antirrhinum minus L.* (L. petite). Moissons, bords des chemins. — C., A.C. Manque dans beaucoup de localités.
2. L. **Elatine** Desf. — *Antirrhinum Elatine L.* (L. Elatine). Moissons, lieux cultivés, bords des chemins. — C. Lx., Nr., Lg. ; A.C., A.R.
3. L. **spuria** Mill. — *Antirrhinum spurium L.* (L. bâtarde). Moissons, lieux cultivés. — A.R. Belœil (*Hocq.*), Autreppe (*Mich.*), Obourg, Havré, Maisières (Ht., *Mrt.*); Rochefort, Han-sur-Lesse (*Crep.*), env. de Namur (Nr., *Bllk.*); Chaudfontaine (Lg., *Str.*); Austruweel (Anv., *Kx.*).
4. L. **Cymbalaria** Mill. — *Antirrhinum Cymbalaria L.* (L. Cymbalaire). Vieux murs.

— R. Namur (*Crep.*), Flostoy (Nr., *J. Barb.*); Liége (Lg., *Lej.!*); Tournay, Ghlin (*Hocq.*), Soignies (Ht., *Mrt.*); Bruxelles (Bb., *Mrt.*).

5. L. **striata** DC. — *Antirrhinum repens* et *Monspessulanum L.* (L. striée). Lieux pierreux, coteaux secs. — R. Entre Saint-Trond et Maestricht (Lb., *Lej.*); Sohau Lg., *Lej.!*); Rochefort (Nr., *Crep.*).

6. L. **vulgaris** Moench — *Antirrhinum Linaria L.* (L. commune). Bords des chemins, haies, lieux pierreux. — C.

7. L. **arvensis** DC. — *Antirrhinum arvense L.* (L. des champs). Champs cultivés, moissons. — R. Éprave, Rochefort; Jemelle, Ambly (Nr., *Crep.*); Louveigné (Lg., *Lej.!*).

Obs. — Le *L. simplex DC.*, qui se distingue du précédent par ses fleurs jaunes, a été trouvé entre Limbourg et Eupen (Lg., *Lej.!*) et aux env. de Neufchâteau et de Habay-la-Vieille (Lx., *Tin.*). Est-il indigène, ou sa présence en Belgique n'est-elle qu'accidentelle ?

VIII. PEDICULARIS Tournef. (Pédiculaire). Calice renflé-ventru, à 5 dents inégales, ou bilabié, la lèvre supérieure bidentée ou entière, l'inférieure à 3 dents. Corolle bilabiée; la lèvre supérieure en casque, comprimée latéralement; l'inférieure plane, à 3 lobes. Étamines 4, cachées sous le casque. Capsule polysperme, comprimée latéralement, à 2 valves, à déhiscence loculicide. Graines ovoïdes-trigones. Feuilles pinnatipartites ou bipinnatipartites.

Tige solitaire, dressée; lèvre supérieure à 4 dents . . . . . . *P. palustris*
Tiges nombreuses, les latérales couchées; lèvre sup. à 2 dents . *P. sylvatica.*
1. P. **sylvatica** L. (P. des bois). Bois frais, prairies. — A.C. — Point partout.
2. P. **palustris** L. (P. des marais). Prairies, bois humides ou marécageux. — A.C.
Région ardennaise; A.R., R.

IX. RHINANTHUS L. (Rhinanthe). Calice renflé-ventru, un peu comprimé latéralement, à 4 dents. Corolle bilabiée; la lèvre supérieure en casque, comprimée latéralement, l'inférieure plane, à 3 lobes. Étamines 4, cachées sous le casque. Capsule polysperme, suborbiculaire, comprimée latéralement, à 2 valves, à déhiscence loculicide. Graines presque planes, entourées d'une bordure mince blanchâtre.

Bractées jaunâtres, ord. très-pubescentes; corolle à tube courbé, dépassant ord.
beaucoup le calice. . . . . *R. major.*
Bractées vertes, ord. glabres; corolle à tube droit dépassant peu le calice.
R. minor.
1. R. **major** Éhrh. — *R. hirsutus Lam.* (R. à grandes fleurs). Moissons, prairies. —
A.C. — Manque dans beaucoup de localités.
2. R. **minor** Ehrh.— *R. glaber Lam.* (R. à petites fleurs). Prairies, pâturages.—C.,C.C.

X. MELAMPYRUM Tournef. (Mélampyre). Calice tubuleux, à 4 divisions. Corolle bilabiée ou presque en gueule; lèvre supérieure en casque, comprimée latéralement; l'inférieure plane tridentée ou trilobée, munie de 2 bosses. Étamines 4, cachées sous le casque. Capsule à loges contenant 1-2 graines, ovale aiguë, comprimée latéralement, à 2 valves, à déhiscence loculicide. Graines oblongues. Feuilles la plupart entières.

Bractées ord. rouges; capsule beaucoup plus courte que le calice . *M. arvense.*
Bractées vertes; capsule beaucoup plus longue que le calice . . . *M. pratense.*
1. M. **pratense** L. (M. des prés). Bois. — C., C.C. Rég. mér.; A.C.
2. M. **arvense** L. (M. des champs). Moissons, lieux incultes.—C. dans plusieurs régions
des prov. de Nr., Ht., Lx., Lg.

XI. EUPHRASIA L. (Euphraise). Calice tubuleux ou campanulé. à 4 divisions. Corolle bilabiée; lèvre supérieure en casque; l'inférieure plane, à 3 lobes. Étamines 4, incluses ou saillantes. Capsule allongée, comprimée latéralement, obtuse ou émarginée, à déhis-

cence loculicide, à 2 valves entières ou bifides. Graines ovoïdes.
Feuilles toutes dentées.

Corolle blanche, veinée de violet ; lèvre inférieure à lobes dentés . *E. officinalis.*
Corolle rougeâtre ; lèvre inférieure à lobes entiers. . . . . . . *E. Odontites.*
1. E. OFFICINALIS L. (E. officinale). Pelouses, prairies, bois. — C. Rég. mér.; A.C.
2. E. ODONTITES L. — *Odontites rubra Pers.* (E. Odontite). Moissons, lieux cultivés. —
C., A.C.

LVIII. LENTIBULARIÉES (C. Rich.).

Fleurs hermaphrodites, irrégulières. Calice persistant, subbilabié,
à 5 divisions presque égales, ou bilabié à lèvres indivises. Corolle
hypogyne, caduque. gamopétale, ord. très-irrégulière, bilabiée ou
en gueule, à tube court prolongé en éperon. Étamines 2, insérées à
la base de la corolle, entre l'ovaire et l'éperon. Anthères uniloculaires. Style court, indivis, bilabié au sommet, à lèvres stigmatifères
à la face interne. Fruit libre, capsulaire, polysperme, uniloculaire,
à 2 valves ou indéhiscent, ou s'ouvrant circulairement au-dessus de
la base. Plantes vivaces, aquatiques. Feuilles ord. munies de vésicules, ou entières et onctueuses au toucher.

Feuilles entières ; calice à 5 divisions . . . . PINGUICULA. (i.)
Feuilles finement découpées ; calice à 2 divisions . . . . . . UTRICULARIA. (ii.)

I. PINGUICULA Tournef. (Grassette). Calice subbilabié, à 5 divisions. Corolle bilabiée, à gorge ouverte, à tube prolongé inférieurement en un éperon dirigé en arrière ; à lèvre inférieure trilobée.
Étamines 2. Capsule à 2 valves. Feuilles toutes radicales en rosette,
entières. Pédoncules radicaux, uniflores.

Fleurs violettes . . . . *P. vulgaris.*
1. P. VULGARIS L. (G. commune). Prairies humides ou tourbeuses. — R-R. En 1792,
Roucel le signalait à Berlaere et à Uytbergen (Fl. or.). Avait été envoyé à
Lejeune comme ayant été récolté à Meersheim (Lb.), mais n'a plus été retrouvé
à cet endroit. — Espèce douteuse pour notre Flore.

II. UTRICULARIA L. (Utriculaire). Calice à 2 lèvres entières.
Corolle en gueule, à gorge ord. fermée par un palais saillant, bilobé ;
à tube presque nul, prolongé à la base en un éperon dirigé en avant ;
à lèvre inférieure entière. Étamines 2. Capsule indéhiscente ou s'ouvrant circulairement au-dessus de sa base. Feuilles multiséquées,
ord. munies de vésicules remplies d'air. Fleurs en grappes.

Feuilles à divisions très-ramifiées et finement denticulées ; éperon 3-4 fois plus
long que large . . . . *U. vulgaris.*
Feuilles à divisions peu ramifiées, courtes et presque lisses ; éperon réduit à une
bosse conique aussi large que longue. . . . . *U. minor.*
1. U. VULGARIS L. (U. commune). Mares, fossés.—A.C. Rég. sept.; A.R. Bb., Ht., Lg.,
Lx.; R. env. de Namur (Nr., *Crep.*).
Obs. — Il paraît que l'*U. intermedia Hayne* avait été envoyé de la Campine
(Lb.) à Lejeune par Haënen, sous le nom d'*U. minor.* N'a plus été retrouvé
depuis lors.
2. U. MINOR L. (U. petite). Mares, fossés.—A.R. Région ardennaise et Rég. sept.

LIX. OROBANCHÉES (Juss.).

Fleurs hermaphrodites, irrégulières. Calice persistant, à 4-5 sépales soudés en un calice gamosépale, tubuleux ou campanulé, à

4-5 divisions ou à 4 sépales soudés par paires en 2 pièces latérales bifides ou entières. Corolle hypogyne, marcescente, à tube tubuleux ou campanulé plus ou moins arqué, à limbe bilabié, à lèvre supérieure indivise émarginée ou bifide souvent en forme de casque, à lèvre inférieure trifide, ord. munie près de la gorge de 2 plis gibbeux glabres ou velus. Étamines 4, insérées sur le tube de la corolle, inégales par paires. Styles soudés en un style indivis, ord. arqué au sommet; stigmate bilobé, à lobes capités. Fruit libre, capsulaire, polysperme, uniloculaire, bivalve, à valves s'ouvrant dans toute leur longueur ou seulement au sommet, et plus ord. restant adhérentes au sommet et à la base. Plantes vivaces, plus rarement annuelles, parasites sur les racines des autres plantes. Feuilles réduites à des écailles blanchâtres ou colorées.

1. Fleurs pédicellées; ovaire portant à sa base une glande charnue. LATHRAEA. (iii.)
   Fleurs sessiles; ovaire dépourvu d'une glande charnue à sa base. 2
2. Calice tubuleux, muni de 2 bractéoles latérales . . . . PHELIPAEA. (i.)
   Calice formé de 2 pièces libres ou un peu soudées à la base, sans bractéoles latérales . . . . OROBANCHE. (ii.)

I. PHELIPAEA Desf. (Phélipée). Fleurs munies de 2 bractéoles latérales. Calice à 4-5 lobes, campanulé-tubuleux presque régulier ou échancré supérieurement. Corolle bilabiée. Capsule s'ouvrant en 2 valves seulement au sommet.

Tige simple, bleuâtre; corolle assez grande, à lobes un peu aigus... P. cærulea.
Tige ord. rameuse, jaunâtre; corolle petite, à lobes obtus. . . . . P. ramosa.
1. P. CAERULEA C. A. Mey. — Orobanche cærulea Vill. (P. bleue). Parasite sur l'Achillea Millefolium. — R. Orval (Crep.), Marche (Lx., Blaise!); Rochefort (Nr., Crep.); Ostende (Fl. occ., Baes.!).
   Obs.—C'est à cette espèce qu'on doit rapporter l'Orobanche arenaria des auteurs belges!
2. P. RAMOSA C. A. Mey. — Orobanche ramosa L. (P. rameuse). Ord. parasite sur le Cannabis sativa. — A.C. Fl. or. (Schd., Rouc.); R. Machelen (Bb., Kx. p.); Montrœul (Ht., Mich.); Dave (Nr., Bllk.); Tongres (Lb., Lej.); Liége (Lg., Lej.!).

II. OROBANCHE L. (Orobanche). Fleurs dépourvues de bractéoles latérales. Calice composé de 2 pièces latérales distinctes ou un peu soudées à la base, bifides ou plus rarement entières. Corolle bilabiée. Capsule s'ouvrant en 2 valves qui restent adhérentes au sommet et à la base.

1. Filets des étamines glabres à la base, un peu glanduleux au sommet; plante parasite sur le Genêt . . . . O. Rapum.
   Filets des étamines plus ou moins velus à la base. 2
2. Stigmate jaune; plante parasite sur le Lierre . . . . O. Hederæ.
   Stigmate rouge ou violet 3
3. Sépales contigus, souvent un peu soudés à la base. 4
   Sépales écartés sur les côtés de la corolle, jamais soudés. 6
4. Filets des étamines presque glabres à la base; fleurs petites (12-14 mill.).
   O. minor.
   Filets des étamines poilus à la base; fleurs plus ou moins grandes (18-30 mill.). 5
5. Corolle grande (25-30 mill.), régulièrement courbée sur le dos; plante robuste.
   O. Galii.
   Corolle assez petite (18-20 mill.), droite sur le dos dans une grande partie de sa longueur; plante grêle (2 déc.) . . . . O. Teucrii.
6. Sépales à 1-2 nervures; étamines à filets velus à la base . . . . O. Picridis.
   Sépales à 3-4 nervures; étamines à filets presque glabres . . . O. Epithymum.
1. O. RAPUM Thuill.—O. major Lam. non L. (O. Rave). Parasite sur le Sarothamnus Scoparius.—A.C., A.R. Nr., Lg., Lx., Ht., Bb.; A.R. — Manque dans beaucoup de localités.
2. O. HEDERAE Duby (O. du Lierre). Parasite sur le Hedera Helix. — R.R. Env. de Namur (Bllk.); Marche-les-Dames (Nr., J. et V. Barb.!).
3. O. EPITHYMUM DC. (O. du Thym). Parasite sur le Thymus Serpyllum, le Clinopodium vulgare, etc.—R. Orval (Lx., Crep.); Bloemendael (Fl. or., Schd.!).

9

4. O. Galii Duby—*O. vulgaris DC.* (O. du Gaillet). Parasite sur les *Galium Mollugo,
verum*, etc.— R. Heyst, Blankenberghe (*Crep.*), Ostende (Fl. occ., *ML.*); Marche-les-Dames (*V. Barb.!*), entre Freyr et Waulsort (*Crep.*), entre Mariembourg et Dourbes (Nr., *Del.*); Ht. (*Desm., Mich.*).

5. O. Teucrii F. Schultz (O. de la Germandrée). Parasite sur le *Teucrium Chamædrys.*—R.R. Montagne au Buis près Mariembourg (Nr., *Del.!*, 1851 et 1859.).

6. O. Picridis F. Schultz (O. de la Picride). Parasite sur le *Picris hieracioides.*—R.R.
Entre Han-sur-Lesse et Belvaux (Nr., *Crep.*).

7. O. minor Sutt. (O. petite). Parasite sur le *Trifolium pratense*, etc.— A.C. Fl. or.
(*Rouc., Schd.*); A.R. Ht., Bb.; R. Env. de Namur (Nr., *Crep., Bllk.*); Nessonvaux (Lg., *Crep.*).

III. LATHRAEA L. (Lathrée).

Fleurs dépourvues de bractéoles
latérales. Calice campanulé ou tubuleux-campanulé. Corolle bilabiée. Ovaire entouré antérieurement d'une glande semi-lunaire et
hypogyne. Capsule s'ouvrant en 2 valves au sommet.

Fleurs penchées, à pédoncules plus courts que le calice, disposées en une grappe
allongée compacte. . . . . *L. squamaria.*
Fleurs dressées, à pédoncules égalant le calice, en corymbe pauciflore.
L. Clandestina.

1. L. squamaria L. (L. écailleuse). Bois montueux ombragés.—Parasite sur les racines
des arbres.— R. Rochefort (*Crep.*), Saint-Marc (Nr., *E. del Marmol*); Antoing
(*Dubois*), Mons (Ht., *Desm.*); Ensival (Lg., *Lej.*).

2. L. Clandestina L.—*Clandestina rectiflora Lam.* (L. Clandestine). Lieux ombragés.
—R. Renaix, Etichove, Maerke (*Ps.!*), Audenarde (*Coem.!*), Cruyshautem
(*Schd.*), Orroir (Fl. or., *Hocq.*); Erbaut (Ht., *Créquillon ex Mich.*).

LX. LABIÉES (Juss.).

Fleurs hermaphrodites, irrégulières, plus rarement presque régulières. Calice gamosépale, persistant : régulier ou presque régulier, à 5 plus rarement à 4 divisions ; ou bilabié, à lèvre supérieure
à 3 divisions, l'inférieure à 2. Corolle gamopétale, hypogyne, ord.
caduque, composée de 5 pièces : bilabiée, à lèvre supérieure entière
ou bifide, l'inférieure trilobée; rarement campanulée ou infundibuliforme, à 4 lobes presque égaux, le supérieur entier ou émarginé.
Étamines insérées sur le tube de la corolle, en nombre moindre que
celui des pièces de la corolle, au nombre de 4 par l'avortement de
l'étamine supérieure, presque égales, ou inégales par paires, plus
rarement réduites au nombre de 2. Styles naissant de la base des
carpelles, soudés en un style indivis ord. bifide supérieurement à
lobes stigmatifères au sommet. Fruit libre, composé de 2 carpelles
dispermes divisés chacun longitudinalement par l'introflexion de
leur partie dorsale en deux fausses loges (nucules) et simulant ainsi
4 carpelles libres entre eux ; nucules monospermes, indéhiscentes,
sèches, membraneuses ou crustacées. Plantes annuelles ou vivaces,
ord. herbacées. Tige tétragone, à feuilles opposées.

Les feuilles et les sommités d'un grand nombre de *Labiées* fournissent des infusions
excitantes, sudorifiques et légèrement toniques dont on fait un fréquent usage. Nous
citerons parmi nos espèces indigènes le Thym (*Thymus Serpyllum*) et la plupart des
espèces du genre *Mentha*. On prépare avec la Mélisse officinale une eau distillée
légèrement stimulante. Parmi les Labiées qui agissent en même temps comme amères
et aromatiques, et qui sont employées dans les affections des voies respiratoires, la
plus usitée est le *Glechoma hederacea* (Lierre terrestre). Parmi les espèces plus spécialement astringentes, une seule plante, le *Teucrium Chamædrys*, est encore employée aujourd'hui. La Bétoine (*Betonica officinalis*) passe encore dans nos campagnes
pour douée de merveilleuses propriétés vulnéraires; on panse avec ses feuilles pilées
les plaies et les blessures. Elle est maintenant rejetée de la pratique médicale.

1. Corolle sans lèvres, à divisions presque égales 2
Corolle à 2 lèvres ou à 1 lèvre. 3
2. Étamines 4; feuilles à dents égales . . . . MENTHA. (i.)
Étamines 2; feuilles inférieures et moyennes profondément crénelées à la
base . . . . LYCOPUS. (ii.)
3. Corolle paraissant à 1 lèvre : la supérieure étant peu distincte. 4
Corolle à 2 lèvres. 5
4. Lèvre supérieure très-petite, à 2 dents; tube de la corolle muni d'un anneau
de poils . . . . AJUGA. (xx.)
Lèvre supérieure à divisions rejetées vers la lèvre inférieure qui paraît à
5 lobes; tube de la corolle sans anneau de poils. . . . . TEUCRIUM. (xxi.)
5. Étamines 2 fertiles; anthères à loges très-distantes . . . . SALVIA. (iii.)
Étamines 4 fertiles; anthères à loges contiguës. 6
6. Étamines écartées, ou plus ou moins arquées rapprochées au sommet, saillantes ou visibles 7
Étamines rapprochées et parallèles, cachées sous la lèvre supérieure. . . . 11
7. Étamines droites, ord. très-saillantes hors de la corolle 8
Étamines arquées, non saillantes. 9
8. Calice à 2 lèvres; feuilles très-entières. . . . . THYMUS. (v.)
Calice à dents presque égales; feuilles un peu dentées . . . ORIGANUM. (iv.)
9. Fleurs en glomérules entourés d'une collerette de bractées très-étroites.
CLINOPODIUM. (vii.)
Fleurs dépourvues de collerette 10
10. Fleurs ord. roses; calice cylindrique. . . . . CALAMINTHA. (vi.)
Fleurs blanches; calice à dos plan . . . . MELISSA. (viibis.)
11. Calice à 10 dents . . . . MARRUBIUM. (xv.)
Calice à 5 dents 12
12. Calice à 2 lèvres 13
Calice non à 2 lèvres. 14
13. Calice à 2 lèvres dentées, aplani sur le dos . . . . BRUNELLA. (xviii.)
Calice à lèvres entières, à dos présentant une bosse très-saillante.
SCUTELLARIA. (xix.)
14. Étamines inférieures plus courtes que les supérieures * 15
Étamines inférieures plus longues que les supérieures 16
15. Fleurs en épis non feuillés. . . . . NEPETA. (viii.)
Fleurs naissant à l'aisselle des feuilles. . . . . GLECHOMA. (ix.)
16. Feuilles profondément découpées en 3 ou 5 lobes . . . . LEONURUS. (xvii.)
Feuilles indivises, seulement dentées 17
17. Feuilles ord. rétrécies à la base, jamais échancrées en cœur 18
Feuilles, au moins les inférieures, arrondies et échancrées en cœur à la base. 20
18 Divisions du calice terminées par un aiguillon nu . . . . . GALEOPSIS. (xii.)
Divisions du calice terminées en pointe ciliée non piquante. 19
19. Fleurs d'un jaune pâle; glomérules de fleurs sessiles. . . . . STACHYS. (xiii.)
Fleurs rouges, rarement blanches; glomérules de fleurs pédonculés.
BALLOTA. (xvi.)
20. Fleurs d'un beau jaune. . . . . GALEOBDOLON. (xi.)
Fleurs rouges ou blanches 21
21. Fleurs en épi court, très-compacte; tube de la corolle dépourvu d'un anneau de
poils . . . . BETONICA. (xiv.)
Fleurs en glomérules axillaires distants ou rapprochés au sommet de la tige en
épi plus ou moins compacte; corolle à tube ord. muni d'un anneau de poils. 22
22. Fleurs en glomérules pédonculés; calice à 10 nervures très-saillantes.
BALLOTA. (xvi.)
Fleurs en glomérules sessiles; calice à 5 nervures saillantes 23
23. Étamines se rejetant hors de la corolle après l'émission du pollen; fleurs ord.
rapprochées en épis au sommet de la tige . . . . . . STACHYS. (xiii.)
Étamines restant cachées sous la lèvre supérieure de la corolle; fleurs en
glomérules plus ou moins espacés à l'aisselle des feuilles . . . LAMIUM. (x.)

TRIBU I. MENTHOÏDÉES. Corolle infundibuliforme, à
lobes presque égaux. Étamines 4, rarement 2, distantes et
divergentes.

I. MENTHA L. (Menthe). Calice tubuleux à 5 dents. Corolle

----

* Par étamines supérieures, on entend la paire d'étamines contiguës sous la lèvre
supérieure de la corolle.

infundibuliforme à tube court, à 4 lobes, le supérieur plus large souvent émarginé. Étamines 4, égales, étalées. Anthères à loges s'ouvrant en long. Fleurs petites, roses ou blanches, en glomérules ou en épis.

1. Fleurs en épi terminal non surmonté d'un bouquet de feuilles 2
Fleurs en glomérules axillaires, distants ou rapprochés au sommet ; à tige terminée par un bouquet de feuilles 4
2. Feuilles longuement pétiolées . . . . *M. aquatica.*
Feuilles sessiles ou presque sessiles 3
3. Feuilles très-obtuses, laineuses, à nervures très-saillantes ; bractées ovales ou
lancéolées . . . . *M. rotundifolia.*
Feuilles aiguës, à pubescence soyeuse ; bractées linéaires très-aiguës. *M. sylvestris.*
4. Calice presque à 2 lèvres, à gorge fermée à la maturité par un anneau de poils.
M. Pulegium.
Calice régulier, à gorge nue 5
5. Calice à tube aussi large que long, à dents courtes triangulaires ; feuilles supérieures ne diminuant pas brusquement de grandeur. . . . . . *M. arvensis.*
Calice allongé, rétréci à la base, à dents lancéolées ; feuilles diminuant brusquement de grandeur au sommet de la tige. . . . . *M. sativa.*

1. M. ROTUNDIFOLIA L. (M. à feuilles rondes). Bords des rivières, lieux humides. — A.C. Rég. mér.; A.R. — Manque dans beaucoup de localités.

2. M. SYLVESTRIS L. (M. sauvage). Bords des rivières, fossés. — A.R. Lg.; R. Mon-
ceau, Graide, Membre (Nr., *Grav.!*; Bruyelle (*Hocq.*), Tournay, Kain (*Mich.*),
Yezon (Ht., *Mar.*) ; entre Evere et Vilvorde (Bb., *Kx. p.*); Tongerloo, Anvers
(Anv., *Vh.*).
Obs.—Le *M. viridis* L., fréquemment cultivé, se retrouve rarement naturalisé çà et là : Verviers, Ensival, Wegnez (*Lej.!*), Modave (Lg., *Hty.!*); Beloeil
(*Hocq.*), Vaulx (Ht., *Mar.*; Audenarde (Fl. or., *Schd.*).

3. M. AQUATICA L. (M. aquatique). Bords des rivières, fossés.—C.
Obs.—Le *M. Nepetoides* Lej., qui paraît être le produit hybride du croisement
des *M. aquatica* et *M. sylvestris* et dont les caractères sont intermédiaires, se
rencontre dans la vallée de la Vesdre parmi les parents supposés : Chênée
(*Lej.*), Chaudfontaine, Fraipont (*Str.*), Nessonvaux (Lg., *Lej.!*).

4. M. SATIVA L. (M. cultivée). Bords des rivières, fossés. — A.C. — Paraît manquer
dans beaucoup de localités.
Obs.—La forme presque glabre de cette espèce (*M. rubra* Sm.) se rencontre
rarement : Verviers, Polleur (*Lej.!*), Trooz, Aiwaille (Lg., *Str.!*).

5. M. ARVENSIS L. (M. des champs). Bords des eaux, champs humides —C., C.C.

6. M. PULEGIUM L. (M. Pouliot). Bords des eaux, champs humides.—A.R. Vallée de la
Meuse : Nr., Lg.; Ht.; R. Saint-Gilles (Bb., *Kx. p.*). — Roucel l'indiquait autrefois aux env. d'Alost, Lierre, Malines et Anvers.

II. LYCOPUS L. (Lycope). Calice campanulé à 5 dents. Corolle infundibuliforme, à tube court, à 4 lobes, le supérieur souvent émarginé. Étamines réduites à 2 par avortement, s'ouvrant en long. Fleurs petites, blanches, en glomérules axillaires.

Feuilles inférieures pinnatifides à la base. . . . . *L. Europœus.*
1. L. EUROPAEUS L. (L. d'Europe). Bords des eaux, fossés.—C., A.C.
Obs.—Le *L. exaltatus* des Flores du Hainaut doit se rapporter à cette espèce.

**TRIBU II. SALVIÉES. Corolle bilabiée. Étamines 2 fertiles;
anthères à loges séparées par un long connectif filiforme.**

III. SALVIA L. (Sauge). Calice campanulé, bilabié, à lèvre supérieure entière ou tridentée, l'inférieure bifide, à gorge nue. Corolle
bilabiée, à lèvre supérieure en forme de casque, entière ou émarginée, l'inférieure trilobée. Étamines supérieures nulles ou rudimentaires, les 2 inférieures fertiles ; filets ord. très-courts, articulés
avec un connectif transversal qui sépare longuement les deux loges
de l'anthère, dont l'inférieure est nulle plus rarement rudimentaire.

Plante très-glanduleuse au sommet ; bractées plus courtes que le calice ; corolle
à tube dépourvu d'un anneau de poils, grande, dépassant beaucoup le calice.
S. pratensis.

1. S. pratensis L. (S. des prés). Lieux pierreux, pelouses. — R. Wavreille (*Crep.*),
Neuville (Nr., *Del.*); Oneux (*Crep.*), Juslenville, Limbourg, Filot (Lg., *Lej.*);
Mons (*Hocq.*), Thuin (Ilt., *Mich.*). — Roucel dit l'avoir vu aux env. de Louvain.
Obs. — Les *S. Sclarea* L. et *S. Verbenaca.* L., espèces quelquefois cultivées, ne
croissent qu'accidentellement en Belgique.

TRIBU III. THYMOÏDÉES. Étamines 4 fertiles, distantes,
droites divergentes, ou plus ou moins arquées-conniventes,
les inférieures un peu plus longues que les supérieures.

IV. ORIGANUM L. (Origan). Calice tubuleux - campanulé, à
5 dents presque égales, ou l'inférieure un peu plus courte, le fructifère à gorge fermée par un anneau de poils. Corolle bilabiée, à lèvre
supérieure droite, presque plane, émarginée, l'inférieure étalée à
3 lobes presque égaux. Étamines 4, saillantes, divergentes, les
inférieures un peu plus longues. Anthères à loges divergentes,
distinctes. Fleurs en épillets oblongs tétragones, rapprochés en corymbes terminaux.

Tige élevée ; feuilles un peu dentées ; bractées ord. violacées. . *O. vulgare.*
1. O. vulgare L. (O. commun). Bords des bois, haies. — C. Rég. mér.; A.R.

V. THYMUS L. (Thym). Calice bilabié, à lèvre supérieure tridentée, l'inférieure bifide, le fructifère fermé par un anneau de
poils. Corolle bilabiée; à lèvre supérieure droite, presque plane,
entière ou émarginée, l'inférieure étalée à 3 lobes presque égaux.
Étamines 4, saillantes, plus rarement incluses, distantes et divergentes, les inférieures un peu plus longues ; anthères à loges divergentes, distinctes. Fleurs ord. roses, en glomérules rapprochés en
têtes ou en épis terminaux.

Tiges couchées, radicantes à la base ; feuilles entières. . . . . . *T. Serpyllum.*
1. T. Serpyllum L. (T. Serpolet). Pelouses sèches, lieux pierreux. — C., C.C.
Obs. — Le *T. vulgaris* L., espèce originaire de la région méditerranéenne, est fréquemment cultivée dans les jardins.

VI. CALAMINTHA Mœnch (Calament). Calice tubuleux ou campanulé, bilabié, à lèvre supérieure tridentée, l'inférieure bifide, le
fructifère à gorge ord. fermé par un anneau de poils. Corolle bilabiée; à lèvre supérieure droite, presque plane, entière ou émarginée, l'inférieure étalée à 3 lobes presque égaux. Étamines 4, distantes,
plus ou moins conniventes sous la lèvre supérieure de la corolle, les
inférieures plus longues; anthères à loges divergentes, distinctes.
Fleurs roses, ou d'un rose bleuâtre, en petits glomérules munis
d'un petit nombre de bractées.

Plante annuelle; glomérules de fleurs non pédonculés . . . . *C. Acinos.*
Plante vivace ; glomérules inférieurs portés sur un pédoncule commun ; corolle seulement une fois plus longue que le calice ; feuilles obtuses.
C. officinalis.
1. C. Acinos Gaud. — *Thymus Acinos L.* (C. Acinos). Lieux pierreux, bords des
chemins. — C., A.C. Rég. mér. — Ne paraît point exister ou doit être R.R. dans
la Rég. sept.
2. C. officinalis Mœnch — *C. menthæfolia Host.* — *C. ascendens Jord.* — *Melissa
Calamintha L.* (C. officinal). Coteaux secs, bords des chemins, décombres. —
R. Ciply (*Mich.*), Obourg (Ilt., *Mrt.!*); env. de Namur (Nr., *Bllk., Dsch.!*);
Spa et Theux (Lg., *Lej.!*); env. de Bruxelles (Bb., *Bm.!*); Gand (Fl. or., *Fg.!*).
— Roucel l'indiquait du côté de Wavre.
Obs. — Le *C. grandiflora Mœnch,* espèce du Midi fréquemment cultivée, se retrouve
très-rarement à l'état subspontané dans le voisinage des habitations : Huccorgne
(*Str.!*), entre Sougnez et Aiwaille (Lg., *Lej.!*).

VII. CLINOPODIUM Tournef. (Clinopode). Calice tubuleux arqué, bilabié, à lèvre supérieure trifide, l'inférieure bifide, le fructifère présentant quelques poils. Corolle bilabiée; à lèvre supérieure droite, presque plane, émarginée, l'inférieure étalée, à 3 lobes, le moyen plus grand. Étamines 4, distantes, plus ou moins conniventes sous la lèvre supérieure de la corolle; anthères à loges divergentes, distinctes. Fleurs purpurines, en glomérules, munis d'un grand nombre de bractées, sétacées rapprochées en involucre.

Fleurs en verticilles multiflores, globuleux, espacés. . . . . . *C. vulgare.*
1. C. VULGARE L. (C. commun). Bords des bois, haies, pâturages.—C. Rég. mér.; R.

† **MELISSA** L. (Mélisse). Calice tubuleux-campanulé, déprimé et plan en dessus, bilabié, à lèvre supérieure tridentée, l'inférieure bifide, le fructifère à gorge présentant quelques poils. Corolle bilabiée; à lèvre supérieure droite, presque plane, émarginée, l'inférieure étalée, à 3 lobes, le moyen plus grand. Étamines 4, distantes, plus ou moins conniventes sous la lèvre supérieure de la corolle; anthères à loges divergentes, soudées au sommet. Fleurs blanches, en glomérules axillaires.

Plante à odeur très-pénétrante; feuilles à dents nombreuses et profondes.
M. officinalis.
1. M. OFFICINALIS L. (M. officinale). Fréquemment cultivé. — Se retrouve çà et là naturalisé dans le voisinage des habitations.

TRIBU IV. LAMIOÏDÉES. Corolle bilabiée. Étamines 4 fertiles, rapprochées et parallèles sous la lèvre supérieure de la corolle, quelquefois rejetées en dehors après l'émission du pollen.

VIII. NEPETA L. (Népéta). Calice tubuleux, à 5 dents égales ou presque égales, à gorge nue. Corolle à tube très-étroit, à gorge brusquement dilatée, bilabiée; à lèvre supérieure droite, un peu concave, bifide, l'inférieure étalée, à 3 lobes, les latéraux très-courts, le moyen très-grand, étalé, concave en avant, crénelé. Étamines 4, parallèles sous la lèvre supérieure de la corolle, les 2 inférieures plus courtes; anthères à loges divergentes, soudées au sommet et confluentes après l'émission du pollen.

Tige élevée, fleurs en épis terminaux non feuillés . . . . . . *N. Cataria.*
1. N. CATARIA L. (N. Chataire). Haies, décombres, lieux cultivés. — A.R. — Manque dans beaucoup de localités. — Plante naturalisée.

IX. GLECHOMA L. (Gléchome). Calice tubuleux, à 5 dents un peu inégales, les 3 supérieures plus longues, à gorge nue. Corolle à gorge très-dilatée, bilabiée; à lèvre supérieure droite, presque plane, bifide, l'inférieure étalée, à 3 lobes, le moyen beaucoup plus grand, plan, souvent émarginé. Étamines 4, rapprochées sous la lèvre supérieure de la corolle, les 2 inférieures plus courtes; anthères à loges divergentes, rapprochées par paires en forme de croix.

Tiges couchées-radicantes; fleurs en glomérules espacés à l'aisselle des feuilles.
G. hederacea.
1. G. HEDERACEA L. (G. Lierre-terrestre). Lieux herbeux, haies.—C., C.C.

X. LAMIUM L. (Lamier). Calice campanulé, à 5 dents presque égales ou les supérieures plus longues. Corolle bilabiée; à tube présentant souvent au-dessus de sa base un anneau de poils ; à lèvre supérieure entière ou émarginée, rétrécie à la base, très-concave ou en casque, l'inférieure à 3 lobes très-inégaux, les lobes latéraux occupant les parties latérales de la gorge, tronqués ou presque nuls, présentant ord. 1-2 dent aiguës, le lobe moyen large et échancré. Étamines 4, rapprochées et parallèles sous la lèvre supérieure de la corolle, non rejetées en dehors après l'émission du pollen, les 2 inférieures plus longues ; anthères ord. barbues, à loges divergentes, soudées au sommet et à la fin confluentes. Fleurs en glomérules axillaires, ord. espacés.

1. Corolle à tube droit ; plante petite 2
  Corolle à tube courbé ; plante élevée. 4
2. Feuilles arrondies-réniformes, les supérieures sessiles-embrassantes.
  L. amplexicaule.
  Feuilles ovales-triangulaires ; les supérieures jamais embrassantes. . . . 3
3. Corolle à tube sans anneau de poils ; feuilles profondément incisées. *L. hybridum.*
  Corolle à tube pourvu d'un anneau de poils ; feuilles dentées rarement incisées.
  L. purpureum.
4. Corolle blanche ; tube à anneau de poils très-oblique . . . . . *L. album.*
  Corolle purpurine ; tube à anneau de poils horizontal. . . . *L. maculatum.*
1. L. AMPLEXICAULE L. (L. amplexicaule). Moissons, lieux cultivés. — A.C.
2. L. HYBRIDUM Vill. — *L. incisum Willd.* (L. hybride). Lieux cultivés, haies. — R.
  Maisières (*Mrt.!*), Tournay (*Mich.*), Kain (Ht., *Mar.*) ; Gand (*Schd.!*), Munte
  (Fl. or.. *Coem.!*) ; Tongres (Lb., *Lej.*) ; Dilbeek Bb., *Gr.!*).
3. L. PURPUREUM L. (L. pourpre). Lieux cultivés, haies, moissons. — C., C.C.
4. L. ALBUM L. (L. blanc. — Vulg. *Ortie blanche*). Haies, lieux cultivés. — C.
5. L. MACULATUM L. (L. taché). Haies, lieux cultivés, décombres. — A.C. Vallée de la
  Meuse : Nr., Lg. ; A.C.? Ht.(*Mich.,Mrt.*).— On rencontre quelques pieds isolés
  çà et là dans le reste du pays, mais probablement échappés des jardins : Olne
  (Lg.,*Hty.*) ; Cureghem, Vilvorde(Bb., *Wesm.*).

XI. **GALEOBDOLON** Huds. (Galéobdolon). Calice à 5 dents un peu inégales. Corolle bilabiée ; à tube présentant un anneau de poils ; à lèvre supérieure courbée en casque, l'inférieure étalée, à 3 lobes lancéolés, les 2 latéraux plus petits. Étamines 4, rapprochées et parallèles sous la lèvre supérieure de la corolle, non à la fin rejetées en dehors, les 2 inférieures plus longues ; anthères glabres, rapprochées par paires, à loges divergentes, soudées au sommet et et à la fin confluentes. Fleurs en glomérules axillaires espacés.

  Feuilles inférieures ovales-cordées ; fleurs d'un beau jaune. . . *G. Luteum.*
1. G. LUTEUM Huds. (G. jaune). Bois montueux, haies. — A.C. Rég. mér. ; A.R.

XII. **GALEOPSIS** L. (Galéope). Calice tubuleux-campanulé, à 5 divisions épineuses et nues au sommet, presque égales. Corolle bilabiée ; à lèvre supérieure entière ou émarginée, courbée en casque, l'inférieure étalée, trilobée, à lobe moyen plus grand entier ou bifide, à lobes latéraux ovales ; à gorge dilatée, présentant de chaque côté une saillie conique. Étamines 4, rapprochées et parallèles sous le casque, les 2 inférieures plus longues ; anthères à loges superposées, s'ouvrant par 2 valves. Fleurs en glomérules, souvent rapprochés au sommet ; feuilles atténuées à la base, jamais échancrées en cœur.

1. Tige renflée sous les nœuds, hérissée de poils roides. 2
  Tige non renflée sous les nœuds, pubescente. 3
2. Corolle grande, jaune avec une tache violette sur la lèvre inférieure, à tube dépassant beaucoup les dents du calice ; glomérules très-rapprochés au sommet ; feuilles atténuées en coin à la base. . . . . *G. versicolor.*
  Corolle petite, purpurine ou blanche, à tube plus court ou dépassant peu les
  dents du calice ; feuilles arrondies ou atténuées à la base . . . *G. Tetrahit.*
3. Feuilles étroites lancéolées ou linéaires, entières ou à 1-2 paires de dents
  écartées . . . . *G. angustifolia.*
  Feuilles ovales-lancéolées, à 3-8 paires de dents régulières 4

4. Fleurs ord. jaunes, grandes, à tube dépassant beaucoup le calice; tige ord.
   verte. . . . . *G. dubia.*
   Fleurs purpurines, petites, à tube dépassant peu les dents du calice; tige
   rougeâtre . . . . *G. intermedia.*
1. G. ANGUSTIFOLIA Ehrh. — *G. Ladanum Auct.* an *L.?* (G. à feuilles étroites). Lieux
   pierreux, bords des chemins, moissons. — C. Rég. mér.; A.R.
2. G. INTERMEDIA Vill. — *G. Ladanum L.?* (G. intermédiaire). Champs en friche.
   bords des chemins, moissons. — R. Ciergnon, Rochefort (Nr., *Crep.*); Tellin,
   entre Petit-Voir et Martilly (Lx., *Crep.*).
3. G. DUBIA Leers — *G. ochroleuca Lam.* (G. douteuse). Lieux pierreux, moissons.—
   A.C. Lx., Lg., Nr.; R.? Lompret (*Hocq.*), Autreppe (Ht., *Mich.*); Weert-Saint-
   Georges (*Ps.*), Uccle (Bb., *Mrt.*); Renaix (Fl. or., *Ps.!*); Zammel (Anv., *Vh.*).
   Obs. — Les hybrides qui se produisent assez fréquemment par le croisement
   des *G. angustifolia* et *G. dubia* rendent quelquefois la détermination des
   n°s 1, 2 et 3 assez difficile.
4. G. TETRAHIT L. (G. Tétrahit). Bois, buissons, lieux incultes, moissons. — C. Rég.
   mér.; A.C.
5. G. VERSICOLOR Curtis — *G. Cannabina Roth* (G. versicolore). Haies, moissons,
   champs frais. — R. Waelhem (*Math.!*), env. de Louvain (*Leburton*), env. de
   Bruxelles (Bb., *Kx. p.*); Verviers (Lg., *Lej.*).

XIII. STACHYS L. (Épiaire). Calice tubuleux-campanulé, à
5 dents spinescentes ord. ciliées, presque égales. Corolle bilabiée;
à tube pourvu d'un anneau de poils; à lèvre supérieure droite,
concave, l'inférieure étalée, trilobée, le lobe moyen plus grand.
Étamines 4, d'abord rapprochées et parallèles sous la lèvre supérieure de la corolle, les 2 inférieures plus longues à la fin se rejetant en dehors de la corolle; anthères à 2 loges s'étalant horizontalement et à la fin confluentes. Fleurs en glomérules, les supérieurs
ord. rapprochés en épis terminaux.

1. Feuilles rétrécies à la base; fleurs d'un jaune pâle 2
   Feuilles échancrées en cœur à la base; fleurs rouges 3
2. Plante vivace; tube de la corolle à anneau de poils oblique . . . *S. recta.*
   Plante annuelle; tube de la corolle à anneau de poils horizontal . *S. annua.*
3. Feuilles obtuses arrondies au sommet, presque aussi larges que longues;
   plante petite . . . . *S. arvensis.*
   Feuilles aiguës, beaucoup plus longues que larges; plante élevée. . . . 4
4. Feuilles recouvertes d'un épais duvet argenté . . . . . . *S. Germanica.*
   Feuilles vertes plus ou moins velues. 5
5. Epi feuillé jusqu'au sommet; bractéoles plus longues que le calice. *S. Alpina.*
   Epi nu au sommet; bractéoles très-petites ou nulles 6
6. Feuilles largement ovales, longuement pétiolées . . . . . . *S. sylvatica.*
   Feuilles lancéolées, sessiles ou presque sessiles . . . . . . *S. palustris.*

1. S. GERMANICA L. (E. d'Allemagne). Lieux pierreux, bords des chemins. — A.R.
   Nr.; R. Chimay, Beaumont, Ghislage Baudour (*Hocq.*), Montignies (Ht., *Mich.*);
   Sougnez, Theux (*Lej.*), Chaudfontaine (Lg., *Crep.*).
2. S. ALPINA L. (E. des Alpes). Bois montueux, buissons. — A.R. Nr., Lg.
3. S. SYLVATICA L. (E. des bois). Bois, buissons, haies. — C.
   Obs. — On rencontre rarement le *S. ambigua Sm.*, forme hybride produite
   par le croisement des *S. sylvatica* et *S. palustris :* Rochefort (Nr., *Crep.*);
   entre Verviers et Limbourg. La forme des env. de Rochefort est le *S. palus-
   tre-sylvatica Wirtgen.!*
4. S. PALUSTRIS L. (E. des marais). Bords des fossés, champs humides. C.
5. S. ARVENSIS L. (E. des champs). Moissons, lieux cultivés.—C., A.C.
6. S. ANNUA L. (E. annuelle). Moissons, lieux pierreux, bords des chemins. — A.C.,
   A.R. Nr.; R. Flémalle, Chokier, Theux (Lg., *Lej !*); Trinité (Ht., *Mar.*). Westerloo (Anv., *Vh.!*)
7. S. RECTA L. — *S. Sideritis Vill.* (E. droite). Rochers, coteaux arides, bords des
   chemins. — R. Wavreille, Han, Auffe, Genimont, Lavaux-Sainte-Anne
   (*Crep.*), Couvin (Nr., *Det.*); Froidlieu (Lx., *Crep.*); Quevaucamps (Ht., *Mich.*).

XIV. BETONICA Tournef. (Bétoine). Calice tubuleux-campanulé,
à 5 pointes épineuses, presque égales. Corolle bilabiée; à tube
dépourvu d'un anneau de poils; à lèvre supérieure un peu concave. l'inférieure trilobée. à lobe moyen plus grand. Étamines 4.

rapprochées et parallèles sous la lèvre supérieure de la corolle, non à la fin rejetées en dehors de la corolle, les 2 inférieures plus longues ; anthères à loges parallèles ou un peu divergentes.

Tige à paires de feuilles peu nombreuses, très-espacées ; fleurs en épi court, très-compacte, ord. interrompu à la base. . . . . *B. officinalis.*
1. B. officinalis L. (B. officinale). Bois, prairies.—C. Rég. mér.; A.R. West-Meerbeek (*Kœ.*), Westerloo (Anv., *Vh.*).

XV. MARRUBIUM L. (Marrube). Calice tubuleux, présentant un anneau de poils à la gorge, à 10 dents alternativement plus petites, droites ou recourbées en crochet au sommet, plus rarement à 5 dents. Corolle bilabiée ; à tube ord. muni d'un anneau de poils au niveau de l'insertion des étamines ; à lèvre supérieure dressée, presque plane, bifide, l'inférieure étalée, à 3 lobes, le lobe moyen plus grand. Étamines 4, incluses dans le tube de la corolle, les inférieures plus longues ; anthères à loges confluentes en une seule après l'émission du pollen.

Fleurs petites, blanches, en glomérules très-compactes, espacés ; feuilles ovales-arrondies. . . . . *M. vulgare.*
1. M. vulgare L. (M. commun). Haies, décombres, bords des chemins.—A.C., A.R.—Manque dans beaucoup de localités. —Indigène ?

XVI. BALLOTA Tournef. (Ballote). Calice tubuleux-infundibuliforme, à 10 nervures très-saillantes, à 5 dents presque égales pliées en long. Corolle bilabiée ; à tube muni d'un anneau de poils ; à lèvre supérieure droite, un peu concave, l'inférieure à 3 lobes obtus, le moyen plus grand. Étamines 4, rapprochées sous la lèvre supérieure de la corolle, les 2 inférieures plus longues ; anthères à loges très-divergentes, à la fin à peine confluentes. Fleurs en glomérules un peu pédonculés.

Feuilles moyennes échancrées en cœur à la base ; calice très-dilaté à la gorge, à dents larges, brusquement arrondies. . . . . *B. fœtida.*
1. B. fœtida Lam. — *B. nigra* et *alba* L. Sp. (B. fétide). Haies, décombres, bords de chemins.—C.
Obs. — Le *B. ruderalis Swensk, Fries* — *B. vulgaris Link* — *B. nigra* et *alba L.* fl. succ., forme voisine de l'espèce précédente, a été découvert par Lejeune aux env. de Namur et de Liége! Il se distingue du *B. fœtida* par son calice moins dilaté à la gorge, à dents atténuées régulièrement en pointe ; par ses feuilles moins larges, les moyennes atténuées à la base, à dents plus étroites subaiguës.

XVII. LEONURUS L. (Agripaume). Calice campanulé, à 5 dents épineuses, un peu inégales. Corolle bilabiée ; à tube muni d'un anneau de poils ; à lèvre supérieure droite, un peu en casque, l'inférieure à 3 lobes obtus, les latéraux oblongs, le moyen plus grand. Étamines 4, rapprochées et parallèles sous la lèvre supérieure de la corolle, les 2 inférieures plus longues à la fin se rejetant hors de la corolle.

Plante élevée robuste ; feuilles profondément découpées en 3-5 lobes. *L. Cardiaca.*
1. L. Cardiaca L. (A. Cardiaque). Haies, décombres, pieds des murs. — A.R.—Manque dans beaucoup de localités.—Plante naturalisée.

XVIII. BRUNELLA Tournef. (Brunelle). Calice tubuleux-campanulé, bilabié, fermé après la floraison, à lèvre supérieure plane tridentée, l'inférieure bifide. Corolle bilabiée ; à tube muni d'un anneau de poils ; à lèvre supérieure en casque, entière, l'inférieure trilobée. Étamines 4, rapprochées et parallèles sous la lèvre supérieure de la corolle, les 2 inférieures plus longues ; filets munis d'un tubercule ou d'une pointe sous le sommet ; anthères à loges divergentes. Fleurs en glomérules rapprochés en épis terminaux.

1. Épi dépourvu de feuilles à la base ; filets des étamines munis d'un tubercule sous le sommet. . . . . *B. grandiflora.*
   Épi muni d'une paire de feuilles à la base ; filets des étamines munis d'une pointe aiguë sous le sommet 2
2. Fleurs purpurines ou blanches ; lèvre inférieure du calice à dents courtes, un peu ciliées ; feuilles ord. entières . . . . *B. vulgaris.*
   Fleurs d'un jaune pâle ; lèvre inférieure du calice à dents profondes, étroites, fortement ciliées ; feuilles ord. pinnatifides . . . . *B. alba.*
1. B. VULGARIS L. (B. commune). Coteaux secs, pelouses, prairies.—C., C.C.
2. B. ALBA Pall. (B. blanche). Coteaux secs, pelouses. — A.C. Bande calcaire de la lisière nord de l'Ardenne : Nr.; R. Marche (Lx., *Michl.*); Froidchapelle (*Hocq.*), Rance (Ht., *Mich.*).
3. B. GRANDIFLORA Jacq. (B. à grandes fleurs). Coteaux secs. — R.R. Env. de Liége, entre Goé et Eupen (Lg., *Lej.*).

XIX. SCUTELLARIA L. (Scutellaire). Calice campanulé, bilabié, fermé après la floraison, à lèvres entières, presque égales, la supérieure présentant une bosse saillante. Corolle bilabiée ; à lèvre supérieure presque droite, en casque, l'inférieure trilobée. Étamines 4, rapprochées et parallèles sous la lèvre supérieure de la corolle, les 2 inférieures plus longues ; anthères à loges soudées bout à bout. Fleurs solitaires à l'aisselle des feuilles.

Corolle à tube courbé ; feuilles dentées régulièrement jusqu'au sommet. *S. galericulata.*
Corolle à tube droit ; feuilles entières, ou à 1-3 paires de dents à la base. *S. minor.*
1. S. GALERICULATA L. (S. Toque). Bords des eaux.—A.C., A.R.
2. S. MINOR L. (S. naine). Lieux tourbeux, bois humides.—C., A.C. Région ardennaise et ses lisières · Lx., Nr., Lg.; A.R. Région sept.; R. Louvain (Bb., *Rss.*); Rance (*Mich.*); Pont-à-Chin, Templeuve (Ht., *Mar.*).

TRIBU V. AJUGOÏDÉES. Corolle d'apparence unilabiée : la lèvre supérieure étant très-courte, ou étant bipartite à lobes rejetés vers la lèvre inférieure. Étamines 4, rapprochées et parallèles, saillantes hors de la corolle, les inférieures plus longues.

XX. AJUGA L. (Bugle). Calice campanulé, à 5 dents presque égales. Corolle marcescente, d'apparence unilabiée ; à tube muni d'un anneau de poils; à lèvre supérieure très-courte, émarginée, l'inférieure plus grande, trilobée. Étamines 4, rapprochées et parallèles, saillantes, les 2 inférieures plus longues.

1. Fleurs jaunes ; feuilles la plupart à 3 divisions profondes linéaires. *A. Chamæpitys.*
   Fleurs bleues, roses ou blanches ; feuilles seulement dentées. 2
2. Tige velue sur 2 faces, ord. pourvue de rejets feuillés rampants. . *A. reptans.*
   Tige velue tout autour, sans rejets feuillés et rampants sur la terre. 3
3. Fleurs dépassant les bractées au sommet de la tige ; épi lâche ; plante munie de rejets souterrains . . . . *A. Genevensis.*
   Fleurs petites toujours plus courtes que les bractées ; épi compacte ; plante sans rejets souterrains . . . . *A. pyramidalis.*
1. A. REPTANS L. (B. rampante). Bois, pâturages, lieux herbeux.—C.
   Obs. — La variété dépourvue de stolons est très-rare : Louette-Saint-Pierre (Nr.); Fays-Famenne (Lx., *Crep.*).
2. A. GENEVENSIS L. (B. de Genève). Coteaux secs, lieux pierreux.—A.R. Bande calcaire de la lisière nord de l'Ardenne : Nr., Lx., Lg.; R. env. de Gérouville (*Grav.*), Orval (Lx., *Crep.*); Ath (*Mich.*), Baudour (Ht., *Desm.*).
3. A. PYRAMIDALIS L. (B. pyramidale). Pâturages, bruyères, bords des chemins.— A.C. Région ardennaise : Lx., Lg., Nr.; R. Crupet (Nr., *Crep.*); Baudour ? (*Hocq.*, *Desm.*, *Mich.*).
4. A. CHAMÆPITYS Schreb. — *Teucrium Chamæpitys* L. (B. Petit-Pin). Coteaux pierreux. — R. Entre Mariembourg et Dourbes (*Del.*), Resteigne, Rochefort (Nr., *Crep.*); Wellin (Lx., *Grav.*); env. de Theux (Lg., *Crep.*); Baudour, Harmignies (*Hocq.*), Spiennes (Ht., *Mich.*).

XXI. TEUCRIUM L. (Germandrée). Calice campanulé, à 5 dents presque égales, ou la supérieure plus grande. Corolle caduque, d'apparence unilabiée; à tube sans anneau de poils; à lèvre supérieure bipartite, à lobes rejetés latéralement vers la lèvre inférieure; à lèvre inférieure trilobée, le lobe moyen beaucoup plus grand. Étamines 4, rapprochées et parallèles, saillantes, les 2 inférieures plus longues.

1. Feuilles très-entières . . . . *T. montanum.*
Feuilles dentées ou découpées 2
2. Feuilles découpées en segments nombreux et petits; plante annuelle. *T. Botrys.*
Feuilles seulement dentées ou crénelées; plantes vivaces. . . 3
3. Feuilles élargies et échancrées en cœur à la base; calice paraissant à 2 lèvres.
T. Scorodonia.
Feuilles non élargies et en cœur à la base; calice à dents égales. . . 4
4. Feuilles sessiles; pédicelles égalant le calice . . . . *T. Scordium.*
Feuilles pétiolées; pédicelles 2 fois plus courts que le calice . . *T. Chamædrys.*
1. T. Scorodonia L. (G. Scorodonie). Bois, pâturages.—C., C.C.
2. T. Botrys L. (G. Botryde). Coteaux arides, lieux pierreux, bords des chemins. — A.C., A.R. Nr., Lg.; R. Lompret, Virelles, Baudour, Douvrain (*Hocq.*), Jurbise (Ht., *Mich.*).
3. T. Scordium L. (G. Scordium). Bords des fossés, prairies humides. — R. Belœil, Quevaucamps (*Hocq.*), Boussu (*Mich.*), Obigies (Ht., *Mar.*); Mariembourg, Frasnes (Nr., *Det.!*); Sougnez (Lg., *Lej.*); Gand (Fl. or., *Fq.!*).—Roucel l'indiquait aux env. de Berlaere, Lokeren, Audenarde (Fl. or.), La Hulpe (Bb.).
4. T. Chamædrys L. (G. Petit-Chêne). Coteaux arides, rochers, bords des chemins. A.C. Nr.; R. Chimay, Beaumont (Ht., *Hocq.*); Filot, Theux (Lg., *Lej.!*).
5. T. montanum L. (G. de montagne). Coteaux secs, pelouses. — R. Saint-Remy près Rochefort (*Crep.*), entre Dion-le-Mont et Dion-le-Val (Nr., *Grav.*); Neufchâteau? (Lx., *Tin.*).

LXI. VERBÉNACÉES (Juss.).

Fleurs hermaphrodites, plus ou moins irrégulières. Calice gamosépale, à 4-5 divisions égales ou inégales, persistant. Corolle hypogyne, gamopétale, caduque, tubuleuse, à limbe ord. un peu bilabié, à 4-5 lobes. Étamines insérées sur le tube de la corolle, en nombre moindre que celui des lobes de la corolle, au nombre de 4, inégales par paires, toutes fertiles ou les 2 supérieures dépourvues d'anthères. Styles soudés en un style terminal indivis; stigmate entier ou bifide. Fruit capsulaire, à 4 loges monospermes (nucules), les nucules se détachant isolément à la maturité ou restant adhérentes entre elles. Tiges tétragones, à feuilles opposées.

Les *Verbénacées* ont des qualités amères et astringentes. Cette famille ne nous présente qu'une seule espèce indigène, la Verveine, plante assez insignifiante au point de vue de ses propriétés médicales, mais encore recherchée par la médecine populaire, qui en fait un usage fréquent.

I. VERBENA Tournef. (Verveine). Calice à 4-5 dents, à 4-5 angles, se fendant à la maturité selon les lignes de soudure des sépales. Corolle subbilabiée, à 5 lobes plus ou moins inégaux. Fruit capsulaire, à 4 loges monospermes qui se séparent à la maturité.

Tige très-roide; feuilles plus ou moins profondément incisées; fleurs petites, d'un lilas pâle, disposées en épis grêles, effilés. . . . . . . *V. officinalis.*
1. V. officinalis L. (V. officinale). Bois, haies, bords de chemins.—C.

LXII. GLOBULARIÉES (DC.).

Fleurs hermaphrodites, irrégulières. Calice gamosépale, tubuleux, à 5 divisions égales ou plus ou moins inégales, persistant. Corolle hypogyne, gamopétale, à tube cylindrique, à limbe bilabié ; la lèvre supérieure ord. bipartite, l'inférieure ord. plus grande, tripartite. Étamines réduites au nombre de 4, insérées au sommet du tube de la corolle, longuement saillantes. Style terminal, filiforme ; stigmate entier ou bilobé. Fruit libre, sec, uniloculaire, monosperme, indéhiscent, mucroné par la base persistante du style, renfermé dans le calice. Plante vivace, herbacée, à feuilles entières. Fleurs sessiles sur un réceptacle commun chargé de paillettes et disposées en un capitule compacte subgloduleux, entouré à la base d'un involucre.

Les feuilles du *Globularia vulgaris* sont amères, légèrement âcres et purgatives.

I. GLOBULARIA L. (Globulaire).

Plante glabre ; feuilles inférieures en rosette ; fleurs bleues. . . *G. vulgaris.*
E. G. VULGARIS L. (G. commune). Rochers, coteaux arides, pelouses.—A.R. Han-sur-Lesse, Auffe, Éprave, Lavaux-Sainte-Anne (*Crep.*), Dion-le-Mont (*Grav.*), entre Mariembourg et Dourbes (*Det.*), Freyr, Pont-à-Lesse (*Crep.*), Dinant (*Math.*), Houx (*H. C.*), Ivoir, Floreffe (Nr., *Crep*); R. Vaulx-lez-Chimay (*Det.*) Chimay (*Hocq.*), Houdeng (Ht., *Mich.*).

Classe II. GAMOPÉTALES PÉRIGYNES.

Corolle insérée sur le calice. Étamines insérées sur le calice avec la corolle ou insérées sur la corolle. Ovaire soudé avec le calice.

LXIII. VACCINIÉES (DC.).

Fleurs hermaphrodites, régulières. Calice à tube soudé avec l'ovaire, à partie libre à 4-5 dents persistantes ou caduques. Corolle caduque, insérée au sommet du tube du calice, gamopétale, campanulée, urcéolée ou rotacée, à 4-5 divisions. Étamines 8-10, insérées avec la corolle au sommet du tube du calice ; anthères à loges indéhiscentes prolongées chacune supérieurement en un tube ouvert au sommet, quelquefois munies chacune d'un appendice sétiforme dorsal. Styles soudés en un style filiforme ; stigmate indivis, capité. Fruit soudé avec le calice, bacciforme, à 4-5 loges polyspermes. Sous-arbrisseaux. Feuilles caduques ou persistantes, coriaces, alternes ou éparses, entières ou légèrement dentées.

Toutes les parties herbacées de *Vaccinium* sont amères et astringentes ; on emploie quelquefois les feuilles du *Vaccinium Vitis-Idæa* comme médicament astringent. Les baies du *V. uliginosum* peuvent être utilisées aux mêmes usages que celles du *V. Myrtillus*. Le fruit de l'*Oxycoccos palustris* est acidule.

Tige filiforme, très-allongée, rampante ; pédoncules 3-4 fois plus longs que les fleurs . . . . Oxycoccos. (ii.)
Tige dressée, non filiforme ; pédoncules plus courts que les fleurs. Vaccinium. (i.)

I. **VACCINIUM** L. (Airelle). Calice à 4-5 dents, plus rarement entier. Corolle urcéolée ou campanulée, à 4-5 lobes petits et recourbés en dehors. Étamines 8-10. Sous-arbrisseaux à tiges ascendantes ou dressées.

1. Feuilles ponctuées en dessous de glandes noires; rameaux pubescents.
V. Vitis-Idæa.
 Feuilles non ponctuées; rameaux glabres 2
2. Rameaux anguleux-ailés; feuilles dentées . . . . *V. Myrtillus.*
 Rameaux arrondis; feuilles très-entières. . . . . *V. uliginosum.*
1. V. Myrtillus L. (A. Myrtille). Bois. — C.C. Région ardennaise; C., A.C.—Manque dans quelques localités.
2. V. uliginosum L. (A. des fanges). Bois humides, bruyères marécageuses. — A.R. Région ardennaise : Lx., Lg.; R. Freilange, entre Vance et Pont-de-Lagland (Lx., *Crep.*); Pitersheim (*Lej.*), Beverloo, Heppen, Kerkhoven (Lb., *West.*), Tongerloo (*Vh.*), Brasschaet (Anv., *West.*).
3. V. Vitis-Idæa L. (A. ponctuée). Bois, bruyères, pâturages. — A.R. Région ardennaise : Lx., Lg., Nr.; Arlon (Lx., *Tin.*); Tongerloo (*Vh.*), Schrick (*Donkelaer*), entre Gheel et Meerhout (*Verbert*), Gierle (Anv., *Rss.!*); Bruges (Fl. occ., *Schd.*).

II. **OXYCOCCOS** Tournef. (Canneberge). Calice à 4 dents. Corolle rotacée, partagée presque jusqu'à la base en 4 divisions lancéolées, réfléchies sur le calice. Étamines 8.

 Tiges filiformes couchées-radicantes; fleurs très-longuement pédonculées.
O. palustris.
1. O. palustris Pers. — *Vaccinium Oxycoccos* L. (C. des marais). Marais, prairies tourbeuses. — A.C. Région ardennaise : Lx., Lg., Nr.; R. Rethy (*Rss.!*), entre Gheel et Meerhout, Tongerloo (Anv., *Vh.*), Pitersheim (Lb., *Lej.*); Casteau (*Hocq.*), Erbisœul (*Mich.*), Péruwelz (Ht., *Mar.*).

LXIV. CAMPANULACÉES (Juss.).

Fleurs hermaphrodites, régulières. Calice à tube soudé avec l'ovaire, à partie libre ord. à 5 divisions persistantes. Corolle insérée au sommet du tube du calice, marcescente, gamopétale, tubuleuse, infundibuliforme, campanulée ou rotacée, à 5 divisions plus ou moins profondes. Étamines ord. 5, insérées avec la corolle au sommet du tube du calice; anthères libres, plus rarement soudées par leur base, à loges s'ouvrant en long. Styles soudés en un style filiforme; stigmates 2-3, rarement 5, linéaires, enroulés en dehors lors de la floraison; plus rarement 2 stigmates dressés, soudés presque jusqu'au sommet. Fruit soudé avec le calice, capsulaire, couronné par les divisions persistantes du calice, à 2-3 plus rarement 5 loges polyspermes, s'ouvrant au sommet dans sa partie libre par une déhiscence loculicide, ou plus ord. chaque loge s'ouvrant par un trou dorsal situé vers le sommet ou à la base du tube du calice. Plantes bisannuelles ou vivaces, rarement annuelles, herbacées, à suc ord. laiteux. Feuilles alternes ou éparses.

 Les *Campanulacées* renferment un suc laiteux presque dépourvu de l'âcreté qui est si prononcée dans la famille des *Lobéliacées*. Les *Campanula Cervicaria* et *C. Trachelium* sont doués de propriétés astringentes et étaient employés autrefois dans le traitement des maux de gorge.

1. Corolle à divisions larges peu profondes; fleurs grandes, en grappe ou en épi lâche 2
 Corolle divisée presque jusqu'à sa base, à divisions linéaires; fleurs petites, en tête ou en épi compacte 4

2. Tige filiforme, très-grêle, couchée; fleurs longuement pédonculées; corolle
     petite à tube étroit (3 ou 4 millimètres) . . . . WAHLENBERGIA. (ii.)
   Tige plus ou moins robuste, dressée; corolle ord. grande 3
3. Divisions du calice plus longues que la corolle ou l'égalant; corolle en roue.
                                                                SPECULARIA. (iii.)
   Divisions du calice beaucoup plus courtes que la corolle; corolle en cloche.
                                                                CAMPANULA. (i.)
4. Capitule de fleurs muni à la base d'une collerette régulière de 10-20 folioles;
     fleurs pédicellées. . . . . JASIONE. (v.)
   Épi de fleurs muni à la base de 3-4 bractées; fleurs sessiles. . . PHYTEUMA. (iv.)

I. CAMPANULA L. (Campanule). Calice à 5 divisions. Corolle
campanulée, à 5 divisions. Étamines 5, libres, à filets dilatés membraneux à la base. Stigmates à 3-5 lobes filiformes. Capsule turbinée, à 3-5 loges, s'ouvrant chacune par un trou dorsal situé vers le
sommet ou à la base du tube du calice.

1. Fleurs sessiles, rapprochées en glomérule au moins les terminales 2
   Fleurs pédonculées, jamais en glomérule. 3
2. Calice à divisions linéaires-aiguës; plante pubescente . . . . . *C. glomerata.*
   Calice à divisions ovales-obtuses; plante hérissée, à poils très-rudes. *C. Cervicaria.*
3. Corolle ciliée 4
   Corolle glabre. 6
4. Fleurs penchées d'un même côté et formant une longue grappe nue dans sa partie
     supérieure. . . . . *C. rapunculoides.*
   Fleurs non penchées d'un même côté, formant une grappe courte, feuillée. . . 5
5. Feuilles moyennes échancrées en cœur à la base; calice hérissé; corolle d'env.
     3 cent. . . . . *C. Trachelium.*
   Feuilles moyennes rétrécies à la base; calice glabre; corolle grande (4-5 cent.)
                                                                C. latifolia.
6. Calice à divisions lancéolées (env. 2 mill.); pédoncules simples . *C. persicaefolia.*
   Calice à divisions linéaires (env. 1 mill.); pédoncules souvent rameux 7
7 Feuilles radicales ovales-arrondies, en cœur à la base; plante petite.
                                                                C. rotundifolia.
   Feuilles radicales lancéolées-oblongues, rétrécies à la base; plante élevée . . 8
8. Fleurs en panicule assez compacte, à rameaux dressés; divisions du calice ord.
     entières à la base . . . . *C. Rapunculus.*
   Fleurs en panicule très-diffuse, lâche, à rameaux étalés; divisions du calice un
     peu denticulées à la base . . . . *C. patula.*
1. C. ROTUNDIFOLIA L. (C. à feuilles rondes). Prairies, pâturages, bords des chemins.
   —C.C., C., A.C.
       Obs. — Le *C. pusilla Hœnk ?* a été indiqué par Lejeune dans les fentes des
   rochers schisteux près Verviers, Ensival, Theux. Des recherches attentives
   faites par moi à plusieurs reprises aux env. de Theux et Verviers sont demeu-
   rées vaines. La plante a-t-elle disparu complétement? Peut-être n'existait-elle
   dans ces localités qu'à l'état subspontané. M. l'abbé Strail a découvert, en 1856,
   une touffe de cette rare espèce le long d'une haie entre Olne et Nessonvaux
   (Lg.). Des échantillons secs et des pieds vivants de cette plante m'ont été communiqués. La plante que Lejeune a publiée dans son *Choix de plantes,* n° 314,
   diffère de celle d'Olne par sa corolle un peu plus grande, à tube plus élargi et
   arrondi à la base. Le *C. pusilla* de notre Flore se distingue facilement du
   C. rotundifolia, et se reconnaît à ses feuilles radicales ovales-aiguës, brusquement tronquées à la base, à limbe décurrent sur le sommet du pétiole,
   jamais en cœur, à dents profondes et aiguës; à ses pédoncules recourbés en
   hameçon avant l'anthèse; à ses anthères égalant environ le filet avant l'émission du pollen, et non 1-2 fois plus longues que le filet.
2. C. RAPUNCULOIDES L. (C. Fausse-Raiponce). Lieux pierreux, haies, lieux cultivés.—
   A.R. Sart, env. de Theux (Lg., *Crep.*); Froidlieu (Lx., *Crep.*); Houtain (*Hocq.*),
   Herquegies (*Mich.*), Bruyelle, Antoing (Ht., *Mar.*); env. de Gand (Fl. or.,
   Schd.!); Saint-Trond (Lb., *VD.*).—On prend quelquefois le *C. Trachelium* pour
   cette espèce.
3. C. TRACHELIUM L. (C. Gantelée). Bois montueux, buissons, lieux couverts. — C.,
   A.C. Rég. mér.; A.R. Brasschaet (Anv., *Woot.*).
4. C. LATIFOLIA L. (C. à larges feuilles). Bois montueux.—R.R.R. Coo (Lg., *Lej.*).
5. C. RAPUNCULUS L. (C. Raiponce). Bois, haies, prairies.—C. Rég. mér.; A.R.
6. C. PATULA L. (C. étalée). Lieux couverts, buissons.—R. Jupille (Lx., *Crep.*); entre
   Aiwaille et Sougnez (*Crep.*), Comblain-au-Pont (Lg., *Lej.!*).
7. C. PERSICAEFOLIA L. (C. à feuilles de Pêcher). Bois montueux, rochers, bords de
   chemins. — A.C. Lg., Lx., Nr.; A.R. Mons, Bruyelle (*Hocq.*), Beclers (*Mich.*).

env. de Tournay (*Mar.*), Baudour, Obourg (Ht., *Mrt.*); R. Beverloo (Lb., *West.*); Eeckeren (Anv., *Dk.*).—L'indigénat dans ces deux dernières localités me paraît assez douteux.

8. C. GLOMERATA L. (C. agglomérée). Bois montueux, pelouses, haies.—R. Entre Verviers et Limbourg, Cornesse, Nessonvaux (*Lej.*), Bilstain (Lg., *Crep.*); entre Wavreille et Han-sur-Lesse (Nr., *Crep.*); Florenville (Lx., *Crep.*); Havré, Obourg (*Mrt.*), Baudour (Ht., *Hocq*).

9. C. CERVICARIA L. (C. Cerviaire). Bois.—R. Louette-Saint-Pierre (*Grav.!*), Vencimont (*Aubert!*), Mariembourg, Fagnolles, Couvin (Nr., *Del.!*).

II. WAHLENBERGIA Schrad. (Wahlenbergie).

Calice à 5 divisions. Corolle tubuleuse-campanulée, à 5 lobes. Étamines 5, à filets un peu dilatés à la base; anthères libres. Styles terminés par 3-5 stigmates filiformes. Capsule turbinée, à 3-5 loges, s'ouvrant au sommet dans sa partie libre, en dedans des lobes du calice, en 3-5 valves.

> Plante très-grêle, tout à fait glabre, à tiges filiformes; feuilles minces, à lobes triangulaires profonds. *W. hederacea.*

1. W. HEDERACEA Rchb. — *Campanula hederacea L.* (W. à feuilles de Lierre). Prairies tourbeuses. — A.C. Région ardennaise : Lx., Lg., Nr.; R. Beverloo et les environs (Lb., *West.*); Westerloo (*Kx.*), entre Westmalle et Brecht (Anv., *Rss.!*); Peutby (Bb., *Wesm.*); Arlon (Lx., *Tin.*).

III. SPECULARIA Heist. (Spéculaire).

Calice à 5 divisions rétrécies à la base. Corolle rotacée, à 5 lobes. Étamines 5, libres, à filets dilatés et membraneux à la base. Stigmate trilobé. Capsule linéaire-oblongue, prismatique, à 3 loges s'ouvrant chacune par un trou dorsal situé vers le sommet du tube du calice.

> Corolle grande, ouverte, égalant le calice; divisions du calice égalant le tube. *S. Speculum.*
> Corolle petite, fermée, beaucoup plus courte que le calice; divisions du calice égalant à peine la moitié du tube. . . . . *S. hybrida.*

1. S. SPECULUM Alph. DC. — *Campanula Speculum L.* (S. Miroir). Moissons, lieux cultivés, bords des chemins.—A.C.—Très-abondant çà et là, mais manque dans beaucoup de localités.

2. S. HYBRIDA Alph. DC. — *Campanula hybrida L.* (S. hybride). Moissons, champs arides. — R. Saint-Remy, Rochefort, Eprave, Han-sur-Lesse, Auffe, Belvaux (*Crep.*), Romerée (Nr., *Del.*); Kain, Mourcourt (*Hocq.*), Pecq (*Mich.*), La Tombe (*Mar.*), Obourg, Maisières (Ht., *Mrt.*); Stockel, Roodebeek (*Kx. p.*), Uccle, Woluwe-Saint-Lambert (Bb., *Bm.!*); Gand (Fl. or., *Fg.*); Modave (Lg., *Hty.*).

IV. PHYTEUMA L. (Raiponce).

Calice à 5 divisions. Corolle partagée presque jusqu'à la base en 5 divisions linéaires, d'abord cohérentes, par leur sommet dressées et rapprochées en un tube arqué, puis libres et irrégulièrement étalées. Étamines 5, à filets élargis à la base, à anthères libres. Style terminé par 2-3 stigmates filiformes, roulés en dehors. Capsule courte, à 2-3 loges s'ouvrant chacune par un trou dorsal. Fleurs sessiles, en épi ou en capitule compacte.

> Feuilles radicales profondément échancrées en cœur; épi ovoïde ou oblong, puis ord. très-allongé cylindrique; bractées linéaires; stigmates ord. 2. *P. spicatum.*
> Feuilles radicales un peu en cœur ou atténuées à la base; épi globuleux ou un peu ovoïde; bractées ovales-lancéolées; stigmates ord. 3. . . *P. orbiculare.*

1. P. SPICATUM L. (R. en épi). Bois, prairies.—A.C., C.
> *Obs.* — La variété *cœruleum* (P. nigrum Schmidt), à fleurs d'un bleu foncé, à tube de la corolle très-plissé avant l'anthère, est répandue et A.C. dans toute la Région ardennaise et ses lisières.

2. P. ORBICULARE L. (R. orbiculaire). Bois, prairies. — R.R. Bois de la Cambre près Bruxelles (Bb., *Sch.!*). — Cette espèce est parfois assez difficile à distinguer des formes à épis ovoïdes de la variété *cœruleum* du no 1.

V. JASIONE L. (Jasione).

Calice à 5 divisions. Corolle partagée presque jusqu'à la base en 5 divisions linéaires, d'abord dressées, rapprochées, cohérentes en tube, puis libres et irrégulièrement étalées. Étamines 5, à filets filiformes; anthères soudées à la base. Style terminé par 2 stigmates dressés courts, souvent soudés jusqu'au sommet. Capsule subglobuleuse, à 5 angles, à 2 loges, s'ouvrant au sommet dans sa partie libre par des valves très-courtes. Fleurs pédicellées, réunies en capitules entourés d'un involucre.

Plante ord. hérissée, annuelle ou bisannuelle; feuilles ondulées. . *J .montana.*
2. J. MONTANA L. J. de montagne'. Coteaux arides, pelouses.—C., A.C.

LXV. LOBÉLIACÉES (Juss.).

Fleurs hermaphrodites, irrégulières. Calice à tube soudé avec l'ovaire, à 5 divisions. Corolle marcescente, insérée au sommet du tube du calice, gamopétale, tubuleuse, à tube fendu supérieurement suivant sa longueur, à limbe à 5 divisions, bilabiée ou unilabiée. Étamines 5; filets non soudés avec la corolle et s'insérant avec elle au sommet du tube du calice; anthères soudées en un tube traversé par le style. Styles soudés en un style filiforme; stigmates 2, plus rarement 3, libres au sommet ou soudés. Fruit soudé avec le calice, capsulaire, couronné par les divisions persistantes du calice, à 2-3 loges polyspermes, s'ouvrant au sommet dans sa partie libre par une déhiscence loculicide. Plante vivace, herbacée. Feuilles éparses, entières ou dentées.

Les *Lobéliacées* ont des propriétés actives; leur suc lactescent produit la rubéfaction de la peau, et, introduit dans l'estomac, agit à la manière des poisons âcres.

1. LOBELIA L. (Lobélie). Calice à 5 divisions. Corolle tubuleuse. à tube fendu supérieurement, à limbe bilabié à 5 divisions, la lèvre supérieure bifide, l'inférieure trifide. Capsule à 2-3 loges. Fleurs bleues.

Tige presque nue; feuilles en rosette, linéaires, fistuleuses, entières; fleurs et fruits penchés. *L. Dortmanna.*
2. L. DORTMANNA L. (L. de Dortmann). Étangs, mares — R. Beverloo, Kerkhoven West.), Pitersheim, Munster-Bilsen (Lb., *Lej.*); Averboden (Bb., *Vh.*); entre Veerle et Hersselt (*Vh.*), s'Graven-Wezel, Rethy, Schilde (*Rss.!*), Worstel, Hoogstraeten (Anv., *Somme*); Aeltre (Fl. or., *Coem.!*). — Croissait autrefois à Staubruges (Ht.; sur le bord d'un étang aujourd'hui desséché.

LXVI. CUCURBITACÉES (Juss.).

Fleurs dioïques ou monoïques, plus rarement polygames, régulières. Calice soudé avec le tube de la corolle dans une étendue variable, à limbe à 5 divisions marcescentes ou caduques. Corolle gamopétale, à tube soudé avec l'ovaire dans les fleurs femelles ou hermaphrodites, à limbe à 5 divisions. Étamines 5, insérées à la base du tube de la corolle, ord. triadelphes (quatre d'entre elles soudées deux à deux, la cinquième restant libre), plus rarement monadelphes, très-rarement libres; filets courts, épais; anthères à 1 loge ord. très-allongée, flexueuse ou repliée plusieurs fois sur elle-même, s'ouvrant en long. Ovaire soudé avec le tube de la corolle et par son intermédiaire avec le calice, à 3–5 loges subdivisées en 2 loges secondaires par une fausse cloison. Style distinct ou presque nul; stigmates 3–5, bilobés, épais. Fruit ord. volumineux, charnu, succulent, plus rarement petit, bacciforme, à 3–5 loges. Plantes annuelles ou vivaces. Tiges ord. sarmenteuses, pourvues de vrilles.

La racine charnue et farineuse de la Bryone renferme un suc laiteux qui, appliqué sur la peau, produit la rubéfaction et même l'inflammation; sèche et réduite en poudre, elle était autrefois prescrite dans les maladies qui réclament l'emploi de purgatifs violents; mais l'usage de ce médicament dangereux est abandonné.

I. BRYONIA L. (Bryone). Fleurs monoïques ou dioïques. Calice de la fleur femelle à tube subglobuleux, rétréci au-dessus de l'ovaire en un col étroit. Fruit petit, bacciforme, globuleux, à 6 graines ou moins par avortement.

Plante vivace, à racine épaisse; fleurs petites, d'un blanc verdâtre, dioïques; fruit rouge à la maturité. . . . . *B. dioïca.*
1. B. dioïca Jacq. (B. dioïque). Haies, lieux pierreux.—A.C., A.R. Manque complétement dans de grandes portions de nos provinces.
Obs. I. — Le *B. alba L.*, espèce du nord de l'Europe et qui s'avance jusqu'en Hollande, se rencontrera peut-être dans la Rég. sept. du pays. Il se reconnaît à ses fleurs monoïques et à ses fruits noirs à la maturité.
Obs. II. — On cultive fréquemment dans les jardins plusieurs espèces des genres *Cucumis L.* (Concombre) et *Cucurbita L.* (Courge).

LXVII. CAPRIFOLIACÉES (A. Rich.).

Fleurs hermaphrodites, régulières ou irrégulières. Calice à tube soudé avec l'ovaire, à 4–5 dents caduques ou persistantes. Corolle insérée au sommet du tube du calice, gamopétale, à 4–5 divisions, tubuleuse, bilabiée, campanulée ou rotacée, caduque. Étamines 4–5, insérées sur le tube de la corolle, libres. Filets quelquefois bipartits, Anthères bilobées ou bipartites. Stigmates à 3–5 sessiles, ou 3–5 styles libres entre eux ou soudés en un style indivis à stigmate trilobé. Fruit soudé avec le calice, bacciforme ou drupacé, à 3–5 loges monospermes ou oligospermes, ou uniloculaire par la destruction des cloisons. Arbrisseaux plus ou moins élevés, quelquefois sarmenteux-volubiles, plus rarement plantes herbacées. Feuilles opposées.

L'infusion de fleurs de Sureau constitue une boisson sudorifique surtout en usage dans le traitement des maladies éruptives; on emploie également cette infusion en lotions et en fomentations, comme résolutive. Les baies du Sureau noir et du Sureau à grappes ont une saveur acide et nauséeuse; on en prépare des conserves sucrées douées de propriétés légèrement laxatives. Les baies du *Viburnum Lantana* ont une saveur sucrée, légèrement nauséeuse.

1. Feuilles entières; corolle tubuleuse . . . . LONICERA. (iv.)
   Feuilles découpées ou dentées; corolle en roue. 2
2. Plante petite, herbacée. . . . . ADOXA. (i.)
   Plante robuste, ord. ligneuse. 3
3. Feuilles ailées, à plusieurs paires de divisions; fruit à 3–5 graines. SAMBUCUS. (ii.)
   Feuilles dentées ou lobées; fruit à 1 graine . . . . VIBURNUM. (iii.)

I. **ADOXA** L. (Adoxe). Fleurs régulières. Calice à 2-3 lobes, accrescent. Corolle rotacée, à 4-5 divisions. Étamines 4-5, à filets profondément divisés portant sur chaque division l'une des loges de l'anthère. Styles 4-5 libres entre eux. Fruit bacciforme-succulent, à 4-5 loges monospermes ou moins par avortement, couronné par les divisions du calice.

Plante herbacée, grêle; feuilles radicales bi-triséquées, les caulinaires 2 opposées à 3 divisions; fleurs d'un vert jaunâtre, en tête terminale.
A. Moschatellina.

1. A. Moschatellina L. (A. Muscatelline). Bois, baies, lieux couverts.—C., A.C. Rég. mér.; A.R.Borgerhout (*VHk.*), Berchem, Deurne (Anv., *Dk.*).

II. **SAMBUCUS** L. (Sureau). Fleurs régulières. Calice à 5 lobes très-petits. Corolle rotacée, à 5 divisions. Étamines 5. Stigmates 3-5 sessiles. Fruit bacciforme, coloré, succulent, à 3-5 graines, à 3-5 loges ou uniloculaire par la destruction des cloisons.

1. Plante herbacée; feuilles munies de stipules foliacées . . . . *S. Ebulus.*
   Arbrisseaux ou arbres; feuilles à stipules nulles ou très-petites 2
2. Rameaux à moelle blanche; fleurs en corymbe plan; fruits noirs. . . *S. nigra.*
   Rameaux à moelle brunâtre; fleurs en panicule ovoïde; fruits rouges. S. *racemosa.*
1. S. Ebulus L. (S. Yèble). Lieux cultivés, bords de chemins, lieux pierreux.—A.C. Nr., Lg.; A.R.
2. S. nigra L. (S. noir.—Vulg. *Sureau*). Bois, haies. — C. Rég. mér.; A.R. Tongerloo, Zammel (Anv., *Dk.*).
3. S. racemosa L. (S. à grappes). Bois montueux, rochers. — A.C. Région ardennaise et ses lisières : Lx., Lg., Nr.; R. Thuin (Ht., *Mich.*); Havelange (*J. Barb.*), Leignon, Wépion (Nr., *Crep.*); Modave, Vierset (Lg., *Hly.*).

III. **VIBURNUM** L. (Viorne). Fleurs toutes régulières ou celles de la circonférence irrégulières. Calice à 5 lobes très-petits. Corolle rotacée ou campanulée-rotacée, à 5 divisions. Étamines 5. Stigmates 3, sessiles. Fruit bacciforme, coloré, uniloculaire et monosperme par avortement. Arbrisseaux.

Feuilles profondément divisées en 3-5 lobes au sommet; baies globuleuses.
V. Opulus.
Feuilles seulement dentées; baies comprimées. . . . . *V. Lantana.*
1. V. Opulus L. (V. Obier). Bois.—C., A.C.
2. V. Lantana L. (V. Mancienne). Bois montueux, rochers, haies.—A.C. Nr.; R. Chimay (Ht., *Mich.*); Marche (Lx., *Lej.*), Engis (Lg., *Lej.*).

IV. **LONICERA** L. (Chèvrefeuille). Fleurs irrégulières. Calice à 5 lobes très-petits. Corolle tubuleuse-infundibuliforme, à 2 lèvres, la supérieure à 4 lobes, l'inférieure entière. Étamines 5. Style filiforme, à stigmate obscurément trilobé. Fruit bacciforme, coloré, succulent, à 3 loges ou uniloculaire par la destruction des cloisons. Arbrisseaux.

1. Tige dressée; fleurs disposées 2 à 2 et pédonculées à l'aisselle des feuilles.
L. Xylosteum.
   Tige volubile; fleurs réunies en tête terminale. 2
2. Têtes de fleurs pédonculées; feuilles supérieures pétiolées. . *L. Periclymenum.*
   Têtes de fleurs sessiles; feuilles supérieures soudées . . . . *L. Caprifolium.*
1. L. Xylosteum L. (C. des buissons). Bois montueux.—R.R. Entre Forêt et Magnée (Lg., *Str.!*). M. l'abbé Strail n'a trouvé qu'une seule grosse touffe de cette rare espèce.—Lejeune disait dans la *Revue de la Flore de Spa* en parlant de cette plante : « Elle est maintenant tellement naturalisée dans les bosquets de la province de Liége, qu'on croirait à son indigénat. » Quoi qu'en dise Lejeune, cette plante ne se rencontre que dans quelques parcs.
2. L. Periclymenum L. (C. des bois). Bois, buissons, haies.—C., A.C. Rég. mér.; A.R. Schooten, Brasschaet (Anv., *Dk.*).
† L. Caprifolium L. (C. des jardins). Plante originaire des parties orientales de l'Europe.—Cultivé fréquemment.

LXVIII. RUBIACÉES (Juss.).

Fleurs hermaphrodites, rarement unisexuelles par avortement, régulières. Calice à tube soudé avec l'ovaire, à partie libre courte ou presque nulle. Corolle gamopétale, insérée au sommet du tube du calice, à 4-5 divisions, rotacée, infundibuliforme ou presque campanulée, caduque. Étamines 4-5, insérées sur le tube de la corolle, libres. Styles 2, soudés presque jusqu'au sommet ou presque entièrement libres, stigmates terminaux. Fruit soudé avec le calice, sec, plus rarement charnu, rarement couronné par les divisions accrues du calice, didyme, composé de 2 carpelles subglobuleux, monospermes, indéhiscents, qui se séparent ord. à la maturité, plus rarement réduit à un seul carpelle par avortement. Plantes vivaces ou annuelles. Feuilles verticillées.

Les *Galium verum*, *Mollugo*, *Aparine* et *Cruciatum* étaient employés autrefois comme médicaments astringents ; on se servait aussi de l'*Asperula odorata*, plante amère et astringente, dans le traitement de l'hydropisie. Cette plante et l'*A. cynanchica* sont aujourd'hui à peu près tombés dans l'oubli.

1. Corolle en roue, à tube nul . . . . GALIUM. (iii.)
   Corolle campanulée, à tube plus ou moins allongé 2
2. Feuilles hérissées en dessus; calice à 6 dents profondes. . . SHERARDIA. (i.)
   Feuilles glabres en dessus ; calice à 4 dents très-courtes . . . ASPERULA. (ii.)

I. SHERARDIA L. (Shérardie). Calice à 6 dents profondes s'accroissant après la floraison. Corolle infundibuliforme, à tube allongé-cylindrique, à 4 divisions. Étamines 4. Fruit sec, composé de 2 carpelles surmontés chacun de 3 des dents du calice.

Fleurs ord. lilas, en têtes entourées d'une collerette de feuilles soudées à la base; feuilles hérissées en dessus. . . . . *S. arvensis*.
1. S. ARVENSIS L. (S. des champs). Lieux cultivés, moissons.—C. Rég. mér.; A.C.

II. ASPERULA L. (Aspérule). Calice à 4 dents très-courtes disparaissant ensuite. Corolle infundibuliforme ou campanulée, à tube plus ou moins allongé, à 4 divisions. Fruit sec, composé de 2 carpelles.

1. Fleurs bleues, en têtes entourées d'une collerette de feuilles poilues. *A. arvensis*.
   Fleurs blanches, en corymbe dépourvu de collerette. 2
2. Feuilles oblongues-lancéolées; fruit hérissé. . . . . *A. odorata*.
   Feuilles très-étroites, linéaires; fruit glabre. . . . . *A. cynanchica*.
1. A. CYNANCHICA L. (A. de l'esquinancie). Pelouses, rochers, bords de chemins.—R. Limbourg (*Lej.!*), Hamoir (Lg., *Crep.*); Ivoir, Houx, Freyr (*Crep.*), entre Mariembourg et Dourbes (Nr., *Del.*; Chimay, Maisières (*Hocq.*), Obourg (Ht., *Mrt.!*); Ostende (*ML.*), Nieuport (Fl. occ., *Mal.'*).
   Obs.—L'A. *tinctoria* L. a été, paraît-il, trouvé en 1832 par Donckelaer à Schrieck (Anv.); M. l'abbé Michot l'indique à Maurage et M. Marissal près Tournay (Ht.).—Indigène??
2. A. ODORATA L. (A. odorante). Bois montueux frais.—A.C. Lx., Lg., Nr.; A.R. Trinité, Fontaine-l'Évêque, Péruwelz (*Hocq.*), Kain (Ht., *Mar.*); R. Averboden (Bb., *Kx.*); Gierle (Anv., *Rss.*)
3. A. ARVENSIS L. (A. des champs). Moissons. — R. Env. de Bruxelles (*Schd.!*), Dieghem (Bb., *Kx. p.*); Havinnes (Ht., *Mich.*).—Plante assez douteuse pour notre Flore.

III. GALIUM L. (Gaillet). Calice à 4 dents très-courtes ou presque nulles, disparaissant ensuite. Corolle rotacée-plane, à 4 divisions. Fruit sec, composé de 2 carpelles.

1. Fleurs jaunes 2
   Fleurs blanches ou blanchâtres 3
2. Feuilles ovales-elliptiques, verticillées par 4. . . . . *G. Cruciata.*
   Feuilles très-étroites linéaires, verticillées par 6-12 . . . . . . *G. verum.*
3. Feuilles obtuses, non terminées par une petite pointe ou mucron. . *G. palustre.*
   Feuilles aiguës ou obtuses, terminées par une petite pointe ou mucron. . . 4
4. Tiges denticulées sur les angles, scabres-accrochantes 5
   Tiges lisses, glabres ou pubescentes. 8
5. Grappes de fleurs plus courtes que les feuilles ; pédicelles fructifères recourbés
   en crochet . . . . *G. tricorne.*
   Grappes ou panicules plus longues que les feuilles ; pédicelles fructifères
   droits 6
6. Corolle assez grande, d'un beau blanc ; plante des lieux marécageux.
                                G. uliginosum.
   Corolle très-petite, d'un blanc verdâtre ; plante des lieux secs 7
7. Plante robuste ; feuilles bordées d'aiguillons dirigés en bas . . . *G. Aparine.*
   Plante très-grêle ; feuilles bordées d'aiguillons dirigés en haut. . *G. Anglicum.*
8. Tiges élevées, robustes ; fruits ridés-rugueux 9
   Tiges basses, grêles ; fruits finement et régulièrement tuberculeux . . . 10
9. Pédicelles penchés avant la floraison, puis dressés ; plante d'un vert glauque.
                                 G. sylvaticum.
   Pédicelles non penchés avant la floraison, étalés en tous sens ; plante non
   glauque. *G. Mollugo.*
10. Fleurs en bouquets serrés ; feuilles verticillées par 4-6 ; plante très-gazonnante.
                                 G. saxatile.
   Fleurs en panicule lâche ; feuilles verticillées par 6-8 . . . . *G. sylvestre.*

1. G. Cruciata Scop. (G. Croisette). Haies, buissons. — C. Rég. mér.; A.R. entre
   Kiel et Hoboken (Anv., *DK.*).
     Obs. I. — Le *G. boreale L.* paraît avoir été autrefois découvert par Dossin
   dans la prov. de Liége.
     Obs. II. — Le *G. rubioides L.*, espèce qui n'appartient pas à nos régions, a
   été découvert par Lejeune entre Goé et Eupen ! (*Lej.*), où très-probablement la
   plante était seulement subspontanée.
2. G. verum L. (G. jaune). Prairies, pâturages, bords de chemins. — C. Rég. mér.;
   C.C. sur les dunes de la Fl. occ.; A.R.
3. G. sylvaticum L. (G. des bois). Bois montueux frais. — A.R. Région ardennaise
   et ses lisières : Lx., Nr., Lg.; R. Lendelies (Ht., *Mich.*).
4. G. Mollugo L. (G. Mollugine). Haies, buissons, bois. — C.
5. G. sylvestre Poll. (G. sauvage). Pelouses, prairies, bois. — A.C. Nr., Lg., Lx.;
   R. Obourg (Ht., *Mrt.!*).
6. G. saxatile L. — *G. Hercynicum Weigg.* (G. des rochers). Bruyères, pâturages,
   bois. — C. Région ardennaise et ses lisières immédiates : Lx., Lg., Nr.; R. Chimay (*Hocq.*), Les Rièzes (*Mich.*), Maisières (Ht., *Mrt.!*); env. de Namur (Nr.,
   Bllk.); env. de Bruxelles (Bb., *Schd.!*).
7. G. palustre L. (G. des marais). Bords des fossés, marais. — C., A.C.
8. G. uliginosum L. (G. fangeux). Prairies marécageuses, bords de fossés. — A.C.
   Région ardennaise et ses lisières immédiates : Lx., Lg., Nr.; A.R. Pâturages,
   Tournay (*Hocq.*), Vezon (Ht., *Mich.*); env. de Vilvorde (Bb., *Wesm.*); Ostende
   (Fl. occ., *ML.*); Tongerloo (Anv., *Vh.*); Saint-Trond et les environs (Lb., *VD.*).
9. G. Anglicum Huds. (G. d'Angleterre). Moissons, lieux secs. — R. Péronnes
   (*Mich.*), Calonne (Ht., *Mar.*); Lejeune et Courtois l'indiquent vaguement dans
   la prov. de Lg. — La plante publiée par ceux-ci dans le *Choix de Plantes*, n° 339,
   est la forme à fruits hérissés (*G. Parisiense Lois..*). Espèce assez douteuse pour
   notre Flore.
10. G. Aparine L. (G. Grateron). Haies, buissons, lieux cultivés. — C.
     Obs. — Le *G. spurium L.*, qui constitue peut-être une espèce distincte, est
   une plante introduite et naturalisée dans les champs de lin, à la manière du
   Camelina dentata Pers., et *Linum linicola Sond.*
11. G. tricorne With. (G. à trois cornes). Moissons, bords de champs pierreux. —
   R. env. de Lavaux-Sainte-Anne, Auffe (Nr., *Crep.*); Theux (Lg., *Lej.*).
     Obs. — Le *G. saccharatum* de nos Flores appartient très-probablement à
   l'espèce précédente.

LXIX. VALÉRIANÉES (DC.).

Fleurs hermaphrodites, rarement unisexuelles par avortement, presque régulières ou irrégulières. Calice à tube soudé avec l'ovaire, à limbe tantôt dressé, denté, à dents persistantes, tantôt divisé en lanières capillaires, plumeuses, d'abord roulé en dedans, puis se déroulant en une aigrette caduque. Corolle gamopétale, insérée sur un disque au sommet du tube du calice, tubuleuse-infundibuliforme ; à tube régulier, gibbeux ou prolongé en éperon à la base ; à limbe ord. à 5 lobes. Étamines 3-4, insérées sur le tube de la corolle ; anthères libres. Style filiforme ; stigmate entier ou trilobé. Fruit soudé avec le tube du calice, sec, monosperme, indéhiscent, à 3 loges dont 2 stériles souvent très-petites ou oblitérées, ord. surmonté par le limbe du calice ou par l'aigrette plumeuse qui le représente. Plantes annuelles ou vivaces, à feuilles opposées.

La racine du *Valeriana officinalis* (Valériane) est un des médicaments indigènes les plus usités ; son action stimulante énergique est en même temps tonique et un peu narcotique ; on l'administre comme antispasmodique, dans les affections nerveuses et hystériques, le plus souvent sous forme de poudre ; elle est aussi employée comme fébrifuge et anthelminthique.

Plantes vivaces ; corolle bossue à la base ; fruit muni d'une aigrette. VALERIANA. (I.)
Plantes annuelles ; corolle non bossue ; fruit sans aigrette. . VALERIANELLA. (II).

I. VALERIANA L. (Valériane). Calice à limbe roulé en dedans pendant la floraison, se déroulant en une aigrette à la maturité. Corolle tubuleuse-infundibuliforme, à tube légèremeni bossu à la base. Étamines 3. Fruit uniloculaire, couronné par une aigrette de soies plumeuses.

Feuilles pubescentes, les radicales ailées, à plusieurs paires de folioles.
V. officinalis.
Feuilles glabres, les radicales entières . . . . *V. dioica.*
1. V. OFFICINALIS L. (V. officinale). Bords des eaux, lieux frais, prairies. — C., A.C.
Obs. — Le *V. Phu L.* assez souvent cultivé, se rencontre rarement à l'état subspontané.
2. V. DIOICA L. (V. dioïque). Bois humides, prairies marécageuses. — A.C., A.R.

II. VALERIANELLA Tournef. (Valérianelle). Calice à limbe irrégulier, non en aigrette. Corolle infundibuliforme, à tube non prolongé en éperon. Étamines 3. Fruit couronné par le limbe du calice qui s'accroît après la floraison ou reste presque nul, à 3 loges dont 2 stériles.

1. Calice à dents nulles 2
   Calice présentant 1-3 dents. 3
2. Fruit plus large que long, comprimé-lenticulaire . . . . *V. olitoria.*
   Fruit plus long que large, profondément canaliculé sur une face. *V. carinata.*
3. Calice à limbe veiné en réseau, élargi, presque aussi large que le fruit.
   V. eriocarpa.
   Calice à limbe petit, non veiné, beaucoup plus étroit que le fruit 4
4. Fruit renflé, à loges stériles plus grandes que la fertile. . . . *V. Auricula.*
   Fruit non renflé, à loges stériles presque nulles . . . . *V. Morisonii.*

1. V. OLITORIA Mœnch (V. potagère). Lieux cultivés, moissons, buissons. — C., C.C.
2. V. CARINATA Lois. (V. carénée). Lieux cultivés, bords de chemins. — R. Freyr (Crep.), Mariembourg (Nr., Det.!); Louvain (Bb., VHkl).
3. V. AURICULA DC. (V. Oreillette). Moissons, lieux cultivés. — A.C. Nr.; A.R. entre Wegnez et Cornesse, entre Mont et Juslenville (Lg., Lej.!)
4. V. MORISONII DC. — *V. dentata Koch.* (V. de Morison). Moissons, lieux cultivés.

— C. Nr., Lg. — Comme les espèces n°s 3 et 4 sont souvent confondues, j'ai
jugé prudent de ne point faire usage des indications consignées dans nos Flores.
5. V. ERIOCARPA Desv. (V. à fruits velus). Moissons, bords de chemins. — R. env.
d'Anseremme (Nr., *Crep.*); Bloemendael (Fl. or., *Schd.!*); env. de Verviers,
Liége (Lg., *Lej.!*).
Obs. — Les *V. coronata DC.!* et *V. vesicaria Mœnch* ' ont été indiqués, le premier
entre Theux et Polleur (Lg.) et le second vaguement dans la province de Liége. Ce
sont des espèces introduites et fugaces et qui paraissent avoir disparu du pays.

LXX. DIPSACÉES (DC.).

Fleurs hermaphrodites, plus ou moins irrégulières, munies chacune d'un involucelle gamophylle (calice extérieur), sessiles sur un
réceptacle commun entouré d'un involucre composé de plusieurs
folioles. Réceptacle hérissé ou glabre, nu ou chargé de bractées
(paillettes) à l'aisselle desquelles naissent les fleurs. Involucelle caliciforme gamophylle, renfermant la partie fructifère du tube du
calice, terminé par un limbe scarieux entier ou lobé, ou à limbe
presque nul. Calice gamosépale à tube membraneux adhérent à
l'ovaire et rétréci au-dessus de lui en un col étroit qui entoure le
style, brusquement élargi au sommet en un limbe persistant et
accrescent, cupuliforme, lobé ou divisé en arêtes. Corolle insérée
au sommet du tube du calice, gamopétale, tubuleuse-infundibuliforme, caduque, subbilabiée, à lèvre supérieure entière ou bilobée,
l'inférieure trilobée. Étamines 4, insérées au sommet du tube de la
corolle; anthères libres. Style filiforme; stigmate entier ou bilobé.
Fruit étroitement enveloppé par le calice auquel il adhère plus ou
moins, sec, surmonté par la partie libre du calice, uniloculaire, monosperme, indéhiscent, renfermé dans l'involucelle persistant.
Plantes bisannuelles ou vivaces, herbacées. Feuilles opposées.
Fleurs réunies en capitules munis d'involucres.

1. Réceptacle hérissé, dépourvu de paillettes . . . . KNAUTIA. (ii.)
Réceptacle muni de paillettes **2**
2. Tige munie d'aiguillons; limbe du calice à cils nombreux. . . DIPSACUS (iii.)
Tige seulement pubescente; limbe du calice divisé en 5 arêtes. SCABIOSA. (i.)

I. SCABIOSA L. (Scabieuse). Involucre à folioles non épineuses.
Réceptacle hérissé de soies ou presque glabre, chargé de paillettes.
Involucelle cylindrique, sillonné, ord. terminé par un limbe scarieux, campanulé ou rotacé. Calice à limbe terminé par 5 arêtes
étalées.

Fleurs de la circonférence presque régulières à 4 divisions; feuilles entières.
S. Succisa.

Fleurs de la circonférence irrégulières à 5 divisions; feuilles de la tige profondément découpées . . . . *S. Columbaria.*
1. S. SUCCISA L. (S. Succise). Bois, prairies. — C.
2. S. COLUMBARIA L. (S. Colombaire). Pelouses, rochers, bords de chemins, prairies.
— A C., C. Nr., Lg.; R. Chimay (*Hocq.*), Ciply (*Mich.*), Obourg (Ht., *Mrt.*);
Stalle, Linkebeek (Bb., *Kx.p.*).

II. KNAUTIA Coult. (Knautie). Involucre à folioles non épineuses. Réceptacle hérissé de soies, dépourvu de paillettes. Involucelle subtétragone, terminé par 4 dents dont 2 plus courtes. Calice
à limbe terminé par 6-8 arêtes ou plus, dressées, inégales.

Plante vivace, plus ou moins velue ; feuilles caulinaires pinnatifides, rarement
entières . . . . *K. arvensis.*
1. K. ᴀʀᴠᴇɴꜱɪꜱ Coult. — *Scabiosa arvensis L.* (K. des champs). Prairies, bords des
chemins, bois. — C. Rég. mér.; A.R.
Obs. — Le *K. sylvatica Duby — Scabiosa sylvatica L.*, forme tantôt considérée
comme espèce distincte, tantôt réunie comme variété au *K. arvensis,* a été signalé dans
quelques localités. — Plante douteuse pour notre Flore.

III. DIPSACUS L. (Cardère). Involucre à folioles ord. épineuses.
Réceptacle chargé de paillettes brusquement terminées par une
longue pointe épineuse. Involucelle tétragone, à 8 côtes, terminé
par 4 dents très-courtes ou presque nulles. Calice à limbe tétragone,
tronqué ou quadrifide, cilié. Tiges chargées d'aiguillons.

Feuilles soudées par leur base ; folioles de l'involucre ou collerette très-longues,
épineuses. . . . . *D. sylvestris.*
Feuilles non soudées ; folioles de l'involucre courtes, non épineuses. *D. pilosus.*
1. D. ᴘɪʟᴏꜱᴜꜱ L. (C. poilue). Lisières de bois, haies, lieux frais. —A.R. Nr.; R. Barse
(*Hty.*), Spa, Pepinster, Ensival, Wegnez (Lg., *Lej.*) : Kain, Celles, Melles
(*Hocq.*), Angreau (*Mich.*), Mourcourt (*Mar.*), Casteau (Ht., *Mrt.*); Lacken (Bb.,
Kx.p.), Wintershoven, Wimmertingen (*VD.*); Beeck Lb., *Gr.*).
2. D. ꜱʏʟᴠᴇꜱᴛʀɪꜱ L. (C. sauvage). Lieux incultes, bords de chemins. — C. Rég. mér.;
A.R. entre Austreweel et Eeckeren (Anv., *Vh.*).
Obs. I. — Le *D. laciniatus L.* indiqué par Lejeune entre Verviers et Limbourg est
une espèce douteuse pour notre Flore.
Obs. II. — Le *D. Fullonum Willd.* (C. à foulon) est cultivé dans quelques localités
de la province de Liége.

LXXI. COMPOSÉES (Vaill.).

Fleurs hermaphrodites, femelles ou neutres par avortement, régulières ou irrégulières, sessiles sur un réceptacle commun entouré
d'un involucre et rapprochées en capitule. Involucre composé de
plusieurs folioles libres ou rarement soudées entre elles. Réceptacle
nu ou muni de paillettes ou de soies. Calice à tube soudé avec
l'ovaire, prolongé ou non en col au-dessus de l'ovaire ; à limbe nul
ou réduit à un rebord circulaire, ou à des arêtes, ou divisé en
écailles ou en poils (aigrette). Corolle insérée au sommet du tube du
calice, gamopétale, tantôt régulière et tubuleuse à 4-5 divisions,
tantôt fendue dans sa longueur, irrégulière et prolongée en languette à 5 dents. Étamines 4-5, insérées sur le tube de la corolle ;
anthères dressées, soudées par leurs bords en un tube qui entoure
le style. Style filiforme, quelquefois renflé en nœud à sa partie supérieure ; stigmate bilobé, à lobes plans à leur face interne bordée de
deux lignes de poils courts (poils collecteurs). Fruit (akène) soudé
avec le calice, sec, uniloculaire, monosperme, indéhiscent, terminé
en bec par le prolongement du tube du calice ou dépourvu de bec,
surmonté d'une aigrette de poils, ou surmonté d'arêtes ou d'écailles,
d'une couronne ou d'un rebord, ou complétement nu.

La plupart des *Composées* sont douées de propriétés toniques et stimulantes; elles
doivent ces qualités à un principe amer uni à des substances résineuses et à une huile
volatile. Le *Centaurea Calcitrapa* est employé comme tonique et fébrifuge. Les *Lappa*
ont une saveur amère un peu âcre: ils sont administrés comme sudorifiques surtout
dans les maladies chroniques de la peau. Les têtes ou capitules de la Camomille
romaine (*Ormenis nobilis*) servent à préparer une infusion aromatique très-usitée
comme excitante et sudorifique; cette infusion est prescrite avec avantage dans les
diarrhées atoniques et pour combattre le développement des gaz dans les voies diges-

tives; la Camomille ordinaire (*Matricaria Chamomilla*), la Matricaire (*Pyrethrum Parthenium*) et les *Anthemis arvensis* et *Cotula* peuvent être substitués à la Camomille romaine. L'*Artemisia vulgaris* (Armoise) est employée comme sudorifique et emménagogue; l'Absinthe (*A. Absinthium*) et plusieurs espèces du même genre cultivées dans les jardins renferment, en grandes proportions, une huile essentielle volatile et possèdent à un haut degré des propriétés stimulantes et toniques. Les sommités florifères de la Tanaisie (*Tanacetum vulgare*) sont employées comme vermifuges. Les feuilles réduites en poudre de l'*Achillea Ptarmica* sont employées comme sternutatoires. La racine de l'*Inula Helenium* est prescrite comme emménagogue, diurétique et sudorifique et administrée pour faciliter l'expectoration dans les affections pulmonaires. Les capitules ou têtes de l'*Arnica montana* fournissent une infusion tonique et stimulante dont la renommée est populaire. Les capitules florifères de l'*Antennaria dioica* (Pied-de-chat) et du *Tussilago Farfara* (Pas-d'âne) sont donnés en infusion dans les bronchites légères; le *Petasites vulgaris* peut leur être substitué. Parmi les Chicoracées, nous citerons : *Lactuca virosa, Scariola* et *sativa* dont le suc, connu sous le nom de *thridace*, est du nombre des médicaments narcotiques les plus usités. Cette substance, qui est loin d'avoir les qualités actives de l'Opium, entre dans la composition de plusieurs potions calmantes. Le suc des feuilles de la Chicorée sauvage (*Cichorium Intibus*) et leur décoction sont fréquemment employés comme stimulant des organes digestifs et donnés comme dépuratif dans les affections chroniques de la peau.

22. Akènes munis d'une aigrette . . . . SENECIO. (xxxiii.)
    Akènes sans aigrette. 23
23. Feuilles tomenteuses-blanchâtres au moins en dessous ; capitules petits ord.
    presque sessiles . . . . ARTEMISIA. (xvii.)
    Feuilles presque glabres, vertes ; capitules assez gros, plus ou moins longue-
    ment pédonculés 24
24. Feuilles supérieures sessiles . . . . TANACETUM. (xviii.)
    Feuilles supérieures pétiolées. . . . . PYRETHRUM. (xiv.)
25. Tiges nues ou écailleuses, simples 26
    Tiges feuillées, ord. rameuses. 27
26. Tiges nues ; corolles en languette blanches ou rosées. . . . . BELLIS. (xvi.)
    Tiges chargées d'écailles ; corolles toutes jaunes . . . . TUSSILAGO. (xxxv.)
27. Feuilles opposées . . . . BIDENS. (viii.)
    Feuilles alternes 28
28. Akènes ou graines sans aigrette. 29
    Akènes la plupart surmontés d'une aigrette. 35
29. Corolles toutes jaunes 30
    Corolles en languette blanches ou rosées 32
30. Feuilles très-découpées-ailées ; réceptacle chargé de paillettes. . . COTA. (xii.)
    Feuilles presque entières ou dentées ; réceptacle nu. 31
31. Plante pubescente ; akènes courbés, les extérieurs épineux. . CALENDULA. (xix.)
    Plante glabre ; akènes droits, non épineux . . . . . CHRYSANTHEMUM. (xv.)
32. Réceptacle chargé de paillettes 33
    Réceptacle sans paillettes 35
33. Corolles toutes de la même couleur, blanches ou roses . . . . ACHILLEA. (ix.)
    Corolles en languette blanches, les autres jaunes 34
34. Tube de la corolle s'élargissant à la base et enveloppant le sommet de l'akène.
    . . . . ORMENIS. (x)
    Tube de la corolle non prolongé sur l'akène en forme de coiffe. . ANTHEMIS. (xi.)
35. Feuilles divisées en segments très-étroits linéaires. . . . MATRICARIA. (xiii.)
    Feuilles à segments larges, incisés-dentés . . . . PYRETHRUM. (xiv.)
36. Corolles en languette bleues, d'un rose violet ou d'un blanc jaunâtre ; akènes
    comprimés 37
    Corolles toutes jaunes ; akènes cylindriques ou tétragones 38
37. Corolles en languette larges, violettes ou bleues ; plante glabre. ASTER. (xxviii.)
    Corolles en languette étroites, rosées ou d'un blanc jaunâtre ; plantes pubes-
    centes . . . . ERIGERON. (xxvii.)
38. Tige portant 1-2 paires de feuilles opposées . . . . ARNICA. (xxxi.)
    Tige à feuilles non opposées 39
39. Involucre à folioles égales sur 1-2 rangs, quelquefois muni à la base d'écailles
    accessoires plus courtes. 40
    Involucre à folioles inégales, sur plusieurs rangs 42
40. Capitules grands, peu nombreux, solitaires au sommet de la tige et des
    rameaux ; folioles de l'involucre sur 2 rangs. . . . . . DORONICUM. (xxx.)
    Capitules assez petits, nombreux ; involucre à folioles sur 1 rang, avec ou sans
    écailles accessoires à la base 41
41. Involucre muni à la base d'écailles accessoires ord. plus courtes que les
    folioles. . . . . SENECIO. (xxxiii.)
    Involucre sans écailles accessoires à la base. . . . . . . CINERARIA. (xxxii.)
42. Feuilles élargies à la base et embrassant plus ou moins la tige 43
    Feuilles rétrécies à la base, jamais embrassantes 44
43. Aigrette entourée à la base par une petite aigrette secondaire en forme de
    couronne . . . . PULICARIA. (xxiv.)
    Aigrette simple, sans couronne à la base . . . . INULA. (xxv.)
44. Corolles en languette étalées ; capitules en grappe étroite très-compacte.
    . . . . SOLIDAGO. (xxvi.)
    Corolles en languette non apparentes ; capitules en corymbe élargi au sommet.
    . . . . INULA. (xxv.)
45. Akènes ou graines sans aigrette poilue. 46
    Akènes munis d'une aigrette poilue. 48
46. Fleurs bleues ; aigrette réduite à de courtes écailles . . . CICHORIUM. xxxix.)
    Fleurs jaunes ; aigrette nulle 47
47. Tige feuillée ; pédoncules non renflés au sommet . . . . . LAPSANA. (xxxvii.)
    Tige nue ; pédoncules non renflés au sommet. . . . . . ARNOSERIS. (xxxviii.)
48. Réceptacle chargé de longues paillettes . . . . HYPOCHAERIS. (xl.)
    Réceptacle sans paillettes 49
49. Aigrette à poils barbus 50
    Aigrette à poils denticulés, paraissant lisses à l'œil nu 56
50. Plantes hérissées de poils piquants 51
    Plantes à poils non piquants 52

51. Folioles extérieures de l'involucre très-larges égalant les intérieures.
HELMINTHIA. (XLIV.)
Folioles extérieures de l'involucre petites, courtes . . . . PICRIS. (XLIII.)
52. Akènes portés sur un pied renflé et creux. . . . . . PODOSPERMUM. (XLVII.)
Akènes sessiles, sans pied creux. 53
53. Feuilles entières, à 3-7 nervures longitudinales simples. 54
Feuilles plus ou moins dentées, à 1 nervure ramiliée sur les côtés 55
54. Tige rameuse, élevée; involucre à folioles égales sur 1 rang. TRAGOPOGON. (XLV.)
Tige simple; involucre à folioles inégales sur plusieurs rangs. SCORZONERA. (XLVI.)
55. Akènes du rang extérieur sans aigrette poilue . . . . . . THRINCIA. (XLI.)
Akènes tous à aigrette poilue. . . . . LEONTODON. (XLII.)
56. Akènes au moins ceux du centre rétrécis en un bec filiforme plus ou moins
allongé 57
Akènes tronqués au sommet ou un peu rétrécis. 59
57. Tiges simples, nues, terminées par un capitule solitaire. . TARAXACUM. (XLVIII.)
Tiges feuillées 58
58. Plantes glabres ou chargées d'aiguillons; involucre glabre. . LACTUCA. (XLIX.)
Plantes pubescentes; involucre chargé de poils. . . . . . BARKHAUSIA. (LI.)
59. Feuilles moyennes embrassant la tige par deux oreillettes 60
Feuilles moyennes rétrécies à la base, jamais embrassantes; akènes tronqués
au sommet. . . . . HIERACIUM. (LIII.)
60. Akènes comprimés-aplanis, tronqués au sommet. . . . . . . SONCHUS. (L.)
Akènes cylindriques, un peu rétrécis au sommet. . . . . . . CREPIS. (LII.)

SOUS-FAMILLE I. TUBULIFLORES. Capitules à fleurs, toutes ou au moins celles du centre régulières; corolles tubuleuses à 4-5 dents.

TRIBU I. CINAROCÉPHALES. FLEURS TOUTES A COROLLE TUBU-
LEUSE. STYLE RENFLÉ EN NOEUD AU-DESSOUS DES BRANCHES.

I. ONOPORDON L. (Onoporde). Involucre à folioles imbriquées, atténuées en épines. Réceptacle dépourvu de soies, profondément alvéolé, à parois des alvéoles membraneuses sinuées-dentées. Fleurs égales. Akènes subtétragones-comprimés, rugueux transversale-ment; aigrette caduque, à poils presque barbus, disposés sur plu-sieurs rangs, soudés en anneau à la base. Plante épineuse.

Tige très-robuste, largement ailée-épineuse; involucre a folioles extérieures
étalées-réfléchies; fleurs purpurines. . . . . O. Acanthium.
1. O. ACANTHIUM L. (O. à feuilles d'Acanthe). Bords des chemins, décombres.—A.R.,
R. — Manque dans beaucoup de localités. — Paraît être une plante naturalisée
dans nos régions.

II. CARLINA Tournef. (Carline). Involucre à folioles imbriquées, les extérieures foliacées dentées-épineuses, les intérieures scarieuses-colorées rayonnantes beaucoup plus longues que les fleurs. Récep-tacle hérissé de soies. Fleurs régulières. Akènes un peu comprimés, couverts de poils apprimés, aigrette caduque, à poils longs, bar-bus, disposés sur un rang, soudés en anneau à la base.

Tige non ailée; feuilles sinuées, très-épineuses; fleurs jaunâtres. . C. vulgaris.
1. C. VULGARIS L. (C. commune). Coteaux secs, bords de chemins. — C., A.C. Rég.
mér.; A.R.
Obs.—On cultive fréquemment comme plantes alimentaires les Cinara Scolymus L.
(Artichaut) et C. Cardunculus L. (Cardon).

III. CIRSIUM Tournef. (Cirse). Involucre à folioles imbriquées, ord. atténuées supérieurement, à pointe ord. épineuse. Réceptacle hérissé de soies. Fleurs égales. Akènes un peu comprimés, lisses;

aigrette caduque. à poils longs, barbus, disposés sur plusieurs rangs, soudés en anneau à la base. Plantes épineuses.

1. Tige ailée-épineuse dans toute la longueur des entre-nœuds 2
   Tige non ailée ; feuilles point ou peu décurrentes. 3
2. Capitules assez petits agglomérés ; folioles de l'involucre dressées, à peine épineuses au sommet . . . . *C. palustre.*
   Capitules gros solitaires ; folioles de l'involucre étalées, terminées par une forte épine. . . . . *C. lanceolatum.*
3. Feuilles à face supérieure couverte de petites épines ; involucre très-laineux, à folioles élargies en spatule sous la pointe. . . . . *C. eriophorum.*
   Feuilles glabres ou velues en dessus ; involucre glabre ou un peu laineux, à folioles non élargies sous le sommet 4
4. Fleurs jaunes ou jaunâtres. . . . . *C. oleraceum.*
   Fleurs purpurines, rarement blanches. 5
5. Capitules nombreux au sommet de la tige. . . . . *C. arvense.*
   Capitules solitaires au sommet de la tige, très-rarement 2-3 6
6. Tige nulle, ou très-courte et alors feuillée dans toute sa longueur . . *C. acaule.*
   Tige assez élevée, longuement nue au sommet. . . . . *C. Anglicum.*

1. C. LANCEOLATUM Scop. — *Carduus lanceolatus L.* (C. lancéolé). Bords de chemins, lieux incultes.—C., A.C.
2. C. ERIOPHORUM Scop.—*Carduus eriophorus L.* (C. laineux). Coteaux pierreux, bords de chemins. — R. Tournay (*Mar.*), Chercq, Vaulx, Ramecroix (Ht., *Mich.*); Friset (*Dsch.!*), entre Dinant et Sorinnes, Foi-N.-D. (Nr., *Crep.*); Orval (Lx., *Crep.*).
3. C. PALUSTRE Scop. — *Carduus palustris L.* (C. des marais). Bois et prairies humides.—C., A.C.
4. C. ACAULE All. — *Carduus acaulis L.* (C. acaule). Coteaux arides, bords de chemins.—C., A.C. Nr., Lg.; A.R. Ht.; R. Uccle, Laeken (Bb., *Bm.!*); entre Huysten-Halven et Boom (Anv., *Kx.*).
5. C. ANGLICUM DC.—*Carduus pratensis Huds.* (C. d'Angleterre). Prairies humides. —R.R. Entre Gedinne et Louette-Saint-Denis (Nr., *Grav.!*). — En 1803, Roucel l'indiquait aux env. d'Ypres et de Furnes (Fl. occ.).
6. C. ARVENSE Scop. — *Serratula arvensis L.* (C. des champs). Bords de chemins, moissons.—C. Rég. mér. ; A.R.
7. C. OLERACEUM Scop. — *Cnicus oleraceus L.* (C. potager). Prairies marécageuses, bords des eaux. — A.C., A.R. Bb., Ht.; A.R. Stockem, Vance, Sainte-Marie, Tintigny, Izel, Orval, Limes (Lx., *Crep* et *Grav.*); Tongres (*Lej.*), Saint-Trond, Wintershoven, Guygoven (Lb., *VD.*); Onkerzeele (Fl. or., *Puis.!*); Duffel (Anv., *Rss.*); Han-sur-Lesse (*Crep.*), Fagnolles (Nr., *Det.*).
   Obs. — Le *C. palustri-oleraceum Nægeli*—*Rchb.* ic. 115 ? qui paraît être une forme hybride produite par les *C. oleraceum* et *palustre*, a été trouvé par M. Gravet dans les prairies marécageuses de Prouvy près Jamoigne! (Lx.)—Cette plante se distingue du *C. oleraceum* par ses feuilles étroites, pubescentes à la face inférieure, par ses capitules beaucoup plus étroits, non cachés par les bractées qui sont peu nombreuses et étroites.

IV. CARDUUS L. (Chardon). Involucre à folioles imbriquées, atténuées en épine. Réceptacle hérissé de soies. Fleurs égales. Akènes un peu comprimés, lisses ; aigrette caduque, à poils longs plus ou moins scabres, disposés sur plusieurs rangs, soudés en anneau à la base. Plantes épineuses.

1. Capitules allongés-cylindriques, sessiles au sommet des rameaux. *C. tenuiflorus.*
   Capitules globuleux ou ovoïdes, plus ou moins pédonculés 2
2. Capitules très-gros, penchés ; involucre à folioles extérieures étalées et réfléchies ; pédoncules non ailés au sommet . . . . *C. nutans.*
   Capitules assez petits, dressés ; involucre à folioles dressées ; pédoncules ailés-épineux. . . . . *C. crispus.*

1. C. TENUIFLORUS Sm. (C. à petites fleurs). Bords de chemins. — R.R. Nieuport (Fl. occ., *Coem.!*); Tournay (*Hocq.*, *Mich.*), Kain (Ht., *Mar.*).
2. C. CRISPUS L. (C. crépu). Lieux incultes, buissons, bords de chemins.—C., A.C.
3. C. NUTANS L. (C. penché). Coteaux arides, bords de chemins. — A.C., C. Nr., Lg., Ht. ; R.
   Obs.—Il se produit par le croisement des *C. nutans* et *crispus* deux formes hybrides (*C. crispo-nutans Krschl.* — *C. acanthoides Koch* et *C. nutanti-crispus Krschl.* — *C. acanthoides L.* ex *Godr.*) qui rendent parfois la détermination des espèces types assez difficile. La seconde de ces formes (*C. acanthoides L.*—*Rchb.* ic. 140. f. iii !) croît aux env. de Rochefort.

† SILYBUM Vaill. (Silybe). Involucre à folioles imbriquées, celles des rangs extérieurs terminées par un appendice lobé à lobes épineux. Réceptacle hérissé de soies. Fleurs égales. Akènes un peu comprimés, lisses; aigrette caduque, à poils longs, fortement scabres, disposés sur plusieurs rangs, soudés en anneau à la base.

> Tige non ailée; feuilles ord. très-larges, sinuées ou pinnatifides, marbrées de blanc. . . . . *S. Marianum.*

† S. Marianum Gaertn. — *Carduus Marianus L.* (S. de Marie. — Vulg. *Chardon-Marie*). Cultivé dans les jardins depuis plusieurs siècles. Se retrouve rarement dans le voisinage des habitations : env. de Verviers, Bruxelles, Mons. — La patrie de cette plante est encore inconnue.

V. LAPPA Tournef. (Bardane). Involucre à folioles imbriquées, celles des rangs extérieurs linéaires-subulées, à pointe recourbée en crochet, les intérieures lancéolées droites ou à peine recourbées. Réceptacle hérissé de soies. Fleurs égales. Akènes comprimés, ridés transversalement; aigrette à poils courts, scabres, disposés sur plusieurs rangs, libres.

> 1. Capitules blanchâtres très-laineux; corolle glanduleuse, à tube très-renflé à la base surtout à la fin. . . . . *L. tomentosa.*
> Capitules glabres ou chargés de quelques fils aranéeux; corolle glabre, non renflée à la base 2
> 2. Capitules gros, en corymbe plan au sommet, ord. longuement pédonculés; corolle à portion campanulée beaucoup plus courte que la partie inférieure. *L. major.*
> Capitules en grappes, ord. sessiles ou courtement pédonculés; corolle à portion campanulée égalant environ la partie inférieure . . . . *L. minor.*

1. L. minor DC. (B. à petites têtes). Bords de chemins, lieux incultes.—C., A.C.
2. L. major Gaertn. — *Arctium Lappa Willd.* (B. à grosses têtes). Endroits frais, bords des eaux.—A.C., A.R.
3. L. tomentosa Lam. — *Arctium Bardana Willd.* (B. tomenteuse). Bords de chemins, lieux pierreux. — R. Orval (Lx., *Crep.*); entre Nimy et Maisières (Ht., *Mrt.!*). — Les localités citées dans les Flores du pays me paraissent très-suspectes. — On prend très-souvent pour cette espèce la variété du *L. minor* à capitules chargés de quelques fils aranéeux (*L. pubens Babingt?* sub *Arctium*).

VI. SERRATULA L. (Sarrète). Involucre à folioles imbriquées, les extérieures aiguës non épineuses, les intérieures plus ou moins scarieuses au sommet. Réceptacle hérissé de soies. Fleurs égales. Akènes un peu comprimés, presque lisses; aigrette à poils scabres, disposés sur plusieurs rangs, libres.

> Feuilles profondément découpées en plusieurs paires de lobes ou indivises, finement dentées; fleurs purpurines. . . . . *S. tinctoria.*

1. S. tinctoria L. (S. des teinturiers). Bois, pâturages. — A.R. Nr.; Ht. (*Mich.*); Wellin, Mirwart (Lx., *Crep.*); Verviers (*Laboulle!*), entre Dolhain et Limbourg (Lg., *Str.!*); Pitersheim (Lb., *Lej.*); entre Gymel et Goor (Bb., *Kr.*); Westerloo (*Vh.*), Brasschaet (Anv., *West.*)—Roucel l'indiquait autrefois aux env. de Maldeghem (Fl. or.), de Malines et Lierre (Anv.).

VII. CENTAUREA L. (Centaurée). Involucre à folioles imbriquées, entourées d'une bordure denticulée-ciliée ou terminées par un appendice scarieux lacinié ou denticulé-cilié, plus rarement par une épine. Réceptacle hérissé de soies. Fleurs de la circonférence ord. plus grandes, stériles et rayonnantes. Akènes comprimés, glabres ou pubescents; aigrette nulle ou formée de poils courts, inégaux, scabres, disposés sur plusieurs rangs, libres.

> 1. Folioles de l'involucre terminées par une forte épine. 2
> Folioles de l'involucre non terminées par une forte épine. 3
> 2. Fleurs purpurines, rarement blanches; tige non ailée . . . . . *C. Calcitrapa.*
> Fleurs jaunes; tige à entre-nœuds ailés . . . . *C. solstitialis.*

3. Fleurs bleues ; feuilles un peu blanchâtres-aranéeuses 4
  Fleurs purpurines ; feuilles pubescentes. 5
4. Tige à entre-nœuds ailés ; plante vivace . . . . *C. montana.*
  Tige non ailée ; plante annuelle. . . . . *C. Cyanus.*
5. Feuilles profondément découpées-ailées ; foliole de l'involucre entourée à sa
     partie supérieure d'une bordure ciliée . . . . *C. Scabiosa.*
  Feuilles ord. entières, dentées ou incisées ; folioles de l'involucre brusquement
     terminées par un appendice scarieux fendu ou cilié 6
6. Écailles de l'involucre non entièrement cachées par les appendices ; ceux-ci
     lâchement imbriqués ; aigrette nulle ou rudimentaire . . . . . *C. Jacea.*
  Écailles de l'involucre entièrement cachées par les appendices ; ceux-ci très-
     étroitement imbriqués ; aigrette roussâtre, fournie, égalant le tiers ou le
     quart de l'akène. . . . . *C. nigra.*
1. C. Jacea L. (C. Jacée). Prairies, pâturages, bords des chemins. — C., A.C. — Sous
     ce nom est comprise une multitude de formes imparfaitement connues et qui
     constituent peut-être plusieurs espèces distinctes.
2. C. nigra L. — *Rchb.* ic. t. DCCLXI. f. 2! — *Lej.* et *Court., Chx. de pl.*, n° 321!
     (C. noire). Bois. — A.C. Région ardennaise et ses lisières. — Cette très-remar-
     quable espèce ne peut être confondue avec les formes ou espèces rangées sous
     la dénomination de *C. Jacea :* elle paraît préférer les régions montagneuses.
       Obs. — Le *C. Phrygia* L. (*Rchb* ic. t. DCCLXIV. f. 2! — *Lej.* et *Court., Chx.
     de pl.*, n° 322-323!), découvert par Lejeune entre Bilstain et Limbourg, est une
     espèce dont la présence en Belgique n'a été que momentanée.
3. C. montana L. (C. de montagne). Bois montueux frais. — A.C., A.R. Région ar-
     dennaise et ses lisières immédiates : Lx., Lg., Nr.; R. Montgauthier (Nr., *Crep.*);
     Modave (Lg., *Hty.!*).
4. C. Cyanus L. (C. Bluet. — vulg. *Bluet*). Moissons. — C., C.C.
5. C. Scabiosa L. (C. Scabieuse). Coteaux arides, bords de chemins. — A.C. Nr., Lg.;
     A.R. Ht.; R. Bruxelles (*Mrt.*), Evere (Bb., *D.* et *P.*); entre Vucht et Stockhem
     (Lb., *Gr.*).
6. C. Calcitrapa L. (C. Chausse-trape). Bords des chemins, lieux pierreux. — R.
     Liége (Lg., *Lej.!*); Namur, Godinne, Dinant, Beauraing (Nr., *Crep.*); Mons,
     Chercq (*Mich.*), Maisières, Obourg (Ht., *Mrt.*); Vilvorde (Bb., *Wesm.*); Sel-
     zaete (Fl. or., *Fg.*).
† C. solstitialis L. (C. du solstice). Bords de chemins, lieux cultivés. — R. Soignies,
     Elouges, Chercq (*Mich.*), Tournay, Antoing (Ht., *Mar.*); Liége (*Michl.*), Dison
     (Lg., *Lej.!*). — Plante introduite et fugace.
       Obs. — L'*Echinops sphærocephalus* L., souvent cultivé, s'échappe rarement
     des jardins.

TRIBU II. CORYMBIFÈRES. Fleurs du centre régulières, tubuleuses, celles de la circonférence irrégulières, fendues en
languette : ou fleurs toutes tubuleuses. Style non renflé en
noeud.

Sous-tribu I. *Réceptacle entièrement chargé de paillettes. Akènes
dépourvus d'aigrette.*

VIII. BIDENS L. (Bident). Involucre à folioles sur 2-3 rangs ; les
extérieures foliacées, étalées, les intérieures membraneuses égales,
dressées. Réceptacle muni de paillettes. Fleurs toutes tubuleuses,
plus rarement celles de la circonférence en languette. Akènes
oblongs, comprimés, surmontés par 2-5 arêtes ciliées-scabres.
Feuilles opposées. Fleurs jaunes.

  Feuilles courtement pétiolées, ord. découpées en 3 segments profonds ; capitules
     dressés . . . . *B. tripartita.*
  Feuilles sessiles, seulement dentées ; capitules penchés . . . . . . *B. cernua.*
1. B. tripartita L. (B. tripartit). Bois des eaux, marais. — C., A.C., A.R.
2. B. cernua L. (B. penché). Bords des eaux, marais. — A.R., A.C.
     Obs. — On cultive comme plante d'ornement l'*Helianthus annuus* L. (Soleil), et
comme plante alimentaire l'*H. tuberosus* L. (Topinambour).

IX. ACHILLEA L. (Achillée). Involucre à folioles imbriquées. Réceptacle muni de paillettes. Fleurs de la circonférence en languette, celles du centre tubuleuses. Akènes comprimés, oblongs-obovales, entourés d'une bordure filiforme, dépourvus de côtes sur les faces. Fleurs toutes de la même couleur, blanches ou rosées.

Feuilles découpées, 1-2 fois ailées . . . . *A. Millefolium.*
Feuilles indivises, finement dentées . . . . *A. Ptarmica.*
1. A. **Millefolium** L. (A. Millefeuille). Bords de chemins, moissons. — C.C., C.
2. A. **Ptarmica** L. (A. sternutatoire). Prairies marécageuses, fossés. — A.C., C.

X. ORMENIS Gay (Orménide). Involucre à folioles imbriquées sur plusieurs rangs. Réceptacle cylindrique ou conique, muni de paillettes. Fleurs de la circonférence en languette, celles du centre tubuleuses, à tube prolongé au-dessous du sommet de l'akène en une couronne complète ou en une coiffe unilatérale. Akènes presque cylindriques, munis de côtes sur la face interne. Feuilles 1-2 fois pinnatiséquées, à segments linéaires. Fleurs en languette blanches, les autres jaunes.

Languettes blanches; tube de la corolle formant une couronne régulière.
O. nobilis.
Languettes jaunes à la base; tube de la corolle formant une coiffe oblique
O. mixta.
1. O. **mixta** DC. — *Anthemis mixta* L. (O. mixte). Bords de chemins sablonneux. — R.R. s'Graven-Wezel (Anv., *Rss.! V. Barb.!*), entre Viersel et Grobbendonck (Anv., *Vh.!*).
2. O. **nobilis** Gay — *Anthemis nobilis* L. (O. noble — Vulg. *Camomille romaine*). Prés montueux. — R.R. Entre Verviers et Goé (Lg., *Lej.!*). — Indigénat très-douteux.

XI. ANTHEMIS L. (Anthémide). Involucre à folioles imbriquées. Réceptacle s'allongeant en cône à la maturité, muni de paillettes. Fleurs de la circonférence en languette, celles du centre tubuleuses, à tube comprimé, non prolongé sur l'akène. Akènes presque cylindriques, présentant des côtes tout autour. Feuilles bipinnatiséquées, à segments linéaires. Fleurs en languette blanches, les autres jaunes.

Paillettes lancéolées, brusquement rétrécies-aiguës; akènes lisses. *A. arvensis.*
Paillettes très-étroites, subulées dès la base; akènes tuberculeux. *A. Cotula.*
1. A. **Cotula** L. (A. Cotule —Vulg. *Camomille puante*). Moissons. — C., A.C., A.R.
2. A. **arvensis** L. (A. des champs). Moissons. — A.C. — Manque dans beaucoup de localités.

XII. COTA Gay (Cote). Involucre à folioles imbriquées. Réceptacle convexe ne s'allongeant pas, muni de paillettes. Fleurs de la circonférence en languette, celles du centre tubuleuses, à tube comprimé-ailé. Akènes tétragones, comprimés, munis de côtes tout autour. Feuilles bipinnatiséquées.

Fleurs toutes jaunes; feuilles velues-blanchâtres en dessous . . *C. tinctoria.*
1. **tinctoria** Gay — *Anthemis tinctoria* L. (C. de teinturiers). Moissons, champs arides. — R.R. Chercq. Vaulx (Ht., *Mich.*, *Mar.*). — Indigène?

Sous-tribu II. *Réceptacle dépourvu de paillettes. Akènes dépourvus d'aigrette.*

XIII. MATRICARIA L. (Matricaire). Involucre à folioles imbriquées. Réceptacle conique à la maturité, dépourvu de paillettes.

Fleurs de la circonférence en languette, celles du centre tubuleuses. Akènes tous subcylindriqnes, à 3-5 côtes à la face interne. Feuilles bi-tripinnatiséquées, à segments linéaires. Fleurs en languette blanches, les autres jaunes.

Réceptacle creux, aigu; fleurs très-odorantes . . . . *M. Chamomilla.*
Réceptacle plein, obtus; fleurs presque inodores . . . . . . *M. inodora.*
1. M. Chamomilla L. (M. Camomille). Moissons. — C., A.C.
2. M. inodora L. (M. inodore). Moissons. — C., A.C.
Obs. — Une variété maritime (*M. maritima L.*), prise par quelques auteurs pour une espèce distincte, se rencontre assez fréquemment sur le littoral et sur les bords de l'Escaut à Anvers. Se distingue par ses capitules plus gros et ses feuilles à divisions charnues.

XIV. PYRETHRUM Gaertn. (Pyrèthre). Involucre à folioles imbriquées. Réceptacle hémisphérique, ou plus ou moins convexe, dépourvu de paillettes. Fleurs de la circonférence en languette, celles du centre tubuleuses. Akènes tous tétragones ou subcylindriques, munis de côtes tout autour. Feuilles pinnatiséquées, ou seulement lobées. Fleurs en languette blanches, les autres jaunes.

Feuilles dentées ou lobées; fleurs inodores . . . . . . *P. Leucanthemum.*
Feuilles découpées, 1-2 fois ailées; fleurs très-odorantes . . *P. Parthenium.*
1. P. Leucanthemum Coss. et Germ. — *Chrysanthemum Leucanthemum L.* (P.Leucanthème). Prairies, pelouses. — C., C.C.
2. P. Parthenium Sm. — *Matricaria Parthenium L.* (P. Matricaire). Voisinage des habitations, bords des chemins. — A.R., A.C. — Naturalisé depuis longtemps.
Obs. — Les *P. parthenifolium Willd.* et *P. corymbosum Willd.*, signalés dans la prov. de Lg. par Lejeune, sont des plantes introduites et qui paraissent avoir disparu.

XV. CHRYSANTHEMUM DC. (Chrysanthème). Involucre à folioles imbriquées. Réceptacle un peu convexe, dépourvu de paillettes. Fleurs de la circonférence en languette, celles du centre tubuleuses. Akènes de deux formes : ceux de la circonférence pourvus de deux ailes, ou triquètres-ailés; ceux du centre subcylindriques, à 10 côtes. Fleurs toutes jaunes.

Plante glabre; feuilles dentées, ord. trifides au sommet. . . . *C. segetum.*
1. C. segetum L. (C. des moissons). Moissons, lieux cultivés. — A.C., A.R.

XVI. BELLIS L. (Pâquerette). Involucre à folioles égales, sur deux rangs. Réceptacle conique allongé, dépourvu de paillettes. Fleurs de la circonférence en languette, celles du centre tubuleuses. Akènes obovales-comprimés, sans côtes. Plante subacaule. Fleurs en languette blanches ou rosées, les autres jaunes.

Plante petite; pédoncules radicaux, nus; capitules solitaires . . *B. perennis.*
1. B. perennis L. (P. vivace — Vulg. *Petite-Marguerite*). Prairies, pelouses.—C.C.

XVII. ARTEMISIA L. (Armoise). Involucre ovoïde ou subglobuleux, à folioles imbriquées. Réceptacle convexe ou presque plan, dépourvu de paillettes, glabre, plus rarement hérissé. Fleurs de la circonférence non en languette, celles du centre régulières tubuleuses. Akènes cylindriques, obovales, dépourvus de côtes. Feuilles pinnatipartites ou pinnatiséquées, ord. blanchâtres-tomenteuses, au moins en dessous. Fleurs toutes jaunes.

1. Feuilles à segments ou divisions assez larges lancéolées ou oblongues. . . 2
Feuilles à segments très-étroits linéaires 3

2. Feuilles vertes et glabres en dessus; capitules dressés . . . . . *A. vulgaris.*
   Feuilles blanchâtres sur les deux faces; capitules penchés. . *A. Absinthium.*
3. Plante à la fin presque verte; involucre glabre-luisant . . . *A. campestris.*
   Plante très-blanchâtre; involucre tomenteux . . . . *A. maritima.*

1. A. **Absinthium** L. (A. Absinthe). Bords de chemins, rochers. — A.R. — Dans la
   rég. mér. il est naturalisé *en grande abondance* dans plusieurs localités :
   Éprave (Nr., *Crep.*); Sur-Villers (Lg., *Hty.*); Houffalize (**Lx.**, *Crep.*)
2. A. **vulgaris** L. (A. commune). Bords de chemins, buissons.—C., A.C.
3. A. **campestris** L. (A. champêtre). Rochers, buissons. — R.R. Entre Sougnez et
   Aiwaille (Lg., *Crep.*, *Lej.!*).
4. A. **maritima** L. (A. maritime). Sables maritimes. — Entre Nieuport et Ostende
   (*West.!*), Knocke (Fl. occ., *Coem !*); env. d'Anvers (Anv., *Vh.*).
      Obs. —On cultive dans les jardins l'*A. Dracunculus L.* (Estragon) et plusieurs
   autres espèces appartenant à ce genre.

XVIII. TANACETUM L. (Tanaisie).

Involucre hémisphérique, à folioles imbriquées. Réceptacle convexe, dépourvu de paillettes, glabre. Fleurs toutes tubuleuses. Akènes obconiques, munis de côtes tout autour, terminé par un disque à rebord membraneux. Fleurs toutes jaunes.

   Plante vivace, très-odorante; feuilles pinnatiséquées, à rachis ailé-lobé, les
    supérieures sessiles. . . . . *T. vulgare*
1. T. **vulgare** L. (T. commune). Bords des rivières. — C., A.C.

XIX. CALENDULA L. (Souci).

Involucre à folioles égales, sur deux rangs. Réceptacle dépourvu de paillettes. Fleurs de la circonférence en languette, celles du centre tubuleuses. Akènes très-irréguliers, courbés en arc ou creusés en nacelle, les extérieurs à dos chargé d'épines. Fleurs toutes jaunes.

   Plante pubescente; feuilles presque entières ; capitules assez petits. *C. arvensis.*
1. C. **arvensis** L. (S. des champs). Moissons, lieux cultivés. — R. Eugies, Quévy
   (Ht., *Mich.*). — L'indigénat de cette plante est assez douteux.

Sous-tribu III. *Réceptacle dépourvu de paillettes, ou muni de paillettes seulement à la circonférence. Akènes tous ou la plupart munis d'aigrette.*

§ I. *Anthères pourvues d'appendices à la base.*

XX. HELICHRYSUM DC. (Immortelle).

Involucre à folioles imbriquées, scarieuses-colorées, glabres, non étalées en étoile à la maturité. Réceptacle convexe ou presque plan, sans paillettes. Fleurs toutes tubuleuses, jamais entremêlées aux folioles de l'involucre. Akènes cylindriques–oblongs; aigrette à poils scabres et sur un seul rang. Plante tomenteuse-blanchâtre. Fleurs jaunâtres.

   Plante vivace, à souche ligneuse, émettant des rejets stériles; capitules
   d'un jaune d'or. . . . . *H. arenarium.*
1. H. **arenarium** DC. — *Gnaphalium arenarium L.* (S. des sables). Coteaux sablonneux. — R. Abondant à Stockem, Fouches, Vance, Limes, Gérouville
   (**Lx.**, *Crep.*, *Grav.*).

XXI. GNAPHALIUM L. (Gnaphale).

Involucre à folioles imbriquées, scarieuses-colorées, glabres, étalées en étoile à la maturité. Réceptacle convexe ou presque plan, sans paillettes. Fleurs toutes tubuleuses, jamais entremêlées aux folioles de l'involucre. Akènes presque cylindriques; aigrette à poils scabres et sur un rang. Plantes tomenteuses-blanchâtres, fleurs jaunâtres.

1. Capitules disposés en un long épi rameux à la base ; plante vivace. *G. sylvaticum*.
   Capitules agglomérés en têtes ; racine annuelle pivotante. 2
2. Têtes de fleurs dépassées par les feuilles ; involucre brunâtre. *G. uliginosum*.
   Têtes de fleurs non dépassées par les feuilles ; inv. argenté . *G. luteo-album*.
1. G. ULIGINOSUM L. (G. des lieux humides). Champs humides. — C.
2. G. LUTEO-ALBUM L. (G. jaunâtre). Champs sablonneux humides. — R. Saint-Trond,
   Wellen, Cortessem (Lb., *VD.!*); Aerschot (*West.*), Linkebeek (Bh., *Kx. p.*);
   Saint-Denis, Maisières (*Mrt.!*), Ghlin, Obourg (*Hocq.*); Obigies (Ht., *Mar.*);
   Bloemendael (Fl. occ., *Schd.*); Aeltre (Fl. or., *Schd.!*) Lives (Nr., *Crep.*); Etalle
   (Lx., *Tin.*).
3. G. SYLVATICUM L. (G. des bois). Bois, pâturages. — C., A.C., A.R.

XXII. ANTENNARIA R. Br. (Antennaire). Plante dioïque. Involucre à folioles imbriquées, tomenteuses à la base, scarieuses-colorées. Réceptacle convexe, sans paillettes. Fleurs toutes tubuleuses. Akènes presque cylindriques ; aigrette à poils scabres, soudés en anneau à la base. Plante tomenteuse-blanchâtre. Fleurs blanches ou roses.

   Plante vivace ; feuilles vertes et glabres en-dessus ; capitules 3-5 au sommet de
      la tige . . . . *A. dioica*.
1. A. DIOICA Gaertn. — *Gnaphalium dioicum L.* (A. dioïque. — Vulg. *Pied-de-chat*).
   Pâturages, bruyères. — A.C. Rég. ard.; A.R.

XXIII. FILAGO Tournef. (Cotonnière). Involucre plus ou moins tomenteux, ovoïde pentagonal, à folioles connivontes et sur 3-5 rangs, celles des rangs internes passant à l'état de paillettes. Réceptacle souvent très-étroit, muni de paillettes à sa circonférence, nu au centre. Fleurs tubuleuses, les extérieures femelles, disposées sur plusieurs rangs, à l'aisselle des folioles de l'involucre. Akènes presque cylindriques, surmontés d'une aigrette à poils disposés sur plusieurs rangs, les extérieurs sans aigrette ou à poils sur un rang. Plantes tomenteuses–blanchâtres. Fleurs jaunâtres.

1. Folioles de l'involucre terminées en longue pointe, ne s'étalant point 2
   Folioles de l'involucre sans pointe, s'étalant en étoile à la maturité. 4
2. Têtes de capitules dépassées longuement par 3-4 feuilles ; involucre à 5 angles
      très-saillants . . . . *F. spathulata*.
   Têtes de capitules non dépassées par des feuilles ; involucre à angles peu sail-
      lants 3
3. Plante blanchâtre ; involucre à angles peu sensibles ; folioles à pointes jaunâtres.
                                                      F. Germanica.
   Plante jaunâtre ; involucre à angles assez prononcés ; folioles à pointes rouges.
                                                      F. apiculata.
4. Folioles de l'involucre 20-25, d'un brun noirâtre au sommet . . . *F. neglecta*.
   Folioles de l'involucre 10-15, blanches ou jaunâtres au sommet 5
5. Paquets de capitules longuement dépassés par 3-4 feuilles ; akènes extérieurs
      enfermés dans la base enroulée et soudée des folioles . . . . . *F. Gallica*.
   Paquets de capitules non dépassés par des feuilles ; akènes tous libres. . . . 6
6. Involucre à 5 angles saillants, à folioles glabres et luisantes au sommet . *F. minima*.
   Involucre à 8 côtes faibles, à folioles tomenteuses jusqu'au sommet. . *F. arvensis*.
1. F. GERMANICA L. — *F. canescens Jord.* (C. d'Allemagne). Lieux incultes, bords des
   chemins. — A.C., C. Rég. mér.; A.R., R.
2. F. APICULATA G. E. Smith — *F. lutescens Jord.* (C. apiculée). Lieux incultes, bords
   des chemins. — R. Rochefort (Nr.); Tellin (Lx.); Comblain-au-Pont (Lg., *Crep.*);
   Louvain (*Ps.!*) ; La Hulpe (Bb., *Bm.!*).
3. F. SPATHULATA Presl — *F. Jussiæi Coss.* et *Germ.* (C. spatulée). Bords des chemins,
   lieux pierreux. — A.C., A.R. Bande calcaire du nord de l'Ardenne : Nr.; R.
   Dinant, Sommière, Houx (*Crep.*), Dave (Nr., *Bllk.*).
4. F. ARVENSIS L. (C. des champs). Champs sablonneux. — R.R. Bloemendael (Fl. occ.,
   Schd.!). — On prend souvent pour tel le *F. minima*.
5. F. MINIMA Fries — *F. montana DC.* (C. naine). Champs secs. — A.C., A.R., R.
6. F. NEGLECTA DC. (C. négligée). Moissons, bords des chemins. — R. Verdenne, On,
   Forrières (Lx., *Crep.*); Saint-Remy, Rochefort, Hamerenne, Ciergnon (Nr.,
   Crep.).
   Obs.—Vient d'être retrouvé à Epinal (France).

7. F. Gallica L. — *Logfia subulata Cass.* (C. de France). Champs arides. — R. Autreppe ? (*Mich.*), Vaulx ? (Ht., *Mar.*); Ostende ? (Fl. occ., *Rouc.*, 1803).—Espèce douteuse.

XXIV. PULICARIA Gaertn. (Pulicaire). Involucre à folioles imbriquées. Réceptacle presque plan, sans paillettes. Fleurs de la circonférence en languette et sur un rang, celles du centre tubuleuses. Akènes cylindriques, pubérulents, striés; aigrette double·: l'extérieure courte en formede couronne dentée ou laciniées, l'intérieure à poils peu nombreux, scabres et sur un rang. Fleurs toutes jaunes.

Feuilles embrassant la tige par deux larges orcillettes; fleurs de la circonférence en languette très-allongée . . . . *P. dysenterica.*
Feuilles sans orcillettes; fleurs en languette, peu apparentes . . . *P. vulgaris.*

1. P. dysenterica Gaertn. — *Inula dysenterica L.* (P. dysentérique). Bords des eaux, prés humides. — A.C., A.R. — Manque dans beaucoup de localités.
2. P. vulgaris Gaertn. — *Inula Pulicaria. L.* (P. commune). Lieux humides, bords des eaux. — R. Rég. sept.; Ht., Nr. Lg.

XXV. INULA L. (Inule). Involucre à folioles imbriquées. Réceptacle presque plan, sans paillettes. Fleurs de la circonférence en languette et sur un rang, celles du centre tubuleuses. Akènes cylindriques ou subtétragones, à 4-10 côtes; aigrette simple, à poils fins et sur un rang. Fleurs toutes jaunes.

1. Languettes très-courtes, dressées; feuilles rétrécies à la base . . . *I. Conyza.*
Languettes longues, étalées; feuilles supérieures élargies à la base. **2**
2. Plante glabre . . . . *I. salicina.*
Plantes velues ou tomenteuses **3**
3. Involucre à folioles très-larges, ovales; feuilles régulièrement dentées. *I Helenium.*
Involucre à folioles étroites; feuilles à bords entiers ou presque entiers . . . **4**
4. Feuilles embrassant la tige; capitules ord. nombreux . . . . . *I. Britannica.*
Feuilles coriaces, non embrassantes; capitules solitaires . . . . . . *I. hirta.*

1. I. Helenium L. (I. Aunée). Prairies, haies. — R. Entre Tongres et Saint-Trond (Lb., *Lej.*); Andrimont (*Lej.*), Magnée (Lg., *Str.!*); Herbeumont (Lx, *Tin.*); Boussut (Nr., *Det.!*); Blandain (*Mar.*), Sars-la-Bruyère (Ht., *Mich.*).—L'indigénat de cette plante médicinale est assez douteux dans plusieurs localités.
2. I. Britannica L. (I. d'Angleterre). Bords des eaux. — R. Vallée de la Meuse de Freyr à Namur (*Crep.*), Mariembourg, Nismes (Nr., *Det.*); env. d'Herstal (Lg, *Lej.*); Chimay (*Hocq.*), Thuin (Ht., *Mich.* ; Wyneghem (Anv., *Rss.!*). — Cette espèce a quelques traits de ressemblance avec le *Pulicaria dysenterica* et s'en distingue par les folioles extérieures de l'involucre égalant ou dépassant les intérieures et non plus courtes.
3. I. hirta L. (I. hérissée). Prés montueux. — R.R. Entre Néau et Membach (Lg. — extrême frontière, — *Gilgenberg* ex *Lej.*). — Fait à peine partie de notre Flore.
4. I. salicina L. (I. à feuilles de saule). Bois montueux. — R. Vaux-sous-Chèvremont (Lg., *Str.!*); Pitersheim (Lb., *Lej.*); Wellin (Lx., *Crep.*); Roly (Nr., *Det.!*); Gaurain (Ht., *Mar.*).
5. I. Conyza DC. — *Conyza squarrosa L.* (I. Conyze). Coteaux, bords des chemins.— A.C. Rég. mér.

§ 2. *Anthères dépourvues d'appendices à la base.*

XXVI. SOLIDAGO L. (Solidage). Involucre à folioles imbriquées. Réceptacle preque plan, sans paillettes, alvéolé. Fleurs de la circonférence en languette, 5-10 sur un seul rang, celles du centre tubuleuses. Akènes oblongs, striés; aigrettes à poils un peu scabres et sur un rang. Fleurs toutes jaunes.

Feuilles presque toutes pétiolées, dentées; capitules très-nombreux, disposés en grappe pyramidale, ord. rameuse à la base . . . . *S. Virga-aurea.*
1. S. Virga-aurea L. (S. Verge-d'or). Bois montueux, pâturages. — C. Rég. mér.; A.R.

XXVII. ERIGERON L. (Vergerette). Involucre à folioles linéaires, imbriquées. Réceptacle presque plan, sans paillettes, un peu alvéolé. Fleurs de la circonférence en languette et sur plusieurs rangs, celles du centre tubuleuses. Akènes oblongs, sans côtes ; aigrette à poils un peu scabres et sur un rang. Fleurs en languette d'un rose violet ou d'un blanc jaunâtre, les autres jaunâtres.

Capitules 1-3 sur chaque rameau; languettes d'un rose violet, dépassant l'involucre . . . . *E. acre.*
Capitules très-nombreux sur chaque rameau; languettes d'un blanc jaunâtre, ne
dépassant pas l'involucre . . . . *E. Canadensis.*

1. E. ACRE L. (V. âcre). Pelouses, bords des chemins. — A.C., C. Rég. mér.; A. R.

2. E. CANADENSIS L. (V. du Canada). Bords des chemins, décombres. — A.R. — Cette plante, naturalisée assez généralement dans toute la Rég. sept. et les prov. de Bb. et Ht., manque presque complétement dans les terrains anciens et compactes de la rive droite de la Meuse.

XXVIII. ASTER L. (Aster). Involucre à folioles lâchement imbriquées sur plusieurs rangs. Réceptacle plan, sans paillettes, alvéolé, à alvéoles à bords membraneux, dentés. Fleurs de la circonférence en languette et sur un rang, celles du centre tubuleuses. Akènes oblongs-comprimés, sans côtes. Aigrette à poils scabres et sur plusieurs rangs. Fleurs en languette violettes, les autres jaunes.

Plante bisannuelle, glabre; feuilles entières à 3-4 nervures . . . *A. Tripolium.*

1. A. TRIPOLIUM L. (A. Tripolium). Bords des eaux saumâtres. — A.C. Fossés des dunes (Fl. occ.); env. d'Anvers (Anv., *Vh.*).

Obs. — Le *Stenactis annua Nees* (*Aster annuus L.*), originaire de l'Amérique septentrionale, a paru autrefois aux env. de Bruxelles (*Rouc., Kx. p.*) et de Verviers (*Lej.!*). — Aujourd'hui abondant près la station de Groenendael (Bb., *Gr.!, Wesm.!*).

XXIX. LINOSYRIS DC. (Linosyris). Involucre à folioles imbriquées, peu nombreuses. Réceptacle un peu convexe, sans paillettes, alvéolé, à bords des alvéoles charnus, dentés. Fleurs toutes tubuleuses. Akènes oblongs-comprimés, pubescents-soyeux ; aigrette à poils scabres et sur deux rangs. Fleurs toutes jaunes.

Plante vivace, glabre; feuilles rapprochées, très-étroites, à 1 nervure. *L. vulgaris.*

1. L. VULGARIS DC. — *Chrysocoma Linosyris L.* (L. commune). Coteaux arides, rochers. — R. Wavreille, Han-sur-Lesse, Auffe (*Crep.*), entre Mariembourg et Dourbes (*Det.*); Houx (Nr., *V. et J. Barb.*); entre Aiwaille et Sougnez (Lg., *Crep., Lej.*); Mont-Panisel près Mons (Ht., *Mich.*).

XXX. DORONICUM L. (Doronic). Involucre à folioles linéaires acuminées, presque égales, disposées sur deux rangs. Réceptacle un peu convexe, sans paillettes. Fleurs de la circonférence en languette et sur un rang, celles du centre tubuleuses. Akènes oblongs-cylindriques, sillonnés, ord. pubescents; ceux de la circonférence sans aigrette ou à aigrette réduite à 1-3 poils; ceux du centre à aigrette à poils scabres et sur plusieurs rangs. Fleurs toutes jaunes.

Feuilles radicales profondément cordées, les caulinaires munies de larges oreillettes à la base ; réceptacle velu . . . . *D. Pardalianches.*

1. D. PARDALIANCHES L. (D. Pardalianche). Bois montueux, ombragés. — R. Dave (*Racot ex Bllk.*), Loyers (Nr., *Desch.!*); entre Limbourg et Verviers (*Thimister*), Bilstain, Soiron, Pepinster (*Lej.*), Ensival (Lg, *Crep.*); Baudour (Ht., *Mich.*).— L'indigénat de cette plante me paraît très-suspect.

Obs. — Le *D. scorpioides Lej.*, non *Willd.*, appartient à l'espèce précédente !

XXXI. ARNICA L. (Arnique). Involucre à folioles oblongues, égales, sur deux rangs. Réceptacle un peu convexe, sans paillettes.

Fleurs de la circonférence en languette, celles du centre tubuleuses. Akènes cylindriques, sillonnés, tous munis d'une aigrette de poils scabres et sur un rang. Feuilles de la tige opposées. Fleurs jaunes.

Feuilles entières sessiles, les radicales en rosette . . . . *A. montana.*

1. A. montana L. (A. de montagne). Prairies, pâturages, bois. — A.C. Toute la région ardennaise : Lx., Nr., Lg.; se retrouve à Vance et Arlon (Lx., *Tin.*).

XXXII. CINERARIA L. (Cinéraire). Involucre à folioles égales et sur un seul rang, dépourvu à sa base d'écailles accessoires. Réceptacle un peu convexe, sans paillettes. Fleurs de la circonférence en languette et sur un seul rang, celles du centre tubuleuses. Akènes cylindriques, striés; aigrette à poils fins et sur plusieurs rangs. Fleurs toutes jaunes.

Feuilles blanchâtres-floconneuses, les caulinaires finement dentées; akènes velus. . . . . *C. spathulæfolia.*
Feuilles vertes, un peu pubescentes, les caulinaires profondément incisées; akènes glabres . . . . *C. palustris.*

1. C. spathulæfolia Gmel. (C. en spatule). Bois humides, bords des ruisseaux.—R. Entre Spa et Theux, entre Andrimont et Dolhain (*Lej.!*), Engis (Lg., *Court.*); Willerzie (*Crep., Grav.*), Roly, Boussut (*Det.!*), Rognée (Nr., *V. Barb.*); Barry, Bruyelle (*Hocq.*), Antoing (*Mich.*), Mourcourt (Ht., *Mar.*); env. de Bruxelles (Bb., *Schd., Bm.*); env. de Boom (Anv., *Kx.*).
2. C. palustris L. (C. des marais). Marais, fossés. — R. Middelkerke (Fl. occ., *Coem.!*); Tronchiennes (Fl. or., *Schd.*); Mons, Jamioulx (Ht., *Mich.*); env. de Gheel (Anv., *Kx.*); Léau (Bb., *VD.!*); Heppen, Kerkhoven (*West.*), Vliermael-Root (Lb., *VD.*).

XXXIII. SENECIO L. (Seneçon). Involucre à folioles sur un seul rang, muni à la base d'écailles accessoires ord. courtes. Réceptacle un peu convexe ou plan, sans paillettes. Fleurs de la circonférence en languette et sur un seul rang, quelquefois nulles; celles du centre tubuleuses. Akènes cylindriques, sillonnés; aigrette à poils fins et sur plusieurs rangs. Fleurs toutes jaunes.

1. Feuilles entières, finement dentées, longuement aiguës au sommet **2**
   Feuilles profondément découpées, au moins à la base **3**
2. Feuilles vertes, glabres; capitules très-étroits. . . . . *S. Saracenicus.*
   Feuilles velues-blanchâtres en dessous; capitules aussi larges que longs.
                                                  S. paludosus.
3. Languettes nulles ou petites, enroulées en dehors; racine annuelle **4**
   Languettes étalées-rayonnantes; souche ord. vivace. **6**
4. Languettes nulles, fleurs toutes tubuleuses. . . . . *S. vulgaris.*
   Languettes enroulées en dehors. **5**
5. Plante très-glanduleuse; akènes glabres. . . . . *S. viscosus.*
   Plante non glanduleuse; akènes pubescents. . . . . *S. sylvaticus.*
6. Feuilles pubescentes-blanchâtres en dessous; souche rampante . *S. erucæfolius.*
   Feuilles vertes, glabres ou presque glabres; souche non rampante **7**
7. Feuilles seulement découpées à la base, à lobe terminal très-grand . *S. aquaticus.*
   Feuilles entièrement découpées; à lobe terminal petit . . . . . *S. Jacobæa.*

1. S. vulgaris L. (S. commun. — Vulg. *Seneçon*). Lieux cultivés. — C.C.
2. S. sylvaticus L. (S. des bois). Bois montueux.   A.C., A.R. — Point partout
3. S. viscosus L. (S. visqueux). Bords des chemins, décombres. — A.R., R.
4. S. erucæfolius L. (S. à feuilles de Roquette). Bois frais, bords des chemins.—A.C., A.R. Nr.; R. Verviers, Cornesse (Lg., *Lej.*); Bienne lez Happart (Ht., *Mich.*); Nieuport, Knocke (Fl. occ., *uoem.!*).
5. S. Jacobæa L. (S. Jacobée). Prairies, bords des chemins. — C., C.C.
6. S. aquaticus Huds. (S. aquatique). Prairies humides.—A.R. Nr., Anv.; R. env. de viers (Lg., *Lej.*); Ath (*Hocq.*), Tournay (Ht., *Mar.*); Bruxelles (*Mrt.!*), Dilbeek (*Bm.!*), Wilsele (Bb., *Rss.*).
7. S. paludosus L. (S. des marais). Bords des eaux, fossés.—R. Vallée de la Meuse : Freyr, Anseremme, Ivoir, Frappe-Cul, Lives (*Crep.*), Dave (Nr., *Bllk.*), Jupille (Lg., *Lej.!*); Freylange (Lx., *Tin.*); Tournay (*Hocq.*), Obigies (Ht., *Mich.*); Tronchiennes (Fl. or., *Coem.!*); Beverloo (Lb., *West.*).
8. S. Saracenicus L. — *S. Fuchsii Gmel.* (S. Sarasin). Bois, bords des eaux. — C.

Toute la Région ardennaise : Lx., Lg., Nr.; A.C. Nr., Lg.; R. Ham-sur-Heure,
Barry, Havinnes (Ilt., *Mich.!*); env. de Bruxelles (*Wesm.!*), Groenendael (Bb.,
Bm.!); Tongerloo (Anv., *Vh.*); Guygoven, Cortenbosch (Lb., *VD.*).
  Obs.—Le *S. Jacquinianus Rchb.!*, forme très-remarquable et qui paraît constituer
une espèce distincte, croît abondamment sur le bord d'un ruisseau entre Francor-
champs et Malmedy (Lg.—extrême frontière—, *Mor.* et *Crep.*).

XXXIV. EUPATORIUM Tournef. (Eupatoire). Involucre à folioles
imbriquées. Réceptacle presque plan, sans paillettes. Fleurs peu
nombreuses, toutes tubuleuses. Akènes presque cylindriques, à
4-5 côtes ; aigrette à poils scabres et sur un rang. Feuilles opposées.
Fleurs toutes rougeâtres.

Feuilles découpées en 3-5 segments ; capitules à 3-5 fleurs. . . *E. cannabinum.*
1. E. cannabinum L. (E. chanvrine). Bords des eaux.—A.C., C. Rég. mér.; A.R.

XXXV. TUSSILAGO L. (Tussilage). Involucre à folioles sur 1-2
rangs, muni à sa base d'écailles plus petites. Réceptacle presque
plan, sans paillettes. Fleurs de la circonférence en languette, très-
nombreuses et sur plusieurs rangs, celles du centre en petit nombre
et tubuleuses. Akènes oblongs-cylindriques, un peu striés ; aigrette
à poils très-longs, fins, sur plusieurs rangs. Tiges chargées d'écailles,
paraissant avant les feuilles. Fleurs toutes jaunes.

Feuilles en rosette, arrondies, en cœur à la base ; capitules solitaires. *T. Farfara.*
1 T. Farfara L. (T. Pas-d'âne). Champs frais.—C. Rég. mér.; A.R.—Manque pres-
    que complétement dans la Région ardennaise.

XXXVI. PETASITES Tournef. (Pétasite). Involucre à folioles sur
1-2 rangs, souvent muni à la base d'écailles plus petites. Réceptacle
presque plan, sans paillettes. Fleurs nombreuses, toutes tubuleuses.
Akènes cylindriques, un peu striés ; aigrette à poils scabres et sur
plusieurs rangs. Plante incomplétement dioïque. Tiges chargées
d'écailles membraneuses-herbacées, paraissant avant les feuilles.
Fleurs ord. rougeâtres.

Feuilles très-larges, en rosette ; capitules nombreux en grappe. . *P. vulgaris.*
1. P. vulgaris Desf.—*Tussilago Petasites L.* (P. commun). Bords des eaux, prairies.
    C., A.C., AR. Rég. mér.; A.R.—Manque presque complétement dans la Région
    ardennaise : Basse-Bodeux (Lg. , Orchimont (Nr.), etc.

SOUS-FAMILLE II. LIGULIFLORES (Chicoracées).
Capitules à fleurs toutes en languette.

TRIBU I. Akènes dépourvus d'aigrette poilue.

XXXVII. LAPSANA L. (Lampsane). Involucre à 8-10 folioles sur
un seul rang, muni d'écailles courtes à la base, dressé à la maturité.
Réceptacle nu. Akènes comprimés, striés, sans aigrette. Fleurs
jaunes.

Tige feuillée ; capitules pédonculés, nombreux, en panicule. . . *L. communis.*
1. L. communis L. (L. commune). Lieux cultivés, bois.—C., C.C.

XXXVIII. ARNOSERIS Gaertn. (Arnoséris). Involucre à folioles
nombreuses, égales et sur un rang, muni à la base d'écailles courtes,
-connivent, subglobuleux à la maturité. Réceptacle nu. Akènes sub-

pentagones, sillonnés-anguleux, terminés par un rebord membraneux court, en forme de couronne. Fleurs jaunes.

Tiges nues ; pédoncules fistuleux-renflés, à 1-2 capitules. . .. . . *A. minima.*

1. A. **minima** Gaertn. — *Hyoseris minima L.* (A. naine). Moissons. — A.C. Campine anversoise (Anv., *Rss.!*) ; A.R. Rég. ard. : Lx., Lg., Nr.; A.R., R. — Manque dans beaucoup de localités.

XXXIX. CICHORIUM L. (Chicorée).

Involucre à folioles nombreuses, inégales et sur deux rangs : les extérieures courtes, les intérieures soudées à la base, étalées-réfléchies à la maturité. Réceptacle sans paillettes, glabre ou velu. Akènes comprimés-tétragones, aigrette formée d'écailles très-petites, nombreuses et sur deux rangs. Fleurs bleues.

Plante vivace ; tige à rameaux étalés ; fleurs réunies par 2-3 le long des rameaux. . . . . *C. Intybus.*

1. C. **Intybus** L. (C. sauvage). Coteaux secs, bords de chemins. — C., A.C. Rég. mér.; A.R. — Vraiment indigène dans la Rég. sept.? — Fréquemment cultivé.

Obs. — On cultive communément le *C. Endivia L.* (C. Endive). — Paraît originaire de l'Inde.

TRIBU II. Akènes tous ou la plupart munis d'une aigrette poilue, à poils barbus.

XL. HYPOCHAERIS L. (Porcelle).

Involucre à folioles imbriquées sur plusieurs rangs. Réceptacle muni de longues paillettes, caduques. Akènes striés, longuement atténués en un bec presque capillaire, ou ceux de la circonférence sans bec, très-rarement tous sans bec; aigrette à poils tous barbus, ou à poils extérieurs seulement scabres.

1. Tige velue-hérissée ; aigrette à poils barbus et sur un rang. . . . . *H. maculata.*
 Tige glabre ou presque glabre ; aigrette à poils sur 2 rangs, les extérieurs non barbus **2**
2. Feuilles velues ; languette dépassant beaucoup l'involucre. . . . *H. radicata.*
 Feuilles glabres ; involucre égalant environ les fleurs . . . . . . *H. glabra.*

1. H. **glabra** L. (P. glabre). Moissons, bords de chemins. — R. Schooten (Anv., *Vh.*); Beverloo (Lb., *West.*); Ostende (Fl. occ., *ML.*); Uccle, La Hulpe (*Bm.!*), Jette (Bb., *Kx. p.*); Boussoit (*Mich.*), Kain (Ht., *Mar.*); La Plante (*Bllk.!*), Rochefort (Nr., *Crep.*); entre Theux et Verviers (Lg., *Lej.*). — Ressemble vaguement au *Leontodon autumnalis.*

2. H. **radicata** L. (P. enracinée). Prairies, bois. — C., C.C. Rég. mér.; A.C.

3. H. **maculata** L. (P. tachée). Prairies, pâturages. — R. Rég. ard. : Env. de Hockay (*Str..*), Vaux-Chavanne (Lg., *Crep.*), Saint-Hubert, Hatrival, Vesqueville, Recogne (*Mor. et Bj.!*), Libin (Lx., *Crep.*); Naomé (Nr., *Maub.!*).

XLI. THRINCIA Roth (Thrincie).

Involucre à folioles imbriquées sur plusieurs rangs. Réceptacle nu. Akènes un peu arqués, striés-scabres, plus ou moins atténués au sommet; les extérieurs terminés par un bord membraneux, denté, en forme de couronne, les intérieurs terminés par une aigrette à poils barbus.

Feuilles toutes radicales ; capitules solitaires. . . . . *T. hirta.*

1. T. **hirta** Roth. — *Leontodon hirtum L.* (T. hérissée). Champs secs, bords des chemins. — C., A.C. Rég. mér ; A.R. — Ressemble un peu au *Leontodon hispidum.*

Obs. — Le véritable *T. hispida Roth* ne se rencontre que dans la région méditerranéenne.

XLII. LEONTODON L. (Liondent).

Involucre à folioles imbriquées sur plusieurs rangs. Réceptacle nu. Akènes striés, légèrement scabres, atténués vers le sommet ; aigrette persistante, à poils tous barbus ou les extérieurs courts et glabres.

Tige rameuse; capitules dressés avant la floraison. . . . . *L. autumnalis.*
Pédoncules simples ; capitules solitaires, penchés avant la floraison. *L. hispidus.*

1. L hispidus L.—*L. proteiformis Vill.* (L. hispide). Bois, pâturages.—C., C.C. Rég. mér.; A.R.—La variété *hastilis* (L. hastilis L.), forme glabre ou presque glabre, se rencontre rarement : Rochefort (Nr.), Smuid (Lx., *Crep.*).—Des semis et de simples transplantations m'ont démontré que cette forme ne constitue qu'une variété. Des graines de la variété complètement glabre ont produit, à deux reprises, de nombreux pieds variant de la forme glabre à la forme hérissée.

2. L. autumnalis L. (L. d'automne). Prairies, lieux cultivés, bords de chemins. — C.

XLIII. PICRIS Juss. (Picride). Involucre à folioles imbriquées sur plusieurs rangs, les extérieures courtes. Réceptacle nu. Akènes ridés transversalement, un peu atténués au sommet ; aigrette caduque, à poils barbus ou les extérieurs seulement denticulés et soudés en anneau à la base.

Plante hérissée de poils rudes, crochus; feuilles supérieures un peu embrassantes. . . . . *P. hieracioides.*

1. P. hieracioides L. (P. Fausse-Epervière). Moissons, coteaux pierreux. — C., A.C. Rég. mér.; A.R.

XLIV. HELMINTHIA Juss. (Helminthie). Involucre à folioles disposées sur deux rangs : les extérieures 3-5, ovales-cordées, les autres plus petites. Réceptacle nu. Akènes ridés transversalement, surmontés, au moins les intérieurs, d'un long bec filiforme ; aigrette à poils tous barbus.

Plante hérissée de poils crochus et d'aiguillons petits ; feuilles supérieures très-embrassantes. . . . . *H. echioides.*

1. H. echioides Gaertn. — *Picris echioides L.* (H. Fausse-Vipérine). Lieux sablonneux, bords des chemins. — R. Ostende (*West.! ML.!*); Soignies (Ht., *Mich.*); Anvers (Anv., *Vh.*).

XLV. TRAGOPOGON L. (Salsifis). Involucre à 8-12 folioles égales et sur un seul rang, plus ou moins soudées à la base, réfléchies à la maturité. Réceptacle nu. Akènes munis de côtes longitudinales, scabres, longuement atténués en un bec grêle ; aigrette à poils barbus, à barbes entrecroisées. Feuilles entières, à nervures longitudinales.

Tige élevée, rameuse; pédoncules un peu renflés au sommet; involucre à 6-8 folioles . . . . *T. pratensis.*

1. T. pratensis L. (S. des prés). Prairies, bords des chemins. —C., A.C. Nr., Lg., Lx., Bb ; A.R. — C'est la forme à fleurs plus courtes que l'involucre (*T. minor Fries*) qu'on rencontre le plus souvent dans les prov. de Nr. et Lx.
Obs. I.—Le *T. major Jacq.* ne paraît point croître en Belgique; ce que j'ai reçu sous ce nom appartient au *T. pratensis.* Cette espèce se reconnaît à ses pédoncules très-renflés et à son involucre à 8-12 folioles.
Obs. II. — On cultive comme plante alimentaire le *T. porrifolius L.* (Salsifis blanc).

XLVI. SCORZONERA L. (Scorzonère). Involucre à folioles nombreuses, inégales, imbriquées sur plusieurs rangs. Réceptacle nu. Akènes munis de côtes lisses ou tuberculeuses, un peu atténués au sommet dépourvus de bec; aigrette à poils barbus, à barbes entrecroisées. Feuilles entières, à nervures longitudinales.

Souche nue au sommet ; tige terminée par un capitule . . . . . *S. humilis.*

1. S. humilis L. (S. humble). Prairies humides. —A.C., C. Rég. ard. : bassins de l'Homme, de la Lesse et de la Houille ; se retrouve à Marche (Lx., *Crep.*), à Vresse et Membre (*Grav.!*), Mariembourg et env. (Nr., *Det.*).

Obs. — On cultive dans les jardins le *S. Hispanica L.* (Scorzonère), espèce originaire du Midi.

XLVII. PODOSPERMUM DC. (Podosperme). Involucre à folioles nombreuses, inégales, imbriquées sur plusieurs rangs, réfléchies à la maturité. Réceptacle sans paillettes. Akènes munis de côtes lisses, non atténués au sommet et sans bec, prolongés à la base en un pied renflé, creux ; aigrette à poils barbus, à barbes entrecroisées.

Feuilles ord. à 3-5 paires de lobes profonds ; tige rameuse. . . *P. laciniatum.*
1. P. LACINIATUM DC. — *Scorzonera laciniata L.* (P. lacinié). Bords de chemins. — Boussoit, Mons ? (Ht., *Desm.*); Laeken ? (Bb., *Math.*). — Espèce très-douteuse.

TRIBU III. AKÈNES TOUS MUNIS D'UNE AIGRETTE POILUE, A POILS PLUS OU MOINS SCABRES.

XLVIII. TARAXACUM Juss. (Pissenlit). Involucre à folioles imbriquées sur plusieurs rangs, toutes réfléchies à la maturité. Réceptacle nu. Akènes munis de côtes striées transversalement, atténués brusquement en un bec filiforme ; aigrette à poils sur plusieurs rangs. Feuilles toutes radicales. Pédoncules nus.

Involucre à folioles extérieures lancéolées, réfléchies ou étalées pendant la floraison . . . . *T. officinale.*
Involucre à folioles extérieures ovales, dressées ou appliquées jusqu'à la fin.
T. palustre.
1. T. OFFICINALE Wigg. — *T. Dens-leonis Desf.* (P. officinal). Prairies, lieux cultivés. — C.C., C.
2. T. PALUSTRE DC. (P. des marais). Prairies humides. — R. Rochefort, Belvaux, Lessive (Nr., *Crep.*).

XLIX. LACTUCA L. (Laitue). Involucre à folioles imbriquées sur plusieurs rangs, les extérieures plus courtes. Réceptacle nu. Akènes comprimés, munis de côtes, brusquement terminés en bec allongé-capillaire ; aigrette à poils sur un seul rang. Involucre glabre.

1. Fleurs d'un bleu-violet . . . . *L. perennis.*
Fleurs jaunes 2
2. Feuilles moyennes et supérieures linéaires, très-entières . . . . *L. saligna.*
Feuilles moyennes et sup. oblongues ou ovales, découpées ou dentées. . . 3
3. Feuilles à nervures sans aiguillons 4
Feuilles à nervure moyenne chargée d'aiguillons 5
4. Feuilles ord. entières, dentées ; capitules à plus de 5 fleurs . . . *L. sativa.*
Feuilles profondément découpées ; capitules à 5 fleurs. . . . . *L. muralis.*
5. Tige verte, lisse ou peu épineuse ; akènes grisâtres, hérissés. . . *L. Scariola.*
Tige épineuse, souvent violacée ; akènes noirs, lisses . . . . . . *L. virosa.*

† L. SATIVA L. (L. cultivée). Généralement cultivé.
1. L. SCARIOLA L. (L. Scariole). Bords des chemins, décombres. — R. — Des variétés sont cultivées.
2. L. VIROSA L. (L. vireuse). Bois montueux, bords des chemins. — R.R. Sensiune (*Crep.*), Houx (Nr., *H.C.*); Verviers (*Laboulle* et *Crep.*), Chaudfontaine (Lg., *Lej*).
3. L. SALIGNA L. (L. à feuilles de saule). Bords des chemins, lieux pierreux. — R. Freyr, Godinne (Nr., *Mor.* et *Crep.*); Dison (Lg., *Lej.!*), Vaulx (Ht., *Hocq.*, *Mar.*).
4. L. MURALIS Fres. — *Prenanthes muralis L.* (L. des murailles). Vieux murs, lieux frais. — C., A.C. Nr., Lg., Lx.; A.R. Ht., Bh.; R. Tongerloo (Anv., *Vh.*; Wintershoven Lb., *VD.*)
5. L. PERENNIS L. (L. vivace). Rochers, coteaux secs. — A.R. Vallée de la Meuse : Nr., Lg.; R. Han-sur-Lesse (*Crep.*), Dourbes (Nr., *Det.*); entre Obourg et Havré (*Mrl.*), Harmignies, Ciply (*Hocq.*), Vaulx (Ht., *Mar.*).

L. SONCHUS L. (Laitron). Involucre à folioles imbriquées sur plusieurs rangs. Réceptacle nu. Akènes comprimés, munis de côtes, tronqués, dépourvus de bec; aigrette à poils très-fins et sur plusieurs rangs.

1. Involucre très-glabre ou ne présentant que quelques poils glanduleux . . . 2
   Involucre chargé de poils glanduleux 3
2. Feuilles à oreillettes étalées; akènes rugueux . . . . *S. oleraceus.*
   Feuilles à oreillettes contournées en hélice; akènes lisses. . . . . *S. asper.*
3. Feuilles à oreillettes courtes et obtuses; les caulinaires moyennes, profondément dentées-incisées . . . . *S. arvensis.*
   Feuilles à oreillettes longues et très-aiguës; les caulinaires moyennes, longuement aiguës et presque entières. . . . . *S. palustris.*
1. S. oleraceus L. (L. maraîcher. — Vulg. *Laitron*). Lieux cultivés. — C.
2. S. asper Vill. (L. âpre). Lieux cultivés. — C.
3. S. arvensis L. (L. des champs). Moissons, lieux cultivés. — C., A.C. Rég. mér.; A.R.
4. S. palustris L. — *Engl. bot.* t. 935! — *Rchb.* ic. 63! (L. des marais). Bords des fossés. — R.R. Env. de Bruxelles (Bb., *West.!*); entre Ostende et Nieuport (Fl. occ., *Coem.!*); Austruweel (Anv. *Rss.!*); bords de la Meuse, vis-à-vis de Houx (Nr., *H.C.*, 1853). — On prend souvent pour tel des formes du *S. arvensis.*

LI. BARKHAUSIA Mœnch (Barkhausie). Involucre à folioles imbriquées sur deux ou plusieurs rangs, les extérieures courtes. Réceptacle sans paillettes, velu ou glabre. Akènes presque cylindriques, munis de côtes rugueuses ou denticulées, atténués insensiblement, au moins ceux du centre, en un bec plus ou moins allongé; aigrette à poils fins, disposés sur plusieurs rangs. Involucre pubescent.

1. Involucre chargé de soies longues et roides . . . . *B. setosa.*
   Involucre pubescent ou tomenteux 2
2. Capitules penchés avant la floraison; akènes du centre à bec dépassant l'involucre à la maturité. . . . . *B. fœtida.*
   Capitules dressés avant la floraison; akènes tous munis d'un bec allongé; aigrettes cachées dans leur moitié inférieure par l'involucre . *B. taraxacifolia.*
1. B. foetida DC. — *Crepis fœtida L.* (B. fétide). Coteaux secs, bords des chemins. — A.C. Nr., Lg.; A.R. Ht.; R. Lx.
2. B. taraxacifolia DC. — *Crepis taraxacifolia Thuill.* (B. à feuilles de Pissenlit). Moissons, lieux pierreux. — R. Eprave, Ave, Resteigne (*Crep.*), Houx (Nr., *H.C.!*).
3. B. setosa DC. — *Crepis hispida W. et K.* (B. hérissée). Prés, champs secs. — R.R. Berchem (Anv., *Vh.!*); Welkenraedt (Lg., *Lej.*). — Espèce fugace et paraissant introduite.

LII. CREPIS L. (Crépide). Involucre à folioles imbriquées sur deux ou plusieurs rangs, les extérieures courtes. Réceptacle sans paillettes, glabre ou velu. Akènes presque cylindriques, munis de côtes lisses ou denticulées, dépourvus de bec, légèrement atténués au sommet, non bordés; aigrette à poils ord. fins et sur plusieurs rangs.

1. Involucre très-glabre; feuilles poilues-glanduleuses . . . . . . *C. pulchra.*
   Involucre pubescent ou hérissé; feuilles non glanduleuses 2
2. Involucre chargé de longs poils noirs glanduleux; aigrette roussâtre. *C. paludosa.*
   Involucre à poils glanduleux rares mêlés à du duvet; aigrette soyeuse-argentée. 3
3. Feuilles caulinaires à bords roulés en dessous; akènes hérissés . . *C. tectorum.*
   Feuilles à bords plans; akènes lisses 4
4. Involucre égalant les aigrettes, à folioles glabres à l'intérieur . . *C. virens.*
   Involucre plus court que les aigrettes, à folioles velues à l'intérieur. . *C. biennis.*
1. B. pulchra L. (C. élégante). Bords des chemins. — R.R. Env. de Liége (Lg., *Lej.*).
2. C. tectorum L. (C. des toits). Prairies, bords des chemins. — R.R. Destelbergen (Fl. or., *Schd.!*); Tournay? (*Hocq., Mar.*), Givry? (Ht., *Mich.*). — On prend quelquefois pour tel le *C. virens.*
3. C. virens L. — *C. polymorpha Wallr.* (C. verdâtre). Prairies, bords des chemins. — C., A.C.

4. C. biennis L. (C. bisannuelle). Prairies, bords des chemins. — C., A.C., A.R. Rég.
 mér.; A.R., R.
5. C. paludosa Moench — *Hieracium paludosum L.* (C. des marais). Bois, prairies
 marécageuses. — C., A.C. Rég. ard. et ses lisières : Nr., Lx., Lg.; A.R. Ht.
 (*Hocq., Mich.*); R. Berchem-Sainte-Agathe, Ganshoren (*Bm.!*); Laeken (*Mrt.*),
 Dilbeek (Bb., *Math.!*).

LIII. HIERARCIUM L. (Épervière). Involucre à folioles imbriquées
sur deux ou plusieurs rangs. Réceptacle dépourvu de paillettes,
glabre ou velu. Akènes presque cylindriques, striés, tronqués, terminés par un rebord annulaire peu saillant, qui entoure la base de
l'aigrette ; aigrette à poils très-fragiles, d'un blanc sale ou roussâtre
à la maturité, scabres, disposés sur plusieurs rangs.

1. Tiges basses, complétement nues, pourvues à la base de rejets rampants feuillés. **2**
 Tiges élevées, sans rejets rampants feuillés **3**
2. Tige ne portant qu'un capitule ; feuilles couvertes en dessous d'un duvet
 blanchâtre entremêlé de poils longs. . . . . *H. Pilosella.*
 Tige portant 2-5 capitules ; feuilles à poils longs, sans duvet en dessous.
 H. Auricula.
3. Tige munie d'une rosette de feuilles à sa base pendant la floraison . . **4**
 Tige à feuilles inférieures détruites au moment de la floraison **5**
4. Tige ne portant ord. qu'une feuille, rarement 2; feuilles inférieures longuement pétiolées ; pédoncules étalés-redressés, un peu arqués . . *H. murorum.*
 Tige portant 2-5 feuilles ; feuilles des rosettes rétrécies en pétiole court ;
 pédoncules étalés-dressés . . . . *H. sylvaticum.*
5. Folioles extérieures de l'involucre à sommet recourbé en dehors. *H. umbellatum.*
 Folioles extérieures de l'involucre appliquées contre les folioles intérieures . **6**
6. Feuilles supérieures ord. rapprochées, un peu embrassantes . . . *H. boreale.*
 Feuilles sup. assez distantes, rétrécies ou un peu arrondies à la base, jamais un
 peu embrassantes . . . . *H. tridentatum.*

1. H. Pilosella L. (E. Piloselle). Pelouses, bois, bords des chemins. — C., A.C. Rég.
 mér.; A.R., A.C.
2. H. Auricula L. (E. Oreillette). Lieux frais, lisières des bois, bords des chemins. —
 A.C., Nr., Lg.; A.R. Ht., Lx., Bb.; R.
 Obs. — Lejeune signalait le *H. pratense Tausch* dans les pâturages entre
 Mangombroux et Jalhay (Lg.). Espèce douteuse.
3. H. murorum L. (E. des murailles). Bois, lieux pierreux, bords des chemins. — C.
 Obs. I. — Entre cette espèce et la suivante, il existe un grand nombre de
 formes souvent difficiles à rapporter soit au *H. murorum,* soit au *H. sylvaticum.*
 Parmi ces formes, encore très-peu connues en Belgique, il en existe peut-être
 qui méritent d'être distinguées comme espèces. On rencontre sur les rochers de
 la vallée de la Meuse, ainsi que sur ceux des vallées de la Lesse et de l'Homme,
 une forme reconnaissable à ses feuilles très-glancescentes et à ses styles jaunes.
 Cette plante présente une particularité qui ne paraît pas exister dans le *H. murorum* et ses variétés : les folioles de l'involucre sont dressées et ouvertes dès
 la naissance ou peu après la naissance du capitule, en sorte que les fleurs sont
 à découvert dès leur jeune âge et point cachées sous les folioles connivantes de
 l'involucre avant la floraison.
 Obs. II. — J'ai découvert, l'année dernière, au mois de juin, sur les rochers
 escarpés qui dominent la Lesse (Nr.) vers son embouchure, une forme très-
 remarquable. Les caractères tranchés et le facies tout particulier de cette plante
 ne permettent pas de la considérer comme une variété ou comme une de ces
 espèces critiques dont la délimitation est très-laborieuse et les caractères difficiles à saisir. Elle a été distribuée à mes correspondants sous le nom de
 H. Mosanum. Je me propose de la décrire dans une publication ultérieure, alors
 que j'aurai réuni les données nécessaires pour garantir sa nouveauté et les
 preuves suffisantes pour démontrer sa valeur spécifique.
4. H. sylvaticum Lam. (E. des bois). Bois, bords des chemins. — C., A.C.
5. H. boreale Fries — *H. Sabaudum Auct. plur.* non *L.* (E. du Nord). Bois. — A.C.
 Lx., Nr., Lg.; A.R., R. Ht., Bb.
6. H. tridentatum Fries — *H. lavigatum Willd.* (E. tridentée). Bois, pâturages. —
 R. Tellin, Neupont, Vance, etc., (Lx., *Crep.*); Rochefort (Nr., *Crep.*). — Beaucoup plus rare que le n° 5; se rencontrera probablement dans d'autres localités.
 Obs. — Cette espèce, assez difficile à définir dans une phrase diagnostique, se
 distingue parfaitement du *H. boreale* par son mode d'inflorescence, par son port
 et par sa floraison estivale d'environ un mois plus précoce.

2. H. umbellatum L. (H. en ombelle). Bois, bords des chemins. — C., A.C.
    Obs. — Ce genre très-ardu réclame toute l'attention de nos botanistes. On consultera avec fruit les belles monographies de MM. Fries, Grenier, Backhouse et Boreau, ainsi que les *Fragments* de M. Jordan. — M. Reichenbach fils a commencé depuis peu de temps, dans le XIX⁰ volume des *Icones fl. germ.*, la publication des planches représentant les espèces de ce genre.

---

† AMBROSIACÉES (Link).

Fleurs unisexuelles, quelquefois dépourvues de corolle, les mâles sessiles sur un réceptacle commun et entourés d'un involucre, les femelles renfermées 1-2 dans un involucre gamophylle. Capitule mâle : fleurs nombreuses, involucre à folioles disposées sur un rang. Calice indistinct. Corolle gamopétale, tubuleuse, à 5 dents. Étamines 5; anthères libres. Ovaire avorté; style indivis. Capitule femelle : involucre à folioles imbriquées, soudées en une enveloppe capsulaire 1-2 flore, 1-2 loculaire, hérissée d'épines, terminée par deux becs creusés en tube pour donner passage à chacun des styles, plus rarement par un seul bec. Calice soudé avec l'ovaire. Corolle insérée au sommet du calice, tubuleuse-filiforme ou nulle. Style filiforme, bifide, à branches linéaires, divergentes, stigmatifères à la face interne. Fruit soudé avec le calice, sec, uniloculaire, monosperme, indéhiscent, renfermé dans l'involucre devenu ligneux. Plantes annuelles, quelquefois munies d'épines.

† XANTHIUM Tournef. (Lampourde). Capitules ne contenant des fleurs que d'un même sexe. Capitule femelle : involucre ovoïde, à folioles imbriquées et soudées en une enveloppe capsulaire contenant deux fleurs, hérissée d'épines crochues, terminées par 2 becs, ligneuse à la maturité et à 2 loges contenant chacune un akène.

Tige épineuse. . . . . *X. spinosum.*
Tige dépourvue d'épines . . . . *X. Strumarium.*
† X. Strumarium L. (L. Glouteron). Lieux cultivés, décombres, bords de chemins.— R. Env. de Verviers (Lg., *Lej.*); env. de Namur (Nr., *Bllk.!*); env. de Bruxelles (Bb., *Kx. p.*); env. de Mons (Ht., *Hocq.*, *Mich.*).— Plante introduite et fugace.
† X. spinosum L. (L. épineuse). Décombres, voisinage des habitations.—R. Dison (Lg., *Lej.!*); env. de Namur (Nr., *Bllk.!*); Bruxelles (Bb., *Wesm.!*).— Espèce introduite et fugace.

Subdivision III. APÉTALES.

Enveloppes florales réduites au calice ou nulles. Ovules contenus dans un ovaire fermé, recevant l'influence du pollen par l'intermédiaire d'un stigmate.

Classe I. APÉTALES NON AMENTACÉES.

Fleurs pourvues d'un calice, très-rarement dépourvues de calice, hermaphrodites ou unisexuelles les mâles n'étant jamais disposées en chatons. Plantes herbacées, plus rarement arbres ou arbrisseaux.

LXXII. AMARANTACÉES (Juss.).

Fleurs monoïques, polygames-monoïques ou dioïques, plus rarement hermaphrodites, naissant chacune à l'aisselle d'une feuille ou d'une bractée et ord. accompagnées de deux bractées latérales scarieuses. Calice persistant, non soudé avec l'ovaire, à 3-5 sépales libres, ou un peu soudés à la base, plus ou moins scarieux, égaux ou presque égaux. Étamines hypogynes, 3-5, libres entre elles, ou à filets soudés plus ou moins longuement. Styles 2-3, libres ou soudés à la base, ord. stigmatifères à la face interne. Fruit non soudé avec le calice, à péricarpe mince membraneux non adhérent à la graine, uniloculaire, monosperme, très-rarement polysperme, indéhiscent (utricule) ou s'ouvrant circulairement par un opercule (pyxide). Plantes herbacées, ord. annuelles. Fleurs petites, nombreuses, verdâtres ou colorées, en glomérules ou rapprochées en épis.

Feuilles ovales, pétiolées ; fleurs naissant à l'aisselle de bractées. AMARANTUS. (i.)
Feuilles très-étroites, linéaires ; fleurs placées à l'aisselle de feuilles.
POLYCNEMUM. (ii.)

I. AMARANTUS L. (Amarante). Fleurs polygames ou monoïques, naissant chacune à l'aisselle d'une bractée, et accompagnées de deux bractées latérales scarieuses. Étamines libres. Fruit monosperme, à péricarpe déhiscent ou indéhiscent.

1. Fleurs espacées le long des rameaux, jamais en épis. . . . . . . A. sylvestris.
Fleurs supérieures réunies en épis compactes presque nus. 2
2. Plante glabre ; bractées plus courtes que les fleurs . . . . A. Blitum.
Plante pubescente ; bractées épineuses . . . . A. retroflexus.
1. A. BLITUM L. Auct. plur.—Albersia Blitum Kunth (A. Blite). Pied des murs, voisinage des habitations, bords de chemins. — A.R., R. — Abondant où il se rencontre.—Manque dans les terrains anciens de la rive droite de la Meuse.—Cette espèce paraît naturalisée.
† A. RETROFLEXUS L. (A. réfléchie). Décombres, bords de chemins.—R.R. Dison (Lg., Lej.); Anvers (Anv., VHk.!); Kain? (Ht., Mar.).—Espèce introduite et fugace.
† A. SYLVESTRIS Desf. (A. sauvage). Voisinage des habitations. — R.R. Gand, dans la station (Fl. or., Schd. et Fg.!); Chereq ? (Ht., Mar.). — Espèce introduite et fugace.
Obs. — On cultive dans les jardins, pour la beauté de leurs épis, plusieurs espèces exotiques : A. sanguineus L. et A. caudatus L.

II. POLYCNEMUM L. (Polycnème). Fleurs hermaphrodites, naissant chacune à l'aisselle d'une feuille et accompagnées de deux bractées latérales scarieuses. Étamines à filets soudés à la base. Fruit monosperme, à péricarpe indéhiscent.

Feuilles sessiles, linéaires aiguës ; bractées dépassant les fleurs. . P. arvense.
1. P. ARVENSE L. — P. majus A. Br. (P. des champs). Coteaux arides, bords de chemins.—R. Rochefort, Han-sur-Lesse, Auffe, Belvaux, Éprave, Lavaux-Sainte-Anne (Crep.), Doische (Nr., Grav.).

LXXIII. SALSOLACÉES (Moq.-Tand.).

Fleurs hermaphrodites, quelquefois polygames, monoïques ou dioïques. Calice à 5 plus rarement 1-2 sépales libres ou soudés à la base, ord. presque égaux, herbacés, s'accroissant ord. après la floraison, souvent carénés ou appendiculés sur le dos ou épineux. Étamines 5, ou moins par avortement, hypogynes ou insérées sur le calice par l'intermédiaire d'un disque, opposées aux sépales, libres entre elles ou très-rarement à filets soudés à la base. Styles 2, plus rarement 3-4, ord. plus ou moins longuement soudés entre eux. Fruit libre, plus rarement soudé avec le calice, uniloculaire, monosperme, indéhiscent, renfermé dans le calice souvent charnu ou presque ligneux; péricarpe mince membraneux (utricule) plus rarement coriace. Graine horizontale ou verticale, ord. lenticulaire.

1. Tiges dépourvues de feuilles . . . . Salicornia. (vi)
   Tiges feuillées 2
2. Fleurs très-laineuses . . . . Kochia (v.)
   Fleurs glabres ou un peu pubescentes. 3
3. Feuilles sessiles, très-étroites, linéaires, épaisses, élargies à la base 4
   Feuilles ord. assez larges et minces, pétiolées ou rétrécies à la base. 5
4. Plante épineuse, pubescente. . . . . Salsola. (viii.)
   Plante non épineuse, très-glabre. . . . . Suaeda. (vii.)
5. Fleurs femelles à calice formé de deux sépales ord. triangulaires, s'accroissant
       après la floraison en forme de valves. . . . . Atriplex. (i.)
   Fleurs ord. hermaphrodites ; fruit jamais renfermé entre deux valves. . . . 6
6. Feuilles argentées-blanchâtres des deux côtés; fleurs monoïques ou dioïques.
                                                                Halimus. (ii.)
   Feuilles vertes ou seulement blanchâtres en dessous; fleurs hermaphrodites. . 7
7. Calice à tube devenant ligneux, soudé inférieurement avec le fruit. Beta. (iibis.)
   Calice herbacé ou charnu; fruit libre 8
8. Graines ord. horizontales ; calice fructifère herbacé . . . . . Chenopodium. (iii.)
   Graines ord. dressées verticales ; calice fructifère herbacé ou charnu-succulent.
                                                                Blitum. (iv.)

§1. *Embryon annulaire ou subannulaire.*

I. ATRIPLEX Tournef. (Arroche). Fleurs monoïques ou dioïques. Fleurs mâles : sépales 3-5 soudés à la base. Étamines 3-5. Fleurs femelles ord. toutes de la même forme, à calice formé de 2 sépales (bractées *Moq.*) libres ou soudés plus ou moins entre eux, s'accroissant après la floraison en forme de valves appliquées l'une contre l'autre. Fruit à péricarpe membraneux, à graine verticale.

1. Fleurs peu nombreuses à l'aisselle des feuilles; calice blanchâtre-argenté.
                                                                A. crassifolia.
   Fleurs nombreuses en grappes effilées, nues au sommet. 2
2. Feuilles inférieures et moyennes triangulaires tronquées à la base. 3
   Feuilles toutes rétrécies en coin à la base 4
3. Sépales ou valves triangulaires . . . . *A. hastata.*
   Sépales ou valves ovales-arrondies. . . . . *A. hortensis.*
4. Rameaux très-étalés ; feuilles oblongues-lancéolées . . . . . . *A. patula.*
   Rameaux dressés; feuilles très-étroites linéaires . . . . . . *A. littoralis.*

† A. hortensis L. (A. des jardins). Quelquefois cultivé.
       Obs. — Lejeune a publié l'*A. nitens Rebent.* provenant des env. de Verviers (Lg.). Cette plante introduite paraît avoir disparu.
1. A. crassifolia C. A. Mey. — *A. rosea Auct. plur.* non *L.* (A. à feuilles épaisses). Lieux sablonneux. — R. Nieuport (*West.*), Ostende (Fl. occ., *Wesm.!*); Selzaete (Fl. or., *Schd.!*).
2. A. hastata L. — *A. latifolia Wahlnbg.* (A. hastée). Lieux cultivés, décombres, bords des chemins. C. — Cette espèce présente de nombreuses variétés et des formes qui paraissent la relier à l'espèce suivante et dont la détermination est quelquefois difficile. On rencontre, aux env. de Blankenberghe (Fl. occ.), une variété assez remarquable par ses feuilles et sa tige blanchâtres-écailleuses (var. *salina.* — *A. oppositifolia Bor.*).

3. A. PATULA L. — *A. angustifolia Sm.* (A. étalée). Lieux cultivés, décombres, bords de chemins. — C. — Plusieurs auteurs considèrent cette plante comme une variété du nº 2.

> *Obs.* — Lejeune a publié, des env. de Verviers (Lg.), l'*A. oblongifolia W. et K.* — *A. Tartarica L.* ex *Moq.-Tand.* Cette plante, qui possède un facies remarquable et qui constitue peut-être une espèce distincte, se retrouve çà et là dans la vallée du Rhin. — Indigène?

4. A. LITTORALIS L. (A. des rivages). Sables maritimes. — A.R. Nieuport (*Mal.!*), Ostende (*Wesm.!*), Blankenberghe (Fl. occ., *Kx.*); Austruweel (Anv., *Vh.*). — Cette espèce a un port qui la fait aisément reconnaître parmi les variétés de l'*A. patula*.

II. HALIMUS Wallr. (Halime).

Fleurs monoïques ou dioïques. Fleurs mâles : sépales 4-5 soudés à la base. Étamines 4-5. Fleurs femelles : calice formé de deux sépales, soudés en tube inférieurement, connivents au sommet ; le fructifère subcapsuliforme, tridenté au sommet. Fruit à péricarpe mince, à graine verticale. Feuilles blanchâtres-argentées sur les deux faces.

> Fleurs femelles sessiles ; plante vivace, un peu ligneuse. . . *H. portulacoides.*
> Fleurs femelles pédonculées ; plante annuelle, herbacée. . . *H. pedunculatus.*

1. H. PORTULACOIDES Wallr. — *Atriplex portulacoides L.* (H. pourpier). Sables maritimes. — R. Nieuport, Blankenberghe (*Kx., Coem.!*), Knocke (Fl. occ., *Dmrt.*).

2. H. PEDUNCULATUS Wallr. — *A. pedunculata L.* (H. pédonculé). Sables maritimes. — R.R. Nieuport (Fl. occ., *Coem.!*).

> *Obs.* On cultive fréquemment comme plantes alimentaires les *Spinacia oleracea L.* et *S. glabra Mill.* (Épinard), espèces originaires, paraît-il, du Caucase.

† BETA Tournef. (Bette).

Fleurs hermaphrodites. Sépales soudés en un calice à 5 dents, adhérent à la base de l'ovaire, à tube s'épaississant et devenant anguleux. Étamines 5. insérées sur l'anneau charnu qui unit le calice à l'ovaire. Styles 2, rarement 4-5. Fruit déprimé, renfermé dans le tube du calice qui est devenu ligneux, à péricarpe induré et soudé inférieurement avec le calice. Graine horizontale, à testa membraneux.

> Tige dressée, robuste ; feuilles inférieures très-larges, ovales obtuses. *B. vulgaris.*

† B. VULGARIS L. (B. commune). Deux variétés sont cultivées communément : la Poirée (var. *Cicla*) et la Betterave (var. *rapacea*).

> *Obs.* — Autrefois Roucel indiquait sur nos côtes le *B. maritima L.* Il n'est pas à ma connaissance que cette espèce ait été découverte d'une manière positive en Belgique. Elle se distingue à sa souche vivace produisant plusieurs tiges couchées étalées, et à ses feuilles aiguës.

III. CHENOPODIUM Tournef. (Ansérine).

Fleurs ord. hermaphrodites. Sépales 5, rarement 3-4, soudés à la base, herbacés, souvent carénés à la maturité. Étamines 5, rarement moins. Styles 2, rarement 3, libres ou quelquefois soudés à la base. Fruit déprimé, à péricarpe membraneux très-mince, appliqué sur la graine. Graine horizontale, à testa crustacé.

1. Feuilles entières **2**
   Feuilles dentées ou incisées **4**
2. Feuilles vertes des deux côtés ; sépales étalés et laissant voir tout le fruit.
   . . . *C. polyspermum.*
   Feuilles ord. blanchâtres-farineuses en dessous ; fruit caché par les sépales. . **3**
3. Plante très-puante ; feuiles env. aussi larges que longues . . . . . *C. Vulvaria.*
   Plante inodore ; feuilles beaucoup plus longues que larges. . . . . *C. album.*
4. Feuilles tronquées à la base, ord. un peu cordées, à 4-6 dents. . . *C. hybridum.*
   Feuilles rétrécies en coin à la base. **5**
5. Grappes nues, très-serrées contre la tige et formant une longue et étroite panicule . . . . . *C. urbicum.*
   Grappes écartées de la tige, ord. rameuses et feuillées. **6**
6. Grappes petites, simples ; feuilles d'un beau glauque en dessous. . *C. glaucum.*
   Grappes ord. rameuses ; feuilles vertes ou un peu farineuses en dessous **7**

7. Grappes terminant la tige et les rameaux élargies et très-rameuses au sommet ;
feuilles très-dentées . . . . *C. murale.*
Grappes non élargies et rameuses en corymbe au sommet. 8
8. Feuilles de la tige presque aussi larges que longues, à lobe moyen court et
obtus . . . . *C. opulifolium.*
Feuilles de la tige centrale beaucoup plus longues que larges. 9
9. Feuilles de la tige 1 fois plus longues que larges . . . . *C. album.*
Feuilles de la tige 2 fois plus longues que larges, à lobe moyen presque aussi
étroit à la base qu'au sommet, obtus . . . . *C. ficifolium.*

1. C. polyspermum L. (A. polysperme). Lieux cultivés, bords des eaux.—A.C.
2. C. Vulvaria L. (A. Vulvaire). Décombres, bords de chemins.—A.R., R.
3. C. album L. (A. blanche). Lieux cultivés, bords de chemins.—C., C.C.
4. C. opulifolium Schrad. (A. à feuilles d'Obier). Lieux cultivés. — R.R. Env. de
Gand (Fl. or., *Schd.*). — Se rencontrera probablement çà et là. Assez douteux
pour notre Flore.
5. C. ficifolium Sm. (A. à feuilles de Figuier). Lieux cultivés, bords de chemins. —
R. Liége, Chênée, Verviers (Lg., *Lej.!*); Gand (Fl. or., *Fg.!*).
Obs.—Ces deux dernières espèces sont assez voisines du *C. album* et peuvent
être aisément confondues avec lui.
6. C. murale L. (A. des murs). Décombres, bords de chemins.—A.R., R.
7. C. urbicum L., Mert. et Koch (A. des villages). Lieux cultivés, décombres. —R.
Tongres (Lb., *Lej.!*); Flobecq, Frameries? (*Mich.*), Tournay, Vaulx? (Ht.,
Mar.).—On prend quelquefois pour tel le *Blitum rubrum.*
8. C. hybridum L. (A. hybride). Lieux cultivés, bords des chemins. –R.
9. C. glaucum L. (A. glauque). Lieux cultivés, voisinage des habitations.—R.R. Env.
de Gand (Fl. or., *Schd.*); Spiennes? (Ht., *Mich.*).—Lejeune l'indique çà et là en
Belgique?

IV. **BLITUM** Tournef. (Blite). Fleurs hermaphrodites, plus rarement polygames par avortement. Sépales 3-5, libres ou soudés à la base, herbacés, quelquefois devenant charnus-succulents à la maturité. Étamines 5 ou moins, quelquefois 1. Styles 2. Fruit comprimé. Graine verticale, à testa crustacé.

1. Fleurs en grappes compactes très-longuement nues au sommet ; feuilles un peu
farineuses . . . . *B. Bonus-Henricus.*
Grappes ord. feuillées; feuilles point farineuses. 2
2. Fleurs disposées en petites têtes arrondies, les supérieures nues. . *B. capitatum.*
Fleurs en grappes ou en petites têtes à l'aisselle des feuilles. 3
3. Fleurs en grappes feuillées . . . . *B. rubrum.*
Fleurs en petites têtes toutes à l'aisselle des feuilles . . . . *B. virgatum.*

† B. virgatum L. (B. effilée). Cultivé.—Çà et là près des jardins et fugace.
† B. capitatum L. (B. en tête). Cultivé.—Çà et là près des jardins et très-fugace.
1 B. rubrum Rchb. — *Chenopodium rubrum* L (B. rouge). Lieux cultivés, bords de
chemins, lieux humides.—A.R. Fl. occ.; R.
Obs.—Cette espèce varie beaucoup. On rencontre sur le bord des étangs maritimes, entre Blankenberghe et Heyst, une petite forme qui mérite d'être étudiée
attentivement. Ses feuilles sont charnues très-épaisses, entières ou un peu
sinuées, celles de la tige sont triangulaires, brusquement rétrécies en coin ou
tronquées; ses grappes sont compactes et nues au sommet (*B. crassifolium*
Rchb.?).
2. B. Bonus-Henricus Rchb. — *Chenopodium Bonus-Henricus* L. (B. Bon-Henri)
Lieux cultivés, bords de chemins.—A.C., A.R.

V. **KOCHIA** Roth (Kochie). Fleurs hermaphrodites ou polygames par avortement. Calice uréolé, à 5 divisions, à divisions présentant à la fin sur le dos des appendices en forme de pointes ou d'ailes transversales. Étamines 5, ord. saillantes. Fruit recouvert par le calice, à graine déprimée, horizontale. Plantes ord. poilues-hérissées.

Feuilles linéaires devenant presque glabres; fleurs en glomérules très-laineux; calice fructifère portant 5 petites pointes . . . . *K. hirsuta.*
1. K. hirsuta Nolte — *Chenopodium hirsutum* L. (K. hérissée). Lieux sablonneux.
— R.R. Blankenberghe (Fl. occ., *Kx.*); Saint-Jean-in-Eremo, Watervliet Fl.
or., *Kx.*).

VI. SALICORNIA Tournef. (Salicorne). Fleurs hermaphrodites, logées dans les excavations du rachis. Calice charnu, entier ou presque entier, s'ouvrant au sommet par une fente. Étamines 1-2: Styles 2. Fruit comprimé, enveloppé par le calice fermé, charnu. Graine verticale. Tige articulée, dépourvue de feuilles. Fleurs réunies par 3, dont 2 parallèles et contiguës et la troisième superposée.

Plante glabre, annuelle, à rameaux opposés. . . . . *S. herbacea.*
1. S. **HERBACEA** L. (S. herbacée). Bords des eaux saumâtres.—A.C. Côtes de la Fl. occ.; se retrouve à la Tête-de-Flandre (Anv., *Vh.*).
Obs. — Le *S. fruticosa L* ne paraît point croître sur nos côtes.

§ II. *Embryon roulé en spirale. Feuilles étroites, subcylindriques et charnues.*

VII. SUAEDA Forsk. (Suedée). Fleurs hermaphrodites. Calice à 5 sépales égaux, épais, charnus, dépourvus d'ailes et d'appendices. Étamines 5. Style nul ; stigmates 3, rarement 4-5. Fruit comprimé, enveloppé par le calice. Graine horizontale ou verticale. Plante glabre.

Racine annuelle ; feuilles épaisses, obtuses ; graines horizontales. *S. maritima.*
1. S. **MARITIMA** Dmrt. — *Chenopodium maritimum L.* (S. maritime). Bords des eaux saumâtres. — A.C. Côtes de la Fl. occ., Anvers Anv., *Vh.!*).—Plante tantôt robuste, tantôt très-grêle.

VIII. SALSOLA L. (Soude). Fleurs hermaphrodites. Calice à 5, rarement 4 sépales, devenant ailé transversalement. Étamines 5, rarement 3. Style ord. allongé ; stigmates 2, rarement 3. Fruit déprimé, enveloppé par le calice, muni de 5 ailes étalées en étoile. Graine horizontale. Plantes ord. un peu velues et épineuses.

Feuilles terminées par une épine . . . . *S. Kali.*
1. S. **KALI** L. (S. Kali). Sables maritimes. — C., A.C. Côtes de la Fl. occ. — On rencontre rarement la variété (*S. Tragus L.?*) à feuilles très-allongées, filiformes : Blankenberghe (*Coem.!*).
Obs. — Le *S. Soda L.* ne paraît point exister sur nos côtes. On a quelquefois pris pour tel le *Suæda maritima !*

LXXIV. POLYGONÉES (Juss.).

Fleurs hermaphrodites, plus rarement unisexuelles. Calice à sépales herbacés ou colorés, libres ou plus ou moins soudés entre eux, 5, plus rarement 4, disposés sur un seul rang, ou 6, plus rarement 4, disposés sur deux rangs presque égaux ou les intérieurs plus grands s'accroissant en forme de valves. Étamines insérées sur un disque glanduleux développé ou non en glandes placées entre les étamines, en nombre égal à celui des sépales et alors disposées sur deux rangs, les extérieures alternant avec les sépales, et les intérieures étant opposées aux sépales intérieures et correspondant aux faces de l'ovaire. Styles en nombre égal à celui des angles de l'ovaire, 2-3, rarement 4, libres ou soudés à la base, quelquefois très-courts ; stigmates capités ou découpés en pinceau. Fruit (akène) libre, plus rarement soudé à la base avec le calice, uniloculaire, monosperme, indéhiscent, à péricarpe crustacé, comprimé-lenticulaire ou trigone, ord. recouvert par le calice persistant ou marcescent ou par les

3 sépales intérieurs développés en forme de valves. Plantes annuelles ou vivaces. Feuilles munies à la base d'une gaîne membraneuse plus ou moins longue qui entoure la tige.

Dans les campagnes, on fait un usage fréquent de la racine des *Rumex Patientia, crispus, obtusifolius, sanguineus* (Patience). La décoction de cette racine est légèrement tonique et purgative. La racine de la Bistorte (*Polygonum Bistorta*) est douée d'énergiques propriétés astringentes. Les feuilles du *P. Hydropiper* (Poivre-d'eau) peuvent, étant pilées fraîches, servir à préparer des cataplasmes irritants. Les *P. Persicaria* et *aviculare* sont légèrement astringents. La racine du *P. amphibium* est quelquefois administrée comme succédané de la salsepareille.

Sépales intérieurs plus grands, s'accroissant beaucoup après la floraison ; stigmates découpés en pinceau. . . . . Rumex. (i.)
Sépales presque égaux, ne s'accroissant point ; stigmates entiers. Polygonum. (ii.)

I. RUMEX L. (Patience). Fleurs hermaphrodites, polygames ou dioïques. Calice à 6 sépales placés sur 2 rangs ; les 3 extérieurs un peu soudés à la base ; les 3 intérieurs plus grands, connivents, s'accroissant après la floraison en forme de valves. Étamines 6. disposées sur un seul rang, alternes avec les sépales. Styles 3, filiformes, réfractés ; stigmates multifides, à divisions disposées en pinceau. Fruit trigone.

1. Feuilles munies sur les côtés de deux dents ou oreillettes étalées-divergentes ou dirigées en bas (feuilles hastées ou sagittées) 2
Feuilles non munies d'oreillettes à la base 4
2. Feuilles env. aussi larges que longues ; plante glauque . . . . . *R. scutatus.*
Feuilles 2 fois plus longues que larges ; plante verte 3
3. Feuilles à oreillettes dirigées en bas ; sépales extérieurs rejetés sur les pédicelles . . . . *R. Acetosa.*
Feuilles à oreillettes très-divergentes ou horizontales ; sépales tous appliqués sur le fruit . . . . *R. Acetosella.*
4. Sépales intérieurs munis sur les côtés de dents aiguës allongées 5
Sépales intérieurs entiers ou denticulés. 7
5. Feuilles inférieures et moyennes ovales, arrondies ou en cœur à la base ; grappes nues. . . . . *R. obtusifolius.*
Feuilles étroites lancéolées ; grappes de fleurs feuillées 6
6. Sépales à dents 1-2 fois plus longues que la largeur du limbe ; fleurs en grappes très-compactes à la maturité. . . . . *R. maritimus.*
Sépales à dents égalant la largeur du limbe ; grappes interrompues . *R. palustris.*
7. Calice fructifère à sépales intérieurs ovales, env. aussi larges que longs . 8
Calice fruct. à sépales int. linéaires-oblongs, beaucoup plus longs que larges. 10
8. Sépales intérieurs triangulaires, tous munis d'un gros tubercule sur le dos.
R. Hydrolapathum.
Sépales arrondis, un peu en cœur à la base ; deux des sépales sans tubercules ou à tubercules très-petits 9
9. Feuilles ondulées-crispées ; calice fructifère à 3 tubercules, dont 2 ord. très-petits . . . . *R. crispus.*
Feuilles planes ; calice fructifère à 1 tubercule . . . . *R. Patientia.*
10. Verticilles de fleurs presque tous munis de feuilles ; sépales tous pourvus de tubercules . . . . *R. conglomeratus.*
Verticilles de fleurs presque tous dépourvus de feuilles ; calice fructifère à 1 seul tubercule . . . . *R. sanguineus.*

1. R. maritimus L. (P. maritime). Bords des fossés, mares. — R. Nieuport (*West.!*), Ostende (Fl. occ., *ML.*); Gand (Fl. or.,*Schd.!*); Tête-de-Flandre, Fort-Philippe (Anv., *Vh.*) ; Cortessem (Lb., *VD.!*) ; Léau (Bb., *VD.*); Saint-Denis , Mons, Obourg (*Mrt.!*), Havré (*Hocq.*), Tournay, Péruwelz (Ht., *Mar.*) ; Mariembourg (Nr., *Det.!*).
2. R. palustris Sm. (P. des marais). Bords des fossés, mares.— R. Blankenberghe (Fl.occ., *Crep.*); Gand (Fl. or., *Schd.!*); Tête-de-Flandre (Anv., *V. et J. Barb.!*); Mons (lit., *Mrt.!*).
3. R. obtusifolius L. (P. à feuilles obtuses). Prairies, lieux cultivés. — C.
Obs.— Cette espèce varie beaucoup.— Le *R. pratensis Mert.* et *Koch,* espèce peu connue et obscure, a été indiqué dans nos Flores.
4. R. crispus L. (P. crépue). Prairies, bords des chemins. — C., A.C.
5. R. patientia L. (P. officinale). Cultivé.

5. R. HYDROLAPATHUM Huds. (P. des rivières). Bords des eaux. — A.R., R.
  Obs. — Le *R. aquaticus L.* ne paraît pas croître en Belgique. On prend quelquefois pour tel le *R. Hydrolapathum*
6. R. CONGLOMERATUS Murr. — *R. Nemolapathum Ehrh.*(P. agglomérée). Lieux frais,
  bords des chemins. — C., A.C.
7. R. SANGUINEUS L. — *R. nemorosus Schrad.* (P. sanguine). Bois humides, bords des
  chemins. — C., C.A. — La variété à nervures d'un rouge de sang est cultivée.
8. R. SCUTATUS L. (P. à écusson). Rochers, vieux murs. — A.R., R. Rochers et rocailles
  calcaires des vallées de la Meuse, de la Lesse, de l'Homme, de l'Ourthe et de
  l'Amblève. — Çà et là, mais rarement, naturalisé sur les vieux murs dans la
  rég. mér.
9. R. ACETOSA L. (P. Oseille). Prairies, bords des chemins. C.
  Obs. — La plante vulgairement connue sous le nom d'Oseille et cultivée dans
  tous nos jardins paraît provenir de cette espèce.
10. R. ACETOSELLA L. (P. Petite-Oseille). Pâturages, bois, bords des chemins. — C.,C.C.
Obs. — Pourvu de racines stolonifères.

II. **POLYGONUM** L. (Renouée). Fleurs hermaphrodites. Calice
ord. de consistance pétaloïde, à 5 plus rarement 4-3 sépales disposés sur un rang, soudés à la base, presque égaux, à peine accres-
cents, persistants-marcescents, ord. appliqués sur le fruit. Étamines
ord. en nombre plus grand que celui des sépales, ord. 8, disposées
sur deux rangs, les extérieurs alternant avec les sépales, les intérieurs (3-2) étant opposés aux sépales intérieurs. Styles 2-3; stigmates capités. Fruit trigone ou comprimé-lenticulaire.

1. Feuilles ovales-triangulaires, prolongées en 2 oreillettes à la base (sagittées).   2
   Feuilles jamais sagittées   5
2. Tiges grimpantes-volubiles; fruit plus court que le calice.   3
   Tiges non grimpantes; fruit dépassant le calice   4
3. Calice fructifère largement ailé; fruit luisant . . . . *P. dumetorum.*
   Calice fructifère non ailé; fruit mat . . . . *P. Convolvulus.*
4. Fleurs petites, d'un blanc verdâtre; fruit à angles sinués . . *P. Fagopyrum.*
   Fleurs blanches ou rosées; fruit à angles lisses. . . . . . *P. Tataricum.*
5. Fleurs solitaires, ou 2-3 à l'aisselle de chaque feuille. . . . *P. aviculare,*
   Fleurs en grappes ou en épis terminant la tige et les rameaux   6
6. Feuilles tronquées, arrondies ou en cœur à la base; étamines saillantes .   7
   Feuilles rétrécies en coin à la base; étamines incluses   8
7. Feuilles à limbe se prolongeant sur le pétiole; fruit trigone . . *P. Bistorta.*
   Feuilles à limbe ne se prolongeant pas sur le pétiole; fruit ovoïde-com-
       primé. . . . . *P. amphibium.*
8. Feuilles à gaînes point ou très-courtement ciliées . . . . *P. lapathifolium.*
   Feuilles à gaînes longuement ciliées au sommet.   9
9. Épis oblongs-cylindriques épais. . . . . *P. Persicaria.*
   Épis grêles, filiformes, lâches et interrompus.   10
10. Calice chargé de points glanduleux; plante très-âcre . . . *P. Hydropiper.*
    Calice sans points glanduleux; plante à saveur herbacée. . . . . *P. mite.*

1. P. BISTORTA L. (R. Bistorte). Bois montueux, prairies fraîches. — A.C. Région ar-
  dennaise et ses lisières : Lx., Lg., Nr.; A.R. Nr., Lg.; R. Ht.; Laeken, Bois de la
  Cambre près Bruxelles (Bb., *Bm.!*); Rethy, Tongerloo (Anv., *Vh.*); Brusthem
  (Lb., *VD.*).
    Obs. — Lejeune a publié, comme provenant des pâturages entre Bilstain et
  Andrimont (Lg.), le *P. viviparum L.*, et Tinant a indiqué la même espèce à
  Freilange (Lx.). Il est très-probable que la présence de cette plante en Belgique
  n'est qu'accidentelle : on la cultive dans les jardins
2. P. AMPHIBIUM L. (R. amphibie). Fossés, mares, lieux humides. — C., A.C.
3. P. LAPATHIFOLIUM L. (R. à feuilles de Patience). Lieux humides, bords des chemins,
  — C., A.C.
4. P. PERSICARIA L. (R. Persicaire). Lieux humides, bords des chemins. — C., A.C.
5. P. MITE Schrank (R. douce). Fossés, lieux humides. — A.R., R. — Présente deux
  variétés : var. *mite* (P. dubium Stein. — P. laxiflorum Weihe), à feuilles assez
  larges, lancéolées, à épis penchés : A.R. Campine anversoise (Anv., *Rss.!*),
  A.R. Fl. or. (*Pss.!, Schd.!*); Boertendael (Bb., *Gr.!*); et var. *minus* (P. minus
  Huds.), à feuilles très-étroites, linéaires, à épis très-grêles, dressés. — R.
  Lx., Nr.; Saint-Denis (Ht., *Mrt.!*); Gand (Fl. occ., *Schd.!*); Pitersheim
  (Lb., *Lej.!*).
6. P. HYDROPIPER L. (R. Poivre-d'eau). Fossés, lieux humides. — C.
7. P. AVICULARE L. (R. des oiseaux). Lieux cultivés, bords des chemins. — C., C.C.

Obs. — Le *P. Bellardi All.* est indiqué par Lejeune à Polleur (Lg., *Court.*) et par Tinant à Bastogne (Lx.). Cette espèce, voisine de la précédente, est douteuse pour notre Flore.

8. P. Convolvulus L. (R. Liseron). Moissons, lieux cultivés. — C.

9. P. dumetorum L. (R. des buissons). Haies, bois. — A.R. Nr., Lg.; R. — On prend quelquefois pour tel les grandes formes du nᵒ 8.

† P. Fagopyrum L. — *Fagopyrum esculentum Mœnch* (R. Sarrasin — Vulg. *Blé noir*). Cultivé.

† P. Tataricum L. — *Fagopyrum Tataricum Gœrtn.* (R. de Tartarie). Cultivé.

LXXV. CANNABINÉES (Endl.).

Fleurs dioïques. Fleur mâle : calice à 5 sépales presque égaux, libres. Étamines 5, opposées aux sépales, insérées au fond du calice; filets filiformes très-courts. Fleur femelle : calice persistant plus ou moins accrescent, réduit à un seul sépale qui entoure ou embrasse l'ovaire. Style très-court ou nul; stygmates 2, filiformes allongés. Fruit (akène) non soudé avec le calice qui le renferme ou l'embrasse, petit, sec, uniloculaire, monosperme; à péricarpe crustacé, glanduleux-résineux, indéhiscent, ou lisse s'ouvrant en 2 valves par la pression. Plantes herbacées. Fleurs petites, verdâtres; les mâles en grappes ou en panicules; les femelles en glomérules feuillés, ou en épis ou cônes ovoïdes.

L'infusion des cônes ou têtes de Houblon, la poudre, l'extrait ou la teinture de Houblon sont des médicaments toniques, légèrement narcotiques, employés dans le traitement des affections scrofuleuses et des maladies chroniques de la peau.

Plante annuelle, à tige dressée . . . . Cannabis. (i'.)
Plante vivace, à tige grimpante-volubile . . . . Humulus. (i.)

† CANNABIS Tournef. (Chanvre). Fleurs dioïques. Fleurs femelles accompagnées chacune d'une petite bractée. Calice réduit à un seul sépale enroulé autour de l'ovaire et renflé à la base. Akène à péricarpe se partageant en 2 valves par la pression. Embryon plié.

Plante annuelle; tige dressée; feuilles profondément divisées en 5-7 segments.
C. sativa.

† C. sativa L. (C. cultivé). Cultivé en grand.

I. HUMULUS L. (Houblon). Fleurs dioïques. Fleurs femelles disposées par paires à l'aisselle de bractées membraneuses-foliacées, accrescentes. Calice réduit à un seul sépale embrassant l'ovaire et devenant membraneux-foliacé à la maturité. Embryon enroulé en spirale.

Plante vivace, tige grimpante-volubile; fleurs femelle en cônes pédonculés.
H. Lupulus.

1. H. Lupulus L. (H. grimpant). Haies, bois. — A.C. — Véritablement indigène ? — Fréquemment cultivé.

LXXVI. ULMACÉES (Mirb.).

Fleurs hermaphrodites. Calice marcescent, gamosépale, campanulé ou turbiné, à 5 plus rarement 4-8 lobes égaux. Étamines 5, plus rarement 4-8, insérées à la base du calice et opposées à ses lobes. Styles 2, larges, divergents, stigmatifères à leur face interne. Fruit (samare) non soudé avec le calice, sec, comprimé, largement membraneux dans toute sa circonférence, uniloculaire et monosperme par avortement, indéhiscent. Arbres. Feuilles alternes, munies de stipules libres, caduques. Fleurs assez petites, en fascicules latéraux sessiles, paraissant avant les feuilles.

1. ULMUS L. (Orme).

Fleurs presque sessiles ; fruits glabres . . . . *U. campestris.*
Fleurs longuement pédonculées ; fruits velus . . . . *U. effusa.*

1. U. CAMPESTRIS L. — *U. montana Sm.* (O. des champs). Bois montueux. — C., A.C. Rég. mér. ; A.R. Rég. sept. — Peut-être n'est-il que planté dans la rég. sept.

2. U. EFFUSA Willd. (O. à fleurs éparses). Bois montueux. — R. Rochefort (Nr., *Crep.*); Nessonvaux (Lg., *Lej.*. — Dans les bois montueux près Rochefort, cet arbre paraît bien indigène ; il croît également sur les bords de la Lesse entre Ciergnon et Vignée (Nr.), mais son indigénat dans cette station est problématique.

LXXVII. URTICÉES (Juss.).

Fleurs monoïques ou dioïques, rarement polygames. Fleur hermaphrodite et fleur mâle : calice à 4 sépales presque égaux, concaves, libres ou soudés inférieurement. Étamines 4, opposées aux sépales, insérées au centre de la fleur ou hypogynes ; filets repliés en dedans avant l'épanouissement, puis s'étalant avec élasticité. Fleur femelle : calice persistant, à 4 sépales libres, ord. très-inégaux, les 2 extérieurs très-petits, ou composé de sépales soudés inférieurement. Style assez long ou court ; stigmate ord. en pinceau. Fruit (akène) non soudé avec le calice, petit, renfermé dans le calice, sec, uniloculaire, monosperme, indéhiscent, à péricarpe crustacé ou membraneux. Plantes annuelles ou vivaces, herbacées. Feuilles opposées ou alternes, à stipules petites, non soudées avec le pétiole.

La Pariétaire (*Parietaria officinalis*) possède des propriétés diurétiques.

Plantes à poils roides piquants ; feuilles dentées . . . . URTICA. (i.)
Plantes à poils mous ; feuilles entières . . . . PARIETARIA. (ii.)

I. URTICA Tournef. (Ortie). Fleurs monoïques ou dioïques. Fleur mâle : calice à 4 sépales soudés inférieurement. Étamines 4. Fleur femelle : calice à 4 sépales soudés à la base ou presque libres, les extérieurs plus petits, les intérieurs dressés renfermant l'akène et s'accroissant quelquefois après la floraison. Plantes à poils roides renfermant un liquide caustique très-irritant. Feuilles dentées.

Plante annuelle ; fleurs en grappes courtes dressées. . . . . . . *U. urens.*
Plante vivace ; fleurs en longues grappes pendantes . . . *U. dioica.*

1. U. DIOICA L. (O. dioïque). Haies, décombres, bords des chemins. — C., C.C.

2. U. URENS L. (O. brûlante). Pied des murs, décombres. — C., C.C.

II. PARIETARIA Tournef. (Pariétaire). Fleurs polygames, les unes hermaphrodites, les autres femelles, accompagnées chacune de 1-2 bractées disposées en forme d'involucre. Fleur hermaphrodite : calice à 4 sépales soudés inférieurement, s'accroissant après la floraison et ord. allongé-cylindrique. Étamines 4. Fleur femelle : calice tubuleux-renflé, à 4 dents, persistant. Plantes à poils non piquants. Feuilles entières.

Tiges dressées, ord. simples ; feuilles d'un vert clair, longuement rétrécies à la base . . . . *P. officinalis.*
Tiges ord. étalées-diffuses, rameuses ; feuilles d'un vert sombre, assez brusquement rétrécies à la base . . . . *P. diffusa.*

1. P. OFFICINALIS L. — *P. erecta Mert.* et *Koch* (P. officinale). Vieux murs. — R. Env. de Namur (Nr., *Bllk.!*); Averboden (Bb., *West.*).

2. P. DIFFUSA Mert. et Koch (P. diffuse) Vieux murs. — R. Gand (Fl. or., *Coem.!*); Bruxelles (Bb., *Lej.*); Anvers (Anv.. *Vh.*).

Obs. — Je ne sais à laquelle de ces espèces doivent se rapporter les localités suivantes : Argenteau (Lg., *Str.*); Tournay, Monceau (Ht., *Mich., Mar.*. — Ces deux espèces, que plusieurs auteurs considèrent comme de simples variétés, paraissent être des plantes introduites et naturalisées.

LXXVIII. SANGUISORBÉES (Juss.).

Fleurs hermaphrodites, polygames ou monoïques. Calice à 4 rarement 5 sépales soudés en tube dans leur partie inférieure, à tube non soudé avec l'ovaire ; sépales quelquefois munis de stipules soudés deux à deux et adhérant inférieurement au tube du calice de manière à former des divisions alternant avec eux. Étamines 4, ou moins par avortement, ou en nombre indéfini, insérées sur un disque annulaire qui rétrécit la gorge du calice ; anthères à deux loges, plus rarement à une loge s'ouvrant par une fente transversale. Styles en nombre égal à celui des carpelles, terminaux, plus rarement basilaires, à stigmate capité ou en pinceau. Fruit non soudé avec le calice, constitué par 1-2 plus rarement 3-4 carpelles distincts, monospermes, indéhiscents, renfermés dans le tube induré du calice. Plantes herbacées, vivaces, plus rarement annuelles. Feuilles palmatilobées. ou imparipinnées à folioles pétiolulées ; stipules soudées au pétiole, ord. foliacées.

Le *Sanguisorba officinalis* et le *Poterium Sanguisorba* (Pimprenelle) sont doués de propriétés astringentes. L'*Alchemilla vulgaris* (Alchemille), dont le suc est amer et astringent, était autrefois employé comme tonique.

1. Feuilles ailées, à 3-12 paires de folioles pétiolulées **2**
Feuilles plus ou moins lobées, jamais ailées . . . . *Alchemilla.* (i.)
2. Étamines 20-31 ; têtes de fleurs verdâtres. . . . . *Poterium* (iii.)
Étamines 4 ; têtes de fleurs d'un rouge-brunâtre . . . . . *Sanguisorba.* (ii.)

I. **ALCHEMILLA** Tournef. (Alchemille). Fleurs hermaphrodites. Calice à 8 rarement 10 divisions disposées sur deux rangs. Étamines 4-1 ; anthères à une loge s'ouvrant transversalement. Style partant de la base du carpelle ; stigmate capité. Akène 1 rarement 2, renfermés dans le tube du calice. Feuilles palmatilobées ou palmatipartites. Fleurs disposées en cymes, ou en fascicules opposées aux feuilles.

1. Feuilles soyeuses-argentées en-dessous. . . . . *A. Alpina.*
Feuilles vertes en-dessous.. **2**
2. Fleurs sessiles agglomérées à la base des feuilles. . . . . . *A. arvensis.*
Fleurs pédonculées, en corymbe terminal. . . . . *A. vulgaris.*

1. A. vulgaris L. (A. commune). Prairies, haies, bords des chemins. — A.C., C. Nr., Lx., Lg.; R. Ht.; Jette-Saint-Pierre, Laeken (Bb., *Mrt.*); Rethy, Tongerloo (Anv., *Vh.*); Beverloo (Lb., *West.*).

2 A. alpina L. (A. des Alpes). Pâturages, bruyères. — R.R. Entre Verviers et Jalhay (*Lej.!*), env. de Jalhay, Jehanster (Lg., *Str.!*). — L'indigénat de cette espèce est très-suspect. Mon respectable ami, l'abbé Strail, partage mon opinion à l'égard de cette plante, ainsi qu'à l'égard de plusieurs autres espèces signalées aux env. de Verviers, qu'on paraît y avoir propagées autrefois dans le but d'enrichir la Florule de ces localités.

3. A. arvensis Scop. — *Aphanes arvensis L.* (A. des champs). Lieux cultivés, moissons. — C.

II. SANGUISORBA L. (Sanguisorbe). Fleurs hermaphrodites.

Calice à 4 divisions. Étamines 4, opposées aux divisions du calice; anthères à deux loges s'ouvrant en long. Style 1, terminal; stigmate dilaté, chargé de papilles. Akène 1, renfermé dans le tube du calice tétragone induré. Feuilles imparipinnées. Fleurs en épis ovoïdes terminaux.

Dents du calice d'un pourpre foncé, égalant les étamines . . . *S. officinalis.*

1. S. officinalis L. (S. officinale). Prairies fraîches. — R. Bassin de l'Amblève: Stavelot, Trois-Ponts, entre Trois-Ponts et Grand-Halleux, Noncevaux, Aiwaille, Amblève (*Crep.*); se retrouve à Jalhay (*Crep.*), Mangombroux, entre Verviers et Limbourg (Lg., *Lej.*); Baudour, Belœil (*Hocq.*), Mourcourt (Ht., *Mich.*); Hoogstraeten, Meerle (Anv., *Rss.!*).

III. POTERIUM L. (Pimprenelle). Fleurs monoïques ou polygames.

Calice à 4 divisions. Étamines 20-30; anthères à deux loges s'ouvrant en long. Styles 2, rarement 3, terminaux; stigmates en pinceau. Akènes 2, rarement 3, renfermés dans le tube du calice tétragone induré. Feuilles imparipinnées. Fleurs en épis ovoïdes terminaux.

Dents du calice vertes, un peu rosées; étamines très-saillantes. *P. Sanguisorba.*

1. P. Sanguisorba L. — *P. dictyocarpum Spach* (P. Sanguisorbe). Prairies, pelouses, bords des chemins. — C. Nr., Lg., Lx.; A.R. Ht., Bb.

Obs. — Cette plante présente une variété remarquable et que plusieurs auteurs considèrent comme une espèce. Elle se distingue par ses calice fructifères fortement réticulés-alvéolés, à bords des alvéoles et à angles denticulés (▼ar. *muricatum.* — P. muricatum Spach — P. polyganium W. et K.?). — R.R. Verviers (Lg., *Lej.!*).

LXXIX. DAPHNOIDÉES (Vent.).

Fleurs hermaphrodites, plus rarement unisexuelles par avortement. Calice herbacé ou coloré souvent pétaloïde, libre, caduc ou persistant-marcescent, gamosépale, tubuleux ou infundibuliforme, à 4-5 divisions presque égales. Étamines en nombre double de celui des divisions du calice (8-10); sur deux rangs, celles du rang inférieur insérées sur le tube alternant avec les divisions, celles du rang supérieur insérées à la gorge leur étant opposées, ou en nombre égal à celui des divisions du calice. Style filiforme, court, souvent un peu latéral; stigmate capité. Fruit non soudé avec le calice, sec, indéhiscent, ou drupacé, uniloculaire, monosperme, nu ou enveloppé par le calice. Sous-arbrisseaux ou plantes herbacées. Feuilles alternes ou éparses, plus rarement opposées; stipules nulles.

L'écorce du Daphné Bois-gentil appliquée fraîche sur la peau, produit, selon la durée de l'application, la vésication et même l'ulcération. On s'en sert surtout pour entretenir les cautères.

Arbrisseaux ; fruit en forme de baie succulente . . . . Daphne. (i.)
Plante herbacée ; fruit sec. . . . . Stellera. (ii.)

I. DAPHNE L. (Daphné). Calice coloré pétaloïde, plus rarement d'un vert jaunâtre, caduc, infundibuliforme, quadrifide. Étamines 8, insérées sur deux rangs. Style terminal. Fruit drupacé. Sous-arbrisseaux.

Fleurs rougeâtres, réunies par 2-3 sessiles ; feuilles caduques . *D. Mezereum.*
Fleurs d'un jaune verdâtre, en grappes pédonculées ; feuilles persistantes,
épaisses, très-coriaces. . . . . *D. Laureola.*
1. D. Mezereum L. (D. Bois-gentil). Bois montueux. — A.R. Lx., Lg., Nr.; R. Lompret
(*Hocq.*), Abbaye-d'Aulne (Ilt, *Mich.*).
2. D. Laureola L. (D. Lauréole). Bois montueux, haies. — R. Fagnolles, Roly (Nr.,
Det.!); Monbliart (Ilt., *Mich.*); entre Huy et Liége (*Lej.*), Awirs (Lg., *Mal.*).

II. STELLERA L. (Stellérine). Calice herbacé, persistant, infundibuliforme, quadrifide. Étamines 8, insérées sur deux rangs. Style terminal ou latéral. Fruit sec, renfermé dans le calice.

Plante annuelle, herbacée ; feuilles petites, lancéolées-linéaires ; fleurs verdâtres,
1-3 à l'aisselle des feuilles . . . . *S. Passerina.*
1. S. Passerina L. — *Passerina annua Wickst.* (S. Passérine). Champs secs. —
R.R.R. Orval (Lx., *Marchand ex Lej.*). — Douteux pour notre Flore.

LXXX. ÉLÉAGNÉES (R. Br.).

Fleurs hermaphrodites ou dioïques. Fleur mâle : calice à 2 sépales libres à la base et un peu cohérents au sommet, ou à 4 sépales soudés inférieurement en tube. Étamines 4-8, insérées à la gorge du calice ou au centre, les unes opposées aux sépales ou aux lobes du calice, les autres alternes ; filets très-courts ou nuls ; anthères à deux loges. Fleur femelle ou hermaphrodite : calice libre, tubuleux, à limbe à 2-5 divisions. Étamines insérées à la gorge du tube. Style terminal simple, allongé et stigmatifère sur un seul bord. Fruit non soudé avec le calice, sec, uniloculaire, monosperme, indéhiscent, enveloppé par le calice devenu charnu-succulent ou induré à la maturité. Arbres ou arbrisseaux. Feuilles entières, recouvertes à la face inférieure d'écailles argentées.

I. HIPPOPHAE L. (Argousier). Fleurs dioïques. Fleur mâle : calice à 2 sépales un peu cohérents au sommet ; étamines 4. Fleur femelle : calice tubuleux, bifide au sommet. Fruit sec, enveloppé par le calice devenu bacciforme.

Arbrisseau très-rameux, épineux ; baies d'un jaune orange . . *H. rhamnoides.*
1. H. rhamnoides L. (A. rhamnoïde). Sables maritimes. — C.,C.C. Côtes de la Fl. occ.
— Il est propagé pour fixer le sable des dunes.

LXXXI. HIPPURIDÉES (Link).

Fleurs hermaphrodites. Calice gamosépale, tubuleux à tube soudé avec l'ovaire, à partie libre formant un rebord peu distinct. Étamine 1, insérée au sommet du tube du calice du côté extérieur. Style subulé, stigmatifère à la face interne. Fruit soudé avec le tube du calice, couronné par le rebord du calice, uniloculaire, monosperme, indéhiscent, un peu charnu, à noyau osseux. Plante vivace herbacée, aquatique. Feuilles verticillées.

1. HIPPURIS L. (Pesse).

Tige simple ; feuilles verticillées par 8-12 ; fleurs petites, vertes, axillaires, solitaires . . . . *H. vulgaris.*

2. H. vulgaris L. (P. commune). Bords des eaux, fossés. — A.R. Rég. sept.; R. Bb., Ht.; Tongres (Lb., *Lej.*); Vance (Lx., *Tin.*).

LXXXII. SANTALACÉES (R. Br.).

Fleurs hermaphrodites, ou dioïques par avortement. Calice persistant, gamosépale, tubuleux, à tube soudé avec l'ovaire, à limbe 4-5 fide, plus rarement trifide. Étamines 4-5, plus rarement 3, insérées à la base des lobes du calice auxquelles elles sont opposées ou insérées sur un disque épais. Style filiforme. Fruit sec ou drupacé, uniloculaire, monosperme par avortement, indéhiscent, surmonté par le limbe du calice. Plantes vivaces, ord. herbacées. Feuilles alternes, sessiles, lancéolées ou linéaires, entières ; stipules nulles.

1. THESIUM L. (Thésion). Fleurs hermaphrodites. Calice à 4-5 lobes, s'enroulant en dedans après la floraison. Étamines 4-5 munies de poils à la base des filets. Fruit sec, monosperme par avortement, surmonté par le limbe persistant du calice.

Fruit égalant ou plus court que le limbe persistant du calice qui le couronne.
. . . . *T. pratense.*
Fruit une fois plus long que le limbe du calice . . . . *T. humifusum.*

1. T. pratense Ehrh. (T. de prés). Prés, pâturages, pelouses. — A.R. Rég. ardennaise : Lx., Nr., Lg.; R. entre Verviers et Bilstain (Lg., *Lej.!*); Rochefort, entre Wellin et Lavaux-Sainte-Anne (Nr., *Crep.*).

2. T. humifusum DC. (T. couché). Pelouses sablonneuses. — R.R. Env. de Furnes (Fl. occ., *Coem.!*). — D'après ce que m'écrit le docteur Westendorp, cette espèce serait assez commune (?) dans les dunes du littoral.

LXXXIII. ARISTOLOCHIÉES (Juss.).

Fleurs hermaphrodites. Calice gamosépale, à tube soudé avec l'ovaire ; régulier, à limbe trifide persistant, ou irrégulier, à tube longuement prolongé au-dessus de l'ovaire, à limbe évasé obliquement en languette, ord. se coupant circulairement au-dessus de l'ovaire après la floraison. Étamines ord. 12-6, insérées sur le disque qui revêt le sommet de l'ovaire ; filets courts ou nuls. Style court en colonne ; stigmate à 6 lobes. Fruit soudé avec le tube du calice, coriace, capsulaire, à 6 loges polyspermes, irrégulièrement déhiscent, ou s'ouvrant en 6 valves, couronné par le limbe persistant du calice ou présentant au sommet une cicatrice qui résulte de la partie supérieure du tube.

L'*Asarum Europæum* (Asaret) était fréquemment employé avant la découverte de l'émétique et de l'ipécacuanha ; les feuilles et la racine, en poudre ou en infusion, agissent énergiquement comme émétiques. Cette plante agit également comme purgative.

Feuilles opposées ; calice à 3 divisions . . . . ASARUM. (i.)
Feuilles alternes ; calice longuement tubuleux, terminé en languette.
ARISTOLOCHIA. (ii.)

I. ASARUM Tournef. (Asaret). Calice campanulé-urcéolé, à 3 lobes égaux et persistants. Étamines 12 ; filets courts, libres ; anthères libres, surmontées d'un prolongement subulé du connectif. Capsule surmontée par le limbe persistant du calice, s'ouvrant irrégulièrement. Feuilles opposées.

Plante d'une odeur forte ; feuilles réniformes . . . . . . *A. Europæum.*
1. A. EUROPAEUM L. (A. d'Europe — Vulg. *Cabaret*). Bois rocailleux ombragés.
— R. entre Fraipont et Andoumont, Magnée (Lg., *Str.!*). — Suivant Hocquart, cette plante aurait été observée autrefois par le pharmacien Gossart dans les bois de Clin et de Saint-Macaire (Obourg). Les recherches faites par l'abbé Michot dans ces localités ont été vaines. Aussi indiqué à Dave (?) par M. Mathieu.

II. ARISTOLOCHIA Tournef. (Aristoloche). Calice tubuleux à tube présentant un renflement subglobuleux au niveau des étamines, puis s'épanouissant au sommet en une languette unilatérale. Étamines 6 ; anthères sessiles, soudées au style par le dos. Capsule ombiliquée, s'ouvrant en 6 valves. Feuilles alternes.

Plante glabre ; tige dressée ; fleurs réunies plusieurs à l'aisselle des feuilles.
A. Clematitis.
2. A. CLEMATITIS L. (A. Clématite). Haies, voisinage des habitations, lieux pierreux.—
R. Entre Bilsen et Hasselt (Lb., *Lej.!*); Tongerloo (Anv., *Vh.*); Louvain, Héverlé, Wilsele (*Rss.!*), Laeken (Bb., *Wesm.*); Audenaerde (Fl. or., *Schd.*); Kain, Nimy, Baudour (*Hocq.*), Saint-Symphorien (Ht., *Mich.*); Couvin (Nr., *Det.!*); Binderveld, Alken, Cortessem (Lb., *VD.*).
Obs. — Cette plante, qui paraît originaire de la Russie méridionale et du Caucase, s'est naturalisée depuis plusieurs siècles dans l'ouest de l'Europe. Elle était autrefois en grande réputation comme plante officinale.

LXXXIV. EUPHORBIACÉES (Juss.)

Fleurs unisexuelles, monoïques ou dioïques, quelquefois dépourvues d'enveloppe florale, et alors réunies dans un involucre commun de manière à simuler une fleur hermaphrodite, une seule fleur femelle étant entourée de plusieurs fleurs mâles réduites chacune à une seule étamine. Calice caduc ou marcescent, non soudé avec l'ovaire, à 3-5 sépales, rarement plus ou moins, libres ou soudés inférieurement, ou nul. Corolle nulle. Fleur mâle : étamines en nombre indéfini, ou défini, et alors ord. opposées aux sépales, insérées au centre de la fleur. Fleur femelle : Styles 3, plus rarement 2, libres ou soudés, entiers ou bifides. Fruit libre, capsulaire, à 3 plus rarement 2 loges monospermes ou dispermes, les loges (coques) se détachant ord. d'un axe central persistant et s'ouvrant avec élasticité selon la nervure moyenne, plus rarement à loges indéhiscentes ou soudées en une capsule à déhiscence loculicide. Plantes annuelles ou vivaces, plus rarement arbrisseaux. Feuilles à stipules ord. nulles.

La plupart des *Euphorbiacées* possèdent des propriétés âcres, caustiques, émétiques, purgatives ou drastiques, dues à un suc propre laiteux. On doit éviter avec soin le contact de ce suc laiteux avec les parties de la peau minces et non recouvertes d'un épiderme épais. La décoction de la Mercuriale (*Mercurialis annua*) est un laxatif fréquemment employé en lavement dans les campagnes.

1. Feuilles ord. éparses ; fleurs entourées à la base de bractées larges, opposées, étalées horizontalement . . . . EUPHORBIA (i)
    Feuilles opposées ; fleurs sans larges bractées, opposées, étalées. . . . 2
2. Plantes herbacées ; feuilles dentées . . . . MERCURIALIS (ii.)
    Arbrisseau ; feuilles coriaces entières . . . . BUXUS. (iii.)

I. EUPHORBIA L. (Euphorbe). Fleurs monoïques : plusieurs mâles et une femelle renfermées dans un involucre Involucre en forme de calice gamophylle, à limbe à 10 plus rarement 8 lobes, dont 5-4 membraneux (lobes proprement dits), les autres (lobes glanduleux, glandes) alternes avec les précédents, rejetés en dehors, épais glanduleux. Fleurs mâles dépourvues de calice, 10-20 ou plus, constituées chacune par une seule étamine, insérée vers la base de l'involucre ; étamines à filet articulé et muni à sa base d'écailles très-petites. Fleur femelle pédicellée, solitaire au centre de l'involucre et entourée par les fleurs mâles, réduite à l'ovaire ; styles 3, bifides ou émarginés. Capsule à 3 coques monospermes qui, à la maturité, se séparent d'un axe persistant en s'ouvrant avec élasticité selon la nervure dorsale. Plantes à suc laiteux. Feuilles ord. éparses. Fleurs disposées en ombelle terminale, à pédoncules portant à la base des bractées opposées.

1. Bractées opposées largement soudées à la base . . . . . . *E. amygdaloides.*
    Bractées libres, non soudées l'une à l'autre 2
2. Ombelle à 3-5 rayons 3
    Ombelle à rayons nombreux. 9
3. Feuilles pétiolées, entières, les inférieures aussi larges que longues. *E. Peplus.*
    Feuilles sessiles ou rétrécies à la base, entières ou denticulées . . . 4
4. Feuilles étroites linéaires ; plante petite, grêle. . . . . . . *E. exigua.*
    Feuilles oblongues ou lancéolées ; plantes plus ou moins élevées. . . 5
5. Capsules lisses ; ombelle à rayons ord. pubescents . . . . . *E. Helioscopia.*
    Capsules chargées de petits tubercules ; rayons de l'ombelle glabres . . . 6
6. Feuilles très épaisses, oblongues, non rétrécies à la base, très-rapprochées sur la tige. . . . . *E. Paralias.*
    Feuilles minces, lancéolées, rétrécies à la base, espacées 7
7. Souche rampante ; feuilles ord. entières, pubescentes, obtuses . *E. dulcis.*
    Racine pivotante, annuelle ; feuilles denticulées, aiguës, ord. glabres . . 8
8. Capsule assez grosse (4 mill.), à tubercules arrondis, peu saillants.
                                        E. platyphyllos.
    Capsule petite (2 mill.), à tubercules cylindriques, saillants. . . *E. stricta.*
9. Feuilles étroites linéaires (2-3 mill.) celles des rameaux stériles sétacées.
                                       E. Cyparyssias.
    Feuilles oblongues ou lancéolées, assez larges 10
10. Glandes de l'involucre échancrées en croissant ; bractées élargies et échancrées en cœur à la base . . . . *E. Esula.*
    Glandes arrondies entières ; bractées rétrécies à la base, plus longues que larges . . . . *E. palustris.*

1. E. HELIOSCOPIA L. (E. Réveil-matin). Lieux cultivés, moissons. — C.
2. E. PLATYPHYLLOS L. (E. à larges feuilles). Lieux cultivés, endroits frais. — A.R. Nr.; R. Verviers, Theux, Sougnez (Lg., *Lej.!*); Florenville (Lx., *Crep.*).
3. E. STRICTA L. — *E. micrantha M. B.* (E. roide). Bords des chemins, haies. — R. Vallée de la Meuse : Freyr, Dinant, Ivoir, entre Dave et Namur (*Crep.*, Houx Nr., *H. C.*). — Espèce voisine de la précédente mais très-distincte.
4. E. DULCIS L. — *E. purpurata Thuill.* — (E. douce). Bois montueux. — R. Roly (Nr., *Det.!*); Lompret (Ht., *Det.!*); entre Dolhain et Eupen (Lg., *Lej.!*).
  Obs. — L'*E. verrucosa L.* est une espèce très-douteuse pour notre Flore.
5. E. PALUSTRIS L. (E. des marais). Bords des eaux. — R. Ohain, Wavre (Bb., *Schd.*, 1838!); Izel (Lx., *Tin.*).
  Obs. — Un échantillon de l'*E. Gerardiana Jacq.* m'a été communiqué par M. Wesmael comme ayant été récolté à Peuthy (Bb.). — Par son port, cette espèce se rapproche de l'*E. Cyparissias :* ombelle à rayons nombreux; glandes arrondies entières; feuilles un peu coriaces, linéaires, très-entières.
6. E. CYPARISSIAS L. (E. Cyprès). Coteaux secs, moissons, bords des chemins. — C., A.C. Nr., Lx.; R. Fraipont, Verviers (Lg., *Lej.*); Lompret (Ht., *Hocq.*, *Mich.*); Héverlé (Bb., *Rss.!*); Anvers (Anv., *VHk.!*).
7. E. PARALIAS L. (E. maritime). Sables maritimes. — R. Nieuport, et jusqu'à la frontière française (*Coem.!*, *Mal.!*, *West.!*, *Wesm.!*). — Paraît presque entièrement confinée sur ce point de nos côtes. J'en ai trouvé un petit pied dans les dunes de Wenduyne (Fl. occ.).
8. E. ESULA L. (E. Esule). Bords de rivières, bords de chemins. — R. Assez abondant dans la vallée de la Meuse : Nr., Lg.
  Obs. — Cette espèce est quelquefois prise pour l'*E. palustris.*
9. E. EXIGUA L. (E. exiguë). Lieux cultivés, moissons, bords de chemins. — C., A.C , A.R. Rég. mér.; R.? Oorderen, Wilmarsdonck (Anv., *Dk.*).
10. E. PEPLUS L. (E. Péplus). Lieux cultivés. — C., A.C.
11. E. AMYGDALOIDES L. — *E. sylvatica Jacq.* (E. Amandier). Bois montueux, lieux pierreux, bords des chemins. — C., A.C. Lx., Lg., Nr.; A.R. Ht.; R. Boitsfort (*Bm.!*), La Hulpe (Bb., *Gr.*).
  Obs. — L'*E. Lathyris L.* (Epurge), souvent cultivé, se retrouve çà et là accidentellement dans le voisinage des habitations.

II. MERCURIALIS Tournef. (Mercuriale). Fleurs ord. dioïques. Fleur mâle : calice à 3 sépales. Étamines 8-12. Fleur femelle : calice à 3 sépales. Styles 2, rarement 3, courts, entiers. Capsule hispide ou tomenteuse, à 2 rarement 3 coques subglobuleuses monospermes qui, à la maturité, se séparent d'un axe persistant en s'ouvrant avec élasticité. Plantes herbacées. Feuilles opposées, dentées.

Tige entièrement feuillée; fleurs femelles presque sessiles. . . . . *M. annua.*
Tige nue à la base; fleurs femelles longuement pédonculées . . . *M. perennis.*
1. M. ANNUA L. (M. annuelle). Lieux cultivés, haies, décombres. — C. — Dans la Campine anversoise et la rég. ard. cette espèce est rare.
2. M. PERENNIS L. (M. vivace). Bois montueux, haies. — A.C. Lx., Lg., Nr.; A.R. Ht.; R. Limal, La Hulpe, Etterbeck (Bb., *Bm.!*); Onkerzeele (Fl. or., *Ps.!*).

III. BUXUS Tournef. (Buis). Fleurs monoïques. Fleur mâle : calice à 4 sépales inégaux, accompagné à la base d'une bractée. Étamines 4. Fleur femelle : calice à 4 sépales, accompagné de 3 bractées. Styles courts, épais, entiers, persistants. Capsule coriace, oblongue-subglobuleuse, présentant 3 bosses entre les styles, triloculaire, à loges dispermes, à déhiscence loculicide, s'ouvrant en 3 valves. Arbrisseau. Feuilles opposées, persistantes. Fleurs en glomérules à l'aisselle des feuilles.

Feuilles très-entières, coriaces, luisantes . . . . *B. sempervirens.*
1. B. SEMPERVIRENS L. (B. toujours vert). Rochers, coteaux arides. — Vallée de la Meuse et dans le bas de plusieurs gorges latérales : très-abondant çà et là depuis Waulsort jusque Huy (Nr., Lg.); se retrouve à Pry (*V.* et *J. Barb.*), entre Mariembourg et Dourbes (Nr., *Det.*); Chimay, Charleroi (*Hocq.*), Sars-la-Buissière (Ht., *Mich.*).
  Obs. — Dans la vallée de la Meuse, l'indigénat de cette plante est incontestable, et je suis porté à croire qu'il en est de même pour les localités de Mariembourg, Pry, Chimay et Sars-la-Buissière. Il est assez douteux que cet arbrisseau se naturalise

aussi souvent qu'on a semblé le croire dans ces derniers temps. Dans la large bande
calcaire du nord de l'Ardenne, sur la rive droite de la Meuse, où le Buis est cultivé
dans tous les jardins, en bordures et en touffes (ces dernières fructifient parfois),
depuis un temps immémorial, je ne connais pas un seul exemple de naturalisation
même dans le voisinage des jardins et des ruines. N'en est-il pas ainsi dans d'autres
régions où le Buis est fréquemment cultivé ?

LXXXV. CALLITRICHINÉES (Link).

Fleurs hermaphrodites, ou unisexuelles par avortement. Calice
composé de 2 sépales opposés, latéraux par rapport à la feuille,
membraneux-charnus. Étamines 1-2, hypogynes, alternant avec les
sépales ; anthères réniformes s'ouvrant par une fente semi-circu-
laire. Styles 2, subulés, à partie supérieure stigmatifère. Fruit non
soudé avec le calice, capsulaire, membraneux un peu charnu, composé (par suite de la subdivision des deux loges originelles) de 4
coques monospermes indéhiscentes, carénées ou ailées sur le dos.
Plantes ord. submergées ou nageantes. Feuilles opposées, entières,
les supérieures souvent rapprochées en rosette.

I. CALLITRICHE L. (Callitriche).

1. Feuilles toutes oblongues ou obovales, atténuées à la base . . . . . *C. stagnalis.*
   Feuilles inférieures étroites linéaires **2**
2. Sépales droits ; styles non réfléchis . . . . *C. verna.*
   Sépales courbés ; styles réfléchis **3**
3. Sépales courbés en faux . . . . *C. platycarpa.*
   Sépales courbés en crochet au sommet . . . . *C. hamulata.*

1. C. STAGNALIS Scop. (C. des étangs). Ruisseaux, étangs. — A. C.
2. C. PLATYCARPA Kütz. (C. à larges fruits). Mares, ruisseaux. — A.C., A.R.
3. C. VERNA Kütz. (C. printanière). Mares, ruisseaux. — C.
4. C. HAMULATA Kütz. (C. à crochets). Mares, ruisseaux. — A.R., R.

Obs. I. — La variété de cette dernière espèce à feuilles toutes linéaires a été prise
souvent pour le *C. autumnalis.* Le véritable *C. autumnalis L*, qu'on rencontrera
peut-être dans la Campine, se distingue par ses feuilles toutes linéaires élargies à la
base et atténuées au sommet.

Obs. II. — Les espèces de ce genre sont peu connues en Belgique. Le degré de
rareté ou de vulgarité indiqué ci-dessus est problématique.

LXXXVI. CÉRATOPHYLLÉES (Gray).

Fleurs monoïques, dépourvues de calice. Involucre de même
forme dans les fleurs mâles et les fleurs femelles, multipartit, à
10-12 divisions disposées sur un seul rang, linéaires, incisées ou
entières. Fleur mâle : étamines réunies au nombre de 10-25 dans
l'involucre ; anthères sessiles, tricuspidées au sommet. Fleur femelle : ovaire solitaire dans l'involucre ; style terminal, subulé, à
partie supérieure stigmatifère. Fruit coriace-induré, uniloculaire,
monosperme, indéhiscent, surmonté par le style accrescent et persistant. Plantes submergées, vivaces, herbacées. Feuilles verticillées
par 6-10, sessiles, découpées.

I. CERATOPHYLLUM L. (Cornifle).

Feuilles à segments fortement denticulés; fruit muni de deux épines à la base.
C. demersum.

Feuilles à segments très-fins, à peine denticulés; fruit sans épines à la base.
C submersum.

1. C. DEMERSUM L. (C. nageant). Fossés, mares. — A.C., A.R. Rég. sept.; R. Leuze, Mons (*Bocq.*), Baudour (Ht., *Mich.*); Namur, Anseremme, Rochefort (Nr., *Crep.*); entre Fraipont et Trooz (Lg., *Str.!*).

2. C. SUBMERSUM L. (C. submergé). Fossés, mares.—R. Env. de Gand (Fl. or., *Fg.* et *Schd.!*); entre Kiel et Hoboken (Anv., *Vh.*). — Cette espèce est probablement plus répandue dans la Rég. sept., mais il est assez difficile de la distinguer du N° 1 avant l'époque de la fructification.

Classe II. APÉTALES AMENTACÉES.

Fleurs unisexuelles diclines, les mâles dépourvues de calice, munies d'involucre ou d'écailles, disposées en épis qui tombent en se désarticulant après la floraison (chatons); les femelles pourvues ou non de calice, disposées ou non en chatons. Arbres ou arbrisseaux.

† JUGLANDÉES (DC.).

† JUGLANS L. (Noyer).

† J. REGIA L.—Cultivé communément.—Cet arbre croît spontanément dans la région au midi du Caucase et dans plusieurs autres parties de l'Asie.

LXXXVII. CUPULIFÈRES (A. Rich.).

Fleurs monoïques : les mâles en chatons cylindriques plus rarement subglobuleux; les femelles solitaires ou réunies par 2-5 dans un involucre, les involucres étant solitaires ou groupés. Fleur mâle : Écaille donnant naissance aux étamines, ou involucre caliciforme à 4-6 lobes. Étamines 4-20, insérées à diverses hauteurs sur l'écaille ou insérées au fond de l'involucre. Fleurs femelles renfermées par 1-5 dans un involucre de forme variable. Calice à tube soudé avec l'ovaire, à limbe court disparaissant souvent sur le fruit. Ovaire à 2-3 plus rarement 4-6 loges uniovulées ou biovulées. Styles 2-3 plus rarement 4-6, stigmatifères dans toute leur surface ou stigmatifères latéralement. Fruit indéhiscent, uniloculaire par avortement, ord. monosperme, à péricarpe coriace ou ligneux, surmonté du calice ou présentant au sommet une cicatrice qui le représente. Involucre fructifère (cupule) très-accru, foliacé, coriace ou ligneux, quelquefois hérissé d'épines, renfermant complétement plusieurs fruits et s'ouvrant en 4 valves ou renfermant incomplétement un seul fruit et alors ne l'entourant quelquefois qu'à la base. Arbres ou arbrisseaux.

1. Chatons mâles, cylindriques, compactes, à écailles dépassant les étamines; fruit à involucre foliacé, lisse 2
Chatons mâles non cylindriques compactes, à écailles dépassées par les étamines; fruit à involucre épineux ou écailleux 3
2. Fruits en grappes pendantes; fleurs femelles en grappes . . . CARPINUS. (iv.)
Fruits (noisettes) non en grappes pendantes; fleurs femelles renfermées dans un bourgeon écailleux . . . : . . . . CORYLUS. (iii.)
3. Feuilles ord. entières ou presque entières; fruit à 3 angles tranchants (faîne).
FAGUS. (i.)
Feuilles à dents ou à lobes plus ou moins profonds; fruit ovoïde 4
4. Feuilles à dents aiguës; involucre fructifère épineux. . . . . CASTANEA. (ibis.)
Feuilles à lobes obtus; involucre écailleux . . . . QUERCUS. (ii.)

I. **FAGUS** Tournef. (Hêtre). Fleurs mâles en chatons globuleux pendants. Involucre caliciforme, campanulé, à 5-6 lobes. Étamines 8-12, insérées au fond de l'involucre. Fleurs femelles renfermées 1-3 dans un involucre. Fruit (faîne) trigone, uniloculaire, monosperme par avortement. Involucre fructifère ligneux, chargé d'épines courtes, renfermant complétement 1-3 fruits, s'ouvrant en 4 valves.

Arbre élevé, à écorce lisse; feuilles ord. entières ou peu dentées; fruit brun luisant. . . . . *F. sylvatica.*
1. F. SYLVATICA L. (H. des forêts). Bois.—C. Rég. mér.; R. Tongerloo (Anv., *Vh.*).

† **CASTANEA** Tournef. (Châtaignier). Fleurs mâles en glomérules disposés en chatons filiformes, interrompus, roides, dressés. Involucre caliciforme, à 5-6 divisions. Étamines 8-15 insérées au fond de l'involucre. Fleurs femelles renfermées 1-5 dans un involucre, quelquefois incomplétement hermaphrodites. Fruit (châtaigne) ovoïde, comprimé sur une face ou irrégulièrement anguleux, uniloculaire et monosperme par avortement. Involucre fructifère épais coriace, chargé d'épines subulées, disposées par fascicules, renfermant complétement 1-3 fruits, s'ouvrant en 4 valves.

Arbre élevé, à écorce fendillée; feuilles à dents aiguës. . . . . . *C. vulgaris.*
† C. VULGARIS Lam.—*Fagus Castanea* L. (C. commun). Cultivé çà et là.—N'est nullement indigène dans aucune partie du pays. J'en ai observé un bel arbre dans un bois montueux de la vallée de l'Ourthe, entre Angleur et Tilff (Lg.), où il avait probablement été planté.

II. **QUERCUS** Tournef. (Chêne). Fleurs mâles en chatons filiformes, grêles, interrompus, pendants. Involucre caliciforme, à 6-8 divisions inégales, frangées. Étamines 6-10, insérées au fond de l'involucre. Fleurs femelles solitaires au centre d'un involucre. Fruit (gland) ovoïde ou oblong, uniloculaire et monosperme par avortement. Involucre fructifère (cupule) induré-ligneux, écailleux, entourant seulement la partie inférieure du fruit. Arbres à écorce fendue. Feuilles ord. profondément lobées, à lobes obtus.

Feuilles presque sessiles; fruits pédonculés. . . . . *Q. pedunculata.*
Feuilles pétiolées; fruits sessiles ou presque sessiles . . . . . *Q. sessiliflora.*
1. Q. SESSILIFLORA Sm. (C. à fleurs sessiles). Bois.—C. Rég. mér.
Obs. — La variété *pubescens* (Q. pubescens Willd.), à feuilles pubescentes-tomenteuses au moins dans leur jeunesse, se rencontre çà et là : Nr.
2. Q. PEDUNCULATA Ehrh. (C. pédonculé). Bois.—C., C.C. Rég. mér.

III. **CORYLUS** Tournef. (Coudrier). Fleurs mâles en chatons cylindriques non interrompus, pendants. Étamines 6-8, insérées sur une écaille bilobée qui est soudée en dehors avec l'écaille bractéale correspondante. Fleurs femelles renfermées dans un bourgeon écailleux, les écailles intérieures donnant chacune naissance à 1-2 involucres à leur aisselle. Fruit (noisette) ovoïde ou oblong, uniloculaire et monosperme par avortement. Involucre fructifère foliacé, un peu charnu à la base, ouvert et irrégulièrement découpé au sommet, contenant un seul fruit.

Arbrisseau élevé ; feuilles ord. cordées à la base, doublement dentées.
C. Avellana.

1. C. AVELLANA L. (C. Noisetier — vulg. *Noisetier, Coudrier*). Bois, haies. — C. Rég. mér.; A.R.

IV. CARPINUS L. (Charme). Fleurs mâles' en chatons cylindriques non interrompus, pendants. Étamines 6-20, insérées à la base de l'écaille bractéale. Fleurs femelles en grappes munies de petites bractées qui donnent chacune naissance, à leur aisselle, à deux involucres pédicellés. Fruit ovoïde-comprimé, marqué de côtes, uniloculaire et monosperme par avortement. Involucre fructifère membraneux-foliacé, veiné-réticulé, trilobé, à lobe moyen beaucoup plus grand que les latéraux, embrassant le fruit qu'il cache en dehors.

Arbre plus ou moins élevé ; feuilles doublement dentées ; fruit en grappes pendantes. . . . . *C. Betulus.*

1. C. BETULUS L. (C. commun). Bois.—C., A.C. Rég. mér.; R. Tongerloo (Anv., *Vh.*).

LXXXVIII. SALICINÉES (A. Rich.).

Fleurs dioïques, les mâles et les femelles disposées en chatons. Disque persistant, réduit à 1 ou 2 glandes nectarifères placées à la base des étamines ou de l'ovaire, ou en forme de cupule, entourant l'ovaire et donnant insertion aux étamines. Fleur mâle : Étamines 2-12 ou plus ; filets libres ou soudés dans une étendue variable. Fleur femelle : Calice nul. Style indivis, quelquefois nul ; stigmates 2, émarginés, bifides ou bipartits, plus rarement entiers. Fruit petit, capsulaire, ovoïde-conique ou fusiforme, polysperme, à déhiscence loculicide, s'ouvrant du sommet à la base en 2 valves qui s'enroulent en dehors et portant les graines à leur base. Graines entourées de longs poils soyeux. Arbres ou arbrisseaux. Feuilles caduques ; stipules libres.

Les bourgeons glutineux des *Populus nigra* et *pyramidalis* entrent dans la composition de l'onguent populéum, en usage pour le traitement des ulcères ou des plaies atoniques

Chatons à écailles entières ; étamines 2-3 rarement 5. . . . . SALIX. (i.)
Chatons à écailles incisées ; étamines 8-12 . . . . POPULUS. (ii.)

I. SALIX Tournef. (Saule). Écailles des chatons entières. Fleurs mâles et fleurs femelles à disque réduit à 1-2 glandes n'entourant pas complétement les étamines ou l'ovaire. Fleur mâle : Étamines 2-3, rarement 5 ou plus, à filets libres ou soudés à la base, rarement 2 soudées dans toute leur longueur. Fleur femelle : Ovaire sessile ou pédicellé ; style plus ou moins allongé ou presque nul ; stigmates 2, échancrés ou bifides, plus rarement entiers.

1. Écailles des chatons d'un jaune verdâtre, rarement un peu rosées. **2**
 Ecailles des chatons brunes ou noires au sommet **5**
2. Étamines 3 ; écailles glabres dans leur partie supérieure. . . *S. amygdalina.*
 Étamines 2 ; écailles entièrement barbues. **3**
3. Arbrisseau plus ou moins élevé ; écailles persistantes . . . . . *S. undulata.*
 Arbres ord. élevés ; écailles caduques avant la maturité des capsules . . **4**
4. Feuilles soyeuses-blanchâtres en dessous . . . . *S. alba.*
 Feuilles à la fin glabres . . . . *S. fragilis.*
5. Anthères purpurines ; feuilles à la fin glabres **6**
 Anthères jaunes ; feuilles pubescentes en-dessous. **7**
6. Étamines soudées et simulant une étamine à 4 loges ; style plus court que les
 stigmates. . . . . *S. purpurea.*
 Étamines à filets soudés dans leur moitié inférieure ; style ord. plus long que
 les stigmates. . . . . *S. rubra.*
7. Feuilles longuement rétrécies au sommet, aiguës **8**
 Feuilles brusquement rétrécies et terminées par une pointe courte . . . **10**
8. Feuilles petites (1-4 cent.) ; arbrisseau à tige ord. rampante. . . . *S. repens.*
 Feuilles lancéolées ou lancéolées-linéaires, assez grandes ; arbrisseaux élevés. **9**
9. Feuilles à bords entiers ; capsules sessiles. . . . . *S. viminalis.*
 Feuilles irrégulièrement dentées ; capsules pédicellées . . . . *S. Seringeana.*
10. Feuilles soyeuses-brillantes en dessous ; stipules entières . . . . *S. repens.*
 Feuilles ternes en dessous ; stipules réniformes, un peu dentées. . . . **11**
11. Bourgeons pubescents . . . . *S. cinerea.*
 Bourgeons glabres **12**
12. Arbre plus ou moins élevé ; bourgeons et chatons gros . . . . . *S. caprea.*
 Arbrisseau à rameaux grêles ; bourgeons et chatons petits . . . . *S. aurita.*

1. S. **alba** L. (S. blanc). Bords des eaux. —Fréquemment planté au bord des eaux. Paraît être R. ou A.R. à l'état spontané.
   Obs. — La variété à rameaux grêles, flexueux et d'un beau jaune (var. *vitellina—S. vitellina* Mult. auct.) est souvent cultivée.

2. S. **fragilis** L. (S. fragile). Bords des eaux. —Fréquemment planté au bord des eaux.—Paraît être R. ou A.R. à l'état spontané.
   Obs. I.—Le *S. pentandra L.*, qui se reconnaît aisément à ses étamines ord. au nombre 5, est cultivé çà et là, mais n'a point encore été trouvé en Belgique à l'état sauvage.
   Obs. II.—Le *S. Babylonica L.* (Saule-pleureur) est cultivé. Se distingue par ses rameaux pendants.

3. S. **amygdalina** L.—*S. triandra L.* (S. Amandier). Bords des eaux.—A.C., A.R.

4. S. **undulata** Ehrh. (S. ondulé). Bords des eaux. —R. Bords de la Meuse et de la Vesdre (Lg., *Lej.*).—Espèce assez douteuse pour notre Flore.
   Obs. I.—Le *S. hippophæfolia Thuill.*, espèce voisine du Nᵒ 4, est cultivé çà et là aux env. de Gand, d'après ce que m'écrit M. Scheidweiler. — Point encore trouvé à l'état sauvage.
   Obs. II. —Le *S. incana Schrank* — S. riparia Willd. a été publié par Lejeune comme provenant des marais tourbeux entre Mangombroux et Jalhay (Lg.).— Il est très-probable que cette espèce ne croît qu'à l'état subspontané en Belgique : souvent plantée dans les parcs.

5. S. **purpurea** L.—*S. Helix L.* (S. pourpre—Vulg. *Osier*). Bords des eaux.—C., C.C. Nr., Lx., Lg.; A.C., A.R. Ht.; C.? Bb. (*Kx. p.*).

6. S. **rubra** Huds.—*S. fissa Ehrh.* (S. rouge). Bords des eaux.—R.R.R. Vallée de la Semoy : Membre (Nr., *Grav.!*).—Un seul pied (mâle) a été trouvé par M. Gravet.—Il est planté aux env. de Gand (Fl. or., *Schd.!*).

7. S. **viminalis** L. (S. des vanniers). Bords des eaux. —C., A.C., A.R.

8. S. **Seringeana** Gaud. — *S. Smithiana Willd.* S. de Seringe). Bords des eaux.— R. Vallée de la Meuse : Anseremme, Frappe-Cul (*Crep.*), Namur (Nr., *Bllk.*).
   Obs. — J'ai reçu, sous le nom de *S. acuminata*, des échantillons incomplets qui ne permettent pas une détermination certaine. Sous ce nom, on comprend tantôt des formes du Nᵒ 8, tantôt des variétés du *S. cinerea.* Le véritable *S. acuminata Sm.*— S. dasyclados Wimm. ne paraît point avoir encore été trouvé en Belgique.

9. S. **cinerea** L. (S. cendré). Bois humides, bords des eaux.—C., A.C.

10. S. **aurita** L. (S. à oreillettes). Bois humides, bords des eaux.—C. Région ardennaise : Lx., Lg., Nr.; A.C., A.R. Nr., Lg.; A.R. Ht., Bb.
   Obs. —Dans les bruyères marécageuses des env. de Louette-Saint-Pierre (Nr.), au milieu des *S. aurita* et *S. repens*, on rencontre une forme obscure

qu'il est assez difficile de rapporter à l'une ou à l'autre espèce. Peut-être constitue-t-elle le *S. ambigua Ehrh.*, forme considérée comme hybride des *S. aurita* et *S. repens.* M. Gravet ne l'a point encore observée en fleurs.

1 1. S. CAPREA L. (S. Marceau). Bois montueux.—C. Rég. mér.; A.C., A.R.

2 2. S. REPENS L. (S. rampant). Bruyères humides, lieux sablonneux. — A.R., A.C. Rég. sept.; A.R. Rég. ard. : Lx., Lg., Nr.; R.—Dans les dunes de la Fl. occ., où la var. *argentea* est abondante, on rencontre des individus très-robustes, à tiges ayant plus d'un mètre, dressées, et à feuilles très-amples.

Obs. I. — Le *S. phylicifolia L.* — S. bicolor Ehrh., indiqué par Lejeune dans un bois à Juslenville (un seul arbre), est une espèce qui ne peut être admise comme indigène dans notre Flore. A propos de cette espèce, qui aura probablement été trouvée dans un bois de parc, je dirai, en passant, que la vallée de la Vesdre, ainsi que celle de la Hoëgne jusqu'à Theux, sont occupées dans le bas, sur le bord de leurs ruisseaux, par de nombreux établissements industriels, et sur leurs versants par des châteaux et des maisons de campagne entourés de parcs et de jardins; ces choses, jointes à deux chemins de fer, ont modifié profondément la disposition naturelle du sol et sa végétation.

Obs. II.—Le genre *Salix* réclame toute l'attention des botanistes belges. Les espèces doivent être récoltées en nombreux échantillons, en fleurs, en fruits et feuillés. On doit être très-circonspect en ce qui concerne l'indigénat de plusieurs espèces; car souvent aux abords des villes, on rencontre des oseraies artificielle, établies pour les besoins du jardinage. La grande vallée de la Meuse est peu riche en espèces intéressantes. Dans la vallée de l'Ourthe j'ai observé, la saison dernière, quelques formes intéressantes, mais seulement à l'état feuillé.

II. POPULUS Tournef. (Peuplier). Écailles des chatons incisées ou laciniées. Disque en forme de cupule, entourant complétement les étamines et l'ovaire. Étamines 8-12 ou plus. Ovaire sessile ou pédicellé; style très-court ou presque nul; stigmates 2, allongés, bipartits.

1. Chatons à écailles velues ou ciliées; jeunes pousses pubescentes. **2**
   Chatons à écailles glabres; jeunes pousses glabres **3**
2. Feuilles glabres sur les deux faces ou un peu pubescentes en dessous; celles des rejets velues-laineuses en dessous, jamais blanches. . . . . *P. tremula.*
   Feuilles tomenteuses et d'un beau blanc en dessous . . . . *P. alba.*
3. Branches dressées contre le tronc; feuilles plus larges que longues.
                                      P. pyramidalis.
   Branches étalées; feuilles plus longues que larges. . . . . *P. nigra.*

1. P. TREMULA L. (P. Tremble). Bois montueux, lieux frais.—C., C.C. Rég. mér.; A.C., A.R.—Seule espèce indigène en Belgique !

† P. ALBA L. (P. blanc). Planté le long des routes, plus rarement dans les bois.

† P. PYRAMIDALIS Rozier (P. d'Italie). Planté dans les parcs.

† P. NIGRA L. (P. noir). Planté partout.

LXXXIX. BÉTULINÉES (A. Rich.).

Fleurs monoïques, les mâles et les femelles disposées 2-3 à la base de bractées squamiformes (écailles) disposées en chatons cylindriques ou ovoïdes. Fleurs mâles : Écaille accompagnée en dedans de deux autres écailles latérales entières ou bilobées, recouvrant 3 fleurs. Involucre caliciforme ord. à 4 divisions ou réduit à une bractée, plus rarement les 3 fleurs non distinctes les unes des autres à bractées sans ordre. Étamines ord. 2-4, insérées à la base des divisions de l'involucre auxquelles elles sont opposées ou insérées à la base de la bractée, plus rarement disposées sans ordre; filets courts, indivis ou fendus; anthères à loges juxtaposées ou portées chacune sur une des branches du filet. Chatons femelles en forme de cônes, à écailles entières ou trilobées recouvrant 2-3 fleurs, accompagnées ou non en dedans de 2 écailles latérales bilobées, accrescentes, caduques ou persistantes, les 2 écailles latérales devenant épaisses presque ligneuses et cohérentes entre elles. Fleurs réduites à l'ovaire. Stigmates 2, filiformes entiers. Fruit petit, sec, indéhiscent, uniloculaire et monosperme par avortement, plus rarement biloculaire et disperme, comprimé, muni de chaque côté d'une aile membraneuse ou d'une bordure peu distincte, surmonté des styles persistants. Arbres ou arbrisseaux.

Chatons femelles solitaires, pendants, à écailles caduques à la maturité. BETULA. (i.)
Chatons femelles réunis par 3-5, dressés, à écailles persistantes. . . ALNUS. (ii.)

I. BETULA Tournef. (Bouleau). Fleurs mâles constituées chacune par une petite bractée ovale-oblongue donnant insertion à 2 étamines à sa base ; étamines à filets courts bifides, à branches portant chacune une loge de l'anthère. Chatons femelles à écailles recouvrant 3 fleurs ; les fructifères à écailles membraneuses-coriaces, apprimées, caduques. Chatons femelles cylindriques, solitaires, pendants.

Arbre à tronc droit, à épiderme d'un blanc satiné. . . . . *B. alba*
1. B. ALBA L. (B. blanc). Bois.—C.C., C., A.C.
Obs. — Cet arbre présente une variété remarquable que plusieurs auteurs considèrent, peut-être avec raison, comme une espèce distincte. Elle se reconnaît à ses feuilles ord. arrondies à la base, pubescentes en dessous et à son fruit moins largement ailé (var. *pubescens*—B. pubescens Ehrh.). Croît en compagnie du type, mais est moins commune.

II. ALNUS L. (Aulne). Fleurs mâles constituées chacune par un involucre caliciforme ord. à 4 divisions inégales ; étamines 4, opposées aux divisions de l'involucre, à filets courts indivis, à anthères à 2 loges. Chatons femelles à écailles assez épaisses accompagnées chacune en dedans de 2 écailles latérales bilobées, recouvrant 2 fleurs ; les fructifères à écailles persistantes, horizontales. Chatons femelles ovoïdes, dressés, disposés avec les chatons mâles en panicules corymbiformes.

Arbre à écorce brunâtre ; feuilles suborbiculaires obtuses, un peu barbues en
    dessous à l'angle des nervures. . . . . *A. glutinosa.*
1. A. GLUTINOSA Gaertn. (A. glutineux). Bois humides, bords des eaux.—C., A.C.
Obs.—On cultive quelquefois l'*A. incana L.*, espèce à feuilles aiguës et pubescentes en dessous.

CX. MYRICÉES (A. Rich.).

Fleurs ord. dioïques, solitaires à la base de bractées squamiformes persistantes (écailles), disposées en chatons cylindriques ou ovoïdes. Fleurs mâles : Étamines ord. 4, insérées à la base de l'écaille. Fleurs femelles : Écaille accompagnée en dedans à sa base de deux petites écailles, rarement plus, adhérentes à la base de l'ovaire et accrescentes. Calice nul. Styles 2, filiformes, entiers, à surface stigmatifère. Fruit petit, subglobuleux-comprimé, sec, indéhiscent, uniloculaire et monosperme, soudé avec les écailles intérieures accrues et un peu charnues. Sous-arbrisseau contenant un suc résineux.

Feuilles caduques, parsemées de points résineux. Chatons paraissant avant les feuilles, latéraux et terminaux, les mâles cylindriques étalés, les femelles ovoïdes dressés. Écailles et fruits chargés de points résineux.

L'écorce du *Myrica Gale* présente des propriétés toniques et astringentes.

I. MYRICA L. (Myrica).

Feuilles oblongues rétrécies à la base, entières ou dentées au sommet. . *M. Gale.*

1 . M. Gale L. (M. Galé). Bruyères marécageuses, bois humides. — A.R. Rég. sept. : Wynendaele (Fl. occ., *Schd.*); Maldegem (*Rouc.*), Aeltre (Fl. occ., *Fg.*); 's Graven-Wezel, Schilde et la Campine anversoise (*Bss.!*), Brecht (Anv., *Vh.*); Aerschot (Bb., *West.*); Kerkhoven (*West.*), Asch (*Gr.'*), Diepenbeek (*VD.*), Pitersheim (Lb., *Dewalque!*) ; R. entre Arlon et Virton (Lx., *Tin.*); Willerzie (Nr., *Grav.!*).—Cette dernière station est intéressante au point de vue de l'altitude : 450 à 500 mètres. Cet arbrisseau y est très-répandu sur une étendue d'une lieue à une lieue et demie ; il remonte toute la vallée de la Maratelle et atteint la crête du plateau de la Ferme Jacob, où il abonde dans un bois de haute futaie, tant sur le territoire belge que sur le territoire français, près de la ferme Jacob (Belgique) et près des hameaux des Vieux-Moulins et de Linchamps (commune de Hautes-Rivières, département des Ardennes).

---

† **PLATANÉES** (Lest.).

† PLATANUS L. (Platane).

† P. Orientalis L. (P. d'Orient). Originaire de l'Orient. Planté çà et là.

Subdivision IV. GYMNOSPERMES.

Enveloppes florales nulles. Ovules non contenus dans un ovaire fermé, recevant directement l'influence du pollen.

Classe. CONIFÈRES.

Fleurs monoïques, plus rarement dioïques, disposées en chatons, plus rarement les fleurs femelles solitaires ou disposées par 2-3. Chatons mâles constitués par des étamines ord. nombreuses rapprochées, insérées autour de l'axe et n'étant pas séparées par des bractées. Étamines à connectif élargi et portant une anthère à 2-8 loges ou plus: Fleurs femelles constituées chacune par une écaille portant à sa base interne deux ou plusieurs ovules rarement un seul ovule, chaque écaille étant accompagnée en dehors d'une bractée membraneuse qui d'abord la dépasse et qui ensuite est ord. dépassée par elle ou disparaît en se soudant avec elle. Ovules suspendus ou dressés, ouverts au sommet. Chatons fructifères composés d'écailles ord. nombreuses, ligneuses, minces ou épaisses, imbriquées en spirale autour de l'axe (cône, strobile); plus rarement à écailles charnues et soudées en forme de baie ou composé d'une écaille développée en cupule charnue. Arbres ou arbrisseaux, à bois formé par des cellules ponctuées allongées et ne présentant que quelques trachées distribuées dans l'étui médullaire, contenant un suc résineux. Feuilles persistant ord. pendant l'hiver, ord. coriaces, entières, étroites, souvent aciculées.

---

† **ABIÉTINÉES** (Rich.).

Connectifs portant chacun en dessous 2 loges d'anthère qui s'ouvrent en long, plus rarement par une déchirure transversale. Écailles des chatons femelles accompagnées en dehors d'une bractée, portant chacune à sa base deux ovules suspendus. Cône ord. allongé, ovoïde, conique ou oblong-cylindrique, composé d'écailles ligneuses, minces ou épaissies, libres entre elles. Graines à testa prolongé supérieurement en une aile membraneuse. Arbres souvent très-élevés. Feuilles linéaires, roides, souvent subulées-piquantes, éparses ou en fascicules.

† PINUS L. (Pin). Fleurs monoïques. Chatons mâles en épis. Chatons femelles solitaires ou verticillés. Arbres ord. élevés.

1. Feuilles réunies par 2-5 dans une gaîne; cônes à écailles épaissies en écusson au sommet 2
   Feuilles solitaires ou réunies en faisceaux très-fournis; cônes à écailles minces au sommet 4
2. Feuilles réunies par 5; cônes cylindriques très-allongés . . . . . *P. Strobus.*
   Feuilles réunies par 2; cônes ovoïdes ou coniques. 3
3. Feuilles assez courtes (5-6 cent.); cônes petits; écailles à écussons aussi larges que longs . . . . *P. sylvestris.*
   Feuilles longues (10 cent.); cônes gros; écailles à écussons beaucoup plus larges que longs . . . . *P. Pinaster.*
4. Feuilles ord. réunies en faisceaux, caduques. . . . . *P. Larix.*
   Feuilles solitaires, non en faisceaux, persistantes. 5
5. Feuilles planes, disposées sur 2 rangs; cônes à écailles caduques. . . *P. Picea.*
   Feuilles tétragones, éparses; cônes à écailles persistantes. . . . . . *P. Abies.*

† P. SYLVESTRIS L. (P. sylvestre — Vulg. *Pin*). Cultivé en grand.
† P. PINASTER Soland. (P. maritime). Cultivé moins communément.
† P. STROBUS L. (P. de lord Weymouth). Planté çà et là dans les parcs.
† P. PICEA L. *Picea pectinata* Lond. (Sapin commun). Cultivé.
† P. ABIES L.—*Abies excelsa DC.* (Epicéa commun). Cultivé en grand.
† P. LARIX L.—*Larix Europœa DC.* (Mélèze). Cultivé en grand.

XCI. CUPRESSINÉES (Rich.).

Connectifs peltés portant chacun en dessous 3-8 loges d'anthère qui s'ouvrent en long. Écailles des chatons femelles dépourvues de bractées en dehors, portant chacune à sa base 1-2 ou plusieurs ovules dressés, quelquefois solitaires et entourant un seul ovule. Cône court, ord. subglobuleux, ligneux ou charnu, à écailles libres entre elles ou soudées, ou fruit composé d'une écaille cupuliforme charnue qui entoure la graine. Graines à testa non ailé. Arbrisseaux ou arbres plus ou moins élevés. Feuilles linéaires ou linéaires subulées, souvent piquantes.

Les baies du Genévrier (*Juniperus communis L.*) ont une saveur amère, chaude et térébinthacée ; leur infusion est administrée comme tonique, stimulante, et agit comme sudorifique et diurétique ; l'extrait de ces baies est un tonique que l'on prescrit dans les affections scorbutiques.

1. **JUNIPERUS** L. (Genévrier). Fleurs ord. monoïques. Chatons mâles petits, ovoïdes, solitaires. Étamines à connectif pelté portant 3-6 loges d'anthère à sa face inférieure vers son bord. Chatons femelles ovoïdes, à écailles inférieures stériles, les 3 supérieures concaves, accrescentes, soudées dans leur partie inférieure, et portant chacune à sa base 1-2 ovules dressés. Cône subglobuleux, bacciforme, à écailles soudées et charnues.

Arbrisseau rameux dès la base ; feuilles verticillées par 3 ; baies noires.
J. communis.
2. J. communis L. (G. commun). Coteaux arides, bruyères, bois. — C., A.C. Manque dans plusieurs localités.
Obs.—On cultive assez communément : *Taxus baccata L.* (If), *Cupressus sempervirens L.* (Cyprès), *Thuia Orientalis L.* et *T. Occidentalis L.* (Thuia).

Division II. MONOCOTYLÉDONÉES.

Végétaux herbacés très-rarement ligneux, à tige non séparable en deux zones distinctes de bois et d'écorce. Feuilles à nervures parallèles simples, rarement divergentes ramifiées. Enveloppes de la fleur (périanthe) à parties ordinairement en nombre ternaire, colorées, herbacées ou scarieuses, ord. disposées sur deux rangs, souvent remplacées par des soies ou des bractées ou nulles. Embryon à parties distinctes, à un seul cotylédon.

SUBDIVISION I.

Périanthe pétaloïde ou à divisions extérieures seules herbacées.

CLASSE I.

Ovaire non soudé avec le périanthe.

XCII. ALISMACÉES (Juss.).

Fleurs hermaphrodites ou monoïques, régulières. Périanthe à 6 divisions ord. libres jusqu'à la base ; les 3 extérieures herbacées, persistantes ; les 3 intérieures pétaloïdes, plus grandes, ord. caduques très-fugaces. Étamines 6-12 ou en nombre indéfini, hypogynes ou insérées à la base des divisions intérieures du périanthe. Styles courts, persistants. Stigmates indivis. Fruit non soudé avec le périanthe, composé de carpelles en nombre indéfini, plus rarement défini 6-12, secs, monospermes, plus rarement dispermes ou polyspermes libres, plus rarement soudés inférieurement par la suture ventrale, indéhiscents ou s'ouvrant par la suture ventrale. Plantes vivaces, herbacées, aquatiques. Feuilles engaînantes à la base.

Étamines 6 ; feuilles rétrécies ou un peu en cœur à la base. . . . . ALISMA. (i.)
Étamines nombreuses ; feuilles à base prolongée en deux longues oreillettes (feuilles sagittées) . . . . SAGITTARIA. (ii.)

I. ALISMA L. (Flûteau). Fleurs hermaphrodites. Étamines 6, opposées deux à deux aux divisions intérieures du périanthe. Carpelles nombreux, monospermes, libres, verticillés ou disposés en tête.

1. Tiges filiformes, flottantes, feuillées, à feuilles supérieures ovales, flottantes.
A. natans.
Tiges dressées, nues 2
2. Fleurs en panicule ramifiée ; carpelles très-comprimés, en têtes trigones.
A. Plantago.
Fleurs en ombelle simple ; carpelles à 5 angles, disposés en têtes arrondies.
A. ranunculoides.

1. A. PLANTAGO L. (F. Plantain-d'eau). Fossés, bords des eaux.—C., A.C.
2. A. RANUNCULOIDES L. (F. Fausse-Renoncule). Fossés, bords des mares. — A.R., R. Rég. sept.; R. Péruwelz (*Hocq.*), Blaton, Roucourt (Ht., *Mich.*); env. de Vance (Lx., *Crep.*). — On rencontre dans cette dernière station la var. *repens* (A. re-pens Cav.)
3. A. NATANS L. (F. nageant). Mares, étangs. — R. Rég. sept. : Aeltre (*Coem.!*), Berlaere, Uytbergen (Fl. or., *Rouc.*); Westerloo, Tongerloo (*DK.*), entre Herenthals et Lichtaert (*Vh.*), 's Graven-Wezel (Auv., *Rss.!*); Diepenbeek (*VD.!*), Pitersheim (Lb., *Lej.*); R.R. Vance (Lx., *Tin.*).
Obs. — Le *Damasonium stellatum Pers.* (Alisma Damasonium L.) anciennement indiqué par Lobel aux env. d'Anvers, puis de nouveau signalé dans cette localité par Roucel au commencement de ce siècle, n'a point été retrouvé par les botanistes anversois.

II. SAGITTARIA L. (Sagittaire). Fleurs monoïques. Fleur mâle à étamines en nombre indéfini. Carpelles en nombre indéfini, monospermes, libres, disposés en tête globuleuse sur un réceptacle épais.

Feuilles ord. sagittées ; fleurs inférieures femelles. . . . . . . *S. sagittifolia.*
1. S. SAGITTIFOLIA L. (S. Flèche-d'eau). Bords des eaux.—A.C., A.R.—Manque dans beaucoup de localités. N'existe point dans la Rég. ard.

XCIII. BUTOMÉES (Rich.).

Fleurs hermaphrodites, régulières. Périanthe à 6 divisions ; les

3 extérieures herbacées, persistantes; les 3 intérieures pétaloïdes, plus grandes, caduques. Étamines 9, hypogynes. Styles courts, libres, terminés par un stigmate latéral, persistants. Fruit non soudé avec le périanthe, composé de 6 carpelles plus ou moins soudés entre eux à la base par la suture ventrale, capsulaires, très-polyspermes, s'ouvrant par la suture ventrale. Graines très-petites, insérées sur la face intérieure de chacun des carpelles. Plante vivace, herbacée, croissant au bord des eaux.

I. BUTOMUS L. (Butome).

Feuilles très-longues, linéaires-triquêtres; fleurs assez grandes, rosées, disposées en ombelle simple terminale. . . . . *B. umbellatus.*

1. B. UMBELLATUS L. (B. en ombelle). Bords des eaux. — A.C., A.R. — Manque dans beaucoup de localités. N'existe pas dans la Rég. ard.

XCIV. COLCHICACÉES (DC.).

Fleurs hermaphrodites, plus rarement polygames par avortement, régulières. Périanthe pétaloïde, à 6 divisions presque semblables, disposées sur deux rangs, soudées en un tube allongé étroit ou libres jusqu'à la base, ou presque jusqu'à la base. Étamines 6, insérées à la gorge du tube du périanthe ou à la base de ses divisions. Styles 3, libres ou soudés en un seul à la base. Fruit non soudé avec le périanthe, capsulaire, composé de 3 carpelles soudés par la suture ventrale dans une étendue variable et s'ouvrant chacun par cette même suture. Graines nombreuses dans chaque carpelle. Plantes vivaces, herbacées, terrestres, à souche bulbeuse, ou non renflée en bulbe et alors à fibres radicales ord. épaisses charnues.

Toutes les parties du Colchique (*Colchicum autumnale*) agissent comme poison sur l'homme et les animaux. Les bulbes et les graines sont seuls employés en médecine; ils agissent comme purgatifs drastiques et, à plus forte dose, comme violents émétiques et même comme poisons narcotico-âcres. Le Colchique, outre ces propriétés purgatives, produit un effet diurétique assez prononcé.

I. COLCHICUM Tournef.(Colchique). Périanthe infundibuliforme, à tube très-long paraissant naître directement du bulbe en raison de la brièveté de la tige réduite à un axe très-court. Styles 3, filiformes, très-longs, épaissis et stigmatifères dans leur partie supérieure. Carpelles complétement soudés entre eux dans leur partie inférieure, soudés dans leur partie moyenne seulement par la suture ventrale, libres au sommet. Bulbe solide.

Fleurs grandes, d'un lilas tendre, naissant en automne; feuilles et fruits se développant au printemps suivant. . . . .*C. autumnale.*

1. C. AUTUMNALE L. (C. d'automne). Prairies, pâturages. — C. Nr., Lg., Lx.; A.R., A.C. Ht., Bh.; R. Rég. sept. — Fleurit quelquefois au printemps et alors la fleur paraît avec les feuilles (*C. vernale Hoffm.*

Obs. — Le *Veratrum album* L., indiqué près Sougnez (Lg.), où il paraît avoir disparu, ne peut être considéré comme une espèce indigène.

XCV. LILIACÉES (DC.).

Fleurs hermaphrodites, régulières. Périanthe pétaloïde, à 6 divisions presque semblables, disposées sur deux rangs, libres ou plus ou moins longuement soudées en tube, quelquefois munies chacune à la base d'une fossette nectarifère. Étamines 6, hypogynes ou insérées sur le périanthe. Style indivis, filiforme ou presque nul; stigmates 3, plus ou moins soudés. Fruit non soudé avec le périanthe, capsulaire, à 3 carpelles, à 3 loges polyspermes ou oligospermes, à déhiscence loculicide, à 3 valves qui se partagent quelquefois chacune en 2 valves secondaires par une déhiscence septicide. Plantes terrestres, rarement aquatiques, ord. herbacées et glabres, à souche ord. bulbeuse. Tige simple, plus rarement rameuse.

1. Divisions du périanthe soudées en cloche (3-5 mill.), à 6 dents . . Muscari. (vi.)
  Divisions du périanthe libres ou un peu soudées à la base 2
2. Fleurs grandes (4-6 cent.), solitaires au sommet de la tige 3
  Fleurs assez petites, plus ou moins nombreuses. 4
3. Fleurs jaunes; style nul . . . . Tulipa. (i'.).
  Fleurs marbrées de blanc et de violet; style allongé . . . Fritillaria. (i''.)
4. Étamines très-laineuses; plante de marais . . . . . . Narthecium. (viii.)
  Étamines glabres 5
5. Fleurs en ombelle simple terminale, souvent globuleuse, renfermées dans une spathe avant l'épanouissement . . . . Allium. (v.)
  Fleurs non renfermées dans une spathe avant l'épanouissement 6
6. Fleurs bleues ou lilas 7
  Fleurs blanches ou jaunâtres 8
7. Pédoncules dépourvus de bractées à la base . . . . Scilla. (iii.)
  Pédoncules munis de bractées . . . . Endymion. (iv.)
8. Tige terminée par des feuilles ou bractées foliacées . . . . . Gagea. (ii.)
  Tige portant des bractées scarieuses à la base des pédoncules 9
9. Souche fibreuse; pédoncules articulés vers la base . . . Phalangium. (vii.)
  Souche bulbeuse; pédoncules non articulés . . . . . . Ornithogalum. (i.)

† TULIPA L. (Tulipe). Périanthe caduc, campanulé, à divisions libres dépourvues de fossettes nectarifères. Stigmates sessiles. Capsule à loges polyspermes. Souche bulbeuse. Fleurs grandes, ord. solitaires, terminales.

Fleurs jaunes; divisions du périanthe acuminées . . . . ***T. sylvestris.***
† T. sylvestris L. (T. sauvage). Voisinage des habitations et des cultures. — R. Digue de l'Escaut entre Kiel et Hoboken (*Dk.*, sur le bastion de Tolède, à la citadelle d'Anvers (*Vh.*), Waelhem (Anv. *Math.!*); Gand (Fl. or., *Schd.*); dans les anciennes fortifications de Tournay (*Hocq.*), verger du curé de Chercq (Ht., *Mich.*); Hamont (Lb., *Lej.*).
    Obs. — Cette plante n'est point indigène, à mon avis, et les pieds disséminés et signalés çà et là proviennent d'anciennes cultures.

† FRITILLARIA L. (Fritillaire). Périanthe caduc, campanulé, à divisions libres, munies de fossettes nectarifères. Style allongé. Capsule à loges polyspermes. Souche bulbeuse. Fleurs grandes, solitaires terminales.

Fleurs panachées de carreaux blancs et violets . . . . ***F. Meleagris.***
† F. Meleagris L. (F. Pintade). Prairies. R. Près Bruxelles, le long du canal de Willebroeck (Bb., *Baes! Bm.! Mrt.*); Saint-Symphorien (Ht., *Mich., Mrt.*). — Kickx père l'indiquait autrefois à Dilbeek (Bb.), où on ne l'observe plus aujourd'hui.
    Obs. — Cette espèce ne peut être considérée que comme naturalisée ou introduite dans les deux localités indiquées ci-dessus.

I. ORNITHOGALUM L. (Ornithogale). Périanthe marcescent, à

divisions libres. Étamines hypogynes ou insérées à la base des divisions; filets aplanis ; anthères insérées sur le filet par leur dos. Style filiforme. Capsule à loges oligospermes. Souche bulbeuse. Fleurs blanches ou d'un blanc jaunâtre, à pédicelles naissant à l'aisselle de bractées membraneuses.

Fleurs en corymbe plan au sommet . . . . *O. umbellatum.*
Fleurs disposées en un long épi . . . . *O. sulfureum.*

1. O. ᴜᴍʙᴇʟʟᴀᴛᴜᴍ L. (O. en ombelle). Moissons, haies, coteaux pierreux.— A.C., Auv. Fl. or., Bb.; R. Ht., Nr., Lg., Lb.—Dans beaucoup de localités, cette espèce paraît seulement naturalisée.

2. O. ꜱᴜʟꜰᴜʀᴇᴜᴍ Roem. et Schult. — *O. Pyrenaicum* Auct. plur. (O. couleur de soufre). Bois frais, buissons. — R. Entre Bourdon, Verdenne et Marche, Harsin, Wellin (Lx., *Crep.*); Han-sur-Lesse, Auffe, Ave, Éprave, Wavreille, Bure (*Crep.*), Laforêt (Nr., *Grav.*).

Obs. — L'O. *nutans* L., espèce paraissant introduite et naturalisée dans la partie occidentale de l'Europe, a été découverte aux env. de Berchem-Sainte-Agathe (Bb., *Mrt.!*), où il ne paraît qu'accidentel. Suivant Lejeune, cette espèce aurait été autrefois trouvée par le pharmacien Driessen dans les prés des châteaux d'Hell et de Dilsen (Lb.)

II. **GAGEA** Salisb. (Gagée). Périanthe persistant-marcescent, à divisions libres. Étamines hypogynes ou insérées à la base des divisions; filets filiformes ou à peine aplanis; anthères insérées sur le filet par la base. Style filiforme. Capsule à loges oligospermes. Souche bulbeuse. Tige portant au sommet des feuilles bractéales. Fleurs jaunes striées de vert en dehors.

1. Pédoncules et périanthe pubescents . . . . *G. arvensis.*
Pédoncules et périanthe glabres **2**
2. Feuilles radicales 2, linéaires très-étroites; une seule feuille bractéale. *G. spathacea.*
Feuille radicale 1, linéaire-lancéolée; deux feuilles bractéales opposées . *G. lutea.*

1. G. ʟᴜᴛᴇᴀ Schult. — *Ornithogalum luteum* L. (G. jaune). Bois frais, lieux herbeux. — R. Lg., Nr., Ht.; Habay-la-Vieille (Lx., *Tin.*); Cortessem (Lb., *VD.!*); env. d'Ypres (Fl. occ., *ML.!*); Nevele (Fl. or., *Schd.*).

2. G. ꜱᴘᴀᴛʜᴀᴄᴇᴀ Schult. — *Ornithogalum Belgicum Lej.* (G. à spathe). Bois frais, lieux herbeux. — R. Env. de La Hulpe (Bb., *Bm.! Gr.!*); Lombise (*Willem!*); env. de Soignies (*Hocq.!*), Binche (Ht., *Lej.*).

3. G. ᴀʀᴠᴇɴꜱɪꜱ Schult. — *Ornithogalum arvense* Pers. (G. des champs). Moissons, champs pierreux. — R. Oreye (Lg., *Michl.* ex. *Lej.*); Hamerenne, Wavreille (Nr., *Crep.*); Tournay (Ht., *Hocq., Mich.*); entre Alost et Lede (Fl. or., *Rouc.*). Eegenhoven, Berthem (Bb., *Vllk.!, Rss.!*).

Obs. — Le *Gagea* indiqué par Tinant dans les prés humides aux env. de l'abbaye d'Orval (Lx.) sous le nom d'*Ornithogalum fistulosum* est une espèce douteuse. Nyman la rapporte, peut-être avec raison, au *G. Leottardi* Schult.

III. **SCILLA** L. (Scille). Périanthe à divisions libres, étalées. Étamines hypogynes ou insérées à la base des divisions du périanthe; filets filiformes; anthères insérées sur le filet par leur dos. Style filiforme. Capsule à loges oligospermes. Souche bulbeuse. Fleurs bleues, à pédoncules ord. dépourvus de bractées.

Feuilles ord. 2. enveloppant la tige dans sa moitié inférieure . . . *S. bifolia.*

1. S. ʙɪꜰᴏʟɪᴀ L. (S. à deux feuilles). Buissons, taillis. — R. Pétigny, Dailly, Frasne, (Nr., *Del.!*); Vaulx-lez-Chimay (*Del.*), env. de Tournay, Mons (*Hocq.*), Quévy, Quaregnon (Ht., *Toilliez* ex *Mich.*).

Obs. — Le S. *autumnalis L.*, indiqué à Genly et à Quévy (Ht.), est une espèce très-douteuse pour notre Flore.

IV. **ENDYMION** Dmrt. (Endymion). Périanthe à divisions un peu soudées à la base, conniventes en cloche. Étamines soudées avec les divisions du périanthe jusque vers la moitié de leur longueur; filets filiformes; anthères insérées sur le filet par leur dos. Style filiforme. Capsule à loges oligospermes. Souche bulbeuse. Fleurs bleues, à pédoncules munis de bractées.

Feuilles linéaires-lancéolées ; fleurs en grappe penchée . . . . *E. nutans.*
1. E. NUTANS Dmrt. — *Hyacinthus nonscriptus L.* — *Agraphis nutans Link* (E. penché). Bois ombragés. — A.R. Fl. or., Ht., Bh.; R. Courtray (Fl. occ., *West.*); Golzine (*Durand*), Dave (*Crep.*), Pry (Nr., *V. Barb.*); entre Fays et Polleur (Lg., *Lej.*).

V. ALLIUM L. (Ail). Périanthe à divisions libres ou soudées à la base. Étamines hypogynes ou insérées à la base des divisions du périanthe ; filets un peu élargis, souvent soudés entre eux à la base, ceux des étamines intérieures souvent dilatés-membraneux et prolongés de chaque côté en une dent ou un appendice filiforme ; anthères insérées sur le filet par le dos. Style filiforme. Capsule déprimée au centre, à loges monospermes ou dispermes. Souche bulbeuse. Fleurs disposées en ombelle simple, terminale, ord. globuleuse, souvent entremêlées de bulbilles, renfermées avant l'épanouissement dans une spathe.

1. Feuilles planes, elliptiques-lancéolées : fleurs blanches . . . . *A. ursinum.*
Feuilles linéaires-étroites ; fleurs ord. rosées. 2
2. Ombelles composées uniquement de fleurs. 3
Ombelles à fleurs entremêlées de bulbilles 4
3. Têtes de fleurs très-compactes ; étamines dépassant le périanthe.
                                                        A. sphærocephalum.
Têtes de fleurs lâches ; étamines plus courtes que le périanthe.
                                                        A. Schœnoprasum.
4. Périanthe non dépassé par les étamines . . . . *A. oleraceum.*
Périanthe longuement dépassé par les étamines. 5
5. Fleurs purpurines-glaucescentes ; filets des étamines entiers . . . *A. carinatum.*
Fleurs d'un rose pâle ; 3 étamines à filets bidentés au sommet . . . *A. vineale.*
1. A. URSINUM L. (A. des ours). Bois ombragés. — A.R., R. Rég. mér.; R.
        Obs.—On cultive communément dans les jardins potagers : *A. Cepa L.* (Oignon), *A. fistulosum L.* (Ciboule), *A. Ascalonicum L.* (Échalotte).
† A. SCHŒNOPRASUM L. (A. Civette). Cultivé fréquemment dans les jardins.—Se naturalise rarement : Graviers de la Semoy, près Bouillon (Lx., *Maub.! Grav.*).
2. A. OLERACEUM L. (A. des lieux cultivés). Moissons, haies, coteaux pierreux, rochers. — A.C., A.R. Nr., Lg., Lx., Ht.
        Obs. — La var. à feuilles planes, qui seule a encore été rencontrée dans ce pays, est souvent donnée sous le nom d'*A. carinatum.*
3. A. CARINATUM L. — *A. flexum W. et K* (A. à carène). Haies, buissons, coteaux secs. — R.R. Env. de Verviers, Ensival (Lg. *Crep. Rem.! Lej.*
        Obs. I. — Espèce très-distincte de la précédente par la forme du périanthe, par les étamines soudées moins haut, par la forme des anthères et de l'ovaire, ainsi que par la forme toute différente des feuilles. Son ombelle à bulbilles très-nombreux, son périanthe d'un pourpre foncé et ses anthères violacées le rapprochent de la forme nommée *A. flexifolium* par M. Jordan.
        Obs. II. — On cultive dans les jardins l'*A. sativum L.* (Ail).
4. A. VINEALE L. (A. des vignes). Moissons, prairies. — A.C., A.R., R. — Manque dans beaucoup de localités.
        Obs. — On cultive : *A Scorodoprasum L.* (Rocambole), *A. Porrum L.* (Poireau).
5. A. SPHAEROCEPHALUM L. (A. à tête ronde). Rochers, coteaux arides. — A.R. Nr.; R. Vaulx (Ht., *Mar.*).

VI. MUSCARI Tournel. (Muscari). Périanthe ovoïde-subglobuleux ou cylindrique-urcéolé, à dents courtes. Étamines insérées sur le périanthe ; filets courts. Style filiforme, court. Capsule à loges dispermes. Souche bulbeuse. Fleurs bleues, en grappe compacte.

Feuilles dressées, lancéolées-linéaires, s'élargissant vers le sommet ; périanthe subglobuleux . . . . *M. botryoides.*
Feuilles régulièrement linéaires-étroites ; périanthe ovale-oblong. *M. racemosum.*
1. M. BOTRYOIDES DC — *M. Lelievrii Bor.?* (M. Faux-Botryde). Lieux cultivés, moissons, bois.—R. Lacken (*Schd.!*), Jette-Saint-Pierre (*Gr.! Bm.!*), env. de Louvain (Bh., *Rss.!*); Breuze (*Hocq., Mar.*), Obourg (*Mrt.!*), Hérinnes (Ht, *Mich, Mar.*); Neufchâteau (Lx., *Beauj.!*); Wegnez (Lg., *Lej.*). — Indigénat assez suspect.

† M. racemosum DC. (M. à grappe). Lieux cultivés. — R. Env. d'Audenarde, près d'un
parc (Fl. or., *Schd.!*). — Probablement subspontané.
    Obs. — On cultive le *M. comosum Mill*, espèce si reconnaissable à sa grappe
terminée par une houppe de fleurs stériles longuement pédicellées. Rarement
échappé des jardins : entre Theux et Louveigné (Lg., *Lej.*).

VII. PHALANGIUM Tournef. (Phalangère).

Périanthe à divisions
étalées, un peu soudées en tube à la base. Étamines à filets glabres.
Style filiforme. Capsule à loges oligospermes. Graines anguleuses.
Souche fibreuse. Fleurs blanches, à pédoncules articulés.

    Tige ord. simple ; style arqué . . . . *P. Liliago.*
    Tige ord. rameuse ; style droit. . . . . *P. ramosum.*
1. P. Liliago Schreb. — *Anthericum Liliago L.* (P. à fleurs de lis). Bois montueux,
    pâturages, rochers.—Bande calcaire du nord de l'Ardenne : Lg., Lx., Nr.; Dré-
    hance entre Pont-à-Lesse et Anseremme (Nr., *Crep.*).
2. P. ramosum Lam. — *Anthericum ramosum L.* (P. rameuse). Bois, coteaux pier-
    reux. — R.R. Obourg (Ht., *Mich.*, *Mrt.!*) ; Verviers (Lg., *Lej.*).

VIII. NARTHECIUM Moehring. (Narthécie).

Périanthe à divisions
étalées, libres. Étamines à filets très-barbus. Style épais, conique.
Capsule à loges polyspermes. Graines filiformes. Souche rampante.
Fleurs jaunes.

    Tige feuillée ; plante de marais . . . . *N. ossifragum.*
1. N. ossifragum Huds. — *Abama ossifraga DC.* — *Anthericum ossifragum L.* (N. des
    marais). Marais, lieux tourbeux. — A.R. Rég. sept.; Rég. ard. : partie supérieure
    des bassins de l'Amblève et des ruisseaux de Spa et de Polleur (Lg., Lx.); R.
    Stambruges (Ht., *Hocq.*, *Mich.*); Stockem (Lx., *Tin.*).

XCVI. ASPARAGINÉES (A. Rich.).

Fleurs hermaphrodites ou unisexuelles par avortement. Périanthe
régulier, pétaloïde, à 6, plus rarement 4-8 divisions, quelquefois
soudées en tube. Étamines en nombre égal à celui des divisions du
périanthe, plus rarement en nombre moindre, hypogynes ou insérées sur le périanthe. Style 2-4 soudés en un style indivis, plus
rarement libres, très-rarement un seul style. Fruit non soudé avec
le périanthe, bacciforme-charnu, à 3, plus rarement 2-4 loges ou une
seule loge, polysperme ou oligosperme, quelquefois monosperme par
avortement. Plantes terrestres, vivaces, herbacées, plus rarement
ligneuses, à souche traçante ou cespiteuse.

    La racine du Muguet (*Convallaria maialis*) est douée de propriétés purgatives. La
souche du Sceau de Salomon (*Polygonatum vulgare* et *multiflorum* était employée
comme diurétique ; ses baies sont douées de propriétés purgatives et émétiques, comme
celles de la Parisette.

  1. Arbuste à feuilles (rameaux) terminées en pointe piquante. . . Ruscus.(vi.)
    Plantes herbacées; feuilles non épineuses. **2**
  2. Fleur solitaire, terminale; tige terminée par une rosette de 4-6 feuilles. Paris.(v.)
    Fleurs plus ou moins nombreuses. **3**
  3. Feuilles (ramuscules) filiformes capillaires. . . . . Asparagus.(i.)
    Feuilles plus ou moins larges **4**
  4 Tige portant 2 feuilles cordées, pétiolées . . . . Maianthemum (iv.)
    Tige nue ou très-feuillée; feuilles non échancrées en cœur **5**
  5. Fleurs en grappe nue . . . . Convallaria.(ii.)
    Fleurs naissant à l'aisselle des feuilles. . . . . Polygonatum. (iii.)

1. ASPARAGUS L. (Asperge).

Fleurs dioïques par avortement.

Périanthe campanulé à 6 divisions, un peu soudées à la base. Étamines 6, insérées sur les divisions du périanthe. Style indivis, à 3 stigmates. Tige rameuse. Feuilles réduites à des écailles, les écailles des rameaux donnant naissance à leur aisselle à des ramuscules avortés filiformes simulant des feuillles.

Tige couchée à sa base ; pédoncules articulés . . . . *A. officinalis*.
1. A. OFFICINALIS L. (A. officinale). Sables maritimes. — Fl. occ. (*Dmrt.*). — Paraît R. ou R.R. sur nos côtes. N'existe pas entre Wenduyne et Heyst.
    Obs. — On rencontre çà et là des pieds de la variété cultivée.

II. CONVALLARIA L. (Muguet). Fleurs hermaphrodites. Périanthe campanulé-urcéolé, à 6 dents courbées en dehors. Étamines 6, insérées à la base du périanthe. Style indivis; stigmate obtus, trigone. Feuilles toutes radicales. Fleurs blanches, en grappe terminale, nue.

Feuilles longuement pétiolées, ovales-oblongues. . . . . *C. maialis*
1. C. MAIALIS L. (M. de mai). Bois, buissons. — C., A.C.

III. POLYGONATUM Desf. (Polygonatum). Fleurs hermaphrodites. Périanthe tubuleux-cylindrique, à 6 dents. Étamines 6, insérées sur le périanthe, au milieu de sa hauteur. Style indivis; stigmate obtus, trigone. Tige simple, feuillée. Fleurs blanches, naissant à l'aisselle des feuilles.

1. Feuilles linéaires-lancéolées, verticillées par 4 . . . . . . *P. verticillatum*.
   Feuilles elliptiques ou oblongues, alternes. 2
2. Tige cylindrique ; étamines à filets poilus . . . . *P. multiflorum*.
   Tige anguleuse ; étamines glabres. . . . . *P. vulgare*.
1. P. VULGARE Desf. — *Convallaria Polygonatum L.* (P. commun). Bois rocailleux, rochers.—R. Comblain-au-Pont (Lg., *Lej.!*); Bande calcaire du nord de la rég. ard. : Lx., Nr.; entre Pont-à-Lesse et Anseremme (Nr., *Crep.* ; Chimay (*Hocq.*), Breuze (Ht., *Mar.*).
    Obs. — On prend souvent pour tel l'espèce suivante.
2. P. MULTIFLORUM All. — *Convallaria multiflora L.* (P. multiflore). Bois. — C. A.C.
3. P. VERTICILLATUM All. — *Convallaria verticillata L.* (P. verticillé). Bois montueux, frais.—A.R., A.C. Région ardennaise et ses lisières immédiates : Lx., Lg., Nr.; R. Chimay (Ht., *Mich.! V. Barb.*).

IV. MAÏANTHEMUM Wiggers (Maïanthème). Fleurs hermaphrodites. Périanthe à 4 divisions libres presque jusqu'à la base, étalées ou réfléchies. Étamines 4, insérées à la base des divisions du périanthe. Style indivis; stigmate obscurément bi-trilobé. Tige simple, feuillée. Fleurs blanches, en grappe terminale, nue.

Tige portant ord. 2 feuilles ovales-cordées, pétiolées . . . . . *M. bifolium*.
1. M. BIFOLIUM DC. — *Convallaria bifolia L.* (M. à deux feuilles). Bois.—A.R., R.— Manque dans beaucoup de localités.

V. PARIS. L. (Parisette). Fleurs hermaphrodites. Périanthe marcescent-persistant, à 8 divisions libres, étalées, 4 extérieures lancéolées, 4 intérieures linéaires très-étalées. Étamines 8, insérées à la base des divisions, à filets soudés à la base, à anthères longuement acuminées par le prolongement du connectif. Styles 4, filiformes, libres, stigmatifères à la face interne. Tige simple, terminée par 4-6 feuilles verticillées. Fleurs solitaires, terminales.

Feuilles sessiles, ovales ; baies noirâtres . . . . — *P. quadrifolia*.
1. P. QUADRIFOLIA L. (P. à quatre feuilles). Bois montueux. — A.C., A.R.

VI. RUSCUS L. (Fragon). Fleurs dioïques par avortement. Pé-

rianthe marcescent-persistant, à 6 divisions libres. Étamines 3, insérées à la base des divisions, à filets soudés en tube portant dans les fleurs mâles les 3 anthères soudées entre elles et réfléchies en dehors. Style indivis continuant l'ovaire ; stigmate large, épais, pelté. Fruit souvent monosperme par avortement. Sous-arbrisseau à tige rameuse. Feuilles réduites à des écailles, donnant naissance à leur aisselle à des rameaux aplanis simulant des feuilles. Fleurs petites, verdâtres, naissant 1-2 à la partie moyenne et à la face supérieure des ramuscules aplanis.

Sous-arbrisseau toujours vert ; baies rouges . . . . *R. aculeatus.*
1. R. ACULEATUS L. (F. piquant). Lisière de bois.—R.R. Vallée de la Hoëgne près Sart (*Mal.*), env. de Jalhay (Lg.. *Lej.*).—Les localités de Fontaine-l'Évêque (*Havart ex Hocq.*) et Bruges (*Rouc.*) sont suspectes.

CLASSE II.

Ovaire soudé avec le tube du périanthe.

XCVII. DIOSCORÉES (R. Br.).

Fleurs ord. dioïques. Périanthe régulier, pétaloïde, à 6 divisions soudées en tube dans leur partie inférieure. Fleur mâle : étamines 6, insérées sur le périanthe. Fleur femelle : Étamines rudimentaires. Style trifide, à stigmates dilatés bifides. Fruit soudé avec le tube du périanthe, bacciforme-succulent, paraissant uniloculaire par la disparition de la cloison. Graines 3-6. Plante terrestre, vivace, à souche épaisse, charnue, à tige volubile rameuse. Feuilles à nervures ramifiées.

La racine du *Tamus communis* est douée de propriétés diurétiques, purgatives et émétiques.

1. TAMUS L. (Tamier).

Feuilles ovales ; profondément cordées ; baies rouges. . . . . . *T. communis.*
1. T. COMMUNIS L. (T. commun'. Bois, buissons. — R. Lompret (*Det.*), Saint-Denis (*Mich.*), Obourg (*Mrt.*), Antoing, Trinité (Ht., *Mar.*) ; Uccle, entre Auderghem et Bemmel (*Mrt.*), Ganshoren, Saint-Job, La Hulpe (*Bm.!*), Berthem (*Rss.!*, Corbeek-Loo (Bb., *VHk.!*) ; Marches-les-Dames (*V.* et *J. Barb.*) ; Saint-Servais (*Bllk.*), Roly (Nr., *Det.!*).

XCVIII. IRIDÉES (Juss.).

Fleurs hermaphrodites, renfermées avant la floraison dans des bractées membraneuses en forme de spathes. Périanthe régulier ou irrégulier, à tube soudé avec l'ovaire, à 6 divisions pétaloïdes disposées sur deux rangs. Étamines 3, insérées à la base des divisions extérieurs du périanthe ; anthères extrorses. Styles soudés en un style indivis ; stigmates 3, souvent dilatés et pétaloïdes. Fruit soudé avec le tube du périanthe, capsulaire, à 3 loges polyspermes, à déhiscence loculicide à 3 valves. Plantes terrestres ou aquatiques, vivaces, herbacées, à rhizome horizontal charnu, plus rarement à souche bulbeuse.

I. IRIS L. (Iris). Périanthe régulier, à divisions extérieures réfléchies en dehors, les intérieures dressées ou conniventes. Stigmates très-grands, pétaloïdes. Rhizome charnu, horizontal. Feuilles ensiformes ou linéaires.

Fleurs jaunes; plante des lieux marécageux. . . . . *I. Pseudo-Acorus.*
1. I. Pseudo-Acorus L. (I. Faux-Acore). Bords des eaux. — C., A.C. — Manque dans beaucoup de localités.
   Obs.—On cultive : *I. Germanica L., I. pumila L., I. fœtidissima L.*, etc.

XCIX. AMARYLLIDÉES (R. Br.).

Fleurs hermaphrodites; renfermées avant la floraison dans des bractées membraneuses en forme de spathes. Périanthe ord. régulier, à tube soudé avec l'ovaire, à 6 divisions pétaloïdes, disposées sur deux rangs, souvent soudées en tube au-dessus de l'ovaire, quelquefois muni à la gorge d'une couronne ou d'un tube pétaloïde. Étamines 6, insérées sur le périanthe ou sur le disque qui recouvre l'ovaire ; anthères introrses. Styles soudés en un style indivis ; stigmate ord. trilobé. Fruit soudé avec le tube du périanthe, capsulaire, à 3 loges polyspermes, à déhiscence loculicide, à 3 valves. Plantes terrestres, à souche ord. bulbeuse. Feuilles toutes radicales, à base engaînante, linéaires.

Les bulbes des *Narcissus*, ainsi que ceux du *Galanthus* et du *Leucoium vernum*, offrent des propriétés purgatives ou émétiques à un degré assez prononcé. Avec les fleurs du *Narcissus Pseudo-Narcissus* on prépare une infusion, un sirop et un extrait employés comme antispasmodiques contre les affections convulsives et surtout contre la coqueluche.

1. Périanthe muni d'une couronne bordée de rouge, ou d'un tube jaune. Narcissus. (i.)
  Périanthe dépourvu à la gorge de couronne ou de tube **2**
2. Périanthe à divisions égales . . . . Leucoium. (ii.)
  Périanthe à divisions intérieures beaucoup plus courtes que les extérieures.
                              Galanthus. (iibis.)

I. NARCISSUS L. (Narcisse). Périanthe hypocratériforme, régulier, muni à la gorge d'une couronne ou d'un tube pétaloïde campanulé. Fleurs blanches ou jaunes.

Fleurs jaunes; couronne en forme de tube. . . . . . . *N. Pseudo-Narcissus.*
Fleurs blanches ; couronne courte, bordée de rouge. . . . . *N. poeticus.*
1. N. Pseudo-Narcissus L. (N. Faux-Narcisse). Prés, pâturages, bois.—C.C. Région ardennaise et ses lisières : Lx., Lg., Nr.; A.C., A.R. — Manque dans beaucoup de localités.
† N. poeticus L. (N. des poëtes). Prairies. —Naturalisé et introduit çà et là : Entre Verviers et Ensival (*Lej.*), Saint-Hadelin, Fond-de-Forêt (Lg., *Str.*); Bois-de-Villers, Grand-Metz (*Mich.*), Chereq (Ht., *Mar.*).

II. LEUCOIUM L. (Nivéole). Périanthe régulier, à 6 divisions presque égales, étalées-dressées. Étamines à anthères s'ouvrant en long, non apiculées au sommet. Fleurs blanches.

1. L. vernum L. (N. printanière). Prairies, bois frais. — R. Entre Habay-la-Vieille et Étalle (Lx., Tin.!; Audenarde (Fl. or., *Vandermeerch!*); Chercq, Trinité (Ht., *Hocq., Mich., Mar.*).

    Obs.—L'indigénat de cette espèce est suspect, surtout quant aux stations des env. de Tournay.

† L. æstivum L. (N. d'été). Bord des eaux.—Rarement naturalisé : Bord de l'Escaut à Anvers Anv., *Rss.!, VHk.*).

† **GALANTHUS L.** (Galanthine). Périanthe régulier, à divisions extérieures étalées, les intérieures dressées, de moitié plus courtes. Étamines à anthères apiculées, s'ouvrant par deux pores terminaux. Fleurs blanches.

† G. nivalis L. (G. Perce-neige). Prairies. — R. Env. d'Habay-la-Vieille (Lx., *Tin.*); env. de Limbourg (Lg., *Lej.*); Chercq (*Hocq., Mich.*), fortifications de Tournay Ht., *West.!*) ; Audenarde, Grammont (Fl. or., *Schd.!*) ; Linkebeek (Bb., *Bm.!*).

    Obs. — Les localités citées sont trop suspectes pour pouvoir considérer cette plante comme indigène.

.C. ORCHIDÉES (Juss.).

Fleurs hermaphrodites. Périanthe irrégulier, à tube soudé avec l'ovaire, à 6 divisions pétaloïdes ; les 3 extérieures souvent convergentes avec les deux divisions intérieures et supérieures (casque); la division intérieure et inférieure ord. très-différente des autres par sa forme et sa grandeur (labelle), souvent prolongée en éperon à sa base. Étamines 3, à filets soudés en colonne avec le style (colonne, gynostème); les deux latérales stériles, réduites chacune à un mamelon ou à un appendice charnu (staminode), quelquefois complétement nulles, la moyenne fertile, placée au-dessus du stigmate, soudée avec la colonne ou en étant distincte ; très-rarement les étamines latérales étant régulièrement développées et la moyenne avortée. Anthère à 2 loges ; grains de pollen agglomérés en masses (masses polliniques); masses polliniques presque pulvérulentes à granules lâchement cohérents, ou très-compactes ressemblant à de la cire, ou à granules assez gros agglutinés et alors atténuées en pédicelles (caudicule); le caudicule ou la masse pollinique présentant ord. à son extrémité un petit corps visqueux (rétinacle) libre ou soudé avec celui de la masse pollinique voisine et renfermé souvent dans un repli (bursicule) qui surmonte le stigmate. Stigmate placé dans la partie supérieure et extérieure de la colonne, constitué par une surface déprimée glanduleuse. Fruit soudé avec le tube du périanthe, capsulaire à une seule loge très-polysperme, s'ouvrant par 3 valves persistantes. Plantes à souche bulbeuse, plus rarement fibreuse.

4. Labelle à lobes très-allongés, tordus en spirale. . . . . . LOROGLOSSUM. (ii.)
Labelle à lobes jamais enroulés en spirale. 5
5. Masses polliniques à rétinacles non renfermés dans une bursicule.
GYMNADENIA. (vii.)
Rétinacles renfermés dans un repli (bursicule) qui surmonte le stigmate . . 6
6. Rétinacles libres ; bursicule à 2 loges . . . . ORCHIS. (iv.)
Rétinacles soudés en un seul ; bursicule à 1 loge. . . . . . ANACAMPTIS. (iii.)
7. Fleurs et capsules pédonculées, au moins les inférieures. 8
Fleurs et capsules sessiles ou presque sessiles 11
8. Plantes petites (10-15 cent.); bulbes naissant sur la tige. 9
Plantes élevées ; bulbes placés à l'extrémité de la tige, ou souche fibreuse. . 10
9. Labelle plus large que les divisions extérieures ; bulbe écailleux naissant sur
un rhizome . . . . LIPARIS. (xiii.)
Labelle plus petit que les divisions extérieures ; bulbe non écailleux naissant
de la tige à l'aisselle d'une feuille. . . . . MALAXIS. (xiv.)
10. Tige portant des écailles ou 2 feuilles opposées . . . . NEOTTIA. (xi.)
Tige très-feuillée, à feuilles alternes. . . . . EPIPACTIS. (x.)
11. Labelle à 4 lobes étroits-linéaires pendants . . . . ACERAS. (i.)
Labelle non à 4 lobes allongés étroits 12
12. Fleurs petites (5-6 mill.) en épi compacte 13
Fleurs assez grandes en épi lâche 14
13. Labelle entier, concave ; bractées dépassant l'ovaire . . . . SPIRANTHES. (xii.)
Labelle à 3 lobes linéaires ; bractées égalant ou plus courtes que l'ovaire.
HERMINIUM. (vi.)
14. Tige feuillée jusqu'au sommet ; labelle plus court que les autres divisions.
CEPHALANTHERA. (ix.)
Tige longuement nue sous l'épi ; labelle très-apparent, plus grands que les
autres divisions du périanthe . . . . OPHRYS. (v.)

TRIBU I. OPHRYDÉES. Anthère soudée à la colonne avec laquelle elle forme un tout continu, persistante ; masses polliniques atténuées en caudicule à la base. Plantes à bulbes.

I. **ACERAS** R. Br. (Acéras). Labelle dépourvu d'éperon, allongé, à 3 divisions linéaires, la moyenne plus large, bifide, infléchie pendant la floraison. Masses polliniques à rétinacles soudés en un seul, qui est renfermé dans une bursicule uniloculaire.

Bulbes entiers ; fleurs sessiles ; labelle à divisions linéaires. . *A. anthropophora.*

1. A. ANTHROPOPHORA R. Br.—*Ophrys anthropophora* L. (A. homme-pendu). Pelouses, coteaux secs.—R. Baudour (*Havart ex Hocq.*), Saint-Denis (Ht., *Mich.*); Durbuy (abbé *Chenot*), env. de Bastogne (Lx., *München*).—Je n'ai pas vu d'échantillons provenant de ce pays.

II. **LOROGLOSSUM** Rich. (Loroglosse). Labelle prolongé à la base en un éperon court, très-long, à 3 divisions linéaires enroulées en spirale pendant la préfloraison, la moyenne entière. Masses polliniques à rétinacles soudés en un seul qui est renfermé dans une bursicule uniloculaire.

Bulbes entiers ; fleurs à odeur de bouc ; lobe moyen du labelle très-long, tordu.
L. hircinum.

1. L. HIRCINUM Rich.—*Satyrium hircinum* L. (L. à odeur de bouc). Pelouses, bois montueux. — R. Auffe, Houx (*Crep.*), Nismes, Roly (Nr., *Det.*); Ciply (*Hocq.*), Saint-Denis (Ht., *Mich.*); Huyssinghen (Bb., *Kx. p.*).

III. **ANACAMPTIS** Rich. (Anacamptis). Labelle large, trilobé à lobes courts, prolongé en éperon filiforme. Masses polliniques à rétinacles soudés en un seul qui est renfermé dans une bursicule uniloculaire.

Bulbes entiers ; fleurs assez petites en épi très-compacte . . . *A. pyramidalis.*

1. A pyramidalis Rich. — *Orchis pyramidalis L.* (A. pyramidal). Coteaux secs, bois montueux. — R. Marche-les-Dames (*Bllk.!*), Floreffe (Nr., *V. Barb.*); Baudour (*Hocq., Mrt.*), Hautrage (Ht., *Mich.*); Laeken (Bb., *Mrt.*); Nieuport (Fl. occ., *Kx.*).

IV. ORCHIS L. (Orchis). Labelle prolongé en éperon, à 3 lobes plus ou moins profonds, le moyen entier, bilobé ou bifide. Masses polliniques à rétinacles libres renfermés dans une bursicule biloculaire.

1. Périanthe à divisions extérieures latérales conniventes en casque avec les deux intérieures. **2**
 . Périanthe à divisions extérieures latérales étalées-ouvertes. **7**
2. Labelle à 3 lobes peu profonds, le moyen entier ou un peu échancré. . . . **3**
 Labelle à 3 lobes profonds, le moyen fendu, ord. avec une petite dent dans la bifidité. **4**
3. Divisions en casque aigu; fleurs à odeur de punaise . . . . . . *O. coriophora.*
 Divisions en casque arrondi-obtus; labelle très-large. . . . . . . *O. Morio.*
4. Fleurs petites (8-10 mill.); divisions extérieures libres . . . . . *O. ustulata.*
 Fleurs grandes; divisions extérieures du périanthe soudées à la base . . . **5**
5. Casque d'un pourpre foncé; labelle à lobe moyen 3-5 fois plus large à la base que les lobes latéraux; épi allongé . . . . *O. purpurea.*
 Casque d'un rose cendré; lobe moyen du labelle à base environ aussi large que les lobes latéraux; épi court **6**
6. Labelle à 4 divisions allongées linéaires-étroites, un peu courbées en avant. *O. Simia.*
 Labelle à lobe moyen divisé en deux lobes assez courts 2-3 fois plus larges que les latéraux . . . . *O. militaris.*
7. Fleurs en épi compacte, à éperon dirigé en bas; bulbes palmés. **8**
 Fleurs en épi lâche, à éperon dirigé horizontalement; bulbes entiers. . . . **10**
8. Tige pleine; divisions extérieures latérales du périanthe étalées; bractées la plupart plus courtes que les fleurs . . . . *O. maculata.*
 Tige fistuleuse; divisions ext. latérales du périanthe redressées; bractées la plupart plus longues que les fleurs **9**
9. Feuilles très-étalées, ord. tachées . . . . *O. latifolia.*
 Feuilles dressées parallèlement à la tige, à sommet en capuchon. *O. incarnata.*
10 Bractées à 1 nervure; feuilles planes . . . . *O. mascula.*
 Bractées à 3-5 nervures; feuilles pliées-canaliculées . . . . . . *O. laxiflora.*

1. O. ustulata L. (O. brûlé). Prairies, coteaux herbeux.—R. Rochefort (*Crep.*), env. d'Eprave (*Baes.!*), entre Pont-à-Lesse et Anseremme, Waulsort (*Crep.!*), entre Mariembourg et Dourbes, Pétigny (Nr., *Det.*); Gozée (*Mich.*), Antoing (Ht., *Mar.*); Comblain-au-Pont (Lg., *Lej.*).

2. O. purpurea Huds.—*O. fusca Jacq.* (O. pourpre). Bois montueux, coteaux herbeux —R. Saint-Servais (*Bllk.!*), Han-sur-Lesse (*Crep.*), Saint-Remy (*Baes.!*), Roly (Nr., *Det.*); entre Nimy et Maisières, Obourg (Ht., *Mrt.!*).

3. O. militaris L.—*O. galeata Lam.* —*O. cinerea Schrank* (O. militaire). Pelouses, bois montueux. — R. Waulsort, Freyr (Nr., *Crep.*); Masnuy (*Mich.!*), Obourg (Ht., *Mrt.!*).

4 O. Simia Lam. (O. singe). Bois montueux, pâturages. — R. Houx (*H.C.*), env. d'Eprave (*Crep.*), Han-sur-Lesse (Nr., *Baes.!*); Thuin (Ht., *Mich.*); entre Izel et Orval (Lx., *Pierrot*).

5. O. coriophora L. (O. punaise). Prairies.—R Saint-Servais (*Bllk.*), Han-sur-Lesse, Rochefort (*Crep.*), Vencimont (Nr., *Aubert*); Beaumont, Ham-sur-Heure (Ht., *Desm.*); Droogenbosch (Bb., *D.* et P.); entre Mont et Bilstain (Lg., *Lej.*); env. d'Achouffe (Lx., *Crep.*).

6 O. Morio L. (O. bouffon). Pâturages, prairies, bois.—C., A.C. Nr., Lx., Lg.; A.R. Ht., Lb.; R. Forest (*Mrt.*), Berchem-Sainte-Agathe, La Hulpe (*Bm.!*), Corbeeck-Loo (Bb., *Rss.!*); Malines (*Kx.*), Rethy (Anv., *Rss.*).

7. O. mascula L. (O. mâle). Bois montueux, prairies. — C., A.C. Nr., Lx., Lg.; A.R. Ht.; R. Renaix (Fl. or., *Ps.!*).

8. O. laxiflora Lam. —*O. palustris Jacq.* (O. à fleurs lâches). Prairies tourbeuses. — R. Buissenal, Ath, Belœil (*Hocq.*), Hautes-Wihéries, Thure (*Mich.*), Kain (Ht., *Mar.*).—Je n'ai point vu d'échantillons provenant de ces localités.—Assez douteux.

9. O. maculata L. (O. taché). Prairies humides, bois. — C., A.C. Rég. mér.; A.C., A.R.

10. O. latifolia L. (O. à larges feuilles). Prairies humides, bois. — C., A.C. Rég. mér.; A.C., A.R.

11. O. incarnata L. (O. à couleur de chair). Prairies tourbeuses, bois humides. — R

Rég. ard. et ses lisières : env. de Spa (Lg., *Crep.*); entre Bourdon et Marche, Mirwart, Vance, Sampont, env. de Stockem (Lx., *Crep.*); Willerzie, Louette-Saint-Pierre (Nr., *Grav.!*).

V. OPHRYS L. (Ophrys). Labelle épais un peu charnu, non prolongé en éperon, ord. pubescent-velouté et marqué de lignes et de taches glabres, entier ou trilobé, à lobe moyen plus grand, entier, émarginé ou bifide souvent terminé par un appendice glabre, épais, courbé. Masses polliniques à rétinacles libres renfermés dans deux bursicules distinctes. Ovaire non contourné. Bulbes entiers. Fleurs sessiles en épi lâche.

1. Labelle à lobe moyen bifide, sans appendice. . . . . *O. muscifera.*
   Labelle à lobe moyen muni d'un appendice 2
2. Labelle à appendice recourbé en dessous et caché. . . . . *O. apifera.*
   Labelle à appendice courbé en dessus. . . . . *O. arachnites.*

1. O. MUSCIFERA Huds.— *O. myodes Jacq.* (O. mouche). Pelouses, coteaux secs. — R. Nr.; Ciply (*Mich.*), Maisières, Obourg, Baudour (*Mrt.*), Antoing (Ht., *Mar.*); Bemmel (*Mrt.*), Ganshoren, Berchem, Forest Bb., *Bm.!*.

2. O. APIFERA Huds. (O. abeille). Pelouses, coteaux secs.—R. Entre Verviers et Stembert (Lg., *Lej.*); Saint-Remy, Han-sur-Lesse, Lavaux, env. d'Anseremme (*Crep.*), Nismes (*Det.*), Marche-les-Dames (Nr., *J. Barb.*); Wellin (Lx., *Crep.*); Ciply (*Mich.*), Baudour, Sirault (Ht., *Mrt*).

3. O. ARACHNITES Hoffm. (O. araignée). Pelouses, coteaux secs. — R. Nr.; Wellin, Froidlieu (Lx., *Crep.*); Baudour (Ht., *Hocq.*, *Mich.*).

VI. HERMINIUM Rich. (Herminie). Labelle connivent avec les autres divisions du périanthe, trilobé à lobes linéaires entiers, bossu à la base. Masses polliniques à caudicules très-courts, à rétinacles libres non renfermés dans une bursicule. Ovaire contourné. Bulbes entiers.

Fleurs petites, sessiles, en épi grêle. . . . . *H. Monorchis.*

1. H. MONORCHIS R. Br. — *Ophrys Monorchis L.* (H. à un seul bulbe). Coteaux arides, pelouses.—R.R. Panne (*Mal.!*), Nieuport (*Kx.*), Ostende (Fl. occ., *ML.*).

VII. GYMNADENIA Rich. (Gymnadénie). Labelle large ou linéaire, trilobé ou tridenté, prolongé en éperon court ou allongé. Masses polliniques à rétinacles libres, non renfermés dans une bursicule. Ovaire contourné. Bulbes palmés.

1. Éperon 1-2 fois plus long que l'ovaire. . . . . *G. conopsea.*
   Éperon court, 1 fois plus court que l'ovaire 2
2. Fleurs verdâtres ; bractées dépassant beaucoup l'ovaire. . . . . *G. viridis.*
   Fleurs blanchâtres ; bractées égalant ou plus courtes que l'ovaire . . *G. albida.*

1. G. CONOPSEA Rich. — *O. conopsea L.* (G. moucheron). Prairies, pâturages, bois.— A.C., A.R. Nr., Lx.; A.R. Lg.; R. Chimay, Beloeil, Kain (Ht., *Hocq.*, *Mich.*); Wavre (*D. et P.*), La Hulpe (Bb., *Rouc.*); Wetteren (Fl. occ., *Schd.*); Wintershoven (Lb., *VD.*).

2. G. VIRIDIS Rich. — *Satyrium viride L.* (G. verte). Prairies fraîches. — A.R., A.C. Lx., Nr.; A.R., R. Lg.; R. Beloeil, Ath (*Hocq.*), Thure (*Mich.*), Vezon (*Mar.*), Obourg (Ht., *Mrt.!*); Jette-Saint-Pierre (*Mrt.!*), Laeken, La Hulpe (*Bm.!*), Vlierbeek (Bb., *VHk.!*).

3. G. ALBIDA Rich. — *Satyrium albidum L.* (G. blanchâtre). Pâturages, bruyères.— R.R. Haut-Regard (*Mor.* et *Crep.*, 1856); Limbourg, Verviers, Ensival (Lg., *Lej.*).

VIII. PLATANTHERA Rich. (Platanthère). Labelle linéaire allongé, indivis prolongé en éperon très-long. Masses polliniques à rétinacles libres, non renfermés dans une bursicule. Ovaire contourné. Bulbes entiers. Fleurs d'un blanc verdâtre.

Anthère à loges rapprochées et parallèles. . . . . *P. bifolia.*
Anthère à loges éloignées, divergentes inférieurement . . . . . *P. chlorantha.*

1. P. ᴅɪꜰᴏʟɪᴀ Rich.—*Orchis bifolia L.* (P. à deux feuilles). Pâturages, bruyères, bois. A.C., A.R., R.

2. P. ᴄʜʟᴏʀᴀɴᴛʜᴀ Cust. — *P. montana Rchb. f.* — *Orchis montana Schmidt* (P. verdâtre). Pâturages, prairies, bois.—A.R. Nr., Lx.

TRIBU II. NÉOTTIÉES. Anthère soudée seulement à la base avec la colonne, marcescente ; masses polliniques non atténuées en caudicule. Plantes munies de fibres radicales.

IX. CEPHALANTHERA Rich. (Céphalanthère). Labelle brusquement rétréci à sa partie moyenne, à partie basilaire concave-nectarifère, à partie terminale indivise, présentant vers le rétrécissement plusieurs saillies, non prolongé en éperon. Ovaire sessile, plus ou moins contourné. Fleurs ord. blanches, en épi lâche.

Bractées plus longues que l'ovaire ; feuilles ovales . . . . *C. pallens.*
Bractées plus courtes que l'ovaire ; feuilles lancéolées-étroites . . *C. ensifolia.*

1. C. ᴘᴀʟʟᴇɴѕ Rich. — *C. grandiflora Babingt.*—*Serapias grandiflora L.* (C. pâle). Bois ombragés. — R. Saint-Remy, Rochefort, Han, Wawreille, Auffe, Resteigne (*Crep.*), Marche-les-Dames (Nr., *V. Barb !*); Magnée, Forêt (Lg., *Str.*).

2. C. ᴇɴѕɪꜰᴏʟɪᴀ Rich. — *C. Xiphophyllum Rchb. f.*—*Serapias Xiphophyllum. L. f.* (C. en glaive). Bois montueux. — R.R. Han-sur-Lesse, env. d'Eprave (Nr., *Crep.*).

Obs. — Le *C. rubra Rich.*, à fleurs roses et ovaire pubescent, n'a point encore été trouvé en Belgique.

X. EPIPACTIS Rich. (Épipactis). Labelle brusquement rétréci à sa partie moyenne, à partie basilaire concave-nectarifère, à partie terminale indivise, présentant au niveau du rétrécissement deux bosses saillantes obtuses, non prolongé en éperon. Masses polliniques réunies par un rétinacle commun. Ovaire pédonculé, non contourné.

1. Feuilles lancéolées ; labelle arrondi, obtus . . . . *E. palustris.*
Feuilles ovales ; labelle aigu **2**
2. Fleurs verdâtres ou un peu rosées à l'intérieur ; labelle plus court que les autres divisions . . . . *E. latifolia.*
Fleurs petites, d'un rouge foncé ; labelle égalant environ les autres divisions.
E. atrorubens.

1. E. ʟᴀᴛɪꜰᴏʟɪᴀ All. — *Serapias latifolia L.* (E. à larges feuilles). Bois, bords de chemins. — A.C.,A.R. Nr., Lx., Lg.: R. Ht., Bb.; Schooten (Anv., *Dk.*).

2. E. ᴀᴛʀᴏʀᴜʙᴇɴѕ Hoffm. (E. pourpre). Coteaux secs.—R. Rochefort, Han-sur-Lesse, Belvaux (Nr., *Crep.*).

3. E. ᴘᴀʟᴜѕᴛʀɪѕ Crantz — *Serapias palustris Scop.* (E. des marais). Bords de fossés, prairies tourbeuses. — R. Ostende (*ML.*), entre Blankenberghe et Heyst (Fl. occ., *Crep.*); çà et là dans la Fl. or. (*Schd.*); Brasschaet (Anv., *Dk.* ; Erbaut, Beloeil, Quevaucamps (*Hocq.*), Pont-à-Celles (*Mich.*), Péruwelz (Ht., *Mar.*); Tongres (Lb., *Lej.*); Rochefort (Nr., *Crep.*); Hachy, Vance (*Crep.*), Prouvy (Lx., *Grav.*).

XI. NEOTTIA Rich. (Néottie). Labelle allongé, bifide, un peu concave à la base, non prolongé en éperon. Ovaire pédonculé, non contourné. Fleurs décolorées ou verdâtres.

Tige portant 2 larges feuilles opposées. . . . . *N. ovata*
Tige chargée d'écailles décolorées jaunâtres. . . . . *N. Nidus-avis.*

1. N. ᴏᴠᴀᴛᴀ Rich. — *Ophrys ovata L.* (N. ovale). Bois ombragés. — A.C., A.R. Rég. mér. — R. Deurne, Wilryck (Anv., *Dk.*).

2. N. Nɪᴅᴜѕ-ᴀᴠɪѕ Rich. — *Ophrys Nidus-avis L.* (N. Nid-d'oiseau). Bois ombragés.— A.R. Rég. mér. — Espèce peu abondante.

XII. SPIRANTHES Rich. (Spiranthe). Labelle non rétréci à sa

partie moyenne, indivis, plié concave en-dessus, non prolongé en éperon. Masses polliniques réunies par un rétinacle commun. Ovaire sessile, non contourné. Souche à fibres radicales 2-4 très-épaissies en forme de bulbes allongés. Fleurs petites, blanches, en épi fortement contourné en spirale.

Feuilles inférieures entourant la tige . . . . *S. œstivalis.*
Tige à feuilles inf. desséchées, portant une rosette de feuilles sur le côté.
S. autumnalis.
1. S. AUTUMNALIS Rich. — *Ophrys spiralis L.* (S. d'automne). Coteaux secs, pelouses. — R. env. de Liége (*Lej.*), Chaudfontaine (*Str.*), Montzen (Lg., *VD.*); Audenne (Nr., *Wesm./*).
2. S. AESTIVALIS Rich. — *Ophrys œstivalis Lam.* (S. d'été). Marais tourbeux. — R.R. Prés marécageux de la Campine (Lb., *Lej.*). — Espèce douteuse.

TRIBU III. MALAXIDÉES. Anthère libre, en forme d'opercule, caduque; masses polliniques non atténuées en caudicule. Plantes à bulbes constitués par un renflement de la tige entouré d'une ou plusieurs tuniques.

XIII. LIPARIS Rich. (Liparis). Labelle dirigé en haut, beaucoup plus large et aussi long que les autres divisions du périanthe, entier, non prolongé en éperon. Colonne allongée. Ovaire non contourné. Bulbes assez gros, donnant naissance inférieurement à des fibres radicales, le jeune bulbe étant juxtaposé à l'ancien.

Fleurs 3-10 en épi court . . . . *L. Lœselii.*
1. L. LOESELII Rich. — *Ophrys Lœselii L.* (L. de Lœsel). Marais tourbeux. — R.R. Marais de la Rau, près Tournay (Ht., *Dmrt., Mar.*); Adinkerke (Fl. occ., *West.*).

XIV. MALAXIS Sw. (Malaxis). Labelle dirigé en haut, plus court que les divisions extérieures du périanthe, entier, non prolongé en éperon. Colonne très-courte, droite. Ovaire non contourné. Bulbes petits, superposés et espacés, dépourvus de fibres radicales.

Fleurs nombreuses en épi allongé. . . . . *M. paludosa.*
1. M. PALUDOSA Sw. — *Ophrys paludosa L.* (M. des marais). Marais tourbeux. — R. Rég. ard. : Entre Stavelot et Francorchamps, Wanne, entre Werbomont et Habiémont (Lg., *Crep.*); Recogne, Bertrix (Lx., *Crep.*); Louette-Saint-Pierre (Nr., *Grav./*); Péruwelz (Ht., *Dmrt.*); Dixmude (Fl. occ., *Schd.*).

TRIBU IV. CYPRIPÉDIÉES. Étamines latérales fertiles, l'intermédiaire stérile-pétaloïde.

XV. CYPRIPEDIUM L. (Cypripédium). Labelle très-grand, gonflé en vessie en forme de sabot. Colonne penchée. Ovaire non contourné. Souche rampante, fibreuse.

Fleurs très-grandes, ord. solitaires . . . . *C. Calceolus.*
1. C. CALCEOLUS L. (Vulg. *Sabot de Vénus*). Bois ombragés. — R.R.R. Freilange (Lx., *Tin.*).

CI. HYDROCHARIDÉES (Rich.).

Fleurs dioïques, renfermées pendant la préfloraison dans des bractées en forme de spathe. Périanthe régulier à 6 divisions, les

3 extérieures herbacées, les 3 intérieures pétaloïdes. Fleurs mâles
ord. réunies plusieurs dans une spathe commune. Périanthe à divisions libres. Étamines insérées au fond du périanthe, 3-12. Fleurs
femelles solitaires dans une spathe : Périanthe à divisions extérieures
soudées en tube à la base, à tube soudé avec l'ovaire. Style très-
court, plus rarement allongé ; stigmates 3-6, plus ou moins profondément bifides. Fruit soudé avec le tube du périanthe, surmonté
par le limbe persistant du périanthe ou n'en portant aucun vestige,
indéhiscent, charnu, polysperme, à 6 loges séparées par des cloisons
membraneuses, plus rarement à une seule loge Plantes aquatiques,
submergées-nageantes, vivaces, herbacées. Feuilles toutes radicales.

Feuilles pétiolées, arrondies, entières . . . . Hydrocharis. (i.).
Feuilles sessiles, lancéolées-linéaires, denticulées-épineuses . Stratiotes. (ii.).

I. HYDROCHARIS L. (Hydrocharis). Périanthe à 6 divisions, les
extérieures herbacées, les intérieures pétaloïdes plus grandes. Fleurs
mâles renfermées avant la floraison 1-3 dans une spathe membraneuse composée de deux pièces. Étamines 9-12, à filets soudés en
anneau à la base, soudées par paires deux à deux dans leur moitié
inférieure, l'intérieure de chaque paire ord. dépourvue d'anthère.
Fleurs femelles solitaires dans une spathe composée de deux pièces.
Style très-court, épais ; stigmates 6, bipartits. Fruit charnu-bacci-
forme, polysperme. Fleurs blanches.

Feuilles longuement pétiolées, suborbiculaires . . . . . . H.Morsus-ranœa.

1. H. Morsus-ranaba L. (H. des grenouilles). Mares, fossés.— A.C. Rég. sept.; A.C.
   A.R. Bb., Ht.; R. Jupille (Lg., Str.!); Arlon (Lx., Tin.).

II. STRATIOTES L. (Stratiote). Périanthe à 6 divisions, les extérieures un peu herbacées, les intérieures pétaloïdes plus grandes.
Fleurs mâles renfermées avant la floraison par 3 ou plusieurs dans
une spathe composée de deux pièces. Étamines nombreuses, les
extérieures 23-25 stériles, les intérieures 12-13 fertiles. Fleurs
femelles solitaires dans une spathe composée de deux pièces. Style
court, cylindrique, soudé avec le tube du périanthe ; stigmates 6,
bifides. Fruit charnu–bacciforme, à graines peu nombreuses dans
chaque loge. Fleurs blanches.

Feuilles sessiles, roides, lancéolées-linéaires, dentées-épineuses aux bords.
                                                           S. aloides.

1. S. aloides L. (S. Faux-Aloès). Fossés, mares.—A.R. Fl. or.; R. Anvers, Merxem
   (VHk.), Duffel, Bonheyden, Lierre (Anv., Bm.!); Bruxelles (Bb., Schd.); Kain
   (Mar.), Mons (Ht., Mich.). — M. l'abbé Michot nous apprend que cette plante a
   été introduite à Mons, depuis 1833, par madame Depret. — Il est très-probable
   que la station de Kain est également artificielle.

Subdivision II.

Périanthe herbacé ou scarieux, remplacé par des soies ou
des bractées, ou nul.

Classe I.

Graines dépourvues de périsperme. Plantes aquatiques.

CII. JONCAGINÉES (Rich.).

Fleurs hermaphrodites. Périanthe régulier, à 6 divisions herbacées, les intérieures presque semblables aux extérieures. Étamines 6, hypogynes ou insérées à la base des divisions du périanthe. Stigmates sessiles ou subsessiles, 3-6, en nombre égal à celui des carpelles. Fruit non soudé avec le périanthe, sec, composé de 3-6 carpelles 1-2 spermes, qui se séparent entre eux à la maturité et s'ouvrent par l'angle interne. Plantes croissant dans les lieux marécageux, vivaces, herbacées.

Tige nue ; feuilles toutes radicales. . . . . TRIGLOCHIN. (i.)
Tige feuillée ; feuilles alternes . . . . SCHEUCHZERIA. (ii.)

I. SCHEUCHZERIA L. (Scheuchzérie). Périanthe à divisions marcescentes. Anthères fixées au filet par leur base. Carpelles 3-6, un peu soudés entre eux inférieurement par la suture ventrale, uniloculaires, à 1-2 graines. Tige feuillée, à feuilles alternes.

Fleurs peu nombreuses, en grappe courte. . . . . S. palustris.
1. S. PALUSTRIS L. (S. des marais). Marais. — R.R. Entre Erbisœul et Baudour (Ht., *Mich.!, Mrt.!*); Vaerendonck, entre Veerle et Gheel (Anv., *Vh.!* 1841).

II. TRIGLOCHIN L. (Troscart). Périanthe à divisions caduques. Anthères fixées au filet par leur dos. Carpelles 3-6, soudés avec un prolongement de l'axe dont ils se séparent à la maturité de la base au sommet, uniloculaires, monospermes. Feuilles toutes radicales. Fleurs nombreuses en grappe allongée grêle.

Fruit très-rétréci à la base, à **3** carpelles. . . . . *T. palustre.*
Fruit élargi à la base, à 6 carpelles. . . . . *T. maritimum.*
1. T. PALUSTRE L (T. des marais). Prairies spongieuses, bords de ruisseaux. — A.R. Rég. sept.; A.R. Lx.; R. Nr., Ht., Bb.; Wintershoven (Lb., *VD.*); Hamoir (Lg., *Crep.*).
2. T. MARITIMUM L. (T. maritime). Prairies maritimes, bords des eaux saumâtres. — A.C., A.R. Littoral de la Fl. occ.; se retrouve à Oorderen et aux env. d'Anvers (Anv., *Rss.!*).

CIII. POTAMÉES (Juss.).

Fleurs hermaphrodites ou unisexuelles ord. monoïques. Périanthe régulier à 4 divisions herbacées libres, ou nul souvent remplacé par une spathe membraneuse. Étamines 1-4, insérées à la base des divisions du périanthe dans les fleurs hermaphrodites munies d'un périanthe; anthères sessiles ou à filet plus ou moins long, à 1-2 loges. Styles stigmatifères supérieurement ou stigmates en nombre égal à celui des carpelles, libres entre eux. Fruit non soudé avec le périanthe, composé de 4 carpelles, rarement plus ou moins, libres entre eux, sessiles ou pédicellés, monospermes, indéhiscents, à péricarpe drupacé ou coriace. Embryon plié ou enroulé. Plantes herbacées, vivant ord. dans l'eau douce, à feuilles toutes submergées ou les supérieures seules nageantes.

Fleurs hermaphrodites, disposées en épis pédonculés. . . . . Potamogeton. (i.)
Fleurs monoïques, solitaires ou geminées à l'aisselle des feuilles.
                                            Zannichellia. (ii.)

I. POTAMOGETON L. (Potamot). Fleurs hermaphrodites, disposées en épis. Périanthe à 4 divisions herbacées. Anthères 4, subsessiles, biloculaires, insérées à la base des divisions du périanthe. Carpelles 4, quelquefois moins par avortement. Feuilles alternes, plus rarement opposées, toutes submergées ou les supérieures nageantes. Épis se développant hors de l'eau.

1. Feuilles régulièrement linéaires étroites (1-4 mill.). **2**
   Feuilles ord. larges, ovales, oblongues ou lancéolées **7**
2. Feuilles embrassant la tige par une longue gaine . . . . . . *P. pectinatus.*
   Feuilles à gaine nulle ou très-courte. **3**
3. Tige comprimée-ailée, presque foliacée **4**
   Tige cylindrique ou un peu comprimée, jamais foliacée **5**
4. Feuilles obtuses, mucronulées ; épis à 10-15 fleurs, 2-3 fois plus courts que le
      pédoncule. . . . . *P. compressus.*
   Feuilles aiguës ; épis à 4-6 fleurs, égalant ou un peu plus courts que le pédon-
      cule. *P. acutifolius.*
5. Feuilles étroites (2-3 mill.), obtuses ; épis égalant environ le pédoncule.
                                            P. obtusifolius.
   Feuilles très-étroites (1-2 mill.) ; épis 2-3 fois plus courts que le pédoncule.   **6**
6. Carpelles à dos crénelé, à bord intérieur muni d'une dent . . . *P. trichoides.*
   Carpelles à bords lisses . . . . *P. pusillus.*
7. Feuilles toutes opposées ; épis à pédoncule très-court recourbé en crochet.
                                            P. densus.
   Feuilles alternes ; épis à pédoncule allongé **8**
8. Feuilles embrassant la tige par de larges oreillettes . . . . . *P. perfoliatus.*
   Feuilles rétrécies à la base ou pétiolées, non embrassantes. **9**
9. Pédoncules plus gros que la tige, renflés au sommet **10**
   Pédoncules non renflés de la base au sommet, aussi gros ou plus grêles que la
      tige. **11**
10. Feuilles toutes larges, submergées, transparentes, plissées en réseau. *P. lucens.*
    Feuilles inférieures ord. étroites, les supérieures nageantes coriaces.
                                            P. gramineus.
11. Feuilles linéaires-oblongues, ondulées-crispées, toutes submergées transpa-
       rentes . . . . *P. crispus.*
    Feuilles supérieures nageantes coriaces **12**
12. Feuilles supérieures rétrécies en pétiole ; carpelles à bord aigu. . *P. rufescens.*
    Feuilles longuement pétiolées, arrondies à la base ; carpelles à bord obtus. . **13**
13. Carpelles gros (4 mill.) ; feuilles à nervures transparentes (à l'état frais).
                                            · *P. natans.*
    Carpelles petits (2 mill.), devenant rougeâtres ; feuilles à nervures obscures.
                                            P. polygonifolius.

1. P. natans L. (P. nageant). Mares, étangs.—C., A.C.
      Obs.—Le *P. fluitans Roth* est une espèce douteuse pour notre Flore.
2. P. polygonifolius Pourr. — *P. oblongus Viv.* (P. à feuilles de Renouée). Ruis-
      seaux, mares. — C., A.C. Région ardennaise et ses lisières immédiates : Lx.,
      Lg., Nr.
3. P. rufescens Schrad. (P. roussâtre). Mares, ruisseaux. — R. Gand (Fl. or.,
      Schd.!); Wyneghem (Anv., *Rss.!*); Kessel-Loo (*Rss.!*), Perck (Bb., *Wesm.!*);
      Vaulx, Vezon, Péruwelz (Ht., *Mar.*); Rochefort, Baillonville (Nr., *Crep.*); Com-
      blain-au-Pont (Lg., *Crep.*); Vance, Pont-de-Lagland (*Crep.*), Prouvy (Lx.,
      Grav.).
4. P. gramineus L. — *P. heterophyllus Schreb.* (P. graminée). Mares. — R.R
      Env. d'Ypres (Fl. occ., *Schd.!*) Breuze? (Ht., *Mar.*); Malines? (Anv., *D.* et *P.*).
5. P. lucens L. (P. luisant). Rivières, mares.—A.C., A.R., R.
6. P. crispus L. (P. crépu). Mares, ruisseaux.—A.C.

7. P. PERFOLIATUS L. (P. perfolié). Rivières, ruisseaux.—C., A.C.

8. P. DENSUS L. — *P. serratus L.*— *P. oppositifolius DC.* (P. serré). Ruisseaux.— A.C., A.R.

9. P. COMPRESSUS L. — *Rchb.* ic. XXVII! (P. comprimé). Mares. — R.R. Gand (Fl. or , *Schd.!*); Ypres (Fl. occ., *Schd.*); entre Berchem et Borgerhout (Anv., *Vh.!*).

10. P. ACUTIFOLIUS Link—*Rchb.* ic. XXVI! (P. à feuilles aiguës). Mares, fossés.—R. Melle (Fl. or., *Schd.!*); Wintershoven (Lb., *VD.!*).

11. P. OBTUSIFOLIUS Mert. et Koch — *Rchb.* ic. XXV! (P. à feuilles obtuses). Mares, fossés.—R.R. Gand (Fl. or., *Schd.!*).

12. P. PUSILLUS L. (P. fluet). Ruisseaux, mares.—A.R., R.

13. P. TRICHOIDES Chamisso — *P. monogynus Gay* (P. à feuilles capillaires). Mares, fossés. — R.R. Lejeune l'indique en Campine d'après Chamisso. — Douteux pour notre Flore.

14. P. PECTINATUS L. (P. pectiné). Rivières, fossés. — A.R. Fl. occ., Fl. or.; R. dans la Meuse : Nr., Lg.; Westerloo (Anv., *Kx.*), Mons (*Mrt.*), Tournay (*Mar.*), Belœil (*Hocq.*), Jemappes (Ht., *Mich.*); Orval (Lx., *Crep.*).

Obs.—Dans les fossés profonds des dunes, on observe une forme remarquable par ses tiges très-rameuses et très-feuillées.

II. **ZANNICHELLIA L.** (Zannichellie). Fleurs unisexuelles, monoïques, solitaires, ou une fleur mâle et une fleur femelle réunies au niveau d'une même feuille. Fleur mâle : Périanthe nul. Étamine 1 ; filet filiforme. Fleur femelle : Périanthe monophylle, membraneux, n'entourant que la base de l'ovaire. Carpelles 2-6, subsessiles ou pédicellés, coriaces, à dos souvent crénelé. Fleurs très-petites se développant sous l'eau. Feuilles très-étroites, alternes ou opposées, toutes submergées.

Anthère à 4 loges ; filet devenant très-long. . . . . *Z. palustris.*

1. Z. PALUSTRIS L. (Z. des marais). Mares, étangs, fossés. — A.R. Fl. occ., Fl. or.; R. Austruweel (*Vh.*), Anvers (Anv., *VHk.!*); Laeken *Mrt.!*) Etterbeek (Bb., *D. et P.* ; Belœil (*Hocq.*), Casteau (*Mrt.*), Kain *Mar.* , Virelles (Ht., *Mich.*); Saint-Trond (Lb., *VD.*); Nessonvaux (Lg., *Lej.*); Flawinne (Nr., *Bllk.*); Orval (Lx., *Crep.*).

CIV. **NAÏADÉES** (Link).

Fleurs unisexuelles, monoïques ou dioïques. Périanthe remplacé, au moins dans les fleurs mâles, par une spathe membraneuse-celluleuse. Fleur mâle : Étamine 1 , à filet nul ou très-court; anthère à 1-4 loges. Fleur femelle : Styles 2-3, filiformes, stigmatifères à leur face interne. Fruit libre, uniloculaire, monosperme, indéhiscent, à endocarpe coriace ou ligneux. Embryon droit. Plantes vivant dans l'eau douce, submergées. Feuilles opposées ou ternées, cassantes, sinuées-dentées à dents spinescentes. Fleurs axillaires, peu apparentes.

Feuilles étroites (2 mill.) à gaîne entière ; anthère à 4 loges. . . . NAIAS. (i.)
Feuilles très-étroites (1/2 mill.), à gaîne denticulée-ciliée ; anthère à 1 loge. CAULINIA. (ii.)

I. **NAIAS L.** (Naïade). Fleurs dioïques, ord. solitaires à l'aisselle des feuilles. Fleur mâle réduite à une étamine entourée d'une spathe terminée par deux pointes et se fendant longitudinalement. Anthère tétragone, à 4 loges, s'ouvrant en 4 valves.

Feuilles linéaires assez larges, à gaîne entière. . . . . *N. major.*

1. N. MAJOR Roth — *N. marina* var. a L. (N. majeure). Rivières, mares.— R.R. Ypres (Fl. occ., *Schd.!*); dans la Meuse : Jupille, Herstal (Lg., *Lej.*).

II. **CAULINIA** Willd. (Caulinie). Fleurs monoïques, réunies plusieurs à l'aisselle des feuilles. Fleur mâle réduite à une étamine entourée d'une spathe tubuleuse renflée au milieu, ouverte et denticulée au sommet. Anthère atténuée inférieurement en un filet épais, oblongue, à une seule loge.

Feuilles très-étroites, recourbées, à gaîne denticulée-ciliée. . . . . *C. fragilis.*
1. C. FRAGILIS Willd. — *Naias minor All.* (C. fragile). Rivières, fossés.— R. Ramscapelle-lez-Nieuport (*Kx.*), Ostende (Fl. occ., *ML.*); Gand (Fl. or., *Schd.!*); canal de Louvain à Malines (Bb . *Schd.!*.

CV. ZOSTÉRACÉES (Adr. de Juss.).

Fleurs hermaphrodites, monoïques ou dioïques, disposées sur un spadice. Périanthe nul. Fleurs mâles : Étamines 1-2 ou plus, à filet ord. nul ou très-court; anthères à une ou deux loges. Fleurs femelles : Style filiforme ou nul ; stigmate filiforme, étoilé ou pelté. Fruit libre, uniloculaire, monosperme, indéhiscent, se rompant irrégulièrement ou bivalve. Embryon courbé. Plantes vivant dans l'eau de mer, submergées. Feuilles étroites linéaires, entières.

Feuilles filiformes (1/2 mill.); gaînes gonflées. . . . . RUPPIA. (ii.)
Feuilles linéaires (2-4 mill); gaînes étroites . . . . ZOSTERA. (i.)

I. **ZOSTERA** L. (Zostère). Fleurs monoïques, disposées sur un spadice naissant de la face supérieure des feuilles fendues longitudinalement à leur base. Spadice aplati, membraneux, nu sur la face dorsale, portant en avant les étamines et les ovaires alternes et bisériés. Périanthe nul. Fleur mâle réduite à une anthère subsessile, uniloculaire. Fleur femelle : Style 1; stigmates 2, filiformes. Fruit uniloculaire, monosperme, se rompant irrégulièrement.

Feuilles à 3-5 nervures ; fruits sessiles. . . . . *Z. marina.*
1. Z. MARINA L. (Z. maritime). Côtes maritimes.—A.C. Rejeté par la marée sur toute l'étendue de nos côtes : Fl. occ.

II. **RUPPIA** L. (Ruppie). Fleurs hermaphrodites, disposées deux ou plus sur un spadice axillaire filiforme. Périanthe nul. Étamines 2; anthères subsessiles, à 2 loges. Style nul; stigmates sessiles, peltés. Fruit composé de 4 carpelles libres, d'abord sessiles puis pédonculés, uniloculaires, monospermes.

Pédoncules courts, droits ou un peu flexueux ; fruits semi-lunaires. *R. rostellata.*
1. R. ROSTELLATA Koch— *Rchb.* ic. t. XVII ! (R. à bec . Eaux saumâtres —R.R. Nieuport Fl. occ., *Math.!*).
Obs. — Le *R. maritima L.* · R. spiralis Dmrt.' est indiqué sur nos côtes. Il se distingue par ses pédoncules très-longs enroulés en spirale et ses fruits ovoïdes.

CVI. LEMNACÉES (Duby).

Fleurs monoïques, rarement dioïques, réduites chacune à une étamine ou à un ovaire, deux fleurs mâles et une fleur femelle naisssant dans une même spathe, très-rarement les fleurs mâles et les fleurs femelles étant séparées. Spathe monophylle, transparente-réticulée, d'abord fermée, se rompant irrégulièrement lors de la floraison. Étamines à filets filiformes; anthères biloculaires. Style court; stigmate orbiculaire, concave infundibuliforme. Fruit libre, uniloculaire, indéhiscent ou se coupant transversalement. Embryon droit. Plantes très-petites, nageant à la surface des eaux, plus rarement submergées, flottant librement, constituées par des frondes ord. lenticulaires. Fleurs se développant assez rarement, naissant d'une fente située vers le bord des frondes.

I. LEMNA L. (Lenticule).

1. Frondes tros-petites, dépourvues de fibres radicales . . . . *L. arrhiza.*
Frondes pourvues de racines. **2**
2. Frondes oblongues-lancéolées, rétrécies à la base en forme de pétiole. *L. trisulca.*
Frondes arrondies, jamais atténuées à la base. **3**
3. Frondes rouges en dessous, portant chacune plusieurs fibres radicales
L. polyrrhiza.
Frondes jamais rouges en dessous, ne portant chacune qu'une seule fibre radi-
cale **4**
4. Frondes planes en dessous . . . . *L. minor.*
Frondes très-convexes-spongieuses en dessous. . . . . *L. gibba.*

1. L. TRISULCA L. (L. à trois lobes). Mares, fossés.—A.C. Rég. sept.; A.R., R.
2. L. MINOR L. (L. mincure). Mares, fossés.—C.
3. L. GIBBA L. (L. bossue). Mares, fossés. — R. Blankenberghe, Heyst (Fl. occ.,
Crep.); Gand (Fl. or., *Schd.*); Merxem, Deurne (*Vh.*), Anvers (Anv., *VHk.*);
Cureghem (Bb., *Mrt.*).—Doit être disséminé dans la Rég. sept.
4. L. POLYRRHIZA L. (L. à plusieurs racines). Mares, fossés.—C. Rég. sept.; A.R.
5. L. ARRHIZA L. — *Wolfia Michelii Scheid.* (L. sans racine). Mares, fossés. — R.
Blankenberghe, Heyst (Fl. occ., *Crep.*); Gand (Fl. or., *Schd.*).

CLASSE II.

Graines pourvues d'un périsperme.—Plantes terrestres
ou aquatiques.

CVII. AROÏDÉES (Juss.)

Fleurs ord. unisexuelles monoïques dépourvues de périanthe et de bractées, plus rarement hermaphrodites munies d'un périanthe, groupées sur un axe charnu simple (spadice) qui est ord. entouré d'une spathe monophylle ; les fleurs mâles réduites à une étamine, les femelles à un pistil, les fleurs des deux sexes réunies sur le même spadice plus rarement placées sur des spadices différents, les mâles mêlées aux femelles ou groupées au-dessus d'elles ; les fleurs hermaphrodites à 4-6 plus rarement 3 étamines, ne renfermant qu'un seul ovaire, munies d'un périanthe à divisions herbacées en nombre égal à celui des étamines. Étamines libres ou diversement soudées : dans les fleurs unisexuelles ord. à filet très-court, ou réduites à une anthère sessile, dans les fleurs hermaphrodites oppo-sées aux divisions du périanthe et ord. munies d'un filet de la longueur du périanthe ; anthères à 1-2 loges s'ouvrant en long ou seulement au sommet par une fente courte. Style nul ou indivis ; stigmate capité ou discoïde, indivis, très-rarement lobé. Fruit bacciforme, succulent, plus rarement non succulent, indéhiscent, 1-polysperme. Plantes vivaces, croissant dans les lieux secs ou les marais.

Suivant quelques auteurs, la racine de l'*Acorus Calamus* serait un bon médicament pour combattre l'atonie des voies digestives.

1. Plante élevée ; feuilles étroites en forme d'épée . . . . Acorus (iii).
   Plantes de petite taille ; feuilles ovales, échancrées en cœur à la base . . . 2
2. Plante terrestre ; spathe roulée en cornet . . . . Arum. (i.)
   Plante aquatique ; spathe presque plane . . . . Calla. (ii.)

1. **ARUM** L. (Gouet). Spathe roulée en cornet. Spadice cylindrique nu dans sa partie supérieure plus ou moins renflée, portant à sa base les fleurs unisexuelles réduites à des étamines et à des ovaires qui forment deux groupes en forme d'anneau et séparés. Anthères sessiles, placées sur plusieurs rangs au-dessus du groupe des ovaires. Fruit charnu-succulent, monosperme. Plantes terrestres.

Feuilles sagittées ; spadice violet supérieurement. . . . . . *A. maculatum*.
1. A. MACULATUM L. (G. taché). Bois frais, haies.—C., A.C. Rég. mér.; R. — Se rencontre rarement dans la région ardennaise.

II. **CALLA** L. (Calla). Spathe presque plane. Spadice cylindrique, portant sur toute sa surface des fleurs unisexuelles réduites à des étamines et à des ovaires entremêlés. Étamines à filets filiformes. Fruit charnu-succulent, à plusieurs graines. Plante aquatique.

Feuilles cordées, presque aussi larges que longues. . . . . . *C. palustris*.
1. C. PALUSTRIS L. (C. des marais). Marais tourbeux. — R. Rethy (*Rss.!*), env. de Gheel, Westerloo (*Vh.*), Willebroeck (Anv., *Schd.*); Op-Glabbeek (*Gr.!*), Diepenbeek (Lb., *VD.!*); Récogne, Bastogne (Lx., *Crep.*).

III. **ACORUS** L. (Acore). Spathe continuant la direction de la tige et semblable aux feuilles. Spadice couvert de fleurs hermaphrodites munies d'un périanthe à 6 divisions membraneuses persistantes. Étamines 6, opposées aux divisions du périanthe, à filets linéaires. Fruit capsulaire indéhiscent, à 1-3 graines. Plante du bord des eaux.

Plante élevée ; feuilles linéaires-ensiformes. . . . . *A. Calamus*.
1. A. CALAMUS L. (A. odorant). Bords des eaux, lieux marécageux. — R. Vallée de la Semoy : Vance, Conques, Bouillon, Botassart, Frahan (Lx., *Crep.*, *Grav.*); Alle, Mousaive, Vresse, Membre, Bohan (*Grav.!*), Bure (*Beauj.*), Mariembourg (*Del.*), entre Freyr et Anseremme Nr., *Crep.*); Comblain-au-Pont (Lg., *Crep.*); Cambron, Obourg (*Hocq.*), Rumillies (*Mich.*), Obigies (*Dmrt.*), Neuvilles, Mons (Ht., *Mrt.*); env. de Bruxelles (*Math.!*), Wilsele (Bb., *Rss.!*); Diepenbeek (Lb., *VD.*; entre Tongerloo et Zammel Anv., *Vh.*); entre Blankenberghe et Heyst Fl. occ., *Crep.*)
Obs. — Fries, Hooker, Babington, Watson, Van Hall et avec eux les floristes allemands considèrent cette plante comme véritablement indigène en Europe. Malgré cet imposant accord, je penche plus volontiers vers l'opinion que M. Kirschleger a exposée dans sa Flore d'Alsace, c'est-à-dire vers l'idée d'une introduction de l'*Acorus*, dans nos régions, datant de plusieurs siècles. Au temps de Dodoëns, cette plante ne se rencontrait qu'à l'état cultivé en Belgique.

CVIII. TYPHACÉES (Juss.).

Fleurs unisexuelles monoïques, les mâles et les femelles groupées séparément en épis denses ou en têtes globuleuses, les fleurs mâles réduites à une étamine, les femelles à un ovaire, la partie supérieure de l'inflorescence mâle, la partie inférieure femelle. Étamines tantôt libres, tantôt rapprochées par 2-4 et soudées par leurs filets, entremêlées de soies et d'écailles disposées sans ordre. Ovaires libres, sessiles ou stipités, uniloculaires ou soudés par paires et paraissant biloculaires, entourés de soies nombreuses ou d'écailles membraneuses au nombre de 3-5. Style indivis; stigmate unilatéral, ord. allongé. Fruit sessile ou longuement stipité, ne se soudant pas avec les écailles ou les soies qui l'entourent, sec, surmonté par le style persistant, monosperme, à endocarpe coriace ou ligneux soudé avec la graine. Plantes croissant dans les lieux marécageux ou dans l'eau. Feuilles linéaires, à nervures parallèles.

Fleurs en épis cylindriques, compactes. . . . . TYPHA. (i.)
Fleurs en têtes globuleuses. . . . . SPARGANIUM. (ii.)

I. TYPHA L. (Massette). Fleurs mâles et fleurs femelles constituant deux épis cylindriques superposés, contigus ou espacés. Étamines rapprochées par 2-4 et plus ou moins soudées par leurs filets, entourées de soies nombreuses. Fruit très-petit, porté sur un pédicelle capillaire muni de soies nombreuses.

Épi mâle et épi femelle contigus ou à peine séparés; poils de l'épi femelle non
  épaissis au sommet. . . . . *T. latifolia.*
Épi mâle et épi femelle distants; poils de l'épi femelle épaissis au sommet.
                                 T. angustifolia.

1. T. LATIFOLIA L. (M. à feuilles larges). Étangs, fossés, rivières. — A.C., A.R.; — Il est R. dans les prov. de Nr., Lx., Lg.

2. T. ANGUSTIFOLIA L. (M. à feuilles étroites). Étangs, fossés, rivières. — R. Entre Blankenberghe et Heyst (Fl. occ., *Crep.*); Gand (Fl. or., *Schd.*); entre Kiel et Hoboken, Kattendyck (Anv., *DK.*); Vilvorde (Bb., *Bm.!*); Saint-Trond (Lb., *VD.*); Escanaffles (*Hocq.*, Mons *Mich.*), Obourg (Ht., *Mrt.*); Willerzie (Nr., *Grav.!*); entre Marche et Bordon (Lx., *Crep.*).

II. SPARGANIUM L. (Rubanier). Fleurs mâles et fleurs femelles constituant plusieurs têtes globuleuses superposées et espacées. Étamines libres, entremêlées d'écailles membraneuses. Fruit entouré de 3-5 écailles membraneuses, anguleux, sessile.

1. Têtes de fleurs en grappe rameuse. . . . . *S. ramosum.*
  Têtes de fleurs en grappe simple **2**
2. Tige et feuilles ord. dressées; fruit à bec long . . . . *S. simplex.*
  Tige et feuilles flottantes; fruit sessile, à bec très-court. . . . . *S. minimum.*

1. S. RAMOSUM Huds. (R. rameux). Bords des eaux. — C., A.C.
2 S. SIMPLEX Huds. (R. simple). Bords des eaux. — A.C., A.R., R.
    Obs. — La var. *fluitans*, à tige et feuilles nageantes, est très-rare: Louette-Saint-Pierre, Patignies (Nr., *Grav.!*).
3. S. MINIMUM Fries — S. *natans* Auct. plur. non L. (R. nain). Mares, fossés. — R. Gand, Termonde (Fl. or., *Schd.*; Malines (D. et P.), entre Hersselt et Westerloo (*Vh.*), Gierle, Rethy (*Rss.!*), Wuestwezel, Saint-Léonard (Anv., *Dsch.!*); Diepenbeek (*VD.*), Pitersheim (Lb., *Lej.*); Péruwelz (Ht., *Mar.*); Vance (Lx., *Crep.*).
    Obs. — Le véritable S. *natans* L. est une espèce qui habite le nord de l'Europe et les lacs des montagnes élevées.

CIX. JONCÉES (DC.).

Fleurs hermaphrodites, rarement unisexuelles par avortement, régulières. Périanthe scarieux, persistant, ord. brunâtre, à 6 divisions libres, disposées sur 2 rangs. Étamines 6, rarement 3 par avortement, hypogynes ou insérées à la base des divisions du périanthe. Style indivis, ord. très-court; stigmates 3, filiformes, poilus. Fruit libre, à 3 carpelles, capsulaire, à déhiscence loculicide, à 3 valves, triloculaire, à loges polyspermes ou uniloculaire trisperme. Plantes annuelles ou plus ord. vivaces, terrestres ou croissant dans les lieux marécageux. Fleurs petites, solitaires ou en glomérules, souvent disposées en cymes ou en corymbes.

Feuilles nulles ou plus ou moins cylindriques, glabres ; capsules à graines nombreuses. . . . . JUNCUS. (i.)
Feuilles planes, ord. poilues ; capsules à 3 graines . . . . . . LUZULA. (ii.)

I. JUNCUS L. (Jonc). Capsule à 3 loges polyspermes, s'ouvrant en 3 valves. Feuilles cylindriques ou canaliculées, souvent noueuses, quelquefois réduites à des gaînes membraneuses.

1. Tiges dépourvues de feuilles, munies de gaînes à la base ; inflorescence paraissant latérale **2**
Tiges feuillées ou feuilles toutes radicales ; inflorescence terminale. **5**
2. Tiges grêles, filiformes ; fleurs 4-9, placées vers le milieu de la tige. *J. filiformis.*
Tiges assez robustes ; fleurs très-nombreuses **3**
3. Tiges glauques, à moelle interrompue ; gaînes luisantes, d'un pourpre noir. *J. glaucus.*
Tiges vertes, à moelle continue ; gaîne d'un brun mat **4**
4. Capsule terminée par un mamelon portant le style . . . . *J. conglomeratus.*
Capsule terminée par une fossette d'où sort le style. . . . . . . *J. effusus.*
5. Fleurs réunies par 2-12 en petits glomérules **6**
Fleurs solitaires, plus ou moins espacées **13**
6. Périanthe dépassant beaucoup la capsule ; plantes annuelles **7**
Périanthe égalant environ la capsule ; plantes vivaces. **9**
7. Tiges simples, nues, terminées ord. par une seule tête de fleurs. *J. capitatus.*
Tiges ord. feuillées, rameuses. **8**
8. Divisions du périanthe inégales ; capsule obtuse. . . . . . . *J. bufonius.*
Divisions du périanthe égales ; capsule aiguë. . . . . *J. pygmœus.*
9. Capsule obtuse ; plante petite (1-2 déc.). . . . . *J. supinus.*
Capsule aiguë ; plantes ord. élevées **10**
10. Feuilles non noueuses ; plante maritime . . . . *J. maritimus.*
Feuilles noueuses. **11**
11. Périanthe à divisions toutes obtuses ; fleurs blanchâtres. . . . *J. obtusiflorus.*
Périanthe à divisions extérieures aiguës ; fleurs d'un brun foncé **12**
12. Divisions extérieures du périanthe plus longues, recourbées . . *J. sylvaticus.*
Divisions du périanthe égales, les extérieures jamais recourbées au sommet. *J. lamprocarpus.*
13. Feuilles roides, étalées en rosette ; bractées ne dépassant pas les fleurs. *J. squarrosus.*
Feuilles non étalées en rosette ; tige portant ord. 1-2 feuilles **14**
14. Divisions du périanthe longuement aiguës, dépassant la capsule **15**
Divisions du périanthe obtuses, plus courtes ou égalant la capsule. **16**
15. Gaînes des feuilles sans oreillettes ; tiges basses, souvent rameuses. *J. bufonius.*
Gaînes des feuilles munies de 2 oreillettes ; tiges longuement nues et simples sous la panicule. . . . . *J. tenuis.*
16. Périanthe à divisions extérieures un peu aiguës ; plante petite, annuelle. *J. Tenageia.*
Périanthe à divisions toutes obtuses ; plantes ord. élevées, vivaces . . . **17**
17. Capsule dépassant sensiblement le périanthe. . . . . *J. bulbosus.*
Périanthe égalant la capsule ; plante maritime . . . . *J. Gerardi.*

1. J. CONGLOMERATUS L. (J. aggloméré). Bords des eaux, lieux humides.—C., C.C.
2. J. EFFUSUS L. (J. épars). Bords des eaux, lieux humides.—C., C.C.

3. J. glaucus Ehrh. (J. glauque). Lieux humides, bords des eaux.—C., A.C.

4. J. filiformis L. (J. filiforme). Bords des ruisseaux, tourbières. — R.R. Région ardennaise : Ravin de la Hoëgne et tourbières du plateau de sa rive droite, vers Coquaifange, à 600-650 mètres d'altitude (Lg., *Crep.*, *Grav.*); Westerloo (Anv., *Vh.!*).

5. J. maritimus Lam. (J. maritime). Bords des eaux saumâtres.—R. Env. de Nieuport (*Coem.!*), Heyst (Fl. occ., *Crep.*).

6. J. pygmaeus Thuill. (J. nain). Lieux sablonneux humides. — R.R. Entre Gheel et Eynthout (*Vh.!*), env. de West-Meerbeek (Anv., *Kx.!*); Brugelette ? (*Hocq.!*), Chièvres ? (Ht., *Desm.*).

7. J. capitatus Weig.—*J. cricetorum Poll.* (J. en tête). Lieux sablonneux humides. —R. Pitersheim (Lb., *Michl.*); Stambruges (Ht., *Hocq.*); Vance (*Grav.!*), Etalle (Lx., *Tin.!*).

8. J. supinus Moench — *J. uliginosus Mey.* (J. couché). Marais, lieux humides.—C. Rég. ard.; A.R. Rég. sept.; R., A.R.

9. J. lamprocarpus Ehrh. (J. à fruit luisant). Lieux humides, bords des eaux.—C., A.C. Rég. mér.; A.R.?

10. J. sylvaticus Reich. — *J. acutiflorus Ehrh.* (J. des bois). Lieux humides, bords des eaux.—C. Rég. ard.; A.C., A.R.

11. J. obtusiflorus Ehrh. (J. à fleurs obtuses). Bords des eaux, fossés. — R. Généralement et abondamment répandu sur le littoral de la Fl. occ.; Brasschaet (Anv., *West.!*); Saint-Trond (Lb., *VD.!*).

12. J. squarrosus L. (J. rude). Tourbières, prairies humides. — C. Rég. ard.; A.R., A.C. Rég. sept.; R.

13. J. tenuis Willd. — *Billot*, exc. n° 1771! (J. menu). Bruyères humides, bois. — R. Brasschaet (*West.!*), env. de Gheel (Anv., *Kx.*); Wetteren (Fl. or., *ML.!*). — Dès 1823, M. Dumortier signalait cette espèce dans la province d'Anvers, le long des chemins ombragés légèrement humides et dans les sentiers des bois : Calmpthout, Hoogstraeten, Herenthals, Tongerloo, Zoerle-Parwys, Boisschot, Schriek, etc. Ce botaniste faisait alors remarquer combien était intéressante, au point de vue de la géographie botanique, la présence de cette espèce américaine en Europe. — Des recherches soigneuses doivent être faites en vue de savoir si elle est bien véritablement indigène ou si elle n'est que subspontanée.

14. J. bulbosus L.—*J. compressus Jacq.* (J. bulbeux). Lieux humides, fossés.—A.C., A.R.

15. J. Gerardi Lois. — *J. Bottnicus Wahlnbg.* (J. de Gérard). Lieux humides, bords des eaux saumâtres.—R. Heyst (Fl. occ., *Crep.*); env. d'Anvers (Anv., *Vh.*).

16. J. Tenageia L. f. (J. des marécages). Lieux humides.—A.R., R.

17. J. bufonius L. (J. des crapauds). Bords des eaux, lieux humides.—C.

Obs.—La variété *fasciculatus* (J. hybridus Brot.) à fleurs réunies par 3-5 est rare : Recogne (Lx., *Crep.*).

II. LUZULA DC. (Luzule). Capsule uniloculaire, trisperme, s'ouvrant en 3 valves dépourvues de cloisons. Feuilles planes, ord. poilues.

1. Fleurs solitaires au sommet des pédoncules . . . . *L. vernalis.*
Fleurs réunies en glomérules ou en épis **2**
2. Panicule à rameaux 3-4 fois divisés **3**
Panicule à rameaux simples, rarement bifurqués **4**
3. Fleurs ord. blanches; feuilles caulinaires 4-5 fois plus longues que les gaînes.
L. albida.
Fleurs brunâtres; feuilles caulinaires à limbe égalant ou plus court que les gaînes . . . . *L. maxima.*
4. Souche rampante; épis penchés; anthère 3-4 fois plus longue que le filet.
L. campestris.
Souche cespiteuse; épis dressés; anthère égalant environ le filet. . *L. multiflora.*

1. L. vernalis DC. (L. printanière). Bois.—C., A.C. Rég. mér.; A.R., R.

2. L. albida DC. (L. blanchâtre). Bois montueux. — C. Rég. ard.; A.C. Nr., Lg.; R. Calonne, Vaulx (*Hocq.*), Leuze (Ht., *Mich.*).

3. L. maxima DC. (L. élevée). Bois humides. A.C. Rég. ard.; A.R., R.

4. L. multiflora Lej. (L. multiflore). Bois, lieux herbeux.—A.C., A.R.

5. L. campestris DC. (L. champêtre). Pâturages, pelouses.—C.

CX. CYPÉRACÉES (Juss.).

Fleurs hermaphrodites ou unisexuelles, solitaires chacune à l'aisselle d'une bractée scarieuse (écaille), disposées en épis (épis, épillets) multiflores ou pauciflores, les écailles inférieures quelquefois stériles. Périanthe nul ou remplacé par des écailles ou des soies qui entourent l'ovaire, ou par une écaille bicarénée à bords ord. soudés et formant une enveloppe ouverte au sommet qui renferme l'ovaire (utricule). Étamines 3, plus rarement 2, hypogynes; anthères insérées sur le filet par leur base, à loges linéaires soudées entre elles dans toute leur longueur. Style indivis, terminé par 2-3 stigmates filiformes. Fruit (akène) libre, sec, uniloculaire, monosperme, indéhiscent, trigone, subglobuleux ou plus ou moins comprimé, souvent surmonté de la base persistante du style, quelquefois renfermé dans un utricule qui se détache avec lui. Plantes vivaces, plus rarement annuelles, terrestres ou croissant souvent dans les lieux marécageux. Tige ord. simple, pleine, souvent triquètre. Feuilles tristiques, linéaires, embrassant la tige dans une grande étendue par une gaîne à bords soudés (gaîne non fendue).

1. Fleurs unisexuelles; akène renfermé dans un utricule . . . . CAREX. (i.)
   Fleurs hermaphrodites; akène nu 2
2. Épillets longuement plumeux à la maturité . . . . ERIOPHORUM. (vi.)
   Akènes à soies nulles ou à soies ne dépassant pas les écailles. 3
3. Épillets à écailles imbriquées sur deux rangs opposés 4
   Épillets à écailles imbriquées de tous côtés 5
4. Épillets à 20-30 écailles; bractées foliacées . . . . CYPERUS. (vii.)
   Épillets à 6-9 écailles; bractées courtes largement scarieuses à la base.
                                                             SCHOENUS. (viii.)
5. Tiges terminées par un seul épillet terminal. 6
   Tiges portant plusieurs épillets entourés de bractées. 7
6. Style à base renflée en bulbe . . . . HELEOCHARIS. (iii.)
   Style non renflé à la base . . . . SCIRPUS. (iv.)
7. Feuilles à bords très-rudes découpés en dents de scie . . . . . CLADIUM. (v.)
   Feuilles à bords lisses ou paraissant lisses 8
8. Style articulé et renflé à la base. . . . . RHYNCHOSPORA. (ii.)
   Style non renflé à la base . . . . SCIRPUS. (iv.)

TRIBU I. CARICÉES. Fleurs unisexuelles.

I. CAREX L. (Carex). Fleurs disposées en épis ou en épillets unisexuels ou à la fois mâles et femelles (androgynes). Fleur mâle : Étamines 2-3. Fleur femelle : Ovaire surmonté d'un style indivis terminé par 2-3 stigmates filiformes, renfermé dans un utricule membraneux, ouvert au sommet pour le passage des stigmates.

1. Tige terminée par un épi simple. 2
   Tige portant plusieurs épis ou épillets rapprochés ou espacés 5
2. Épi mâle au sommet, femelle à la base. 3
   Épi entièrement mâle ou femelle. 4
3. Stigmates 2; fleurs femelles 5-7 . . . . C. pulicaris.
   Stigmates 3; fleurs femelles 2-4. . . . . C. pauciflora.
4. Souche un peu traçante; feuilles lisses. . . . . C. dioica.
   Souche cespiteuse; feuilles à bords rudes . . . . C. Davalliana.
5. Épillets contenant chacun ord. des fleurs mâles et des fleurs femelles, rapprochés au sommet de la tige en épi composé. 6
   Épillets entièrement mâles ou femelles. les inférieurs femelles ord. espacés. 18

6. Epillets inférieurs espacés à l'aisselle de longues bractées foliacées 7
Epillets plus ou moins rapprochés ; bractées courtes scarieuses 8
7 Tiges filiformes, grêles ; 2-3 très-longues bractées ; épillets tous simples.
C. remota.
Tiges robustes ; 1 bractée dépassant la tige ; épillet inférieur composé. *C. axillaris.*
8. Souche horizontale, longuement traçante. 9
Souche cespiteuse ou à peine traçante. 10
9. Epi à épillets supérieurs mâles ; utricules munis d'une large bordure membraneuse. *C. arenaria.*
Epi à épillets intermédiaires mâles ; utricules à bordure très-étroite. *C. disticha.*
10. Utricules à bords largement membraneux. . . . . \ *C. leporina.*
Utricules ou fruits sans rebord membraneux. 11
11. Epillets chacun mâle au sommet, femelle à la base. 12
Epillet chacun mâle à la base, femelle au sommet 16
12. Ecailles largement membraneuses-blanchâtres aux bords ; utricules brunâtres
à la maturité. 13
Ecailles non membraneuses aux bords ; utricules verdâtres à la maturité . . 14
13 Epillets en panicule ; tige robuste ; souche cespiteuse. . . . . *C. paniculata.*
Epillets en épi compacte ; tige grêle ; souche oblique . . . . . *C. teretiuscula.*
14. Tige robuste, à angles très-aigus et très-rudes. . . , . . . *C. vulpina.*
Tige assez grêle, à angles peu apparents 15
15. Epillets ord. rapprochés ; tige dressée, roide. . . . . . . *C. muricata.*
Epillets inférieurs espacés ; tige flexible, ord. courbée au sommet. . *C. divulsa.*
16. Fleurs d'un vert blanchâtre ; utricules verts, dressés . . . . *C. canescens.*
Fleurs ord. brunâtres ; utricules brunâtres, étalés à la maturité 17
17. Epillets courts, 2-4 ; plante petite (1-2 déc.). . . . . . . *C. stellulata.*
Epillets allongés, 4-12 ; plante assez élevée (3-6 déc.). . . . . *C. elongata.*
18. Stigmates 2 ; utricules comprimés 19
Stigmates 3 ; utricules triquètres ou renflés 22
19. Plante croissant en grosses touffes ; gaînes des feuilles se déchirant en fils
horizontaux ou obliques . . . . *C. stricta.*
Souche rampante ou stolonifère ; gaînes des feuilles ne se déchirant pas en
filaments. 20
20. Bractées plus courtes ou égalant environ l'épillet terminal . . *C. Goodenowii.*
Bractées dépassant longuement l'épillet terminal 21
21. Feuilles assez larges, presque planes ; épillets femelles allongés, grêles, espacés *C. acuta.*
Feuilles très-étroites (1-2 mill.) ; épillets gros, courts, très-rapprochés ; plante
enfouie dans le sable jusque sous les épillets . . . . . *C. trinervis.*
22. Utricules ou fruits pubescents ou tomenteux 23
Utricules glabres 32
23. Utricule à bec comprimé et fendu au sommet. 24
Utricule à bec cylindrique ou nul, tronqué ou émarginé 25
24. Bractées peu ou point engaînantes ; gaînes des feuilles glabres. . *C. filiformis.*
Bractées longuement engaînantes ; gaînes des feuilles ord. velues. . *C. hirta.*
25. Epillets mâles 2-3 ; épillets femelles ord. penchés . . . . . *C. glauca.*
Epillet mâle solitaire ; épillets femelles dressés. 26
26. Ecailles ciliées . . . . *C. ericetorum.*
Ecailles non ciliées. 27
27. Bractée inférieure engaînante. 28
Bractée inférieure non engaînante 30
28. Bractées foliacées ou terminées par une pointe foliacée ; souche stolonifère.
C. præcox.
Bractées entièrement membraneuses ; souche cespiteuse. 29
29. Tiges grêles, longuement nues ; épillets rapprochés . . . . *C. digitata.*
Tiges très-courtes ; épillets espacés . . . . *C. humilis.*
30. Bractée inférieure membraneuse ; écailles noirâtres, obtuses ou échancrées.
C. montana.
Bractée inférieure foliacée ; écailles brunâtres, aiguës. 31
31. Souche rampante, stolonifère ; tiges roides, dressées . . . . *C. tomentosa.*
Souche cespiteuse ; tiges à la fin flexueuses, courbées. . . . *C. pilulifera.*
32. Utricules à bec cylindrique, tronqué ou émarginé, ou nul 33
Utricules à bec comprimé, fendu en deux dents au sommet. 37
33. Epillets mâles 2-3. . . . . *C. glauca.*
Epillet mâle solitaire. 34
34. Epillets femelles pendants 35
Epillets femelles dressés 36
35. Bractées longuement engaînantes ; tige très-robuste (6-15 déc.) . *C. maxima.*
Bractées peu ou point engaînantes ; épillets à fleurs peu nombreuses. *C. limosa.*

1. C. DIOICA L. (C. dioïque). Marais tourbeux. — R. Campine limbourgeoise (*Lej.*);
    Ostende (*ML.*), Nieuport (Fl. occ., *Kx.*); Thibessart (Lx., *Tin.*)
2. C. DAVALLIANA Sm. (G. de Davall). Marais tourbeux. — R.R. Campine limbour-
    geoise (*Lej.*).
        Obs. — Je n'ai point vu d'échantillons de ces deux espèces provenant de ce
    pays.
3. C. PULICARIS L. (C. puce). Prairies humides, tourbières. — A.C. Rég. ard. et ses
    lisières : Lx., Lg., Nr.; R. Chimay, Péruwelz (Ht., *Hocq.*); env. de Bruxelles
    (Bb., *Kx. p.*).
4. C. PAUCIFLORA Lightf. (C. pauciflore). Tourbières. — R. Rég. ard. : Stavelot, Fran-
    corchamps, Hockay, Coquaifange, — 650 m. d'altitude — (Lg., *Crep.*).
5. C. DISTICHA Huds. — *C. intermedia Good.* (C. distique). Prairies humides, fossés.
    — C., A.C., A.R.
6. C. ARENARIA L. (C. des sables). Lieux sablonneux. — A.C., A.R. Rég. sept.;
    R. Masmuy, Casteau, Obourg (*Mrt.!*), Mourcourt, Trinité, La Tombe (Ht.,
    Mar.).
7. C. VULPINA L. (C. jaunâtre). Lieux frais, fossés. — A.C., A.R.
8. C. MURICATA L. (C. muriqué). Bois, lieux herbeux. — C., A.C. Rég. mér.
9. C. DIVULSA Good. (C. écarté). Lieux herbeux, buissons. — R. Vallée de la Meuse :
    Waulsort, Freyr, Ivoir (Nr., *Crep.*); Perck (*Wesm.!*), Aerschot (Bb., *West.!*).
        Obs — On prend souvent pour tel la variété *virens* du *C. muricata.*
10. C. TERETIUSCULA Good. (C. à tige arrondie). Prairies tourbeuses. — R. Vance,
    Sainte-Marie (Lx., *Crep.*); Wynendael (Fl. occ., *Schd.!*); Termonde (Fl. or.,
    Schd.).
        Obs. — On prend quelquefois pour tel des formes grêles et appauvries du
    C. paniculata.
11. C. PANICULATA L. (C. paniculé). Prairies tourbeuses, bois humides. — R. Lx., Nr.;
    env. de Tournay (*Hocq., Mar.*), Casteau (Ht., *Mrt.*); Grammont (Fl. or., *Ps.!*);
    Beverloo (Lb., *West.!*).
12. C. LEPORINA L. — *C. ovalis Good.* (C. des lièvres). Prairies, bois frais. — C., A.C.
    Rég. mér.; A.C., A.R. — La var. *argyroglochin* (C. argyroglochin Hornem.), à
    épillets plus grêles et blanchâtres, est rare : Louette-Saint-Pierre (Nr., *Grav.!*);
    Ledeberg (Fl. or., *Schd.!*).
        Obs. — Les *C. Schreberi Schrank* et *C. brizoides L.* sont des espèces très-
    douteuses pour notre Flore. Ils se distinguent du *C. leporina* par leur souche
    longuement rampante.

13. C. STELLULATA Good. — *C. echinata Murr.* (C. étoilé). Prairies humides, lieux marécageux.—C., A.C. Lx., Lg., Nr.; A.R. Ht.; R.? Beverloo (Lb., *West.*).

14. C. REMOTA L. (C. espacé). Endroits humides ombragés.—A.C., A.R.

15. C. AXILLARIS Good. (C. axillaire). Lieux humides. — R.R.R. Ledeberg (Fl. or., *Schd.!*, 1857).—Lejeune l'indique vaguement dans la prov. de Limbourg.

16. C. ELONGATA L. (C. allongé). Lieux marécageux, fossés. — R. Mirwart (*Crep.*), Saint-Michel (Lx., *Mor.* et *Beauj.!*); Baillonville, Louette-Saint-Pierre (Nr., *Crep.* et *Grav.!*; entre Schellebelle et Wetteren (Fl. or., *Schd.*).

17. C. CANESCENS L.—*C. curta Good.* (C. blanchâtre). Marais, prairies tourbeuses.— A.R. Rég. ard. et ses lisières; R. Lens (*Mich.*), Maisières (Ht., *Mrt.*); Wetteren (Fl. or., *Schd.!*); Tongerloo (Anv., *Vh.*).

18. C. GOODENOWII Gay—*C. vulgaris Fries* (C. de Goodenough). Prairies, bruyères, bois.—C., A.C., A.R.—Cette espèce est fréquemment prise pour la suivante.

19. C. STRICTA Good.—*C. cœspitosa Gay* non *L.* nec *Good.* (C. roide). Marais. R. Env. de Gand, Wetteren (Fl. or., *Schd.!*). — Cette espèce, peu connue en Belgique, se retrouvera çà et là dans la rég. sept.

20. C. TRINERVIS Degl. — *Puel et Maille*, herb. fl. loc. n° 156! (C. à trois nervures). Sables maritimes. — R.R. Abondant çà et là dans les dunes aux env. de Wenduyne (F. occ., *Crep.*, 1859).

21. C. ACUTA L. (C. aigu). Fossés, bords des eaux.—A.C., A.R.

22. C. ERICETORUM Poll. (C. des bruyères). Lieux sablonneux, bruyères. — R.R. Env. de Thourout (Fl. occ., *Schd.!*); Stambruges (*Hocq.*), env. de Mons (Ht., *Desm.*).

23. C. MONTANA L. (C. de montagne). Pelouses montueuses, taillis.—R. Rochefort, Hamerenne, Han (Nr., *Crep.*); entre Limbourg et Verviers (Lg., *Lej.*).

24. C. PILULIFERA L. (C. à pilules). Bois, bruyères, prairies fraîches.—A.C. Rég. ard.; R. Nr., Lg., Ht., Fl. or.; entre Berchem et Wilryck (*Vh.*), Wuestwezel (Anv., *Dsch.!*).

25. C. TOMENTOSA L. (C. tomenteux). Lieux herbeux, pelouses.—R. Javingue, Éprave, Rochefort (Nr., *Crep.*); Verviers (Lg., *Lej.*).

26. C. PRAECOX Jacq. (C. précoce). Pelouses, bords de chemins, bois. — C., A.C. Rég. mér.; A.R.

   Obs.—Le véritable *C. polyrrhiza Wallr.* ne paraît pas encore avoir été découvert : on prend quelquefois pour tel des variations du *C. præcox.*

27. C. HUMILIS Leyss.—*C. clandestina Good.* (C. humble). Coteaux arides, rochers.— R. Rochefort, Hamerenne, Wavreille, Han, Auffe (*Crep.*), entre Mariembourg et Dourbes (*Det.*), entre Pont-à-Lesse et Anseremme, Ivoir (Nr., *Crep.*).

28. C. DIGITATA L. (C. digité). Bois montueux, coteaux. — A.C. Nr.; A.R. Lg., Ht.; R. Beverloo (Lb., *West.!*). — Très-rare dans la Rég. ard. : Membre (Nr., *Grav.*).

   Obs. — Le véritable *C. ornithopoda Willd.* n'a point encore été trouvé en Belgique, du moins à ma connaissance.

29. C. GLAUCA Scop. (C. glauque). Bois, pelouses, lieux humides.—C., A.C. Rég. mér.; A.R.

30. C. MAXIMA Scop. — *C. pendula Huds.* (C. élevé). Bois montueux humides. — R. Entre Nessonvaux et Pepinster, Coo (Lg., *Crep.*); Laroche, Nassogne, Saint-Michel (Lx., *Crep.*); Rochefort, Montgauthier (*Crep*), Louette-Saint-Pierre, Bourseigne (*Grav.!*), Boussut (*Det.*), env. de Namur (Nr., *Bllk.*); Saint-Denis (Ht., *Mrt.!*).

31. C. PANICEA L. (C. Panic). Prés et bois humides. — C., A.C. Rég. ard.; Nr., Lg.; R. Biesmes (*Mich.*), Breuze, env. de Tournay (Ht., *Mar.*); Stall (Lb., *West*).

32. C. PALLESCENS L. (C. pâle). Bois frais, prairies.—A.C., C. Lx., Lg., Nr.; A.R. Ht.; R. Zellik (Bb., *Kx. p.*); entre Tongerloo et Gheel (*Vh.*), Hoboken (Anv., *VHk.*).

33. C. LIMOSA L. (C. des bourbiers). Marais tourbeux.—R.R. Vance, env. de Chantemelle (Lx., *Crep.*); Blicquy (Ht., *Mich.*).—Lejeune l'indique vaguement dans la prov. de Limb.

34. C. FLAVA L. (C. jaune). Lieux marécageux, prés humides. — A.C., A.R. — Paraît moins répandu et moins abondant que le suivant.

35. C. OEDERI Ehrh. (C. d'OEder). Lieux humides.—C., A.C., A.R.

36. C. EXTENSA Good. — *Puel et Maille*, herb. fl. loc. n° 39! (C. étiré). Prairies humides maritimes. — R.R. Env. de Heyst vers Blankenberghe, — abondant dans une prairie (Fl. occ., *Crep.*, 1859). — Découvert autrefois par M. Dumortier, qui en communiqua des échantillons à Lejeune et à Van de Vyvere. Ces deux derniers botanistes indiquèrent l'espèce comme croissant sur notre littoral, mais sans désigner de localité précise.

37 C. HORNSCHUCHIANA Hoppe (C. de Hornschuch). Prairies humides. — R. Lx., Nr.; Surister, Stavelot, Fosse (Lg., *Crep.*).

   Obs.—Cette plante offre une variété stérile (*C. fulva Good.—C. xanthocarpa Degl.*), qui est tantôt prise pour une forme hybride, produite par le croisement

des *C. flava* et *C. Hornschuchiana*, tantôt pour une simple variété de cette dernière espèce, et enfin pour une espèce distincte. J'ai étudié attentivement cette
plante à plusieurs reprises, mais je ne puis encore adopter définitivement l'une
ou l'autre de ces opinions : il semble que l'existence de caractères intermédiaires et l'habitation constante de cette forme obscure au milieu des parents
supposés justifient au moins le soupçon d'hybridité. Cette forme est rare :
Surister, Stavelot (Lg.); Humain (Lx.); Rochefort (Nr., *Crep.*).

38. C. DISTANS L. (C. distant). Prairies humides. — R. Han-sur-Lesse, Ave, Revogne
(Nr., *Crep.*).

39. C. BINERVIS Sm. (C. à deux nervures). Bruyères humides, bois frais. — R. Rég.
ard. : Haut-Regard, Surister, Spa, Sart, Francorchamps (Lg., *Crep.*); Les Tailles
(Lx., *Crep.*); Willerzie (Nr., *Grav.* et *Crep.*).—Paraît distinct par son port, par
la forme de ses utricules, etc.

40. C. LAEVIGATA Sm. — *C. biligularis DC.* (C. lisse). Bois montueux, humides. —
R. Rég. ard. et ses lisières : Entre Theux et Spa (Lej.), Spa, Sart, Francorchamps
Haut-Regard, Nonceveux (Lg., *Crep.*); Laroche, Nassogne (Lx., *Crep.*); Louette-
Saint-Pierre, Willerzie (*Grav.!*), Havelange (Nr., *Lej.*).

41. C. SYLVATICA Huds. *C. drymeia L.* (C. des bois). Bois frais. — A.C., C. Rég.
mér.; R.
    Obs. — Le *C. strigosa Huds.*, espèce très-douteuse pour notre Flore, se dis-
tingue du *C. sylvatica* par sa souche rampante et ses utricules à bec tronqué.

42. C. PSEUDO-CYPERUS L. (C. Faux-Souchet). Bords des étangs, fossés. — A.R. Rég.
sept.; R. env. de Louvain (*Rss.!*), Vilvorde (*Wesm.!*), env. de Bruxelles (Bb.,
Mrt.); Tournay (*Mar.*), Fontaine-Valmont (Ht., *Mich.*); Saint-Trond, Guygoven
(Lb., *VD.*), Revogne (Nr., *Crep.*); Sainte-Marie (Lx., *Crep.*).

43. C. AMPULLACEA Good. (C. ampoulé). Bords des ruisseaux, fossés. — A.R., R.

44. C. VESICARIA L. (C. vésiculeux). Bords des ruisseaux.—A.R., R.

45. C. PALUDOSA Good. (C. des marais). Bords des eaux, fossés. — A.C., A.R.

46. C. RIPARIA Curt. (C. des rives). Bords des eaux. — C., A.C., A.R.

47. C. HIRTA L. (C. hérissé). Lieux humides, bords des fossés. — A.C., A.R.

48. C. FILIFORMIS L. (C. filiforme). Prairies tourbeuses. — R. Arlon (*Tin.*), Vance
(Lx., *Crep.*); Erbisœul (Ht., *Mrt.!*); Aeltre, Wetteren (Fl. or., *Schd.*); env. de
Beverloo (Lb., *West.*).

TRIBU II. SCIRPÉES. Fleurs hermaphrodites. Épis à écailles imbriquées sur plusieurs rangs.

II. **RHYNCHOSPORA** Vahl. (Rhynchospore). Épillets à écailles
inférieures plus petites, stériles. Akène entouré à la base de 6-13
soies plus courtes que les écailles, couronné par la base du style
renflée et persistante. Tiges feuillées. Épillets plus ou moins nombreux en glomérules.

  Souche cespiteuse; fleurs blanches; soies à denticules dirigées en bas. . *R. alba.*
  Souche rampante; fleurs brunâtres; soies à denticules dirigées en haut .*R. fusca.*

1. R. ALBA Vahl. — *Schœnus albus L.* (R. blanc). Marais tourbeux. — A.R. Rég. ard.;
    R. Ht., Anv., Lb.; Arlon Lx., *Tin.*.

2. R. FUSCA Roem. et Schult. — *Schœnus fuscus L.* (R. brun). Marais tourbeux. — R.
    Anv.; Rebaix (*Mich.*), env. de Casteau (Ht., *Mrt.!*); Arlon, Freilange, Vance
    (Lx., *Tin.*); Pitersheim (Lb., *Lej.*).

III. **HELEOCHARIS** R. Br. (Héléocharis). Épillets à écailles inférieures plus grandes. Akène entouré à la base de soies plus courtes
que les écailles, ord. au nombre de 6, rarement dépourvu de soies,
couronné par la base du style renflée et persistante. Tiges munies à
la base d'écailles engaînantes. Épillets solitaires terminaux.

1. Fruit ou akène comprimé; stigmates 2 2
   Akène trigone, stigmates 3 4
2. Racine fibreuse, annuelle; épillets ovoïdes-renflés . . . . *H. ovata.*
   Souche robuste, rampante; épillets oblongs 3
3. Écaille inférieure n'embrassant que la moitié de la base de l'épillet . *H. palustris.*
   Écaille inf. embrassant toute la base de l'épillet . . . . . . *H. uniglumis.*
4. Tiges très-petites (3-10 cent.), filiformes; racine rampante . . *H. acicularis.*
   Tiges assez élevées et robustes; racine cespiteuse . . . . . *H. multicaulis.*

1. H. PALUSTRIS R. Br. — *Scirpus palustris L.* (H. des marais). Lieux humides, fossés, étangs. — C., A.C. Rég. mér.; A.C., A.R.

2. H UNIGLUMIS Koch — *Scirpus uniglumis Link* (H. à une écaille . Lieux humides, fossés.—R. Vance (Lx., *Crep.*; Han-sur-Lesse Nr., *Crep.*); entre Louveigné et Mont (Lg., *Crep.*); Aeltre Fl. or., *Schd.* . — Espèce très-distincte par son port, sa moelle non interrompue, par la forme de son ovaire, etc.

3. H. MULTICAULIS Dietr. — *Scirpus multicaulis Sm.* (H. multicaule). Prairies maré-cageuses, lieux humides. — R. Entre Blankenberghe et Heyst Fl. occ , *Crep.*); Aeltre Fl. or., *Schd.!*; 's Graven-Wezel, Schilde (Anv., *Rss.!*); env. de Cas-teau, entre Ghlin et Erbisœul (*Mrt.!*), env. de Tournay (Ht., *Mar.*).

4. H. OVATA R. Br. — *Scirpus ovatus Roth* (H. ovoïde). Lieux humides, bords des mares. — R.R.R. Env. de Scrainchamps (Nr., *Crep.*, 1853).

5. H. ACICULARIS R. Br. — *Scirpus acicularis L.* (H. épingle). Bords des eaux, lieux inondés. — A.R. Nr.; R. Ht., Lg.; Boisschot *Kx.*, 's Graven-Wezel (Anv., *Rss.!*); env. de Gand (Fl. or., *Schd.*). — Cette espèce, parfois prise pour le n° 4, doit être plus répandue dans la Rég. sept.

IV. **SCIRPUS L.** (Scirpe). Épillets à écailles inférieures plus grandes. Akène entouré à la base de 6 soies plus courtes que les écailles ou dépourvu de soies, mucroné par la base persistante non dilatée du style ou non mucroné. Tiges simples, très-rarement ra-meuses, nues ou feuillées. Épillets solitaires terminaux ou plus ou moins nombreux.

1. Tige rameuse, couchée ou nageante; épillets blanchâtres . . . . *S. fluitans.*
   Tige simple, dressée; épillets brunâtres 2
2. Tige terminée par un épillet solitaire 3
   Tige portant plusieurs épillets réunis à la base d'une ou plusieurs bractées. 4
3. Tige à gaînes prolongées en pointe foliacée . . . . *S. cæspitosus.*
   Tige à gaînes tronquées, sans pointe foliacée . . . . . . *S. pauciflorus.*
4. Plantes de petite taille, ne dépassant pas 2 décimètres 5
   Plantes ord. très-élevées (5-30 déc.). 6
5. Épillets nombreux disposés sur 2 rangs en épi compacte; akènes à soies à denticules dirigées en bas . . . . *S. compressus.*
   Épillets 2-3 agglomérés; akènes sans soies à la base. . . . . *S. setaceus.*
6. Tige trigone dans toute sa longueur, à 3 angles 7
   Tige arrondie 9
7. Épillets surmontés par une pointe assez courte, triquètre . . . *S. triqueter.*
   Épillets longuement dépassés par 3-4 bractées foliacées 8
8. Panicule à rameaux très-divisés; épillets à écailles verdâtres, entières.
   S. sylvaticus.
   Panicule à rameaux simples; épillets à écailles brunâtres, échancrées.
   S. maritimus.
9. Épillets petits, réunis en paquets globuleux compacts, sessiles ou pédonculés; tiges dures . . . . *S. Holoschœnus.*
   Épillets ovoïdes, réunis par 2-4; tiges compressibles. . . . . . *S. lacustris.*

1. S. PAUCIFLORUS Lightf. — *S. Bœothryon Ehrh.* (S. pauciflore). Lieux sablonneux, humides, tourbières. — R. Vance (*Crep.*), Grand-Voir (Lx., *Tin.*); Buissenal, Stambruges (*Hocq.*), Erbisœul (Ht., *Mich.*); Ostende (Fl. occ., *ML.*); Aeltre (Fl. or., *Schd.!*); Eynthout, Anvers (Anv., *Vh.*).

2. S. CAESPITOSUS L. (S. cespiteux). Tourbières, bruyères humides. — A.R. Rég. ard.; R. Stambruges, Quévaucamps (*Hocq.*, Pommerœul (*Mich.*), Casteau (Ht., *Mrt.!*); Wulveringhem, Gheluvelt Fl. occ., *Van de Vyvère*); Ganshoren (*Kx.p.*), Auderghem (Bb. *Wesm.!*; entre Oolen et Tongerloo (*Vh.*), 's Graven-Wezel, Schilde (Anv., *Rss.!*); Beverloo (Lb., *West.*).

3. S. FLUITANS L. — *Isolepis fluitans R. Br.* (S. flottant). Mares, fossés. — R. Fl. or. (*Schd.*) 's Graven-Wezel (*Rss.!*), Gheel (Anv., *Kx.*); Casteau (*Hocq.*), Lens (Ht., *Mich.*); Pitersheim (Lb., *Lej.*); Pont-de-Lagland (Lx., *Tin.*).

4. S. SETACEUS L. (S. sétacé.) Lieux humides, bords des étangs. — A.R. Rég. mér; R.

5. S. HOLOSCHOENUS L. — *Holoschœnus vulgaris Link* S. Jonc. Sables maritimes. — R.R. Knocke (Fl. occ., *Coem.!*).—Je manque de renseignements sur la nature de cette station, sur le degré de rareté ou d'abondance de la plante, et, par conséquent, je ne puis rien dire concernant l'indigénat de cette espèce.

6. S. LACUSTRIS L. (S. des lacs). Étangs, mares, fossés. — A.C., A.R. — Manque dans beaucoup de localités.
   Obs. — La var. *digynus* (S. Tabernaemontani Gmel.) est assez abondante sur les côtes de la Fl. occ. Cette forme, mélangée au type, présente des pieds très-grêles (5 déc.).

7. S. triqueter L. — *S. Pollichii Godr.* et *Gren.* (S. triquètre). Fossés, bords des eaux. — R. Gand (Fl. or., *Schd.!*); Nieuport (Fl. occ., *Kx.*).

> *Obs.* — Le *S. Rothii Hoppe* est une espèce douteuse pour notre Flore : ce que j'ai reçu sous ce nom appartient au *S. lacustris*.

8. S. maritimus L. (S. maritime). Bords des eaux. — A.R., R.

9. S. sylvaticus L. (S. des bois). Fossés, prés marécageux. — C., A.C., Rég. mér.; R.

10. S. compressus Pers. — *Schœnus compressus L.* (S. comprimé). Prairies humides ou marécageuses. — A.C. Bassin supérieur de la Semoy : Lx.; R. Nr.; Bilstain (Lg., *Lej.*); Péruwelz (Ht., *Mar.*); Middelkerke (*Coem.!*), Wenduyne (Fl. occ., *Crep.*).

> *Obs.* — Le *S. rufus Schrad.* a été indiqué par erreur dans notre Flore. Cette espèce habite les rivages maritimes du nord de l'Europe et paraît dépasser très-peu le 53e degré. Elle se distingue du *S. compressus* par ses feuilles lisses et par les soies de l'akène à denticules dirigées en haut.

V. CLADIUM Patr. Browne (Cladium). Épillets 1-2 flores, à écailles inférieures plus petites, stériles. Akène dépourvu de soies, à base du style non renflée. Tiges feuillées. Épillets nombreux, disposés en panicule.

Tiges cylindriques; feuilles à bords très-rudes découpés en dents de scie.
C. Mariscus.

1. C. Mariscus R. Br. — *Schœnus Mariscus L.* (C. Marisque). Marais, bords des mares. — R. Beloeil, Stambruges (*Hocq.*), Péruwelz (Ht., *Mar.*); env. de Furnes (Fl. occ., *Coem.!*); West-Meerbeek (Anv., *Vh.!*).

VI. ERIOPHORUM L. (Linaigrette). Épillets à écailles presque égales. Akène entouré à la base de soies nombreuses dépassant très-longuement les écailles, obtus ou mucroné par la base du style non renflée. Tiges feuillées. Épillets ressemblant à des houppes soyeuses à la maturité.

1. Épillet terminal solitaire . . . . *E. vaginatum.*
  Épillets plus ou moins nombreux sur chaque tige 2
2. Pédoncules glabres, lisses . . . . *E. angustifolium.*
  Pédoncules scabres ou pubescents 3
3. Pédoncules rudes, à denticules dirigées en haut . . . . . *E. latifolium.*
  Pédoncules pubescents, à poils doux étalés . . . . *E. gracile.*

1. E. angustifolium Roth (L. à feuilles étroites). Marais, tourbières. — C., A.C. Rég. ard.; A.R., R.

2. E. latifolium Hoppe (L. à larges feuilles). Marais — A.R., R.

3. E. gracile Koch (L. grêle). Tourbières, marécages.—R.R. Pont-de-Lagland (Lx., *Mor., Grav.* et *Crep.*); Casteau (Ht., *Hocq.*). — Très-distinct du n° 2 par sa gracilité, ses feuilles très-étroites, ses épillets plus petits, réunis par 2-3 rarement 4, enfin par sa souche rampante, grêle. On prend quelquefois pour tel des variations de l'*E. latifolium.*

4. E. vaginatum L. (L. engaînée). Tourbières, marais des bois — A.C. Rég. ard.; R. Ht.; Bonheyden (Anv., *Dk.*); env. de Beverloo (Lb., *West.*).

TRIBU III. CYPÉRÉES. Fleurs hermaphrodites. Épillets comprimés, à écailles imbriquées sur deux rangs opposés.

VII. CYPERUS L. (Souchet). Épillets à écailles nombreuses, pliées-carénées, toutes fertiles, presque égales, ou les 1-2 inférieures plus petites, stériles. Akène dépourvu de soies. Épillets en fascicules disposés en ombelles ou en glomérules terminaux munis à la base de bractées foliacées.

Épillets ord. d'un brun noirâtre; stigmates 3. . . . . *C. fuscus.*
Épillets jaunâtres; stigmates 2. . . . . *C. flavescens.*

1. C. fuscus L. (S. brun). Lieux inondés, bords des eaux. — R. Nr.; Tournay (*Hocq.*), Vaulx (Ht., *Mar.*); Sulsique (Fl. or., *Ps.!*); Saint-Gilles (Bb., *Kx. p.*)

Guygoven, Wintershoven (Lb., *VD.!*); entre Herve et Cheneux (Lg., *Lej.*).
2. C. FLAVESCENS L. (S. jaunâtre). Lieux inondés, bords des eaux. — R. Escanaffles (*Hocq.*), Antoing (*West.*), Ghlin (Ht., *Mich.*); env. de Herve (Lg., *Lej.*); Vance (Lx., *Crep.*).

VIII. SCHOENUS L. (Choin). Épillets à 6-9 écailles, les inférieures stériles plus petites. Akène muni à la base de 1-5 soies courtes ou dépourvu de soies. Épillets disposés en un fascicule terminal muni à sa base de deux bractées largement scarieuses et embrassantes.

Tiges cylindriques, feuillées à la base; épillets d'un brun noirâtre. *S. nigricans*.
1. S. NIGRICANS L. (C. noirâtre). Marais tourbeux. — R. Escanaffles (*Hocq.*), Casteau (Ht., *Mich.*); Mariakerke (*Math.!*), Wilskerke (Fl. occ., *Kx.!*).

CXI. GRAMINÉES (Juss.).

Fleurs hermaphrodites, quelquefois unisexuelles, à périanthe imparfait, plus rarement nul, disposées en épillets uni-multiflores, distiques munis de bractées, naissant chacune à l'aisselle d'une bractée (glumelle inférieure); l'axe terminé par la fleur muni d'une petite bractée (glumelle supérieure); les bractées inférieures stériles (glumes) 2, plus rarement solitaires ou nulles par avortement. Glumes égales ou inégales, très-rarement nulles, l'inférieure quelquefois avortée, mutiques ou aristées. Glumelle inférieure impari-nerviée, aristée sur le dos ou au sommet, ou mutique. Glumelle supérieure le plus souvent binerviée, dépourvue de nervure moyenne et mutique, très-rarement nulle par avortement. Périanthe imparfait, très-rarement nul, composé de 2-3 petites écailles membraneuses-charnues (glumellules). Étamines 3, plus rarement par avortement 2 ou 1, très-rarement 4 ou 6; filets filiformes; anthères insérées sur le filet par leur dos, biloculaires, à loges linéaires libres et un peu divergentes à chaque extrémité. Styles 2, libres ou soudés à la base, très-rarement soudés en un style indivis, très-rarement 3, stigmatifères dans une étendue variable (stigmates); stigmates à poils simples ou rameux. Fruit (caryopse) libre ou soudé avec les glumelles, sec, uniloculaire, monosperme, indéhiscent. Plantes terrestres ou croissant quelquefois dans les lieux marécageux, très-rarement aquatiques, annuelles ou vivaces. Tige (chaume) herbacée, simple, plus rarement rameuse, plus ou moins cylindrique, fistuleuse, très-rarement pleine. Feuilles alternes distiques, linéaires, embrassant la tige dans une grande étendue par une gaîne à bords ord. libres (gaîne fendue).

Les fruits de l'Ivraie (*Lolium temulentum*) offrent des propriétés enivrantes plus ou moins toxiques. Les racines du *Triticum repens* et du *Cynodon Dactylon* (Chiendent) fournissent par la décoction une tisane légèrement mucilagineuse, un peu sucrée, vulgairement employée comme rafraîchissante et diurétique. L'ergot des graminées, et en particulier celui du seigle, a des propriétés toxiques. Le pain dans la préparation duquel les grains ergotés entrent en proportion notable cause souvent des accidents graves, particulièrement la gangrène des extrémités. Le seigle ergoté est un médicament efficace pour raviver les contractions utérines, faciliter la parturition lorsqu'elle est rendue difficile par l'atonie et combattre les hémorrhagies, qui en sont la conséquence.

1. Épillets disposés en épis linéaires rapprochés au sommet de la tige et digités (étalés-ouverts comme les doigts de la main) 2
   Épillets jamais disposés en panicule digitée. 4

2. Épillets très-velus, munis de longues arêtes. . . . . ANDROPOGON. (vii.)
   Épillets glabres ou un peu ciliés, sans arêtes. 3
3. Racine annuelle, fibreuse ; épillets aplatis par le dos . . . . DIGITARIA. (v.)
   Souche rampante ; épillets comprimés par le côté . . . . . CYNODON. (xvi.)
4. Épillets contenant une seule fleur fertile (mâle et femelle), accompagnée
   ou non de 1-2 fleurs mâles ou stériles 5
   Épillets contenant 2 ou plusieurs fleurs fertiles 24
5 Épillets sessiles sur la tige ou sur des rameaux très-courts, disposés en
   épi cylindrique très-compacte ou en épi grêle. 6
   Épillets pédonculés, disposés en panicule rameuse 12
6. Épillets sessiles sur la tige, solitaires, en épi très-grêle 7
   Épillets nombreux, en épi épais, compacte 9
7. Glumes nulles ; style 1. . . . . NARDUS. (xlii.)
   Glumes 2 ; styles 2 8
8. Glumes aiguës, vertes ; épillets fixés dans des excavations de la tige.
                                                       LEPTURUS. (xli.)
   Glumes obtuses, violacées ; tiges grêles comme des cheveux . . MIBORA. (x.)
9. Épillets entourés à la base par des soies nombreuses, scabres. SETARIA. (vi.)
   Épillets nus à la base . . . . 9bis.
9bis. Glumes ord. soudées à la base ; glumelle inférieure portant sur le dos
   une arête. . . . . ALOPECURUS. (viii.)
   Glumes libres ; glumelle inférieure sans arête dorsale, terminée en mucron
   ou en arête 10
10. Épillets petits (3 mill.), disposés irrégulièrement ; arêtes courtes ou nulles.
                                                       PHLEUM. (ix.)
   Épillets assez longs (8-15 mill.), disposés par 2-3 sur les dents du rachis
   de l'épi 11
11. Épillets ternés, les latéraux ord. stériles ; plantes ord. annuelles.
                                                       HORDEUM. (xxxviii.)
   Épillets disposés par 2-3, tous fertiles ; plantes vivaces . . ELYMUS. (xxxix.)
12. Glumes nulles ; gaînes supérieures ord. très-rudes . . . . . LEERSIA. (i.)
   Glumes 1-2 13
13. Panicule en forme d'épi assez compacte, lobé. 14
   Panicule à rameaux inférieurs allongés, étalés 17
14. Glumes terminées par une très-longue arête . . . . POLYPOGON. (xiv.)
   Glumes aiguës, sans arête 15
15. Glumelle inférieure poilue ; épi à la fin plumeux. . . . . MELICA (xxvii.)
   Glumelle inf. glabre ou presque glabre ; épi jamais plumeux . . 16
16. Plante élevée (1 mètre) ; souche rampante. . . . . . . AMMOPHILA. (xiii.)
   Plante peu élevée ; racine fibreuse. . . . . . . ANTHOXANTHUM. (ii.)
17. Épillets sessiles ; panicule à rameaux solitaires . . . . OPLISMENUS. (iv.)
   Épillets la plupart pédonculés ; panicule à rameaux réunis par 2 ou plusieurs . 18
18. Épillets peu nombreux ; rameaux à 1-3 épillets. . . . . . MELICA. (xxvii.)
   Panicule à épillets très-nombreux 19
19. Fleur fertile accompagnée d'une fleur mâle 20
   Fleur fertile solitaire dans chaque épillet 21
20 Fleur inférieure mâle ; gaînes glabres. . . . . . ARRHENATHERUM. (xviii.)
   Fleur supérieure mâle ; gaînes des feuilles velues . . . . . HOLCUS. (xxiv.)
21. Panicule à rameaux à la fin réfléchis ; glumelle inférieure coriace luisante,
   sans arête . . . . MILIUM. (xv.)
   Pannicule à rameaux étalés ou dressés ; glumelle inf. membraneuse. . . 22
22. Glumelles glabres ou paraissant glabres à l'œil nu . . . . . AGROSTIS. (xi.)
   Glumelles munies à la base de poils plus ou moins longs 23
23. Poils égalant environ les glumes, ou glumelle inférieure portant sur le dos une
   longue arête. . . . . CALAMAGROSTIS. (xii.)
   Poils courts ; glumelle inférieure sans arête dorsale . . . BALDINGERA. (iii.)
24. Épillets ord. solitaires sur la tige, sessiles ou très-brièvement pédonculés : . 25
   Épillets pédonculés, ord. réunis par 2 ou plusieurs sur les rameaux inférieurs
   de la panicule. 30
25. Épillets réunis par 2-3 sur les dents du rachis de l'épi . . ELYMUS. (xxxix.)
   Épillets solitaires sur la tige ou rachis de l'épi 26
26. Épillets à 1 glume, appliqués contre la tige par le dos . . LOLIUM. (xxxvii.)
   Épillets à 2 glumes, regardant la tige par le côté 27
27. Épillets à 2 fleurs fertiles ; glumelle inférieure à dos fortement cilié.
                                                       SECALE. (xxxixbis.)
   Épillets à 3 ou plusieurs fleurs fertiles ; glumelle inférieure à dos lisse. . 28
28. Épillets sessiles ; glumes égales . . . . TRITICUM. (xl.)
   Épillets très-brièvement pédonculés ; glumes inégales. 29
29. Glumes à 3-7 nervures ; épillets à 5-20 fleurs . . . BRACHYPODIUM. (xxxvi.)
   Glumes à 1-3 nervures ; épillets à 3-7 fleurs. . . . . . FESTUCA. (xxxv.)

I. **LEERSIA** Soland. (Léersie). Épillets comprimés par le côté, renfermant une fleur hermaphrodite. Glumes nulles. Glumelles 2, membraneuses-coriaces, mutiques. Épillets disposés en panicule.

Glumelles transparentes; gaines supérieures ord. très-rudes. . . *L. oryzoides.*

1. L. ORYZOIDES Soland. — *Phalaris oryzoides* L. (L. Faux-Riz). Bords des eaux. — A.R., R. Nr., Lg., Ht., Bh., Lb., Anv., Fl. or. — Pendant ces dernières années, cette espèce a été observée dans d'assez nombreuses localités. La panicule souvent incluse dans la gaîne supérieure fait que cette plante passe quelquefois inaperçue.

Obs. — Le *Zea Mays* L. (Maïs), plante originaire d'Amérique, est souvent cultivé.

II. **ANTHOXANTHUM** L. (Flouve). Épillets comprimés par le côté. Glumes très-inégales. Fleur hermaphrodite accompagnée à la base de deux glumelles (fleurs rudimentaires) aristées. Épillets disposés en épi lâche.

Souche cespiteuse; tiges grêles peu élevées . . . . *A. odoratum.*

1. A. ODORATUM L. (F. odorante). Bois, pelouses. — C. Rég. mér.; A.C.

III. **BALDINGERA** Fl. Wett. (Baldingère). Épillets comprimés par le côté. Glumes presque égales. Fleur hermaphrodite accompagnée à sa base de deux glumelles (fleurs rudimentaires) en forme d'écailles courtes et ciliées. Épillets disposés en panicule rameuse.

Tige robuste, élevée ; épillets panachés de violet et de vert. . . . *B. colorata.*
1. B. COLORATA Fl. Wett.—*Phalaris arundinacea L.* (B. colorée). Bords des eaux.— C., A.C.—On cultive une variété à feuilles rayées de blanc.
Obs. — Le *Phalaris Canariensis L.*, souvent cultivé, se retrouve çà et là subspontané.

IV. **OPLISMENUS** P. B. (Oplismène). Épillets comprimés par le dos, renfermant une fleur hermaphrodite et une fleur stérile. Glumes inégales, la supérieure plus grande, mucronée ou aristée. Glumelles de la fleur stérile ord. 2, l'inférieure mucronée ou aristée. Glumelles de la fleur fertile cartilagineuses luisantes. Épillets sessiles sur les rameaux solitaires de la panicule.

Rameaux de la panicule très-chargés d'épillets; épillets gros, rudes. *O. Crus-galli.*
1. O. CRUS-GALLI Kunth — *Panicum Crus-galli L.* (O. Pied-de-coq). Lieux cultivés, bords des eaux. — A.C. Rég. sept.; R.
Obs. — Le *Panicum miliaceum L.* (Millet) est souvent cultivé. — La patrie de cette espèce est encore inconnue.

V. **DIGITARIA** Scop. (Digitaire). Épillets comprimés par le dos, renfermant une fleur hermaphrodite et une fleur stérile. Glume inférieure très-petite et quelquefois nulle, la supérieure mutique. Glumelle de la fleur stérile unique, mutique. Glumelles 2, coriaces. Épillets disposés en une panicule simple digitée.

Feuilles et gaînes ord. velues ; glume supérieure de moitié plus courte que l'épillet. . . . . *D. sanguinalis.*
Feuilles et gaînes ord. glabres ; glume supérieure égalant l'épillet. *D. filiformis.*
1. D. SANGUINALIS Scop. — *Panicum sanguinale L.* (D. sanguine). Lieux cultivés, bords des chemins. — A.C., A.R. Rég. sept.; Tournay (*Hocq.*), Obigies, Kain (*Mar.*), Ghlin (Ht., *Mich.*).
   Obs. — La variété *ciliaris* (D. ciliaris Koel.), à glumelle de la fleur inférieure ciliée, est R.R. : env. de Gand (Fl. or., *Schd.!*); Tournay (H., *Dmrt.* ex *Lej.*).
2. D FILIFORMIS Koel.—*Panicum glabrum Gaud.* (D. filiforme). Lieux cultivés, bords des chemins.—A.C., A.R., R.

VI. **SETARIA** P. B. (Sétaire). Épillets comprimés par le dos, renfermant une fleur hermaphrodite et une fleur stérile, entourés à la base de plusieurs soies scabres. Glumes mutiques, très-inégales. Glumelles de la fleur stérile mutiques, la supérieure plus petite souvent presque nulle. Glumelles de la fleur hermaphrodite coriaces mutiques. Épillets disposés en épi cylindrique compacte.

1. Soies à denticules dirigées en bas. . . . . *S. verticillata.*
   Soies à denticules dirigées en haut **2**
2. Épillets verts ; glumelles lisses. . . . . *S. viridis.*
   Épillets jaunâtres ; glumelles très-ridées . . . . *S. glauca.*
1. S. VERTICILLATA P.B. — *Panicum verticillatum L.* (S. verticillée). Lieux cultivés, bords des chemins.—R. Fl. or.; Wilryck (Anv., *Vh.*); Tournay, Obigies (*Hocq.*), Cuesmes (*Mich.*), Obourg (Ht., *Mrt.*); Sainte-Croix (Nr., *Blik.!*); Saint-Trond, Looz (Lb., *VD.*); Nessonvaux (Lg., *Lej.*).
   Obs.—On cultive le *S. Italica P.B.* (Millet des oiseaux).
2. S. VIRIDIS P.B.—*Panicum viride L.* (S. verte). Lieux cultivés, champs pierreux.— A.C., A.R.
3. S. GLAUCA P.B.—*Panicum glaucum L.* (S. glauque). Lieux cultivés, bords des chemins.—A.R. Rég. sept.; R. Bb., Ht., Lb.; Theux, Sougnez (*Lej.*), Chaudfontaine (Lg., *Str.!*).
   Obs. — Le *Tragus racemosus Hall.* est une espèce qui n'appartient pas à nos régions.

VII. ANDROPOGON L. (Barbon). Épillets géminés sur les dents de l'axe, l'un sessile renfermant une fleur fertile, l'autre pédicellé mâle ou neutre. Glumes presque égales, mutiques. Glumelle inférieure de la fleur hermaphrodite munie d'une longue arête tordue inférieurement. Épillets disposés en panicule digitée.

Épis soyeux, linéaires, rapprochés au sommet de la tige en panicule digitée.
A. Ischœmum.

1. A. ISCHAEMUM L. (B. Pied-de-poule). Bords des chemins.—R R. Env. de Looz (Lb., *Villu* ex *Lej.*, 1811).—M. De Moor l'a retrouvé dans cette localité! L'indigénat de cette plante me paraît très-suspect.

VIII. ALOPECURUS L. (Vulpin). Épillets comprimés par le côté, renfermant une fleur hermaphrodite. Glumes presque égales, ord. soudées entre elles inférieurement. Glumelle inférieure portant sur le dos et vers la base une arête saillante; glumelle supérieure ord. nulle. Épillets disposés en épi cylindrique compacte.

1. Glumes soudées l'une à l'autre dans leur moitié inférieure. **2**
Glumes libres ou très-brièvement soudées à la base **4**
2. Plante vivace ; épi velu. . . . . *A. pratensis.*
Plante annuelle ; épi glabre ou presque glabre. **3**
3. Epi très-allongé ; gaine de la feuille supérieure non renflée . . . *A. agrestis.*
Epi court, ovoïde ; gaine supérieure renflée-vésiculeuse . . . . *A. utriculatus.*
4. Arête insérée vers le milieu de la glumelle, dépassant très-peu les glumes.
A. fulvus.
Arête insérée vers la base de la glumelle, très-saillante **5**
5. Tige genouillée et couchée à la base, non renflée en bulbe. . . *A. geniculatus.*
Tige dressée ou ascendante, renflée en bulbe à la base . . . . . *A. bulbosus.*
1. A. GENICULATUS L. (V. genouillé). Fossés, mares.—A.C.
2. A. FULVUS Sm. (V. fauve). Fossés, mares.—A.R., R.
3. A. BULBOSUS L. (V. bulbeux). Fossés, lieux humides. — R. Schellebelle, Termonde, Selzaete (Fl. or., *Schd.!*); Anvers (Anv., *De M.'*)—On le rencontrera probablement dans les prairies maritimes de la Fl. occ.
4. A. PRATENSIS L. (V. des prés). Prairies, pâturages.—C. Rég. mér.; A.C., A.R.
5. A. AGRESTIS L. (V. des champs). Moissons, lieux cultivés.—C Rég. mér.; A.C.
6. A. UTRICULATUS Pers. — *Phalaris utriculata* L. (V. utriculé). Prairies fraîches. — R.R.R. Env. de Mariembourg (Nr., *Det.!*).—M. Mathieu l'indique à Dinant (?). Les prairies où M. Determe a observé cette rare espèce sont anciennes, en sorte qu'il y a tout lieu de croire la plante spontanée et indigène.
Obs. — Suivant M. De Moor, le *Crypsis alopecuroides Schrad.* aurait été trouvé en 1848 dans les env. de Jodoigne (Bb.), d'où il a disparu depuis.

IX. PHLEUM L. (Phléole). Épillets uniflores, comprimés par le côté. Glumes égales, libres, tronquées-acuminées à pointe souvent prolongée en arête courte. Glumelles 2, ord. mutiques. Épillets nombreux, disposés sans ordre en épi cylindrique compacte.

1. Épillets sessiles sur l'axe de l'épi. . . . . *P. pratense.*
Épillets réunis sur des rameaux très-courts **2**
2. Glumes gonflées au sommet, à dos tuberculeux . . . . *P. asperum.*
Glumes non gonflées au sommet, à dos bordé de poils roides **3**
3. Plante vivace élevée ; glumes brusquement rétrécies au sommet. . *P. Bœhmeri.*
Plante annuelle, petite (1-2 déc.); glumes insensiblement rétrécies. *P. arenarium.*
1. P. PRATENSE L. (P. des prés). Prairies, pâturages, bords des chemins.—C., C.C. Rég. mér.; A.C.—La variété *nodosum* (P. nodosum L.), à souche bulbeuse, est A.C. Rég. mér.
2. P. BOEHMERI Wibel — *Phalaris phleoides* L. (P. de Bœhmer). Rochers, coteaux arides.—A.R. Vallée de la Meuse : Nr.; R. Tournay (*Hocq.*), Antoing (Ht., *Mich.*); Berghem (Bb., *Kx. p.*); entre Hersselt et Aerschot (Anv., *Vh.*); Orval (Lx., *Crep.*).
Obs. — Le *P. Michelii All.* (P. hirsutum Sut.) a été indiqué par erreur en Belgique : ce qu'on a décrit sous ce nom appartient au *P. Bœhmeri!*
3. P. ASPERUM Vill. (P. rude). Lieux secs. — R.R.R. Env. d'Anvers (Anv., *De M.!*)— L'indigénat de cette espèce est suspect.
4. P. ARENARIUM L. (P. des sables). Sables maritimes.—C.C. Dunes de la Fl. occ.

X. MIBORA Adans. (Mibore). Épillets uniflores. Glumes égales, obtuses, mutiques. Glumelles 2, membraneuses. Épillets ord. violacés, très-brièvement pédonculés, solitaires, formant un épi très-grêle filiforme.

Plante très-petite, croissant en touffe; tiges très-grêles . . . . . *M. verna.*
1. M. verna P. B. — *Agrostis minima L.* (M. printanière). Champs sablonneux. — R.
  Escanaffles (*Hocq.*), env. de Casteau (Ht., *Mich.!*); Thielt (Fl. occ., *De M.*);
  Maldeghem (Fl. or., *De M.!*); entre Etalle et Sainte-Marie (Lx., *Tin.*) — Roucel
  l'indiquait autrefois aux env. de Malines, Lierre, Aerschot.

XI. AGROSTIS L. (Agrostide). Épillets uniflores. Glumes presque égales ou inégales, mutiques. Glumelles ord. glabres à la base, 2, ou 1 par l'avortement de la supérieure, l'inférieure aristée sur le dos, plus rarement mutique. Épillets disposés en panicule rameuse.

1. Glumes presque égales; arête nulle ou très-courte **2**
  Glumes très-inégales; arête 3-6 fois plus longue que l'épillet. **4**
2. Feuilles inférieures enroulées-sétacées; glume supérieure nulle ou très-petite.
                                                                  A. canina.
  Feuilles toutes planes **3**
3. Ligule longue; panicule resserrée avant et après la floraison. . . . . *A. alba.*
  Ligule très-courte tronquée; panicule à rameaux étalés. . . . . *A. vulgaris.*
4. Panicule ample, étalée; anthères linéaires-oblongues . . . . . *A. Spica-venti.*
  Panicule étroite, resserrée; anthères ovoïdes. . . . . *A. interrupta.*

1. A. vulgaris With. (A. commune). Lieux herbeux, bois, bords des chemins. —
  C.C., C.
2. A. alba L. (A. blanche). Lieux cultivés, moissons, bords des chemins.—C.
3. A. canina L. (A. de chien). Bois, pâturages.—A.C., A.R.
4. A. Spica-venti L. — *Apera Spica-venti P. B.* (A. Jouet-du-Vent). Moissons. —
  C., A.C.
5. A. interrupta L. — *Apera interrupta P. B.* (A. interrompue). Moissons. — R.R.
  Vilvorde (*Wesm.!*), Laeken (*De M.*), Jette (Bb., *Kx. p.*); Arlon (Lx., *Tin.*).

XII. CALAMAGROSTIS Adans. (Calamagrostide). Épillets uniflores avec ou sans le rudiment d'une seconde fleur. Glumes mutiques presque égales, dépassant la fleur. Glumelles entourées à leur base de poils plus ou moins longs, l'inférieure aristée sur le dos ou au sommet. Épillets disposés en panicule rameuse.

1. Poils égalant env. les glumes **2**
  Poils beaucoup plus courts que les glumes. **3**
2. Glumelle inférieure portant au sommet une arête très-petite. . . *C. lanceolata.*
  Glumelle inf. portant sur le dos une arête égalant les poils. . . . *C. Epigeios.*
3. Poils 3-4 fois plus courts que la glumelle inférieure. . . . . . *C. sylvatica.*
  Poils égalant environ la glumelle inférieure. . . . . *C. montana.*

1. C. Epigeios Roth — *Arundos Epigeios L.* (C. terrestre). Bois, coteaux secs. — C.,
  A.C., A.R.
        Obs. — M. Van Haesendonck a trouvé autrefois à Mortsel (Anv.) un *Calama-*
  grostis qu'il a signalé dans son Prodrome sous le nom de *C. Halleriana DC.*
  Comparaison faite de cette plante avec des échantillons du *C. Halleriana* (C. villosa
  Mutel), j'ai reconnu qu'elle n'était qu'une variation du nº 1, à épillets violacés.
2. C. lanceolata Roth — *Arundo Calamagrostis L.* (C. lancéolée). Marais tourbeux,
  fossés. — A.R. Fl. or.; R. Anv., Ht., Lx.; Beverloo (Lb., *West.*); env. de Spa
  (Lg., *Crep.*); Willerzie (Nr., *Grav.!*).
3. C. sylvatica DC.— *Agrostis arundinacea L.* (C. des bois). Bois montueux.—A.R.
  Rég. ard. et ses lisières : Lx., Lg., Nr.
4. C. montana Host — *C. subulata Dmrt.* (C. de montagne). Bois montueux. — R.R.
  Verviers (*Lej., De M.!, Crep.*), Grand-Rechain (Lg., *Phocas Lejeune!*).

XIII. AMMOPHILA Host (Ammophile). Épillets uniflores avec le rudiment d'une seconde fleur. Glumes mutiques presque égales. Glumelles entourées de poils courts à la base, l'inférieure bidentée

au sommet et brièvement mucronée dans le sinus de l'échancrure.
Panicule en forme d'épi très-compacte allongé.

Plante très-robuste ; feuilles enroulées, roides, presque piquantes.
A. arundinacea.

1. A. ARUNDINACEA Host — *Arundo arenaria L.* (A. roseau). Lieux sablonneux. —
C.C.C. Dunes de la Fl. occ.; se retrouve dans les parties basses de la rég. sept. :
entre Wyneghem et Schilde, Rethy, Desschel, Casterlé, Turnhout (*Rss.!*),
entre Gheel et Lichtaert (Anv., *Vh.*); Hechtel (*West.*), entre Mechelem et
Stockhem (Lb., *Lej.*).—Hocquart le signale à Escanaffles (Ht.).

Obs. — Le *Gastridium lendigerum Gaud.* appartient à une zone plus chaude que la
nôtre. M. Michot dit l'avoir trouvé une fois à Thumaide ? (Ht.).

XIV. POLYPOGON Desf. (Polypogon).

Épillets uniflores. Glumes
presque égales, obtuses ou échancrées au sommet, munies d'une
longue arête insérée un peu en dessous du sommet. Glumelles 2,
l'inférieure entière, aristée sous le sommet. Épillets très-petits,
nombreux, disposés en panicule en forme d'épi compacte, lobé.

Racine fibreuse, annuelle ; glumes pubescentes sur le dos. . *P. Monspeliensis.*

2. P. MONSPELIENSIS Desf.—*Alopecurus Monspeliensis L.* (P. de Montpellier). Sables
maritimes.—R.R.R. Adinkerke (Fl. occ., *De M.!*).

Obs.—Le *Lagurus ovatus L.*, suivant M. Dumortier, aurait été trouvé dans le Limbourg par Driessen. Cette espèce n'appartient pas à nos régions et sa présence dans
la prov. de Lb. n'a pu être qu'accidentelle.

XV. MILIUM L. (Millet).

Épillets uniflores. Glumes égales, mu-
tiques. Glumelles 2, coriaces luisantes, l'inférieure très-concave
mutique. Épillets disposés en panicule rameuse.

Tige très-élevée ; panicule à rameaux étalés puis réfléchis. . . . *M. effusum.*

1. M. EFFUSUM L. (M. étalé). Bois montueux.—A.C. Rég. mér.; A.R., R.

Obs.—Le *Stipa pennata L.* a été signalé à Tournay (Ht., *Dmrt.*) et à Beverloo (Lb.,
De M.). Cette espèce a disparu de ces deux stations, où très-probablement sa présence
n'était qu'accidentelle. — Le *Lasiagrostis Calamagrostis Link* a été semé au bois de
Breuzé près Tournay.

XVI. CYNODON Rich. (Chiendent).

Épillets uniflores avec le
rudiment d'une seconde fleur, comprimés par le côté. Glumes presque égales, mutiques. Glumelles membraneuses, l'inférieure mutique ou mucronulée. Épillets disposés sur deux rangs en épis
linéaires-filiformes rapprochés en panicule simple digitée.

Souche longuement rampante ; feuilles roides. . . . . *C. Dactylon.*

1. C. DACTYLON Pers. — *Panicum Dactylon L.* (C. Dactyle). Lieux sablonneux, bords
des chemins. — R.R. — Cette espèce a été vaguement indiquée par plusieurs de
nos floristes.—M. De Moor m'écrit qu'il l'a reçue de la prov. de Lb. — Espèce
douteuse.

XVII. SESLERIA Ard. (Seslérie).

Épillets renfermant 2-6 fleurs
hermaphrodites, comprimés par le côté. Glumes mucronées ou mutiques, presque égales. Glumelle inférieure terminée par plusieurs
dents mucronées ou aristées. Épillets sessiles, disposés en épi compacte, ovoïde ou oblong.

Feuilles obtuses brusquement mucronées ; épi bleuâtre. . . . . *S. cœrulea.*

1. S. CAERULEA Ard. — *Cynosurus cœruleus L.* (S. bleue). Coteaux secs, rochers. —
C., A.C. Régions calcaires des prov. de Nr., Lg., Lx.; R.? Ht.

† XVIII. ARRHENATHERUM P. B. (Arrhénathère).

Épillets biflores
avec le rudiment d'une troisième fleur, la fleur inférieure mâle, la
supérieure hermaphrodite. Glumelle inférieure bidentée ou bifide

au sommet, aristée près de la base dans la fleur mâle, à arête tordue inférieurement. Épillets disposés en panicule rameuse.

Gaînes glabres; arête très-saillante . . . . *A. elatius.*

1. A. ELATIUS Mert. et Koch—*Avena elatior L* (A. élevée). Prairies, pâturages, bords des chemins. — C. Rég. mér.; A.R. — La variété *bulbosum* (Avena bulbosa Willd.), à entre-nœuds inférieurs renflés en bulbes, paraît R.

XIX. CORYNEPHORUS P. B. (Corynéphore). Épillets renfermant deux fleurs hermaphrodites. Glumes mutiques, presque égales. Glumelle inférieure entière, aristée au-dessus de sa base, à arête droite articulée et entourée d'un anneau de poils vers le milieu de sa longueur, renflée en massue au sommet. Épillets disposés en panicule rameuse.

Plante vivace formant de grosses touffes; feuilles enroulées-sétacées. *C. canescens.*

1. C. CANESCENS P. B. — *Aira canescens L.* (C. blanchâtre). Coteaux incultes, lieux sablonneux.—A.C Rég. sept. et ses lisières ; A.R. Partie supérieure et sablonneuse du bassin de la Semoy : Lx.; A.R. Bb., Ht.

XX. AIRA L. (Canche). Épillets renfermant 2-3 fleurs hermaphrodites. Glumes mutiques, presque égales. Glumelle inférieure tronquée et irrégulièrement 3-5 dentées au sommet, munie sur le dos et vers la base d'une arête genouillée ou presque droite, plus ou moins tordue inférieurement. Épillets disposés en panicule rameuse.

1. Feuilles ord. planes, assez larges ; arête ne dépassant pas les glumes.
   A. cæspitosa.
   Feuilles très-étroites, enroulées ou pliées; arête saillante **2**
2. Feuilles radicales ord. lisses; pédicelle de la fleur supérieure 3 fois plus court qu'elle . . . . *A. flexuosa.*
   Feuilles très-rudes de haut en bas; pédicelle de la fleur supérieure 1 fois plus court qu'elle . . . . *A. discolor.*

1. A. CÆSPITOSA L.—*Deschampsia cæspitosa P. B.* (C. gazonnante). Bois humides, fossés.—C., A.C.

2. A. FLEXUOSA L. — *Deschampsia flexuosa Griseb.* (C. flexueuse). Bois montueux.— C., A.C. Rég. mér.; A.R.

3. A. DISCOLOR Thuill. — *Aira uliginosa Weihe* — *Deschampsia Thuillieri Godr.* et Gren. (C. discolore). Marais tourbeux, bruyères humides.—R. 's Graven-Wezel, Schilde, Rethy, Casterlé, Turnhout (Anv., *Rss.!*); Campine limbourgeoise (*Lej.*); Aeltre (Fl. or., *Schd.!*).

XXI. AVENA L. (Avoine). Épillets renfermant 2-5 fleurs hermaphrodites. Glumes mutiques, presque égales ou l'inférieure plus courte. Glumelle inférieure bidentée ou bifide au sommet, munie sur le dos et vers sa base d'une arête genouillée à sa partie moyenne. Épillets disposés en panicule rameuse.

1. Épillets gros, pendants; glumes à 5-9 nervures. **2**
   Épillets jamais pendants; glumes ord. à 1-3 nervures **5**
2. Glumelle inférieure terminée par 2 arêtes. . . . . *A. strigosa.*
   Glumelle inférieure terminée par 2 dents membraneuses **3**
3. Glumelles très-poilues; panicule étalée. . . . . *A. fatua.*
   Glumelles glabres **4**
4. Panicule à rameaux étalés en tous sens . . . . *A. sativa.*
   Panicule étroite, à rameaux redressés contre la tige. . . . *A. Orientalis.*
5. Glumes à 5-9 nervures. . . . . *A. tenuis.*
   Glumes à 1-3 nervures. **6**
6. Feuilles à gaînes inférieures poilues. **7**
   Feuilles à gaînes glabres. **8**
7. Épillets assez grands (12-15 mill.), 1-3 sur les rameaux. . . . *A. pubescens.*
   Épillets petits (5 mill.), nombreux sur chaque rameau . . . . *A. flavescens.*

8. Plante vivace, élevée; épillets grands (15 mill.), ord. solitaires. . *A. pratensis.*
  . Plantes annuelles; épillets très-petits **9**
9. Panicule très-étalée, à rameaux allongés . . . . *A. caryophyllea.*
  . Panicule en forme d'épi ovoïde, à rameaux très-courts . . . . *A. præcox.*

† A. sativa L. (A. cultivée). Cultivée en grand. — Originaire d'Autriche?
† A. orientalis Schreb. (A. Orientale). Cultivé en grand.—Sa patrie est inconnue.
1. A. strigosa Schreb. (A. rude). Moissons.—A.R. Rég. ard. et ses lisières.—Espèce
  naturalisée depuis longtemps, ainsi que la suivante.
2. A. fatua L. (A. folle). Moissons. — A.R., R. — Manque dans beaucoup de localités.
    Obs. — M. De Moor a trouvé à Nessonvaux (Lg.) l'*A. barbata Brot.* (A. hir-
  suta Roth), espèce appartenant à une région plus méridionale que la nôtre et
  dont l'existence en Belgique est accidentelle et fugace. Elle se distingue de
  l'*A. fatua* par sa panicule unilatérale, par sa glumelle inférieure terminée par
  deux petites arêtes et couverte de poils soyeux demeurant blancs.
3. A. tenuis Moench— *Ventenata avenacea Kœl.* (A. grêle), coteaux arides, bords des
  champs. — R.R. Han-sur-Lesse (Nr., *Crep.*, 1853-59); Flémalle (Lg., *De M.!*).
    Obs. —La présence de cette espèce en Belgique est un fait digne d'attention.
  En France, elle ne paraît pas dépasser beaucoup la Loire; elle n'existe point
  dans le Jura, en Alsace et en Lorraine. A l'est et à peu près dans notre latitude,
  on la signale dans l'Eifel, dans le Palatinat, dans la vallée du Rhin, à Coblentz,
  Bonn, etc. La station de Han-sur-Lesse me paraît naturelle : la plante y existe
  en abondance sur une suite de petits coteaux schisteux exposés au midi. L'indigénat de la plante dans la seconde station (vallée de la Meuse) serait assez suspect. M. de Moor m'écrivait : « Je crois cette espèce exotique, mais acclimatée ou
  subspontanée. Je l'ai trouvé en abondance dans un champ de seigle et sur un
  talus voisin de ce champ. »
4. A. pratensis L. (A. des prés). Pâturages, coteaux incultes. — R. Henrichapelle
  (*Lej.*), Bilstain (Lg., *Crep.*); Uccle (*Wesm.!*), Bruxelles (Bb., *Rouc.*); Trinité
  (Ht., *Mar.*).
5. A. pubescens L. (A. pubescente). Coteaux incultes, pâturages. — C., A.C. Rég.
  mér., R.
6. A. flavescens L. — *Trisetum flavescens P. B.* (A. jaunâtre). Prairies, pâturages.
  — C., A.C.
7. A. caryophyllea Wigg. — *Aira caryophyllea L.* (A. caryophyllée). Coteaux incultes, bruyères, bois. — C., A.C.
8. A. praecox P. B. — *Aira præcox L.* (A. précoce). Pelouses, bruyères.—A.C.,A.R.
    Obs. — L'*Airopsis agrostidea DC.* paraîtrait avoir été trouvé une fois à
  Hofstade (Fl. or.) par M. De Moor.

XXII. DANTHONIA DC. (Danthonie). Épillets renfermant 2-6
fleurs hermaphrodites. Glumes égales, égalant les fleurs ou plus
longues. Glumelle inférieure bidentée au sommet et munie entre
les dents d'une arête très-courte aplanie en forme de mucron ou de
dents. Épillets disposés en panicule racémiforme.

Épillets peu nombreux, 1-2 sur les rameaux dressés . . . . . *D. decumbens.*

1. D. decumbens DC.—*Festuca decumbens L.* —*Triodia decumbens P. B.* (D. décom-
  bante). Bois frais, lieux herbeux. — C., A.C., A.R.

XXIII. KOELERIA Pers. (Koelérie). Épillets renfermant 2-5 fleurs
hermaphrodites. Glumes presque égales, égalant presque les fleurs.
Glumelle inférieure mutique ou échancrée et terminée par une arête
courte. Épillets petits, très-nombreux, disposés en panicule compacte en forme d'épi lobé.

Souche recouverte de gaînes desséchées indivises. . . . . . . *K. cristata.*

1. K. cristata Pers.—*Aira cristata L.* (K. à crête). Coteaux secs, rochers. — C ,A.C.
  Nr., Lg., Lx., dunes de la Fl. occ.; R. Frasnes (*Mich.*), Obourg (Ht., *Mrt.*);
  Bruxelles (Bb., *Lej.*).

XXIV. HOLCUS L. (Houlque). Épillets biflores, à fleur inférieure
hermaphrodite mutique, la supérieure mâle aristée. Glumes presque
égales, dépassant les fleurs, mutiques ou mucronées. Glumelle inférieure de la fleur mâle aristée au-dessous du sommet, à arête ge-

nouillée ou flexueuse. Épillets disposés en panicule rameuse. Feuilles et gaînes ord. pubescentes.

Souche cespiteuse; arête en crochet égalant ou dépassant peu les glumes. *H. lanatus.*

Souche traçante; arête genouillée, très-saillante . . . . *H. mollis.*

1. H. LANATUS L. (H. laineuse). Prairies, bois. — C.
2. H. MOLLIS L. (H. molle). Bois, pâturages. — A.C., A.R.

XXV. PHRAGMITES Trin. (Phragmite). Épillets renfermant 3-7 fleurs, l'inférieure mâle, les autres hermaphrodites munies de longs poils soyeux à la base. Glumes inégales, mutiques. Glumelle inférieure rétrécie et subulée supérieurement. Épillets très-nombreux, disposés en panicule étalée.

Plante aquatique très-élevée; épillets violacés . . . . *P. communis.*

1. P. COMMUNIS Trin. — *Arundo Phragmites L.* (P. commun. — Vulg. *Roseau*). Bords des eaux, fossés. — C.C. Rég. sept.; C., A.C. Bb., Lb.; A.R. Ht., Nr., Lg., Lx.

XXVI. CYNOSURUS L. (Cynosure) Épillets renfermant 2-5 fleurs hermaphrodites, entremêlés d'épillets stériles, bractéiformes, composés de glumes et de fleurs distiques-pectinées réduites à la glumelle inférieure linéaire-lancéolée. Glumes presque égales, aiguës. Glumelle inférieure bidentée, aristée entre les dents. Épillets réunis sur des rameaux très-courts disposés en forme d'épi allongé ou ovoïde lobé.

Panicule allongée, étroite; glumelles stériles, mucronées . . . *C. cristatus.*

1. C. CRISTATUS L. (C. à crêtes). Prairies, pâturages. — C. Rég. mér.; A.C.
Obs. — Le *C. echinatus L.*, indiqué à la Fontaine du Saulchoix, près Tournay (Ht., *Mich., Mar., De M.!*), est une espèce dont la présence est accidentelle en Belgique. Elle est introduite avec les graines de foin dans les prairies de nouvelle formation.

XXVII. MELICA L. (Mélique). Épillets renfermant 3-5 fleurs, les 1-2 fleurs inférieures hermaphrodites, les supérieures stériles rudimentaires, la fleur inférieure stérile, claviforme, renfermant les autres fleurs stériles réduites à 1-2 glumelles. Glumes égalant env. l'épillet, inégales, mutiques ou mucronées. Glumelle inférieure mutique, glabre ou couverte de poils soyeux. Épillets disposés en panicule rameuse ou en grappe spiciforme.

1. Glumelle inférieure chargée de poils soyeux . . . . *M. ciliata.*
Glumelle inf. glabre; glumes brunâtres. **2**
2. Épillets dressés en panicule; fleur fertile 1 . . . . *M. uniflora.*
Épillets penchés en grappe; fleurs fertiles 2 . . . . *M. nutans.*

1. M. UNIFLORA Retz. (M. uniflore). Bois montueux. — A.C. Nr., Lg., Lx.; AR., R. Ht.; R. Corbeek-Loo (*Rss.!*), env. de Rillaer (*Kx.*), Averboden (Bb., *West.*); Grammont (*Ps.!*), Bottelaere (Fl. or., *Schd.*).
2. M. NUTANS L. (M. penchée). Bois montueux — A.R. Rég. ard. et ses lisières; R. Waulsort, Ivoir (Nr., *Crep.*); Chimay, Lompret (*Hocq.*), Bon-Secours (Ht., *Mich.*). — Roucel l'indiquait dans la forêt de Soignes.
3. M. CILIATA L. — *M. Nebrodensis Parl.* (M. ciliée). Rochers, coteaux arides. — A.C. Terrains calcaires de Nr., Lg., Lx.; R. Lompret (Ht., *Hocq.*).

XXVIII. MOLINIA Moench. (Molinie). Épillets renfermant 2-5 fleurs hermaphrodites. Glumes mutiques, inégales, plus courtes que l'épillet. Glumelle inférieure concave, semi-cylindrique, atténuée en cône, aiguë, souvent mucronée. Épillets disposés en panicule rameuse. Tige à 1-2 nœuds très-rapprochés de sa base et cachés dans la gaîne inférieure.

Tige roide, longuement nue au sommet; épillets violacés . . . *M. cœrulea.*

1. M. CAERULEA Moench — *Aira cœrulea L.* — *Enodium cœruleum Gaud.* (M. bleue). Bois humides, tourbières. — C., A.C., A.R.

XXIX. CATABROSA P. B. (Catabrose). Épillets contenant 2 fleurs hermaphrodites. Glumes courtes, la supérieure plus grande, largement obovale, à sommet arrondi, denticulé. Glumelle inférieure glabre à la base, trigone-carénée, à sommet tronqué-arrondi. Plante aquatique. Épillets disposés en panicule rameuse.

Tige couchée à la base; épillets petits, panachés . . . . . . *C. aquatica.*

1. C. AQUATICA P. B. — *Aira aquatica L.* — *Poa airoides Kœl.* (C. aquatique). Mares, ruisseaux. — A.C., A.R.

XXX. GLYCERIA R. Br. (Glycérie). Épillets renfermant 3-11 fleurs hermaphrodites. Glumes très-inégales, obtuses ou aiguës, plus courtes que les fleurs. Glumelles glabres à la base, l'inférieure arrondie sur le dos, obtuse ou tronquée, rarement très-brièvement mucronée. Épillets disposés en panicule rameuse.

1. Plantes annuelles; panicule à rameaux très-roides. **2**

Plantes vivaces; panicule à rameaux ord. nus à la base. **3**

2. Glumes obtuses; glumelle inférieure à nervures très-saillantes; plante maritime . . . . *G. procumbens.*

Glumes aiguës; glumelle inf. presque lisse. . . . . *G. rigida.*

3. Glumelle inf. à 5 nervures; plantes peu élevées **4**

Glumelle inf. à 7 nervures; plantes élevées **5**

4. Feuilles étroites-enroulées; panicule à rameaux à la fin redressés et appliqués contre la tige. . . . . *G. maritima.*

Feuilles ord. planes; panicule à rameaux étalés, puis réfléchis . *G. distans.*

5. Tige très-robuste; épillets nombreux, courts (5 mill.) . . . . *G. aquatica.*

Tige flasque; épillets allongés (15 mill.) . . . . *G. fluitans.*

1. G. FLUITANS R. Br. — *Festuca fluitans L.* (G. flottante). Ruisseaux, fossés. — C.

2. G. AQUATICA Whlbg. — *G. spectabilis Mert. et Koch* — *Poa aquatica L.* (G. aquatique). Bords des eaux.—A.C., A.R. — Manque dans beaucoup de localités.

3. G. DISTANS Whlnbg. — *Poa distans L.* (G. distante). Lieux inondés par l'eau saumâtre. — A.C., A.R. Côtes de la Fl. occ.; se retrouve aux env. d'Anvers (Anv., *Vh.*).

Obs. — M. Wesmael a découvert un pied de cette espèce à Bruxelles, près la caserne du Petit-Château.

4. G. MARITIMA Mert. et Koch — *Poa maritima Huds.* (G. maritime). Sables maritimes.—A.R., R. Côtes de la Fl. occ.; se retrouve aux env. d'Anvers (Anv., *Vh.*).

5. G. PROCUMBENS Sm. — *Sclerochloa procumbens P.B.* — *Poa procumbens Curt.* (G. tombante). Sables maritimes. — R. Adinkerke (*De M.!*), Ostende (Fl. occ., *West.!*)

6. G. RIGIDA Sm. — *Sclerochloa rigida Link* — *Poa rigida L.* — *Festuca rigida Kunth* (G. roide). Bords des chemins, coteaux, rochers — A.R. Nr., Lg; R. Tournay, Celles (Ht., *Hucq., Mich.*); Canne (Lb., *Lej.*).

Obs. — Le *Sphenopus Gouani Trin.* (Poa divaricata Gouan), indiqué à Tournay (Ht.), est une espèce dont la présence ne peut être qu'accidentelle en Belgique. Cette petite graminée ne quitte pas les rivages de la Méditerranée.

XXXI. BRIZA L. (Brize). Épillets renfermant 3-12 fleurs hermaphrodites étalées. Glumes presque égales, plus courtes que l'épillet. Glumelle inférieure comprimée-concave, suborbiculaire, cordée à la base, arrondie au sommet. Épillets ovales-triangulaires, à base large et tronquée, disposés en panicule rameuse.

Ligule courte, tronquée; épillets à pédoncules grêles, flexueux . . . *B. media.*

1. B. MEDIA L. (B. intermédiaire). Pelouses, prairies, bois. — C. Rég. mér.; A.C., A.R.

Obs. — Le *B. minor L.* a été observé par M. De Moor dans différentes localités aux env. d'Alost (Fl. or.!). Il paraît avoir existé autrefois aux env. de

Bruxelles (Bh., *Kx. p.*). La présence en Belgique de cette espèce méridionale ne peut être qu'accidentelle. On la distingue à sa racine annuelle, à ses ligules longues et à ses épillets plus longs que larges, à glumes débordant les fleurs.

XXXII. POA L. (Paturin). Épillets renfermant 2-8 fleurs hermaphrodites. Glumes presque égales, plus courtes que l'épillet. Glumelle inférieure carénée, mutique, aiguë, ord. munie inférieurement de poils laineux plus ou moins longs qui semblent réunir les fleurs. Épillets disposés en panicule rameuse.

1. Ligule assez allongée (3-4 mill.) 2
   Ligule très-courte (1 mill. ou moins), tronquée. 5
2. Plante annuelle ; panicule à rameaux étalés à angle droit . . . . . *P. annua.*
   Plantes vivaces ; panicule à rameaux étalés-dressés 3
3. Tiges peu élevées (1-4 déc.), renflées en bulbe à la base . . . . *P. bulbosa.*
   Tiges élevées, non renflées à la base 4
4. Gaînes supérieures rudes ; glume inf. à 1 nervure. . . . . . *P. trivialis.*
   Gaînes lisses ; glume inférieure à 3 nervures . . . . *P. serotina.*
5. Gaînes des feuilles rudes ; feuilles larges (5-10 mill.). . . . . *P. Sudetica.*
   Gaînes lisses ; feuilles étroites 6
6. Souche sans rejets souterrains ; feuilles supérieures ord. très-longues.
   P. nemoralis.
   Souche rampante, stolonifère ; feuilles sup. à limbe assez court 7
7. Tiges et gaînes arrondies ; panicule étalée . . . . *P. pratensis.*
   Tiges et gaînes aplaties ; panicule étroite en forme d'épi . . . . *P. compressa.*

1. P. ANNUA L. (P. annuel). Lieux cultivés, bords des chemins. — C., C.C.
   Obs. — Le *P. Alpina L.* a été trouvé dans les dunes de la Fl. occ. Un échantillon m'a été communiqué par M. De Moor, mais sans indication de localités. La présence en Belgique de cette espèce ne peut être qu'accidentelle et momentanée.

2. P. BULBOSA L. (P. bulbeux). Pelouses, bords des chemins, vieux murs. — R. Bruxelles (Bb., *Schd.!*); Soignies, Charleroy (*Mich.*), Vaulx (Ht., *Mar.*); Looz (Lb., *De M.*).

3. P. NEMORALIS L. (P. des forêts). Bois montueux, buissons. — C. Rég. mér.; A.R.
   Obs. — Le *P. cæsia Sm.* a été indiqué par Lejeune et M. Dumortier aux env. de Spa (Lg.). Il est probable que ce que ces deux botanistes ont décrit comme tel est une forme glaucescente du *P. nemoralis.*

4. P. SEROTINA Ehrh.— *P. fertilis Host* (P. tardif). Bords des eaux, lieux frais. — R. Nr.; Izel (Lx., *Tin.*); Aiwaille, Comblain-au-Pont (Lg., *Crep.*); env. d'Alost (Fl. or., *De M.!*).

5. P. SUDETICA Haenke — *P. sylvatica Vill.* (P. de Silésie). Bois montueux — A.R. Rég. ard. et ses lisières ; R. Orval (Lx., *Grav.*); Bauche (*Crep.*), Wépion Nr., *Bllk.!*).

6. P. TRIVIALIS L. (P. commun). Moissons, lieux cultivés. — C. Rég. mér.; A.C.,'A.R.

7. P. PRATENSIS L. (P. des prés). Prairies, pelouses, bords des chemins. — C. — On rencontre fréquemment la var. *angustifolia* (P. angustifolia L.), à feuilles étroites enroulées.

8. P. COMPRESSA L. (P. comprimé). Lieux cultivés, vieux murs. — A.C. Rég. mér.; A.R.
   Obs. — L'*Eragrostis pilosa P. B.* (Poa pilosa L.) a été indiqué en 1824 par Lejeune dans les sables des bords de la Meuse à Herstal, mais avec doute quant à l'indigénat de la plante. La même indication est répétée dans le *Comp. fl. belg.*, en 1828, avec le signe du doute. Depuis lors cette espèce ne paraît point avoir été revue. — Hocquart signale, d'après Paternostre, l'*E. megastachya Link* aux env. de Belœil et Stambruges (Ht.).

XXXIII. DACTYLIS L. (Dactyle). Épillets renfermant 2-5 fleurs hermaphrodites. Glumes inégales, aiguës ou mucronées, plus courtes que l'épillet. Glumelle inférieure concave, carénée supérieurement, mucronée-aristée au sommet. Épillets sessiles ou presque sessiles agglomérés sur des rameaux disposés en panicule unilatérale.

Souche cespiteuse ; tige élevée ; gaîne comprimée . . . . . *D. glomerata.*
1. D. GLOMERATA L. (D. aggloméré). Prairies, bords des chemins. — C. Rég. mér.; A C.

Obs. — M. de Moor a trouvé, en 1853, près de Blankenberghe (Fl. occ.!), une touffe de l'*Æluropus littoralis Parl.* (Dactylis littoralis Willd.). Cette espèce, dont la présence n'a pu être qu'accidentelle sur nos côtes, n'a pas été revue depuis cette époque.

18.

XXXIV. BROMUS L. (Brome). Épillets renfermant 3-20 fleurs hermaphrodites. Glumes inégales, aiguës ou aristées, plus courtes que l'épillet. Glumelle inférieure concave, arrondie ou carénée, ord. bidentée ou bifide au sommet, aristée au-dessous du sommet ou vers le sommet, rarement mutique par avortement. Ovaire velu supérieurement. Stigmates naissant au-dessous du sommet de l'ovaire. Épillets disposés en panicule rameuse.

1. Gaînes des feuilles glabres ou presque glabres **2**
   Gaînes des feuilles velues. **5**
2. Racine traçante ; épillets ord. violacés ; arête nulle ou très-courte . *B. inermis.*
   Racine annuelle ; épillets verts ; arête ord. assez longue 3
3. Glumelle inf. terminée par 3 arêtes, à bords munis ord. d'une dent membraneuse . . . . *B. Arduennensis.*
   Glumelle inf. terminé par 1 arête, sans dents membraneuses aux bords. . . 4
4. Épillets petits, à fleurs courtes ; caryopse dépassant les glumelles sur les bords vers le sommet à la maturité . . . . *B. secalinus.*
   Épillets gros ; caryopse ou fruit caché entièrement . . . . . . *B. grossus.*
5. Épillets très-élargis au sommet ; arêtes arrivant toutes env. au même niveau. 6
   Épillets rétrécis au sommet ; arêtes n'arrivant pas env. au même niveau . . 7
6. Panicule à rameaux très-rudes, dressés ou étalés ; épillets grands (40-60 mill.).
   . . . . *B. sterilis.*
   Panicule à rameaux pubescents, penchés et recourbés au sommet ; épillets assez petits (25-35 mill.). . . . . *B. tectorum.*
7. Plantes vivaces ; épillets à fleurs assez longuement pédicellées (2-3 mill.). . 8
   Plantes annuelles ; épillets à fleurs courtement pédicellées (env. 1 mill.) . . 9
8. Feuilles étroites (1-2 mill.), ord. enroulées ; panicule dressée . . . *B. erectus.*
   Feuilles larges (5-8 mill.), planes ; panicule étalée . . . . *B. asper.*
9. Épillets petits, étroits (3 mill.), portés sur de très-longs rameaux étalés.
   . . . . *B. arvensis.*
   Épillets gros, ovoïdes, portés sur des rameaux ord. assez courts 10
10. Épillets velus ; panicule à rameaux courts, roides . . . . *B. mollis.*
    Épillets ord. glabres ; panicule à rameaux grêles flexibles . . . *B. racemosus.*

1. B. ARVENSIS L. — *Serrafalcus arvensis Godr.* (B. des champs). Bords des chemins, moissons.—A.C. Nr., Lg.; R. Lx.; Lobbes (*Mich.*), Rumillies (Ht., *Mar.*); Etterbeck (Bb., *Mrt.*); Gand (Fl. or., *Schd.!*).

2. B. RACEMOSUS L. — *B. commutatus Schrad.* — *Serrafalcus commutatus Godr.* (B. en grappe). Champs incultes, bords des chemins, prairies.—A.C., A.R.
   Obs. — Sous le nom de *B. racemosus Auct.*, il paraît exister deux formes : la première, celle que j'ai en vue au nº 2, se distingue par sa panicule à rameaux penchés à la maturité, par sa glumelle inférieure à bords présentant un angle obtus, par sa glumelle supérieure sensiblement plus courte que l'inférieure et enfin par son grain ou caryopse mince, presque plan à sillon presque nul. La seconde forme, qui serait, suivant quelques botanistes, le véritable *B. racemosus* de Linné, est rare en Belgique : elle m'a été envoyée de Gand (*Schd.*) et des env. d'Alost (Fl. or., *De M.*). On la reconnaît à ses épillets plus petits, à sa glumelle inférieure n'offrant point d'angle obtus sur les bords et égalant env. la glumelle supérieure, à son caryopse épais fortement canaliculé et enfin à sa panicule ord. contractée après la floraison. Cette plante constitue le *B. racemosus* décrit par M. De Moor dans son *Traité des graminées*, p. 122, et paraît se rapporter au *Serrafalcus pratensis Godr.* fl. lorr., éd. 2, II, 446.

3. B. MOLLIS L. — *Serrafalcus mollis Parl.* (B. mou). Bords des chemins, lieux herbeux. — C. — On rencontre dans les dunes près de Blankenberghe (Fl. occ.) une forme remarquable par la divergence de ses arêtes sous l'influence des rayons solaires. Elle a été décrite par M. Lloyd sous le nom de *B. molliformis* (*Serrafalcus Lloydianus Godr.* et *Gren.*). On la rencontre encore plus au nord : M. Joigneaux, de retour d'un voyage scientifique en Hollande, m'en a rapporté de beaux échantillons récoltés, je crois, aux env. d'Amsterdam.
   Cette divergence des arêtes sous l'action d'une vive lumière, et qui a lieu en sens opposé sur les deux côtés de l'épillet, s'observe aussi dans le *B. patulus Mert.* et *Koch, B. squarrosus L.* et *B. lanceolatus Roth.*
   Obs. — Le *B. squarrosus* L., espèce très-méridionale, a paru accidentellement dans une ou deux localités du Hainaut, d'où il a disparu. — Le *B. patulus Mert.* et *Koch,* espèce assez voisine du *B. arvensis,* n'a point encore été trouvé en Belgique, du moins à ma connaissance. On a pris quelquefois pour tel le *B. arvensis* ou le *B. racemosus.*.

4. B. SECALINUS L. — *Serrafalcus secalinus Godr.* (B. Seigle). Moissons. —C., A.C. — Cette espèce présente une variété à épillets et à rameaux de la panicule pubescents (*B. hordeaceus Gmel.*) qui habite les champs d'orge, et une variété à épillets glabres qui préfère les moissons de seigle.

Obs. — Entre cette espèce et la suivante, il existe quelques formes obscures, qui deviendront moins embarrassantes lorsque les véritables caractères spécifiques des espèces de la section *Serrafalcus* seront mieux connus.

5. B. GROSSUS DC. (B. gros). Moissons. — A.C., A.R. — Cette espèce offre une var. glabre (*B. nitidus Dmrt.*), et une var. velue (*B. velutinus Schrad.*).

6. B. ARDUENNENSIS Lejeune (*sub Libertia*) (B. des Ardennes). Moissons. — A.R. Magnée, Aiwaille (*Str.!*), Poulseur (Lg., *Crep.*); Barvaux, Hotton, Marche, Hargimont, Chavanne, env. de Tellin (Lx., *Crep.*); Acbêne, Foi-Notre-Dame, Celles, Dréhance, Chevetogne, Rochefort, Jemelle, Hamerenne, Han-sur-Lesse, Ave, Lavaux-Sainte-Anne, Honnay, Revogne, Focant, Beauraing (Nr., *Crep.*). — La var. *villosus*, à épillets et rameaux de la panicule mollement velus, est beaucoup plus rare que le type : Aiwaille (*Str.!*), Poulseur, Barvaux (*Crep.*).

Obs. — Cette remarquable espèce a été découverte, pour la première fois, au mois d'août 1823, par Michel, dans les moissons aux env. d'Aiwaille. Lejeune la décrivit la même année sous le nom de *Calotheca Bromoidea* (*Messager des sciences et des arts du royaume des Pays-Bas*, septembre 1823) et M. Dumortier sous celui de *Michelaria Bromoidea* (*Observations sur les Graminées de la Flore de Belgique*, 1823). L'année d'ensuite, le docteur Lejeune, ayant reconnu l'inanité de sa première dénomination et sans égard pour la création générique et l'heureuse dédicace de M. Dumortier, décrivait de nouveau la plante sous le nom de *Libertia Arduennensis* (*Revue de la Flore des env. de Spa*, 1824). Dans une classification des graminées, lue à l'Institut au mois de novembre 1824 et publiée dans les *Annales des sciences naturelles*, en 1825, M. Raspail rapportait enfin le *Libertia* au genre *Bromus*, sous la dénomination de *B. auriculatus*. Cette réunion, déjà prévue par M. Dumortier, fut heureuse : les caractères qui séparent cette plante des autres espèces du groupe *serrafalcus* sont seulement spécifiques.

Si le genre *Serrafalcus*, fondé par M. Parlatore, est définitivement adopté, notre espèce devra prendre le nom de *S. Arduennensis*.

On rencontre cette graminée dans les champs argilo-schisteux ou argilo-calcaires de l'étage des terrains antraxifères situés au nord de l'Ardenne. A l'est, elle commence à paraître sur la rive droite de la Vesdre, puis se retrouve dans les vallées de l'Ourthe et de l'Amblève et vient enfin s'épanouir largement dans les bassins de l'Homme et de la Lesse pour gagner la Meuse d'un côté vers Dinant et d'un autre vers Givet (département des Ardennes), dernière localité où ce *Bromus* paraît exister, suivant M. Jules Remy (*Exc. bot.*, 1849). A l'exception de cette seule station française, le *B. Arduennensis* n'a point été découvert au-delà de nos limites.

7. B. TECTORUM L. (B. des toits). Bords des chemins, coteaux, vieux murs. — A.R. Fl. or., Ht., Bb.; R. Anvers (Anv., *Vh.*); Saint-Trond (Lb., *VD.*); Theux (Lg., *Crep.*); Vance, Limes, Gérouville (Lx. *Crep.* et *Grav.*). — On prend quelquefois pour tel des variations du n° 8.

8. B. STERILIS L. (B. stérile). Bords des chemins, décombres. — C., A.C.

9. B. ASPER Murr. (B. rude). Bois montueux. — A.C. Lx., Nr., Lg.; A.R. Ht.; R. Bb.; Grammont (Fl. or., *Ps.!*),

10. B. ERECTUS Huds. (B. dressé). Prairies, pâturages, bords des chemins. — A.R. Nr., Lg.; R. Beverloo (Lb., *West.!*).

11. B. INERMIS Leyss. — *1. Festuca inermis DC.* (B. sans arête). Prairies. — R.R. Aiwaille (*Lej.!*), Huy (Lg., *De M.!*); Lessines (Ht., *De M.*). — On prend quelquefois pour tel le *Festuca arundinacea*.

Obs. — Les espèces appartenant à la section *serrafalcus* sont encore loin d'être bien connues, malgré les nombreux travaux dont elles ont été l'objet. Depuis plusieurs années, je cultive ces espèces, mais jusqu'à présent mes expériences ne m'ont encore appris rien de satisfaisant; je reconnais seulement que les formes soumises à la culture sont très-tenaces. La pubescence s'est perpétuée invariablement depuis plusieurs années; mais malgré cette persistance, je ne puis voir dans la pubescence ou la nudité des épillets et des rameaux de la panicule un caractère spécifique. Chaque espèce ou, du moins, chaque forme prise pour espèce dans nos livres de botanique, offre une variété glabre et une variété velue. La pubescence entraîne avec elle quelques légères différences dans la manière dont se comportent les fleurs dans l'épillet et les rameaux de la panicule. Jusqu'ici on n'a point recherché la cause principale de la production de l'angle aux bords de la glum. inf. dans plusieurs espèces, du moins je n'ai rien vu dans les livres de ma bibliothèque qui fut explicite à cet égard. La présence ou l'absence de cet angle est l'indice d'une différence dans la forme du grain ou caryopse. Les espèces dont la glumelle inférieure ne présente point cet angle, telles que les *B. secalinus, B. grossus, B. Arduennensis*, ont le grain ou caryopse épais et très-fortement canaliculé.

tandis que les *B. arvensis*, *B. commutatus*, *B. mollis*, dont la glumelle inférieure offre un angle, ont le caryope mince, presque plan et à sillon très-
faible. — Les *B. squarrosus* L. et *B. lanceolatus Roth* ont leur grain très-
mince et complétement plan; il en est probablement ainsi dans le *B. patulus*
Mert. et *Koch*. Si ce caractère tiré de la forme du caryopse a l'importance
que j'y attache, la seconde forme du *B. racemosus*, dont j'ai parlé ci-dessus
(*Serrafalcus pratensis* Godr.?), devra se ranger à côté du *B seculinus*, avec
lequel du reste il a beaucoup d'affinité. On doit étudier la forme du fruit à
l'époque de son complet développement et avant que la dessiccation n'ait dé-
formé son véritable aspect. La présence ou l'absence d'angle aux bords de
la glumelle inférieure est un caractère qu'il n'est pas toujours aisé de bien
apprécier, parce que, à certaine époque, l'angle se produit plus ou moins
dans les espèces munies d'une glumelle inférieure dite à bords régulièrement
arqués.

    La grandeur relative des glumelles entre elles, et la forme des étamines
peuvent utilement servir à la délimitation des espèces de ce groupe difficile.

XXXV. FESTUCA L. (Fétuque). Épillets renfermant 2-12 fleurs

hermaphrodites. Glumes presque égales ou inégales, l'inférieure
quelquefois très-petite ou indistincte, plus courtes que l'épillet.
Glumelle inférieure concave ou carénée, aiguë ou acuminée au
sommet, plus rarement presque obtuse, prolongée en arête, plus
rarement mucronée ou mutique. Stigmates subsessiles ou sessiles,
terminaux. Épillets pédonculés et disposés en panicule rameuse ou
presque sessiles et disposés en épi grêle.

1. Arête 1-2 fois plus longue que la glumelle inf.; épillets pédonculés. **2**
   Arête plus courte que la glumelle inférieure, ou arête nulle. **5**
2. Plante vivace élevée (1-2 mètres) . . . . *F. gigantea.*
   Plantes annuelles, petites **3**
3. Épillets longs (25-30 mill.); glume inférieure très-petite, 10 fois plus courte
   que la supérieure . . . . *F. bromoïdes.*
   Épillets petits (15 mill.); glume inférieure égalant le tiers ou la moitié de la
   glume supérieure **4**
4. Panicule très-allongée, souvent embrassée à la base par la gaîne supérieure, à
   rameaux inf. portant plusieurs épillets . . . . *F. Pseudo-Myuros.*
   Panicule courte, éloignée de la feuille sup., à rameaux portant ord. 1-3 épillets.
                                  F. sciuroides.
5. Épillets solitaires, très-brièvement pédonculés et disposés en épi simple;
   plante annuelle. . . . . *F. tenuiflora.*
   Épillets disposés en panicule; plantes vivaces **6**
6. Feuilles inférieures très-étroites, pliées ou enroulées. **7**
   Feuilles planes, assez larges **10**
7. Feuilles de la tige planes, assez larges . . . . *F. heterophylla.*
   Feuilles toutes pliées ou enroulées **8**
8. Souche ou racine rampante. . . . . *F. rubra.*
   Souche cespiteuse, sans rejets souterrains **9**
9. Feuilles lisses; glumelles inf. terminé par une arête . . . . . *F. duriuscula.*
   Feuilles rudes ord. de haut en bas; fleurs ord. mutiques . . . . . *F. ovina.*
10. Ligule allongée (3-4 mill.); ovaire velu au sommet . . . . . . *F. sylvatica.*
   Ligule courte tronquée; ovaire glabre **11**
11. Panicule à rameaux géminés, le plus court ne portant ord. qu'un seul épillet;
   glumes presque obtuses . . . . *F. pratensis.*
   Panicule à rameaux portant chacun 4-15 épillets; glumes très-aiguës.
                                    F. arundinacea.

1. F. TENUIFLORA Schrad.— *Triticum Nardus DC.* —*Nardurus tenellus Rchb.* (F. à
fleurs menues). Coteaux arides, rochers. — R.R. Comblain-au-Pont (*Dmrt.*),
Anthisnes (Lg., *De M.!*); Namur? (Nr., *Dmrt.*); Charleroy (Ht., *De M.*). — On
prend quelquefois pour tel des formes appauvries du *F. sciuroides.*

2. F. SCIUROIDES Roth — *Vulpia sciuroides Gmel.* (F. Queue-d'écureuil). Pelouses,
lieux arides. — A.C., A.R. — Manque dans beaucoup de localités.

3. F. PSEUDO-MYUROS Soy-Willm. — *Vulpia Pseudo-Myuros Godr.* (F. Queue-de-
rat). Pelouses, lieux arides. —A.C., A.R. — Manque dans beaucoup de localités.

4. F. BROMOIDES L. — *F. uniglumis Solund.* — *Vulpia bromoides Rchb.* (F. Faux-
Brome). Champs secs, bords des chemins. — R.R. Mons (*Mich.!*), Tournay (Ht.,
Dmrt. ex Lej.).

5. F. RUBRA L. (F. rouge). Moissons, prairies. — C., A.C., A.R.

6. F. HETEROPHYLLA Lam. (F. hétérophylle). Bois montueux, lieux herbeux. — A.C. Rég. ard.; A.R.

7. F. DURIUSCULA L. (F. dure). Pelouses, bruyères, rochers. — C. — On rencontre la var. *glauca* (F. glauca Schrad.) çà et là dans les prov. de Nr., Lx., Lg.

8. F. OVINA L. — *F. tenuifolia Sibth.* (F. des brebis) Pelouses, bruyères, bois. — C., A.C., A.R. — La variété à fleurs aristées, que plusieurs botanistes considèrent comme une espèce distincte, paraît rare en Belgique : je ne l'ai point encore observée.

9. F. ARUNDINACEA Schreb. — *Schenodorus elatior P.B.* (F. roseau). Bords des eaux, prairies humides. — R. Vallée de la Meuse : Nr., Lg.; Tongre (Ht., *Mich.*); Boitsfort (*Mrt.!*), Wilsele (Bb., *Rss.!*); Berchem, Mortsel (Anv., *Vh.!*); Schellebelle (Fl. or., *Schd.*). — Paraît exister sur le littoral.

10. F. PRATENSIS Huds. — *Schenodorus pratensis P. B.* (F. des prés). Prairies, bords des eaux. — C. Nr., Lx., Lg.; A.C., A.R.

   Obs. — Le *F. loliacea Huds.*, qu'il ne faut pas confondre avec les formes appauvries de l'espèce précédente, est une plante remarquable. Elle ressemble assez à un *Lolium* ; c'est ce qui fait que plusieurs botanistes l'ont considérée comme une hybride du *Lolium perenne* et du *Festuca pratensis*. Je n'ai point encore pu l'étudier vivante. Des échantillons secs m'ont été communiqués de : Forest (*Wesm.*, Evere (Bb., *Bm.*); Lessines (Ht., *De M.*); Saint-Trond (Lh., *VD.*).

11. F. SYLVATICA Vill. — *F. calamaria Sm.* — *Schenodorus calamarius Rœm. et Schult.* (F. des bois). Bois montueux, — A.R. Rég. ard. et ses lisières : Lx., Lg., Nr.

12. F. GIGANTEA Vill. — *Bromus giganteus L.* (F. géante). Bois montueux. — A.C. Nr., Lg., Lx.; A.R. Ht., Bb., Lh.; R.

   Obs. — Le *F. maritima DC.* (Triticum maritimum L. — Scleropoa maritima Parl.) a été indiqué sur nos côtes par Lejeune, qui en avait reçu un échantillon de M. Desmaizières. Il est fort possible qu'on aura pris pour cette espèce de la région méditerranéenne, le *F. rottboellioides Kunth* (Poa loliacea Huds.) qui habite les rivages de l'Océan et de la mer du Nord et qu'on rencontrera probablement sur notre littoral.

XXXVI. BRACHYPODIUM P. B. (Brachypode). Épillets multiflores. Glumes plurinerviées, inégales, plus courtes que l'épillet. Glumelle inférieure concave, aiguë, prolongée en arête ou en mucron. Épillets solitaires, très-brièvement pédonculés, distiques, disposés en épi lâche dont le rachis est alternativement creusé-concave au niveau des épillets.

1. Plante annuelle, peu élevée; épi à épillets ord. 1-3. . . . . . *B. distachyon*.
Plantes vivaces, élevées; épi à épillets nombreux **2**
2. Souche cespiteuse; arêtes longues (10 mill.) . . . . *B. sylvaticum*.
Souche traçante; arêtes courtes (5 mill.) . . . . *B. pinnatum*.

1. B. PINNATUM P. B. — *Festuca pinnata Mœnch* — *Triticum pinnatum DC.* (B. pinné). Pelouses arides, coteaux, bords des chemins. — A.C., C. Nr., Lg., Lx.; A.R. Ht.; Tongres (Lb., *Lej.*)

2. B. SYLVATICUM Roem. et Schult. — *Festuca sylvatica Huds.* non *Vill.* — *Triticum sylvaticum DC.* (B. des bois.) Bois, pâturages ombragés. — A.C., C. Nr., Lg., Lx.; A.R. Ht.; R. Averboden (Bb., *Vh.*); Swynaerde (Fl. or., *Schd.!*).

3. B. DISTACHYON P. B. — *Triticum ciliatum DC.* — *Bromus distachyos L.* (B. distachyon). Lieux sablonneux, rochers. — R.R. Environs de Nieuport (Fl. occ., *De M.!*, Kx.); Sougnez (Lg., *Lej.*, 1824).

   Obs. — La station de Nieuport paraît très-suspecte au point de vue de l'indigénat; celle de Sougnez, d'où la plante paraît avoir disparu, semble plus naturelle. — Espèce douteuse pour notre Flore.

XXXVII. LOLIUM L. (Ivraie). Épillets solitaires, sessiles, appliqués par leur dos contre le rachis de l'épi excavé, renfermant 3-20 fleurs. Glume unique. Glumelle inférieure arrondie sur le dos, mutique ou aristée. Épillets disposés en épi distique.

1. Racine vivace; plantes des prairies ou des lieux herbeux **2**
Racine annuelle ; plantes des moissons **3**
2. Glumelle inférieure sans arête; épillets verts. . . . . *L. perenne*.
Glumelle inférieure munie d'une arête; épillets d'un vert jaunâtre. *L. italicum*.
3. Glume 1-2 fois plus courte que l'épillet; épillets à 10-20 fleurs. *L. multiflorum*.
Glume égalant l'épillet ou un peu plus courte. **4**

4. Épillets petits ; fleurs courtes (4 mill.); plante croissant exclusivement dans les champs de lin. . . . . *L. linicola.*
Épillets ord. gros ; fleurs allongées (8-10 mill.) . . . . *L. temulentum.*

1. L. PERENNE L. (l. vivace). Pelouses, prairies, bords des chemins. — C.
† L. ITALICUM A. Br. — *L. Boucheanum Kunth* (l. d'Italie). Espèce fréquemment cultivée dans les champs de trèfle. — Subspontanée çà et là.
2 L. MULTIFLORUM Lam. (l. multiflore). Lieux cultivés.—R.R Rochefort (Nr., *Crep.*, 1853). Cette espèce, assez voisine du *L. Italicum*, est très-fugace en Belgique. On la cultive plus rarement que cette dernière espèce.
3. L. TEMULENTUM L. (l. enivrante). Moissons. — C., A.C. Rég. mér.; A.R., R.
4. L. LINICOLA Sond. — *L. arvense Schrad.* non *With.* (l. du Lin). Champs de lin. — R. Rég. ard ; Saint-Denis (Ht., *Mrt.*); Wieze (*De M!*), Aeltre (Fl. or., *Schd!*). — Espèce d'origine étrangère, introduite avec le lin.
Obs. — Le *Gaudinia fragilis P. B.* (Avena fragilis L.), espèce appartenant à une région plus chaude que la nôtre, a été rencontré, suivant M. De Moor, aux environs d'Anvers d'où il a disparu ; M. l'abbé Michot m'en a envoyé un échantillon récolté à Lobbes (Ht.)

XXXVIII. HORDEUM L. (Orge). Épillets ternés sur les dents du rachis de l'épi, renfermant une seule fleur avec le rudiment d'une seconde fleur, les latéraux étant ord. mâles ou neutres, souvent pédicellés. Glumes 2, latérales, placées au-dessous de la fleur dans un même plan, longuement aristées. Glumelle inférieure prolongée en arête.

1. Épillets réunis par 3, tous hermaphrodites (fertiles) 2
Épillets réunis par 3, les latéraux mâles ou stériles. 3
2. Épillets sur six rangs, dont deux opposés moins saillants . . . . *H. vulgare.*
Épillets sur six rangs, tous également saillants . . . . . . *H. hexastichon.*
3. Épillets latéraux de chaque groupe dépourvus d'arêtes . . . . *H. distichon.*
Épillets tous munis de longues arêtes 4
4. Gaines glabres ; glumes de l'épillet central de chaque groupe longuement ciliées.
H. murinum.
Gaines velues ; glumes glabres ou presque glabres 5
5. Tiges élevées (5-8 déc.); glumes toutes sétacées . . . . *H. secalinum.*
Tiges basses (1-2 déc.), genouillées; glumes des fleurs latérales lancéolées.
H. maritimum.

1. H. MURINUM L. (O. Queue-de-rat). Pied des murs, décombres, bords des chemins. — C., A.C., A.R.
2. H. SECALINUM Schreb. — *H. pratense Huds.* (O. Seigle). Prairies, lieux herbeux — A.C. Pâturages du littoral: A.R. Fl. or , Nr.; R.
3 H. MARITIMUM With. (O. maritime). Sables maritimes. — R. Ostende (*ML.*), Knocke (Fl. occ., *Coem.!*); se retrouve aux environs d'Anvers suivant M. Van Haesendonck.
† H. DISTICHON L. (O. à deux rangs). Cultivé en grand.
† H. VULGARE L. (O. commune). Cultivé en grand.
† H. HEXASTICHON L. (O. à six rangs). Cultivé en grand. — La patrie des orges cultivées est inconnue.

XXXIX. ELYMUS L. (Élyme). Épillets géminés ou ternés sur les dents du rachis de l'épi, bi-pluriflores, tous hermaphrodites. Glumes 2, latérales, placées au-dessous de la fleur dans un même plan, mutiques ou aristées. Glumelle inférieure mutique ou aristée.

Épillets munis d'arêtes; gaines velues . . . . *E. Europæus.*
Épillets sans arêtes; gaines glabres . . . . *E. arenarius.*

1. E. EUROPAEUS L. — *Hordeum sylvaticum Huds.* — *H. Europæum All.* (E. d'Europe). Bois montueux. — R. Entre Verviers et Stembert (*Crep.*), Magnée (*Str.*). Xhendelesse, Etavelot (Lg. , *Lej*); environs de Saint-Hubert (*Mor!*), Mirwart (Lx. *Crep.*); Jemelle, Rochefort, Han-sur-Lesse (*Crep.*), Fagnolles (Nr., *Det.*); Chimay (Ht., *Hocq.*).
2. E. ARENARIUS L. (E des sables). Sables maritimes. — C. Côtes de la Fl. occ.; se retrouve à Lillo (Anv., *Dk.*), Beverloo (Lb., *West.*), Orroir ? (Fl. or., *Hocq.*).

† **SECALE L. (Seigle).** Épillets solitaires, sessiles sur les dents du rachis de l'épi, renfermant 2 fleurs hermaphrodites avec le rudiment

d'une troisième fleur. Glumes 2, presque égales, étroitement lancéolées, acuminées. Glumelle inférieure carénée, prolongée en arête.

Axe de l'épi non fragile; glumelle inférieure fortement ciliée . . . *S. cereale.*

† S. CEREALE L. (S. cultivé). Cultivé en grand. — Sa patrie est inconnue

XL. TRITICUM L. (Froment). Épillets solitaires, sessiles sur les
dents du rachis de l'épi, renfermant 3 ou plusieurs fleurs hermaphrodites. Glumes 2, égales, concaves ou carénées, entières ou
1-2 dentées au sommet, mutiques ou aristées. Glumelle inférieure
concave ou carénée, souvent ventrue, mutique ou aristée.

1. Plantes annuelles : glumes convexes-ventrues **2**
   Plantes vivaces; glumes non ventrues **5**
2. Grain se séparant aisément des glumelles; axe de l'épi non fragile. **3**
   Grain étroitement enfermé dans les glumelles; axe de l'épi se brisant au niveau
       de chaque épillet par le battage **4**
3. Tige fistuleuse au sommet; glume à carène peu marquée dans sa partie inférieure.
                                                         T. vulgare.
   Tige ord. pleine supérieurement; glume à carène très-saillante à sa base.
                                                         T. turgidum.
4. Épi très-comprimé, aplati; épillets ord. à un grain . . . . . *T. monococcum.*
   Épi tétragone; épillets à deux grains. . . . . *T. Spelta.*
5. Feuilles rudes sur les deux faces; souche cespiteuse . . . . . *T. caninum.*
   Feuilles lisses en dessous; souche ord. traçante **6**
6. Épi très-fragile, se brisant au moindre choc . . . . *T. junceum.*
   Épi à rachis non fragile **7**
7. Souche longuement traçante; glumes et glumelles ord. aiguës . . . *T. repens.*
   Souche cespiteuse ou un peu rampante; plante glauque; glumes et glumelle inf.
       très-obtuses . . . . *T. rigidum.*

1. T. JUNCEUM L. — *Agropyrum junceum P. B.* (F. jonciforme). Sables maritimes. —
   C., A.C. Littoral de la Fl. occ.; env. d'Anvers (Anv., *Dk.*).
2. T. REPENS L. — *Agropyrum repens P. B* (F. rampant—Vulg. *Chiendent officinal*).
   Lieux cultivés, bords des chemins, buissons. — C.
   Obs. — Cette espèce offre un grand nombre de variétés dont plusieurs ont été élevées au rang d'espèces, et peut-être avec raison. Les dunes de la Flandre occidentale
sont très-riches en formes appartenant à cette espèce.
3. T. RIGIDUM SCHRAD. — *Agropyrum rigidum P. B.* (F. roide). Lieux secs et arides.—
   R.R. Env. de Verviers (Lg., *Lej.*, *De M!*). — Cette plante ne m'est connue que
   par deux échantillons de l'herbier de M. De Moor. C'est avec doute que je la
   rapporte à l'espèce de Schrader.
4. T. CANINUM L. — *Agropyrum caninum Rœm. et Schult* (F. de chien). Bois, buis-
   sons. —A.C. Nr., Lg., Lx ; R. Cuesmes (Ht , *Mich.*).
† T. VULGARE VILL. — *T. æstivum et hybernum L.* (F. commun). Cultivé en grand.
† T. TURGIDUM L. (F. renflé). Cultivé en grand.
† T. SPELTA L. (F. Épeautre. — Vulg. *Épeautre*). Cultivé en grand ; Nr., Lg., Lx.
† T. MONOCOCCUM L. (F. Locular). Cultivé dans quelques parties des provinces de
   Nr., Lx. — La patrie des froments cultivés est encore inconnue.
   Obs. — Les *Ægilops ovata L.* et *Æ. triuncialis L.* n'ont pu se rencontrer en Bel-
gique que dans une ou deux localités où l'on s'était plu à les semer.

XLI. LEPTURUS R. Br. (Lepture). Épillets sessiles, solitaires,
fixés dans des excavations du rachis de l'épi, renfermant une fleur
hermaphrodite avec le rudiment d'une seconde fleur. Glumes égales,
mutiques, égalant la fleur ou plus longues. Glumelle inférieure
membraneuse, acuminée, mutique. Épi très-étroit, subulé.

Épi ord. fortement arqué; glumes dépassant ord. la fleur . . *L. incurvatus.*
Épi ord. droit ou flexueux, grêle ; glumes égalant environ la fleur. *L. filiformis.*

1. L. INCURVATUS TRIN. — *Lepturus incurvatus Dmrt.* (L. courbé). Sables maritimes.
   R. Ostende (Fl. occ., *De M!*); se retrouve entre la Tête-de-Flandre et Burght
   (Fl. or., *Vh.*).
2. L. FILIFORMIS TRIN. — *Lepturus strigosus Dmrt.* (L. filiforme) Sables maritimes.
   — R Entre Oost-Dunkerke et Nieuport (*Kx.*), Ostende (Fl. occ., *De M!*).
   Obs. — Les caractères distinctifs attribués à ces deux espèces varient et, en
outre, il existe des formes obscures qui rendent la détermination des types fort

difficile. Peut-être n'existe-t-il qu'une seule espèce qui varie suivant que ses stations sont nues ou herbeuses.

XLII. NARDUS L. (Nard). Épillets sessiles, solitaires sur le rachis excavé de l'épi, renfermant une seule fleur hermaphrodite. Glumes nulles. Glumelles 2, l'inférieure linéaire-subulée, carénée, aristée. Stigmate solitaire, persistant.

Plante formant des touffes compactes ; épi roide ; épillets violacés.   . *N. stricta.*

1. N. STRICTA L. (N. roide). Prairies, pâturages, bruyères, marais. — C. Rég. ard., Campine limbourgeoise et anversoise ; A.R., R.

Embranchement II. PLANTES CRYPTOGAMES OU ACOTYLÉDONÉES.

Plantes ne portant pas de fleurs, dépourvues d'étamines et d'ovules. Organes mâles (anthéridies), de structure variée, souvent nuls. Embryon (spore) simple, homogène. dépourvu de tuniques, ord. formé d'une seule vésicule.

Division I. ACROGÈNES.

Plantes à axes et à organes appendiculaires distincts, très-rarement indistincts, croissant par leur extrémité seule, constituées par du tissu cellulaire uni ou non à des vaisseaux. Spores renfermées dans des réceptacles particuliers (sporanges).

Classe. FILICINÉES.

Plantes présentant une tige ou un rhizome et des feuilles, plus rarement dépourvues de feuilles. Sporanges dépourvus de coiffe tubuleuse, portés sur les feuilles, sur la tige ou sur le rhizome. Anthéridies de structure variée.

CXII. FOUGÈRES (Juss.).

Plantes vivaces, à rhizome court ou traçant. Feuilles éparses sur le rhizome ou naissant au sommet du rhizome, enroulées en crosse dans leur jeunesse, très-rarement non enroulées. Sporanges s'ouvrant régulièrement ou irrégulièrement, présentant ou non un anneau articulé, ne renfermant pas d'élatères, naissant ord. sur les nervures à la face inférieure des feuilles ou près de leurs bords, rapprochés en groupes (*sores*) nus ou recouverts par un prolongement de l'épiderme de forme variée (*indusium*), quelquefois disposés en épi ou en panicule en s'insérant sur toute la surface de la partie supérieure de feuilles modifiées et contractées. Spores très-nombreuses dans chaque sporange.

La racine du *Polystichum Filix-mas* (Fougère-mâle) est fréquemment employée comme vermifuge; on en retire un extrait résineux doué de vertus anthelminthiques rès-énergiques que l'on prescrit surtout contre le ténia. On substitue quelquefois à la racine de cette espèce celle du *Pteris aquilina* (Grande-Fougère), de l'*Asplenium Filix-fœmina* (Fougère-femelle) et des *Polystichum Oreopteris, Thelypteris* et *spinulosum*. Les parties souterraines du *Scolopendrium officinale* (Scolopendre) et des *Asplenium Trichomanes, Adiantum-nigrum* et *Ruta-muraria* sont légèrement astringentes et toniques. Les feuilles de la plupart des fougères sont mucilagineuses et légèrement astringentes.

1. Fructifications ou sporanges disposés en panicule ou en épi terminal 2
Sporanges disposés à la face inférieure des feuilles. 4
2. Feuille stérile entière; sporanges en épi simple, filiforme.   Ophioglossum. (xv.)
Feuille stérile découpée; sporanges en panicule. 3
3. Plante élevée (1 mètre); feuilles stériles nombreuses . . . . Osmunda. (xiii.)
Plante petite (5-15 centimètres); feuille stérile une fois ailée.   Botrychium. (xiv.)
4. Feuille entière, en cœur à la base . . . . Scolopendrium (vii.)
Feuille plus ou moins découpée 5
5. Fructifications entremêlées de nombreuses écailles luisantes recouvrant entièrement la face inférieure des feuilles . . . . Ceterach. (i.)
Fructifications ou sporanges non entremêlés de nombreuses écailles. . . . 6
6. Groupes de sporanges nus. . . . . Polypodium. (ii.)
Groupes de sporanges recouverts par une pellicule membraneuse (*indusium*) ou par le rebord des feuilles 7
7. Groupes de sporanges solitaires à l'extrémité des divisions de la feuille et les débordant; feuilles très-petites, minces, transparentes. Hymenophyllum. (xii.)
Groupes de sporanges ne dépassant pas le bord des feuilles. 8
8. Sporanges disposés en ligne continue sur le bord des divisions des feuilles et recouverts par le bord membraneux des feuilles. 9
Sporanges non recouverts par le bord membraneux des divisions de la feuille. 11
9. Feuille fertile une fois ailée, à divisions infér. très-petites. Struthiopteris. (v.)
Feuille fertile plusieurs fois découpée, à segments inférieurs grands . . 10
10. Plante très-élevée (1-2 mètres). . . . . Pteris. (iii.)
Plante petite (1-2 décimètres). . . . . Allosorus. (iv.)
11. Groupes de sporanges linéaires ou oblongs, recouverts par un indusium latéral continu dans toute sa longueur avec la nervure secondaire. 12
Groupes de sporanges arrondis, à indusium inséré par une base étroite . . 13
12. Sporanges en deux lignes parallèles sur chaque division de la feuille; feuille fertile accompagnée de nombreuses feuilles stériles . . . Blechnum. (vi.)
Sporanges disposés sur chaque division de la feuille en plusieurs groupes; feuilles ordinaires toutes fertiles . . . . Asplenium. (viii.)
13. Indusium ovale attaché sur le côté du groupe des sporanges. Cystopteris. (ix.)
Indusium attaché au centre de chaque groupe de sporanges 14
14. Indusium subréniforme, attaché par un pli déprimé . . . Polystichum. (x.)
Indusium orbiculaire, attaché au centre par un pédicelle. . . Aspidium. (xi.)

TRIBU I. POLYPODIÉES. Feuilles enroulées en crosse dans la jeunesse. Sporanges naissant à la face inférieure des feuilles non modifiées ou à peine modifiées.

I. CETERACH C. Bauh. (Cétérach). Groupes de sporanges linéaires ou oblongs, entremêlés d'un grand nombre d'écailles scarieuses brunâtres qui naissent dans toute l'étendue de la face inférieure des feuilles. Indusium nul.

Feuilles de 5-15 centimètres, pinnatipartites; segments à bords écailleux luisants à la face supérieure. . . . . *C. officinarum.*
1. C. officinarum C. Bauh. — *Asplenium Ceterach* L. (C. officinal). Rochers, vieux murs. — A.R. Vallée de la Meuse et ses gorges latérales : Nr.; R. Modave (*Hty.*), Vieux-Ville, Aiwaille, Halleux (*Crep.*), Theux (*Lej.*), Vaux-sous-Chèvremont (Lg., *Str.*); Rochefort (*Crep.*), Frasne (Nr., *Det.*); Chimay, Cambron, Saint-Denis (*Hocq.*), Vaulx, Chercq, Antoing (Ht., *West.*); Nil-Saint-Vincent, Wavre, Uccle (*Kx.*), Grimberghen (Bb., *Wesm.!*).

II. POLYPODIUM L. (Polypode). Sporanges en groupes arrondis épars sur la face inférieure des feuilles. Indusium nul.

1. Feuilles une fois ailées, à 20-30 paires de divisions. . . . . . . *P. vulgare.*
Feuilles triangulaires ou ovales, 2-3 fois ailées 2

2. Feuilles ovales, ciliées et velues sur les deux faces. . . . . . *P. Phegopteris.*
   Feuilles triangulaires, glabres ou glanduleuses 3
3. Feuilles glabres; souche ou rhizome très-grêle . . . . . . *P. Dryopteris.*
   Feuilles glanduleuses, rhizome épais . . . . *P. calcareum.*

1. P. **vulgare** L. (P. commun). Bois montueux, vieux murs. — C. Rég. mér.; R.
2. P. **Phegopteris** L. (P. Phégoptère). Bois montueux. — A.C., A.R. Région arden-
     naise et ses lisières; R. Purnode (Nr., *H.C.*); Modave (Lg., *Hty.*).
3. P. **Dryopteris** L. (P. Dryoptère). Bois montueux. — A.C., A.R. Rég. ard.; R. Nr.,
     Lg.; Chimay (*Hocq.*), Thuin (Ht., *Mich.*); entre Westerloo et Hersselt (Anv.,
     Vh.)
4. P. **calcareum** Sm. — *P. Robertianum Hoffm.* (P. du calcaire). Bois rocailleux, ro-
     chers. — A.R. Nr., Lg.; R. entre Wavre et Huldenbergh (Bb. *Dk.* et *Kx.*); Ton-
     gerloo (Anv., *Vh.*).
     Obs. — Plusieurs auteurs considèrent cette plante comme une variété du n° 3.

III. PTERIS L. (Ptéris). Sporanges naissant vers le bord des seg-
ments de la feuille en groupes linéaires continus. Indusium continu
avec le bord de la feuille. Feuilles très-grandes, bi-tripinnatiséquées.

Rhizome traçant; feuilles coriaces, ovales-triangulaires . . . . . *P. aquilina.*

1. P. **aquilina** L. (P. Aigle impériale). Bois montueux, bruyères. — C., A.C.

IV. ALLOSORUS Bernh. (Allosore). Sporanges naissant vers le
bord des segments de la feuille, en groupes d'abord arrondis et
distants, puis confluents en ligne continue, recouverts par le bord
membraneux et infléchi de la feuille. Feuilles tripinnatiséquées,
ovales-lancéolées.

Souche cespiteuse; feuilles petites (1-2 déc.), à segments pétiolulés.   A. *crispus.*
1. A. **crispus** Bernh. — *Osmunda crispa L.* — *Pteris crispa All.* — *West.* herb. cryp.
     belg. n° 353! (A. crépu). Rochers ombragés. — R. R. Vallée de l'Ourthe aux
     environs de Laroche (*capitaine Flémond*), vallée de la Semoy aux environs de
     Chiny (Lx., *Crep.*, 1852).
     Obs. — Malgré des recherches soigneuses faites à plusieurs reprises aux environs
de Laroche, je ne suis pas parvenu à retrouver cette plante après le capitaine Flémond. Il est probable qu'on rencontrera cette très-rare espèce sur d'autres points
de la région ardennaise.

V. STRUTHIOPTERIS Willd. (Struthioptère). Groupes de spo-
ranges arrondis, formant une ligne continue sur les bords des
segments de la feuille et recouverts par le bord membraneux de la
feuille. Feuilles fertiles pinnatiséquées, fortement atténuées à la
base; feuilles stériles tripinnatiséquées.

Feuilles stériles naissant avant les feuilles fertiles et les entourant.
                                                       S. *Germanica*
1. S. **Germanica** Willd. (S. d'Allemagne). Bois frais. — R.R. Env. d'Aiwaille (*Crep.*
     et *Grav.*), Colonstere près Tilff (*Hal!*), Fays (Lg., *Lej.!*). — La plante est véri-
     tablement indigène au moins dans les deux premières stations.

VI. BLECHNUM L. (Blechnum). Sporanges formant deux groupes
linéaires allongés, parallèles à la nervure moyenne des segments et
rapprochés. Indusium libre du côté de la nervure. Feuilles pinnatipartites.

Feuilles fertiles naissant au milieu des feuilles stériles, à segments linéaires
     étroits . . . . *B. Spicant.*
1. B. **Spicant** Roth — *Osmunda Spicant L.* — *B. boreale Sw.* (B. Spicant). Bois
     montueux, bords des ruisseaux, prairies tourbeuses. — A.C., C. Rég. ard.;
     A.C., A.R., R.

VII. SCOLOPENDRIUM Sm. (Scolopendre). Sporanges en groupes
linéaires allongés, parallèles obliques par rapport à la nervure

moyenne de la feuille; les groupes qui naissent sur les bifurcations voisines de deux nervures se rapprochant en une masse linéaire. Indusium se continuant avec la nervure secondaire, libre de l'autre côté; les deux indusium des groupes simulant par leur rapprochement un indusium à 2 valves. Feuilles indivises, cordées à la base.

Feuilles oblongues-lancéolées, aiguës . . . . *S. officinale.*
1. S. OFFICINALL Sm. — *Asplenium Scolopendrium L.* (S. officinale). Bois montueux, rochers, vieux murs. — A.C. Nr., Lx., Lg.; A.R. Ht , Bb.; R.

VIII. ASPLENIUM L. (Doradille).

Sporanges en groupes linéaires ou oblongs, ord. solitaires sur les nervures secondaires; les groupes devenant quelquefois arrondis lorsqu'ils ne sont plus couverts par l'indusium, souvent confluents à la maturité. Indusium linéaire ou oblong, se continuant avec la nervure secondaire, libre du côté de la nervure moyenne du lobe. Feuilles pinnatiséquées ou bi-tripinnatiséquées.

1. Feuilles divisées seulement au sommet en 2-3 segments entiers ou incisés.
A. septentrionale.
  Feuilles 1-2 fois ailées, à segments ord. nombreux **2**
2. Feuilles à divisions inférieures plus longues que les moyennes. **3**
  Feuilles à divisions inférieures plus courtes que les moyennes. **5**
3. Feuilles assez élevées (2-5 déc.), à divisions inférieures ord. à plus de 30 segments ou lobes . . . . *A. Adiantum-nigrum.*
  Feuilles petites (5-10 centimètres), à divisions inférieures à segments peu nombreux **4**
4. Pétiole vert; feuille triangulaire, environ aussi large que longue.
A. Ruta-muraria.
  Pétiole brunâtre; feuille allongée étroite. . . . . *A. Breynii.*
5. Feuilles ord. élevées (5-10 déc.); divisions à segments très-nombreux.
A. Filix-fœmina.
  Feuilles petites (10-15 cent.). **6**
6. Feuilles une fois ailées; segments à dents arrondies . . . . *A. Trichomanes.*
  Feuilles deux fois ailées; segments à dents mucronées . . . . . *A. Halleri.*

1. A. FILIX-FOEMINA Bernh.—*Polypodium Filix-fœmina L.* — *Athyrium Filix-fœmina Roth* (D. Fougère femelle). Bois montueux, lieux humides. — C., A.C., A.R.
Obs. — Cette espèce présente de nombreuses variétés et variations.
2. A. HALLERI DC. — *Aspidium Halleri Willd.* (D. de Haller). Bois rocailleux. — R.R.R. Saint-Denis (Ht., *Mrt!* 1858, 1859). — Il n'en existe que deux ou trois touffes dans cette localité.
3. A. TRICHOMANES L. (D. Polytric). Rochers, vieux murs.— C. Rég. mér.; A.C., A.R.
4. A. SEPTENTRIONALE Sw. — *Acrostichum septentrionale L.* (D septentrionale). Rochers, vieux murs. — A.R. Rég. ard. et ses lisières; R. Lompret (Ht., *Mich.*): Namur (Nr., *Bllk.!*); Vierset (Lg., *Hy.*); entre Saint-Remy et Jodoigne (*Kx.*, Quenast (Bb., *Deronnay* et *Kx.*). .
5 A. BREYNII Retz. — *A. Germanicum Weiss* (D. de Breyn). Rochers. — R. Entre Spa et Theux, Franchimont (*Crep.*), entre Verviers et Dolhain, Cornesse (*Lej.*), Nessonvaux, Louveigné (Lg., *Str.*); env. d'Achouffe, Laroche, Jupille (Lx., *Crep.*); Orchimont (Nr., *Grav.!*).
Obs. — Cette espèce, du moins dans les localités où je l'ai observée, se trouve toujours mêlée à l'*A. septentrionale.* La cohabitation de ces deux plantes dans le voisinage des *A. Trichomanes* et *A. Ruta-muraria,* jointe aux caractères assez obscurs de l'*A. Breynii,* m'a, depuis longtemps, assez porté à envisager cette dernière forme comme un produit hybride.
6. A. RUTA-MURARIA L. (D. Rue-de-muraille). Vieux murs, rochers. — C., A.C.
7. A. ADIANTUM-NIGRUM L. (D. Capillaire noir). Rochers, chemins creux, vieux murs. — R. Rég. ard. et ses lisières; R. Nr., Lg., Bb., Ht.; Sottegem, Audenarde (Fl. or., *Ruvo.*).

IX. CYSTOPTERIS Bernh. (Cystoptère).

Sporanges en groupes arrondis, solitaires sur les nervures secondaires. Indusium membraneux, lancéolé ou ovale, ord. denticulé ou un peu lacinié, s'insérant sur la nervure secondaire par une base étroite au-dessous du groupe des sporanges, libre dans le reste de son étendue et à extrémité dirigée vers le bord du lobe, se déformant et disparaissant à la maturité.

    Feuilles de 1-3 déc., bi-tripinnatiséquées. . . . . *C. fragilis.*

1 C. FRAGILIS BERNH. — *Polypodium fragile L.* — *Aspidium fragile Sw.* — *Cyathea fragilis Sm.* (C. fragile). Rochers humides, vieux murs, chemins creux. — C., A.C , A R.

X. POLYSTICHUM Roth (Polystichum). Sporanges en groupes arrondis, solitaires sur les nervures secondaires. Indusium subréniforme, pelté, fixé au centre du groupe de sporanges par un pli déprimé.

1. Pétiole glabre ; souche longuement traçante . . . . *P Thelypteris.*
   Pétiole écailleux ; souche cespiteuse 2
2. Feuilles à divisions beaucoup plus larges à la base qu'à leur partie moyenne et
   plus ou moins triangulaires 3
   Feuilles à divisions longuement étroites peu ou point élargies à la base. . . 4
3. Feuilles 3-4 fois ailées ; divisions à lobes distincts et pétiolules, au moins les
   inférieurs, fortement dentés-mucronés. . . . . *P. spinulosum.*
   Feuilles deux fois ailées ; divisions à lobes tous largement confluents à la base,
   à dents simplement aiguës . . . . *P. cristatum.*
4. Feuilles non glanduleuses en dessous ; lobes crénelés-dentés . . *P. Filix-mas.*
   Feuilles chargées en-dessous de points résineux jaunes ; lobes ord. entiers ou
   très-peu dentés . . . . *P. Oreopteris.*

1. P. THELYPTERIS ROTH — *Polypodium Thelypteris L.* — *Nephrodium Thelypteris Stremp.* (P. Thélyptère). Tourbières, marécages, prairies humides. — R. Rethy (*Rss.!*), Hersselt, Westerloo, West-Meerbeck (Anv., *Kx.*); Léau (*Lej.*), entre Betecom et Aerschot (Bb., *Kx.*); entre Diepenbeck et Genck (Lb., *Mal.*); Stockem (*Mor!*), Vance (*Crep.*), Prouvy (Lx., *Grav.*); Membre (Nr , *Grav.!*).

2. P. OREOPTERIS DC. — *Polypodium Oreopteris Huds.* — *Nephrodium Oreopteris Kunth* (P. Oréoptère). Bois montueux. — C., A.C., Rég. ard. et ses lisières; R. Nr.; Modave (Lg., *Hty.*); Beausart, Grez, Auderghem (*Kx.*), bois de la Cambre (*Mrt.*), Boitsfort (Bb., *Wesm.!*)
   Var. *tripinnatum Nob.* Divisions à lobes aigus-acuminés, pinnatifides, crispés. — Bois entre Tellin et Transinne (Lx., *Crep.*). Je n'en ai trouvé qu'une seule touffe. M. Gravet m'a envoyé deux échantillons du *P. Oreopteris* qui ont quelque tendance à se rapprocher de cette forme.

3. P. FILIX-MAS ROTH — *Polypodium Filix-mas L.* — *Nephrodium Filix-mas Stremp.* (P. Fougère-mâle). Bois, buissons, bords des chemins. — C Rég. mer.: A.R.

4. P. CRISTATUM ROTH — *P. Callipteris DC.* — *Polypodium cristatum L.* — *Nephrodium cristatum Stremp.* — *Etting.*, ph. pl. austr., t. 29! — *Puel et Maille*, herb. fl. loc., nº 211! (P. à crête). Bois humides. — R.R. Env. de Bruxelles (Bb , *West.!*) — M. le professeur Scheidweiler me dit, dans une de ses lettres, avoir trouvé cette fougère aux env. de Thourout (Fl. occ.).
   Obs. — Cette espèce est très-distincte. Ses feuilles s'atténuent insensiblement à partir de leur milieu, tandis que celles du *P. spinulosum* et ses nombreuses variétés ont leur paire inférieure de divisions tantôt plus grandes que les autres, tantôt un peu plus courte, rarement les deux paires inférieures plus courtes que celles qui les surmontent.

5. P. SPINULOSUM DC. — *Aspidium spinulosum Sw.* — *Nephrodium spinulosum Stremp.* (P. spinuleux). Bois montueux. — C. Rég. ard.; A.R., R.
   Obs. — Cette espèce présente un grand nombre de variétés dont plusieurs sont quelquefois prises pour le nº 4.

XI. ASPIDIUM R. Br. (Aspidium). Sporanges en groupes arrondis solitaires sur les nervures secondaires. Indusium orbiculaire, pelté s'insérant par un pédicelle étroit au centre du groupe de sporanges. Feuilles ord. bipinnatiséquées.

   Feuilles roides, épaisses, d'un vert sombre ; divisions à lobes rarement auriculés
    à la base et ord. un tiers ou la moitié d'eux largement confluents dans chaque
    division . . . . *A. aculeatum.*
   Feuilles flasques, minces, d'un vert gai ; divisions à lobes auriculés à la base et
    presque tous distincts . . . . *A. angulare.*

1. A. ACULEATUM Sw. — *Polypodium aculeatum L.* — *Etting.*, ph. pl. austr., t. 20! —

Moore, ferns, pl. x et xi ! (A. à aiguillons). Bois montueux, rochers. — A.R. Nr.. Lx.. Lg.; R. Ht., Bb.

2. A. ANGULARE KIT. — *Etting.*, ph. pl. austr., t. 21! — *Moore*, ferns, pl. xii! (A. anguleux). Bois montueux, rochers, chemins creux — R. Nr.; Aiwaille, Nonceveux (*Crep.*), Nessonvaux, Chaudfontaine (Lg., *Lej.!*); Breuze (Ht., *West.!*).

Obs. — Ces deux espèces ont été l'objet de nombreuses observations, mais on n'est pas encore parvenu à les délimiter convenablement, et la plupart des caractères préconisés ne sont point les véritables caractères distinctifs. L'*A. angulare* et ses variétés ont un port et une consistance qui les font instantanément reconnaître au milieu des formes très-nombreuses de l'*A. aculeatum*.

XII. HYMENOPHYLLUM Sm. (Hyménophylle). Sporanges sessiles autour des nervures prolongées au delà du bord des feuilles. Indusium bivalve, de même substance que la feuille.

Feuilles très-délicates, transparentes, bipinnatifides, croissant en touffe; souche filiforme rampante . . . . *H. Tunbridgense.*

1. H. TUNBRIDGENSE SM. — *West.*, herb. cryp. belg., n° 103 ! (H. de Tunbridge). Rochers humides. — R.R. Env. de Laroche (Lx., *capitaine Flémond!*); Beaumont (Ht., *Dmrt.*).

Obs. — Cette très-petite et très-rare fougère ne parait pas avoir été revue dans ces deux stations depuis plus de vingt ans.

TRIBU II. OSMONDÉES. Feuilles enroulées en crosse dans la jeunesse. Sporanges pédicellés, ord. disposés en panicule.

XIII. OSMUNDA L. (Osmonde). Sporanges subglobuleux, veinés-réticulés, disposés en panicule à la partie supérieure des feuilles fertiles. Feuilles bipinnatiséquées.

Feuilles très-élevées, croissant en touffe; les feuilles stériles très-amples, à lobes entiers. . . . . *O. regalis.*

1. O. REGALIS L. (O. royale). Bois marécageux, tourbières, fossés. — A.R., R. Rég. sept.; R. Baudour, Blaton (*Hoc.q*), Casteau, Ghlin (*Mich.*), Maisières (*Mrt.*), Enghien (Ht.. *D. et P.*); env. de Groenendael (Bb., *Kx.*); Louette-Saint-Pierre, Willerzie (*Grav !*), Bruly (Nr., *Det.*); Pays-Famenne, env. de Transinne (Lx., *Crep.*).

TRIBU III. OPHIOGLOSSÉES. Feuilles ord. au nombre de deux, soudées entre elles dans leur partie inférieure, l'une stérile et foliacée non enroulée en crosse dans la jeunesse, l'autre fertile réduite au rachis. Sporanges sessiles, disposés en épi ou en panicule.

XIV. BOTRYCHIUM Sw. (Botryche). Sporanges libres entre eux, disposés en panicule. Feuille stérile pinnatiséquée. Souche cespiteuse.

Plante de 10-15 cent.; feuille stérile à lobes entiers ou un peu lobés. *B. Lunaria.*

1. B. LUNARIA Sw. — *Osmunda Lunaria* L. (B. Lunaire). Pâturages, pelouses, bruyères. — A.R., R. Rég. ord ; R. Valansart. Limes (Lx., *Grav.*); env. de Han-sur-Lesse (Nr., *Crep.*); Forêt (Lg., *Str.*); Canne (Lb., *Lej.*); Baudour (Ht., *Hocq*, *Mich.*); Forest, Dieleghem, Ottenbourg (Bb., *Kx.*).

XV. OPHIOGLOSSUM L. (Ophioglosse). Sporanges soudés entre eux, disposés en épi linéaire distique. Feuille stérile entière. Souche à racines stolonifères (?).

Plante de 1-5 déc.; feuille stérile, large, ovale ou oblongue. . . *O. vulgatum.*
2. O. **vulgatum** L. (O. commune). Prairies fraiches ou marécageuses. — Rochefort,
Auffe, Ave, Genimont (*Crep.*), Géronsart près Jambes (Nr., *Math !*); Marche
(Lx., *Crep.*); Wavre, Anderlecht, Dilbeek, Forest, Perck, Heverlé, Erps-
Querbs, Hérent (Bb., *Kx.*); Erbaut (*Hocq.*), Mons (Ht.; *Mich.*); Renaix (Fl.
or., *Ps.*).—La variation à souche à 2-3 frondes croît à Rochefort.
Obs. — Cette petite fougère se distingue difficilement dans l'herbe des prairies,
c'est ce qui fait, qu'assez souvent, elle passe inaperçue dans des localités même bien
explorées.

CXIII. RHIZOCARPÉES (Batsch.).

Plantes vivaces, aquatiques, à rhizome filiforme rampant, ou court
et rudimentaire. Feuilles alternes, enroulées dans leur jeunesse, de
forme variable. Involucres capsulaires subglobuleux ou ovoïdes-
subglobuleux, poilus, naissant sur le rhizome à la base des feuilles,
ou entre les racines, à 1-4 loges, à loges quelquefois subdivisées par
un grand nombre de cloisons transversales, s'ouvrant plus ou moins
complètement en 2-4 valves, ou indéhiscents, renfermant des sporanges de deux sortes, les uns fertiles les autres stériles. Sporanges
fertiles contenant une seule spore assez grosse. Sporanges stériles
vésiculeux, renfermant un grand nombre de granules très-petits.

I. PILULARIA Vaill. (Pilulaire). Involucres capsulaires globuleux, subsessiles, à 4 loges. Sporanges fertiles s'insérant dans la
partie inférieure de la loge, les stériles dans la partie supérieure.
Feuilles linéaires-subulées.

Plante formant un tapis vert aux bords des eaux; involucres capsulaires de la
grosseur d'un pois, insérés à la base des feuilles. . . . . . *P. globulifera.*
1. P. **globulifera** L. (P. à globules). Bords des eaux, lieux inondés. — B., A.R.
Rég. sept.; R. Env. de Casteau (*Mrt.*), Virelles (Ht., *Mich.*); env. d'Houdré-
mont (Nr , *Grav.!*); env. de Vance (*Crep.*), Arlon (Lx., *Tin.*).
Obs. — J'ai vu, l'année dernière, dans l'herbier du docteur Lejeune un échantillon du *Salvinia natans Hoffm.* avec cette indication: *in Campinia.* Cette rare espèce
a-t-elle été trouvée dans la province de Limbourg ? Sa petitesse et son habitation
dans les marais au milieu des *Lemna* rend sa découverte assez difficile. Elle se distingue par ses feuilles elliptiques obtuses de 10-15 mill. de long sur 5-8 de large,
très-courtement pétiolées, couvertes de poils étoilés et par ses capsules ou fructifications cachées au milieu des racines.

CXIV. ÉQUISÉTACÉES (Rich.).

Plantes vivaces, terrestres ou aquatiques, à rhizome traçant souvent rameux. Tiges articulées, simples, munies ou non au niveau
des articulations de rameaux verticillés, chaque articulation donnant naissance à une gaîne membraneuse dentée; chaque rameau
articulé et muni de gaînes comme la tige, simple plus rarement rameux au niveau des articulations. Sporanges tous de même sorte,
membraneux s'ouvrant par une fente longitudinale, disposés en
cercle par 4-9 à la face inférieure d'écailles pédicellées peltées, anguleuses à la circonférence; les écailles étant verticillées en forme
de cône ou d'épi au sommet de la tige ou des rameaux. Spores très-

nombreuses, munies de deux appendices hygrométriques filiformes renflés au sommet, disposés en croix.

I. EQUISETUM L. (Prêle).

1. Tige fertile nue, blanche ou brunâtre, se desséchant après la floraison 2
   Tige fert. ou stérile ord. verte, rameuse, ne se desséchant pas après la floraison. 3
2. Gaines à 8-12 dents . . . . *E. arvense.*
   Gaines à 20-30 dents . . . . *E. Telmateia.*
3. Tige robuste, ord. nue; gaines à dents presque nulles. . . . . *E. hyemale.*
   Tige ord. rameuse; gaines à dents allongées aiguës 4
4. Tige d'un blanc d'ivoire; gaines à 20-30 dents . . . . *E. Telmateia.*
   Tige verte ou un peu brunâtre; gaines à 5-20 dents 5
5. Gaines divisées jusqu'au milieu en 3-5 dents membraneuses larges ; rameaux
      arqués pendants, très-rameux . . . . *E. sylvaticum.*
   Gaines à dents assez nombreuses; rameaux ord. simples. 6
6. Tige élevée, nue ou peu rameuse; gaines à 12-20 dents . . . . . *E. limosum.*
   Tige ord. très-rameuse; gaines à 5-12 dents 7
7. Tige très-grêle, nue ou peu rameuse; épi aigu . . . . *E. variegatum.*
   Tige assez robuste, très-rameuse; épi obtus 8
8. Tige ord. terminée par un épi, rameaux à 5-8 sillons, à gaines à 5-8 dents.
      E. palustre.
   Tige sans épi ; rameaux à 4-5 sillons, à gaines à 4-5 dents . . . . *E. arvense.*

1. E. arvense L. (P. des champs) Champs humides. — C., A.C.
2. E. Telmatia Ehrh. — *E. eburneum Roth* - *E. fluviatile Sm.* (P. des marécages).
   Bords des eaux. — A.R Ht.; Auderghem (*Math.!*), Ganshoren, Forest (*Bm.*),
   Rouge-Cloître (*Wesm.!*), Eau-Douce (*VBk.!*), env. de Boortmeerbeek (*Bb.,
   Kx.*); Schelderode, Bottelaere (Fl. or., *Fg.*); Tongerloo (Anv., *Vh.*); Cortessem, Wintershoven, Cortenbosch (Lb., *VD !*); Forêt (Lg., *Str.!*).
3. E. sylvaticum L. (P. des bois). Bois humides, prés marécageux. — A.C. Rég. ard.
   et ses lisières; R. Vedrin (Nr., *Bllk.*); Chimay (*V. Barb.*), env. de Braine-le-
   Comte (Ht., *Mrt !*); env. de Grammont (*Rss.!*), Op-Brakel (Fl. or , *Kx.*); Tervueren (*Bm.!*), Boitsfort, Heverlé (Bb., *Kx.*).
4. E. palustre L. (P. des marais). Marais, prairies humides. — C., A.C.
5. E. limosum L. (P. des bourbiers). Étangs, marais. — C., A.C.
6. E. hyemale L. (P. d'hiver). Bois humides, bords des eaux. — R. Lacken (*Bm.!*),
   entre Jette et Dielighem, Boitsfort (*Mrt.!*), Tervueren, Wavre, Jodoigne (Bb.,
   Kx.); entre Zoerle-Parwys et West-Meerbeek (Anv , *Vh.*); Trinité (Ht., *Mich.*);
   Boussut-en-Fagne, Frasne (Nr , *Det.!*); entre Bande et le relais de Champlon
   (Lx., *Crep.*); Chaudfontaine (*St.!*), env. de Bilstain (Lg., *Crep.*); Diepenbeek
   (Lb., *VD.*). — La forme à tige nue est la seule qui paraît exister en Belgique.
7. E. variegatum Schleich. (P. panachée). Lieux sablonneux. — R. Entre Oost-
   Dunkerke et Coxyde (*Kx.*), Ypres (*Wallays et Kx*), Knocke (Fl. occ., *Coem.!*).

CXV. LYCOPODIACÉES (Rich.).

Plantes vivaces, terrestres, à tige rameuse, souvent dichotome, feuillée, ord. couchée-radicante au moins dans sa partie inférieure. Feuilles ord. disposées en spirale autour de la tige, persistantes, petites, indivises, sessiles ou décurrentes, subulées ou lancéolées, uninerviées, ord. très-nombreuses, rapprochées, imbriquées, les inférieures émettant à leur aisselle des fibres radicales filiformes. Sporanges sessiles ou subsessiles, naissant à l'aisselle des feuilles dans toute la longueur des tiges ou seulement dans leur partie su-périeure ou à l'aisselle de feuilles bractéales et alors rapprochés en épis terminaux, membraneux-crustacés, jaunâtres, ne renfer-mant pas d'élatères ; tous de même sorte, s'ouvrant par 2-3 valves, subglobuleux ou réniformes, remplis de granules très-petits (spores); quelquefois de deux sortes : les uns semblables aux précédents ; les

autres moins nombreux s'ouvrant par 3-4 valves, contenant ord.
4 corps subglobuleux beaucoup plus gros que les spores.

I. LYCOPODIUM L. (Lycopode). Sporanges tous de même forme,
s'ouvrant en deux valves par une fente transversale.

1. Sporanges ou fructifications naissant à l'aisselle des feuilles, non disposées en
    épi . . . . *L. Selago.*
    Sporanges disposés à l'aisselle d'écailles en épi 2
2. Rameaux feuillés jusque sous l'épi ; épi solitaire. 3
    Rameaux longuement nus sous les épis ; épis réunis par 2-6 5
3. Feuilles à bords dentés. . . . . *L. annotinum.*
    Feuilles à bords entiers 4
4. Tige rampante entièrement cachée par les feuilles . . . . . *L. inundatum.*
    Tige rampante presque nue . . . . *L. Alpinum.*
5. Feuilles terminées par un long poil blanc . . . . *L. clavatum.*
    Feuilles non terminées par un poil blanc 6
6. Rameaux dressés dès la base, à ramifications denses, dressées-fastigiées.
                                     L. Chamæcyparissus.
    Rameaux courbés-ascendants à la base, à ramifications lâches, étalées en éven-
    tail . . . . *L. complanatum.*

1. L. CLAVATUM L. (L. en massue). Bruyères, bois. — A.C. Rég. ard.; A.R., R.
2. L. CHAMAECYPARISSUS A. Br. (L. Cyprès). Bruyères, bois. — R. Herenthout (Anv.,
    J. Willem); Carloo (*D.* et *P.*), Saint-Job (*Bm.*, *Wesm.!*), Nieuwrode (Bb..
    Kx.); env. de Lanaeken (Lb., *Gr.!*); Andoumont (*Str.!*), Sougnez (Lg., *Lej.!*);
    Freilange (Lx., *Crep.*).
    Obs. — Cette espèce a souvent été prise pour le véritable *L. complanatum* : elle se
distingue de celui-ci par sa taille moindre dans toutes ses parties, ses rameaux
dressés, ses ramifications très-resserrées et moins aplaties, et ses feuilles disposées
différemment. Une étude approfondie des sporanges, des bractées et enfin de la
plante toute entière révélera d'autres caractères distinctifs.
3. L. COMPLANATUM L. — *West.*, herb. cryp. belg., nº 1105! (L. aplati). Bruyères. —
    R.R. Env. de Stavelot vers Recht (Lg , *Mor.* et *Crep.*, 1855).
4. L. ALPINUM L. (L. des Alpes). Bruyères. — R.R.R Entre Odeigne et Baraque-
    de-Fraiture, à 650 mètres d'altitude (Lx., *Crep.*, 1851).
5. L. ANNOTINUM L. (L. à feuilles de Genévrier.) Bois montueux. — R. R. Env. de
    Vesqueville, env. de Serpont (*Bj.!*), Awenne (Lx., *Beauj.* et *Crep.*).
6. L. INUNDATUM L. (L. inondé). Bruyères humides, marais. – A.R., A.C. Rég. ard.
    et Rég. sept.; R. env. de Casteau (*Mrt.*), Stambruges (*Hocq.*), Ghlin (Ht.,
    Mich.).
7. L. SELAGO L. (L. Sélagine). Bruyères humides, marais.—R. Rég. ard.: Andoumont
    (*Str.*), Juslenville (*Lej.!*), Jehanster, env. de Sart, Hockay, Stavelot, Chevron
    (Lg., *Crep.*); Malempré, Les Tailles (*Crep.*), Saint-Hubert, Vesqueville (Lx.,
    Bj.!) Louette-Saint-Pierre, Willerzie (Nr , *Grav.!*); R. Env. de Stockem (Lx.,
    Crep.), entre Quaremont et Amougies (Fl. or., *Kx.!*); Gheluvelt (Fl. occ.,
    West.!); env. de Betecom (Bb., *Donkelaer ex Kx.*).
    Obs. — Cette dernière espèce offre une particularité remarquable et qui passe
souvent inaperçue. Le long des tiges et à l'aisselle des feuilles, il se développe de
petits organes servant à la reproduction de la plante. Ils se composent d'une rosette
persistante, courtement pédicellée, constituée par quatre feuilles inégales, au
centre desquelles se trouve un bourgeon caduc. Ce bourgeon est, à son tour, formé
par deux paires de feuilles dont les deux plus grandes embrassent incomplètement
une cinquième feuille intermédiaire. Il y a plus de huit ans que l'analogie de cet
organe avec les bulbilles des végétaux phanérogames me fit supposer qu'il devait
servir à la propagation de la plante mère. Ma supposition était fondée, car l'automne dernier, M. Gravet m'envoyait une suite de jeunes pieds de *L. Selago* nés de
cette espèce de propagule ainsi que plusieurs pieds anciens de la même espèce portant encore des vestiges de cet organe. Un bon nombre de ces bourgeons reproducteurs, détachés de plantes adultes et semés l'année dernière, sont en pleine
végétation depuis le commencement du mois de janvier. La racine, d'abord unique,
naît à la base des feuilles inférieures et la jeune tige s'élève de l'aisselle de la
feuille intermédaire *.

---

    * J'eusse désiré comprendre dans ce travail la petite famille des *Characées*, mais
les matériaux réunis par moi-même et par mes correspondants ne sont pas assez
complets pour présenter un tableau consciencieux des espèces appartenant à notre
Flore.

TABLE DES FAMILLES

ET DES NOMS LATINS DES GENRES.

Les noms des familles sont imprimés en petites capitales, les noms des genres en romain et leurs synonymes en italique, ainsi que les noms des genres cités en observations.

h

TABLE DES NOMS FRANÇAIS DES GENRES

ET DES NOMS VULGAIRES DES ESPÈCES.

Les noms français des genres sont imprimés en romain ; les noms vulgaires des espèces sont imprimés en italique.

i

FIN DE LA TABLE.

ERRATA.

Page   9, ligne 50. Asine, *lisez* Alsine.
»   13, »   35. 7, *lisez* 9.
»   13, »   36. 9, *lisez* 7.
»   21, »   12. P. Rœas, *lisez* P. Rhæas.
»   21, »   16. Argémone, *lisez* P. Argémone.
»   23, »   10. jamais glauques, *lisez* ou plante vivace et feuilles glauques.
»   24, »   6. à 1 nervure, *lisez* à 1 nervure, ou sans nervure.
»   32, »   12. Silique, *lisez* Silicule.
»   32, »   42. H. guttanum, *lisez* H. guttatum.
»   37, »   40. De M.!), *lisez* De M.!). — Paraît introduit.
»   44, »   54. *Ciser*, lisez *Cicer*.
»   46, »   57. L. Boloniense, *lisez* S. Boloniense.
»   53, »   40. pubescent... *C. monogyna*, lisez glabre... *C. oxyacantha*.
»   53, »   42. calice glabre... *C. oxyacantha*, *lisez* calice pubescent... *C. monogyna*.
»   55, »   15. Ænothera, *lisez* OEnothera.
»   60, »   22. Chræophyllum, *lisez* Chærophyllum.
»   69, »   38. surface dénuée, *lisez* surface dénudée.
»   86, »   1. R. Env. de Gand, etc., *lisez* A.R., R. Rég. sept.; Ht., Bb.
»   93, »   56. fleurs jaunes, *lisez* fleurs blanchâtres ou rosées.
»   111, »   52. l'anthère, *lisez* l'anthèse.
»   120, »   39. 6, *lisez* 9.
»   121, »   64. non renflés, *lisez* renflés.
»   132, »   53. viers, *lisez* Verviers.
»   137, »   54. B. pulchra, *lisez* C. pulchra.
»   138, »   7. Hierarcium, *lisez* Hieracium.
»   142, »   5. *A Tartarica*, lisez *A. Tatarica*.
»   154, »   54. *E. Cyparyssias*, lisez *E. Cyparissias*.
»   160, »   32. flexueux, *lisez* flexibles.
»   162, »   38. CX, *lisez* XC.
»   165, »   12. monoïques, *lisez* dioïques.
»   169, »   42. G. Leottardi, lisez G. Liottardi.
»   172, »   45. très-étalées, *lisez* très-étroites.
»   203, »   43. *Arundos*, lisez *Arundo*.

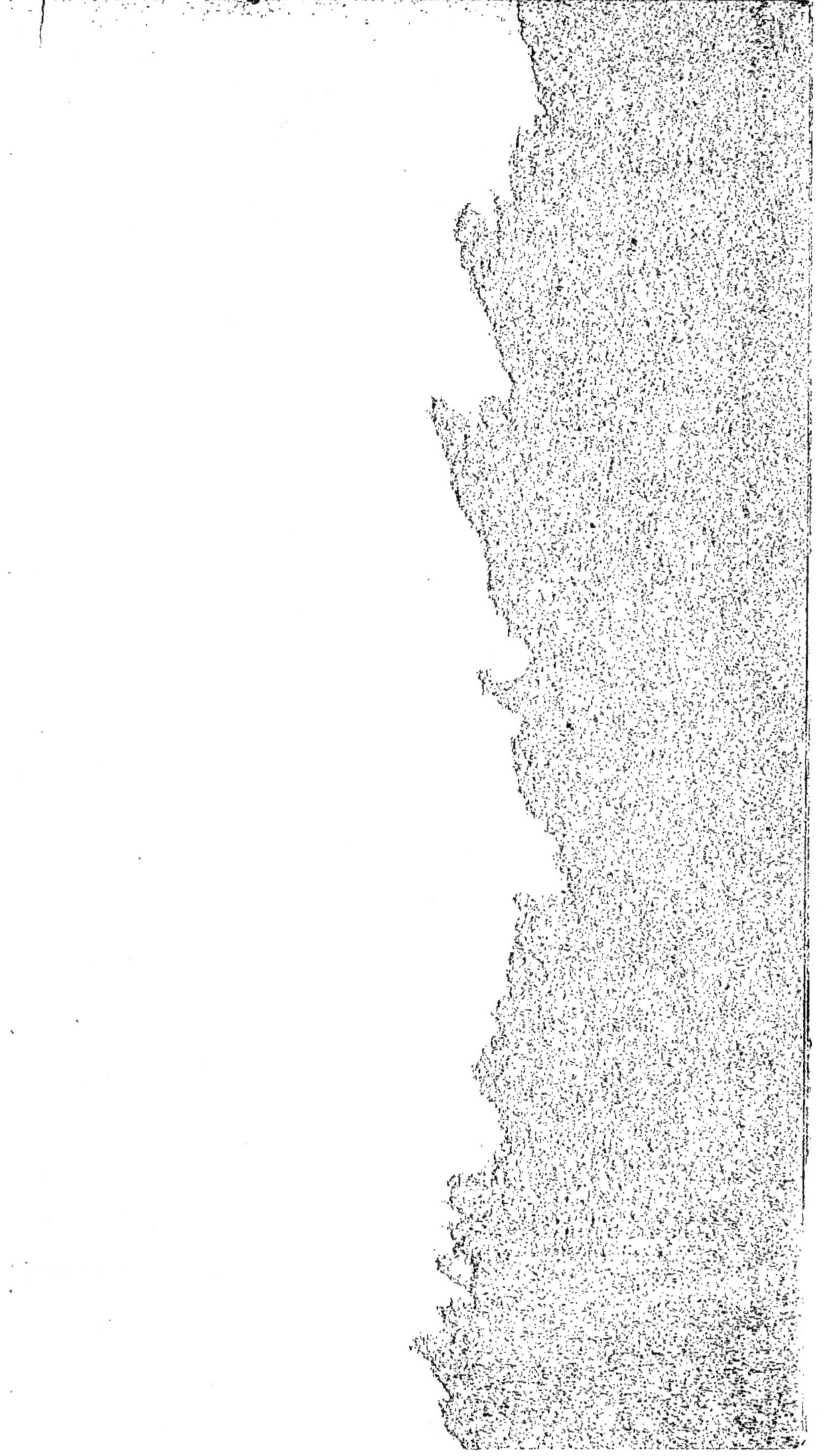